即行即知即知即傳
即傳即聯即聯即行
　　陶行知題

陶行知教育文集

胡晓风　金成林
张行可　吴琴南　编

四川教育出版社
·成都·

图书在版编目（CIP）数据

陶行知教育文集/胡晓风等主编.—2版.—成都：四川教育出版社，2007（2024.12重印）

ISBN 978-7-5408-4418-9

Ⅰ.陶… Ⅱ.胡… Ⅲ.陶行知（1891~1946）-文集
Ⅳ.G40-092.6

中国版本图书馆 CIP 数据核字（2006）第 137876 号

责任编辑	陈鸿鹏
封面设计	何一兵
版式设计	顾求实
责任校对	王立戎
责任印制	许 涵
出版发行	四川教育出版社
	地　　址　四川省成都市锦江区三色路238号新华之星A座
	邮政编码　610023
	网　　址　www.chuanjiaoshe.com
印　　刷	成都市锦慧彩印有限公司
制　　作	四川胜翔数码印务设计有限公司
版　　次	2017年2月第3版
印　　次	2024年12月第12次印刷
成品规格	700 mm×1000 mm　1/16
印　　张	38.5　　插页 4
定　　价	70.00元

如发现印装质量问题，请与本社调换。总编室电话：（028）86259381
编辑部电话：（028）86365129

再版说明

《陶行知教育文集》出版以来，得到陶行知研究人员及教育工作者的好评和欢迎，在不到两年的时间里连续加印了四次。这次再版，我们在初版的基础上，又新增了6篇文章，其中2篇补选自《陶行知全集》，而另外4篇尤其可贵，是我们在研究中新发现的陶先生在1923年和1931年间发表的重要文章：《〈中国之教育统计〉前言》、《生活教育论发凡》、《答震叔》、《贫穷与教育——生活教育讨论之一》。这4篇文章，在全集中也尚未收入。

对陶先生教育思想和教育实践的研究是我们毕生从事的工作，虽然全集和文集均已出版，但研究工作仍然在继续，对全集和文集的完善工作，我们也将一直做下去。

编者

2017年2月

序

胡晓风

陶行知是一位集大众诗人、大众教育家和社会学家于一身的行动理论家。他随着西学东渐的大潮，以民主、创造以求共和，进而为探索、推进中国现代化乃至全球现代化奋斗终生。早在美国留学期间，他立志："余今生之惟一目的在于经由教育而非经由军事革命创造一民主国家。"1923年，他在给妹妹陶文渼的信中讲到他们共同肩负的使命："这使命就是运用我们全副精神，来挽回国家厄运，并创造一个可以安居乐业的社会交与后代。这是我们对于千万年来祖宗先烈的责任，也是我们对于亿万年后子子孙孙的责任。"他不辱使命，躬亲实践，终生不渝，创立了适合中国国情又顺应世界现代化潮流的生活教育理论。为适应广大教育工作者和受教育者（特别是受教师教育者）的需要，特从四川教育出版社修订再版的《陶行知全集》（1—12卷）中精选出207篇编成这本《陶行知教育文集》。文集的最前面选了两封信，用以表明陶行知的经历和终生志愿。其余均以时间为序分段编排。

陶行知的著述，如他自己所言，是代表他"在中国教育里摸黑路所见着的几线光明。……我所写的便是我所信的，也就是我所行的"。"我要就一个字不写；如果写的话，必是我思想里产生出来的和谐的系统。这个和谐的系统，我要建造在活的事实上。……事实是我惟一的指针。我只愿听它的启示"。他生前还来不及将这些启示完全公之于众，因而人们往往难于理解其中所蕴涵的丰富内容。他是经过"科学以无知之行始、以能行之知终"的过程构建其和谐的系统。我们也只有通过这个过程才能真正贴近陶行知及其生活教育。要做到"能行之知"，我们体会，至少要把握住以下三个方面：

一、像陶行知那样，正确对待"教育"和"生活教育"。

生活教育（Life-education）存在于人类在生活中所感觉到的生活世界（Life-world）之中。由于感觉因人、因时空而异，这个生活世界还不是一个统一而共同的实在世界（Actually-world），实在世界是无限开放、永远存在未知事物的世界。这正是激励人们创造的原动力。生活世界只是一个多元和各不相同而又并不完善的世界。因而陶行知把"教育"定位为社会学的"中介"。他认为"教育为群学之一种,介乎形而上学、形而下学之间"。形而上学、形而下学取自梁启超的《格致学沿革考略》,群学与政治学、生计学同属形而上学,群学即社会学,生计学即经济学。"举凡属于形而下学皆谓之格致"。以后一段时间形而上学指社会科学,形而下学指自然科学。陶行知在美国留学申请攻读哲学博士学位的报名表中,拟学的科目政治学、经济学均属形而上学,教育为形而上学与形而下学之间的中介。

生活教育之"生活"与"教育",皆属生活世界之"生活"与"教育",亦即四通八达社会中的"生活"与"教育"。生活教育是生活世界中最为重要的组成部分。

生活教育的理论基础,一是心理学,二是社会学,三是实用主义。在心理学方面,陶行知认为,人的本性是其本性和环境力量持续不断交替影响的结果。这种观点开创了情景与反应之间形成联系的联结学习理论。在社会学方面,他根据杜威"学校本身必须是一种社会生活,具有社会生活的全部含义。社会的观念和社会的兴趣只有在一个真正的社会环境中才能发展"[①]的原理提出:在学校里,"孩子们可以参与社会生活的重要阶段。……在道德发展的最高阶段,理想调控行动,人们以自认为正确的方式行事,而不顾及他的周边社会环境的赞扬或者贬低"。这就是杜威"教育即生活"、"学校即社会"的原意。杜威当时还强调:"对于从生活的一切接触中学习感到兴趣,就是根本的道德兴趣",但他同时提出了"学校本身就含生活的形式,一个雏形的社会",由于局限于雏形社会的学校里,那就不可能与其他各种形式的各种经验彼此密切地相互影响,不可能达到他所预期的目的。他当时就指出这种缺乏社会环境的弊端:"学校既与社会隔离,学校里的知识就不能应用于生活,因此也无益于品德。"[②]这个弊端至今仍未根除。陶行知带着这个理论回中国来,经历了八年试验,他回顾说,"此路不通。在山穷水尽的时候才悟到'教学做合一'的道理,所以,'教学做合一'是实行'教育即生活'碰到墙壁把头碰痛时所找出来的新路。'教育即生活'的理论,至此乃翻了半个筋斗。……他要我们在生活里各尽所能,各取所需。没有'教育即生活'的理论在前,决产生不出'教学做合一'的理论。但到了'教学做合一'的理论形成的时候,整个的教育便根本的变了一个方向,这新方向是'生活即教育'、'社会即学校'了。在实用主义方面,这是与心理学、社会学理论紧密相连的:即'杜威之集成教育哲学也'"。陶行知认为:"根据这个观点,在学与做当中知识与行为之间是统一的。知识是概念和行为的指导,行为是知识的人格化。脱离行为的知识是空泛的知识,没有知识的行为是盲目的行为。这两者是一体的,其中任何一个都不能离开对方而单独获得。"这就是后来发展成为"行以求知知更行"的行知合一理论。没有这些基础,教育必然是苍白无力的。陶行知正是在这些基础上提出了他对"教育"和"生活教育"的认识和主张:

1. 动态的教育目的:生活目的即教育目的。"教育的根本意义是生活之变化。生活无时不变，即生活无时不含有教育的意义"。生活在变化中无时不出现问题和困难，"教育的目的，在于解决问题，所以不能解决问题的，不是真教育"。生活在不断发展、不断生长、不断积累社会经验。"教育是社会经验之改造"。教育过程即是对生活世界中的社会经验不断改组、不断改造和不断发展的过程。

2. 教育产生力量："教育是一种行动"。"教育就是力的表现或变化。世界是力创造的，所以解决困难也必须拿力来才行"。教育产生生活力或创造力。这些"力"产生的大小取决于是否用多数人的力、行动的力、有组织的力、自动的力和手脑并用的力。"惟有从行动上得来的真知识，才是真的力量"。

3. 行动的两条路线："现在英美法意日俄的教育都注意到教劳心的人劳力，教劳力的人劳心，尤以俄国为显观。中国的教育自然也应该走这两条路线——教读书的人做工，教做工的人读书。"根据这两条路线，陶行知创立工学团。用他的话说，这是"知识分子与生产分子的合作"，"就好比是阴阳电之配合，两者配合后，就可以有很伟大的力量发生出来"。这个伟大的力量就是社会创造力。

4. 手脑双全、自立立人的教育目标："手和脑在一块儿干，是创造教育的开始；手脑双全，是创造教育的目的。""滴自己的汗，吃自己的饭，自己的事自己干。"要"自立立人"，"自卫卫国"。其具体要求有过多次阐释，直到1945年，他明确为："健康、科学、劳动、艺术及民主将构成和谐的生活。"而且以"民主第一"为指导原则。

5. 从教育上谋生活出路的七条原则：从学校到社会；从书本到生活；从教到做；从被动到自动；从士大夫到大众；从轻视儿童到信仰儿童；从平面三角到立体几何。这是生活教育理论体系的轮廓。"平面三角"指荀子批判小人的学习所用的话语："小人之学也，入乎耳、出乎口。口、耳之间则四寸耳。"② "立体几何"指"教学做合一"。这七条原则见《生活教育提要》。

这五个方面的主张综合起来可用一句话概括："要从整个生活出发，过整个的生活，受整个的教育。"

二、像陶行知那样，用哲学的视野观察世界，认识中国。

1913年，陶行知创办《金陵光》中文报，志在"使中华放大光明于世界"。1914年他用社会学视野观察中国，"国本不固，国情不宁，有退化而无进化，患在共猜、共忌、共争而不能共和耳！"他进而阐明共和精神在于自由、平等、博爱三大信条。他提出非人力所能御、非人力所能避的以共和求进化的国是主张。他留学美国攻读哲学博士学位，表明他决心用哲学视野分析时势，观察世界思潮，学习新兴的学科。最新发现的英文著述《中国道德与宗教教育》和《中国在转变中》两篇文章就是把社会学、心理学结合哲学视野研究的显著成果。

作为行动理论家，陶行知的理论全在他一生行动之中。他一生著述均以事实为惟一之指针，他不断追求活的事实和充分的事实。他描述了他独特的哲学思维过程："就事实生理想，凭理想正事实。"这里所讲的"事实"，用哲学术语就是"社会事实（Social fact）"这是生活世界中显现出来的现象（Phenonmenon）。这种现象是体现个体充分参与其社会生活中所感觉到的经验而又别于事物本身原有的现象。生活世界包括在实在世界之中。《中国在转变中》有许多精辟而独特的论断浓缩在1800字的短文里。其要旨有如下五点：

1. 为人类绘制一幅诸世纪文明转变与混合的生动画面。他称之为"文明的光谱"。

2. 为新的中国提出了既非全盘西化，亦非中国本位的新认识："新的中国是东西方两种文明的产物。"它们相互作用并改变对方，其结果使生活开始具有更丰富的内容和十分宽泛的多样性。

3. 工业革命潮水的涌动和民族主义、民族意识的喷发是19世纪和20世纪的特征。

4. 描绘了两种文明会合的两种形式：战争或联合。战争形式必使胜负双方都有所拖累。联合形式必经的过程是仔细的挑选、适应、折中或调和。

5. 两种文明会合的结果，必使人类生活方式的方方面面都存在保守和激进的交锋。凡存在的观念都有正确的地方。"凡是好的必须保存和吸收，凡是不好的必须加以扬弃"，不论其保守或是激进。他非常形象地指出两种极端之间，"要承认有一股巨大的力量像钟摆一样在两个极端之间来回摆动"。他视之为当然之事，在转变中是不可避免的。这股力量既要推翻极端的保守，也要阻止激进的狂暴盲动。

这五条要旨联成一气就是陶行知一生所遵循的指导思想，从而创造了他自己独特的哲学概念，并形成了生活教育理论。

任何行动或任何事物都是人与自然—人自身—人与社会相统一的集合体。这个集合体，犹如大众之"众"字，上面一个"人"是中介，是人自身；下面两个"人"是人与自然和人与社会两端，是矛盾统一的矛盾双方。陶行知进入金陵大学开始研究王阳明学说，经过1916年到1927年，他超越了王阳明，将"知是行之始、行是知之成"翻了半个筋斗改为"行是知之始、知是行之成"。他将"知行"之名改为"行知"。他说，"我的理论是'行知行'"，并进而创造"衔"这个字，有时也以"陶衔"署名。"行知行"刚好适用"众"字形的三分法。"行以求知知更行"和"就事实生理想、凭理想正事实"是前后两个不同的"行"和"事实"，"知"、"理想"则是"中介"。"教学做合一"则是"生活即教育"与"社会即学校"的中介。在设计育才学校校徽三圆圈时，一下排列出了32组三位一体的概念群。简言之，"行知行"就是三分法。这在"行知合一"哲学史上是一个独特的创造。

三、像陶行知那样，坚持不懈地培养合理的人生，打破人间的隔阂，"创造一个四通八达的大通世界"。

"世界的沟通，在人的沟通；而人的沟通在心灵的沟通。"实现"个人为社会而生，社会为个人而立"的核心价值就在于这个"心灵的沟通"。只有把众人的心灵沟通，合起来才能产生巨大的力量，推动历史前进。"心的力"是人类相互沟通共同创造的原动力。陶行知借用穆罕默德的比喻："假使你有两块面包，你得用一块去换一朵水仙花，因为面包是身体的粮食，水仙花是灵魂的粮食。"他称"这是再好也没有的人生观。……所发出来的力量，可以教我们有面包吃又有水仙花看"。

陶行知的人生轨迹也如"行知行"一样，他在给妹妹文渼的信中所讲的"中国性、平民性"相当于"行知行"中前后两个不同的"行"，这是矛盾的两端；"经过一番觉悟"的"觉悟"，包含有"启蒙"、"反思"、"理解"等的含意，这是中介，是东西方文明会合、思想交融的结果。没有这个"觉悟"，就不能产生如"心的力"这样无可替代的力量。他的人生轨迹可以分为"即行即知、即知即传、即传即联、即联即前"四个阶段。第一阶段：1912-1919；第二阶段：1919-1931；第三阶段：1931-1939；第四阶段：1939-1946。通过吸收和扬弃，后一阶段都包容了前面诸阶段。他跨越了六次民主启蒙运动：戊戌维新、辛亥革命、五四新文化运动、北伐运动、新启蒙运动和民主运动。在后五次运动中，他都是站在运动前列，但生前死后都处于社会边缘地位，惟独逝世前最后一年，却成为举世闻名的风云人物，众人称之"民主魂"。

他从1931年9月到1932年8月，连续在《申报》上发表杂文《斋夫自由谈》和教育小说《古庙敲钟录》，8月19日又开始为《申报》撰写有关救亡和教育的改文言文为白话文的时评。一开始写就连续四天发表了《今后教育上基本问题之讨论》，时评提出"惟勇者乃能承认事实之真相，惟智者乃能从事实中求出路"。他揭露"使学校市场化，使学生原料化"的诸多畸形发展之现象。他说："今日之教育，为拉青年出社会，与实际生活分离，而非引青年入社会，以解决其本身及社会一切问题；为提高青年生活之欲望，走入奢靡无能无用之绝境，而非导青年走入生产与建设之坦途。"这批评于当今中国教育不是仍有警醒作用么？在《古庙敲钟录》第七十八节里，他指出中国教育的歧路在于抱着书本、抱着黄金、抱着标语而忘掉人生。如今已深陷于学历主义、拜金主义和形式主义混为一体的无底深渊，从而制造了一大堆泡沫教育体。他对"教育等于读书，读书等于赶考"的现象深恶痛绝。他认为，这"是把中华民族的前途赶跑了……这样大规模的消灭民族生存力的教育行政不是出于信仰而是出于敷衍，不是出于理性而是出于武断。……我们现在的要求是：停止那毁灭生活力之文字的会考；发动那培养生活力之创造的考成。创造的考成所要考的是生活的实质，不是纸上的空谈"。怎样改变这样大规模的消灭民族生存力的状况？他说："要想打破根深蒂固的积习，难免要些矫枉过正的手段。但是千万不可忘了'培养合理的人生'乃是我们真正的宗旨。"

像陶行知那样，正确对待"教育"和"生活教育"，用哲学视野观察世界认识中国以及坚持不懈地培养合理的人生，就必须牢固树立"人命贵于一切"的理念："中国要到什么时候才能翻身？要等到人命贵于财富，人命贵于机器，人命贵于安乐，人命贵于名誉，人命贵于权位，人命贵于一切。只有等到那时，中国才站得起来！"

只有在人命贵于一切、一切为创造、创造为除苦这个大前提下，才能实现陶行知及其生活教育毕生的一贯主张：

教育贯彻人生的始终；

创造贯彻教育的始终；

社会创造力贯彻社会发展的始终。

只有如此，才能实现民主思想家陶行知的理想：民主第一，自由始终；行动一生，创造其中。

"民主之魂，教育之光"。③

2005年3月15日生活教育运动78周年

注 释

① 杜威：民主主义与教育·社会和道德（1916年），中译本375页，人民教育出版社1990年10月版。

② 荀子·劝学，引自山西古籍出版社2003年版8页。

③ 1946年7月26日上海人民为陶行知举行大殓时，为其遗体覆盖着"民主之魂，教育之光"的锦旗。

目录

我的学历及终生志愿
　　——致J.E.罗素（1916年2月16日）　　1
创造一个四通八达的社会
　　——给文渼的信（1923年11月13日）　　3

1912年
金陵大学学生陶文濬的信仰自述（节选）（12月21日）　　5

1913年
《金陵光增刊中文报》之缘起（2月）　　7
为考试事敬告全国学子（5月）　　8

1914年
呜呼某校（1月）　　11
共和精义（6月）　　12

1916年
中国的道德和宗教教育（节选）（11月）　　19

1917年
中国在转变中（3月）　　24
试验主义之教育方法（下半年）　　26

1918年

生利主义之职业教育（1月15日） 29

师范生应有之观念（5月） 35

以科学之方 新教育之事（9月27日） 39

1919年

教学合一（2月24日） 42

试验教育的实施（4月14日） 44

第一流的教育家（4月21日） 46

新教育（7月22日） 48

学生自治问题之研究（10月） 54

1920年

关于教育厅长产生问题的意见（11月25日） 60

1921年

地方教育行政为一种专门事业（7月） 62

教育者之机会与责任（7月7日） 66

活的教育（8月） 71

1922年

中国女子教育之既往与将来（3月8日） 78

对于参与国际教育运动的意见（3月） 81

市乡教育分治与南京教育（11月5日） 83

1923年

教育与科学方法（1月15日） 87

《中国之教育统计》前言（5月） 91

清华教育的背景（5月15日） 93

学生与平民教育（11月13日—27日） 96

1924年

预备钢头碰铁钉

——给吴立邦小朋友的信（1月5日） 98

谈诗

——答吴立邦小朋友的信（2月6日） 100

徽州土货
　　——答吴立邦小友的信（3月26日）　　101
希望您做一位三千万人民的教育厅长
　　——给安徽教育厅长卢绍刘先生的信（2月8日）　　103
半周岁的燕子矶国民学校
　　——一个用钱少的活学校（7月）　　106
南京安徽公学办学旨趣（12月8日）　　109
《1924年世界教育年鉴·中国篇》导言　　112

1925年

我对于屯昌汽车路办理的意见（7月25日）　　119
中国教育政策之商榷（8月21日）　　121
《新教育评论》创刊缘起（9月）　　123
对于解决东南大学问题之意见（10月11日）　　125
学生的精神（10月19日—24日）　　127
平民教育之重要与办法（10月20日）　　129
评陈著《家庭教育》
　　——愿与天下父母共读之（12月11日）　　133

1926年

师范教育下乡运动（1月8日）　　136
清华学校问题（2月12日）　　138
尊重公有财产（4月16日）　　140
创设乡村幼稚园宣言书（10月29日）　　142
我之学校观（11月5日）　　145
南京中等学校训育研究会（11月5日）　　147
我们的信条（11月21日）　　149
中国师范教育建设论（12月3日）　　151
中华教育改进社改造全国乡村教育宣言书（12月3日）　　156
中国乡村教育之根本改造（12月12日）　　157
南京安徽中学生长程序（12月19日）　　159

1927年

教会教育与私立学校
　　——答同仁中学校杨继宗先生的信（1月）　　161
师范教育之彻底改革

答石屺佣等的信（2月3日）　　　163
实际生活是我们的指南针
　　　——给全体同学的信（5月15日）　　165
行是知之始（6月）　　　167
生活工具主义之教育（6月15日）　　169
如何教农民出头（8月15日）　　171
平等与自由（9月1日）　　173
教学做合一（11月2日）　　175
在劳力上劳心（11月3日）　　177
以教人者教己（11月5日）　　179
本校产生时的催生娘娘（11月7日）　　181
晓庄试验乡村师范学校创校旨趣（8月14日）　　183
中国乡村教育运动之一斑（9月27日）　　185

1928年

"伪知识"阶级（1月31日）　　192
道德问题（6月8日）　　199
介绍一件大事
　　　——给大学生的一封信（8月18日）　　200
《破晓》序（11月24日）　　202

1929年

图书馆之真意义（1月28日）　　205
地方教育与乡村改造（2月）　　206
这一年（3月15日）　　208
《在晓庄》序（4月28日）　　211
生物学或死物学
　　　——致郑先文（5月）　　213
"做学教合一"的总解释（7月）　　214
今日之幼稚园（10月28日）　　223

1930年

生活即教育（1月16日）　　225
《乡村教师》宣言（2月1日）　　230
晓庄三岁敬告同志书（3月15日）　　232
生活历（7月）　　238

教育改进（7月） 240
艺友制的教育（7月） 244

1931年

生活教育论发凡（3月15日） 246
答震叔（3月31日） 250
师范生的第一变——变个孙悟空（4月15日） 253
师范生的第二变——变个小孩子（5月15日） 256
贫穷与教育
　　——生活教育讨论之一（5月15日） 259
今后教育上基本问题之讨论（8月） 265
中华民族之出路与中国教育之出路（节选）（9月） 270
科学的生活（9月21日） 274
教学做合一下之教科书（10月） 279
假人（9月25日） 289
不如学阿尔（10月28日、29日） 291
科学的孩子（11月16日） 293
中国的人命（11月9日） 295
新旧时代之学生（11月26日） 296
一个教师与家长的答复
　　——出头处要自由！（12月11日、12日） 297
如何可以不做一个时代落伍者
　　——答复一位青年教师的信（12月21日） 299
诗的学校（12月30日） 300

1932年

是非（1月21—22日） 302
儿童科学教育（5月13日） 304
对于乡村教育的一个新建议
　　——乡村工学团之试验（8月） 310
培养合理的人生（8月） 312
从教育上谋国难的出路
　　——手脑并用（9月20日） 313
目前中国教育的两条路线
　　——教劳心者劳力，教劳力者劳心 316

1933年

创造的教育（3月） 318

过去与未来的中学生（3月10日） 324

小先生与普及教育（4月16日） 328

为农人服务的方针和做学问的方法（9月16日） 331

1934年

什么是生活教育（2月16日） 333

怎样指导小先生（4月1日） 335

如何达到工以养生（5月6日） 338

杀人的会考与创造的考成（6月1日） 341

生活教育提要（6月） 343

行知行（7月16日） 345

普及教育运动小史（10月） 347

教育的新生（10月13日） 348

读书与用书（11月10日） 351

小先生与民众教育（12月1日） 354

关于现代教育上的几个实际问题（12月） 357

普及教育（12月24日） 363

向时代的最前线追求（12月30日） 368

1935年

中国普及教育方案商讨（1月1日） 369

儿童的世界（1月1日） 371

生活教育现代化（3月1日） 376

文化细胞（5月1日） 377

文化网（5月16日） 379

1936年

上海文化界救国会国难教育方案（1月6日） 380

普及教育之要义与普及什么教育（2月） 382

答复庶谦先生（2月15日） 383

民族解放大学校（2月16日） 388

大众的国难教育方案之特质（3月1日） 390

新的大众教育运动（3月15日） 392

生活教育之特质（3月16日） 394

怎样做大众的教师（4月1日） 396
大众教育问题（5月1日） 398
我们的态度（5月1日） 404
中国大众教育概论（5月10日） 406
新大学——大众的大学（6月1日） 409
文化解放（6月14日） 411
大孩子游记——我要看世界（7月12日） 415
中国大众教育运动（8月） 417

1937年
对于中国学生运动之认识与希望（5月29日） 419
问自己（7月12日） 421
乡村教育十周年（10月10日） 422
论中国文化
　　——一个教师关于中国文化的观点（11月26日） 423

1938年
十二个字的理论
　　——致吴树琴（1月4日） 424
回国三愿（9月1日） 425
生活教育目前的任务（12月15日） 426
在生活教育社总社社员大会上的讲话（12月15日） 429

1939年
教育过程（3月9日） 432
评加强教育党化（3月10日） 433
告生活教育社同志书
　　——为生活教育运动十二周年纪念而作（3月15日） 435
全国难民教育计划草案（3月20日） 441
怎样办教育（6月27日） 451
温泉讨论生活教育（7月30日） 453
宪政运动与国民教育（11月16日） 456
抗战时期之小先生
　　——致重庆第六中心学校小先生推行委员会（12月19日） 459
我们的校徽（12月25日） 461
育才三圆圈校徽的内涵——三位一体的多元运用（9月30日） 464

我的民众教育观（12月25日） 466
谈生活教育
　　——答复一位朋友的信（12月） 468

1940年

儿童保育问题（2月10日） 470
生活教育运动十三周年纪念告同志书（3月15日） 474
育才学校创办旨趣（5月1日） 477
育才学校教育纲要草案（8月1日） 480

1941年

清水沙盘
　　——献给全国小朋友（1月10日） 486
追求真理做真人
　　——致陶晓光（1月25日） 488
新武训（6月1日） 490
育才二周岁之前夜（6月1日） 491
创造年献诗（9月1日） 498

1942年

在生活教育运动十五周年纪念会上的讲话（3月15日） 500
每天四问（7月25日） 501

1943年

创造宣言（10月13日） 507
与陆诒的谈话（10月15、16日） 510

1944年

从五周年看五十周年（6月） 511
青年教育与思想问题（6月25日） 514
民主第一（9月6日） 515
创造的儿童教育（9月20日） 517
音乐的感受力和发展舞蹈（11月3日） 522
敲碎儿童的地狱　创造儿童的乐园（12月15日） 523
关于"创造性的救济"
　　——致甘霖林（12月25日） 527

1945年

创造的社会教育（1月28日）　　529

民主的儿童节（4月4日）　　531

艺术是老百姓最需要最爱好的东西（4月22日）　　533

实施民主教育的提纲（5月）　　534

全民教育（9月18日）　　539

民主（11月1日）　　542

民主教育（11月1日）　　543

《行知诗歌集》自序（12月9日）　　545

视死如归
　　——致吴树琴（12月9日）　　546

1946年

为老百姓而画（1月1日）　　547

在生活教育社新年叙餐会上的讲话（1月20日）　　548

领导者再教育（3月9日）　　549

生活教育的创立与成长（5月）　　551

小学教师与民主运动（5月10日）　　553

虚心　学习　贡献（5月12日）　　557

活路
　　——《活路》创刊号代发刊词（5月25日）　　558

民主教育（5月25日）　　559

教师自动进修（6月6日）　　562

诗人节祝词（6月7日）　　564

谈扫除文盲（6月13日）　　565

振兴女子教育（6月29日）　　567

社会大学运动（7月16日）　　570

为新中国之新教育继续奋斗
　　——致育才学校全体师生（7月16日）　　573

附录：陶行知及其生活教育活动记略　　575

我的学历及终生志愿
——致 J. E. 罗素 (1916年2月16日)

亲爱的罗素院长①:

2月11日手示敬悉,欣喜何似。所嘱就自身曾受训练及终生事业之计划向利文斯通奖学金捐助人作一简略报告,自当乐于从命。

余现年二十有二,生于徽州,此乃一鲜与外界交往之地。余之早期汉学教育受业于家父及其他师长,至十四岁始入一中华耶稣内地会学堂,受教于唐进贤师(Mr. Gibbs),彼当时为仅有之西学教员也。两年后,该学堂因唐进贤师返回英国而停办,余乃不得不冒险前往杭州意欲习医。旋以医学堂严重歧视非基督教徒,甚至事关学科问题亦然,余乃撤回注册,而入学仅三日耳。余于失望之余,仍返徽州专习英文,复经一年,然后前往南京入金陵大学,校中基督教徒与非基督教徒均受欢迎,此乃余今日仍乐于称道之事也。三年后,一次革命爆发②余返徽州,任徽州议会干事③甫及半载,回南京复学。蒙学友之助及大学当局之信任,余倡办《金陵光》学报中文报并任主笔。1913年,余成为一基督信徒④,因得包文博士(Dr. Bowen)、汉克博士(Dr. Henke)之指导,复因詹克教授(Prof. Jenk)讲授"基督教义之社会意义"予余印象至深,有以致之也。1914年6月,亦即余就学于南京之第五年末,余获学士学位。8月,蒙父母及友人相助,余启程赴伊利诺大学攻读一年,除获可贵之诸多教益外,复得余辛劳之副产物,即硕士学位是也。于伊利诺一年中之下半年期间,余曾任学生俱乐部干事。

三年前,余选就哥伦比亚大学为余在美之最终目标,然因资力不济而未能及时来校就读。余今生之惟一目的在于经由教育而非经由军事革命创造一民主国家。鉴于我中华民国突然诞生所带来之种种严重缺陷,余乃深信,如无真正之公众教育,真正之民国即不能存在。余矢志以教育管理为终生事业,始于去夏,是时正值基督教男青年会于日内瓦湖举行夏季大会,余于此受极大启迪。余曾查阅既知之所有学府,再次发现贵院乃其中最佳去处。然而,选定一学府为一事,有无充足资力进入该学府则为另一事。自1915年1月家父逝世以还,家庭全部负担即加于我身,余之经济状况乃陷于极大困境。所幸者，在余决定来师范学院之前不多时，蒙我国政府授予"部分奖学金"，连同其他种种援助，至少已予我以作一起步之足够勇气。然而，纽约生活费用之高，竟超出余所预料。留纽约半载，已觉余之准备不足以供顺利完成学业之用，因之，蒙孟禄博士介绍，余乃着手申请利文斯通奖学金，并已蒙慷慨授予。衷心谢领此项厚礼之余，受业愿向您及利文斯通捐助人保证，在斯特雷尔教授及其他科、系教职员之教导下，再经两年之培训，余将回国与其他教育工作者合作，为我国人民组织一高效率之公众教育体系，以使他们能步美国人之后尘，发展和保持一真正之民主国家，因此乃惟一能够实现的正义与自由的理想之国。

如蒙告知居于纽约附近之若干捐助人姓名，俾便设法一一前往拜会，则对余当为一极有意义之事。

谨致最佳祝愿及问候。

陶文濬敬上
1916年2月16日于哥伦比亚大学哈特莱学生宿舍1010室

注　释

①J. E. 罗素　当时任美国哥伦比亚大学师范学院院长。

②一次革命　指1911年孙中山领导的资产阶级民主革命，即辛亥革命。

③任徽州议会干事　据安徽省陶行知纪念馆《陶行知纪念馆五岁》97页所载，已故休宁县教师程管侯1954年亲笔写的《自传》中有"1911年，31岁，宣统三年，辛亥，参加余德民、陶行知、汪章瑞、程则裴等在屯溪湖余家庄起义……余德民失败走依黎宗岳"的记载。起义领导人余德民之子，祁门县退休干部余芳提供的书面材料亦说：解放后听父亲余德民口述参加起义的有平民教育家陶行知、金慰农、余家榴先生等。

④基督信徒　此系由英文Christian翻译过来，可作基督徒、基督教徒、基督信徒以及按基督教义行事的人解。据陶行知的亲属和友人提供的回忆材料（其中有儿子陶宏、陶晓光、老同学、原金陵大学校长陈裕光、同辈亲属、当时曾长时间在一起工作的曹子云等）说明：陶行知曾经信仰基督教义，但他从未参加基督教会组织的教仪活动。

创造一个
四通八达的社会*
——给文渼的信（1923年11月13日）

渼妹：

前在安庆接到家书，承嘱于修改后奉还，此事拟于到武昌后办理，一二日之内即可寄出。家中所需物品可以带京，请函冬弟①购办。

知行一点钟内可以抵汉，拟于二十三日回安庆，二十四日赴芜湖。回京日期当在十二月初。

知行近日买了一件棉袄，一双布棉套裤，一顶西瓜皮帽，穿在身上，戴在头顶，觉得完全是个中国人了，并且觉得很与一般人民相近得多。

我本来是一个中国的平民。无奈十几年的学校生活，渐渐的把我向外国的贵族的方向转移。学校生活对于我的修养固有不可磨灭的益处，但是这种外国的贵族的风尚，却是很大的缺点。好在我的中国性、平民性是很丰富的，我的同事都说我是一个"最中国的"留学生。经过一番觉悟，我就像黄河决了堤，向那中国的平民的路上奔流回来了。

平民教育的宗旨是要叫种种人受平民化。一方面我们要打通层层叠叠的横阶级。如贫富、贵贱、老爷小的、太太丫头等等，素来是不通声气的，我们要把他们沟通。又一方面我们要把深沟坚垒的纵阶级打通。纵阶级的最昭著的是三教九流七十行，江南江北、浙东浙西、男男女女等等都有恶魔把他们分得太严。这种此疆彼界也非打通不可。民国九年，南京高师办第一次暑期学校的时候，胡适之、王伯秋、任鸿隽②、陈衡哲、梅光迪诸先生和我几个人在地方公会园里月亮地上彼此谈论志愿，我说我要用四通八达的教育，来创造一个四通八达的社会。我这几年的事业，如开办暑期学校、提倡教职员学生之互助、提倡男女同学、服务中华教育改进社，都是实行这个目的。但是大规模的实行无过于平民教育。我深信平民教育一来，这个四通八达的社会不久要降临了。

我这一个多月来随便什么地方都去宣传平民教育。四天前，我到南昌监

---

* 此为陶行知1923年11月13日写给妹妹陶文渼的信。

狱里去对四百个犯人演讲,我说人间也有天堂地狱。若存好的念头,心中愉快,那时就在天堂;若存坏的念头,心里难过,那时就在地狱。我说到这里,忽然得到一个意思。这个意思就是天堂地狱也得要把它们打通。后来我想了一句上联送自己:"出入天堂地狱。"下联没有想出来,请你给我对起来罢!

这次在轮船上觉得很安逸。记得前年我们到牯岭去,轮船上一夜数惊。我们生在此时,有一定的使命。这使命就是运用我们全副精神,来挽回国家厄运,并创造一个可以安居乐业的社会交与后代,这是我们对于千万年来祖宗先烈的责任,也是我们对于亿万年后子子孙孙的责任。

这时我在汉口南洋宝酒楼。这是个徽州馆。我在这里吃牛肉面,吃的饱得很,只费了一角五分钱。

再过半点钟,我就要渡江到武昌去了。我现在康健快乐。敬祝你和全家康健快乐!

十二年十一月十二夜写起
十三日早晨写了

注 释

① 冬弟　即曹子云。

② 任鸿隽　即任叔永。

1912年

金陵大学学生陶文濬的信仰自述* （节选）(12月21日)

约有四年了，我的心灵一直是个战场。耶稣基督和撒旦为占有它而战。耶稣最终赢得胜利。自这一刻起，我成为他的追随者。

由于期望从耶稣那里得到不应得的好处，我过去一直没有皈依他。如果说有什么人令我不屑的话，那就是那种终日把"我能得到什么好处"挂在嘴边的人。我信仰耶稣很大程度上由一本书促成，它是康奈尔大学的詹克斯教授写的，名为《耶稣的处世原则》。我不能仔细回想起耶稣的哪一部分教诲是重要的了，但是我必须说，使我追随他的是他那"我们应当像爱自己一样爱世人"的教义。这个原则已经在我刚才提到的那本书里提出和阐明。

除此以外，学习历史时，我已经注意到伟大的领导人和他们与耶稣基督的关系。我发现，很大比例的哲学家和科学家都是耶稣基督的坚定信仰者和追随者，而这些人并不把他们的哲学和科学知识直接归功于耶稣基督及其教义和教会。

还有，今日之环球，哪个国家可称为最伟大的共和国？你们会说，当然是美国。那么，美国从何而来？我视华盛顿为其创建者，林肯为其救世主。他们是什么人呢？这两个人把一切，包括他们自己，都以耶稣的名义献给了国家，正如基督所做的那样。他们深爱自己的国家和自己的同胞，因为他们是耶稣基督的忠实信徒。

中华共和国又从何而来？你们会说是来自改革者和革命者。那你们回溯得尚不够远。孙文博士过去一直为此而奔走操劳，而他来自何处？他的自由平等观念得来自何处？这些意识多年前已由传教士灌输到他的内心。这位传教士是谁？耶稣的信徒，他在中国的直接目的就是告诉人们，耶稣怎样来拯救世界。

试看今日中国的教育系统，它们的中心何在？是在岭南大学、圣约翰大

---

* 转引自何荣汉著《陶行知——一位基督徒教育家的再发现》，原件系英文打字稿，藏于耶鲁大学图书馆。敬一含译，吴琴南校。

学、金陵大学、文华大学、天津大学、燕京大学、北京清华学堂和其他类似的在华机构，这些都是耶稣基督精神和教会的直接成果。今日中国之教育倘非起源于耶稣基督，中国将处于何种境地？想必是在极度的愚昧之中。

在这里，我们也有自己的教师，他们离开家乡和祖国来教导我们。他们教我们哲学、历史、数学和科学，我们接受了。他们教我们信仰，世上已有的最高尚的信仰，对于耶稣的信仰，我们却拒绝了。如果他们教授哲学和历史而遭到我们拒绝，那确实是令人遗憾的事。不过，毕竟这些学科和其他一些学科一直都在变化。但是，如果他们教给我们永恒的信仰的基本原则而遭拒绝，那将是何等的憾事！

同学们，我衷心地呼唤你们投向耶稣基督！

1912年12月21日

1913年

《金陵光增刊中文报》之缘起*⁽²月⁾

（甲）推广规模

世间事物不能无进步，即规模不能无推广。本校①自有英文报，迄今已阅四载。而此四载之内，三公会②联合，三书院③统一，学校有进步，学生有进步，成绩日多，精神日旺，安可不有规模更大之学报与学校学生平行进步，以宣导其磅礴，记载其成绩，而鼓舞其精神哉？

（乙）保存国粹

自西学中输，新学派之醉心欧化，蔑视国文也，久矣。殊不知腐儒鄙弃西学，固属偏见；而新进蔑视国文，尤为忘本。夫国文之用，所以表示一国人之思想，记载一国人之行动，以互相传达，而特异于外人者也。故国界一日不消除，则国文一日必留存，未有有国而可弃其国文者也。国文有缺点，吾当补缀之；国文有窒塞，吾当贯通之；国文衰暗，则当改良之，光明之。其事实难，然吾辈青年学子所不可放释之责任也。同人有志于此，爰增刊中文报，以磨炼作国文之才，而唤起爱国文之心。能作能爱而后可言保存；能保能存而后可言光明。

（丙）灌输学术

诗云："他山之石，可以攻玉。"泰西学术，实高出吾人之上。何妨借人之长，以济己之短。然徒有英文学报，不过将我之所长彰之外人，而对于国内学子反不能尽其介绍之职，殊为憾事，故加入中文以承其乏。凡关于学校、学生，足为吾辈学子研究之助，本报即译之。虽才有未足，力有未逮，然泰山不让细尘也。

注　释

① 本校　指金陵大学。
② 三公会　指美以美会、基督会、长老会。
③ 三书院　指汇文书院、基督书院、益智书院。

----

* 本篇原载1913年2月《金陵光》第4卷第1期。

为考试事敬告全国学子*(5月)

口诵心维，日就月将。一学期之韶光，行且风驰电掣过去矣！今者暑假伊迩，吾人对于此将至未至之考期，其观念果何如乎？大概勤生多主乐观，惰生多主悲观。彼勤生兢兢业业，一日读一日之书，一时学一时之业；平日不虚度分阴，至考则不待楮墨，已有左券之操。更逆计前列之荣，师友之鉴赏，父母之宠幸，怡然意满，安得不乐乎？惰者则异是，平日惟宴安是娱，逸豫是耽。光阴宜宝贵也，而等于闲度；学业宜精思也，而苟于涉猎。至考则有落第之虞，更逆知点额之辱，师友之藐视，父母之责备，溯往自伤，而往者不可追，嗒然若失，又安得不悲乎？

然此二者，不足以尽将考时学子之态度也。夫畏辱思荣，荣益求荣，人之情也。彼惰者之自悲，吾无间焉。所惧者，彼既以惰而荒业，复不愿自居下风，谓美名可以幸邀，令誉可以幸取。因畏辱心而生侥幸心，复因侥幸心而生谲诈心者，比比然也。彼勤者之有荣，吾之悦也。所惧者，溺于虚名，不自满足，自量才智不如人，犹殚思竭虑，求有以达其冠军之目的。始于一念之贪，终于欺诈之行，此又学子考试时通常之态度也。

噫！两军对垒而阴谋用，五洲互市而狡计生，考试之时有试探焉！试探维何？夹带也，枪替也。稍敛形迹者，则剽窃焉，耳语焉，其为名虽繁，其为欺则一。而所以陷溺之者，则不出畏、贪之二念。试言其害：

（一）欺亲师

事亲莫大于孝，事师莫大于敬。不孝不敬，莫大于欺。考以舞弊而前列，终非庐山真面目。师不及察，给以优分，是师见欺矣。考卷寄家，亲不及辨，以为是真吾儿之英隽，是亲见欺矣。欺师不敬，欺亲不孝，不孝不敬，是为败德。败德之人，不得志害身家，得志害天下。自来滔天罪恶，盖有始于此者矣。

---

* 本篇原载1913年5月《金陵光》第4卷第4期。《金陵光》在本期刊登启事：自本期起该刊只设中英文主笔，不再设总编辑，陶行知任中文主笔。

（二）自欺

彼舞弊者，果得售其术耶？吾以为能欺父母，能欺师傅，而不能欺同学。彼不肖之流，固相与朋比为奸，而自洁之士，必贱其行，必耻与伍。常见弄术者，考试未完，人言已藉藉而不堪入耳。彼固欲假此以邀前列，不知反因此而遭同学之鄙弃，召同学之藐视。将以求荣，适以受辱；将以欺人，适以欺己：其愚亦已甚矣。

（三）违校章

行欺禁令，载在章程。学校之章程，学校之法律也。违背学校章程而行欺，是藐视学校之法律也，是违背学校之法律也，是以学生而为犯人也。学生将以正人者也，己不自正而欲正人，可乎？学生将以治人者也，己不自治而欲治人，可乎？学生将以引人服从法律者也，己不服从而令人服从，可乎？学生之位置，最高贵之位置也；学生之前程，最远大之前程也。以尊荣之学生，而行同偷窃，甘以身试法，不独行为不轨，亦且太自轻其身份矣。

（四）辱国体

其在专门大学中，教员有外人，学生有外人。吾华生之一举一止，一言一行，莫不为彼邦人士所注意。倘不慎而所安、所由、所以，皆未能出于诚，则彼外人行将以一斑而概全豹，漫谓吾"中华之大病在于不诚"。则诸君有何面目对此大好山川乎？吾之为此言，非欲诸君之媚外也。吾辈既忝为共和之国民，则不可不有共和之精神。共和之精神维何？自由而已！西谚曰："惟真诚为能令国民自由。"言行真诚，以保守扩张此铁血换来之自由，使外人对于中华民国皆存爱敬心，不起轻慢心，则吾人所当黾勉者矣！不此之务，而惟欺诈是尚，则不徒召外人之藐视，亦且失其共和国民之精神矣。

（五）害子孙

舞弊者，岂仅一己行欺而已哉？其影响且及于子孙矣。生人之一举一动，皆印于神经系内，浅者霎时即没，深者历世不移，遗传而成本能。故父母惯于行欺，其恶根性之于子女，与生俱传。及长，子女可以不学而能欺。且孩童最易受影响人者也，父母之言行举动，子女多于不知不觉中被其激触，效而尤之。今日之学子，即他年之父母也；为学子而行欺，是不啻引将来子女之行欺矣。可不惧哉！

曰欺亲师，曰自欺，曰违校章，曰辱国，曰害子孙：考试舞弊之五恶德也。文文山①曰："读圣贤书，所学何事？"学欺亲师耶？学自欺耶？学违校章耶？学辱国耶？学害子孙耶？毋亦不大背圣贤之道，而违其莘莘求学之初心也。闻之"道德为本，智勇为用"。欲载岳岳千仞之气概，必先具谡谡松风之德操；欲运落落雪鹤之精神，必先养皑皑冰雪之心志。德也者，所以使吾人身揆于中道，知识不致偏倚者也。身体揆于正道，而后乃能行其学识，以造人我之幸福；学识不致偏倚，而后乃能指挥身体，以负天降之大任。道德不立，智勇乃乖。故有勇无德，楚项羽②所以有垓下之围；有才无道,岔成括所以有杀身之祸;智勇兼备而无德,拿破仑所以有拘囚之恨。世顾有无德而能善其终者乎?吾辈学子可以深长思矣!

且吾人今日盖莫不以爱国爱人自任矣。对于吞赃纳贿,则重斥之;对于任用私人,则訾议之;对于运动位置,则鄙弃之。吾嘉其志,吾佩其言,然爱国者必遵守法律。今日不服从学校之法律,安望其他日服从国家之法律乎?爱人者,必推亲及疏。今日师傅之昵而欺之,父母之亲而欺之,己身之切而又欺之,安望其他日之能爱人乎?孔子曰:"君子素其位而行。"(Perform your duty where you are.) 今日之责不尽,安望其将来之尽责乎?况彼贪官污吏,其成也非一朝一夕之故。始于天性遗传之不良,继之以家庭教育之不良,继之以塾师教育之不良,终而入世,又复浮沉于不良之政府、社会中,习与性成,斯一举手而蠹国殃民。甚矣,始之不可不慎也!为学生而可求人枪替,为官亦可以金钱运动位置;为学生而为人枪替,为官亦可任用私人;为学生而夹带,而剽窃,而耳语,为官亦可吞赃纳贿。何则?履霜坚冰,其所由来也渐耳。故欲他日爱国爱人,必自今日不欺始。欺人欺己而自谓爱国爱人者,假爱也。亲且不爱,遑论乎疏?己且不自爱,遑论乎推己而爱人?

观彼行欺者流,鼠窃狗偷,畏首畏尾。未考之先,藏之惟恐不密;当考之时,袭之惟恐不速;既考之后,虑之惟恐不远。其用心殆可谓劳矣,而其结果乃如是之恶,则人亦何乐而为此?无如世道凌夷,俗尚欺诈,各校规则复未能严紧,加之教员多以得学生欢心,为保全位置计,见若不见,闻若不闻,弗敢穷究,驯致中人以下皆未免逐浪浮沉,习以为常,恬不为怪。不思其行为之鄙陋,反矜其运技之神速。噫!斯风不振,教育之前途何堪设想?敢以孔圣之言进告吾所敬爱之学子:"过则勿惮改。"失之于前,改之于后,不失为颜回③,不失为周处。若其徘徊歧路,不改前愆,则正邪不两立,清浊不同流。吾所敬爱之学子中,不乏洁身自好之士。所望毋惮权势,毋徇私情,择善而行,见义而为。大声疾呼而忠告之,耳提面命而规谏之;忠告规谏之不从,割席④与绝之;割席之不悛,鸣鼓而攻之⑤:必达肃清之目的而后已。诸君,诸君!今日不能止同学之欺行,安望他日除国家之秕政,革社会之恶俗乎?挽狂澜而息颓风,是所望于诸君之力行。

注释

① 文文山　即文天祥。

② 项羽　即项籍。

③ 颜回　即颜渊。

④ 割席　管宁(158—241)少时,与华歆(157—231)同席读书,有乘轩冕过门者,歆废书往观,宁与割席分座,两人从此断交。

⑤ 鸣鼓而攻之　见《论语·先进》,即声其罪而责之。

1914 年

呜呼某校 *(1月)

年考将届,某校学生某起谓某教员曰:"请先生给我们些范围。"

众学生曰:"这是要的,这班书顶难。"

某教员曰:"上班了四个月,只念了十八面书,怎样叫难?"

既思欲保存饭碗,惟有取悦学生;欲取悦学生,惟有允其要求。乃继曰:"那吗,照书面数,逢单的就考,逢双的就不考,好不好?"

众学生曰:"好……好……好!"

考试届,某教员书考题毕,一生曰:"先生,第二个题目在书上哪一面呢?"继又一生曰:"先生,末了一个题目我忘记了,在哪一面呢?"

某教员始则支吾两语,终则一一俱应学生所问。考试始终,学生忽而交头耳语,忽而纸球四飞。抽屉之下,几成藏书楼。一时眼手交忙,大有偷儿之态度。教员则如知情之捕快,见若不见,闻若不闻。

记者曰:一学期而读十八面书,已属不成事体。考时复取其半,以为范围;范围之外,复有指点;指点不足,继以夹带;夹带不足,继以枪替、剽窃。学生以此欺教员,教员亦以此误学生,成何教员?成何学生?更成何学校?然就吾之目光所观察,正不止某校已也。呜呼,民国教育之前途!

---

* 本篇原载1914年1月《金陵光》第5卷第8期。题前原标明为"社评二"。

共和精义 *(6月)

共和譬之金，国家譬之金矿。专制横威，民气雌伏。共和之道不昌明，犹金在矿，瓦石蔽之，榛莽障之。天府虽富，不可得而见也。及民智日开，意志无由宣泄，则必思所以解脱其捆缚，犹之财用不足，则思辟地利以足生计也。故当民穷力敝之秋，有人告以某处有金矿，则闻之者莫不争先恐后以趋之。亦犹苦于虐政之民，一闻共和之三大信条，即视为全智全能之神，狂冲纷驰，不惜杀身流血以殉之。然而金矿深埋，或丈而见焉，或十丈而见焉，或百丈而见焉。即得金矣，或参以土，或参以石。为矿工者，或死于毒气，或死于塌洿，或死于过劳。恒人见丈而金未见也，见金未得而损失已大也，则莫不嗒然丧胆，悼然懊悔。昔日之讴歌金矿者，今日乃反唇相讥矣。共和为进化之结果，有必经之阶级，必施之培植，必运之心力。时机未到，共和不得成熟也。吾国民主告成，以迄于今，生民之涂炭，产业之凋敝，干戈之连结，经济之衰颓，外患之频临，不特无术防御，抑且视昔加甚。共和既不能作人民水深火热之救主，则其转讴歌而为吐弃，易希望而为失望者，亦物极必反之恒情耳！然金固犹是金也，共和固犹是共和也。金未获而捐弃者，非金之咎，而矿工之愚昧惰怯耳！共和未建而灰心者，非共和之罪，而人民之愚昧惰怯耳！民为邦本，本固邦宁。国本曷以固？曰：惟共则固，共而能和则固。故共和也者，国民全体同心同德，戮力以襄国事，以固国本，以宁国情，使进化于无穷之主义也。国本不固，国情不宁，有退化而无进化，患在共猜、共忌、共争而不能共和耳！共和岂有弊哉？今执途之人而问曰："子愿夫妻子女之与共乎？"吾知非抱极端来世主义者，必皆愿。又问之曰："子愿夫妻子女之能和乎？"吾知人非至丧心病狂，必皆愿。家如是，国何独不然？世安有对于恃以治内防外之国，而不愿其共且和乎？吾于以知今之厌恶共和，吐弃共和者，必非对于国体之本心，不过如受创之矿工，征

---

* 本篇系陶行知1914年在金陵大学的毕业论文，署名：陶文濬。此文在毕业典礼上宣读后，当即面赠江苏省教育司长黄炎培，黄氏后来在哭陶诗中称此文为"秀绝金陵第一声"。原载1914年10月《金陵光》第6卷第5期及11月《金陵光》第6卷第6期。

于一时之劫难，遂并其理想之财源而亦弃之耳！吾恐其中道灰心，徒碍进步，故本革丁、百吞二氏①之旨，揭示共和之真相，以与国人共商榷也。

共和之三大信条

自由、平等、民胞，共和之三大信条也。共和之精神在是，共和之根本在是。谬解自由、平等、民胞三大信条，即为谬解共和之真相。不徒精神射入歧途，抑且动摇共和所与立之根本。危乎险哉！非正名何以挽狂澜于既倒？

（一）自由

法律之内有自由，道德之内有自由。逾越法律，侵犯道德，此自由之贼，而罗兰夫人所以有"自由，自由，古今几多罪恶假汝之名以行"之言也。自由有正负，曰：不自由毋宁死；曰：不有代议士，不出租税；曰：非依法律，不得侵及人民之生命财产，此负面之自由也。此种自由，人民久已不惜蹈汤赴火以争之，其成绩已大有可观。然人民脱离强暴之羁绊，未必即能自由也。盖天下之至不可超脱者，有自奴焉！故真自由贵自克。天下之至不可侵越者，有他人焉！故真自由贵自制。天下之至不可忽略者，有公福焉！故真自由贵个人鞠躬尽瘁，以谋社会之进化。

（二）平等

天之生人，智愚、贤不肖不齐，实为无可讳之事实。平等主义亦不截长补短，以强其齐。在政治上、生计上、教育上，立平等之机会，俾各人得以自然发展其能力而为群用，平等主义所主张者此耳。况人虽万有不齐，然亦有其同焉！试问谁不欲衣食住之满意乎？谁不欲父母夫妻子女之安适乎？谁不欲发展其机能乎？谁在患难不欲人之拯救乎？谁逢恐悸而不欲人之解脱之乎？平等主义欲人一举一止，当思他人思安之心，固不减于我也。自由平等不过达目的之手续，非可以目的视之也。人民争自由平等，冀得各尽其能以为社会耳！为自由平等而争自由平等，则大谬也。自由平等所在即责任所在，天下无无责任之自由平等也。人欲求自由平等之乐，而不肯受责任之苦，多见其愈求愈远耳。

（三）民胞

胡越相处，尔猜我虞，行动能自由而机会能平等乎？故平等自由虽美名，必畛域铲除，博爱心生，国人以兄弟相视，始能得其实际。故自由平等，虽为共和三大信条之二，然共和之大本则在民胞焉！民胞之义昌，而后有共同目的、共同责任、共同义务；而后贵贱可除，平等可现；而后苛暴可蠲，自由可出。苟无民胞主义以植共和之基，则希望共和，犹之水中捞月耳！

共和主义对于个人之观念

（一）共和主义重视个人之价值

众人意志结合，以成社会邦国。共和主义曰个人者，社会邦国之主人翁也。主人翁可不自重乎？阳明子②人皆可以为圣贤之义，实隐符近世共和对于个人之希望。夫人皆可以为圣贤，则人安可不勉为圣贤乎？天生烝民，有智愚强弱之不同；其见诸事也，复有成败利钝之不同：共和主义亦不能否认之。然分金，金也；两金，金也；即至亿金、万金，亦金也。轻重不同，其为金则一。人虽贵贱贫富不同，其柔能强愚能明之价值则一。共和主义则重视个人此种可能之主义也。西谚曰："蹄钉失，马鞋废；骅骝蹶，骑将亡。"夫蹄钉与骑将，其贵贱何啻霄壤别？然以失钉故，将亦不能保其首领。则以各自有其价值，而不可相蒙也。贾子③曰："一夫不耕，或受其饥；一女不织，或受其寒。"此个人在经济界各具之价值，共和主义则充其类耳！

（二）共和主义唤醒个人之责任

顾子④曰："天下兴亡，匹夫有责。"共和主义即以此责任付之各分子。盖个人之有价值，以其对于社会有天职之当尽耳。其在帝制之下，仅君主与诸臣负之。共和主义则责之全体国民，群策群力，群运群智，群负群责，以求群之进化福利，此共和之目的也。且各人因担负此责之故，渐知成德以福人群，奉天命为归宿，而不敢止于独善。况工欲善其事，必先利其器。人民身负重担，自不得不修德养力以为之备。故共和主义之大利，即藉责任以养成完善之国民。

（三）共和主义予个人以平等之机会

共和主义既承认个人有尽天职之价值，复责个人担负进化之大任矣。然或阂于阶级，或压于强暴，不克尽其天职，负其责任。共和主义于此则削其阶级，铲其强暴，无贫富贵贱，俱予以自由发展智仁勇之机会，俾得各尽其能，为全群谋福利进化；机会愈平衡，能力愈发展，斯进化愈沛然莫之能御。拿破仑尝以"登庸众才"自诩，此英主之言，实惟共和能实行之也。

共和主义对于社会之观念

共和主义，视人民为社会之主权。群之良窳，惟民是视。民苟愚劣，社会绝对不能兴盛。社会欲求兴盛，必负改良个人之责。故在共和主义之下，社会之大任即为济弱扶倾，而教其愚不肖，社会一而已矣。强忽弱，则强者亦弱；强扶弱，则强者愈强。因社会集众人而成，多一分病子，即病一分。其健者苟不思所以治之，则蔓延之祸，可立而待，强者亦不能高枕卧矣！故共和主义以博爱为社会组织之大本，而以兄弟视其分子。既昆弟矣，斯平等。富贵者不特不许以财势骄人，且当用以扶其贫贱之兄弟。故灾害相恤，疾病相扶持，爱敬相交待，以日趋于进化，系社会惟一之天职，绝不容稍有放弃。个人为社会而生，社会为个人而立，实共和主义之两元也。

共和主义对于政治之观念

政府者，人民之政府。人民自治以谋人民之福利，此林肯氏之概念，实共和政治之圭臬焉。

（一）共和政治图谋国民全体之福利

共和政治，观察施行舆论之政治也。舆论代表各界意志需求。共和政治予人民以言论、著述、集会之自由，俾各界意志需求，得以发为舆论，民隐得以上达，政府乃从而折衷之，开导之，择良而要者施行之。于是各界意志需求，多得圆满之效果。即各界对于政治俱有迫切之希望，浓厚之趣味。欲人民之不爱国，不可得已。

（二）共和政治重视共和目的、共同责任

有理想而无实习理想之机会，则理想不得达。一国之中不乏法家拂士⑤，然在专制政体之下，贤智者对于社会改良，虽有伟谋硕画，苦不得施之矣；而负责人少，鲜能达其目的。然在共和国，苟有良策，人民共持其目的，共负其责。朝发理想，夕生事实，阻碍既少，功效自富，秕政易除，善政易兴。国人见其然也，则其伟谋硕望之心亦愈切。故共和政治不特有透达既往目的之能力，且有发生将来目的为进步之母。故苟采取共和政治，则进化无穷期。

（三）共和政治能得最良之领袖

治国不能无首领，治共和国更不能无首领。共和主义承认人民为主权，非主张无首领，乃主张良首领也。君主嗣统，只问血胤，鲜问才德。共和首领由民举，必其人能亲民，新民，恤民，然后民乃推戴之。即有大奸巨猾，以媚民手段，占窃神器，然朝违民意夕可弹劾也。

共和之险象

（一）国民程度不足

共和国政府既由人民治理，则人民能力之厚薄，其政府之良窳，即于焉定之。然国民程度之高下，不徒在识字读书已也。有读万卷书，卒业大学校，而不能为一圆满之国民者。故有政治知识、社会阅历，足当国民之名而无愧者，其为数盖少。况此少数良国民，或阻于人事之纷扰，或夺于来生之修证，或视官司为藏污之所而引身自洁，或惮案牍为劳神之魔而躲闲避事。有此诸因，于是良国民愈如凤毛麟角而不可多见。噫！贤能不出，则共同责任何人担负，共同目的何人筹画乎？

（二）伪领袖

法家拂士不出，国事竟无人问乎？动物不能无脑腑，即人群不能无领袖。君子不出，小人斯出矣！人民之性，能导于正，亦能导于邪。尧舜率天下以仁，而民从之；桀纣率天下以暴，而民从之。欲小人之不暴其民，舍"乱亦进治亦进"之君子出，其道末由。诗曰："彼其之子，不称其服。"君子不出，则非其人而有居其位者矣。诗曰："彼君子兮，不素食兮。"君子不出，则有居其位而不忠其职者矣。诗曰："受爵不让，至于已斯亡。"君子不出，则有贪禄不止者矣。诗曰："谁秉国成，不自为政，卒劳百姓。"君子不出，则有惮责重而不肯负荷者矣。诗曰："彼月而微，此日而微，今此下民，亦孔之哀。"君子不出，则有居高明之位而有以流俗自况者矣。为政重领袖，为共和政尤重领袖。故谓共和政治为愚民政治者，大谬也。人民不以其愚治国，而以其所付托之领袖治国。领袖愚劣，斯政治愚劣；领袖仁智，斯政治仁智。此革丁氏所以谓共和国之成败利钝，在于领袖之智愚仁暴也。共和政治之伪领袖有二：一为媚民政客。此辈不问国情，不顾进化，只施其和顺温柔之手段，取媚选举机关，以窃权势。二为选举理事。此辈乘国民无暇问政之隙，运其机械，约束选举，与媚民政客暗结，左右政局，以图安富。共和国有此二种伪领袖，则秕政难除，善政难兴；公共福利不能谋，公共进化不可期。虽然，此亦程度不足，贤能独善，阶之厉也。

（三）党祸

国民对于政治有自觉心，则必发生政治问题。而各人对于此种问题之决判，有主急进者，有主保守者，议论纷纷，其同者必各合于一。故政党之为物，实共和国必然之现象。且国大民众，共同之意志易于发表而力于施行，欲维持公安，必恃此强有力之政党。故在共和政体之下，政党实为必要之团体。然弊缘利生，政党之为祸于共和政体，盖亦未可忽也。

（甲）政党仅国家之一部分，而非其全体。党人往往以一党自画，而忘全体之福利。

（乙）缘此党见，实生偏忠。忠于一党，遂谓忠于全国，愈忠愈不忠。然急烈派热忱，本无限制，安能望其明此。

（丙）既具党见，复尽偏忠，则妒嫉倾轧之事，必然发现。一党当权，则反对党必尽其能以障碍其政策之施行，使失民心，而为将来夺权之地步。

（丁）党之意志，视同神圣，党人有违无赦，斯个人失自主之精神。

（四）多数之横暴

自服从多数之说行，而少数人失良心志愿之自由。多数之横暴，有视君主为加甚；多数之主张，可以定个人之命运。然多数人之主张，非可以尽合天理也。文底裴利比曰："国家对于强且众之部分，而不能护翼其至寡且弱之部分，是不啻为大盗之群。"盖人数之多寡，不能定理由之曲直，多数既占优胜，其大责任即为谋全体之福利。少数为全体之一部分，多数人苟不能均润其福利于少数，则多数政治已耳。共和云乎哉？多数横暴之最凶险者，是为乌合之众。伪领袖攘臂一呼，和者万人，其结合以脑感而不本于公理。征之历史，则法国恐怖时代，杀人如麻，流血成川，其彰明较著者也。

共和与教育

吾于共和之险象，既已详言之矣。然戒险防险，思所以避之，则可；因畏险而灰心，则大不可也。避之之道唯何？曰：人民贫，非教育莫与富之；人民愚，非教育莫与智之；党见，非教育不除；精忠，非教育不出。教育良，则伪领袖不期消而消，真领袖不期出而出。而多数之横暴，亦消于无形。况自由平等，恃民胞而立，恃正名而明。同心同德，必养成于教育；真义微言，必昌大于教育。爱尔吴①曰："共和之要素有二：一曰教育；二曰生计。"然教育苟良，则人民生计必能渐臻满意。可见教育实建设共和最要之手续，舍教育则共和之险不可避，共和之国不可建，即建亦必终归于劣败。罗比尔曰："吾英人第一责任，即教育为国家主人翁之众庶是已。"故今日当局者第一要务，即视众庶程度，实有不足。但其为可教，施以相当之教育，而养成其为国家主人翁之资格焉。

共和与交通

吾国国大民众，种庞族杂，方言不一，习惯不齐，情势暌隔，博爱难生。欲沟通声气，养成共和大本，非便利交通，则肤功不克奏也。

共和与人文之进化

共和者，人文进化必然之产物也。使宇宙万物无进化，则共和可以无现；使进化论放诸邦国社会而不准，则共和犹可以无现，无如进化非人力所能御也。进化非人力所能御，即共和非人力所能避。

（一）民智日进，自觉心生。于是觉苦思甘，觉劳思逸，觉捆缚思解脱。人不能甘之，逸之，解脱之，则亦惟思所以自助自为而已。不自由毋宁死，实感情必至之现象。人而至于不惜杀身以赴其目的，则何事不可成？况此种现象最易瘟染，一夫作难，和者万人。不徒理想，诚事实也。强有力者，亦未尝不欲施愚民政策，以塞人之自觉、自治之源。无如万国交通，必群策群力，群运群智，然后方可以制胜。若恃一二人之智力，则鲜不受天然之淘汰。故不教育其群者，必受外侮，而臻于亡。况世多慈善之家，苟有不教育人民之国，则又安能阻受教人民之发生自觉心也？自觉心不可逃避，即共和不可逃避。

（二）人民相处日久，互爱心生。他人痛痒，视同切肤。民胞主义，渐以昌明。宗教家、伦理家复从而提倡之，躬行之，以为民表。耶教"天父以下皆兄弟",孔教"四海之内皆兄弟"之义,不独深印人心,凡奉其教义者,抑且不惜披发缨冠,以趋人之急难也。故民胞主义愈膨胀,则专制荼毒愈衰微,共和主义益不能不应时而遍布于全球矣。此共和为人文进化不可逃避之结果者二。知共和之不可避,则吾人亦无容施其抵抗共和之拙计,以生建设共和之阻力,而耗国家之元气也。

共和与秩序

专制人民,不能一跃而至共和。其间有一定之顺序,不可强求,不可速长。否则,妄解自由,谬倡平等,秩序紊,伦常乱,公理昧,权利争,祸患所中,烈于洪水猛兽。吾国共和初建,人民莫不以为成功之速,超越全球。不及三载,福利未享,而纲纪瓦裂殆尽,民生日趋艰窘。非共和之不足救国,发动太过之咎耳!此太过之发动力,至今已成陈迹,而无讨论之价值。然因发动太过,故有今日之反动力。此反动力虽为必然之现象,然不谨之又谨,亦易太过,而起反动之反动。故吾国当发动太过之后,不能不利用开明专制,只可当作航海之舵。易言之,则开明专制,为当今护持纲纪之要具。然只可当作透达共和之一种手续,断不可视为政体之目的。盖恐其过度而邀成反动之反动也。痴虬⑦氏曰:"为政不难,为政于共和之时难。"为政于共和之时,而不得不厉行专制为尤难。厉行专制,而实欲养成共和,则难之尤难。民知其难,而遵循法纪,乃可以为民;官知其难,而视民如伤⑧,乃可以为官。能如是,则秩序能维,进化可期。非然者,民思革官命,官思革民命,官民多一度消长,则国步多一度艰难,即民主多一度憔悴,其结果不过产出一个贫与弱。多见其共争而沦胥以亡也。共和云乎哉?国人其审诸!

注 释

① 革丁、百吞二氏　革丁,通译戈登。百吞,通译博登。
② 阳明子　即王守仁。
③ 贾子　即贾谊。引文见贾谊《陈政事疏》。
④ 顾子　即顾炎武。
⑤ 法家拂士　出自《孟子·告子下》:"入则无法家拂士,出则无敌国外患者,国恒亡。"拂通弼,拂士意为辅弼的贤士。
⑥ 爱尔吾　通译爱尔威。
⑦ 痴虬　通译芝诺。
⑧ 视民如伤　语出《左传·哀公元年》,如伤就是恐惊动之意,谓爱惜人民。

1916年

中国的道德和宗教教育*(节选)(11月)

在教会学院,如华西协合大学、岭南大学、圣约翰大学以及金陵大学,那种独具特色的信仰和信条的宗教教育已经被引进的其他同属一系的与宗教有关的教育所取代。尽管与宗教紧密相关,但诸如有神论哲学、比较宗教学、科学与宗教哲学、宗教与国家、宗教社会史,以及宗教和道德的教育等等都不是我们通常所称的宗教教育。他们本质上是哲学、社会学和教育学的研究。因此,很自然地,上述这些学校正在用其他东西取代这些充满活力的课程。它们自身也自然的形成了一个更加自由的团体。这个团体包括华西协合大学、岭南大学、圣约翰大学、金陵大学以及沪江大学。一项对这些机构多年的研究得出一项结论,他们似乎在步美国教会学院后尘。美国原有的教会学院已渐渐发展成为非教会私立大学。

保守的集团由之江大学和东吴大学组成。除了传统的宗教教育课程外,这些大学无意于引进任何其他课程。他们所教授的课程常常是关于新约全书中的四《福音书》、《使徒行传》、旧约全书的预言书等等,但不超出新旧约全书的范围。然而,为公正起见,有必要再次说明的是,本文中所引用的这两所大学的课程目录出版于1912年,因而自那以后的可能的改进是我们想得到的。但是,就1912年的情况而言,资料的真实性足可证实我的这个分类。在课程设置上,即使是极端保守的教会大学,如美国的乔治敦大学、圣奥拉夫大学,也要比上述两所学院更自由。东吴大学平均分配给宗教教育的时间甚至比圣奥拉夫还要多,如果不比乔治敦大学更多的话。

仅有的未作分类的教会大学只有福建协合大学和文华大学。现在没有获得任何关于福建协合大学的宗教教育课程的种类的信息。就花在宗教教育上的时间而言,文华大学属于自由的一类,但在所授课程的内容上来看则很难说是如此。

---

* 此稿由香港中文大学哲学博士何荣汉提供英文稿,敬一含译,吴琴南校。
原载于北美基督徒学生会学报《留美青年》第三卷第一期及第二期(1916年11月,1917年2月)。此次首刊。

从之江大学的课程上，我们仍能看出该大学同时教授基督教和儒家伦理的二元趋势。我们发现，在之江大学，与每周有三小时被用于宗教教育一样，每周有三个小时被用于古典作品如伦理学上。这个特点绝非之江大学所独有，或许其他高校也是如此。

关于道德和宗教的教育理论

1. 道德与宗教教育的心理学基础。宗教和道德的教育都是由共同的心理学规律所主导的，具有相同的心理学基础。在人类生活的极早阶段，我们继承了很多明确的取向，以便在特定形势下实行，同时具有明确的目标。这些明确的取向构成了我们所说的人类的本性。在这个概念形成后，对其产生作用的各种力量都被认为是环境的力量。索恩迪克教授主张，人的本质——人是什么，做什么——是其本性以及环境力量的持续不断交替影响的结果。这种观点开创了情景—反应联系理论。这意味着，在某种特定的本性与某种特定的环境之间存在着天然联系。例如，我饿了而面前有一碗饭，我对它的本能的反应便是吃掉它。现在，假设其中某个因素改变了，比方说我不饿了，那我对这碗饭的态度也有所不同，因为情况已经改变。

品性也只不过是以类似方式逐步形成的习惯性的联系。因此，道德和宗教教育的问题就在于形成我们所希望的联系。这种联系是介于某种形势与某种本能或对应的一系列本能之间的。任何一种本能的价值就在于它在特定形势下的作用。在道德与宗教领域，取决于它自身在社会环境下如何起作用。随着社会环境在文明程度上的提高，人类的某些本能，比如性冲动，它在人们生活中是普遍而基本的，然而，任其自由发展是与当前的社会环境不协调的，因而必须加以限制。其它本能，比如愤怒，等等，绝大多数时候对于个人和社会来说都是有害的，需要加以消解。最后，我们有各种各样有益的本能，诸如社交，合作，需要予以加强和充实。因此，学校对于孩子品格的形成肩负的义务就是限制、重塑、劝导、加强、丰富与发展他们的各种本能，以便他们能以一种和谐和上进的方式适应社会环境。

现在，为了明智地履行这个任务，我们必须认识到三个规律。

首先，我们要认识到兴趣这样一个规律。当孩子的态度是愿意行动并有机会那样去做时，他就会满意。相反，他没有作好准备而被强制行动，或者已作好准备却不允许他行动，这两种情况都会让他不满或恼怒。因此教育方法的一个基本原则就是激起被教育者的兴趣。当我们涉及到宗教或者内心信仰时，这个兴趣原则尤其重要。任何外部的对孩子内心的强制都会引起孩子对抗性的反应。

其次，我们要认识到用进废退这个规律。当在环境与反应之间建立起某种可改变的联系时，在其他条件不变的情况下，这种联系的强度会因之增长，反之则会消退。以吸烟为例。当我们的嘴唇一碰到香烟，一种关系便会产生。我们越是频繁的吸烟,我们和香烟的这种关系就会越牢固,直到最终这个纽带变得坚不可摧。另一方面,打破任何一个坏习惯的方法便是不再建立任何关系。

最后是要注意效果。当环境与反应之间有弹性的关系被建立,且伴随着或紧跟着的是满意的体验,这种联系就被巩固了。但如果伴随着或紧跟着的是烦恼的话,这种联系被削弱了。这是道德教育最重要的准则。它仅是暂时的和知觉的满足。这种短暂的感官愉悦是恶习赋予一个人的使其不得解脱的原始本性。应用这个效果法则,我们可以把感到愉悦的状态与那些对社会和其他人有利的事物联系起来,把烦恼的体验与不受人欢迎的行为联系起来。这是道德培养最有效的途径。然而,这三种规则是互相关联的。除开兴趣原则,人们可能发明多种竞赛和惩罚来作用于孩子的心境和"过程中的兴趣",而这在学校实践中是最值得谴责的事情。

2. 社会学基础。随着我们对社会学基础讨论的不断深入,心理规则的作用更加明晰。毕竟,个性只能靠对社会生活的积极参与而形成。小孩子不知道什么叫诚实,什么叫卫生,什么叫信仰,除非一开始他就有了经验。仅仅靠在陆地上学会了几个动作,我们是不知道怎么游泳的。如果我们想学会游泳,我们必须在水中游。因此这就是行动。如果我们想知道如何在社会上表现良好的话,我们就必须参与到社会当中去,去找寻道德的意义,去获取判断力,以便在一个全新的环境下通过已有的经验知道应当怎样做。总之,学校,整个学校就是一个小社会。在这里,道德和精神上的理想都会起作用。在这里,孩子们可以参与社会生活的重要阶段。因为我们绝大部分时间在以书本和言辞而很少以积极的对社会生活的参与来给孩子传授美德与信仰,我们必须承认现有的方法还远远不够。当一个六岁小孩开始学习孟子或保罗时,他可能表现得理解了一些东西,但是,实际上那很肤浅。荀子在批判正规教育时说:"普通人的教育从耳朵进来,从嘴巴出去。所以这只有四英寸深——耳朵和嘴巴的距离。"我们可以放心大胆的说,道德理想不能确保良好的行为,而且任何以意想性运动理论为基础的教育其结果必然令人失望。对于教会学校宗教教育上的基督宗教和儒家伦理学,我们很少或者不能找到冲突的一个原因,就是学校对这两者都是形式上进行讲授而没有实际的参与,于是对行为没有多少影响。

再者,我们努力塑造的小孩子的品格一直处于发展中。他在社会中成长,他的经验处在"不断的重构"状态中,他的兴趣和态度都时刻变化。根据巴德文的说法,孩子先是把外部事物和自己区分开,然后是把外界事物分成人和无生命的物,第三个阶段是试图表演和模仿前者的行为。通过模仿,小孩子亲自了解并感受到别人的心理,因此为别人影响自己的行为提供了机会。

在这样一个影响的作用下,我们也必须认识到行为发展的这四个阶段。首先,我们有本能行为这个阶段。在这个阶段,小孩子的行为只因疼痛和喜悦的影响而变化。再由此达到这样的阶段:在这个阶段,本能的冲动的行为因社会环境的或多或少系统化的奖惩的影响而改变。第三,我们已经到了这样一个阶段，即我们的行为主要取决于自身对社会褒贬的预期。最后，在道德发展的最高阶段，理想调控行动，人们以自认为正确的方式行事，而不顾及他的周边社会环境的赞扬或者贬低。对于我来说，第四个阶段意味着成为"好牧人"（耶稣基督的称号）。这可以理解为："我是好的牧人——我为信徒而放弃生命——我的父亲因我献身而深爱我，我将因此重生。"到此程度，任何事情都是顺理成章的。且继续看吧："没有人可以剥夺我的生命，我是自愿献出生命。我有权奉献它，也有权重新取回它。"这是如此高尚的道德力量，以至于我们必须把它当成我们发展的最终目标。那些肩负塑造孩子行为责任的人们必须对这个从第一个阶段到最高阶段的演进顺序烂熟于心。当行为有时是孩子惟一可以理解的语言时，他们必须运用自身的影响，采用适当的素材，以使孩子能够不断的取得进步，直到达到最高的道德阶段，以及他能照顾他自己。

3. 实用主义基础。与道德和宗教教育的社会学理论紧密相联系的，是这个问题的实用主义方面。在学与做当中，知识与行为之间是统一的。知识是概念和行为的指导，因此行为是知识的人格化。脱离行为的知识是空泛的知识，没有知识的行为是盲目的行为。这两者是一体的，其中任何一个都不能离开其他而单独获得。因此，所有的课程、教室与管理方法必须着眼于性格的最终形成，因为所有的知识都与行为有关。所以，所有的科目与教育方法，因其具有累积影响，必须对健康个性的形成做出贡献。

以历史学习作为例子。学习历史就是根据对过往经历社会因果关系的研究，调整现在的行为，为未来的行为提供指导。因为它与人际关系有关，历史课的教授涉及到道德目标。又由于它与对精神理想的契合有关，历史不免带有宗教色彩。对其他科目也可以得到相似的结论。因此，如果学校在所有课程中能够采用合适的材料和恰当的方法，将能够而且必然能够对品质形成起到最大的综合效果。提供某些课程以净化心灵，而提供其他一些课程培养良好的行为，这样一种尝试犯了原则性的根本错误，因为它建立在知识与行为脱节的基础上。公立学校与教会学校的道德与宗教课程体系也难免受此诟病。惟一的补救措施是改进教育与管理的素材和方法，以便道德和宗教的元素能与整个学校系统融为一体。采用的方法应当以心理规律为指导，采用的材料应当着眼于社会需求，两者的融合过程应当是注重实效的。

至于教会学校，我必须不给人们留下这样一个印象，即，世界可以不要圣经了。根据刚才阐明的观点，圣经可以当作一部人类信仰的发展史来研究，基督的生平可以作为交谊中人格的顶点来学习，我们并可由此窥见上帝本身。但是，在所有情况下，我们都必须认识孩子的天性，必须认识这一工作的社会重要性，必须提供给他们实际参与的机会。根据其发展阶段，孩子必须被引导去接触各种各样的社会困境，包括贫病以及经受磨难。他必须被引导到与耶稣感同身受并做耶稣曾经为人类所做过的事情。一言以蔽之，必须将他置身于社会的爱、服务、奉献的火热环境当中，并教化他去主动地爱、服务与奉献。

表一 教会学校关于道德和宗教教育在课程设置和时间分配上的比较

学校名称	大学一年级 课程	课时	大学二年级 课程	课时	大学三年级 课程	课时	大学四年级 课程	课时
华西协合大学	比较宗教学	1	科学与宗教	1	宗教与国家	1		
岭南大学	基督道德	1	一神论哲学	1	基督教的证据	1	圣保罗与道德	1
圣约翰大学	圣保罗的生活	1	基督教的证据	1	比较宗教学	1		
金陵大学	基督的生活	2 1/2	旧约全书的历史	2 1/2	教会的社会影响	2 1/2	道德与宗教教育	2 1/2
沪江大学	旧约全书的历史	2	基督的生活	2	道德与基督教	2	比较宗教学与基督教的发展	2
文华大学	传教士守则	1	圣保罗的神学	1	早期先知	2	希伯来人的历史和基督的生活	2
福建协合大学	传教士守则	2	圣保罗的神学	2	基督的生活	2	使徒书	2
之江大学	摩西五书	2	旧约全书	2	宗教名著	2	宗教名著	2
东吴大学	宗教名著	3	宗教名著	3	先知	3	圣歌	3
美国乔治亚大学	福音书	3	使徒行传	3	证据和讲座	2	证据和讲座	2
美国圣奥拉夫大学	证据和讲座	2	证据和讲座	2	圣经	2	证据	2
	新旧约全书	2	教会历史	2				

注:本表使用的大学出版物目录日期分别为:华西协合大学,1915-1916;岭南大学,1915;圣约翰大学,1914-1915;金陵大学,1915-1916;沪江大学,1916;文华大学,1915-1916;福建协合大学,1915;之江大学,1912;东吴大学,1915;圣奥拉夫大学,1915-1916。

1917年

中国在转变中*(3月)

新的中国是东西方两种文明的产物。这两种力量的联合赋予中国现状以色和形,并决定其未来的命运和希望。吉卜林先生①不久前写道:

"啊,东方是东方,西方是西方,非到天地立在上帝裁判席前那一刻它们不会见面"。

今天,吉卜林先生会意外地得知东西方确实在中国找到了一个交会的地方。在某些活动领域,这两种文明的会合采取了火山爆发或可怕的战争的形式。其结果是一方的霸权压倒另一方或是一方代替另一方。这对胜负双方都有所拖累。在其它的领域,则采取了联合的形式。有时像是氢和氧的结合,事起突然而且令人震惊,另一些时候则可以比作怀有爱抚的求爱或是婚姻的契约。其必经的过程是仔细的挑选,适应,折衷或调和。就像酵母的作用一样,渐进而有效,其产物是甜蜜而可爱的。

从直接接触之日起,这两种文明从未停止过冲突和联合。它们相互作用并改变着对方。其结果是使生活开始具有更丰富的内容和十分宽泛的多样性。当代中国人生活的一个横断面或许显示出许多世纪主要特征的一个侧面。我们发现中国几乎所有城市都被中世纪的城墙所包围,我们在那里看到对新生活的渴望以及对约束和烦琐哲学的迂腐陈规的敌意。这是文艺复兴的中心,我们在这里看到观察、对比和批评精神信仰的强烈趋势;这是改革的灵魂,我们由此看到十八世纪工业革命潮水的涌动,我们也不能不看到民族主义和民族意识的喷发,这显示了十九世纪和二十世纪的特征。当我们看到一个内地农民坐在现代的火车车厢里,一面用火刀火石点着旱烟,一面好奇地打听着美国的女权运动或是热情谈论抵制洋货以证明其爱国心时,我们中的许多人会感到惊讶。因此,罗斯教授②要我们相信的"中国是看得见的中世纪欧洲"这话是不十分真实的,毋宁说"今天的中国是中世纪欧洲的文

---

* 原载于1917年3月北美中国留学生基督青年会出版之英文杂志Liu Mei Tsing Nien(留美青年)第3卷第3期,作者署名:Wen Tsing Tao。英文复印件由何荣汉博士提供,吴琴南译。

艺复兴和改革，十七世纪、十八世纪、十九世纪、二十世纪都能看得见"。我们看到一幅诸世纪文明转变与混合的生动画面，如果乐意的话，我们可称这为文明的光谱。各大洲和各世纪的文明由此会变得清楚、鲜明并有悦人的差别。

这种现象出现在生活的各个方面——在家庭中、在学校里、在教堂、在社会和国家中，而它可能是观念改变的最好的例证。

中国人的旧生活观念本质上是罗马型的。如果我们按照罗马时期去设想中国人的旧观念就可以很好地理解它，中国人和罗马人似乎在生活观念方面分别得出了相同的结论。他们过去对生活的想法是期望有一个黄金时代，因此这种观念是保守的；期望社会如同一个遵循纪律的机关，因此这种观念是静止的；强调权威的统治，因而要求顺从。另一方面，现代文明的主流源自古希腊，它对未来怀有其乌托邦理想；具有一种社会理想的原动力并且鼓励自由和解放。作为两种文明混合的结果，在今日中国人的精神世界中，并肩存在着保守主义和急进主义，秩序与进步，还有权威与自由。

无疑有许多人在上述两种对立观念中持其一端而互相进行激烈的战斗。同样也要承认有一股巨大的力量像钟摆一样在两个极端之间来回摆动。这些情况我们视之为当然的事，在转变过程中是不可避免的。

然而，这里要提到一件非常值得庆幸的事实，即处在两个极端之间的群体人数愈来愈为众多，而且愈来愈有力量。这些人们认可新旧两种观念的价值。凡是好的必须保存和吸收，凡是不好的必须加以扬弃，不论其来源于新和旧。对他们而言，过去是现在和未来的基础，而未来则必定是过去和现在的目标；对他们而言，没有秩序就不可能进步，而秩序仅仅是作为进步的保障而存在；对他们而言，权力是自由的监护者，自由是目的，相对于自由来说，权力只是一种手段。一言以蔽之，他们认识到明显冲突着的每一种观念都有正确的地方，德国的效率有正确的地方，美国的自由也有正确的地方。这个群体有力地推翻了极端的保守也不断阻止着急进的狂暴盲动，这个群体引领新中国走出危急的转变阶段，正呵护着她迈向伟大的未来。祝愿这个忠诚、智慧而勇敢的民族经受住今天的考验。

注 释

① 吉卜林（Joseph Rudyard Kipling，1865—1936）生于印度，1902年定居英国。曾游历中国、日本并旅居美国多年。英国19—20世纪之交名噪一时的诗人，1907年获诺贝尔文学奖。以描写曾驻缅甸、印度的英军的故事、诗歌而得名。

② 罗斯（Edward Alsworth Ross，1896—1951）美国社会学家。1914—1915年任美国社会学会会长。认为社会现象的直接原因应从人类心理学方面去探索，社会从来就是人类心理的产物。

试验主义之教育方法*(下半年)

荀子①曰:"大天而思之,孰与物畜而制之!从天而颂之,孰与制天命而用之!望时而待之,孰与应时而使之!因物而多之,孰与骋能而化之!思物而物之,孰与理物而勿失主也!"此数语,可谓中试验精神之窍要矣。盖凡天下之物,莫不有赖于其所处之境况,境况不同,象征自异。故欲致知穷理,必先约束其境况,而号召其象征,然后效用乃能发现。若其待天垂象,俟物示征,则以有限之时间,逐必不可得之因果,是役于物,而制于天也,安得不为所困哉?即得矣,或出于偶然;有常矣,或所示者吝。吾又安能穷其极处,无不到哉?

昔王阳明格竹七日而病,及在夷中,乃恍然以为:"天下之物,本无可格。其格物之功,只在身心上。"呜呼!此皆不能约束其境况,号召其象征,有以致之也。彼善致知者,役物而不为物所役,制天而不为天所制。设统系,立方法,举凡欲格之物,尽纳之于轨范之中。远者近之,微者大之,繁者简之,杂者纯之,合者析之,分者通之,多方以试之,屡试以验之。更较其异同,审其消长,观其动静,察其变化,然后因果可明,而理可穷也。故试验者,发明之利器也。试验虽不必皆有发明,然发明必资乎试验。人禽之分,在试验之有无;文野之别,在试验之深浅。试验之法,造端于物理、生物、生理,浸假而侵入人群之诸学,今则哲理亦且受其影响矣。盖自培根(Bacon)用以格客观之物,笛卡儿(Descartes)用以致主观之知,试验精神,遂举形而上学、形而下学而贯彻之。究其结果,则思想日精,发明日盛。欧美之世界,几变其形。

吾国数千年来相传不绝之方法,惟有"致知在格物"②一语。然格物之法何在?晦翁③与阳明各持一说。晦翁以即物穷理释之,近矣。然而即物穷理,又当用何法乎?无法以即物穷理,则物仍不可格,知仍不可致。阳明固

---

* 本篇原载1917年下半年《南京高等师范学校教育研究会会刊》第1期,又载1918年4月《金陵光》第9卷第4期,同年6月《安徽教育月刊》第6期刊载时题为《试验主义之教授方法》。

尝即物而穷理者也，然未得其法，格物不成，归而格心。使阳明更进一步，不责物之无可格，只责格之不得法，兢兢然以改良方法自任，则近世发明史中，吾国人何至迄今无所贡献？故欧美之所以进步敏捷者，以有试验方法故；中国之所以瞠乎人后者，以无试验方法故。征之世界进步，试验方法既如此不可废也，则其应用于教育界者，又何若哉？

教育为群学④之一种，介乎形而上学、形而下学之间。故其采用试验方法也，较迟于物理、生物诸学。然近二百年来，教育界之进步，何莫非由试验而来？是以泼斯泰来齐（Pestalozzi）⑤试验幼子，而官觉之用以明；赫耳巴尔忒（Herbart）⑥设研究科，而统觉之理以阐；福禄伯（Froebel）⑦创幼稚园，而游戏之效以著；杜威（J. Dewey）之集成教育哲学也，以试验；忒耳诺泰刻（Thorndike）⑧之集成教育心理也，亦以试验。他若全部发育也，先质后文也，自动也，兴味也，感应结也，习惯法也，无不根源于试验。举凡今日教育界所视为金科玉律者，何莫非昔贤屡试不爽之所遗留哉？是故试验之消长，教育之盛衰系之。

柏林大学保尔生（Paulsen）⑨曰：德国中世纪以前，狉狉榛榛，等于化外之民。及拉丁文输自罗马，民情一变。既而文艺北渐，蕴成宗教变革⑩，而民德又一进，是德人再得力于拉丁民族也。当十七世纪，法国礼乐艺术最盛，德人见异思迁，其贵族咸以能说法语为荣。及十八纪，大风烈铁骑帝（Friedrich the Great）⑪又定法文为学校必修科，并聘法人为高级教师。其学于法人也，可谓勤矣！此外，于英吉利及希腊之文化，皆无所吸收。此德人师天下之期也。迨至十八世纪之初，哈里大学（Halle University）⑫与郭听斯堡大学（Göttinsburg University）相继而兴，皆以宣扬试验精神为务。其后赫尔巴耳忒与福禄伯诸贤，先后辈出，凡所建树，皆根本于试验。虽执政者屡加干预，而其教之流行，速于置邮传命，不数十年而弟子几遍国中。至十八世纪末叶，复与国家主义⑬会合，以国家主义定目的，试验主义定方法，相演相成，用著大效。此后言教育者多宗德人。故十九世纪以前，德人师天下；十九世纪以后，天下师德人。试验主义实与有力焉！

美国三十年前之教育，亦几无事不模仿旧大陆。自乾姆（James）⑭创设心理试验科，而学者趋向一变。至于今日，凡著名大学，莫不设教育科，其同时试验教育心理者以百计。其试验机关与从事实地试验教育之人，几无处无之；其试验精神之充塞，可谓盛矣。观其效果，虽未必人人皆有贡献，然英德识者，佥谓美国近今小学教法冠天下。其收效之速，有如此者，夫岂偶然哉？

吾国办学十余年，形式上虽不无可观，而教育进化之根本方法，则无人过问。故拘于古法，而徒仍旧贯者有之；慕于新奇，而专事仪型者有之。否则思而不学，凭空构想，一知半解，武断从事。即不然，则朝令夕罢，偶尔尝试。提学使⑮弗善也，一变而为教育司；教育司弗善也，再变而为教育科；教育科弗善也，三变而为教育厅。不满十年，而变更者三，岂其善于试验哉？毋亦尝试而已。孔子曰："温故而知新，可以为师矣。"仍旧贯，只是温故；仪型他国，则吾人以为新，他人以为旧矣。空想无新可见，武断绝自新之路，尝试则新未出而已中途废矣。何怪乎吾国教育之不振也！故欲教育之刷新，非实行试验方法不为功。盖能试验，则能自树立；能自树立，则能发古人所未发，明今人所未明。人将师我，岂惟进步已哉？若徒因人成事，逐世浮沉，则人进一尺，我进一寸；人退一寸，我退一尺。亦太可怜矣！

今之议者，每曰教育救国。教育岂尽能救国乎？吾敢断言曰：非试验的教育方法，不足以达救国之目的也。虽然，试验岂易言哉？知其要而无其才，不足以言试验，有其才而无百折不回之气概，犹不足以言试验也！故试验者，当内省其才，外度其势；视阻力为当然，失败为难免；复贯以再接再厉之精神，然后功可成也。吾教育界有急起直追以试验自矢者乎？吾将拭目以待之。

注　释

① 荀子　即荀况。
② 致知在格物　《礼记·大学》中有"致知在格物，物格而后知至"的话。格：推究，研究。格物，推究事物的原理。
③ 晦翁　即朱熹。
④ 群学　即社会学。
⑤ 泼斯泰来齐　通译裴斯泰洛齐。
⑥ 赫尔巴尔忒　通译赫尔巴特。
⑦ 福禄伯　通译福禄培尔。
⑧ 忒尔诺泰刻　通译桑戴克。
⑨ 保尔生　通译包尔生。
⑩ 宗教变革　16世纪欧洲新兴资产阶级发动的一次反封建的大规模社会政治运动。
⑪ 大风烈铁骑帝　通译腓特烈大帝。
⑫ 哈里大学　通译哈勒大学，1694年创设。
⑬ 国家主义　是一种以抽象的国家概念欺骗人民服从资产阶级利益的反动思想。对内强调"国家至上"，对外宣扬民族优越论，并以"保卫祖国"的名义为侵略战争进行辩解。
⑭ 乾姆　通译詹姆斯。
⑮ 提学使　清末学官名，辛亥革命后废除。

1918年

生利主义之职业教育＊（1月15日）

自本社①标解决生计问题为进行之方针，一般学者往往以文害辞，以辞害意，误会提倡者之本旨。推其原因，多由于不明生计二字之界说所致。惟其不明乎此，故或广之而训作生活，或狭之而训作衣食；驯至彼一是非，此一是非，议论纷纭，莫衷一是。不徒反对者得所藉口，即办学者亦无所适从。其隐为职业教育前途之障碍，良非浅鲜。孔子曰："名不正则言不顺；言不顺则事不成。"故欲职业教育之卓著成效，必自确定一正当之主义始。

夫职业教育之成效既有赖于正当之主义，则问何谓正当之主义，生活乎？衣食乎？抑生活衣食之外别有正当之主义乎？

生活主义包含万状，凡人生一切所需皆属之。其范围之广，实与教育等。有关于职业之生活，即有关于职业之教育；有关于消闲之生活，即有关于消闲之教育；有关于社交之生活，即有关于社交之教育；有关于天然界之生活，即有关于天然界之教育。人之生活四，职业其一；人之教育四，职业教育其一。故生活为全体，职业为部分；教育为全体，职业教育为部分。以教育全体之生活目的视为职业教育之特别目的，则职业教育之目的何以示别于教育全体之目的，又何以示别于他种教育之目的乎？故生活之不能为职业教育独专之主义者，以其泛也。

生活主义固不适于职业教育之采用矣，衣食主义则何如？大凡衣食之来源有四：职业、祖遗、乞丐、盗窃是也。职业教育若以衣食为主义，彼之习赖子、乞丐、盗窃者，不亦同具一主义乎？而彼养成赖子、乞丐、盗窃者，亦得自命为职业教育家乎？此衣食主义之不适于职业教育者一也。不宁惟是，职业教育苟以衣食为主义，则衣食充足者不必他求，可以不受职业教育

＊ 本篇在1918年1月15日《教育与职业》第1卷第3期发表时，有编者按语云："作者所谓'生利'，当作'生产'。再进一步讲，'生产'云者，增加物力之谓。而'生利'当作增加物力之有益于群生者。"并有编者识："留美硕士陶知行君，为意利诺大学硕士，毕业后入加仑比亚大学教育学院，得都市总监学位，回国后任南京国立高等师范教育学教授。本社同人以陶君研究职业教育有素，请其言论。陶君慨允担任义务撰述员，同人感之，并志数语，以为介绍。"

矣。此衣食主义之不适于职业教育者二也。且以衣食主义为职业教育之正的，则一切计划将趋于温饱之一途。此犹施舍也。夫邑号朝歌，墨翟回车②；里名胜母，曾子不入③。学校以施舍为主旨，则束身自好者行将见而却步矣。此衣食主义之不适于职业教育者三也。凡主义之作用，所以指导进行之方法。若标一主义不能作方法之指针，则奚以贵？故衣食之可否为职业教育之主义，亦视其有无补助于职业方法之规定耳。夫学校必有师资，吾辈选择职业教员，能以衣食为其资格乎？学校必有设备，吾人布置职业教具，能以衣食为其标准乎？又试问，职业学校收录学生，可否以衣食为去取？支配课程，可否以衣食为根据？衣食主义之于职业教育方法，实无丝毫之指导性质。有之，则吾不知也。衣食既不能为职业教育方法施行之指导，则其不宜为职业教育之主义，又明矣。此衣食主义之不适于职业教育者四也。不特此也，吾人作事之目的，有内外之分。衣食者，事外之目的也；乐业者，事内之目的也。足衣足食而不乐于业，则事外虽无冻馁之虞，事内不免劳碌之患。彼持衣食以为职业教育主义者，是忽乐业之道也。此衣食主义之不适于职业教育者五也。且职业教育苟以衣食主义相号召，则教师为衣食教，学生为衣食学，无声无臭之中隐然养成一副自私之精神。美国人士视职业教育与学赚钱（learning to earn）为一途，有识者如杜威（Dewey）先生辈，咸以其近于自私，尝为词以辟之。吾国当兹民生穷蹙之际，国人已以衣食为口头禅，兴学者又从而助长其焰，吾深惧国人自私之念，将一发难餍矣。此衣食主义之不适于职业教育者六也。是故衣食主义为众弊之渊薮，欲职业教育之有利无弊，非革除衣食主义不为功。

衣食主义既多弊窦，生活主义又太宽泛，二者皆不适用于职业教育，然则果应以何者为正当之主义乎？曰，职业作用之所在，即职业教育主义之所在。职业以生利为作用，故职业教育应以生利为主义。生利有二种：一曰生有利之物，如农产谷，工制器是；二曰生有利之事，如商通有无，医生治病是。前者以物利群，后者以事利群。生产虽有事物之不同，然其有利于群则一。故凡生利之人，皆谓之职业界中人，不能生利之人，皆不得谓之职业界中人。凡养成生利人物之教育，皆得谓之职业教育，凡不能养成生利人物之教育，皆不得谓之职业教育。生利主义既限于职业之作用，自是职业教育之特别目的，非复如生活主义之宽泛矣，此其一。以生利主义比较衣食主义尤无弊窦之可指，故以生利主义为准绳，则不能生利之赖子、乞丐、盗窃与养成之者，皆摈于职业教育之外矣，此其二。学校既以生利为主义，则足于衣食而不能生利者无所施其遁避，此其三。父母莫不欲其子女之能生利，职业教育苟以生利为主义，自能免于施舍之性质，自好者方将督促子女入学之不暇，又何暇反加阻力乎？此其四。职业既以生利为作用，吾人果采用生利主义以办职业教育，则生利之方法，即可为职业教育方法之指针，此其五。职业教育既以养成生利人物为主义，则其注重之点在生利时之各种手续，势必使人人于生利之时能安乐其业，故无劳碌之弊，此其六。生利主义侧重发舒内力以应群需，所呈现象正与衣食主义相反。生产一事一物时，必自审曰："吾能生产乎？吾所生产之事物于群有利乎？"教师学生于不知不觉中自具一种利群之精神，此其七。不特此也，能生利之人即能得生活上一部分之幸福；而一衣一食亦自能措置裕如。不能生利之人，则虽有安富尊荣亦难长守。故惟患不能生利，不患不得生活之幸福与温饱。然则生利主义既无生活主义之宽泛，复无衣食主义之丛弊，又几兼二者之益而有之，岂非职业教育之正当主义乎？

生利主义之职业师资

职业教育既以养成生利人物为其主要之目的，则其直接教授职业之师资，自必以能生利之人为限。盖己立而后能立人，己达而后能达人，天下未有无生利经验之人而能教育人生利者。昔樊迟请学稼，子曰："吾不如老农。"请学为圃，曰："吾不如老圃。"孔子岂故为拒绝哉？亦以业有专精，事有专习，孔子之不知农圃，亦犹老农老圃之不知六艺耳。由是以推，无治病之经验者，不可以教医；无贸易之经验者，不可以教商。凡百职业，莫不皆然。故职业教师之第一要事，即在生利之经验。无生利之经验，则以书生教书生，虽冒职业教师之名，非吾之所谓职业教师也。

然职业教师不徒负养成生利人物之责，且负有改良所产事物之责。欲求事物之改良，则非于经验之外别具生利之学识不可。无学识以为经验之指导，则势必故步自封，不求进取。吾国农业数千年来所以少改良者，亦以徒有经验而无学识以操纵之耳。故职业教师之第二要事，是为生利之学识。

兼有生利之经验、学识，尚不足以尽职业教师之能事。盖教授生利之法，随业而异。有宜先理想而后实习者，有宜先实习而后理想者，有宜理想、实习同时并进者。为职业教师者自宜熟悉学者之心理，教材之性质，使所教所学皆能浃洽生利之方法，而奏事半功倍之效。故职业教师之第三要事，为生利之教授法。

准如前说，则健全之职业教师，自必以经验、学术、教法三者皆具为标准。三者不可得兼，则宁舍教法学术而取经验。盖无学术教法而有经验，则教师尚不失为生利之人物，纵无进取良法，然学生自能仪型教师所为，以生产事物。既能生产事物，即不失职业教育之本旨。如无经验，则教授法无由精密，纵学术高尚，断不能教学生之生利。既不能生利，则失职业教育之本旨矣。是故经验学术教法三者皆为职业教师所必具之要事，然三者之中，经验尤为根本焉。

职业教师既以生利经验为根本之资格，则养成职业师资自当取材于职业界之杰出者。彼自职业中来，既富有经验，又安于其事，再加以学术教法，当可蔚为良材，概之收录普通学子，为事当较易，收效亦当较良且速也。

职业教师既以生利之经验、学术、教法三者为资格，则如何养成此种教师之方法，亦在吾人必须研究之列。大概养成职业师资之法有三：（一）收录普通学子教以经验学术与教法；（二）收录职业界之杰出人物，教以学术与教法；（三）延聘专门学问家与职业中之有经验者同室试教，使其互相砥砺补益，蔚为职业教师。夫经验所需之多少，随职业而异；其需经验较少之职业，利用第一法。如普通师范学校之教师有二三年之经验者，即可作教授之基础。故收录普通学子而养成之，为事甚易。其次，则商业学校教员，似亦可以利用此法。但农工等职业之教师，性质迥异，非富有经验，不足以教生利。舍难就易，似不如采用第二法，精选职业界之杰出者养成之。彼既从职业中来，自必有相当之经验，再教以实用之学术教法，为事自顺。然此法效力之大小，常视国中教育普及之程度为差。其在欧美教育普及之邦，职业中人，大半受过八年之公共教育，既有普通知能以植其基，则于学术、教法自易领悟。中国则不然，教育未普及，农工多数不识文字；既不识文字，则欲授以学术教法，自有种种困难。然而职业界之杰出者，终不乏粗识文字之人。当事者苟能精选而罗致之，则有用之职业师资，或能济济而出也。此外则有延聘学问家与经验家同室试教一法。当今职业师资缺乏，为其备选者，或有学术而无经验，或有经验而无学术，速成之计，莫如合学问家与经验家于一炉而共冶之；既可使之共同试教，又可使之互相补益，则今日之偏材，经数年磨练之后，或能蔚成相当之师资，岂非一举两得哉？然一班二师，所费实巨，况学术、经验贵能合一，若分附二人之身，终难免于隔膜。故此计虽有优点，不过为过渡时代权宜之策耳。总之，职业教师最重生利之经验，则养成之法，自宜提其要领，因已有之经验而增长之，方能事半功倍也。

生利主义之职业设备

孔子曰："工欲善其事，必先利其器。"无利器而能善其事者，吾未之前闻。职业教育又何独不然？必先有种种设备，以应所攻各业之需求，然后师生乃能从事于生利；否则虽有良师贤弟子，奈巧妇不能为无米之炊何！故无农器不可以教农，无工器不可以教工。医家之教必赖刀圭。画家之教必赖丹青。易言之，有生利之设备，方可以教职业；无生利之设备，则不可以教职业。然职业学校之生利设备可分二种：一、自有之设备；二、利用职业界之设备。但无论设备之为己有，为利用，学生教师莫不可因以生利。故设备虽有己有利用之分，而同为学生教师生利之资则一。余尝游美之麻撒朱赛州（Massachusetts），视其乡村中学校附设之农业科，多利用学生家中之田园设备，使各生在家实习，命之曰家课（home projects）。教员则自御汽车，循环视察，当场施教。农隙则令学生来校习通用之学术。故校中自有之设备，除课堂点缀以外，实属寥寥无几；校外则凡学生足迹所至，皆其所利用之设备。论其成效则不特设备之经费可省，而各家之农业皆藉学生而间接改良之。此盖利用他人生利设备以施职业教育之彰明较著者也。

生利主义之职业课程

职业学校之课程，应以一事之始终为一课。例如种豆，则种豆始终一切应行之手续为一课。每课有学理，有实习，二者联络无间，然后完一课即成一事。成一事再学一事，是谓升课。自易至难，从简入繁。所定诸课，皆以次学毕，是谓毕课。定课程者必使每课为一生利单位，俾学生毕一课，即生一利；毕百课则生百利，然后方无愧于职业之课程。职业课程既以生利为主，则不得不按事施教，欲按事施教，则不得不采用小班制。故欧美之职业实习班至多不满十五人，凡以便生利课程之教授也。不特每课为然，即各课之联络，亦莫不以充分生利为枢机。客有学蚕桑者，学成执蚕桑业，终岁生利之期两三月而已，余则闲居坐食，不数年而家计渐困，卒改他业。此能生利而不能充分生利之过也。故职业课程之配置，须以充分生利为标准，事之可附者附教之，事之可兼者兼教之。正业之外，苟能兼附相当之业，则年无废月，月无废日，日无废时矣。此之谓充分之生利。根据此旨以联络各课，是为充分生利之课程。

生利主义之职业学生

有生利之师资、设备、课程，遂足以尽职业教育之能事乎？曰，未也。学生择事不慎，则在校之时，学不能专；出校之后，行非所学。其弊也：学农者不归农，学商者不归商。吾国实业教育之所以鲜成效，固由于师资、设备、课程之不宜于生利，然其学生择业之法之不当，亦其一因也。大凡选择职业科目之标准，不在适与不适，而在最适与非最适。所谓最适者有二：一曰才能；二曰兴味。吾人对于一业，才能、兴味皆最高，则此业为最适；因其最适而选之，则才能足以成事，兴味足以乐业，将见学当其性，用当其学，群与我皆食无穷之益矣。故能选最适之业而学者，生大利不难，岂仅生利已哉！择业不当，则虽居学习生利之名，而究其将来之生利与否，仍未可必。故欲求学业者归业，必先有精选职业之方法。方法维何？曰，职业试习科是也。职业试习科，包含农工商及其他业之要事于一课程，凡学生皆使躬亲历试之。试习时期可随遇伸缩，多至半载，少至数星期皆可。但试习之种种情形，必与真职业无异，始可试验学生之真才能真兴味。一参假面具则试验科之本旨失矣。试习之后，诸生于各业之大概既已备尝，再择其最有才能最有兴味之一科专习之。彼其选择既根本于才能兴味，则学而安焉，行而乐焉，其生利之器量，安有不大者哉？

结论

职业学校有生利之师资、设备、课程，则教之事备；学生有最适之生利才能兴味，则学之事备。前者足以教生利，后者足以学生利；教与学咸得其宜，则国家造就一生利人物，即得一生利人物之用，将见国无游民，民无废才，群需可济，个性可舒。然后辅以相当分利之法，则富可均而民自足矣。

故职业教育之主义在是，职业教育之责任在是，余之希望于教育家之采择试行者，亦莫不在是。谨贡一得，聊献刍荛，幸垂教焉。

注 释

① 本社　指中华职业教育社。1917年成立于上海，主要负责人为黄炎培。

② 邑号朝歌，墨翟回车　朝歌是商朝都城，纣王歌舞作乐之地。墨翟非乐，所以一见朝歌就回车。事见《史记·鲁仲连邹阳列传》。

③ 里名胜母，曾子不入　胜母是鲁国地名。曾参事母至孝，听说鲁国有个胜母里，他就不到那里去。事见《史记·鲁仲连邹阳列传》。

师范生应有之观念*（5月）

鄙人承贵两校之嘱，来与诸君畅谈，不胜快乐。鄙人最喜同学生谈话，因十余年来，无日不做学生；即现在当教员，亦未尝不是做学生，盖不学则不能教。既为学生，则与诸君均为同志，同志相谈，自必非常快乐。诸君均为师范生，所研究者为教育，而鄙人所研究者，亦为教育，尤为同志中之同志，所以更为快乐。诸君平日在校，已受良好之教训，固无庸鄙人多谈。惟是同志相聚，亦不可不有所研究，尚希诸同志加以指正为荷。今日所讲之题，即《师范生应有之观念》。

一 教育乃最有效力之事业

教育能改良个人之天性。人之性情有善有恶，教育能使恶者变善，善者益善。即个人性情中，亦有善分子与恶分子，且善分子中亦含有恶。如爱，乃性情中之善分子也；而爱极生妒，变善为恶矣。恶分子中亦含有善。如怒，乃性情中之恶分子也，然文王一怒而安天下，用恶为善矣。教育乃取恶性中之善分子，去善性中之恶分子。如开矿然，泥内含金，金内亦杂有泥。开矿者取泥内之金，去金内之泥，然后成为贵品。教育亦若是矣。

教育能养成共和之要素。共和国有两大要素：一须有正当领袖，一须有认识正当领袖之国民。盖领袖有正当者，亦有不正当者。正当领袖，能引导国民行正当之事业；不正当领袖，能诱致国民行不正当之事业。故又必须养成能认识正当领袖之国民，领袖正当则从之，领袖不正当则去之。由是，正当领袖之势力日张，而不正当领袖之势力日蹙。所以教育能巩固共和之基础也。

教育能传播非遗传的文化。人之言语非生而知之者，必由渐习而后能。

---

* 本篇系1918年5月陶行知向安徽省立第一师范学校和省立第一女子师范学校师生所作的讲演。记录者：陈世勋、谢荣冠、陈硕果、吕璜、郑上元、王式禹。经陶行知审阅后铅印成册，未在报刊上公开发表。解放初，安庆市图书馆名誉馆长蒋元卿同志，从收购的旧书刊堆中发现此文。现据原印本重新标点，将篇首原有的"陶先生曰"四字删去。

然亦只能说一国之语，如中国人只能说中国语，而不能言德、美、俄、日等国之语。如欲能言德、美、俄、日等国之语，必由专习而后能。推而言之，世界文化无虑千万，皆父母所不能遗传者，而教育能一一灌输之。鄙人谓教育能造文化，则能造人；能造人，则能造国。今人皆云教育能救国，但救国一语，似觉国家已经破坏，从而补救，不如改为造国。造一件得一件，造十件得十件，以至千百万件，莫不皆然。贫者可以造福，弱者可以造强。若云救国，则如补西扯东，医疮剜肉，暂虽得策，终非至计。若云教育造国，则精神中自有趣味生焉，盖教育为乐观的而非悲观的也。

　　教育为最有可为之事。古今名人莫不由研究教育而出。如达尔文、杜威、威尔诺刻等，皆由研究教育而出者也。但须有决心，有坚志，则成事何难？惟此尚是第二事。我等第一要知：人是人，我是我。天既生我，则必与我以一种为人所乐能为之能力。不然，既有他何必有我！天既生孔子，万事皆孔子所能为，则又何必生我而为古人之附属物？由此观之，则我等当自立，当自强，为我之所能为，不随人学步，庶不负天生我之意。教育既然如此，则我师范生当作何种之观念？以鄙人看来，男师范生与女师范生之观念，当有不同。欧战发生后，德法发生一莫大之问题。因其平时男教师比女教师为多，一旦战事发生，国内乏男子担任教育事业，影响于儿童者甚大。中国亦如此。但美国、加拿大则不然，其小学教师皆以女子充当，其男子皆任兵役以卫国家，所以战事发生后，教育依然不受影响。再，女子与儿童有天然亲爱之感情，非若男子之爱护儿童出于勉强也。但高等小学则有不同，因此须养成其进取勇敢之精神，激发其军国民之志气，故须利用男教师。此男女教师不同之点也。然其共同之点，则在以教育为专门职业。地理、历史、哲学、医学、生理学等，虽皆为教育家所利用，而教儿童则非修专门之教育的科学不可。今世界上有四种教育家：一、政客教育家，藉教育以图政治上之活动；二、空想教育家，有空想而未能实行；三、经验教育家，以经验自居，不肯研究理论；四、科学教育家，则实用科学以办教育者。中国现在教育家只有政客、空想、经验三种，但教育以科学教育为最重要，故男女师范生当专心致志、抱定主义、以教育为专门职业，则何人不可几，何事不可为耶？

二　教育乃一种快乐之事业

　　《论语》曰："有朋自远方来，不亦乐乎？"非当日孔子言教育之快乐耶？孔子一生诲人不倦，至于发愤忘食，乐以忘忧，不知老之将至。现任教育者，无不视当教员为苦途，以其无名无利也。殊不知其在经济上固甚苦，而实有无限之乐含在其中。愚蒙者，我得而智慧之；幼小者，我得而长大之；目视后进骎骎日上，皆我所造就者。其乐为何如耶！故办教育者之快乐，当在手续上，而不在其结果之代价。换言之，即视教育为游戏的作业、作业的游戏也。至于劳碌动作，以求结果之代价者，则宜摈弃于教育界外。

三　各种教育之职业皆须视为平等

现在教员一般心理，每以大、中学校之等级高，高小、国民学校之等级低，于是以教大、中学校为荣，而以教高小、国民学校为贱。不知大学要紧，中学要紧，而高等小学、国民小学、幼稚园尤要紧。以鄙人主张，凡大学、中学、小学等教员，国家须有同等之酬劳，社会须有同等之待遇。然常人心理，多不明小学之紧要，师范生亦有不明此理者。由是，他人固不以平等看待，即自视亦觉小学教员不如大学、中学教员之价值。甚至去而不为，放弃其应做之职业。故欲救此弊，先须视各种教育之职业皆为平等，此师范生所当注意者也。

四　教育为给儿童需要之事业

教育者，乃为教养学生而设，全以学生为中心，故开办学校、聘请教师，无一非为学生也。若无学生，焉有学校？既无学校，焉有教师？然则教师与学生，焉可无同情耶？同情谓何？即以学生之乐为乐，以学生之忧为忧；学生之休戚即我之休戚，学生之苦恼即我之苦恼是也。鄙人曾参观一校，终日仅一见教师之笑，不可谓不威严矣！吾人若设身处地为其学生，必也视之为判官、为阎罗，如芒刺之在背矣。此教师不能与学生同情之故也。现中国教师之大弊，即在于此。此又我师范生所当注意者也。

五　教育为制造社会需要之事业

教育为改良社会而设，为教育社会人才而设。故学校非寺院岩穴也，教员非孤僧隐士也。夫既为社会而设，若与社会不相往来，何以知社会之需要？中国前此之弊，即在于此，亦我师范生所宜注意者也。

六　教育为师范生终身之事业

现在为教师者，男则因赋闲无事，遂暂为之；女则因尚未适人，而暂为之。事既得，家既成，则远翔而不顾。视办教育如用雨伞，雨则取以遮盖，晴则置之高阁；视居学校如寓客栈，今日寓此，明日便去，虽有蚊蚤之为害，不过今宿，又何必大事驱除！教育中亦有害虫，教师之责，所宜驱除，岂可以暂为，遂视同秦越而不作整顿之计耶？昔英女皇依里萨伯①终身不嫁，人问之故，辄以英吉利即吾之夫一语以对。意相加富尔终身不娶，人问之故，辄以意大利即吾之妻一语以对。故鄙人今亦有二语告于诸君，即男师范生应以教育为之妻，女师范生应以教育为之夫，有此定力，则赴汤蹈火，在所不辞，鞠躬尽瘁，死而后已。吾身不成，吾子绍之；吾子不成，吾孙绍之；子子孙孙，世世代代，相续无间，海可枯而吾之志不可枯，石可烂而吾之志不可烂。西藏，极西边极穷苦之地也，有须吾办教育者，吾即往西藏而不辞。蒙古，极北边极穷苦之地也，有须吾办教育者，吾即往蒙古而不辞。

不要名，不要利，只要教育好；不怕难，不怕死，只怕教育不好。师范生乃负此志者，故与别种学生不同。读书要当作教书读，求学要当作教学求。蚕食桑叶，消化而吐出能为锦绣之丝；师范生求学，亦当融会贯通而吐出有益于人之事业也。

　　以上所说，皆属泛论。尚有一问题，与诸君商酌，庶上说皆可解决而变为切实。曾子曰："吾日三省吾身。"诸君亦当自省为何不入他校而入师范学校？岂为师范学校豁免学膳费而来乎？抑为求学之故，无他校可入，不得不入师范学校乎？或迫于父母之命，不得已而入师范学校乎？将负大才能、抱大兴味而后入师范学校乎？假如因免学膳费，因无他校可入，及因父母所迫而入，姑且无论。若因负大才能抱大兴味，其将何以自待？吾见今日师范毕业者，有一部分人不办教育，或办教育而不尽心力者，皆由初未能自省也。然则，以上所说均成空谈矣。鄙人此番之话，方为负大才能抱大兴味而入师范学校者言之，望诸君皆注意焉。如有误谬之处，不妨指出纠正，实甚欣幸。

注释

① 依里萨伯　通译伊丽莎白。

以科学之方
新教育之事*（9月27日）

　　本校同学，知教育之重，设会研究。及至今日，人数倍增，则研究所得，必更昌宏，可为忭贺。

　　夫国之盛衰，视乎教育；而教育之新旧，视乎研究。守陈法而不革，拘故步而自封，则亦造成旧国，不适于新势而已。本会同人，踊跃如斯，研究之新颖，盖可预知也。苟全国人士研究教育者之数，亦若本会之与年增进，则亦何患不盛乎？然而亦难言矣。或假教育之名，而肆其政治之愿者，不乏其人，则虽置身教育之场，而其意不属，以为用役之才将操纵于天下，教育界不过其逆旅耳。逆旅之兴替，岂足当过客之盼哉？则教育之利害兴革，又岂若人之事哉？斯亦不足责矣！此政客之教育家，无补于事者一也。亦有笃守篇籍，罔知变通，其收效仍莫由光大。虽学术一道，不当废弃乎前言，而拘泥之，夫何堪与言乎进步？此书生之教育家，无补于事者二也。

　　惟有以科学之方，新教育之事，庶几可耳！参酌古今，辨析毫芒，躬验体察，条理秩然，终身以之，勤劬专一，斯真教育之人矣。夫以科学方法研究教育，其遭遇困难，盖无异于哥伦布之探寻新地，立说而不见信，筹资而不见予，风涛险阻，蛮夷侵凌，其能卒底于成者，亦非偶然矣！吾今略举教育新理发明时之轶事，以助研究教育者之兴趣。

　　约翰·费司刻（John Fiske）①创幼稚说，谓族类愈高，其成愈晚，缘伊尝读万力司（Wallace）②获取幼猩之事：取幼猩饲之，离母三月而不能行。禽兽生数月而能自立者夥矣，猩独不能，则以其族类高也。等而上之，至于人类，则其成愈晚矣；等而下之，则虫豸多生而知之也。此幼稚说所由创也。桑戴克（Thorndike）欲求父母于子女才能之关系，则以孪生弟兄五十姓，而试之以算数、文法之课，窥其尽同，则孪生者之巧拙常等，可以知遗传之故矣。福兰息司·高尔登（Francis Galton）③考察英雄家族之性情，比较

---

* 本篇系陶行知1918年9月27日在南京高师教育研究会上的演讲，原题为《教育研究会指导员陶知行先生演讲》。记录者：范冠东。今题为编者改拟。原载1918年10月5日《南京高等师范日刊》，又载《南京高等师范学校教育研究会会刊》第3期。

剖析，缕列无遗，遂开遗传学之宗。裴司塔洛齐（Pestalozzi）④之研究教授法也，则考察其子而得之。艾而克思（Yerkes）⑤之验尝试法也，取龟而置之穴外，龟之欲入新穴也，纵横回旋数十次，久乃得之。桑戴克则以猫为验，置猫笼中，猫见笼外肉，竭力求出，爬搔数十次，始获触机脱出。复纳入之，则其跳跺不似初次之甚矣。再纳之，则其出愈易。多次而后，竟不复试探，径拨机而出。是故，循偶然之故而得常然之理，乃益信效果原则之说。今更谈教育制度之发明，若加雷（Gary）⑥之学校，以善利用校舍著称于世。价微耳（Wirt）⑦之创此制也，盖观诸市廛，商贾支配店伙，彼此错综，不费时地，乃照用此法于学校，以一室而为二校之用，使校内各地无时无学生之踪迹，此上课而彼自修，甲参考而乙操练。是故他人岁需万金者，如此八千金而已足；他人需教师百人者，如此九十人而已足，办学而最合于经济学理者也。斯说初布，世莫之信，遇钢铁大王，其说乃申。节俭之说，固戚戚于讲实利之人耳。然新理之行不亦难哉！福禄伯（Froebel）之设幼稚园，则由爱玩天然物而创之，以爱玩天然物者移之于童稚。然其初始，亦屡遭政府之非难阻止，而其制终获大行于世。盲童学校之起原亦有足述者：某逆旅主人饰盲人令作剧，胡爱（Hally）见之，深知盲人之可教育，于是设学校专纳盲童，创种种新法以施教育。更有异者陈：沙力方夫人（Mrs. Sullivan）研究教育，毕生只教一人，名海仑·克楼（Helen Kellr）⑧，然其成就大有功于教育界。盖其所教者，生而兼聋喑瞽三者于一身，常人必以为无可为矣，而女士则穷力以启之，虽其耳目口舌失其作用，而心思犹存，且外尘不染，更有灵于常人者；故使其一指按于鼻，一指按于喉，一指按于唇，以自觉其所感之气息振动之度，用窥想其所表暴之意义，萃其五官之用，寄于感觉，则感觉愈灵，遂授以发音之术，而喑者则不喑矣。此后竟能通数国文，且能演说。

由是观之，世间岂有难事哉？亦视研究者之专否耳！苟其心不专，不以教育为其毕生之业，浅尝轻试，又不遵科学之途术，则其事虽易，目所常见，亦将熟睹而无所创获，矧其难乎？故有心之人，随时随地皆能触其教育之理而创新说。天下之事万变，斯新理之出无穷，人亦何患无用心之地哉！苟不实事求是，详加审谛，惟就前人之说以遵循之，则教育终无大昌之时也。至于徒袭外人之余绪，而不思自己有以考察之，亦可以自反矣！

注释

① 约翰·费司刻　通译约翰·费斯克。

② 万力司　通译华莱士。

③ 福兰息司·高尔登　通译弗兰西斯·高尔顿。

④ 裴司塔洛齐　通译裴斯泰洛齐。

⑤ 艾而克斯　通译业歧兹。

⑥ 加雷　美国葛蕾学校（Gary School），此校善于利用设备，一校能收他校两倍的学生。

⑦ 微耳　通译沃特。

⑧ 海仑·克楼　通译海仑·凯勒。

1919年

教学合一＊　（2月24日）

现在的人叫在学校里做先生的为教员，叫他所做的事体为教书，叫他所用的法子为教授法，好像先生是专门教学生些书本知识的人。他似乎除了教以外，便没有别的本领；除书之外，便没有别的事教。而在这种学校里的学生除了受教之外，也没有别的功课。先生只管教，学生只管受教，好像是学的事体，都被教的事体打消掉了。论起名字来，居然是学校；讲起实在来，却又像教校。这都是因为重教太过，所以不知不觉的就将它和学分离了。然而教学两者，实在是不能分离的，实在是应当合一的。依我看来，教学要合一，有三个理由：

第一，先生的责任不在教，而在教学，而在教学生学。大凡世界上的先生可分三种：第一种只会教书，只会拿一本书要儿童来读他，记他，把那活泼的小孩子做个书架子、字纸篓。先生好像是书架子字纸篓之制造家，学校好像是书架子字纸篓的制造厂。第二种的先生不是教书，乃是教学生；他所注意的中心点，从书本上移在学生身上来了。不像从前拿学生来配书本，现在他拿书本来配学生了。他不但是要拿书本来配学生，凡是学生需要的，他都拿来给他们。这种办法，固然比第一种好得多，然而学生还是在被动的地位，因为先生不能一生一世跟着学生。热心的先生，固想将他所有的传给学生，然而世界上新理无穷，先生安能尽把天地间的奥妙为学生一齐发明？既然不能为学生一齐发明，那他所能给学生的，也是有限的，其余还是要学生自己去找出来的。况且事事要先生传授，既有先生，何必又要学生呢？所以专拿现成的材料来教学生，总归还是不妥当的。那末，先生究竟应该怎样子才好？我以为好的先生不是教书，不是教学生，乃是教学生学。教学生学有什么意思呢？就是把教和学联络起来：一方面要先生负指导的责任，一方面要学生负学习的责任。对于一个问题，不是要先生拿现成的解决方法来传授

＊ 本篇系陶行知在《世界教育新思潮》专栏发表的系列论文之一，主张教学合一。不久，他进一步提出事怎样做就怎样学，怎样学就怎样教。后来发展成为教学做合一的完整体系。本文原载1919年2月24日《时报・教育周刊・世界教育新思潮》第1号，署名：教育硕士陶知行。

学生，乃是要把这个解决方法如何找来的手续程序，安排停当，指导他，使他以最短的时间，经过相类的经验，发生相类的理想，自己将这个方法找出来，并且能够利用这种经验理想来找别的方法，解决别的问题。得了这种经验理想，然后学生才能探知识的本源，求知识的归宿，对于世间一切真理，不难取之无尽，用之无穷了。这就是孟子所说的"自得"，也就是现今教育家所主张的"自动"。所以要想学生自得自动，必先有教学生学的先生。这是教学应该合一的第一个理由。

第二，教的法子必须根据于学的法子。从前的先生，只管照自己的意思去教学生；凡是学生的才能兴味，一概不顾，专门勉强拿学生来凑他的教法，配他的教材。一来先生收效很少，二来学生苦恼太多，这都是教学不合一的流弊。如果让教的法子自然根据学的法子，那时先生就费力少而成功多，学生一方面也就能够乐学了。所以怎样学就须怎样教；学得多教得多，学得少教得少；学得快教得快，学得慢教得慢。这是教学应该合一的第二个理由。

第三，先生不但要拿他教的法子和学生学的法子联络，并须和他自己的学问联络起来。做先生的，应该一面教一面学，并不是贩买些知识来，就可以终身卖不尽的。现在教育界的通病，就是各人拿从前所学的抄袭过来，传给学生。看他书房里书架上所摆设的，无非是从前读过的几本旧教科书；就是这几本书，也还未必去温习的，何况乎研究新的学问，求新的进步呢？先生既没有进步，学生也就难有进步了。这也是教学分离的流弊。那好的先生就不是这样，他必定是一方面指导学生，一方面研究学问。如同柏林大学包尔孙先生（Fr·Paulsen）①说："德国大学的教员就是科学家。科学家就是教员。"德国学术发达，大半靠着这教学相长的精神。因为时常研究学问，就能时常找到新理。这不但是教诲丰富，学生能多得些益处，而且时常有新的材料发表，也是做先生的一件畅快的事体。因为教育界无限枯寂的生活，都是因为当事的人，封于故步，不能自新所致。孔子说："学而不厌，诲人不倦。"真是过来人阅历之谈。因为必定要学而不厌，然后才能诲人不倦；否则年年照样画葫芦，我却觉得有十分的枯燥。所以要想得教育英才的快乐，似乎要把教学合而为一。这是教学应该合一的第三个理由。

总之：一、先生的责任在教学生学；二、先生教的法子必须根据学的法子；三、先生须一面教一面学。这是教学合一的三种理由。第一种和第二种理由是说先生的教应该和学生的学联络；第三种理由是说先生的教应该和先生的学联络。有了这样的联络，然后先生学生都能自得自动，都有机会方法找那无价的新理了。

注释

① 包尔孙 通译包尔生。

试验教育的实施*（4月14日）

试验主义与新教育的关系，在第一期《新教育》月刊上已经论过。现在所要继续研究的问题，就是怎样将这实验的教育实行出去。照我看来，建设试验的教育，约有四种主要办法。

（一）应该注意试验的心理学

心理学是一切教学方法的根据，要想在教学上求进步，必须在心理学上注重试验。现在中国各级师范学校所教的心理学，不是偏重书本的知识，就是偏重主观的研究。推其结果，不独没有发明，就是所教所学的，也是难于明了。所以现在第一件要事，就须提倡试验的心理学。大学校的教育科和高等师范学校，都应当设备相当的心理学仪器。至于初级师范学校，也应当拣那必不可少的设备起来，使教员学生都有试验的机会。心理学有了试验，然后那依据心理的教育也就不致蹈空了。

（二）应该设立试验的学校

我们现在所有的学校，大概都是按着一定的格式办的，目的有规定，方法有规定。变通的余地既然很少，新理安能发现？就以师范学校的附属学校而论，有为实地教授设的，也有为模范设的，但为试验教育原理设的，简直可以说没有。所以全国实行的课程、管理、教学、设备究竟是否适当，无人过问，也无从问起。为今之计，凡是师范学校及研究教育的机关，都应当注重试验的附属学校；地方上也应当按着特别情形，选择几个学校，做试验的中心点。不过试验的时候，第一要得人，第二要有缜密的计划。随便什么学校，如果合乎这两个条件，就须撤消一切障碍，使它得以自由试验。如不得其人，又无缜密的计划，那仍是轻于尝试，不是真正的试验了。

---

* 本篇原载1919年4月14日《时报·教育周刊·世界教育新思潮》第8号。

（三）应当注意应用统计法

教育的原则，不是定于一人的私见，也不是定于一事的偶然。发明教育原理的，必须按着一个目的，将千万的事实征集起来，分类起来，表列起来，再把它们的真相关系一齐发现起来，然后乃能下他的判断。这种方法，就叫做统计法。试验教育是个很繁杂的事体，有了这种方法，才能以简御繁，所以统计法是辅助试验的一种利器，也是建设新教育的一种利器。研究教育的人，果能把这个法子学在脑里，带在身边，必定是受用无穷的。所以研究教育的机关，就须按着程度的高下，加入相当分量的统计法，列为正课，使那从事研究的人，能得一个操纵事实的利器。

（四）应该注重试验的教学法

试验的教学法，有一个最要之点，这要点就是如何养成学生独立思想的能力。现在通用的方法，只是赫尔巴的五段教授[①]，总嫌他过于偏重形式。最好是把杜威的思想分析拿来运用。按照杜威先生的意思：第一，要使学生对于一个问题处在疑难的地位；第二，要使他审查所遇见的究竟是什么疑难；第三，要使他想办法解决，使他想出种种可以解决这疑难的方法；第四，要使他推测各种解决方法的效果；第五，要使他将那最有成效的方法试用出去；第六，要使他审查试用的效果，究竟能否解决这个疑难；第七，要使他印证，使他看这试用的法子，是否屡试屡验的。这几种方法，只是一套手续。有了这个方法，再加些应有的设备，必能养成学生一种试验的精神。

上面所举的四种方法当中，前三种是改造教育家应有的手续。他们的目的在使担任教育事业的人，得了一种精神方法，能够发明教育的原理。第四种是改造国民应有的手续，他的目的在使普通国民，得了一种精神方法，能够随时、随地、随事去做发明的工夫。总而言之，会试验的教育家和会试验的国民都是试验教育所要养成的。

注 释

[①] 赫尔巴的五段教授　赫尔巴，通译赫尔巴特。五段教授，指预备、提示、联想、总括、应用五段。这是赫尔巴特学派关于课堂教学阶段的理论，通称"五段教学法"。19世纪末至20世纪初盛行于欧美，传入中国后，曾对中国旧时中小学教育产生一定影响。

第一流的教育家*（4月21日）

我们常见的教育家有三种：一种是政客的教育家，他只会运动，把持，说官话；一种是书生的教育家，他只会读书，教书，做文章；一种是经验的教育家，他只会盲行，盲动，闷起头来，办……办……办。第一种不必说了，第二第三两种也都不是最高尚的。依我看来，今日的教育家，必定要在下列两种要素当中得了一种，方才可以算为第一流的人物。

（一）敢探未发明的新理

我们在教育界做事的人，胆量太小，对于一切新理，小惊大怪。如同小孩子见生人，怕和他接近。又如同小孩子遇了黑房，怕走进去。究其结果，他的一举一动，不是乞灵古人，就是仿效外国。也如同一个小孩子吃饭、穿衣，都要母亲帮助，走几步路，也要人扶着，真是可怜。我们在教育界任事的人，如果想自立，想进步，就须胆量放大，将试验精神，向那未发明的新理贯射过去；不怕辛苦，不怕疲倦，不怕障碍，不怕失败，一心要把那教育的奥妙新理，一个个的发现出来。这是何等的魄力，教育界有这种魄力的人，不愧受我们崇拜！

（二）敢入未开化的边疆

从前的秀才以为"不出门能知天下事"，久而久之，"不出门"就变做"不敢出门"了。我们现在的学子，还没有解脱这种风气。试将各学校的"同学录"拿来一看，毕业生多半是在本地服务，那在外省服务的，已经不可多得，边疆更不必说了。一般有志办学的人，也专门在有学校的地方凑热闹，把那边疆和内地的教育，都置在度外。推其原故，只有一个病根，这病根就是怕。怕难，怕苦，怕孤，怕死，就好好的埋没了一生。我们还要进一

---

* 本篇在1919年4月21日《时报·教育周刊·世界教育新思潮》第9号发表时，该专栏主笔蒋梦麟有如下按语："陶先生，你讲的一席话，我读了便觉精神提起来。这种话我久不听见了，可算是教育界福音。"

步看，这些地方的教育究竟是谁的责任？我们要晓得国家有一块未开化的土地，有一个未受教育的人民，都是由于我们没尽到责任。责任明白了，就放大胆量，单身匹马，大刀阔斧，做个边疆教育的先锋，把那边疆的门户，一扇一扇的都给它打开。这又是何等的魄力！有这种魄力的人，也不愧受我们崇拜。

敢探未发明的新理，即是创造精神；敢入未开化的边疆，即是开辟精神。创造时，目光要深；开辟时，目光要远。总起来说，创造、开辟都要有胆量。在教育界，有胆量创造的人，即是创造的教育家；有胆量开辟的人，即是开辟的教育家，都是第一流的人物。大丈夫不能舍身试验室，亦当埋骨边疆尘，岂宜随便过去！但是这种人才，究竟要到什么时候才能出现？究竟要由什么学校造就？究竟要用什么方法养成？可算是我们现在最关心的问题。

新教育 *(7月22日)

今天得有机会，与诸同志共聚一堂，研究教育，心中愉快得很。现在把关于新教育上各项要点，略些谈谈。

（一）新教育的需要

我们现在处于二十世纪新世界之中，应该造成一个新国家，这新国家就是富而强的共和国。怎样能够造成这新国家呢？固然要有好的领袖去引导平民，使他们富，使他们强，使他们和衷共济；但是虽有好的领袖，而一般平民不晓得哪个领袖是好的，哪个领袖是不好的，也是枉然。所以现在所需要的，是一种新的国民教育，拿来引导他们，造就他们，使他们晓得怎样才能做成一个共和的国民，适合于现在的世界。举例来说，有一个后母给她的儿子洗澡，所用的水，时而太冷咧，时而太热咧，这就是不能合着他儿子的需要。我们所研究的新教育，不应该犯这个毛病，一定要合于现在所需要的。

（二）新教育的释义

先说"新"字是什么意思？某处人家因为要请客，一切设备家伙，都去向别家借用，用过之后，就去还了。这是客来则新，客去便旧了，不得为根本的新。我们中国的教育，倘若忽而学日本，忽而学德国，忽而学法国、美国，那是终究是无所适从。所以新字的第一个意义要"自新"。今日新的事，到了明日未必新；明日新的事，到了后日又未必新。即如洗澡，一定要天天洗，才能天天干净。这就是日日新的道理。所以新字的第二个意义要"常新"。又我们所讲的新，不单是属于形式的方面，还要有精神上的新。这样才算是内外一致，不偏不倚。所以新字的第三个意义要"全新"。

次说"教育"是什么东西？照杜威先生说，教育是继续经验的改造

---

* 本篇系陶行知1919年7月22日在浙江第一师范学校毕业生讲习会上的讲演。记录者：李宗武、洪鋆。原载1919年9月《教育潮》第1卷第4期。

(Continuous reconstruction of experience)。我们个人受了周围的影响，常常有变化，或是变好，或是变坏。教育的作用，是使人天天改造，天天进步，天天往好的路上走；就是要用新的学理，新的方法，来改造学生的经验。

（三）新教育的目的

这目的可分两项来说明：第一对于天然界，要使学生有利用他的能力。例如，我们要使光线入室不需风的时候，就要用玻璃窗。照这样把所有一切光、电、水、空气等，都要被我们操纵指挥。现在中国和外国物质文明的高下，都从这利用天然界能力的强弱上分别出来的。然而其中也有危险的地方，如造出许多杀人的物扰乱世界，是万万不可的。所以第二项目的，是对于群界要讲求共和主义，使人人都能自由守着自己的本分去做各种事业。一方面利用天然界，一方面谋共同幸福。可说一句，新教育的目的，就是要养成这种能力，再概括说起来，就是要养成"自主"、"自立"和"自动"的共和国民。自主的就是要做天然界之主，又要做群界之主。即如选举卖票一事，卖和不卖，到底由自己的主张。果能自主的人，富贵不淫，贫贱不移，威武不屈，人家有什么法子对付他呢？至于自立的人，在天然界群界之中，能够自衣自食，不求靠别人。但是单讲自立，不讲自动，还是没有进步，还是不配做共和国民的资格。要晓得专制国讲服从，共和国也讲服从，不过一是被动的，一是自动的，这就是他们的分别了。

（四）新教育的方法

此番我从南京到上海，再从上海到嘉兴，一直到杭州来，有种种的方法，或是走，或是坐船，或是坐火车，或是坐飞艇。在这几种方法之中，哪几种是较好，哪一种是最好，而且哪一种是最快，这便是方法的考究。要考究这个方法，下列的几条，应该注意的：

（甲）符合目的　杀鸡用鸡刀，杀牛用牛刀，这就是适合的道理；教育也要对着目的设法。现在学校里有兵操一门，是为了养成国民有保护国家的能力而设的。但是照这样"立正"、"开步"的练习，经过几年之后，能否达到应战之目的，却须要研究的。

（乙）依据经验　怎样做的事，应当怎样教。譬如游水的事，应当到池沼里去学习，不应当在课堂上教授。倘若只管课堂的教授，不去实习，即使学了好几年，恐怕一到池里，仍不免要沉下去的。各种知识有可以从书上求的，不妨从书上去得来；有不可以从书上求的，那应该从别处去得他了。

（丙）共同生活　在学校中不能共同做事，一到社会也是不能的。所以要国民有共和的精神，先要学生有共和的精神；要学生有共和的精神，先要使他有共同的生活，有互助的力量。

（丁）积极设施　教人勿赌博，勿饮酒，这都是消极的禁止。至于积极的办法，要使他们时常去做好的事情，没有机会去做那坏的事情。在学校之中，常常有正当的游戏运动，兴味很好，自然没有工夫去做别的坏事了。

（戊）注重启发　在学校里并非一面教人，一面受教，就算了事。要使学生的精神意志和能力，渐渐的发育成长。孔子说"不愤不启，不悱不发"。我更要进一步说，使他不得不愤，使他不得不悱。杜威先生也说，教学生的法子，先要使他发生疑问；查出他疑难的地方，使他想种种方法，去解决这个问题；从这些方法之中，选出顶有成效的法子，去试试看对不对；如其不对，就换个法子，如其对了，再去研究一下。照这方法来解释同类的问题和一切的问题。所以现在的时候，那海尔巴脱①的五段教授法等，觉着不大适用了。

（己）鼓励自治　这便是教学生对于学问方面或道德方面，都要使他能够自治自修。

（庚）全部发育　身体和精神要全体顾到，不可偏于一面。譬如在体育上，耳目口鼻手足统要使他健全；在智育上，既要使他自知，又要使他能够利用天然界的事物；在德育上，公德和私德，都不可欠缺的。

（辛）唤起兴味　学生有了兴味，就肯用全副精神去做事体，所以"学"和"乐"是不可分离的。学校里面先生都有笑容，学生也有笑容。有些学校，先生板了脸孔，学生都畏惧他，那是难免有逃学的事了。所以设法引起学生的兴味，是很要紧的。

（壬）责成效率　凡做一事，要用最简便、最省力、最省钱、最省时的法子，去收最大的效果。做这件事，用这个方法，在一小时所收的效果是这样，用别个方法止须十分钟或五分钟，就有这样的效果，那后法就比前法为胜了。照此把时间、精力、金钱和效果的比较选择，可以得出一个最好的法子。

以上所讲，都是新教育上普通的说明。至于新教育对于学校课程等的设施和教员学生应当怎样的情形，休息几分钟再讲。

新学校

学校是小的社会，社会是大的学校。所以要使学校成为一个小共和国，须把社会上一切的事，拣选他主要的，一件一件的举行起来。不要使学生在校内是一个人，在校外又是一个人。要使他造成共和国民的根基，须在此练习。对于身体方面、道德方面、政治方面，凡国民所不可不晓得的，都要使他晓得，那学校便成为具体而微的社会了。我国学校的弊病，不但在与社会相隔绝，而且学校里面，全以教员做主，并不使学生参与。要晓得一社会里的事务，该使大家知道的，就该大家参与；该使少数领袖管理的，就该少数领袖参与。这样不靠一人，也不靠少数人，使每个学生、每个教员晓得这个学校是我的学校，肯与学校同甘苦，那才是共和国社会里的真学校。

新学生

"学"字的意义，是要自己去学，不是坐而受教。先生说什么，学生也说什么，那便如学戏，又如同留声机器一般了。"生"字的意义，是生活或是生存。学生所学的是人生之道。人生之道，有高尚的，有卑下的；有片面的，有全部的；有永久的，有一时的；有精神的，有形式的。我们所求的学，要他天天加增的，是高尚的生活，完全的生活，精神上的生活，永久继续的生活。进一步说，不可学是学，生是生，要学就是生，生就是学。求学的事，是为预备后来的生存呢？还是现在的生存，就是全体生活的一部分呢？既然晓得教育是继续经验的改造，那末对于天然界和群界，自然受他的影响；天天变动，就是天天受教育，差不多从出世到老，与人生为始终的样子。你哪一天生存不是学？你哪一天学不是生存呢？孔子到了七十岁，方才从心所欲不逾矩，他是一步一步上进的。凡改变我们的，都是先生；就是我们自己都是学生。以前只有在学校里的是学生，一到家里就不是学生；现在都做社会的学生，是从根本上讲，来得着实，不至空虚。虽出校门，仍为学生，就是不出于教育的范围。所以每天的一举一动，都要引他到最高尚、最完备、最能永久、最有精神的地位，那方才是好学生。

新教员

新教员不重在教，重在引导学生怎么样去学。对于教育，第一，要有信仰心。认定教育是大有可为的事，而且不是一时的，是永久有益于世的。不但大学校高等学校如此，即使小学校也是大有可为的。夫勒培尔②研究小学教育，得称为大教育家。做小学教师的，人人有夫氏的地位，也有他的能力；止须承认，去干就能成功。又如，伯斯塔罗齐③、蒙铁梭利④都从研究小学教育得名，即如杜威先生，也是研究小学教育的。这都是实在的事，并非虚为赞扬。我从前看见一个土地庙面前对联上，有一句叫"庙小乾坤大"，很可以来比。况我们学校虽小，里头却是包罗万有。做小学教员的，万勿失此机会，正当做一番事业。而且这里头还有一种快乐——照我们自己想想，小学校里学生小，房子小，薪水少，功课多，辛苦得很，哪有快乐？其实，看小学生天天生长大来，从没有知识，变为有知识，如同一颗种子的由萌芽而生枝叶，而看他开花，看他成熟，这里有极大的快乐。照以上两层——做大事业得大快乐——是为一己的，而况乎要造新国家、新国民、新社会，更非此不行嘛！那不信仰这事的，可以不必在这儿做小学教员。一国之中，并非个个人要做这事的，有的做兵，有的做工，有的做官吏……各人依了他的信仰，去做他的事。一定要看教育是大事业，有大快乐，那无论做小学教员，做中学教员，或做大学教员，都是一样的。第二，要有责任心。不但是自己家中的小孩和课堂中的小孩，我应当负责任；无论这里那里的小孩，要是国中有一个人不受教育，他就不能算为共和国民。在美国一百个人之中，有九十几个受教育。中国一百个人之中，只有一个人受教育。而且二十四个学生中，只有一个女学生。我们要从这少数的人，成为多数的人，要用多少年的工夫？非得终身从事不行。况且我们除了二十岁以前、六十岁以后，正当有为之时没有多少,即使我们自己一生不成,应当代代做去。切不可当教育事业是住旅馆的样子,住了一夜或几夜之后,不管怎么样,就听他去了。那教育事业,还有发达的希望吗?第三,做新教员的要有共和精神。就是不可摆出做官的态度,事事要和学生同甘苦,要和学生表同情,参与到学生里面去,指导他们。第四,要有开辟精神。时候到了现在,不可专在有教育的地方办教育。要有膨胀的力量,跑到外边去,到乡下地方,或是到蒙古、新疆这些边界的地方,要使中国无地无学生。一定要有单骑匹马勇往无前的气概,有如外国人传教的精神,无论什么都不怕,只怕道理不传出去。要晓得现在中国,门户边界的危险,使那个地方的人,晓得共和国的样子,用文化去灌输他,使他耳目熟习,改换他从来的方向,是很要紧的。第五,要有试验的精神。有些人肯求进步,有些人只晓得自划地,除了几本教科书外,没有别的书籍。——诸君已经毕业之后,还在这儿讨论教育,那是最好的。——他人叫我怎样办,我便怎样办,专听上头的命令。要晓得上头的命令,只不过举其大端,其中详细的情形,必定要我们去试验。用了种种方法,有了结果,再去批评他的好坏,照此屡试屡验,分析综合,方才可下断语。倘使专靠外国,或专靠心中所有,那末,或是以不了了之,或是但凭空想,或是依照古老的法子,或是照外国的法子,统是危险的。从前人说"温故而知新",但是新的法子从外国传到中国,又传到杭州,我们以为新的时候,他们已经旧了。所以望大家注意,不可不由自己试验得出真理,方不至于落人之后哩!

新课程

这要从社会和个性两方面讲。从社会这面讲来,要问这课程是否合乎世界潮流,是否合乎共和精神。学了这课程之后,能否在中国的浙江,或是浙江的杭州,做一个有力的国民。更从个性的一面讲来,谁的事教谁,小孩子的事教小孩子,农人的事去教农人,方才能够适合。我且拿学代数来做个例,看这课程是否为学生所需要。我有一次对学生发问道:"有几多人应用过代数?"那一百人中止有七八个人举手。又问:"不曾用过代数的人举手!"就有九十几个。后再查考那七八个人所用的东西,止须一星期,至多不过一月,就可教了。照这样看来,我们应该有变通的办法。是否为了七八个人去牺牲那九十几个人。那七八个人,或为天文家,或习工业,或学医生,所用代数,不过百分之一罢了。我们不可以为了一个人,去牺牲九十九个人;也不可以为了九十九个人,去牺牲那一个人。总要从社会全体着想,有否其他有用的东西未列在课程里?或是有用不着的东西还列在课程里呢?照这样去取舍才行。

新教材

就教科书一端而论,编书的人,有的做过教员,有的竟没有做过教员。

就拿他自己的眼光来做标准，不知道各地方的情形怎么样。用了这种书去教授，哪里能适合呢？所以教科书止可作为参考，否则硬依了他，还是没有的好。又有一种讲义，当看作账簿一般。社会上各种文化风俗，都写在这账簿上。这账簿有没有用处，或是正确不正确，须要仔细考查。譬如富翁，虽然将他所有的财产，写在账簿上，拿来传给他的儿子，若是不去实地指点他，那几处房子或是田地，是我所有，和这账簿对照一下，他的儿子仍然不晓得底细。也许有几处田地房产，已经卖出；也许有几处买进的，还没有登记上去，总要使他儿子完全明了，那账簿方才有效。要拿教科书上的情形引导把学生看，或是已经变迁的情形，指点他明白。几年前的朝鲜和现在不同；俄国已经分做十几国⑤，更不可以拿从前的来讲。总要明白实际的事情，因为账簿是死的，人是活的，要拿账簿来为我所用，不要将活泼泼的人为死书所用。要晓得账簿之外，还有许多文化在那里，要靠教科书是有害的。

新教育的考成

我到店里去要一件东西，他拿了别的东西给我，我就不答应了，怎么我要这件，你偏与我那件呢？教育的事，也是这样。要按照目的去考成，方才不会枉费了精神和财力。譬如从农业、工业或商业学校里毕业出来的学生，有几多人在那里做他应当做的事。若是不问他的结果，一味的办去，正如做母亲的人把他的女儿出嫁，不将他长女出外的情形，来加以参考，以至于第二第三个女儿吃着同样的苦头，这是因为不考成的缘故。

再有几层，我在别处已经讲过，暂且不说。总之，大家觉得要教育普及，先要认定目的。做若干事，须得若干的代价，决不是天然能成功的。即就小孩子而论，美国一人需费四元四角五分，中国每人止有六分。试问没有代价的事，能办得好办不好？但这事人人负有责任。我们做教员的，不但教学生，又要想法子使得社会上的人对于教育认为必要。譬如有钱的人，可以教自己的孩子，同时他邻舍的小孩子，因为没得钱受教育，和这小孩子一块儿玩，就把他带坏了。所以单教自己的儿子，还是不中用的。把这种情形使他们觉悟，人非木石，断没有一定不信。虽然有些困难的地方，我们总可以用自己的力量去战胜他的。

注释

① 海尔巴脱　通译赫尔巴特。
② 夫勒培尔　通译福禄培尔。
③ 伯斯塔罗齐　通译裴斯泰洛齐。
④ 蒙铁梭利　通译蒙台梭利。
⑤ 十几国　指苏联的十几个加盟共和国。

学生自治问题之研究*（10月）

近世所倡的自动主义①有三部分：一、智育注重自学；二、体育注重自强；三、德育注重自治。所以，学生自治这个问题，是自动主义贯彻德育的结果，是我们数千年来保育主义、干涉主义、严格主义的反应，是现在教育界一个极重要的问题。这个问题，包含甚广。我们要问学生应否有自治的机会？如果应该自治，我们又要问学生自治究竟应有几多大的范围？学生应该自治的事体，究竟有哪几种？规定学生自治的范围，又应有何种标准？施行学生自治，又应用何种方法？这几个问题，都是我们所要研究的。总起来说，就是学生自治问题。

学生自治是什么

凡是讨论一种问题，必先要明白问题的性质和它的意义。性质和意义不明了，就不免起人误会。这篇所讨论的学生自治，有三个要点：第一，学生指全校的同学，有团体的意思；第二，自治指自己管理自己，有自己立法、执法、司法的意思；第三，学生自治与别的自治稍有不同，因为学生还在求学时代，就有一种练习自治的意思。把这三点合起来，我们可以下一个定义："学生自治是学生结起团体来，大家学习自己管理自己的手续。"从学校这方面说，就是"为学生预备种种机会，使学生能够大家组织起来，养成他们自己管理自己的能力"。

依这个定义说来，学生自治，不是自由行动，乃是共同治理；不是打消规则，乃是大家立法守法；不是放任，不是和学校宣布独立，乃是练习自治的道理。

---

* 本篇原载1919年10月《新教育》第2卷第2期。1920年1月10日、11日《民国日报·副刊》转载。

学生自治的需要

今日的学生，就是将来的公民；将来所需要的公民，即今日所应当养成的学生。专制国所需的公民，是要他们有被治的习惯；共和国所需的公民，是要他们有共同自治的能力。中国既号称共和国，当然要有能够共同自治的公民。想有能够共同自治的公民，必先有能够共同自治的学生。所以从我们国体上看起来，我们学校一定要养成学生共同自治的能力，否则不应算为共和国的学校。这是第一点。

当今平民主义的潮流，来势至为猛烈，受过他的影响的人，都想将一切的束缚尽行解脱。这固然有他的好处，不过也有他的危险。好处在哪里？大家从此可以充分发挥个人的精神，促进人群的进化。危险在哪里？束缚既然解脱，未必人人能够约束自己的欲望，操纵自己的举止，一旦精神能力向那坏处发泄，天下事就不可为了。一国当中，人民情愿被治，尚可以苟安；人民能够自治，就可以太平；那最危险的国家，就是人民既不愿被治，又不能自治。所以当这渴望自由的时候，最需要的是给他们种种机会得些自治的能力，使他们自由的欲望可以自己约束。所以时势所趋，非学校中提倡自治，不足以除自乱的病源。这是第二点。

我们既要能自治的公民，又要能自治的学生，就不得不问问究竟如何可以养成这般公民学生。从学习的原则看起来，事怎样做，就须怎样学。譬如游泳，要在水里游；学游泳，就须在水里学。若不下水，只管在岸上读游泳的书籍，做游泳的动作，纵然学了一世，到了下水的时候，还是要沉下去的。所以专制国要有服从的顺民，必须使做百姓的时常练习服从的道理；久而久之，习惯成自然，大家就不知不觉的只会服从了。共和国要有能自治的国民，也须使做国民的时常练习自治的道理；久而久之，习惯成自然，他们也就能够自治了。所以，养成服从的人民，必须用专制的方法；养成共和的人民，必须用自治的方法。如果用专制的方法，可以养成自治的学生公民，那末，学生自治问题，还可以缓一步说；无奈自治的学生公民，只可拿自治的方法将他们陶熔出来。所以从方法这方面着想，愈觉得学生自治的需要了。这是第三点。

学生自治如果办得妥当有这几种好处

第一，学生自治可为修身伦理的实验。现今学行并重，不独讲究知识，而且要求所以实验知识的方法。所以学校教课当中，物理有实验，化学有实验，博物有实验，别门功课也有实习，如作文、图画、体操等等，都于学识之外，加以实地练习的机会。他的目的，无非要由实验、实习以求理想与实际的联络，使所做的学问，可以深造。修身伦理一类的学问，最应注意的，在乎实行；但是现今学校中所通行的修身伦理，很少实行的机会；即或有之，亦不过练习仪式而已。所以嘴里讲道德，耳朵听道德，而所行所为却不能合乎道德的标准，无形无影当中，把道德与行为分而为二。若想除去这种弊端，非给学生种种机会，练习道德的行为不可。共和国民最需要的操练，就是自治。在自治上，他们可以养成几种主要习惯：一是对于公共幸福，可以养成主动的兴味；对于公共事业，可以养成担负的能力；对于公共是非，可以养成明了的判断。简单些说：自治可以养成我们对于公共事情上的愿力、智力、才力。照这样看来，学生自治若办得妥当，可算是实验的修身，实验的伦理，全校就是修身伦理的实验室。照这样办，才算是真正的修身伦理。

第二，学生自治能适应学生之需要。我们办学的人所定的规则，所办的事体，不免有与学生隔膜的。有的时候，我们为学生做的事体越多，越是害学生。因为为人，随便怎样精细周到，总不如人之自为。我们与学生经验不同，环境不同，所以合乎我们意的，未必合乎学生的意。勉强定下来，那适应学生需要的，或者遗漏掉；那不适应学生需要的，反而包括进去。等到颁布之后，学生不能遵守，教职员又不得不执行，却是左右为难。甚至于学生陷于违法，规则失了效力，教职员失去信用。若是开放出去，划出一部分事体出来，让学生自己治理；大家既然都有切肤的关系，所定的办法，容或更能合乎实在情形了。这就是说，有的时候学生自己共同所立的法，比学校里所立的更加近情，更加易行，而这种法律的力量，也更加深入人心。大凡专制国家的人民，平日不晓得法律是什么，只到了犯法之后，才明白有所谓法律。那末，法律的力量，大都发现于犯法之后，这是很有限的。至于自己共同所立之法就不然，从始到终，心目中都有他在；平日一举一动，都为大家自立的法律所影响。所以自己所立之法的力量，大于他人所立的法；大家共同所立之法的力量，大于一人独断的法。

第三，学生自治能辅助风纪之进步。我们的行为，究竟应该对谁负责？对于少数职教员负责呢，还是要对于全校负责呢？按着旧的方法，学生有过失，都责成少数职员监察纠正。其弊病有两种：第一种是少数职员在的时候，就规规矩矩，不在的时候，就肆行无忌；第二种是大家学生以为既有职员负责，我们何必多事，纵然看见同学为非，也只好严守中立。这是大多数的学生所抱持的态度。所以一人司法，大家避法。我们要想大家守法，就须使各人的行为，对于大家负责。换句话说，就是要共同自治。

第四，学生自治能促进学生经验之发展。我们培植儿童的时候，若拘束太过，则儿童形容枯槁；如果让他跑，让他跳，让他玩耍，他就能长得活泼有精神。身体如此，道德上的经验又何尝不然。我们德育上的发展，全靠着遇了困难问题的时候，有自己解决的机会。所以遇了一个问题，自己能够想法解决他，就长进了一层判断的经验。问题自决得越多，则经验越丰富。若是别人代我解决问题，纵然暂时结束，经验却也被旁人拿去了。所以在保育主义之下，只能产生缺乏经验的学生；若想经验丰富，必须自负解决问题的责任。

学生自治如果办得不妥当就要发生这几种弊端

第一，把学生自治当作争权的器具。大凡团体都有一种特别的势力，这种势力比个人的大得多。用得正当，就能为公众尽义务；用不得当，就能驱公众争权利。学生自治是一种团体的组织，所以用得不妥当的时候，也有这种危险。

第二，把学生自治误作治人看。这个危险是随着第一个顺路下来的。有的时候，这也是个自然的趋势。因为有了团体，一不谨慎，就有驾驭别人的趋势。刘伯明先生说："人当为人中人，不可仅为人上人。"这句话，是我们共和国民的指南针。

第三，学生自治与学校立在对峙地位。学生自治会与学校当有一种协助精神，不可立在对峙的地位，但是办得不妥当，这种对峙的情形，也是免不掉的。不过这是一种很不幸的现象，不是师生之间所宜有的。

第四，闹意气。学生有自治的机会，就不得不多发言论，多立主张，多办交涉，一不小心，大家即刻闹出意气；再由闹意气而彼此分门别户，树立党帜，于是政客的手段，就不得不传到学校里来了。

以上所举的，不过是几种重要的弊端；至于小的弊端，一时难以尽举。总之，学生自治如果办理不善，则凡共和国所发现的危险，都能在学校中发现出来。但是我们要注意，这许多弊端都是办理不妥当的过处，并非学生自治本体上的过处。如果厉行自治的时候，大家不愿争权，而愿服务；不愿凌人，而愿治己；不愿对抗，而愿协助；不愿负气，而愿说理；那末，自治之弊便可去，自治之益便可享了。这种利害关头，凡做共和国民的都要练习。我们在学校的时候，有同学的切磋，有教师的辅助，纵因一时不慎，小有失败，究竟容易改良纠正。若在学校里不注意练习，将来到了社会当中，切磋无人，辅导无人，有了错处，只管向那错路上走，小而害己，大而害国。这都是因为做学生的时候，没有练习自治所致的。所以学生自治如果举行，可以收现在之益；纵小有失败，正所以免将来更大的失败。

规定学生自治范围的标准

学生自治的利弊，既如上所说，现在就要问学生自治有什么范围？规定学生自治的范围，应有若何标准？

第一，学生自治应以学生应该负责的事体为限。学生愿意负责，又能够负责的事体，均可列入自治范围，那不应该由学生负责的事体，就不应列入自治范围。因自治与责任有连带关系，别人号令而要我负责，就叫做被治；别人负责而由我号令，就叫做治人，都失了自治的本意。所以学生自治，应以学生负责的事为限。

第二，事体之愈要观察周到的，愈宜学生共同负责，愈宜学生共同自治。

第三，事体参与的人愈宜普及的，愈宜学生共同负责，愈宜学生共同自治。

第四，依据上列三种标准而订学生自治的范围时，还须参考学生的年龄、程度、经验。

学生自治与学校的关系

学生自治会是学校里面一种团体，自然与学校有密切的关系。这种关系，可以分为两类：一、关于权限的，二、关于学问的。

第一，权限上的关系。学生自治会正式成立之后，学校里面的事体，就可分为二部分：一部分仍旧是学校主持，一部分由学生主持。平常的时候，权限固可以分明；不过既在一个机关里面，总有些事体划不清楚的。既然划不清楚，就不能不有一种接洽的机关，使两方面的意思，都可以互相发表沟通，而收圆满的效果。此外还有临时发生而有关全校的事体，学校与学生都宜与闻，更不得不有一种接洽的机关。人数少的学校，可由校长直接担任；人数多的学校，可由校长指定职教员数人担任。学生自治会职员有事时，即可与他们接洽；而学校有事时，也由这几位和学生接洽。有这种接洽的组织，然后学校与学生的声气可通，就没有隔膜的弊病了。

第二，学问上的关系。天下不学而能的事情很少。共同自治是共和国立国的根本，非是刻苦研究，断断不能深造。我们举行学生自治的时候，也要把他当作一个学问研究。既要当作一个学问研究，那就有两点要注意：一、同学的切磋，二、教员的指导。有人说，现在中国的职教员对于学生自治问题，素未研究，恐怕未必能指导。这句话诚然，但是还有些意思要注意：一、学校里所有功课都有教员指导，独于立国根本的学生自治一门却没有指导，似乎把他太看轻了。二、若校内没有相当的人，办学的就应当赶紧物色那富于共和思想自治精神的教员，来担任此事。三、师生本无一定的高下，教学也无十分的界限；人只知教师教授，学生学习；不晓得有的时候，教师倒从学生那里得好多的教训。所以万一找不到相当的人才，就请职教员和学生共同研究也好。总而言之，学生自治这个问题，不但要行，而且还要研究。研究的时候，学校不能不负指导参与的责任。

学生自治与学校既有这两种密切的关系，我们就须打破一切障碍，使师生的感情，可以化为一体，使大家用的力量，都有相成的效果。大家一举一动都接洽，有话好商量，有贡献彼此参考。在这共和的学校当中，无论何人都不应该取那武断的、强迫的、命令的、独行的态度。我们叫人做事的时候，不但要和他说"你做这件事，你应该这样做"，并且要使得他明白"为何做这件事，为何这样做"。彼此明白事之当然，和事之所以然，才能同心同德，透达那共同的目的。

施行学生自治应注意之要点

现在各学校对于学生自治，多愿次第举行。我悉心观察，觉得有几件最要紧的事体，必先预为注意，方能发生美满的效果。

第一，学生自治是学校中一件大事，全体学生都要以大事看待他，认真去做；学校里也须以大事看待他，认真赞助，若以为他是寻常小事，不加注意，没有不失败的。

第二，学生自治如同地方自治。地方自治之权，出于中央；学生自治之权，出自学校。所以学生自治，虽然可以由学生发动，但是学校认可一层，似乎也是应有的手续。

第三，学生自治之有无效力，要看本校对于这个问题是否有相当了解和兴味。如果大家都明白他的真意，都觉得他的需要，那末，行出来必能得大家的赞助。所以未举行学生自治之前，必须利用演讲、辩论、谈话、作文等等养成充分的舆论。

第四，法是为人立的：含糊误事，故宜清楚；繁琐害事，故宜简单。

第五，推测一校学生自治的成败，一看他的领袖就知道。所以要提高学生自治的价值，就须使最好的领袖不得不出来服务。如果好的领袖洁身自好，或有好的领袖而大众不愿推举，都不是自治的好现象。

第六，学校与学生始终宜抱持一种协助贡献的精神。

第七，学校与学生对于学生自治问题，须采取一种试验态度。章程不必详尽，组织不必细密；一面试行，一面改良；虽然中途难免挫折，但到底必有胜利。

结论

总之，学生自治是共和国学校里一件重要的事情。我们若想得美满的效果，须把他当件大事做，当个学问研究，当个美术去欣赏。当件大事做，方才可以成功；当个学问研究，方才可以进步。这两种还不够。因为自治是一种人生的美术，凡美术都有使人欣赏爱慕的能力；那不能使人欣赏的、爱慕的，便不是真美术，也就不是真的学生自治。所以学生自治，必须办到一个地位，使凡参与和旁观的人，都觉得他宝贵，都不得不欣赏他，爱慕他。办到这个地位，才算是高尚的人生美术，才算是真正的学生自治。

注 释

① 自动主义　20世纪初盛行于中国的教育新思潮之一。它强调学生自学、自强、自治。以学生自动为主，教师则加以指导。

1920年

关于教育厅长产生问题的意见*（11月25日）

今天诸位对于这个问题的意见，说得透彻，很为可喜。不过这个问题的性质是很复杂，里面所包含的亦很多，所以要确定怎样是不容易的事。我现在把诸位所未说及者提出来，以供诸位研究的参考。兹先把两方面所主张的利益逐一加以鄙见。

（一）官委方面所举的利益

（1）"委任可免政客利用"。我以为此条和民选差不多，因为两方面都可利用，有时倒反在官委方面容易利用。盖官委只要利用一个人，民选则要利用几十百个人了。（2）"官委易于得人"。其实易于得人亦易于失人。（3）"如不得人，易于更换"。此点不是委任的利益，乃属于免职范围里边的。（4）"被委之人办事少有掣肘"。这一条只怕不容易做到，和第九条发生同样的困难。（5）"行政易于统一"。此点有理由，好比一个公司，只有总经理要董事推举，其余的职员都由总经理支配，所以事权统一，易于收效。国家政事，只要总统由人民选举，其余行政人员都可责成总统支配，以收统一之效。（6）"责成能专"。这层如同（5）条，比民选为好。我们看现在的教育总长委任一个教育厅长谨慎得很，因为和他的主张与进行有关系故。假使被委者不得其当，总长即不能辞其咎，所以责成自能专一。至于民选，则由多数人民选出一个厅长，责成就分散而罕能专一。（7）"时间、财力、人力之经济"。这要看政府对于教育是否有真正的信仰热心，如果委任不得人，致起种种不良结果，当然谈不到经济。但如单就手续而言，自比民选经济些。

---

* 本篇摘自《教育厅长之产出问题》一文。原载1921年3月《教育汇刊》第2卷第1集。1920年11月25日下午7~9时，南京高师教育研究会就《教育厅长由民选抑由官委》为题，举行辩论，聘陶行知为评判员。甲乙两派各申述9条"利益"，然后互相驳难。最后陶行知作了发言，记录成本文，记录者：李勉韶。

（二）民选方面所举的利益

（1）"人民对于教育有切肤关系"。这一层要看人民的程度和态度怎样而定。就现在说，多数人民实在不知道教育和他们有切肤关系。但人民程度逐渐提高，就能逐渐觉得教育的重要。（2）"多数人民观察周密"。这层固然不差，但是官委的人亦可由人民监视，如果不好亦可提出弹劾。（3）"不致任用私人"。此条未必比委任好。（4）"选出之人对人民负责"。这要看被选的人如何，好的自然会对全体人民负责任，那坏的恐怕只对同党之人负责，和被委者仅向委任者负责相差不远。但在共和国，无论被委的、被选的，都应向全体人民负责。（5）"如不得人，易于更换"。这条亦属于免职范围之内，可不必论。（6）"符合舆论，副民望"。实际上，民选和官委却都能得副民望的行政人员。民权强有力的国中，非副民望的固不得被选，但非副民望的亦不敢委任。（7）"易得人民帮助"。好的固能得全省人民的帮助，一有党见，就只能得同党的帮助了。（8）"被选者是本地人，熟悉本地情形"。我们并没有限定被选者一定要本地人。行政人员，最好只问才能，不问籍贯。（9）"破除官僚阶级"。这种阶级，在共和政体之下，不容他存在。所以无论官委或民选制度，都应打破此种阶级，凡被选或被委的，都是人民的公仆。

讲到现在的人民心理，如果采取民选制度，容易跑出政客来运动，弄得高尚洁白的人不愿来干。有时各县的选举人，同集一处，人地生疏，竟会随便选举，或者以交通不便，托人代庖。凡此种种，却是应当预防的危险。

我承认这个问题尚有继续研究的价值，等到充分研究之后再下判断不迟。继续研究时所应注意的有三点：（一）参考各国制度及趋势。（二）比较各省的教育会会长和教育厅长。（三）每逢一制度发生，必使舆论代表和行政实效各得其所。

1921年

地方教育行政为一种专门事业*（7月）

市乡教育的界说

地方包含都市和乡村，故地方教育行政有都市和乡村教育行政两种。依克伯利①先生所主张：上五千人的地方都可算为都市，不到五千人的都算为乡村。凡都市皆令脱离县教育行政范围而直隶于省；凡乡村皆令统属于县；县复就地方之大小酌量分区办理乡之教育。因市乡人民密度不同，经济能力不同，环境性质不同，凡此种种影响于课程编制、教学方法、行政组织的又都不同。分治就两受其利，合治就两受其弊。详细情形，当另著文说明。现在只下这一定义：上五千人聚居在一处的叫做市，不足五千人聚居在一处的叫做乡。市教育以一市为行政单位，乡教育以全县为行政单位。我所讨论的就是说：这种市教育行政和这种县教育行政要当他为一种专门事业看待，要以专门的目光研究他，要以专门的学术办理他。

地方教育事业之重要与责任

上说之定义，很是概括的。再进一步，就须将都市和乡村教育的事业责任来讨论一遍。

请先说都市。中国有五十万人口以上的都市十三处，十万人口以上的都市四十七处。十万以下的都市，现在尚无确实消息；但据邮政局九年度一二三等邮局所在地估算，相差不致太远，约在一千六百八十处左右。现设的七千七百六十八处邮寄代办所当中，还不免有好多都市，但确数难定了。有这种情形，所以中数②不易求得。我们姑且拿一个五万人口的都市来讨论，都市学龄儿童与人口之百分比，较乡村要低好多。依六三制行义务教育，每百人中应有学龄儿童十六人。故五万人口的都市，约有学童八千，教员二百余。协同二百余教员，培养八千学生，这是何等大的事业，何等大的责任。那百万左右的都市，如北京、上海、广州、汉口、西安等处教育事业的浩

---

* 本篇原载1921年7月《教育汇刊》第2卷第1集。

繁,责任的重大,更不必说了。

再说乡村教育。乡村教育以县为行政单位。中国二十二行省,四特别区域,共有一千八百四十三县,平均每县一千三百二十七方哩。最小的有千余人,最大的有二百二十七万人,平均每县有二十万人。将县内一二三等都市人口除开,平均每县乡民当有十七万之谱。乡村学龄儿童与人口之百分比,较都市多些。依六三制约计,乡村中每百人应有学龄儿童二十一人。十七万乡民之县,当有学龄儿童三万五千七百人,教员千余人。协同千余教员,培养三万五千七百学生,这事业又何等的大,责任又何等的重!

地方教育所含之专门性质

看上面所说,地方教育的重大,固已有具体的事实可作立论根据,但还不免概括。究竟地方教育非专门家不能解决有几个什么问题?

(一)计划问题

世界潮流,国家大势,以及地方人口增减,财力消长,职业变迁,影响于地方教育者最大。办学的人宜如何默察趋势,熟筹利弊,预拟一逐年进行的计划,使理想依据事实渐次实现,世界、国家、地方面面顾到。预拟这种计划,是否需要专门的学识?

(二)师资问题

学生学业的进退,多半看教员的良否为转移。五万市民之市,须教员二百;十七万乡民之县,须教员千人。这许多教员未来之先,办学的人宜如何酌量需要,分别设法培养选聘;既来之后,宜如何设法辅助指导,使有最良之精神,并如何筹备种种机会,使教员的学问能得相当的研究进步。办理上说种种,是否需要专门的学识?

(三)课程问题

课程为社会需要与个人能力调剂的工具。编制课程的人,必须明了动的社会的种种需要,将他们分析起来,设为目标,再依据儿童个人心理之时期,能力之高下,分别编成最能活用之课程,使社会需要不致偏废,儿童能力不致虚耗。这是一种最精细的手续,是否需要专门的学识?

(四)经费问题

地方财力有限,教育事业无穷。以有限的财力办无限的事业,支配经济的人,必须分别缓急,酌量进行。这分别缓急四字,包含教育事业各方面的关系。必须将这些关系彻底了解后,才谈得到分别缓急。但是这种了解,是否需要专门的学识?

(五)设备问题

物质环境在教育上之影响,尽人皆知。要有良好的教育,必须有相当的物质环境。校舍、设备、图书、仪器和校外之种种环境,都与教育有密切的关系。空谈自动、自治、自学、自强,是没多用处。有相当之设备,才能发相当之精神。即以校舍论,宜如何构造,才能使他合乎卫生、美术、经济、教育的原理。简括问一句，宜如何选择、支配、联络环境的势力，使教育得收良好的结果，是否需要专门的学识？

(六) 考成问题

我们受人民的付托，办理地方的教育，费了这多钱，用了这多人，开了这多学校，教了这多学生，究竟结果如何，应否平心问一问？怎样问法，怎样度量各种教育的历程、结果，和度量之后怎样据以切实改进，都是要从专门研究中产出来的。

(七) 劝学问题

假使地方人民对于教育，尚无有相当的了解信仰，就不得不做一番感化的工夫。我们宜如何表示教育的真相，证明教育的能力，使人民自觉教育为人生日常所必需，并发共同负担独力兴创的宏愿。这种教育真相的表示与教育能力的证明，是否需要专门的学识？

主持地方教育行政人员应有之学业

地方教育既有上述几种问题，非专门人才不能圆满解决，那末办理地方教育人员所应具之资格，可以推想而知。品性方面，暂且不论。现在只举学业一门，拣其最要的讨论一回。

(一) 普通学问方面，至少须学哲学、文学、近世文化史、科学精神与方法、社会问题、经济学、美术等课。这种学问一来能使目光远大，二来能使同情普遍。因教育是一种永久事业，非目光远大不足以立百年之基；教育又是一种社会事业，非同情普遍，不足以收共济之效。

(二) 工具学问方面，须于国文之外，至少学习外国语一门。一可使地方所办学务得与世界潮流接触，二可使自己所得学识与国外同志印证。再，统计法亦为一种重要的工具。得此就可明了别人研究的结果，也可使人明了自己所办事业的真相，并且还有许多问题要借助统计才有相当解决的。至于办事最重效率，所以科学管理一门功课，也是应当学的。

(三) 专门学问方面，至少须学教育哲学、教育概论、教学法、教育心理学、中等学校之组织及行政、初等学校之组织及行政、地方教育行政问题、学务调查及报告法、学校建筑与卫生。这许多功课，是纯粹关于教育的。各门的宗旨合起来，是使办学的人能拿教育的方法去达教育的目的。

简单些说，我们理想中的地方办学人员，学业方面，至少须有大学毕业同等程度，加些关于教育行政之专门学识。

结论

现在中国之一千六百八十市和一千八百四十三县，以主持教育的人而论，已需三千五百人。若将协理人员共同计算起来，至少需万余人。中国若想推行义务教育，非将地方办学人员与教员同时分别培养不可。现在培养师资与普及教育的关系，大家已经了解。惟独对于地方办学人员之培养，大家还没有相当的注意。山西、江苏的义务教育计划书中，都没有这回事。最好的省份，不过为他们举行一二次讲习会补救补救。反对的还以为地方教育人人能办，何必讲习。岂晓得这种学习，已非短期讲习所能了事。故中国不想推行义务教育则已，若想推行义务教育，必从培养改良地方办学人员入手。

注 释

① 克伯利　通译克佩耳。

② 中数　亦称中位数，即将许多有关的量数由小而大或由大而小，顺序排列，然后取中间的一项来作代表。这是统计的一种方法。

教育者之机会与责任*（7月7日）

今天我讲题是《教育者之机会与责任》，但是今天到会的，除教育者外，又有受教育的学生，提倡教育的办学者。我这题目，和上面种种人有什么关系呢？我想，学生对于教育发生的影响，自己首当其冲，自然要去看看教育者是否已经利用他的机会，尽了他的责任。办学者是督察教育者的人，更有急需了解教育者的机会与责任的必要。所以我这演讲，实在是以上三种人都应当注意的。

先从机会方面讲。教育者应当知道教育是无名无利且没有尊荣的事。教育者所得的机会，纯系服务的机会，贡献的机会，而无丝毫名利尊荣之可言。他的机会，可分四种：

（一）有可教之人；

（二）可教者而未能完全教；

（三）可教者而未能平均教；

（四）已受教而未能教好。

以上四种，都是予教育者以实施教育的机会。且先就第一种讲：

第一种是因为社会上有许多可教之人，所以教育者才能实行他的教育，倘若无人可教，则教育者就失其机会而无用武之地了。孔子曰："生而知之者，上也。"美国某哲学家，对于他这句话很有怀疑，他反驳孔子说："生而知之者，下也。"可是他的话确乎也有根据，譬如最下等的动物——细胞，彼从母体脱离后，凡彼母亲会做的事，彼都会做。再推到小牛，彼虽然不似细胞那样快，但是不用隔多时，举凡彼母亲的事，彼也会做了。小猴子却又不同，彼有几个月要在彼母亲的怀里，因为彼又是较高于小牛的动物。人又不然了，人在小孩子的时期，最早要候二三年后，始能行动，后来又慢慢由幼稚园至于大学，去学他的技能，以做他父亲会做的事。总之，幼稚时间

---

* 本篇系陶行知1921年夏在安庆暑期演讲会上的演讲记录。记录者：程祖昌。载1922年7月7日《民国日报·觉悟》。

长,所以可教;教育者的机会,也是因为有可教的小孩子啊!

第二种是说可教的人没有完全受教。如中国有四万万之众,照现在统计表计算,只有五百四十万个学生。换言之,只有一百分之一·五是学生;一百人之中,能受教育的只有一个半人。这一百分之九十八·五的不能受教育者,都打着我们教育者的门,并且告诉我们说:"现在是你们的机会到了,有一个人不入学校,就是你们还没有实行你们的机会。"

第三种是就受教的人说的。中国现在受教育有三桩不平均的地方:(一)女子教育;(二)乡村教育;(三)老人教育。

第一桩,女子教育在中国最不注重。中国全国,有一千三百余县没有女子高等小学,又有五百余县没有一个女学生。若照百分法计算起来,男学生占学生中百分之九十五,女子却只占百分之五;以家庭论,一百个家庭,只有五个是男女同受教育——好家庭了。所以为家庭幸福计,男女都应受同等的教育。女子教育的重要有三:

甲、女子同为人类,自应有知识技能,去谋独立生活。譬如四万万根柱子擎着大厦,设若有二万万根是腐朽不能用的木材,则此大厦必将倾倒,这是很明显的例子。所以女子必须受教育,去共同担负社会的责任。

乙、女子富于感化性,能将坏的男子变好,并且可以溶化男子的性情与人格。诸位不信,请看看你们的亲友,定可得着个很显著的证明。所以欲使男子不致堕落,非从女子教育着手不可。

丙、女子受教育,必定十分顾及他子女的教育,不似男子的敷衍疏忽。所以普及女子教育,不但可以收到家庭教育的好果,并且可以巩固子孙的教育啦!

第二桩,不平均是城乡学校的相差,城里学校林立,乡下一个学校都没有。以赋税论,乡下人出钱,比城里人多些;他们的代价,至少也应当和城里平均,才是公允的办法。故乡村教育,应为教育者所注意。

第三桩,是小孩子可以受教育,而老年人则无受教育之机会。一班教育者,也只顾及小孩子的教育,对于老年人很少加以注意,这也是件不平均的事。中国现在内外交梦,社会多故,如若候着那班小孩子去改造,非待二三十年后不能奏效。所以欲免除目前的危险,必须兼顾着老幼的教育。

许多女子、乡村人、老年人都打着我们教育者的门,如求雨一般的哀求我们放他们进来。这也是我们的机会到了!

第四种机会,是因为小孩子虽然受教,但是没有教好。如已教好,我们教育者又无机会了。没有教好者,可分四层讲:

甲、人为物质环境中的人,好教育必定可以给学生以能力,使他为物质环境中的主宰,去号召环境。如玻璃窗就是我们对于物质环境发展的使命之一。我们要想拒绝风,欢迎日光,所以就造一个玻璃窗子去施行我们拒风迎光的使命,教讨厌的风出去,可爱的日光进来。又如我们喜欢日光和风,但是想拒绝蚊蝇,所以又造了一种纱窗去行我们的使命。这种使命,并非空谈，因为我们有能力，确可使这些自然的环境听我们调度。故学校应给学生使命环境的能力，去作环境的主宰。以上不过是表明人对付环境的两个例子。

水也是自然环境之一，但是人不能对付彼，常常为彼所戕杀。如去年门罗②博士到苏州参观教育，同行有四位女学士。过桥的时候，女学士的车子忽然翻落桥底；当时船家和兵士都束手无策，等到想法捞起，已经死了一个。我们从这件事，得着一个教训，就是"学生、船夫、兵士都不会下水"，以致人为自然环境的"水"所杀。

人在青年时发育最快，身体的发育犹如商人获利一样，可是商人获利是最危险的事，偶一不慎，当悖出如其所入。我们青年生长时，亦有危险，学校讲求体育，应问此种体育是否增加学生的体健，使他们不致有种种不测之事发生？

这种学生的父兄，也带了他瘦且弱的子弟，打我们教育者的门，厉声问我们教的是什么教育？

乙、人不但是物质环境中之一人，也是人中之一人。人有团体，有个人，在这团体和个人中，便发生相对的关系。此种关系，应互相联络，以发展人性之美感。在此阶级制度破产时，我们绝不承认社会上还有什么"人上人"，"人下人"，但是"人中人"我们是逃不掉的。我们既然都是人中之一人，那末，人与人自然会有相互的关系了。这种关系能否高尚优美，尚属疑问。且就现在的选举说吧，被选人手里执着些洋钱，选举人手里执着一张票，他们所发生的关系，是洋钱的关系，选举的关系罢了！这种关系能合乎高尚的条件吗？

再看留学生的选举如何。记得从前中央学会选举时，自称为博士、硕士的留学生，不也是一样的舞弊吗？其他如大学毕业生、中学毕业生以及未毕业的中学生，他们又是怎样？他们为什么拿着清高的人格去结交金钱、去结交政客、作金钱的奴隶、作政客的走狗？这样的学生对得起国家社会吗？对得起父母吗？对得起自己的人格吗？

国家、社会、父母，都带着他的子孙，打我们教育者的门，骂我们为何太不认真以致教出这种子弟！

丙、好教育应当给学生一种技能，使他可以贡献社会。换言之，好教育是养成学生技能的教育，使学生可以独立生活。譬如社会上的农夫、裁缝、商人、工人、教员……他们都有贡献社会的技能，他们各人贡献他们所做的事，可以使社会得着许多便利。倘若有一个人没有能力，则此人必分大家的利，而造成社会的恐慌了！所以教育的成绩，就是"技能"；教育就是"技能教育"。且拿现在的师范生做个譬喻，现在师范毕业学生只有十分之八可以服务，十分之一可以升学，其余的十分之一，却做了高等游民了。再看中学毕业生，也只有三分之一可以服务，三分之一可以升学，其余三分之一，也就做了游民了！但是他们虽然不能服务，倒不惯受着清闲的日子，反做出许多不正当的事业，实在危险啊！

这种游民式学生的父兄，也打着我们教育者的门，问我们何以教出这种不会做正当事的子弟？并且教我们重新改过课程，使毕业的学生皆可独立。

丁、人不能没有休息，但休息是人最险之时。人无论怎样忙，都没有损害，倘若休息，则魔鬼立至。我们可以看出社会上许多恶事，都是在休息时候做的。所以学校里有音乐，便是给学生以正当的娱乐，使学生不致在休息时间做出恶事。可是学生回到家里，既无教员同学和他盘桓，又没有经济设置音乐去助他的娱乐，难免不发生其他的事来。所以学校应当使学生在休息时有正当的愉快。

这又是我们教育者的机会了！

总之，以上皆是我们教育者的机会。平常人对于机会怎样对待呢？大约可以看出四种情形来：

（A）候机会　有一班教育者天天骂机会不来，好像穷妇人想发财一样，但是机会不是观望的，所以等着机会是极愚拙的事，可以料定永远不会收着成效的。

（B）失机会　又有一班教育者，他明明看见机会来了，等到用手去捉彼，彼又跑掉了。如此一次，二次，三次……仍旧不能得着机会。因为机会生在转得极快的圆盘子上，倘如没有极敏捷的手去捉彼，总会失败的。

（C）看不见机会　机会是极微细的东西，有时且要用显微镜和望远镜去找彼。一班近视眼的教育者，若不利用那两种镜子，是很难看见机会的。

（D）空想机会　还有些教育者，机会没有来，到处自炫，就像得着机会一样。犹如两个近视眼比看匾，在匾没挂起来的时候，都去用手摸了匾。后来共请一位公证人去批评，他们各人述了自己的心得，公证人忍不住笑了，因为这匾还没有挂上，他们都是"未见空言"咧！

这类"未见空言"的教育者，他们一味的空想，结果总没有机会去枉顾他一次。

现在再谈谈好的教育者。我以为好教育者，应当具有灵敏的手去抓机会，并且要带千里镜去找机会，机会找着了，就用手去抓住彼，不断地抓住彼，还要尽力地发展彼。

再说一说教育者的责任。简单一句话，教育者的责任就是"不辜负机会；利用机会；能用千里镜去找机会；会拿灵敏的手去抓机会"。

办学者和学生都应当看看教育者是否利用他的机会；如果没有利用他的机会，便是他没有尽责。尽责的教育者，可以使学生发生"快乐"与"不快乐"两种感想；但是不尽责的教育者，也可以得着这两种情形，这是什么缘故？

因为教育者尽责，可以使学生在物质环境中做好人，教他学习一种技能去主宰环境。这种教育者，学生对于他有合意的，有不合意的。合意者不生问题，不合意的学生只请他认定教育者是否教我们做一个好人。如是，那我们就应当忍耐着成全这教育者的机会。设若教育者不负责，辜负了机会，不使学生求学，我们这时候，应当知道学生有好有坏，教育者也有尽责与不尽责，不尽责的教育者常为坏学生所欢迎，同时也被好学生唾弃。做好学生、好教育者，更应当对于坏教育者、坏学生，加以严厉的驱逐，使这学校成为好的学校。

这桩事，无论是教育者、学生、办学者，皆当注意。我们不能辜负这机会与责任，自然要奋斗。攻击坏教育者、坏学生，是我们不可不奋斗的事，尤其是安徽不可不奋斗的事！

注释

① 门罗　通译孟禄。

活的教育*(8月)

教育可分为三部：
A. 死的教育；
B. 不死不活的教育；
C. 活的教育。

死的教育，我们就索性把它埋下去，没有指望了！不死不活的教育，我们希望它渐渐地趋于活。活的教育，我们希望它更活！

我今天且讲这活的教育。什么叫做活的教育？活的教育是什么？这个问题本来是很大的，我不容易下定义，我也不能定概观。不过我总觉得活的一字，比一切什么字都要好。活的教育，更是教育中最不可少的现象。比譬：鱼在岸上，你若把它陡然放下水去，它的尾和鳍，都能得其所哉，行动不已。鸟关在笼里，你若把它放到树林里去，它一定会尽其所能，前进不已。活的教育，正像鱼到水里鸟到树林里一样。再比譬：花草到了春天受了春光、太阳光的同化和雨露的滋养，于是生长日速。活的教育，好像在春光之下，受了滋养料似的，也就能一天进步似一天。换言之，就是一天新似一天。

我现在把这活的教育，再分做三段讲：

我们教育儿童，第一步就要承认儿童是活的，要按照儿童的心理进行。比方：儿童性爱合群，有时他一个人住在那地方，觉得有点寂寞的样子，在那儿发闷！我们就要找个别的小孩子同他在一块儿玩玩。普通儿童之特性，大多都富于好奇心。当他还不知道说话和走路的时候，他时常手舞足蹈的，跃跃欲有所试的样儿，忙个不歇。这可就是他的好奇心了。假若我们要弄些什么东西给他玩，他一定玩那好看的，不玩坏的。他起初间或也还可以拉杂的玩一路，后来知道好，他就只专玩好的了。在这里拿一点，在那里拿一

---

* 本篇系陶行知1921年在金陵大学暑期学校的演讲。记录者：汪忠一、马延乾。原载1922年1月18~19日《时事新报·学灯》。

点，只要与他合意，他一定非要不可。有时我们要是给他一个表，他必定将它翻来覆去的仔细观看，他并且还要探知里面的秘密，就打破砂锅问到底。我们同小孩子玩的时候，假以木筷搭个架子，小孩子看着，必定以为很好玩。后来我们忽然把它推倒，那小孩子就更以为好玩了，欢喜了。假若我们再进一步，以这架子，不由我们推倒，让小孩子自己去推，那末，这时小孩子的欢喜，我敢断定更比从前要欢喜得多了。诸如此例，我不能细举。还有一件最紧要的，就是：我们如果承认教育是活的，我们教育儿童，就要根据儿童的需要的力量为转移。有的儿童天资很高，他的需要力就大些；有的儿童天资很钝，他的需要力就小些。我们教育儿童，就能按他们的需要的力量若何，不能拉得一样。比方：吃饭，有的人饭量大些，他要吃五碗或六碗；有的饭量小些，他只能吃一两碗。我们对于他，就只能听其所需，不能定下死规。要是我们若规定了，比如吃两碗的定要逼他吃五碗才及格，那末，这一定就要使人生病了！学校里教育儿童，也像这样，不能下死规强迫一律，不但学校是要如此，就是社会上的工作亦莫不要像这样。我们人的需要力，有大有小，我们只求其能够满足他的需要就是了。所以教育儿童和承认儿童是活的，首先就要能揣摩儿童的心理。

儿童不但有需要，并且还有能力。他对于种种事体的需要有大小，他的能力亦有各种不同。男女遗传下来的生理不能一样，他们的能力亦不能一样。我并不是说女子比男子差些，我是说男女各有各的优点。就是男子与男子两相比较，亦有许多相异的能力，有因年龄不同的，有因环境不同的，有因天性不同的。由这许多的不同，所以其结果的能力，就大有差别。我们教育儿童，就要顺导其能力去做去。比如：赛跑，这就是一件凭能力的事。我们认定几个人同时同地立在一块，听指挥者发号令，就一齐出发，让他们各凭充分的能力自由前进，不加限制，然后谁远谁近，自可显见。而他们的能力的大小，也就由此可以证明了。设使我们要是下个定规，规定三人赛跑，跑一百二十码或二百四十码，快慢都要一样，不许谁先谁后，那末，那个能力充足能跑二百四十码，他自然是很舒畅，不甚为难；而那只能跑得六十码或一百二十码的，他一定是很苦的了，甚至还要受伤呢！这是从运动方面着想的。至于教授方面，亦多类此。设有许多儿童，同在一堂，当教授的人，就要按照各个儿童的能力去教授。要是规定了今天讲一课，明天讲一课，每课虽是都一字一句的分析解释，在那天资聪颖的小孩子咧，他固然能够领受到他的脑袋里去，并且还有闲空；若在那秉性鲁笨的小孩子，那就等于对牛弹琴了，一些儿也不懂得。这种教育，正像规定三人赛跑一般，还能算得是活的教育吗？我们现在既是想讲活的教育，就要知道儿童的能力是不相同的，我们要设法去辅助他，使他能力发展，有如我们看见某处一个学校园，那里内的花卉长得非常整齐好看，我们心下羡慕他，我们也就可以仿照他，将我们自家的学校园也培植得像那一样。这是培植花园的方法，办教育也是如此。我们大家设若不相信，恐怕做不到，我们可再看。譬如有一块草地，那地上所生长的草，都是参差不齐的，我们若任它自然去生长，那就越长越不齐了，假若我们要用机器把它逐次地推铲，那末，这一定要不了多少功夫，就会使他平坦了。我们办教育也就像推草一样，也要用方法去使之平，这是对于草是这样——对于普通的儿童是这样；若对于树木，——对于天资特敏的小孩子，那就不行了。树木的生长力强些，他的性子也猛些，我们对于他，也要按其能力去支配他，使其生长适度。若任其自然生殖，则其枝干必日渐伸张，后来越长越高，甚至把屋棚都要捣破了！学校里起风潮，就像大树捣毁屋棚，是一样的，都是由于办教育的人，平日对于这教育的趋向没有注意，对于那天资高尚的儿童，没有按得其能力去教育。这就是我们没有承认儿童有活的能力。

活的小孩子与死的小孩子有不同的特点。小孩子他所吃下去的滋养料不同，他们所受的利益也就不能一致。活的小孩子，他秉性活泼些，他对于一切的事实上，也就进步得快些。死的小孩子，他的脑筋滞钝些，并不是说小孩子的确是死的。是言其能力不能有多大的发展，虽活也等于死的一般。我们办教育的人，总要把小孩子当作活的，莫要当作死的。地球看起来，好像是个不动的东西，其实他每天每时都在旋转不已。小孩子也像这样。表面上看起来，也好像是很平常的，没有什么进益，其实他的能力知识，没有一天不在进行中求活。我们就要顺着他这种天然的特性，加以极相当的辅助和引导，使他一天进步似一天，万不能从中有所阻碍或停滞，不使前进，把他束缚了起来。束了若干时，然后又陡然把他解放掉，这一定要受危险的。这好像人家有个小孩子，他把他在今年做了一件衣服，等到五年后，他还拿给这小孩子穿，那小孩子体干长大了，衣服小了，以这小的衣服去给大的孩子穿，那衣是一定要破裂的。纵或可以勉强穿得上，而小孩子的身体，也就束缚得紧紧的了，血脉也就不能调和，就要生病了！由此可知小孩子的衣服，是年年要换的；小孩子的知识学问，也是年年天天要换的。现在设有一个人，忽然妙想天开，他说："我有个小孩子，我不要他年年换衣，当他还只有五岁的时候，我就把他做件十六岁时候的衣服，周身都把他绔起来，年年穿，年年放，一直放到十六岁的时候，都还可以穿。"这个法子，勉强一看，觉得也还不大坏，并且又很经济的。但是仔细看来，那就觉得不像了，就是精神上也有点不好看。古时的衣服，不能适合于现在；现在的衣服，未必又能适合于将来！时势的变迁，是有进无已的。办教育的，就要按着时势而进行，依合着儿童的本能去支配。有许多教科书，在从前要算是很新很适用的，在现在却变成了腐败不堪了。我们讲活的教育，就要本着这世界潮流的趋向，朝着最新最活的方面做去。中国教育最大的毛病，就是不能普及。从前俄国的西伯利亚也是这样，但比较中国要好些。中国社会上失学的人，也不知有多少，就以普通人民计算，总有三分之一不识字的。我们现在要想将这些人重新给以教育，那除非要从国民［小学］一年级教起。但是他们都是壮年的居多，要是都放在国民［小学］一年级教，那又好像十六岁的孩子穿五岁时候的衣服了。这种教育，可算得是死的教育。活的教育就不能这样了。活的小孩子，他生长快，他的进步也快。他一时有一时的需要，一时有一时的能力。当教育家的，就要设法子去满足他的需要，就要搜罗相当的材料去培植他。这就是我们所讲的活的教育第二件。

我现在再讲活的教育要些什么材料。这材料也可以分做三段说：

一、要用活的人去教活的人。我们要想草木长得茂盛，就要天天去培植他，灌溉他；我们要想交结个很活泼的朋友，就要我们自己也是活泼的。我的影响，要能感到他的身上；他的影响，也要在我身上，这才可以的。比如：我俩起先是不相识的，后来遇到了好几回，在一块儿谈了一次，于是两下的脑筋里都受了很深的影响，两下的交情，也就日渐浓厚了。当教员的对于学生也要这样，也要两下都是活的，总要两下都能发生的密切的关系。教员的一切，要影响到学生身上去；学生的一切，要影响到教员身上去。一个会场有的人好谈话，有的人好笑，我们看了心下一定也会生了一种影响。比如，我一人在台上讲演，大家都坐在下面听，我的脑筋中已经印象了许多听讲演的人；想大家的脑袋中，也会印象到我讲演的人，这也就是一种活的表现。活的教员与活的学生，好像汽车一样，学生比譬是车，教员比譬是车上司机器的。机器不开，车自然不动。教员对学生，若不以活的教材去教他，他自然也就不能进步。现在的教员，不像从前了。他像把汽车上机子开了，车子在跑了。但是还有些教员，他的性子未免太急，他把车上的机器开猛了一点，车子行得太快，刚刚要想收机，忽然前面碰到了石头或其他的人，这时就要发生很大的危险了。活的教员，正同司汽车的一般，要把眼睛向前看准了。若闭着眼睛乱开机，那就要危险极了！学生向前进，教员也要向前进，都要一同并进。若徒以学生前进，而教员不动，或者学生要进而教员反加以阻碍，这可谓之死的人教活的人，不能谓之活的人教活的人。

二、拿活的东西去教活的学生。我们就比如拿一件花草来教授儿童，将这花草把他解剖开，研究其中的奥妙，看他是如何构造的。小孩子对于这事，觉得是很有趣味的。我们能以这种种东西去教他，不但能引起他活泼的精神，并且还可以引起他的快乐。我们还可以拿活的环境去教他，比方沙漠本是干燥的，我们可以设法使他出水；大海有时候变成陆地；太平洋里航船到美洲，本不大便利，于是就有人开了巴拿马运河；火车行山路不便，就会把山打个洞。这就是拿活的环境去作教育上材料的。文化进步，是没有止境的；世界环境和物质的变化，也是没有一定的。活的教育，就是要与时俱进。我们讲活的教育，就要随时随地的拿些活的东西去教那活的学生，养成活的人材。

三、要拿活的书籍去教小孩子。书籍也有死的有活的。怎样是活的书籍？我觉得书籍所记载的，无非是人的思想和经验，那个人的思想、经验要是很高尚的，与人生很有关系的，那就可算是活的书籍。若是那著书的人思想、经验都没有什么价值，与人生没有关系，那就是死的书籍。我们教授小孩子，对于书籍的死活，就不能不慎重；所教授的书籍，要有统系的，前后都能连贯得起来，不是杂乱无章的，这才是活的教育。若只知道闭着眼睛教死书，也不顾那书适用不适用，这样我敢说就是死的教育。我们教授儿童的书籍，好像人家传财产样，普通有两个常法子：（甲）是传财的法子。比譬一家，他的家主不愿管事（或临死时）了，要把家事完全推及小家主，将所有存蓄的银钱，都要对小家主说个明白，叫他慎重。（乙）是传产的法子。就是有本账簿子，说我所有的产业，都登在这账上面。那天那家主把他的后人带到各田庄上去看，说是某田是租给某人的，某庄子是某人承租的，那块山场是由某人保承的，某处房屋是谁租着做什么事的。这样一件一件地指示给他看了，又与他那账簿子再对照一下，那末，这个财产的根本，他那小家主已经明白了。这笔家私，就没有人能够会糊倒他占得去了。我们办教育的传文化的人，也是这样，也要把书籍像传财产一样，要把所教授的东西，都能使他领会得到，能连贯得起来，使小孩子的脑筋有个统系，不致混乱，这种教育才配说是活的。从前有许多讲教育的，没有统系。所以使一般学生听了，只是囫囵吞枣，一点不能受益。这也就是死的教育，不是活的。活的教育要拿活的书籍去教。现在还有许多教员先生们，他对书籍还不十分注意。当他初当教员的时候，也还肯买一两本书看看，到了后来，他不但不买，连从前所有的几本书，都借给人去了。这样教员，教育界中也不知道有多少。他既不能多买书看，对于一切新知识，他自然是不知道的。他既不能有新的知识，那一定没有新的教材能供给学生，只是年年爬起来卖旧货！这种教育中的败类，真不知害了多少青年。我们现要希望教育成活的，当教员的就要多看书——多看些活的书，好去供给学生的需要，养成新而且活的学生。这就是我讲的Education of life。

现在要讲到活的教育的方法，我可提出两个最时髦的法子就是：

（1）设计教授法。活的教育，最好而且最时髦、最紧要的，就是总要有个目的。这我在上面也曾说到了一点。我们教授儿童，先要设定一个计划，然后一步一步地向着所计划的路上去做。若是没有个计划，那就等于一只船放到了江中没有舵，进退左右，都没有把握！倘不幸遇了一阵大风，那一定逃不了危险的！办教育的人，要能会设计，预知学生将有风潮，就先要设一方法，使那风潮却从无形中消灭，不致使他发泄。知道学生程度不齐，就要设一种计策，使之能齐，总期各方面都无损，且能获益。这种设计，各学校的情形，各有各的不同，各地方亦有各地不同，这可听大家因时制宜，我不能断定。

（2）依计划去找实现法。这个方法大致是根据上面来的。我们订了一个计划，不能就算了事的，必定还要依照这计划去实行去。我现在可拿个浅近的事作个比譬：就如农人种豆子，他先也要订个计划，以几亩田能要几多种子，要多少肥料，又要多少人工去做，要经多少时期才能完工；什么地方种绿豆适宜些，什么地方种黄豆适宜些；还有甚地不适于种豆子，适于种山芋。这样计划了一番，然后兴工动作，按这所计划的进行，这必定是有条有理，不致乱忙；而所收的结果，也一定是很丰厚了。由此类推，办教育亦莫不是这样。一个学校，也先要订个计划，然后去依计划实行。例如那级学生，今年应当注意什么功课，某级学生今年应当添什么功课和减什么功课，某教授教授法不好应当怎样。能这么一样一样的计划好了，然后又按照这个进行，那个学校没有办不好的道理。推之修桥修路和其他种种建设，都能依着这样进行，求到所希望的目的，那末，天下事绝没有不可能的。现在我看有许多地方，他一开个什么会，他预先没有计划。到了临时开会了，不是招待员左右乱跑，就是会场上布置得不周全，往往令来宾有兴而来，败兴而归，这都是由于预先没有一定的计划。俗语所谓："平时不烧香，急时抱佛脚。"这事决不会办得好的。我们谈教育的，就是在这上面注意注意。无论是办大学也好，中学也好，国民小学也好，总要预先有个计划，然后依着计划去找实现。有时计划定得不好，应随时变更。比如：我们讲化学，今天就要计划明天化学堂上要些什么东西试验，我们预先就要预备好着，省得临时仓皇失措。诸如此类我也不必多举，我总觉得设计教授法是活的教育上最不可少的，依计划去找实现法，那更是一件要紧的事了。这就是我所讲的 Education by life。

我现在又要讲我们为什么要讲活的教育。因为活的教育，能使我们有种种活的能力。我们人生有高尚的，有低微的；有暂时的，有永久的；有完全的，有片面的。我们要使暂时的生活，能够叫他永久；片面的生活，要使他能完全；低微的要使他高尚。怎样叫做完全？我们在国家是公民，在社会上有朋友亲戚，在家庭里有父母兄弟姊妹，在学校里有同学，有师长。我们一身，对于自己，对于各方面都要顾到。如果一方面不能顾到，这还是片面的。怎么叫做高尚的？我觉得人们的身体和精神是两样的，各有各的生活。身体上的生活固然要紧，精神上的生活也是要紧的。设使两者要去其一，那就是我们最不幸的一件。我们总要使得我们的身体、精神，都是很健全的、愉快的。这可就算是高尚的生活，反之就是低微的生活，都是有关系于教育上的。再，怎样谓之永久和暂时的生活？我们人的寿命有长短不一，有二三十岁就死的，有七八十岁才死的，有十几岁就死的，也有八九十多岁才死的。说者多谓生死有定，但这可不能为凭。我想人的生命的长短，大致是关系于人的操作和卫生上的。从来人的死，多是由病的。考病之由来，不外两种：（一）是由人的操动过度致伤身体而殒命；（二）是由人的卫生上没有讲求，以致生出了许多毛病，终至因而送命。决没有无病无灾而好好就会死的。纵有，也是很少很少的，但亦必定有其他原因。要说人的生死有定，何以人不好好的就死，而偏要生病才死咧？这种无稽之谈，我是不盲目崇拜的。我觉得人的生活，所以有暂时和永久的，都是根据于卫生和操作的关系。我们现在讲活的教育，就要明白这种关系，然后好去预防他，保护他，谋永久的生活。我在上海、南通参观各工厂，有许多六七岁的小孩子，都跟在他的母亲父亲身边做工,我看他们那些小孩子,都是很瘦的,精神也很衰败的。这都是那些贫民没有钱给儿童受教育,国家亦没有钱能办这种义务教育。有些资本家倒是很有钱的,但他只知道营业获利,不肯拿钱来办这可怜的教育,所以那些小孩子就没有机会受教育,只得附随其阿父阿母作工以度日。五六岁的小孩子,尚有许多生理器官还没有长完全,现在竟居然要他工作,这种不适宜的使用,一定会使那小孩子身体不得强健,甚至还要早死的。譬如树上的果子,还没有成熟,你就把他摘下去吃,那是一定吃不得的。小孩子还没有成人,就要使用他,他的前途一定是很有限的,将来一定要发生危险的。像这样只顾眼前不顾后来,就可谓之暂时生活,不是永久的生活。现在讲活的教育,就不能不注意这一层。

　　活的教育,有属于抽象的,叫做精神上活的教育。比方一个人死了,他的机能死了,他的躯干倒了,他的精神是没有死,还存在空中,能使我们还受到他的影响。这也似乎是种渺茫之谈,我本不敢怎么样的贡献于大家,因为各个人的观念不同。但是,有时我觉得大家也可以公认这话有点的确。例如:孔子是死了,他的精神还没有死,其影响存在我们大家身上。我们大家的脑袋中都还印象了有个孔子。历来许多大英雄、大豪杰,他的身子虽已腐化了,但他的勇气、毅气,还是贯传着,在我们大家的脑海中。这也就是精神上还没有死。他的精神可以一代一代的向下传,可以传许多人,不只传一人。一个活泼学生的精神,可以传应到许多学生。比如,我的精神传应着在大家身上,也可以传应到社会上去。这种传应,并是很快的。我们讲活的教育,对于这精神上的传应,也要注意,也要求活的精神。精神也有死有活的,活的精神,就是能使人感受了他,可以得到许多的教训。社会一日不死,各方面的精神传应,也是不死的。我觉得社会上受了这种精神的教育,也不知道有多少。这精神上的教育,最易感动人的,能联络一切。我从前有许多朋友住在一块,后来别了好多年,没有见过面,形式上要算疏忽了,但是精神上还是没有分离。这就是一种活的精神的表现。我希望讲活的教育,也要把这活的精神当作活的教育里一件材料。这就是我讲的Education for life。

1922年

中国女子教育之既往与将来*（3月8日）

今天是中国女子教育很重要的一个纪念日，在前清光绪三三年正月二十四日，合阳历一九〇七年的今天三月八日，中国女子在学制上，方始占得一个地位，所以可算是很大的纪念。

中国有女子教育已经有七八十年，在西历一八四四年第一个女校开在宁波，是英国人耶稣教徒创办的。在西历一八九七年，中国私人方始创办女子的学堂，这都是很可纪念的。光绪二八年（一九〇二）所定的学制，还没有女子教育。到二十九年，张之洞定学制，是为"奏定学堂章程"，提到女子不能入学校，有两个理由：一，说女子入了学堂，成群结队的满街走，很不好看的；二，女子不可以读外国书，恐怕传染了西洋自由婚姻一切的习惯。所以说女子读书，可在家里，是家庭包括女子教育时期。此时政府虽不承认有女子学校教育，但私立女子学校却已办了好几年。光绪三三年，女子在学校制度上，才有地位。这年三月八日颁布女子师范学堂章程三十六条、女子小学堂章程二十六条上，允许女子入学。当时女子教育的特点可以说：（一）男女不能同校；（二）学年也不能平等，小学教育，男子有九年，女子只八年，以学年论，女子要低一个年头；（三）男子有中学以上的教育，女子没有中校。这时统计学生，每百个男生，只有两个女生；所以男女生比较起来，男生多四十九倍。

从光绪三三年到现在，还是退步呢？还是进步呢？若是进步，进步到什么地位呢？这是我们应当知道的。从前外国人，都说中国没有女子教育，照现在说，要叫不深晓中国国内情形的人听见了，都要很惊异。何以呢？因为中国的女子教育，很有大的进步。

没有最近的全国统计，到民国五年为止，女生占学生总数4%；全省的统

---

* 系陶行知1922年3月8日在神州女学校的演讲。此稿系安徽师范大学晋启生教授生前1984年11月复制，复制时有注云："此文原稿系石印，现藏安师大图书馆，据说系从徽州购来的书中发现的。"编者编稿时，校正了其中的某些误植。以1922年3月《新教育》第4卷第3期上《女子教育在学制上占领地位之十五周年纪念》可以佐证这篇演讲确系陶行知所作。

计要近些，江苏女生有13%；山西女生12.5%。我从南京来，南京的情形知道的比较详细一点，那就拿南京的女子教育的统计报告一下。南京的童蒙馆，有女生13%；幼稚园51%；初小32%；高小19%；中学15%；大学9%。十五年的工夫能够这样的发达，可算进步了。在从前，男女都是分校的。到了现在，幼稚园、初小、高小，都可男女同学了。大学是北大和南高先开女禁的；至于中学，现在北京和广东的中学，都在那里试办男女同学。

讲到中学男女同学，一般办学的人，有赞成的，有反对的；社会上又像唯唯诺诺，那意思是看你们办的什么样？就理论说，幼稚园一直到大学，都可以男女同学了，这不是对于女子教育的观念上一个很大的进步？

男女同学，年限、课程都平等了，我们就可以为满足了么？不是的，因为距我们的希望，还远得很哩！我们还要不断的向前进取。

今再说中国女子教育今后的事业，是我们应该知道，应该负责的。

一、江苏女生13%，要和男子一样多还欠许多人。甘肃百人中，女生不够一个，不过千分之八九的光景。新疆还没有一个女学生的报告。那么应该如何使个个女子有受教育的机会，是不是我们的责任？

二、现在女子，在两等小学里的尚多，在中学就少了，大学更少了。如何使各级学校女子与男子数目的比例得到平等，是不是我们的责任？

三、多数学校的课程，不适于女子与社会的需要。所以课程应该使女子适应社会的举动。如何改良课程使女子所学的能在社会、国家、世界上占重要位置呢？这是不是我们的责任？

四、现在知道中国女子教育情形的人实在很少，我只看见一个美国同志露懿士女士，她对于中国女子教育上，很有研究，她著了两部书，一是《中国女子教育论》，一是《四川女子教育调查报告》，都可为研究女子教育的指南针。无论哪一种学问事业，都应当有几个研究的专家，在那里研究考察。我们中国女界，这样的人很少，我很希望像露懿士女士的中国女子快快出来担负研究调查女子教育的责任。

五、各国对于提倡普及义务教育，是结合女子团体来促进的。中国现在还没有这种举动，所以我希望具有知识魄力的女子，组织一个有势力的团体，去促进一切教育。要求中央政府、省政府、地方政府为教育尽力。凡是我们觉得地方上办的学校不好，我们就极力去改良他。及学龄而未入学的儿童，设法教他入校；若照这样的做去，那必有些效验了！

中国受过女子教育的女子，不下五十万，如每年每人带一个小孩子读书，劝一个老太婆相信进学堂的好处，假使人人都能这样，几年之后，收效当无限量！女子的责任很重大，所以必要给他受教育，因为受过了教育的女子，就知道尽自己的责任了。做母亲的人，自己受过教育的，没有不给子女受教育的。然而父亲自己做了博士或是主人，他的子女或者有不受教育的。所以不普及女子教育，好比一个人缺了一只脚，那么哪里支撑得住呢？其实何尝是一脚，不过藏了不用罢了。所以这个责任，是应男女同负的，提倡女子教育，就是提倡普及教育，也是普及世世代代的教育哟！

女子的责任大，受过教育的女子的责任更大；男子似乎太忙，所以这时候正是女子应该出来做事的时候。我看要在这十五周纪念日以后，比前更有进步，须先有两种的精神：

（一）开辟的精神。我们要在没有教育、没有女子教育和反对女子教育的地方，去办教育。前途的障碍，好比荆棘，要阻止我们的进行，所以我们须用大刀阔斧，砍将进去，一年不成，二年，二年不成，三年，总有一年可以成功。

（二）试验的精神。试验的精神，是进步之母，遇见了一个难题，就要去设法解决这个难题，法子不行，就研究考虑修改，再不行，再改，必有进步。开辟是要使得能够成功；试验是要使得能够进步。我很希望中国的教育和女子教育像飞机一样向前向上，一日千里继续不已的进步。但要想继续不已的进步，就须继续不已的开辟，继续不已的试验。这是我的机会责任，是你的机会责任，是我们大家的机会和责任。

对于参与国际教育运动的意见*（3月）

今年五月比京①要开第五次家庭教育大会②，吾国已被请出席报告"吾国农业情形"和"农家社会现状"。明年要在美国举行万国教育会议③；万国成人教育会也要在日诺瓦④聚集。这三种会议，是我们已经晓得要举行的。以后诸如此类陆续开的会议，必不在少数。

这种会议，如果办理得好，从小的方面看，可使到会各国交换知识；从大的方面看，或可解决些国际教育的问题，以谋世界文化的改造。我们若不想在世界文化上占一地位也就罢了，如果是想占地位的，那对于这种会议也免不了要参与的。

去年八月十一日檀香山开"联太平洋教育会议"，吾国也派代表与会，但因准备不足，虽有好的代表，不能得满意的效果。今年二月四日斐利滨⑤开远东教育会，政府直到一月二十日才开始找人代表，终因政府毫无准备，不能成行。我们以后若再懒惰，不早些从事准备，那世界真要以为中国没有教育了。世界以为中国没有教育犹事小，若中国真无教育可说，那就更可惭愧了。所以准备一层，决不可以单在对外或"广告"上做工夫。那最重要的准备，就是平日的成绩和随时的努力。发表固然要紧，但必先有成绩，然后才说得到发表。所以教育外交的根本的根本，是要全国从事教育的人，分工合作，好好的办教育，把教育好好的办。

近几年来，中国教育确有些不可埋没的地方；那可以告诉人而无愧的，也不在少数。可惜如同孟禄先生所说，这种种优点，都散在各处，没有人将他们会通起来，所以不但外人不得而知，即国内的人也是不相闻问的。所以我觉得一方面要有人办教育，一方面还要有人分门别类的观察调查、研究各种教育之消长和真相，报告国人，使彼此有所参考。一旦有国际的联络发生，荷包里拿出来就是，岂不便当！

---

* 陶行知在本文中提出参与国际教育运动必须作好准备，载于1922年3月《新教育》第4卷第3期。第二年3月，万国教育会议发起者发来邀请通知，1923年3月《中华教育界》重发此文，在文章前面加了一段话，并登载了一则启事。

自己不办教育和办而没有成绩,当然对于国际教育运动无参与之必要,更无参与之资格。但办教育虽有成绩,而自己不明白,又不能使人明白,那就是参与,也等于不参与。前面说到国际教育的运动,有交换知识、解决问题两种重要目的。若想达到这两种目的,都非自己先有准备不可。

即以交换知识论,必先双方有东西可以换来换去,才可算为交换。自己必先有好的东西,才能和人换到好的东西。因为"给的能力"常和"取的能力"大略相等。能给多少,即能取多少。吾国近几十年来从东西洋得来的文化,多属肤浅,大半是因为我们所出产的,够不上第一流的交易。我敢断定要想在国际的教育上得到第一流位置,我们必须在教育上有第一流的贡献。这种贡献是继续不已的研究,苦心孤诣的实行产出来的。他们要靠着平日的努力,不是凭着一时的铺张。

至于解决国际教育的问题,谈何容易,是必先把所要解决的问题,彻底的明了,然后才能谈到解决。若想彻底的明了,第一要自己晓得自己,第二要自己晓得别人,第三要别人晓得自己。自明,明他,他明,是解决二人以上的问题的根本方法;也是解决二国以上的问题的根本方法。若想解决国际的教育问题,也怕跑不出这个范围。

总起来说,国际的教育运动,是一天多似一天的;我们是一定要参与的;我们以前参与这种运动是无准备的;以后的准备,一是要靠着自有的成绩,二是要靠彻底的自明。自己有成绩,才能和人交换,自己明白自己,更是和人共同解决问题的初步。

注 释

① 比京 比利时首都布鲁塞尔。
② 家庭教育大会 即万国家庭教育大会(International Congress on Home Education),以提倡家庭教育,利于儿童成长为宗旨。1905年有24个国家代表参加的第一次大会曾在比利时举行。
③ 万国教育会议 指世界教育联合会(The World Educational Conference)的成立大会。美国教育联合会为其发起者,1923年6月底至7月初,大会在美国旧金山召开。中国代表郭秉文被选举为该会副会长。
④ 日诺瓦 通译日内瓦(Geneva),瑞士城市名。
⑤ 斐利滨 通译菲律宾。

市乡教育分治与
南京教育*（11月5日）

今年九月二十日至三十日之间，教育部开了一个学制会议，除学校系统改革等案外，还通过两个很重要的议案，对于南京教育的发展都很有密切关系。这两个议案就是：

一、《县教育行政机关组织大纲》；

二、《特别市教育行政机关组织大纲》。

细看这两个议案最要紧的一点，在于市乡教育分治。就两者的职务而言，县教育局是主持全县的乡镇教育，特别市教育局是主持特别市内的教育。特别市教育局与县教育局为平行机关，彼此不相统属。一个是专门去发展都市教育，一个是专门去发展乡镇教育。因为县自治制及乡自治制里面对于市乡的定义，都没有明文规定。所以学制会议里面又通过了一条意见，请教育部和内务部会商，采择施行。《意见书》第三条条文如下：

>"三、推广特别市之认定。现制特别市由内务部认定，本有伸缩之余地，惟认定无确定标准，实无以巩固都市教育之进行。今折衷各国成例，拟定特别市为两级：十万人以上聚居一处者，为第一级特别市；五万人至十万人聚居一处者，为第二级特别市；五万人以下一万人以上聚居一处者，为普通市；聚居一处之人不及万人，为乡村。如此明白规定，既便于教育之筹划，尤便于自治之推行。"

照上文看来，凡五万人以上聚居一处的地方，都可组织特别市教育局，办理市内一切教育事业。不足五万人聚居一处的地方，都统属于县。他的教育纯由县教育局主持。这种分治的办法，比现在的合治制要好得多。因为都市地狭人多，乡间地广人稀，人口密度既相悬殊，加以经济能力不同，环境性质不同，凡此种种，影响于课程编制、教学方法、行政组织等等，都不能

---

* 本篇原载1922年11月5日《新南京》。

相同。合起来办，不是乡村教育受都市的阻碍，就是都市教育被乡村的牵制。如果分起来办，虽在开始的时候，不免有些困难，但分途发展之后，效果是可立而待的。

南京人口，据民国九年十月警厅报告，为三八五一四五人。依四年的义务教育，都市学龄儿童百分之七计算，当有学龄儿童二六九六〇人。按南京教职员学生比例，约计每教职员平均担任三十个学生，应有教职员九一三人。又按南京每校学生数约计，要有二百多个国民学校。我们试问：开办二百多个学校，指导九百多个教员，造就二万七千多个学生，这是何等大的事业！岂能不组织一个独立的专管机关来办理一切吗？这不过就义务教育一方面说，事业已如此之大。此外，还有都市所应举办之各种教育，若一一提出来，更令人觉得南京有组织特别市教育局之必要了。再谈江宁全县的情形。江宁县的人口统计，不大靠得住。据民国九年邮政局报告册上所载，江宁全县有九〇二九四一人，减去南京的三八五一四五人，余下的五一七七九六人，都住在乡村或小的镇市上。乡下儿童对于人口的百分比，较都市为大。依四年的义务教育计算，乡间每百人中应有九·三为学龄儿童。五一七七九六人中，就要有四八一五五学龄儿童。每个教职员平均担任三〇学生的教育，就须一千六百多个教职员。乡下每个学校内的学生，势不能有都市那样多。假使每学校平均收学生一百人，已经要四百八十多个学校了。开办四百八十多个学校，指导一千六百多教员，适应农村的需要，造就四八一五五个学生，这又是何等重大的责任！还不够一个县教育局去专心办理吗？将来教育发达之后，还有各种教育事业，要在各乡办理。一个机关的精力是有限的，断断乎不能兼顾南京教育的全体了。不能兼顾而勉强兼顾，其结果必至于使南京和四乡的教育都不能发展，都不能进步。我们从江宁四乡那方面说，不想把乡间的教育办好则已，若要办好，非组织教育局专管乡间的教育不可。我们如果要想把南京教育办好，非设立南京教育局积极进行不可。这个家是不能不分的。这不是自私的分家，乃是两全的分家。我们市民对于这件事的责任：

第一，是请求把南京改为特别市。教育自然要组织在这种基础之上，教育以外还有别的事件，也应该组织在这种基础之上。要想新南京的种种事业都能进步发达，不可不把南京改为特别市。

第二，是预先研究如何分治的手续——机关如何组织、经费如何划分、学区如何规定及其他有关系的问题，都应该预为之备，使此种制度得以早日见诸实行。

市乡教育分治，不过是改良教育行政之一种，并不能就说南京已经成了特别市。但是我们至少可以说，如果市乡教育分治的政策采取以后，教育是比从前更容易办得好的，是比从前更难办得坏的。不过我们理想上是如此，至于事实上究竟办得好办得坏，却难预言。

学制会议关于此事的议决案，我附在后面给大家参考。议决案的内容，很有可以讨论的地方。我以上所说的，只限于这一点，就是主张市乡教育分治。

附一：县教育行政机关组织大纲

一、县设教育局，以局长一人，指导员、科员若干人组织之。（视事务之繁简酌定员额）

二、县教育局长商承县知事主持全县教育事务，督促指导市乡教育事宜。

三、教育局长之资格如下：

甲、毕业于大学教育科或高等师范学校者；

乙、毕业于师范学校本科并任教育职务二年以上者；

丙、毕业于专门以上学校并任教育职务二年以上者；

丁、曾任中等学校及小学校教育职务三年以上者；

戊、曾任教育行政职务三年以上者。

丁、戊两项必须于二年之内，在曾经备案之教育讲习会或暑期学校研究教育行政得有成绩证明书者；或对于教育有著作者。

四、县教育局长，由县知事就规定资格推荐三人，呈请省区教育行政长官选任。

五、县教育局设董事会，董事定额分为五人、七人、九人三种，其资格如下：

甲、研究学术有成绩者；

乙、办理社会事业有成绩者；

丙、有筹划经济之能力者。

六、董事选任方法，由教育局长照定额加倍提出，请县知事选聘，呈请省区教育行政长官备案。

其施行自治地方，此项董事由教育局长加倍推选，经县知事照原额选定后，征求县参事会同意。

七、董事以三年为任期。五人者，每年改选一人或二人；七人者，每年改选二人或三人；九人者，每年改选三人。第一次董事任期，于开会时签订之。

八、董事均为名誉职，但开会时得酌给赴会旅费。

九、董事会之职权如下：

甲、审议县教育之方针及计划；

乙、筹划及保管县教育经费；

丙、提议关于教育事项。

十、董事会开会时，教育局长及有关系之职员均得出席预议，但不加入表决之数。

十一、全县市乡应由教育局酌划学区，每区设教育委员一人，受教育局长之指挥，办理本学区教育事务。

十二、市乡学区教育委员，由教育局长就素有教育学识经验者选任之。

附条
一万人以下之县，得联络邻县合设教育局，但须经省区教育行政长官之核定。其联合手续，由省区教育行政长官定之。

附二：特别市教育行政机关组织大纲

一、特别市设教育局，以局长一人，指导员、科员若干人组织之。
二、教育局长商承市长主持市教育行政事宜。
三、教育局长由市长遴选三人，呈请省区教育行政长官选任。
京都市教育局长，由市长遴选三人，呈请教育部选任。
四、教育局长之资格，准用县教育局长之规定。
五、特别市教育局设董事，定额分为五人、七人、九人三种，其资格如下：
甲、研究学术有成绩者；
乙、办理社会事业有成绩者；
丙、有筹划经济之能力者。
六、董事选任方法，由教育局长加倍推选，经市长照原额选定，征求市参事会同意聘任之，呈请省区教育行政长官备案。
其京都市，呈请教育部备案。
七、董事会以三年为任期。五人者，每年改选一人或二人；七人者，每年改选二人或三人；九人者，每年改选三人。第一次董事任期，于开会时签订之。
八、董事均为名誉职，但开会时得酌给赴会旅费。
九、董事会之职权如下：
甲、审议市教育之方针及计划；
乙、筹划及保管市教育经费；
丙、议决市教育局长所提交事件。
十、董事会开会时，教育局长及有关系之职员出席预议，但不加入表决之数。
十一、特别市应由教育局酌划学区，每学区设教育委员一人，受教育局长之指挥，办理本学区教育事务。
十二、特别市教育委员，由教育局长就素有教育学识经验者选任之。

1923 年

教育与科学方法*（1月15日）

今天所要讲的不是教育研究法，是"教育与科学方法"，就是科学方法在教育上的应用。人生到处都遇见困难，到处都充满了问题。有的是天然界给我们出题目，有的是社会上给我们出题目，有的是空气、光线、花草给我们出题目。既然题目有这么多，我们应付这些问题的方法也分好几种。有的人见古人怎样解决，我们也怎样解决。这种解决是不对的，是没进步的。因为古时现象不是与今日现象一样，所以古就今的办法往往是错的。有的人依外国的方法来解决问题：日本怎样办教育，我们也怎样办教育；德国怎样办，我们也怎样办；美国怎样办，我们也怎样办。这种解决也是不对。因为人家发明之后，未必公开，或不愿公开。从不愿公开到公开，已经若干时间，再从公开到中国，我们刚以为新，不知人家早已为旧了。还有的人是闭门空想，自以为得意的了不得，其实仅自空想也是没用的。因四面八方的问题，不给他磨练也是不行。此外还有一种人，也不依古，也不依外，是以不了了之。像以上种种方法，都不能解决我们的问题。能解决我们的问题的，惟有科学的方法。

什么是科学方法呢？科学方法是有步骤的，是有线索的。第一步要觉得有困难。如牛顿看见苹果落地，别人不知看了几千百次，都没觉得有困难，惟有牛顿觉着有困难，所以他发现地球的吸力。教育方面也是如此。有的人上课看不出有什么问题，学风之坏也不注意，所以就不会有问题。第二步得要晓得困难的所在，就是要找出困难之点来。如一个人坐在那里发脾汗①是觉着有困难了。用什么方法来解决这个困难，这就跳到第三步，从此想出种种方法来解决。有的画符放在辫子里，有的请巫婆，有的到庙里烧香祷告，有的请医生，有的吃金鸡纳霜②。有了这些法子然后再去选择，这就到了第四步。如：以为老太婆的法子好，就去试一试；不能解决之后，再用其他法

---

* 本篇系陶行知在北京大学教育研究会上的演讲。记录者：黄继文。原载1923年1月15日《民国日报·觉悟》。

子；最后惟有吃金鸡纳霜渐渐的好了。但此刻还不能骤下"金鸡纳霜能治脾汗"的断语，因为焉知不是吃饭时吃了别的东西吃好的呢？所以必须实验一番，这就到第五步了。如在同一情形之下，无论中外、男女、老幼吃了都是灵的，那末，金鸡纳霜能治脾汗就不会错的。

经过这五步工夫，然后才可解决一个问题。这五步方法是科学的方法。无论是化学，是物理，是生物学，都用这个方法以解决困难。但科学方法也有几个要素：

（一）**客观的**　凡事应用客观的考查，有诸内必形诸外。在教育上的观察，就是看你的学说于学生的反应怎样？教员与学生的关系怎样？要考查一校的行政，应看他的建筑、设备怎样，如以秤称桌子，我虽不知此桌的重量，但我晓得所放的秤码是多少。

（二）**数目的观念**　凡有性质的东西都有些数量。如光（light）有性质，一般人都如此说，物理学家也说可以量的。又如灵魂是有质量的，将来也须用数量去量。如果不能，则灵魂是没有的。数量中又有两个观念：（a）量的观念。有数量就可去量，如布、米、油等。（b）要量的正确。量不正确，也是无用。就是反对量的，他也在那里量，但他们用的法子很粗浅，专用一己的主观。如中国教员看卷子，有时喜怒哀乐都影响到他们定的分数。高下在心，毫不正确，这是中国人的毛病。我想，不但学理化的人对于数目要正确，就是学教育的人也要正确。"差不多"三字是我国人的大毛病。与人约定时间总是迟到（但上火车总是早到）。所以孟禄调查教育时说："中国人对于数目不正确。如要改良中国的教育，非从数目入手不可。"

以上说的是科学步骤与观念，要用这步骤、观念，应用到教育上去。

现在教育问题很多。从前人对于教育问题都是囫囵吞枣，犯了一种浮泛的毛病。各个人都会办教育，各个人都可作教育总长，都是教育专家。究竟教育问题是不是如此简单？还是无人不会呢？我们要知道教育在先进国里是一种专门科学，非专门人才不能去办。中国就不是如此。不过这几年还算进的快就是了。五年前南〔京〕高师教育和心理都是一人担任。自我到了之后，才将教育与心理分开。一年之后，授教育学者是一人，教育行政者又是一人。这是近五六年来教育的趋势。如各人担任一个活的问题，或一人一个，或数人一个，延长研究下去，这问题总有解决的时候。若真多少年下去还不能解决，那恐非人力所能解决的了。

现时要研究的问题，有教育行政、儿童、工具、课程种种。又如，把科学应用到教育行政上去，课堂上教授是不是好的办法？教员、学生都太劳苦是不是有益的事情？

现在教育有两种：（一）如一个新学生坐在洋车上，叫车夫拉着拼命的跑几十里，结果自然是学生逸，车夫苦。但让学生自己再回来恐怕还是不能。（二）如一去不坐车，不识路就问警察，自然是辛苦一点，但走到回来时，包管还能回来的。兹将教育重要部分略说一说。

（一）组织　此时课堂组织最好的有达尔顿实验室③的方法（Dalton Laboratory Plan）。室中有种种杂志、图画，还有导师，任学生自由翻阅，与导师共同讨论，还要每礼拜聚会一次。这种法子到底好不好，可去试验试验。把各个学生试验了，测量了，假设其情形相同，是不是可得同一的结果，然后就知究为班级制好呢，还是达尔顿的方法好？又如，研究习惯究为遗传的力量大呢，还是社会环境的力量大？把一对双生的儿童授以同样教育，看他们的差别究竟是哪个大。同时以同胞生的儿童授以不同的教育，再看他们的差异怎样。

（二）教材　以上法子也可应用教材上去。如我们所教的字是不是学生需要的，究竟何者为最需要？何者为次要？何者为不需要？我们应来解决。现在有些需要的未有放到教科书里，有些不需要的反倒放入了。我们可以拿几百万字的书来测验，看哪一个字发现次数最多？其最多者为需要，其次多数发现者乃是次要。将发现多的给学生，而次多的暂不授予。还有一点要注意的，就是学生有一年、二年离校的，我们就得将最需要的教他。可是其中有个困难，或者最需要的字比较着难读难写些，但我们可以想法给他避免。有人说中国字难认，所以不识字的人很多，外国人也说将来怕不能与各国的文化竞争。其实不然，试看长沙青年会④所编的《千字课》教授男女学生就知道了。他那里边有男生一千二百人，女生六百人，四个月将一千字授毕，每日仅费一点半钟。学生多半是商家学徒，而学生年龄以十二、三、四、五、六岁的居多。我觉着这一种办法，给我们一个好大的希望，今天拿来不过举个例罢了。

（三）工具　无斧不能砍木，无剪不能裁衣，无刀不能作厨子，无工具不能作教育的事业。教育工具可以从外国运的，可以从中国找的。从外国运来的第一是统计法。有了统计法我们可以比较，可以把偶然的找出个根本原理来，如同望远镜可帮助我们眼睛看的清楚，在材料中可找出一定的线索。所以统计是不可看轻的。第二就是测验。近来教育改进社要作二十四种测验，因为此种工具是不能从外国运的（就是运来也不适用）。测验是看学生先天的聪明智慧怎样，使学校有个好的标准，由此可晓得某级学生有什么成绩，如治病的听肺器一样，可以看出病来。欲知病之所在，非测量不可。测验也是如此，得要细细的看结果怎样。如办学的成绩都可测验的。但没有统计，也测不出来；没有测验，也统计不出来；二者是互相为用。如甲校一个学生花四十九元，乙校学生仅花四元半，我们就可测量他谁是谁不是。如测验得花四元半的能达到平常的标准，那花四十九元就太费了。反转过来，如花四十九元的刚好,那花四元半的未免太省了。这就是统计与测量互相为用的地方。总之,每人都存用科学方法去办教育的决心,每人都去研究或解决一个小的问题,我敢说,不出三十年中国教育准有好的成效。

注 释

① 脾汗 俗语,即疟疾。
② 金鸡纳霜 奎宁的俗称,治疟疾的药。
③ 达尔顿实验室 通译道尔顿实验室。美国教育家柏克赫司特所创。
④ 青年会 基督教青年会的简称,基督教新教社会活动机构之一。1885年由美国传入中国。中国基督教青年会20世纪20年代前后曾在国内推行平民教育。

《中国之教育统计》
前言＊ (5月)

本统计报告准备用来回答与中国教育的数据有关的一些简单问题。由于目前中国的教育行政单位及学校没有保存足以能供分析的资料，我们寄出的调查表也非常简单。其实，这工作本是政府的事。但政治上的分歧使教育部不可能搜集到不直属北京政府管辖之各省的材料。本社认为有必要承担这一责任，主要是为了回答人们常向我社提出的许多这类性质的问题。

调查从一九二二年五月开始，一九二三年四月结束。学院和大学的材料是这些学校按教育部、中华教育改进社及报纸上的通知所造的表格直接提供的。被调查的125所学院中，93所送来了统计表，其余32所学院的材料取自教育部一九一九年年度报告。少数教会和私立大学的统计表寄来太迟，未能收入。

国立和私立中等教育的材料包括师范学校、中等职业学校及中学的情况，它们也是这些学校根据各省和特区按照我社的要求造的最新表格直接提供的。中等教会学校学生的情况摘自《基督教在中国的传布》。大约三分之二的学校送来了统计表，剩下三分之一学校的材料取自教育部一九一九年年度报告。

关于初等职业学校的情况，唯一能得到的材料也来自教育部一九一九年年度报告。中华职业教育社有黄博士[①]调查的初等职业学校名单，非常详细，但有关学生及其他项目的统计表不全，故不能收入本统计中。

有关国立和私立高小及初小的材料，直接由各县供给。初小材料的五分之四及高小材料的几乎四分之三都以得到的统计表为根据。其余的材料则取自教育部普通教育司未发表的一九一九年年度报告。教会初等教育的材料也摘自《基督教在中国的传布》。

在此还必须为私塾费点唇舌。私塾在我国仍然很多，但由于未得到精确

＊ 原载1923年7月商务印书馆初版《简报16·第2卷》，为中华教育改进社出席1923年6月28日在美国旧金山举行万国教育会议所准备的专题报告的前言。

的材料，没有收入本报告。象南京这样不到40万人口的城市，城内就有500多所这样的学校，招生人数达12 000名，超过洋学堂所有学生的总和。广州也是如此。他比南京大一倍多，有1 000多所这样的学校，招生人数达20 000多人。越到内地，洋学堂就越少，而私塾却越来越多。私塾的学生至少与洋学堂的学生一样多，这样说还是很保守的。现在，中国实际受教育的人数至少是本简报所报道的两倍。

H·T·薛先生[2]是本社的统计学家，本调查主要是在薛先生的指导下，在他的两位得力助手杨可大先生及尹彤墀先生的协助下完成的。叶超林先生、马铿禹先生及杨书晓先生绘制了这些有价值的基本表格。朱记明先生整理了材料。而C·S·卢克先生及Y·伍先生则花了许多时间和精力进行烦琐的机械运算，核实了所有的数字。在此，向上述各位先生表示感谢！

陶知行[3]

（W·T·陶）

注 释

[1] 中华职业教育社的黄博士，即黄炎培。
[2] H·T·薛先生 即薛鸿志。
[3] 此时陶行知用名陶知行。

清华教育的背景 *(5月15日)

几个月以前因为清华停送女生的问题，引起了全国的注意。关心女子教育者函电纷纷，质问清华当局，结果是本年派送五个女生（原额之半）。现在事过了，达了治标的目的就算完了，至于那前因后果，去尽心研究的很少。

本来中国人做事，是急来抱佛脚，治标不治本的。二十一条问题发生了，大家抵制日货罢！未雨绸缪的功夫，谁也不想，谁也不做。所以只顾看水起泡，不去寻源头，等到大水冲坏了龙王庙的时候，搬也搬不及，结果是束手无策，听天待命。

美国退还赔款，已经十四年了。这十四年里头，用这款去留学已回国的，有四百多人。尚在美国的，也有四百多人。将来因这笔款项而受高等教育的，不知又有多少？大家要记得这几千几百人，都是从全国最好的青年里头严格选出来的；而且都是受完美的高等教育，现在或将来做全国的领袖人物的。所以数虽不过全国人口百万分之一，而影响实足以左右全国的前途！

当美国退还赔款的时候，本无所谓条件。后来中国政府自动的把这款作为派学生留美之用。但那个时候中国高等教育还不十分发达，于是一面设游美学务处，考送学生；一面又设清华学校，预备学生；都由学部会同外务部办理。专制时代人民是没有机会说话，也没有程度说话的。

当时不设立一个独立的董事会，而归学部与外务部合办这一件领袖教育的大事，已经是大错了！不幸民国成立后，完全归外交部办理，真是大错而特错！外交部的职务，是管外交，怎么能够办理国家的高等人才教育呢？幸而游美学务处裁撤后，清华主持的人，是学过教育的周寄梅，并不是一个外交官。所以设施一切，略有可观。所谓自动的教育，在外面还没有听见过，

---

* 本篇原载1923年5月15日《新教育》第6卷第5期，署名梁达。据台湾近代史研究所研究员苏云峰提供的1923年3月5日张彭春日记手稿影印件称："知行谈要作一篇清华建议的文章。"结合《陶行知全集》第一卷《与北京〈导报〉记者的谈话》的文章，可以佐证此篇为陶行知所作。

居然清华先有了。而且他还想逐渐把程度增高，使清华成一个完全的大学。可惜他用人不当，威权过施，以致被人攻击。自他去任以后到去年，今校长曹庆五来代理的四年之中，换了六个主持的人！况且上面还要受董事会、学务处（部里头的学务处不是从前的游美学务处，后详）、审计会、会计科、基金委员会及总次长的干涉，所以就无所谓计划。

在周校长的时代，因为受外交部节制，已经作事不能自由。到周校长去任的时候，因为被人指摘用款，于是外交部派了几个部员组织一个"董事会"，去稽核用途。其实退还的赔款，向由外交部接收，清华不过照章每年制成预算决算，由外交部批准后，去领。到民国九年因校中主持非人，外交部又把董事会改组，由部派二人，美使馆派一人组成。这董事会有协同校长管理清华学校及游美监督处之权。另设审计会，稽核用途。于是不但经济上受节制，连行政上也不自由了。这三位董事，除美国人外，已换过好几次，因为外交部员愿在外交上活动，一放外差，谁还能做董事？

除去董事会外，外交部另有学务处，性质和交通部的育才科相似，专管部辖各校。现在外交部有两个学校：就是清华和俄文专修馆。清华虽另有董事会，但学务处仍有时要过问。

此外，最近又设有基金委员会，因为清华前几年有余款议定存为基金，不能动用，有一个委员会保管。但是听说这三百万基金，现在大半是不值钱的公债票、股票等类。

至于清华的预算决算，是要归外交部批准，所以部里的会计科有权间接过问清华的事。会计科的关不打通，钱是领不到的。

最高的管理清华教育的人，是外交总、次长。总长常换，而且太忙，所以实权是在次长手中。

有了这许多重重叠叠的机关，清华的难办也就可以想见了。幸而中国人是多一事不如少一事，所以只要按部就班去做，大家也不过问。不幸清华的教育，关系的方面太多，不容其保守，于是而事多。

外交部自总长以下，都是常易变动的。而且外交家非必教育家。处此分工精细的时代，要他们办这件关系全国前途的事，本来是苛求！现在的董事和校长也都知董事会非改组不可。但中国人心理，一动不如一静，况且颜面攸关，外交部雅不欲放弃权利，而只想得过且过。现在极力地弥缝，以期不出乱子。今校长之热心整顿，实属难得。不过基础不定，终难建大厦。所谓改革计划，呈部已半载，既不驳，又不准，留中搁起，诚中国人办事之绝妙方法！以致进行停顿。况校长由外交部任免，不论何时可去职呢？

总之以清华教育关系之大，不论外交部如何尽心竭力，终难得百分效率。本来外交部是管外交的，管不来教育，我们也不能怪他。

我们以为清华教育是应当由全国领袖人物组织独立的董事会去管理。

这董事会应当有全权，无论何事不受任何方面的干涉。董事的任期宜长，庶可有远大不变的计划。

关于清华教育的问题甚多，如选考学生问题，派送留学问题，扩张大学问题，男女均等机会问题等，皆须彻底的解决。但一国三公，在外交部管理之下，均无彻底解决的希望！

我们希望外交部能早日觉悟：知道外交家不会办教育，不是可羞的事。把清华交出来，是替中国前途着想。这种因公忘私的精神，可为全国所佩服。第一步的办法，是聘请全国知名的教育家研究董事会组织法，和改革纲要。第二步就是组成独立的董事会。庶乎退还的赔款，一分一毫的用途，都与中国前途最大之利益！

学生与平民教育 *（11月13日—27日）

现在中国是糟到极点了，无论教育、外交、实业、交通、司法、财政，都是不堪过问，但实业、交通、外交、司法、财政……都不是目下最重大的问题，是第二关，第三关，第四关了；最重要的第一关，就是教育问题。直言之，就是平民教育问题。中国四万万人，内中有三万万二千万不识字的。这三万万二千万人没有受过教育，他们底智力才能很低，易受别人利用，没有自治的能力。要中国弄好，非个个有自治的能力不行；要个个有自治的能力，非人人读书识字不行。要使这三万万二千万人都识字，就是我们八千万识字的人底责任。把这个问题解决了，其余实业、交通、财政、司法……都容易了。并且这个问题不十分难，若去做，是很容易达到的。兄弟编有《平民千字课》四册，每册二十四课，四册共九十六课，合计有生字一千一百多个，书价很便宜，每册三分洋钱，四册共一角二分钱。每日读一课，九十六日可以读完；聪明的还不要这多时间，就愚钝的最多也不要四个月，可以读完。每人花一角二分钱，最多不过四个月的时光，就可识千余字，能够看白话报，写白话信，上簿记数，都可以行得。你一定要说，找教师是很困难的问题，这也是很容易的，譬如你教会了一个，他就可以做别人的教师；别个学会了，又可以做别一个的教师；由此照数学法的计算，二二如四，四二如八，八二十六……可以生出无穷的教师。最好首先由自己家里做起，自己家里有不识字的，就组织个读书处，早晚教起来；老爷教男工，太太教女仆，小姊教丫头，丫头也可以教拖车的，结果都能识字，都可以做别人的教师。熊秉三的夫人朱其慧，对于平民教育非常热心，他底仆人，没有一个不识字的。有次我到了安徽教育厅，调查厅内的工人，有许多不识字的。后找了几个来，拿《平民千字课》把他们读，有两个读得下去，并能了解意思，我就叫他们两个做教师，教那些不识字的。没有一个月工夫，那厅内工

---

* 原载1924年2月16日湖南《大公报·现代思想》，系1923年11月13~27日湖北开展平民教育期间，陶行知在武昌师范大学的演讲，黄祖度事后追记。1924年1月26日在北京西四北翊教寺平民中学，陶又用同题讲了一次。

人都能识字了。有一次我到了南昌,参观监狱,内面关有许多犯人,我给他们些《平民千字课》,找几个识字的做教师,没有好久,监里的犯人,都能识字了。一次我在洋船上,找来几个茶房,把《平民千字课》他们读,有两个只能读得一二册,三四册就不行了。后找得个能读的,叫他做教师,没有好久,全船上的茶房,都能识字。诸君是学生,是负有平民教育责任的,我希望各位努力的做去。做的方法,也很有几种:在学校里面,就先把本校的工人教好;在学校周围的境内,可以划分区域,分组去劝他们读书,替他们组织读书处,或自己去教,或找他们里面识字的去教;家里有不识字的,就在家里组织读书处;家里的四邻有不识字的,就替他们找教师,组织读书处;若是外省的同学,不能在家乡服务的,就可于假期时去做。把《平民千字课》读好了的,就给他一张识字的证书,可以享法律上的权利;教好了一班的教师,就给他一张平民教员的证书。照这样做去,要使三万万二千万不识字的,都化为识字的,也是很容易的。前次我到了杭州,游西湖,那里有个大寺,内面有四百多个罗汉,由是我又想起平民教育了,然罗汉是死的,是泥塑木雕的,不能识字,也不能做平民教师;但他们也不能为祸,较之国会里面的几百多尊罗汉,还是好些。今晚几百位同学聚在一处,都是活罗汉,是能为平民造幸福的,望大发慈悲,救苦救难,超度众生,这就是我所希望于各位的。

1924 年

预备钢头碰铁钉
——给吴立邦小朋友的信（1月5日）

立邦小朋友①：

接读你的好信，如同吃甘蔗一样，越吃越有味。

世上有十八岁的老翁，八十岁的青年。要想一世到老都有青年的精神，就须时常与青年人往来，所以我很愿意和青年人通信，尤其欢喜和小孩子通信。平时得了小孩子一封信，如得奇宝；看过了即刻就写回信；回了信就把他好好的收藏起来。每逢疲倦的时候，又把它打开一读，精神就立刻加增十倍。小朋友的信啊，你是我精神的泉源！

国家是大家的。爱国是个个人的本分。顾亭林②先生说得好："天下兴亡，匹夫有责。"我觉得凡是脚站中国土地，嘴吃中国五谷，身穿中国衣服的，无论男女老少，都应当爱中国。不过各人所处地位不同，爱国的方法也不能尽同。小孩们用心读书，用力体操，学做好人，就是爱国。今天多做一分学问，多养一分元气，将来就能为国家多做一分事业，多尽一分责任。你说等到年纪长大点也要服务社会，这是很好的志尚。社会的范围很不一定，大而言之就是天下；小一点就是国家；再小就是一省，一县，一村；再小就是我们自己的家庭。大凡服务社会，要"远处着眼，近处着手"。学生在学习服务社会的时候，就可以从自己的家里学起，做起。一面学，一面做；一面做，一面学。我们在家里服务的事也很多，把不识字的家庭化为识字的家庭，就是这许多事当中的一种。府上既住在学校左近，这就是你自己家里试办平民教育的机会。家庭里的平民教育适用连环教学法，你可请教令亲鸣岐先生。家里办好了，再推广到左右邻居，这事就是治国平天下的入手办法。

你信上说到贵处的老太婆们如何顽固，如何不易开通，这也是自然的现象。我们在社会上做事就要预备碰钉子。我在这几个月当中，也碰了四五个钉子。碰钉子的时候有两个法子解决：第一是硬起头皮来碰，假使钉是铁做的，我们的头皮就要硬到钢一样，叫铁钉一碰到钢做头皮上就弯了起来；第二是要把我们的热心架起火来，把钉子烧化掉。我们只怕心不热，不怕钉子厉害，你看如何？

你说隆阜平民学校有个六十九岁的老太太也报名了。这是我们平民教育的大老了。陈鹤琴先生的老太太现在六十五岁，也读《千字课》。安徽教育厅里，夫役读《千字课》的也有二位六十五岁的老翁，我亲自教了他们两课。晏阳初先生说他最老的学生是六十七岁。所以隆阜那位老太太是我们平民教育最老的学生。请你把她的姓名告诉我。我要叫天下人都晓得这件事，好叫那些年富力强的人都发奋起来。再请你代我向这位老太太表示敬意。从前中国有七十岁的老状元，现在有七十岁的老学生，老识字国民，岂不是一件最可庆贺的事吗？如果你能时常的去帮助这位老太太学习，那就更加好了。你说徽州没有好的男学校，所以暂在隆阜读书。歙县第三中学办得不错，教员皆是有学问有经验的，明年可以试试看。

承你的好意，叫我回徽州来帮助大家提倡平民教育。这句话触动了我无限的感慨。我已经离开家乡十三年，恰好和你的年岁相等。每次读渊明公③的《归去来辞》，就想回来走一趟，但是总没有工夫。因为来往要一个月，我是个很忙的人，怎样可以做的到呢？今年夏天，南京来了四个飞机，我就想借用一架飞回徽州，半天可以来往。管飞机的人说徽州平地少，不易下来，只好将来再谈。现在休宁金猷澍慰侬先生制造一种浅水艇，如果办得成功，从杭州到屯溪只要十八个钟头。我现在一面学游水，一面等金慰侬先生的计划成功。我想我不久总要回来看看我的亲戚朋友，特别要看的是小朋友。不过小朋友们看见我怕要像下面两句诗所说的景况：

"儿童相见不相识，笑问客从何处来。"

现在已经夜深了，后来再谈。敬祝康健！

十三、一、五，在联和船上写的

注 释

① 吴立邦　安徽屯溪隆阜推行平民教育的积极分子。时年十三岁。
② 顾亭林　即顾炎武。
③ 渊明公　即陶渊明。

谈诗

——答吴立邦小朋友的信（2月6日）

立邦小朋友：

　　我接到你的第二封信，立刻就想写回信给你，只因我要说的太多，要写的太长，所以等到现在还没有写。现在再不能等了，写得短些总比不写好。所以我决定先写一封回信，短点不妨，等到有空的时候再和你畅谈畅谈。

　　你信上说要拜我做老师，本来是不敢当。不过古人有相学相师的道理，如果你愿意做我的老师，我一定愿意做你的老师。我现在最小的学生是四岁，最老的学生是六十六岁。他们都是我的学生，也都是我的老师。他们教我，我教他们，别有兴味。我现在的老师和学生，北至蒙古，南至南洋群岛，西至德国，东至美洲都有。不过徽州除你以外，还没有别人愿意教我，并且从我学。你是我在徽州第一个老师，第一个学生。欢迎！欢迎！一定欢迎！

　　你出给我的第一个难题目，就是要我教你做诗。啊呀！诗这个艺术是教不来，学不来，做不来的。就拿我来做个比方。我虽然比不上李太白的斗酒诗百篇，但在一点钟之内，也曾写过十几首的。现在简直一首诗也做不起来，就是勉强凑成几句，也是不会好的。有的人说我向诗神请了假，有的人说诗神向我请了假。总之，诗神不来，随便怎样学总是三不像；诗神一来，一学就会，不学也会。等到你觉得肚子里有块东西，不得不吐到笔里，笔里有点东西，不得不写在纸上的时候，那时你的诗就自然而然的来了；那时你再看看《诗经》、《古诗》、唐诗、宋诗、白话诗以及种种好诗，都是你自己要说的话了。诗兴未到，诗是诗，你是你，读诗虽多，终不相干。等到你是诗，诗是你，你和诗分不开了，才有好诗出来。世界上诗做得多，好的少，就是因为做诗的人，不能把生命放在诗里，不能把诗放在生命里，不能把诗和生命合而为一，换句话说："没有诗的生命，决做不出生命的诗。"

　　第三中学方振民先生和许敦士先生的介绍信，我已经写去了。我并且请他们直接回你的信，省得误事。我现在还送上介绍片一个，以便到校时应用。

　　祝你和全家平安，康健，快乐！

二月六日

徽州土货
——答吴立邦小友的信 (3月26日)

立邦好友：

接读正月二十七日的信，晓得你和新善哥已经进了第三中学，很好，很好。方校长也写信告诉我了，他说你们还有一位弟弟一同去的。这位弟弟姓甚名谁？你可以告诉我吗？

你所说徽州的土产一层，我倒想和你谈谈。我以为我们只问好不好，不问土不土。你现在新拜的那位老师，身子虽在外面，骨子里也是徽州的土产。我们徽州的土产本来不错。你看朱晦庵①、江慎修、戴东原②诸位乡先贤，哪一位不是土产？现今的胡适之先生，从头到脚也只是我们家园所出的土产。我深信，他们来做你们的老师，你们是一定欢迎的。譬如，茶叶是家乡的土产，我们徽州人是没有不欢喜吃徽州茶的。

你说随地随时都可以做诗，这句话是很对的。我只想补充两句：随时随地都是诗；随时随地都可以做诗；随时随地都不可以勉强做诗。诗贵自然，充天地间都是诗的材料，诗人随意拈来都成好诗。

你问诗的功用，我先拿诗对于诗人的功用回答你。你试站在河西桥上，望着十寺或别的好风景：尽量呼一口气出来，忍住，忍到不能再忍了，那时你就明白诗人读诗的功用；尽量吸一口气进去，忍住，忍到不能忍了，那时你就明白诗人做诗功用。至于诗的普通功用，孔子说得好："诗可以兴，可以观，可以群，可以怨。"我不必细说了。

我昨天在徐州旅馆里没有事体做，就做了一首诗。抄来给你们看看：

自勉并勉同志

人生天地间，
各有所禀赋：
为一大事来；
做一大事去。

　　　　多少白发翁，
　　　　蹉跎悔歧路。
　　　　寄语少年人，
　　　　莫将少年误。

你如有诗，也请送我几首读读。
这封信是火车上写的，所以很不整齐，请你原谅。

　　　　　　　　　　　　三月二十六日

注 释

① 朱晦庵　即朱熹。
② 戴东原　即戴震。

希望您做一位三千万人民的教育厅长

——给安徽教育厅长卢绍刘先生的信（2月8日）

绍刘先生：

我们听说先生已就安徽教育厅长职，心中非常快乐。当这安徽教育存亡绝续之交，得公出而主持一切，我们可以放心了。

车上没有事，旧日的联想一个一个的浮出脑际。其中恋恋不舍的有两个联想：一是数年前，先生送我那本《茅亭讲学刍议》；二是去年十月间在沪宁火车上，我们两个人请钱强斋议长用十个字试做一篇课文。从这两种很快乐的联想上，我就对于先生发生了一种希望。我希望，先生不但要做数万学生之教育厅长，简直要做一位三千万人民之教育厅长。换句话说，我希望先生做一位平民教育厅长。

公从江苏来，自知江苏事。江苏教育界现在有一个最有价值的礼物。这礼物就是平民教育。我希望先生把这礼物带来送我们安徽，送我们安徽三千万的人民。当南京开始制造这礼物的时候，知行曾经以厨子的资格参与共事，曾经陪着江苏的军民两长、熊夫人、王伯秋先生和其他之江苏父老，流过两个月的汗。那时知行回看故乡饥民嗷嗷待哺，不忍之情，油然而生，就帮助本省父老在安庆、芜湖两个地方，立了两个平民教育的厨房。各县正在闻风兴起的时候，安徽马少甫①将军诬为过激党，暗示停顿。他不念我在江苏的微劳也罢，何故毁我们已成的事业呢？从前一般饥民都是睡着的，虽饥而不觉得饿；现在我们已经把他们唤醒了，更觉得饿了，但是饭吃到嘴边，忽然饭碗又给人夺了去，公看他们苦不苦？我觉得现在对于安徽送些平民教育的礼物，最得时宜。先生以为何如？知行对于安徽平民教育有几条具体的建议，很希望先生主持采择施行。

（一）消除马少甫之误解。马少甫，据我所闻，对于平民教育确有误会。请公告诉他："平民教育是平常人民的教育。这种教育是要用最少时间、最少经费，教导年长人民读书识字、爱国做好人。去年，五十二国在旧金山开万国教育会议，各国报告国内读书人数都在百分之九十以上，中国读书人数百人中只有二三十人。相形之下，很伤国家体面。如果我国家家读书，人人明理，外国也要恭敬我们了。如果平民教育是和过激党有关系的，那么齐抚万②督军、韩紫石③省长、袁观澜先生、熊夫人等也和过激党发生关系了吗？"

（二）恢复安徽省公署之平民教育。安徽省公署是全国第一个省公署开办平民教育。办了两班，很有成效。这件事在平民教育史上，要占很重要的位置。如已停顿，请马将军即日恢复。

（三）恢复安徽教育厅之平民教育。安徽教育厅是全国第一个教育厅施行公役的平民教育。公役二十一人中有吴干臣、韦明等五人都是很好的助教。年长的人有两位老到六十五岁的都在那里读书。我第二次到安庆的时候，他们已经读了一本多。如果厅长注意公役读书，如中途不停顿，现在该毕业了。这是在公职权之内，当然可以做到的。

（四）视察监狱的平民教育。安徽高等检察厅袁厅长和熊典狱官对于平民教育都很热心。犯人读《千字课》，当推皖狱为开创者。大概不致停顿。不过也很希望先生看看他们办的成绩如何。

（五）恢复平民教育促进会。安庆平民教育促进会以教育厅长为会长。公为当然会长。请召集董事会督促或改选贤能干事继续进行。从前捐款五千余元均未收足，请嘱会计剋日收足。教育厅年拨一千元为购书分送各县提倡之用，请维持原议。财政厅年拨经常费二千元已由省长定案，请与财政厅订定按期领款办法。芜湖平民教育促进会为皖南之总枢，前曾呈请给予皖南茶厘捐款补助，务请促成，俾能进行。

（六）训令省视学分赴各县提倡平民教育。去年省视学曾开一次会议，决定随带图书分赴各县提倡。查省视学为最有力之宣传指导人员，务请恢复提倡平民教育为他们职务之一种。

（七）训令县知事提倡平民教育。县知事为亲民之官，对于人民享有历史上的特权与信仰。各县人民自动提倡平民教育的有黟县、休宁、歙县、绩溪、巢县、潜山、合肥、郎溪等。但得县知事的登高一呼，进步必能一日千里。务请训令各县将平民教育列入计划与预算，并以此为考成。

（八）训令全省学校兼办平民教育。全省省立、县立、公立、私立学校皆为文化中心，即为平民教育中心。请通令各校担负普及各该校所在地之平民教育之责任。自奉令日起，一个月内至少必须开办平民学校一班，读书处十处。

（九）现在中国最多的教育机关还是私塾。既是一时除他们不掉，就当改良他们。知行深信《千字课》为私塾一种很好课本，请通令私塾一律采用，不听者一律取缔。

（十）召集全省会议。关于平民教育实施事宜，应由教育厅仿照江苏、察哈尔等处办法，召集全省中等学校校长及县教育行政人员、县教育会代表会议取决，以资集思广益。凡平民教育之方针及分期进行办法，均由此会议解决。安徽省平民教育促进会即在此时成立。知行希望先生于一个半月内召集此会，否则春季怕要耽误了。

以上十条，系就知行个人车上想得到的写将出来，以尘清览，内中难免不妥的地方，还望先生指教。先生还记得民国七年公做主席我一天演讲六小时那件事吗？公如有我来皖必要，我就在一万里外也是可以赶回来的。无论如何，熊夫人和我已经约好，一两个月内必定要到安庆、芜湖及其他长江各埠参观一次，以便领略各地平民教育之特别贡献。相见不远，很为欣慰。

我很希望先生为做一件大事而来，做了一件大事而去。这件大事就是变形的茅亭讲学，就是平民教育，就是三千万人的家家读书，人人明理。到这件事做了的时候，我想顶少也得要两三年，我们一定要在无法报答当中，造个铜像做公万年不朽的纪念！

二月八日

注　释

① 马少甫　当时主掌安徽军政。
② 齐抚万　即齐燮元。当时任安徽省督军。
③ 韩紫石　即韩国钧。当时任江苏省长。

半周岁的燕子矶国民学校*

——一个用钱少的活学校 (7月)

燕子矶国民学校的官名叫作北固乡区立第一国民学校,设在南京神策门①外的燕子矶,离神策门约有十三里的路程。这个学校已经开了好多年,但他的新生命的起点是在今年正月。那时丁超调任这校校长,从事改造,为他开一新纪元。我们说他为半周岁,就是为这个新纪元说的。我参观这个学校是和本社乡村教育研究员、东南大学乡村教育教授赵叔愚先生同去的。我们走进这个学校,四面一望,觉得似曾相识。因为我们在这里所看见的都是我们心目中所存的理想,天天求他实现而不可得,不料在这个偏僻的地方遇到,真是喜出望外。现在我要把我们参观所得的,报告出来,公诸同好。

校长是一个学校的灵魂。要想评论一个学校,先要评论他的校长。丁校长是陆军小学出身,并经过甲种师范讲习科的训练。未任本校职务之前,曾在尧化门国民学校充任校长八年,著有成绩。我们看他的人,听他的话,察他的设施,觉得他是个天才的校长。他能就事实生理想,凭理想正事实。他有事实化的理想,理想化的事实。他事事以身作则。他是教员的领袖,学生的领袖,渐渐的要做成社会的领袖。

这个学校不但教学生读书,并且教学生做事。做什么?改造学校!改造环境!学生是来读书的,教他做事,自己不情愿,父母不情愿。这是第一个难关。教员是来教书的,要他教学生做事,固不情愿,实在也是不会。这是第二个难关。教学生读书易,教学生做事难。如何打破这两道难关?一要身教,二要毅力。丁校长教学生做事的成功也是在这两点。他起初的时候,整天拿在手里的是钉锤和扫帚。所以那时有人讲他是位钉锤校长、扫帚校长。但是久而久之,教员跟他拿钉锤扫帚了,学生也跟他拿钉锤扫帚了。教员变做钉锤扫帚的教员,学生也变做钉锤扫帚的学生了。丁校长于是开始偕同教员学生合力改造学校,改造环境。

校址是在一个关帝庙里,关公神像之外还有痘神、痲神等等。这些神像

---

* 本篇写于1924年7月,载1924年8月4日申报馆《教育与人生》第42期。

已经把课堂占去了大半个。丁校长一方面要教课堂适用,一方面要免去地方反对,就定了一个保存关公、搬移杂神的计划。他就带领学生为关公开光,把神像神座洗刷得焕然一新,并领学生们向关公恭恭敬敬的行礼。他再同教员学生把这些杂神的神像移到隔壁的庙里摆着。他们又把那个庙打扫得干干净净,把这些杂神安排得妥妥当当,大家也行个礼。杂神搬出之后,这个课堂又经过了一番洗刷,加了些灰粉,居然变了一个很适用的教室。村里的人看见关公开了光,杂神安排得妥当,又听见学生报告向神行礼的一番话,不但不责备校长,并且称赞校长能干。

校内干好了,进而求环境的改良。燕子矶即在近旁,他就带领学生栽树,从门口栽到燕子矶顶上,风景一变。造林场栽树,十活一二。丁君栽树,栽一棵活一棵,也是他从经验中得来的。燕子矶坡上因有人时倒垃圾,太不洁净,丁校长就领学生们把所有的垃圾扫除一空。村民不知卫生,仍是时常把垃圾倒在此处。但村民一面倒,他就一面扫;村民倒一回,他就扫一回。后来邻居渐渐的出来责备倒垃圾的人,燕子矶头从此清洁了。

教学生做事的第一个影响就是全校无事不举:屋角上,桌缝里都可以看见精神的贯注。第二个影响就是用不着用人做事:打扫、泡茶,及一切常务都是大家分任,所以这个学校没有门房,没有听差,没有斋夫。第三个影响就是学生得了些合乎生活需要的学问:学生在学校里既肯做事,会做事,在家里也肯做事,会做事了,父母因此也很信仰学校了。第四个影响就是省钱:这个学校连校长有四位职员,五级学生共有一百二十四个人,但每年只花费公家六百二十四元钱,平均每个学生只费五元钱,学费是一文不收的。这是何等的省钱啊!省钱不为希奇,省钱而有这样的成效,却是难能可贵的。

公家经费只有此数,设备一项宜乎因陋就简了。然而照我们所观察,比同等的学校好得多。就图书而论,这个学校里有教员参考书二十余种,学生读物四十余种,可谓选得妥当。

我见学生读物摆得有条有理,就问他买书的钱怎样来的。校长说每逢年节、午节、秋节,学生例送节敬,我们却之不情,就拿来买些书给大家读读。再,学生有一种储蓄买书的办法:每天储蓄一两个铜板,我们就把这笔钱拿来代学生买书。这是一种大家买书大家看的办法。每人出几角钱,就可得几十块钱的书读。出校的时候,学生还可把自己的书带回去,这是穷学校阅书最好的办法。

我再举一个例。学生喝茶的茶杯总要每人一个才合卫生之道。平常小学都是用公共茶杯,很不妥当。燕子矶国民学校却是每生一个茶杯。每人从家里带一个茶杯来,放在学校里,自己洗,自己管,自己用。茶水每人每星期出铜板两枚合办。茶水是公共的,茶杯是个人的,都是由学生自备的。

这个学校的教职员是很勤劳的。校长自己也教四堂。校长薪金每月二十元。教员薪金十四元的一人,十二元的一人,六元的一人。他们星期日只放半天学,暑假完全不放,学生在学校里补习各种家常实用的功课。燕子矶多水,父母不放心,所以不人愿意学校放假。学校肯得依从父母有理性的心理,所以很得社会信仰。

平常办学,学校自学校,社会自社会,不要说联络,连了解也说不到。丁校长接事只有半年,对于燕子矶社会情形,了如指掌。他并能得地方公正绅士之信仰和帮助。学校因此无形中消除了好多障碍。

这个学校还给了我们一个很重要的暗示:乡村学校最怕的是教职员任职无恒,时常变更。在这种情形之下,研究、设施都不能继长增高,真是可惜。丁先生所以能专心办学,一部分也是因为他的夫人能够和他共同努力。他的夫人也是本校的教员,特别担负女生的责任。他在这里服务是带一半义务性质。他们所组织的俭朴家庭同时是乡村家庭的模范。我想未来的乡村学校最好是夫妻合办。如果男师范生和女师范生结婚之后,共同担负一个小乡村的改造,也是人生一大快事,并是报国的要图。

我们再看看这个学校普通的进步:去年校中只有学生七十八人,今年已经加到一百二十四人;去年女学生寥寥无几,今年因丁夫人②之教导,已经有三十余人了;去年本地有私塾四所,现在只有一所了。由此可见这半年进步敏捷之一斑。

现在办学的时髦方法:一是要求经费充足。有钱办学不算希奇,我们要把没有钱的学堂办得有精彩,才算真本领。二是聘请留学生做教授。有西洋留学生更好,西洋留学生中有硕士、博士头衔的更为欢迎。这个偶像是要打破的。像燕子矶这样一个学校,西洋博士能否办得起来还是一个问题;容或办得起来,我却没有看见过。

这个学校是有普遍性的。他可以给一般学校做参考。他也有缺点,但只是时间上的问题。我们很希望大家起来试试这种用钱少成绩好的活教育。

叔愚先生和我对于这天的参观,觉得快乐极了,也受了无限的感动。回时路上遇了大雨,一身都是水了。只听着叔愚先生连说:"值得!值得!值得!"

注 释

① 神策门 明代洪武年间所建南京城十三门之一,1928年改称和平门。
② 丁夫人 即丁超夫人。

南京安徽公学办学旨趣*（12月8日）

南京在前清为两江之都会，和安徽有密切的历史关系；就地理说，又和安徽十分接近。中国兴学以来，南京即为全国教育中心之一。安徽的学者和学子来此传道受业的，素来很多。前清即有上江公学①之设，民国成立后因故停办，殊为憾事。五四以后，安徽学潮屡起，学生不能安心肄业，纷纷投到南京求学的，源源不绝。但南京学校格于种种限制，有志有才的学生不免向隅。安徽旅宁同乡会和旅宁同学会，看此景况，深表同情，就联合起来共谋上江公学之恢复，于十二年秋季开学，改名为南京安徽公学②。所以，安徽公学的设立，是迫于一种不能自已的同情心。因为安徽旅宁前一辈的人，对于后一辈的少年，发生了一种学问上的同情心，才有安徽公学的产生。

有了这种同情的基础，所以我们最注重师生接近，最注重以人教人。教职员和学生愿意共生活，共甘苦。要学生做的事，教职员躬亲共做；要学生学的知识，教职员躬亲共学；要学生守的规矩，教职员躬亲共守。我们深信这种共学、共事、共修养的方法，是真正的教育。师生有了共甘苦的生活，就能渐渐的发生相亲相爱的关系。教师对学生，学生对教师，教师对教师，学生对学生，精神都要融洽，都要知无不言，言无不尽。一校之中，人与人的隔阂完全打通，才算是真正的精神交通，才算是真正的人格教育。

在共同生活中，教师必须力求长进。好的学生在学问和修养上，每每欢喜和教师赛跑。后生可畏，正是此意。我们极愿意学生能有一天跑在我们前头，这是我们对于后辈应有之希望。学术的进化在此。但我们确不能懈怠，不能放松，一定要鞭策自己，努力跑在学生前头引导学生，这是我们应有的责任。师道之可敬在此。所以我们要一面教，一面学。我们要虚心，尽量接受选择与本职本科及修养有关系之学术经验来帮助我们研究。要教学生向前进、向上进，非自己努力向前进、向上进不可。

---

* 本篇原载1924年12月8日申报馆《教育与人生》第60期，题名《南京安徽公学创学旨趣》。载入《十年来之南京安徽中学》一书时，题为《本校创立旨趣》。作者将此文收入本集时，改用现名。

安徽公学是个贫穷的学校。办贫穷的学校如同管贫穷的家事一样。用一文钱，必问："这一文钱该用吗？"费一分光阴，必问："这一分光阴该费吗？"光阴与钱都有限，该用才用，不该用必不用；用必尽其效。爱惜光阴，就是不为无益害有益；将无益的时间腾出，则从事有益的时间有余裕了。然后学生可从容问学，怡然修养，既不匆忙劳碌，那身心也就自然渐渐的有润泽了。节省经费，不是因陋就简，乃是移无用为有用。我们既不甘于简陋，来源又不易开，要想收相当的效果，自非革除浪费不为功。用最少的经费，办理相当的教育，是我们很想彻底努力的一个小试验。

现今办学的人，每存新旧宽严之见。我们只问是非好坏，不问新旧宽严。是的、好的，虽旧必存；非的、坏的，虽新必除。应宽则宽，应严则严。随时、随地、随人而施教育，初无丝毫之成见。我们承认欲望的力量，我们不应放纵他们，也不应闭塞他们。我们不应让他们陷溺，也不应让他们枯槁。欲望有遂达的必要，也有整理的必要。如何可以使学生的欲望在群己相益的途径上行走，是我们最关心的一个问题。总之，必使学生得学之乐而耐学之苦，才是正轨。若一任学生趋乐避苦，这是哄骗小孩的糖果子，决不是造就人才的教育。

最后，我们要谈谈我们心中所共悬而藉以引导我们进行的目标。

一，我们都是学生，教师的一部分生活也是学生，就要负学问的责任。做学问最忌的是玄想，武断，尽信书，以差不多自足，以一家言自封。我们要极力的锻炼学生，使他们得到观察，知疑，假设，试验，实证，推想，会通，分析，正确，种种能力和态度，去探求真理的泉源。简单些说，我们研究学问，要有科学的精神。

二，我们是物质环境当中的人。我们对于四周的环境，最忌是苟安，同流合污，听天由命，不了了之。有进取性的人，对于环境总想加以改造。但是驱着乌合之众，叫嚣乱斫，何能算得改造呢。我们应当秉着美术的精神，去运用科学发明的结果，来支配环境，使他们现出和谐的气象。我们要有欣赏性的改造，不要有恐怖性鬼脸式的改造。换句话说，我们改造环境，要有美术的精神。

三，我们不但是物质环境当中的人，并且是人中人。做人中人的道理很多，最要紧的是要有"富贵不能淫，贫贱不能移，威武不能屈"的精神[③]。这种精神，必须有独立的意志，独立的思想，独立的生计和耐劳的筋骨，耐饿的体肤，耐困乏的身，去做那摇不动的基础。近今国人气节，销磨殆尽，最堪痛心。倘不赶早在本身和后辈身上培植一种不可屈挠的精神，将何以为国呢？至于今日，少数具有刚性的领袖，又因缺少度量，自取失败，并以此丧失国家的元气，至为可惜。那末推己及人的恕道，和大公无我的容量，也是做人中人的最重要的精神。把这几种精神合起来，我找不到一个更好的名词，就称他为大丈夫的精神罢。我们处世应变，要有大丈夫的精神。

科学的精神，美术的精神，大丈夫的精神，都不是凭空所能得来的。我们要在"必有事焉"上下手。我们要以"事"为我们活动的中心。研究学问要以事为中心，改造环境要以事为中心，处世应变也要以事为中心。我们要用科学的精神在事上去求学问，用美术的精神在事上去谋改造，用大丈夫的精神在事上去锻炼应变。我们愿意一同努力朝着这三个目标行走。活一天，走一天；活到老，走到老。

注 释

① 上江公学　光绪三十年（1904年），安徽人汪菊友、陶寿民、李希白等创办安徽旅宁公学，校址在南京上江考棚内。次年更名为上江公学，1912年又易名为安徽旅宁中学，后因故停办。

② 南京安徽公学　1923年9月由陶行知、姚文采创办，初名安徽公学，1928年4月立案时改名安徽中学，分初、高中二部，高中仅设普通科。陶行知、姚文采先后任校长，今南京市第六中学校园内有"行知馆"，以为纪念。

③ "富贵不能淫，贫贱不能移，威武不能屈"　见《孟子·滕文公下》，是说富贵不能荡其心，贫贱不能变其节，威武不能挫其志。

《1924年世界教育年鉴·中国篇》导言*

影响中国教育的各种力量概况

作为一种社会公共机构和社会进程的教育，经常受到所处环境中的政治、社会、经济以及自然力量的影响。这些力量可能有利、也可能不利于教育的发展。它们既可能促进教育活动的进一步发展，也可能阻碍有秩序地制定教育规划。为了更好地认识今年的中国教育，有必要对同期内一直作用和反作用于教育思想与实践的各种较重要的力量有所了解。

在政治上，这一年一开始就出现全国人民对于1923年10月10日曹锟被选举为大总统表示不满。人们认为，这次选举必然要孕育一场内战，虽然当时没有一个人能够说这样的一场战争何时会来临。为之担忧最甚者是中国的教师，因为他们当中许多人都已感觉到，这一次选举所开的先例有巨大的影响力量，将足以使十年的教育努力付诸东流。这就促使教师们不得不考虑：如果代议制政府对于中国有好处的话，那么问题就在于怎样通过教育来培养未来议员的品质。公民教育，作为一种运动，已经在这方面获得了越来越大的发展。

这次选举之后，不同政治派系的领袖们开始结成反对直系①的统一战线。孙逸仙博士、段祺瑞将军和张作霖将军，虽然在国策方面有分歧，在努力反对曹锟和吴佩孚方面却是一致的。不到一年，直系和反直系便在战场上交锋了，双方军事费用估计不少于两千万美元。如果连平民财产和农业收成的损失也计算在内的话，那么，在当前这场战争中已经损失的当不少于七千五百万美元。

这一年开始时，军队有一百五十万人。在将近整整一年时间里，为了准备全面战争，由公费开支的军队人数大大增加了。军费总额估计约为一亿五

---

* 本篇系陶行知以中华教育改进社主任干事身份应美国哥伦比亚大学师范学院国际教育研究所邀请，为其所编《1924年世界教育年鉴》撰写的《中国》篇的"导言"部分。该年鉴为I.L.凯恩德尔教授主编。年鉴内容分两大部分：（一）世界各国教育现状；（二）教育问题的讨论。本文是用英文撰写的。

千万美元。这是军国主义压在中国人民身上的沉重负担。

军国主义以及由军国主义产生的当前这场战争,从两方面影响教育。首先,军国主义和战争耗尽了本来可用以发展教育的庞大资源。其次,军国主义和战争还可以促使职业教育在军队中实施。教育工作者们心中经常把士兵复员看作救国的根本方法之一,但是他们也相信,对于这些士兵中的许多人,如果不首先给予他们以能独立谋生的职业培训就把他们遣散,那是不行的。使残废军人恢复正常生活的职业培训,乃是当前战争的直接结果。

外交事务

在国际关系上,有三个方面需要特别提一下。迄今为止,外国与中国在不平等条件下签订的条约今年所受到的抨击,比以往任何时候都更为强烈。这些条约使中国人民蒙受耻辱,并使不少外国人采取了一种傲慢态度。一位中国作家曾经说过:"当外国人待我们以友爱时,我们也待他们以友爱;当外国人鄙视我们时,我们就憎恨他们。"这些条约引起了强烈的民族主义倾向的新发展。这甚至也表现在今年举行的历次教育会议中。在中国,目前对教会教育的抨击,除了宗教原因之外,部分地应归因于目前全国范围内反对不平等条约的间接影响。经过相互同意废除不平等条约,将使有关各方受益。人们相信,经过相互同意取消不平等条约,不仅能使中国在国际大家庭中占有一个更为适当的地位,而且将使我们的外国朋友们在中国感到更为自在得多。

应予考虑的第二件事情,是与俄国恢复外交关系。通过取消沙俄与清朝签订的所有条约,俄国赢得了中国人民热情的友谊。这在1月26日向列宁致敬和要求承认俄国而举行的游行这两件事情中表现出来了。中国人对新俄国怀有的好感,与其说是由于俄国的布尔什维主义,不如说是由于俄国不是在口头上,而是在行动上维护国际正义与平等的立场。要预测这位新朋友对我国教育的影响还为时过早。然而,我们非常肯定的一件事情是:与新俄国接触,将使中国教育不那么有利于帝国主义和资本主义在中国的进一步得势。

取消庚子赔款

日本政府和英国政府已经采取了一项使用庚款的政策,然而两国政府的这项现行政策,中国人民是不能接受的。法国的庚款仍以金法朗问题为转移。如果款项的管理方法得到改变,则上述三笔款项将部分地用于教育和文化目的。美国的那一份庚款,总额为一千二百五十四万五千四百三十八点六七美元,已于5月21日由美国国会予以取消并计划用于教育和文化目的。孟禄博士(Dr.Paul Monroe)8月访问中国的结果是:成立了一个基金会,名称是"中华教育文化基金会",由十名中国人和五名美国人组成,以掌握这笔基金的使用。可用于教育的那一部分俄国庚款总数约达四千五百万美元,已委托两名中国人和一名俄国人组成的委员会来管理。这些款项将会激发新的教育和文化活动。许多活动项目已经提出来，促进科学和乡村教育似乎已经得到最多的支持。

中国舆论

在结束讨论各种政治力量对教育的作用之前，必须讲一讲关于中国舆论的影响。在我国，舆论乃是一种政治力量和社会力量，它比我们通常认为的更重要。它的影响是潜在的，但无时不存在着。它的作用缓慢，但是非常稳定和实在。政治运动和社会运动的兴衰起伏，是受这支看不见的力量的支持还是为它打败而定。从民国的建立、二次革命的失败、袁世凯的倒台、清朝君主政体复辟的失败、安福系②的垮台和这次直系的垮台，都可以看出舆论乃是这些事件中最起决定作用的因素之一。今天的中国舆论，在对内事务中主张建立一个廉洁的、有效率的政府，在对外事务中，主张保持公平的、友好的关系。达不到这些理想，就不能够使当代明智的舆论感到满意。怎样使舆论更加公众化，更加明智，是一个普及教育的问题。普及教育的计划包括：在十年内将两亿文盲变成有知识的、有责任感的公民！

中国是农业国

中国人口百分之八十以上居住在从事耕作的农村。因此，了解农民的状况，对于理解有关的经济和教育问题很有必要。中国农民是知足的、保守的。他们对中国文明的稳定和延续作出了贡献。尽管困难重重，他们在种植粮食和保持土壤肥力方面还是很成功的。收成仅足养家活口的小农遍及全国。由于没有任何农村信贷组织，在需要资金援助时，农民只能典当个人的财产，所付年利竟高达百分之三十六。不利于我国农民的其他因素很多，但其中比较重要的是：糟糕的运输设施，没有合作买卖，不懂起码的文字，而文字乃是获得改良耕作所需要的许多新知识的钥匙，还缺乏环境卫生的管理，这就损害着农民及其子女的健康。这些事实促使人们从经济和教育方面着手解决农村问题，使农民的社会生活及经济生活得到更新的有效的农村教育，这被认为是当前最重要的一个问题。农民的现状与农村的教育一道，已经促进了农业教育，到了一定的时候，这将有助于农民进行科学种田。

工业发展和劳工问题

尽管这种农业的影响占支配地位，各种新型工业还是逐渐地、不断地兴起，而且其范围和影响正在迅速扩大。现在已有一百多家面粉厂和七十多家榨油厂开工。水泥已在上海和南京生产，山东、河南和满洲很快也将生产水泥。我们现在已能精制食糖、食盐，用国产肥皂洗涤，用国产火柴点火。现在两百多个城市用电照明。有十多个为中国人所拥有和经营的、业务蒸蒸日上的公司，资本总额达六千万元，其矿井生产能力为八百万吨，而中国所有现代矿井的生产能力则为一千四百万吨。这大致相当于在十三年增长了百分之四百[一]。在1918至1919年期间，中国棉纺织工业突然升至显著地位，1921年之后开始下降。1923年纱锭总数为二百二十二万一千四百八十六，1924年则为二百一十六万四百零六万[二]。中国的纱锭从1923年（全国总数）的百分之六十四降至1924年的百分之五十六，而日本在中国的纱锭则在一年中从百分之二十五增加到百分之三十四。不过，织机的数量却在增加。1923年，开工的织机为七千八百一十七台，而在1924年开工的织机数已上升到九千四百八十一台。这些数字表示的乃是战前的状况；当前的战争必定已经严重地阻碍工业的自然增长。

与工业的发展同时，发生了劳工和阶级斗争问题。"许许多多各种各样的工会迅速成立了，以广州为最活跃的中心。罢工紧随劳工组织的成长而展开。虽然工人们受到那些想当劳工领袖者的拙劣领导，有时甚至受到利用，但他们还是体验到了自身的力量。……工人们正逐步意识到自己的苦难，自己的权利，以及自己的力量。"[三] 尤其是，中国妇女和儿童的劳动受到的保护最少，而受到的剥削最重。大多数劳动者是文盲。

人们现时在中国所看到的工业状况既然如此，教育工作者便面临着诸如将人这个因素纳入工业主义，树立正确对待劳资双方的态度，在尽量不损害生活提高的条件下使工业能够满足民族和世界的需要等等问题。教育与立法必须共同从工业主义获取最充分的利益，把伴随西方采用工业主义而来的灾难减少到最低限度。

商业的发展

"在过去的20年中，尽管有政治上的诸多动乱，外贸还是每年都稳定地发展了，下一年的利润总是超过上一年的利润。"[四] "1923年的外贸是十六亿七千六百三十二万三百零三海关两③，比上一年外贸总额增长七千六百三十七万八千七百二十海关两。进口价值下跌约二千二百万两，而出口则增长了将近一万万两"，[五] 这里应该充分考虑到物价波动这个因素。我国与美国的茶叶和丝绸贸易已经下降，部分原因是我们忽略了改进质量以适应美国标准，部分是由于日本的激烈竞争。这些失败激发起养蚕和茶叶加工的科学研究。近年来私人给教育事业捐款的增加，部分地可以由商业的日趋繁荣来加以说明。今年的商业因战争而大受干扰，使教育丧失了许多本来可能从商界得到的支持。正如阿诺德（Arnold）先生所说的，"当中国对外贸易总额按人口平均计算达到澳大利亚的水平时，其总额就会达到大约六百亿美元而不是现在的十亿美元"。要使中国的贸易六十倍于目前的规模，须有赖于制定一个适当的与农业和工业的改善齐头并进的商业教育体制。

水灾和饥荒

不时降临中国的其他力量是水灾和饥荒。今年7月和8月发生的水灾，特别是在直隶、湖南、江西以及更远的南方发生的水灾，乃是一场极大的灾难。要获得全部损失的数字是不可能的。仅就张家口、湖南和福建来说，估计损失达四千五百万美元。根据华洋义赈会①的报告，至少需要花一千万美元才能救济遭受此次灾害的一千万人。这次水灾的直接后果是：第一，要求动用一切可能的财源来进行救济工作，实际上已经没有从事新的教育活动的余地；第二，需要与水利工程一道进行重新造林的有条不紊的计划，已为众所公认；第三，人们坚决主张通过一种实用的教育体制运用救济基金从事预防工作。普及教育的倡导者们还努力利用这个机会在空闲时间里教育难民中的文盲。

交通状况

教育通常是随着交通的进步而进步的。新教育的范围与火车和轮船交通的范围非常密切地相一致。虽然中国的面积比美国、墨西哥和中美洲的面积总和还要大，中国人口比美国人口多四倍，但与美国的二十六万五千英里的铁路相比，中国的铁路却不到七千英里。结果，中国人口的七分之六集中在大约三分之一的中国领土上。铁路将开拓于二百万平方英里现时无人定居、尚未开发的地区，将有助于人口的更好分布，有助于国家的统一，有助于根除匪患与饥荒。铁路和良好的公路是普及教育所不可缺少的，因为四通八达的教育依赖于四通八达的交通。

中国的"文艺复兴"

现时影响中国教育的所有各种力量之中，中国的"文艺复兴"[六]所施加的影响最为深刻。这个运动作为"文学革命"开始于1917年，当时运动的领袖胡适博士和陈独秀先生宣称：文言已经过时，白话乃是合法的继承者。由于白话是中国最广泛使用的口头语，是两千多年来语言进化的最高点，是全国最受欢迎的文学作品所使用的语言，所以"文学革命"获得了惊人的成功。尽管"文学革命"受到保守学者们的强烈反对，年轻一代却以无法抑制的喜悦心情迎接这场革命。为中国人重新发现一种活的语言，已经使中国能够产生适应新时代的新文学作品，彻底革新小学读物及教学法，并使普及教育运动得以继续进行其扫除文盲的计划。

中国"文艺复兴"的第二阶段与高等教育有关。在这场运动的最后几年里，学者们力图应用近代科学研究的方法来进行整理中国旧学的工作。用胡博士的话来说，这次"整理国故是使最近三百年汉学家们的著作富有生气的那种批判和研究精神的复活或再生"。⑤

但是中国"文艺复兴"的影响比上述更为广泛。中国"文艺复兴"是一场运动，通过这场运动，"一切传统的价值观念都要用新观点、新标准加以鉴定，传统常被抛弃，权威被废除，旧的各种信仰正逐步遭到破坏"。这说明中国的"文艺复兴"运动为什么如此透彻和深远，其影响为什么遍及民族生活的整个结构。

各国学者的来访

自1918年以来，杜威（John Dewey）、罗素（Bertrand Russell）、孟禄（Paul Monroe）、杜里舒[六]（Von Driesch）、泰戈尔（Rabindranath Tagore）等一批著名学者曾经访问我国。通过演讲以及与我国知识界领袖们和学生们的接触，他们对中国人的思想和生活都有很大的影响。应该特别提一下杜威博士和孟禄博士的来访，因为他们的访问对中国教育的改造具有特殊的意义。除了对高等教育的影响之外，杜威博士的实用主义教育哲学已经成为我国初等教育改革的指导方针之一。自从他访问我国以来，在初等教育中已经进行了若干实验。他的哲学促使教育系的几个学生为实现他的哲学而设计了若干技能和方法。孟禄博士强调，教育是一种应用，而不是观念的获得。他的劝告是以1921年的仔细调查为根据的，所以引起了对各种教育问题的认真思考，尤其促进了中等教育和科学教学的改革。

中国教育工作者的批判态度

迄今为止，我们只讲到比较重要的一些力量及其对中国教育产生的影响，但已足够说明，在中国，问题很多而且错综复杂。人们既从中国以往的文明中，也从当代的范例中，寻求解决方法。因此，中国试图向一个又一个国家求教，到今天为止，已颇有一批可资挑选的世界性的导师。日本、德国、美国、英国、菲律宾、印度以及俄国是比较重要的国家，因为它们的教育理论和实践已经对中国的教育产生影响。中国以往曾经相当盲目地追随它的老师，但是还没有一位老师成功地为中国的问题提出满意的解决方法。

每一位老师都在某些方面对中国有所帮助，但是全盘照搬任何一种体制都把中国引上了歧途。最初，中国抛弃了一切旧的东西，采用了新的东西，然后逐渐认识到，旧的东西未必坏，新的东西未必好。因此，我国教育工作者变得比以前更加审慎得多了。现在他们对于新的理论和实践的反应，不再是照抄照搬，而是加以质疑、审查、实验和选择。这种态度的逻辑结果有助于通过吸收国内外新旧事物中最好的东西设计出最适合新中国需要的一种教育。过去的经验和外部世界的经验必须吸取，然后这些经验才能有利于增强民族的活力与福利。批判的和实验的态度是创造性的。只要人们抱着这样一种态度，适应中国人生活的真正的中国教育就有可能产生出来。这样一种创造已经开始。

原注

[一]《字林西报》60周年专号第2版。
[二]《密勒氏评论周报》1924年9月27日第110页。
[三]《字林西报》60周年专号第33版。

[四]《密勒氏评论周报》1924年3月22日第115页。
[五]《密勒氏评论周报》1924年7月12日第180页。
[六]《中国的文艺复兴》1923年中华教育改进社（英文简称C.N.A.A.E.）社刊第2卷第6期。

注 释

① 直系　即直系军阀，北洋军阀派系之一。先以直隶籍军阀冯国璋、曹锟，后又以吴佩孚为首领，横行一时。1926年被北伐军打垮,直系势力逐步消灭。

② 安福系　北洋皖系军阀的政客集团。1916年袁世凯死后，皖系军阀首领段祺瑞任国务总理，控制了北洋政府。1918年，皖系政客徐树铮、王揖唐等在北京安福胡同成立俱乐部，伪造选举，成立"国会"，推徐世昌为总统。时称该集团为"安福系"。

③ 海关两　亦称"关平两"。旧中国海关征税时使用的记账银两。

④ 华洋义赈会　国际救灾组织。实即"国际救灾委员会"。

⑤ 引语从英文移译，非胡适原话。

⑥ 杜里舒（1867—1941）　德国唯心主义哲学家、生物学家、新活力论者。认为有生命物体和无生命物体之间有不可逾越的鸿沟，1922年曾来我国宣传他的学说。

1925年

我对于屯昌汽车路办理的意见*（7月25日）

现在旅杭同乡与旅沪同乡发起承筑屯昌汽车路①，正在筹备进行，诸位要我发表意见并加赞助，这是我很愿意的。我听到这个消息，高兴非常！虽在客旅病疟，也能打起精神和诸位仔细谈谈。深愿尽我能力赞助，使其早日成功。我很佩服诸位同乡对于此事之热忱，诸位可说是菩萨心肠，万家生佛。今把我的意见约略说说。

（一）增进商民家庭幸福　吾徽以历史上的习惯，人民是很注重商业的，大约十余岁就要送出外面习商业了；在各通商码头实在很多，所谓"无徽不成镇"。但以交通不便，每须二三年才得回家一次，便订出"两年一归"，或"三年一归"之制，久者甚有十年八年才能回家一次。真是一大不幸之事！如果将来屯昌汽车路成功了，便可与余杭汽车等路衔接，那吗由沪杭启行回徽，当日就可到家了。真不知要增进吾商民多少家庭幸福！

（二）输入文化事业　吾徽早年有几位学者，对于文化上很有所贡献。近数十年来，东西洋交通便利，欧美各界于科学上之进步，非吾华所能望其项背。各国学术新知，亦大可为吾国人作参考。然以吾徽处万山之中，往返需时，少有进步。比方看报一层，在徽州的人，要看上海各日报，快则四五天，迟则十天八天之久。像这样看新闻，令人好不烦恼。现在吾徽有省立学校三所，要想在外面请几位很好的教员，因为交通太不便了，多不愿去，以致教育不能十分振作。像这次始创道尔顿制教育家柏克赫司特女士来华，所至各地，都是交通便利所在。倘若吾徽交通便利，或者可以请她去一览吾黄山之奇境。即如前次杜威、罗素、孟禄、泰戈尔诸大学问家来华，都不曾到过我们家乡，完全是交通不便利之故。如果汽车通行了，就没有上面的缺憾。所以此事关系吾徽文化也是很大的。

（三）便利天才学生出外求学　近数年来，吾徽中等学生毕业者，每年约有七八十人或百余人，家乡无高等学府，只得出外升学。但是交通不便，贫寒子弟即以此不能领受高等教育，本乡与国家皆因此减少一部分之人才，

---

* 本篇系陶行知1925年7月25日在上海对徽州同乡的演讲记录。记录者：程本海。原载1925年《微音》第25期。《微音》为徽社上海总社出版之月刊。

实在可惜！倘若长途汽车通行，此弊当能免除。

　　汽车之重要，既如上述；如何使他办得成功？这是我们最应考虑的问题。成功之要素有五：（甲）须有信用素孚之首领。无论办何事业，其主要人物之信用，是最重要的。必须公推同乡中素有信用为各界所信仰者，请其出来主持一切，庶易收效；如不可得，则组织委员会制负责进行。（乙）须有专家编拟的计划。因为计划书于进行上很有关系，必须请专门家实地调查之后，很精密的编拟出来。（丙）开诚布公的账目。一切账目，不可存丝毫私见，或苟且之处，必须开诚布公，则将来可得全体信用，有良好效果。（丁）效率主义的组织。这是说，我们要在最短时期内，用最经济最妥当的方法，办成最有功效的事业。这一点，希望将来共事者都要注意才好。（戊）百折不回的毅力。无论办何事，其中总难免有时发生一些阻碍，或不如意之事。但是我们决不可稍遇些微困难，便灰心不干了。应抱定这样的精神：凡事不干则已，既干了，就要具百折不回的毅力，向前去干！并且要任劳任怨，始终负责，则将来一定可以达到目的，有圆满结果。我很希望诸位对于这一层，应格外注意。因为不独办长途汽车事业要如此，无论办任何事业，都要抱这种精神。

　　讲到办法上，我也有一点意见：（一）全徽人民之大合作。我希望全徽人民一致合作此汽车事业。如各地军政商学各界领袖，就本地尽力宣传，联合起来。徽州内地绅士们、教育界、商界、农人们都分头宣传，共同合作。等到实行开办时，凡经过各乡村，也征集他们做股东，以求普及，又可免除发生阻碍。最好是家家做股东，人人做股东，以积少成多为原则。钱多者多入股，钱少者少入股，或数人拼成一股，使全徽人民皆得为本公司股东。（二）征求发起人，除沪、杭、宁、汉、京、津、安庆、芜湖各处外，亦须征求吾徽六县商会会长，与教育会会长、劝学所长，及省立三校校长皆为发起人，以便就地宣传，群策群力，共襄盛举。（三）股款存放处。此事是很重要的，必须慎重收集股款，应存放指定之殷实银行或钱庄生息。非公司开办时，不得动用分文。临时筹备费用，可由发起人担任。俟开办后，核算为股本。如此必可昭信用于大众，大众必勇于投资矣。

　　我十七岁时出外求学，我的父亲送到屯溪，要等到我到了杭州才写回信，已经是半个月，真要望眼欲穿了。假使有长途汽车，何致如此！我想与我父子同感者，现正不知几千万也？其他母女夫妻兄弟之同此感者，又不知几倍此数也？如今我看见诸君发起，此是我父亲所望而不能亲见者，故愿极力赞助以底于成！

十四年七月二十五日在上海

注释

①屯昌汽车路　从安徽屯溪至浙江昌化的公路。

中国教育政策之商榷* （8月21日）

国家运用教育以达立国之目的时，在天然与社会环境中必遇种种助力与障碍。因助力与障碍而发生进行上之种种问题。解决此种种问题，必须预拟种种合乎实际情形之公式，俾能运用助力排除障碍以谋目的之贯彻。此种种公式谓之教育政策。中国教育政策因教育当局而变。教育当局或以无政策进，无政策退；或有政策而偏于主观，将全国之教育供一人之武断，流弊何堪设想！是宜集思广益，审查国情，确定全国公认之教育政策，以达国家建设之目的。今兹所提，实为个人之意见，志在引起教育同志之讨论批评，俾现代教育政策可以符合公意，早观厥成。此本讲所以出于商榷之意也。

政策一 正式学校教育为国家之公器，应超然于宗教、党纲之上。

政策二 培养国家观念、爱国实力及大国民之气概。

政策三 运用科学，征服自然，其道在选择有科学天才之儿童，加以特别训练。对于有科学天才之专家，予以研究机会，并以极尊荣之名誉，鼓励有关国计民生之发明。

政策四 训练人民，为本身及国家作最有效力及随机应变之组织。

政策五 灌输经济学识，俾人民明了经济学之基本原理，以应付现代之劳资问题。

政策六 对于已在职业界服务之人民，教以改良旧职业之学识技能。

政策七 厉行身教，以谋学风之整顿。

政策八 发展国民性及各省区人民之优点，以尽其特别贡献。

政策九 下级行政机关，应有自动进行之自由，并负切实办理之责任。高级行政机关，应建立最低限度之标准，并负督促指导、补助提倡、联络纠正之责。

政策十 用人以贤者在位、能者在职为标准。

政策十一 办理学务，必须有计划预算以为进行之指导。

---

* 本篇系陶行知1925年8月21日在中华教育改进社第四届年会学术会议上的演讲词。原载1925年9月《新教育》第11卷第2期。

政策十二 应兴应革事宜,必须根据客观的调查及分析的研究。

政策十三 增进并运用各种力量,以适应及改良各种需要。

政策十四 确定并保护渐进敷用之教育税,以应进化国家之需要。

政策十五 保护教育机会均等。

政策十六 各省区、蒙、藏,应逐渐设立大学,至少一所。吸收硕学通才,以为产生文化、整理文化及主张正谊之中心。先着手设立文化院,以植大学之基。

政策十七 培植蒙贤治蒙,藏贤治藏。并培植五族共和之公民资格,以谋国内民族之合作。

政策十八 提倡以乡村学校为改造乡村生活之中心,乡村教员为改造乡村生活之灵魂。其具体办法,应设试验乡村师范学校以实验之。

政策十九 本国大学毕业后,始准留学。留学时至少必须有一年游历各国,以减少未来领袖思想上不必须之冲突。

政策二十 用批评态度,介绍外国文化,整理本国文化。

政策二十一 扶助交通,以利教育之推行。

政策二十二 鼓励专家研究试验符合本国国情适应生活需要之各种学校教育,以作学校化学校之根据。

《新教育评论》创刊缘起* (9月)

人人都说，教育是国家所托命的。人人知道，教育问题是国民所应当关心的。可是一按实际，今日国内一般教育问题，曾受过国人的重视么？就在教育界自身，可曾有相当的言论机关，对于目前的重要问题，作一点忠实的评论和严正的主张么？我们就自己所知道的出版物说，当然不是绝无，可是未免太少了。我们感着这种言论的需要和自己不应诿卸的责任，因此联合同志，组织这个周刊，定名为《新教育评论》。我们想尽我们薄弱的能力，来引起大家对于教育问题的兴趣和注意。同时抱着抛砖引玉的希望，供给全国教育界一个公开的论坛。这个小小的志愿，或者是国人所同情而乐于赞助的。

我们编辑的方针，注重下列各点：（一）批评本国现时教育上之政策、主张与实施；（二）建议今后本国教育上各种革新的计划；（三）介绍和批评外国最近的教育制度和学说；（四）报告各地教育调查的结果。此外和教育有深切影响的问题，如关于经济、政治、社会和其他学术、思想各方面的，我们也想附带的讨论。至于各地方同志的通信商榷，尤其诚恳的欢迎。书报的介绍和批评，当然也占有相当的篇幅。

这里我们应得郑重声明的：我们在一切讨论里，不愿意掺杂任何个人的问题，也绝对没有任何党系的作用。我们只是根据着证明的事实和公认的原则，来作我们的批评和主张。我们大胆地说老实话；说错了，希望大家也一样对我们说老实话，加以订正。这样往复讨论，自会有比较的真理发现出来的。

我们不喜欢空谈什么主义，但是也有一个确定不移的观点。我们深信一个国家的教育，无论在制度上、内容上、方法上不应当靠着稗贩和因袭，而应该准照那国家的需要和精神，去谋适合，谋创造。同时我们又认定这个国家，如果是现代的国家，如果是现代世界的一个国家，那末他的教育，便不

---

* 本篇原载1925年9月《新教育》第11卷第2期。

能不顺应着时代和世界的教育趋势，而随伴着竞进。这个趋势是什么呢？简单的说，便是现代国家的教育，要本着民治的精神、科学的态度，去建设他的制度，分析和估定他的内容，发明和实验他的方法，而考核他的效果。怎样在具体的问题中可以显示这种理想，并且企图他的实现，这就是我们在言论上的一个共同目的了。

发起人：赵廼传　陶知行　高仁山　查良钊
孟宪承　汪懋祖　王希曾

对于解决东南大学问题之意见*（10月11日）

东南大学问题发生之始，余适草《党化运动与国家教育》①一文，以明国家公器不容政党垄断之义。但此文之所以作，其故在有感于广东大学等校之措施。至东南大学之改革，不过其近因之一而已，世谓为专对东南大学问题而发，非确论也。在京友人以余曾为服务东南大学之一人，屡以东南大学问题征求意见，余因消息隔阂，皆未置可否。今兹到宁，闻见较确，并当兹险象环生之顷，安忍默无一言。余于本月八日过宁②，见东南大学业已上课，大学、中学、小学三部均照常进行，教员、学生预备功课，不动声色。倘使一初到中国之外人来校，参观是校，无人提示，决看不出有何异象。倘使有人告以政府拟将此校停办，余诚不知其作何感想。但此外人或者免不了要问：为何停办？从何下手？

尝观新嫁娘切肉使劲斫下，只见肌肉与刀锋相抗，即使勉强割下，而肉之横怒气概，不堪入口。何以故？肉有腠理，不得其腠理而割斫之，多见其费力也。此事虽小可以喻大。今人往往喜言理势之分，殊不知理与势非对峙者也。理有得势之理与不得势之理，势有合理之势与不合理之势。理得势可以伸其理，势合理可以伸其势；理不得势，不能成事；势不得理，纷而乱之。吾愿解决东南大学问题者，务寻其腠理，则事一功十矣。务寻腠理之道奈何？曰：百闻不如一见。吾愿当局必亲见东南大学之真相，而后定其解决之方针与办法。东南大学为最高学府之一，京师离宁只有二日之程，事大路近，教育厅长似不宜以耳代目。让一步说，现在首当其冲之省长及在参加主张之人物，是断断乎值得亲临一观究竟也。

余对于解决东南大学问题，抱两种主张：（一）法的问题，主张贯彻；（二）人的问题，主张互让。教育部准予董事会推荐校长等条备案，而自行任免校长，此教育部之错也。临时政府可以毁法，固为有理，但必先取消董

---

* 本篇原载1925年10月11日上海《申报》。东南大学是1921年在南京高等师范学校的基础上创建的。陶写此文后东南大学教育会通过秦汾为校长，而风波平息。

事会章程，而后可以自行任免校长。今既自行任免校长，而以毁法回护于后，并未能勇于改过，何以服人？至对人问题，余始终主张互让。学校系国家之公器，既不应为党派之机关，又岂应为个人之地盘？现在参与争执之人，或为东南父老，或为东南导师，苟以爱护东南大学为前提，则个人去就，应当不成问题，应当自动的互让。董事、校长以及现在校内校外教职员，可以自动引退辞职，使东南大学得以再度安全。我虽赞成大家自动的引退辞职，以示让德，却绝对不赞成任何方面要求继任校长，辞退某某，或拒绝某某，或召回某某，以留怨争之痕迹。一年来相持不下之局，能以让德结之，全国学子拜赐多矣！

此次解决东南大学问题，有最关全国教育前途者三事，幸当局注意及之。（一）毋以世界上只有势利而无是非对学生示范。（二）务为推让之媒介，毋为构怨之武器。（三）毋使爱惜羽毛之士，视服务国立学府与宦途同感。筹备员奉命南下，负有重大责任。诸公最应能筹备者在此数事。其不能筹备者，即应直告不能筹备之故。其不应筹备中之最不应筹备者，即是为自己位置筹备一事。此何时乎！不忘我，岂能免于偾事哉！更有一言为未来校长告：持超然之态度，为公正之设施，单刀匹马，迎刃而解也；若比附愈众，愈滋纷乱，勉之慎之。否则，十年造校，毁于一旦，责有攸归矣。

注　释

① 《党化运动与国家教育》一文，即《大学为创造文化之学府》电文。
② "本月八日过宁"，指1925年10月8日到南京。

学生的精神* （10月19日—24日）

知行此次因全国教育联合会事来湘，今天得与诸君见面，这是很愉快的。知行是世界的学生，诸君是学校的学生，今天是以学生资格对诸君谈话。有些议论也许诸君是不愿听的。但是"忠言逆耳利于行"，诸君或者能够原谅。

我现在要讲的题目，就是《学生的精神》。在我未说这题目之先，有点意思对诸君说一说：现在中国许多学生及一般教员，有一个很大的通病，就是容易"自满"。不论研究何种学科，只有相当的了解，即扬扬自得、心满意足。尤其是在过教员生活的，觉得自己处在教师地位，不必再去用功研究了。中国"四书"上有两句话说："学而不厌，诲人不倦。"这真是千古不灭的格言，并且是两句不能分开的话。因为要"学而不厌"，才能够做到"诲人不倦"。例如我们来教一班小学生，倘若自己全不加以研究，只照着别人编的书本，自己抄的老笔记，依样画葫芦的教去，当学生的固然不能受多大的益，当教师的也觉得不胜其烦，没有多大的趣味。如是的粉笔生涯，不能不厌烦了。倘若当教师的，自己天天去研究，有所得的，即随时输之于学生，如此则学生受益较多，即当教师者也觉得有无穷的乐趣。所以学生求学，固然要"学而不厌"，就是当了教员，还是要继续的"学而不厌"。这可说是我现在要讲的"学生精神"的先决问题。

现在开始来讲"学生的精神"了。学生精神大约分为三点：

（一）学生求学须具有科学的精神　我们不论研究什么学科，总要看一个明白，想一个透彻，多发些疑问，切不可武断盲从。例如别人要我们信仰国家主义，我们必须明了国家主义的内容是否合于现代社会，才定信仰不信仰的方针。其他，社会主义亦然，无政府主义亦然……尤其我们研究科学之时，碰到一个问题来了，"知之则知之，不知则不知"。因为我们自己知道自己不知的地方，那还有能够知道的一日；倘若不知的而认以为知，那末，

---

* 本篇系陶行知在湖南的演讲。记录者：谢文熙。原载1925年12月1日《民国日报·觉悟》。

不知道的终究没有知道的日子了。这可说是自己斩断自己求学的机能。所以我们学生求学，第一步就要有科学的精神。

（二）要改造社会必具有委婉的精神　我们在任何环境里面做事，不可过于急进。譬如园丁栽花木，倘只执镰斧，乱砍荆棘，我相信花木亦必随之而受伤。务须从旁着想，怎样才能使荆棘去掉，那末，非用委婉的功夫不可。改造社会也是一样。尤其是我们学生，因为是领导民众的中坚分子，倘用乱刀斩麻的手段，必引起一般民众起畏惧之心，怎样还讲得社会改造？所以我们要社会改造，也需要用委婉的精神，走到民众前头，慢慢地领他们向前走，并且还要告示他们向前走的方法。如此才有社会改造的希望。不然，任你如何轰轰烈烈倡社会改造，社会还是不能改造的。

（三）应付环境必具有坚强人格和百折不回的精神　我们处在任何环境里面，必抱有坚强人格，不可自由摇动，尤其到了利害生死关头之时，必富有"富贵不能淫，贫贱不能移，威武不能屈"的气概。这才算得一个真正的大丈夫，真正的国民。现在中国一班学生——其实不仅是学生——在普通情形的时候，各人的性格，好像没有多大的区别。但到危急存亡利害相冲的关头，就看得清清楚楚，各人露出自己的本来面目。中国民众的不能团结，这就是一个很大的原因。所以我们处在任何的环境里面，坚强不摇的人格及不屈不挠的精神，决不能少的，尤其在我们学生时代。我现在要举一段历史例子给诸君听，就是明朝的方孝孺先生，当燕王棣①篡位之时，使他草"即位诏"，他大书"燕王篡位"四字，因此被夷十族。当燕王篡位之时，势力胜过现在的任何军阀，但不能压迫方先生一笔锥。可见方先生的人格及不怕死的精神，真令人钦佩而尊敬，亦可证明读书人不可忘掉气节。

学生的精神，大概分为上列三点。我觉得在今日的学生中，是亟宜注意的。因时间仓猝，说得不周到处，请诸君原谅！

注　释

① 燕王棣　即朱棣（明成祖）。

平民教育之重要与办法*（10月20日）

知行在讲演平民教育之前，有两层意思要向大家声明的：

第一，平民教育像饭菜一般；人的口要吃饭菜，人的脑筋也要吃东西的，所吃的东西就是"知识"。总会所编《平民千字课》，是输入平民的知识的，可以说它就是平民脑筋所要吃的饭菜。但究竟合不合全国平民的口味，还不知道的。

第二，知行好游，足迹颇广，到处喜欢考察平民教育施行的状况，随时所得到的经验，由此处带到彼处，好像送礼物一般，没有其他贡献。湖南的平民教育，当然办得很好，因为是平民教育发祥之地。凡事必经过试验时期而达于运动成功时期。平教的试验时期，第一就是长沙。后来朱其慧先生等大发宏愿，要把平教推行到全国，将来定可运动成功的。我也是极力作平教运动的一个，今幸有机会得到平教发祥试验卓有成效之地，定可以有许多经验给我带回去，辗转送到别处作参考。

今天所要说明的，就是平民教育之重要和办法。

平民教育重要之点有三：

（一）关于个人方面之重要　人和禽兽最大的分别，就在：人能读书写字，禽兽不能读书写字。人类因为能够读书写字，所以虽离开几千几万里的地方，可以彼此通消息，虽远隔几千年前或几万年后的时间，可以使思想经验不断的流传影响，而演进世界的文明。这种特别的处所，便是"人之所以为人"。若不能读书写字，便非完全的人，简直和禽兽无甚区别！然则我们要用什么法子使不能读写的非完全的人而成为能读能写、智力完全的人呢？惟一的方法，就是平民教育。

（二）关于国家方面之重要　我曾经说过："中华有民国而无国民。"所

---

* 本篇原载1925年10月21日长沙版《大公报》的《教育临时增刊》第10至13号，题为《陶知行先生讲演平民教育》，记录者：逸。发表时有前言："昨日午后五时，湖南平民教育促进会敦请陶知行先生在第一中校讲演平民教育，到会听讲者五百余人。首由蒋育寰君报告陶先生之历史，并请陶先生出席讲演。兹将陶先生演说辞笔记于后。"

以招牌挂了十多年，只闹得一塌糊涂，快要倒闭！那末我们要如何才能够使四万万同胞都成为"民国的国民"？要如何才能够使中华九万里河山，确成为"国民的民国"？——简单一句，要仗平民教育。四万万同胞中，除却太老的太少的和已经读过书的成人外，其余都该赶紧施以平民教育。因为他们本是壮健中坚的国民分子，却不知道中华民国是什么；或存或亡，与自己有何关系；换句话说，简直不知道自己是"民国的国民"，中华是"国民的民国"！如果读过千字课，了解这一些，那末四万万同胞完全具有主人翁的知识能力，民国的基础就稳固了。

（三）关于世界和平之重要　欧战以后，世界各国都感莫大的痛苦而渴望永久的和平。世界教育会，要想用教育方法来减少世界的战争以促进和平。因为社会上不曾读书明理的人容易打架，一国有多数这类的人，便容易酿成一国的纷乱；国际间便也容易因之而惹起无谓的交涉；如是有好多免得了的战争也免不了！各国名流既欲用教育方法来促进世界和平，而尤趋重于平教方面。这种趋重平教的态度，我可以举两个事实作证：

（1）爱尔兰世界教育会议——今年世界教育会在英国爱尔兰开议。中国派了五个代表，——日本十个，其余各国的代表都较中国多——却替中国很得了荣誉。为什么呢？他们五人把中国一年有二百万不识字的平民得受了平民教育的经过情形报告大会，各国代表都觉得"难能可贵"，很表示钦佩和愉快。这是各国代表认为我们中国快有平教普及的希望，于中国于世界的和平都有莫大关系的原故。

（2）檀香山会议——这次会议，中国派去代表二人；平教总会晏阳初君系派去代表之一。各国代表，初以为中国内乱频仍，危及外人的处所很多，没有代表列席的资格。后经晏先生等对各国代表演说，略谓"中国内乱日多固应负一责任，但是各国往往有无聊政客，用种种手腕去挑拨中国的内乱，甚至有暗助枪械以助长内乱者，也应该负一部分责任"。他更把施行平教的详情报告，又演放长沙、南京等处平教运动以及对于商店、工厂、军队、监狱、尼庵、僧寺……等处实施平教的影片。大家听了看了，都很惊异，次日会议便一致欢迎中国代表列席。而对于中国所提"废除一切不平等条约""关税自主"……等案，都表示赞成。各国对于中国平教的信仰何以如此？因为中国国民若无管理国家的知识能力，则"庖代""瓜分"之祸难免，而世界大战将又发生矣。反是，则中国独立不倚，于维持本国和平外，并可与各国互相维持世界和平。这可见平教与世界关系的重要了。

平民教育，据我个人的观察，大约有以上三个重要之点。现在再把这三个重要之点简括来说说：（一）关于"个人"，使"完成其人之所以为人"；（二）关于"国家"，使中华四万万同胞，都成为"民国的国民"，九万里河山，确成为"国民的民国"；（三）关于"世界"，可以使国际战争减少，促进永久和平。

平教既如此其重要，我们便要研究他的办法，使他容易普及才好。但究其实，并不繁难，通常的办法，不外两种：

（一）平民学校——这个办法，想在坐诸君大概都是个中人，经验富足，无须我来多讲。

（二）平民读书处——这个办法，和平校不同：平校是集合几十个学生随班上课，有一定的地方、教员和钟点，等等的；读书处便不然，并无一定，随便拿一个家庭作单位，拿一个工厂、军队、商店，以及露天的场所等等都无不可以作单位。范围可大可小，时间可早可迟，人数或少至两三人，或多至两三千人，都可。例如：一家有一人读了书，便可作施行平教的根本人物，认得字而不大通的，也可以当教员……只要他眼睛认得字，看懂了，便一个一个读起了，使大家听得懂，就行了。例如千字课第一句"一个先生"——通的人一看，就明了他的意思；那不通的人，起初一个一个的分开读，"一""个""先""生"，这声音入到耳里，自会恍然有悟，也明白是"一个先生"的意思了。——这叫做"以眼教口"，"以口教耳"；"耳"作"先生"。是读书处办法中一个根本的原则。第二个原则，便是："社会有此需要"。——平校有一定的例规，有好些人不能如愿去读书，如作工的，喂乳的，看门的，作夜工的……都不能按时上课，那就全仗平民读书处来补救他，随随便便可以施教。一人教两人，两人教四人，如此施教，马上可以教育许多人。比方七口之家，有一个半通半不通的人，偶然闲着，便拿一本千字课叫姊姊站那边，妹妹站这边，也各拿一本千字课。自己读一句"一个先生"，姊姊妹妹也齐声跟读一句，以下"十个学生……"一路读去。读的时候，两边都可看见，指点。一字，一句，一本的陆续熟念，他俩也全懂了。并可以"如法炮制"的各教两人。且他俩不必读完之后才可教人，跟着熟读一点钟之后，下一点钟就可以当教员。这样办法，七口之家，可于四个月或八个月至多十二个月内读完四本《平民千字课》。这是平民读书处补救平民学校的最大功用。大凡能进平校的固好，否则可走这一条路。

（一）平教经费列入省预算；

（二）就是"平教特作县长考成之一法"；

（三）实施军队平教。

这三个希求，当承赵省长①答认实行，想赵省长为提倡民治最力之人，当然不至于诳我们！（众鼓掌）。

我所以特向赵省长提出这三个希望，求的理由，（一）（二）不必说；——但政府规定平教经费列入预算外，社会方面也应自动的筹款——（三）项现加以说明。常人有言："秀才遇了兵，有理讲不清。"这因为中国的兵，多不识字，不曾读书明理的原故。这实在有赶紧施教之必要！人民固然要知道爱，兵为卫国保民者，尤其要知道爱国爱民而不相扰害才好。古有"儒将"，如今实在于"儒将"之外，更要"儒兵"！但是我们要向军队中施行平教，非得长官之谅解并提倡赞助不可。赵省长既惠然允许了我的要求，诸君尽可体其至意而力行之！尤盼望全中国的军民长官，闻风兴起！注意实行。

总而言之，我对于平教的办法，希望政府和社会各方面通力合作。长沙为平教发祥地，应该为全省各县之模范！更当为全中国各省之模范！！

我说到这里，偶然回忆一件事：前年游到西湖灵隐寺。寺里五百罗汉都望着我笑，好像表示欢迎我的样子。好，他们笑，我也笑。同时默想这五百罗汉如果堆着笑容去施行平教，愚民一定容易被他们感悟，真所谓"生公说法，顽石点头"。唉！只可惜他们笑只是笑，只是一样地呆笑，再也不言不动，闲着什么都不管，于是我不觉大失所望！

今天又看见许多向我笑的。却不比那寺里五百罗汉的呆笑，乃是此地的"活罗汉"。既然是活罗汉，那自然是有求必应的。我于是合掌致敬，希望五百活罗汉，大发慈悲！救苦救难！！超度众生。（众鼓掌）

"众生"是什么？就是湖南全省民中那不识字的二千多万平民；全中国有三万万年长失学的平民。我希望在坐的五百活罗汉，超度他们！

我现在要问一问活罗汉：要超度他们，何时开始？终不应听听，笑笑，就罢了！要作平教运动，现在就要赶紧作！那末从何入手？就请从自己家里入手，或从自己学校里入手罢。其他若商店，若旅馆……由城市而及于乡村，或由乡村而及于城市，积渐由全县而全省，处处促进平教，平教自然普及了。这是我所馨香虔祝之至的！也许是大家应尽的责任！（众鼓掌）

注 释

① 赵省长　即赵恒惕。

评陈著《家庭教育》*
——愿与天下父母共读之(12月11日)

此书为东南大学教育科丛书之一,系近今中国出版教育专书中最有价值之著作。全书分十二章,立家庭教育原则一百零一条。前两章述儿童心理及普通教导法,为提纲挈领之讨论;后十章都是拿具体的事实来解释各项建议之涵义。在这书里,小孩子从醒到睡,从笑到哭,从吃到撒,从健康到生病,从待人到接物的种种问题,都得了很充分的讨论。这些讨论对于负家庭教育责任的,都有很具体的指导。

书中取材的来源不一,但有一个中心:这中心就是陈先生的儿子一鸣[①]。著者在《自序》中曾声明各项材料之来源,但未指明一鸣就是这本书之中心人物。倘使我们把这本书从头到尾读他一遍,就觉得这是无可怀疑的。一百多条举例当中,在一鸣那儿来的,就占了七十三条之多。其余的事实只可算为陪客。陈先生得了这个实验的中心,于是可以把别人的学说在一鸣身上印证,自己的学说在一鸣身上归纳。据他自己所说,我们晓得《佛戴之教育》(The Education of Karl Witte)[②]一书对于他研究家庭教育这个问题是很有影响的。佛戴小时通五国方言,九岁进大学,十四岁得哲学博士,十六岁得法律博士并任柏林大学教授:都是他的父亲大佛戴的教育理想之实现。一鸣就是陈先生的佛戴,《家庭教育》一书就当作《一鸣之教育》看也是可以的。

郑宗海氏的《序文》上说:"我阅过之后,但觉珠玑满幅,美不胜收,有数处神乎其技,已臻乎艺术的范域。"这种称赞并不过分。我现在要举一两个例来证明陈先生的艺术化的家庭教育。当他讨论游戏式的教育法时,他举了下面一个例:

"今天(十三年四月十八日)下午我手里拿着一只照相机,叫我的妻子把我们的女儿秀霞放在摇椅里。预备要替他拍照的时候,一鸣就捷足先登,爬到椅子里去,也要我替他拍照。我再三劝告他,他总不肯。后来,

---

* 本篇原载1925年12月11日《新教育评论》第1卷第2期。

我笑嘻嘻地对他说：'一鸣！你听着！我叫一、二、三；我叫"三"的时候，你就爬出来，爬得愈快愈好。'他看见我同他玩，也很高兴地答应我。歇了一歇，我就一、二、三地叫起来，说到"二"的时候，他一只足踏在椅子的坐板上，两只手挨在椅子边上，目光闪闪地朝我看着。等我说到'三'的时候，他就一跃而出，以显出他敏捷的样子。"（《家庭教育》三五面）

　　一鸣三岁大的时候，陈先生要一鸣把东西玩好以后，整理好放在原处。一鸣不依，他就想了下面说的一个法子：

　　"后来我对他说：'我帮助你一同弄。'我就'海荷''海荷'的叫着，替他整理起来；他看见我已经替他整理好，也'海荷''海荷'的叫着，把书籍搬到他的书架上去了。"（《家庭教育》九五面）

　　他讨论小孩子为什么怕，为什么哭的时候举了两个例，也可以显出他神乎其技的教育法：

　　"我同一鸣（一岁零十个月）在草地上游玩的时候，他看见一只大蟾蜍，就举起手来向着后退，并且喊叫说：'咬！咬！'我走过去，在地上拾了一根棒头轻轻地去刺着那只蟾蜍说：'蟾蜍你好吗？'后来他拿了我的棒头也去刺刺看，但是一触就缩回，仍显出怕的样子，但比当初好得多了。"（《家庭教育》九五面）

　　"有一天，我带一鸣（一岁零三个月）到东大附小去看小学生做戏。做戏的小学生们共有三百多人，戏做得很好，观戏的人大家都鼓掌。在这个当儿，小孩子应当发生惧怕，但我一抱一鸣进门，就笑嘻嘻地对他说：'你看这里许多小孩子。'后来看见小孩子要鼓掌的时候，我就对他说：'我们也来拍掌。'他一听见小孩子拍掌，也就欢欢喜喜地鼓起掌来。"（《家庭教育》九五面）

　　父母不会教养，小孩子不晓得要冤枉哭多少回。在这种家庭里面，小孩子早上醒了要哭，吃乳要哭，穿衣服要哭，换尿布要哭，洗脸要哭，拭鼻涕要哭，看见生人要哭，喊人抱要哭，讨糖吃要哭，跌了要哭，睡时脱衣服要哭，一天平均总得要哭十几回。估计起来，全中国六岁以下的小孩子每年流的眼泪该有两万万斤。如果做父母的肯像陈先生这样细心教导儿童或是采用陈先生的教导方法，我敢说，小孩子的眼泪是可以省掉一万万八千万斤咧。

　　陈先生写这本书有一个一贯的主张。这个主张就是做父母的对于子女的教育应有一致的措施。中国家庭教育素主刚柔并济。父亲往往失之过严，母亲往往失之过宽。父母所用的方法是不一致的。虽然有时相成，但流弊未免太大。因为父母所施方法之宽严不同，子女竟至无所适从，不能了解事理之当然。并且方法过严则易失子女之爱心，过宽则易失子女之敬意。这都是父母主张不一致的弊病。陈先生此书所述各种教育方法，或宽或严，都以事体的性质为根据，不以施教育的人为转移。他和他的夫人对于一鸣的教育，就是往这条路去走的。我们看他教一鸣，觉得他是个母亲化的父亲，姊姊化的父亲，但他从没有失掉父亲的本色。

　　这本书出来以后，小孩子可以多发些笑声，父母也可以少受些烦恼了。这本书是儿童幸福的源泉，也是父母幸福的源泉。著者既以科学的头脑、母亲的心肠做成此书，我愿读此书者亦务须用科学的头脑和母亲的心肠去领会此书之意义。我深信此书能解决父母许多疑难问题，就说他是中国做父母的必读之书，也不为过。这本书虽有许多贡献，但还是初步试验的成绩。有志儿童幸福者，倘能拿此书来做个基础，再谋进一步的贡献，那就更是我们所希望的了。

注 释

　　① 一鸣　陈鹤琴之子陈一鸣。

　　②《佛戴之教育》　其德文原版藏哈佛大学图书馆。2002年5月京华出版社出版了增订的中译本，现书名译为《卡尔·威特的教育》。本书记载了小卡尔·威特14岁前的成长过程及大卡尔·威特独辟蹊径的教育方法。该书写于1818年，是世界上论述早期教育的文献。

1926年

师范教育下乡运动[*] （1月8日）

上月十四、十五两日，江苏省立师范分校联合会在黄渡举行第二届常会，他们的附属小学也组织了一个联合会，于十五日举行成立典礼。这两件事是关心乡村教育的人应得注意的。

中国的师范学校多半设在城里，对于农村儿童的需要苦于不能适应。城居的师范生平日娇养惯了，自然是不愿到乡间去的。就是乡下招来的师范生，经过几年的城市化，也不愿回乡服务了。所以师范学校虽多，乡村学校的教员依然缺乏。做教员的大有城里没人请才到乡下去之势。这种教员安能久于其职，又安能胜乡村领袖之重任呢？江苏义务教育期成会袁观澜、顾述之二先生觉得乡村教师需要之急，而培养之法更不能不改善，所以发起每个师范学校在乡间设立分校，以为造就乡村师资之所；每分校并设附属小学一所，以资乡村师范学生之实习。现在一师、二师、三师、四师，五师都设有分校和分校的附属小学。这个师范分校联合会和分校附小联合会就是这些师范学校的分校和分校附小组织成功的。他们的宗旨在联络、研究，共谋各该校教育上之改进及乡村教育之发展。我国师范学校以合作及研究精神图谋乡村教育之发展的，实以此为起点。

这次分校联合会共总商议了四十一个案件，内中有好几个案件都是很关重要的。这次会议最出色的一件事，就是各种乡村教育问题之分门研究，如公民科、史地科、国语科、数学科、教育科、农业科、理科、音乐科、图画手工科、体育科、童子军，各门的课程大纲，及农场作业分配，推广农村教育，学业成绩考查法，训育、健康教育、师范生实习等问题，都有委员会负责研究。这种分门的研究总比囫囵的空谈要切实些。

我以为，乡村师范学校负有训练乡村教师、改造乡村生活的使命。师范学校在乡村里设分校，在乡村的环境里训练乡村师资，已经是朝着正当的方向进行了。我们的第二步办法，就是要充分运用乡村环境来做这种训练的工

---

[*] 本篇原载1926年1月8日《新教育评论》第1卷第6期。

夫。我们要想每一个乡村师范毕业生将来能负改造一个乡村之责任，就须当他未毕业之前教他运用各种学识去作改造乡村之实习。这个实习的场所，就是眼面前的乡村，师范所在地的乡村。舍去眼面前的事业不干而高谈将来的事业，舍去实际生活不改而单在书本课程上做工夫，怕是没有多大成效的。我们不要以为把师范学校搬下乡去就算变成了乡村师范学校。不能训练学生改造眼面前的乡村生活，决不是真正的乡村师范学校。

江苏师范分校尚属试办性质，他的效果，尚难预测。但他们对于乡村教育那点通力合作、分门研究及实地试验的精神，却是很宝贵而为全国师范学校所应取法的。

清华学校问题* （2月12日）

清华学校①教务长张彭春氏之突然辞职，确实给我们一个很大的刺激。我们觉得这是一件很不幸、很可惜的事情。

这两三年来因有曹校长②、张教务长③与教职员之锐意改革，大体上清华学校确已向正当方向进行。其中最可注意的有张氏建议之三个重要政策：一是学校与游学④完全划分，停招旧制之留美预备班。二是建立新校，完全以在本国造就本国领袖人才为目的。三是游美学额之给予，完全公之全国各大学之毕业生，以公开考试定之。这三条政策，我们认为是清华学校最切中时代需要之改革。大家正在希望全校协力将此政策实现的时候，忽得最初主张者辞职的消息，自然免不了大失所望。局外人不但失望并且怀疑。所要怀疑的就是，清华学校现在的环境倘无彻底改造，是否允许此项政策的充分实现？姑以第二条政策来做个例，我就听了许多的批评。外间一谈到清华学校，就联想到"安乐"、"享福"、"娇养"、"软教育"。有人甚至于说，清华现在环境不但不能造就中国领袖人才，且要毁坏中国领袖天才。这些主观的、零星的评语，当然不能做判断一个学校的根据。我希望如天之福，这些话都是捕风捉影。万一属实，那清华学校同人就应猛省，就应谋根本的改造。

这些评语究竟是虚是实，谁能解答？谁能解答而无顾忌？谁解答而能取信于人？我以为清华本身改造和征信国人，都要有一个彻底的调查，以明他的真相。第一，这种调查要有超然的人担任，要有与清华学校素无利害关系的人担任。第二，这种调查是要专家担任的，调查那一部分的事业或生活就要有那一门的专家担任。第三，这种调查是要有系统的。凡清华学校全部的组织、职教员、课程、学生和毕业生活动、经费状况、校舍设备、校工等等，都应当详细调查。第四，这种调查是要客观的。与其听主观的舆论，不如搜客观的事实。总起来说，解决清华问题的出发点，是要有一个超然的、

---

* 本篇原载1926年2月12日《新教育评论》第1卷第11期。

专家的、客观的、系统的调查。清华的问题关系国家很大，清华同人和全国国民都不应当将他轻轻的放过。清华学校到了现在已有"自知"和"使人知"之必要了。彻底的调查，早办一天，则根本改造可以早一天实现，而国人对于清华教育之怀疑也可以早一天消除，岂不是一举两得吗？

注 释

① 清华学校　1911年，清政府用美国所退庚子赔款开办的一所留美预备学校。1925年后逐步办成大学。1928年正式命名为国立清华大学。
② 曹校长　指清华学校校长曹云祥。
③ 张教务长　即张彭春。
④ 游学　即留学。

尊重公有财产* （4月16日）

　　凡是公共团体必须有公共财产，方能实现他的公共生活，举办他的公共事业。无论团体大小、生活繁简、事业多少，必须有点财产做他的经济基础。这点财产或是本团体里的人自己出的，或是外面捐来的，但一归本团体所有，即成为大家共同的财产了。例如学生自治会是学生组织的公共团体；学生每人出一元钱和拿钱为本会置办的东西合起来就可算为学生自治会的公有财产。既是学生自治会的公有财产，每个学生对于他就得要十分尊重。保管的人务要把他保管得十分稳妥；支配的人务要把他支配得十分适宜；使用的人务要把他使用得十分当心。我们对于自治会的公有财产应当如此，即对于一校、一村、一市、一县、一省、一国的公有财产也应当如此。

　　凡团体活动要切实，必须有计划；计划要切实，必须有预算；预算要切实，必须有决算。所以尊重公有财产的第一件要事，就是要有预算和决算。没有决算，则预算蹈空；没有预算，则计划蹈空；计划蹈空，则便宜行事，甚至应当用钱的地方或竟不用，不应当用钱的地方或竟浪用。结果既不能量出为人，又不能量入为出，必至一塌糊涂。且我们既属团体中人，对于本团体之资产、负债、收入、支出，都应当明白，管事的人应当把预算决算一齐公开。中国中央政府从民国八年以后就没有预算，更谈不到决算，所以弄到如同天天过三十晚一样。我们从学生自治会做起，自治会的职员都要为我们预备一个公开的预算决算。由此类推，做一件公共的事，必须有一个公开的预算和决算。村政、市政、县政、省政、国政，都要有公开的预算决算。太阳光所到的地方必无微生物。要免公有财产的损失，最要紧是要有公开的预算决算。到处要求一个公开的预算与决算，是公民的一种重要的责任。

　　预算既成之后决算未成之前，要有清楚的帐目。帐目根据预算又为决算所根据。预算决算只是大纲，帐目则非详细不可。管理公有财产的人务须收支有据，逢帐即录。一日必结一日之总，一月必结一月之总，决不可懈怠，

---

* 本篇原载1926年4月16日《新教育评论》第1卷第20期。

决不可拖延。他要做到随时可以交帐的地步，才算无负于公家的付托。如果一天一天的拖延下去，事后记忆必难周到。错出不过赔钱而已，错进就难免侵吞公款的嫌疑，这是万万不可不谨慎的。再，凡是银钱进出，必须经两个人看过签字。这个办法一则可以免去嫌疑，二则可以预防作弊，经管公款的人务须遵守。最后，一切帐目及决算，必须有专家的审查，每半年或一年审查一次皆可。没有经过专家审查的决算帐目是不能取信于人的。这些工具手续的目的在使帐目清楚，以免公款之损失。凡属公共团体之一分子，皆负有要求他们实现之责任。

公有财产中之一部分就是公有的物品。这些公物是给人公用的。公物比私物容易损坏，就是因为用的人对于公物不加爱惜。公园的花木随意乱折；图书馆的书随意乱翻；还有人希望流芳百世，到处题名，以至名胜都被糟踏。学生出外旅行的时候尤其容易犯这个毛病。殊不知这就是损坏公物，不是公民应有的习惯。这种坏习惯如不斩草除根，让它蔓延出来，渐渐的可以盗卖公产，甚至于可以盗卖国权。做公民的一方面要自己爱惜公物，一方面对于损坏公物的人还要一致反对。我们应当爱护公物如己物。

最后，我们每个人有两种资格：一是私人；二是公共团体的一分子。我们应当把这两种资格所包含的任务分得清清楚楚。即就财产一项而论，个人的私产和团体的公产是应当有很分明的界限的。我国人应当痛改的一个习惯就是公私混杂。政界中人，有的连家里用的煤炭，妇女们用的首饰，也要在公家开帐。学校中人，有的写私信也要用公家的信纸信封。甚至于有人把公款放在家，记在自己的帐上。结果，始而混杂，继而挪移，继而亏空，终于公家破产，个人信誉扫地。公私之间应当划条鸿沟，绝对隔离，不使他有毫厘之交通。私帐混入公帐，公帐混入私帐，就是混帐。公民不但自己不混帐，并且要反对一切混帐的人。

总起来说，一公开的预算，二清楚的帐目，三爱护公有物品，四划分公私界限，是尊重公有财产的四种主要办法。"苟非吾之所有虽一毫而莫取"①，做公民的不可无此精神。莫取之义有三：一不愿取，二不可取，三不敢取。使人不敢取是刑法之事，使人不可取是会计严谨之事，公民教育之事乃在使人自得一种不愿取之精神。要晓得一个人爱国不爱国，只须看他对于公有财产之态度，只须看他对于公有财产有没有不愿取之精神。

注 释

① "苟非吾之所有虽一毫而莫取" 见苏轼《前赤壁赋》。

创设乡村幼稚园宣言书* （10月29日）

从福禄伯①发明幼稚园以来，世人渐渐的觉得幼儿教育之重要；从蒙梯梭利②毕业研究幼儿教育以来，世人渐渐的觉得幼稚园之效力；从小学校注意比较家庭送来与幼稚园升来的学生性质，世人乃渐渐的觉得幼儿教育实为人生之基础，不可不乘早给他建立得稳。儿童学者告诉我们，凡人生所需之重要习惯、倾向、态度，多半可以在六岁以前培养成功。换句话说，六岁以前是人格陶冶最重要的时期。这个时期培养得好，以后只须顺着他继长增高的培养上去，自然成为社会优良的分子；倘使培养得不好，那末，习惯成了不易改，倾向定了不易移，态度决了不易变。这些儿童升到学校里来，教师需费尽九牛二虎之力去纠正他们已成的坏习惯、坏倾向、坏态度，真可算为事倍功半。至于不负责的教师，那里顾得到这些。他们只一味的放任，偶然亲自看见学生做坏事，也不过给儿童一个消极的处分。于是坏习惯、坏倾向、坏态度蓬蓬勃勃的长，不到自害害人不止。这是必然的趋势。

有志儿童幸福的人和有志改良社会的人看此情形，就大呼特呼的提倡广设幼稚园。但提倡的力竭声嘶，而响应的寥若晨星。都市之中尚有几个点缀门面，乡村当中简直找不到他们的踪迹。这也难怪，照现在的情形看来，幼稚园倘不经根本的改革，不但是乡村里推不进去，就是都市里面也容不了多少。

依我看来，现在国内的幼稚园害了三种大病；一是外国病。试一参观今日所谓之幼稚园，耳目所接，那样不是外国货？他们弹的是外国钢琴，唱的是外国歌，讲的是外国故事，玩的是外国玩具，甚至于吃的是外国点心。中国的幼稚园几乎成了外国货的贩卖场，先生做了外国货的贩子，可怜的儿童居然做了外国货的主顾。二是花钱病。国内幼稚园花钱太多，有时超过小学好几倍。这固然难怪，外国货哪有便宜的。既然样样仰给于外国，自然费钱很多；费钱既多，自然不易推广。三是富贵病。幼稚园既是多花钱，就得多

---

* 本篇原载1926年10月29日《新教育评论》第2卷第22期。

弄钱，学费于是不得不高。学费高，只有富贵子弟可以享受他的幸福。所以幼稚园只是富贵人家的专用品，平民是没有份的。

我们现在所要创办的乡村幼稚园，就要改革这三种弊病。我们下了决心，要把外国的幼稚园化成中国的幼稚园；把费钱的幼稚园化成省钱的幼稚园；把富贵的幼稚园化成平民的幼稚园。

一、建设中国的幼稚园

我们在这里要力谋幼儿教育之适合国情，不采取狭义的国家主义。我们要充分运用眼面前的音乐、诗歌、故事、玩具及自然界陶冶儿童，外国材料之具有普遍性、永久性的亦当选粹使用，但必以家园所出的为中心。

二、建设省钱的幼稚园

打破外国偶像是省钱的第一个办法。我们第二个办法就是训练本乡师资教导本乡儿童。一村之中必有一二天资聪敏、同情富厚之妇女。我们就希望他们经过相当训练之后，出来担任乡村幼稚园的教师。他们既可得一新职业之出路，又可使幼稚园之薪金不致超过寻常小学额数，岂不是一举两得？这些妇女中最可有贡献而应最先训练的，无过于乡村校长教员之夫人、姊妹及年长的女学生。他们受过训练之后，只要有人加以提倡，幼稚园就可一举而成。第三个办法就是运用本村小学手工科及本村工匠仿制玩具，如此办来，一个钱可以抵数钱之用。三个办法同时并进，可以实现省钱的幼稚园。

三、建设平民的幼稚园

幼稚园花钱既省，取费自廉，平民的儿童当能享受机会均等。教师取之乡间，与村儿生活气味相投，自易亲近。这两件事都可以叫幼稚园向平民方面行走。但一个制度是否真能平民化，要看他是否应济平民的需要。就我们所观察，乡村幼稚园确是农民普遍的永久的需求。试一看乡村生活，当农忙之时，主妇更是要忙得天昏地黑。他要多烧茶水，多弄饭菜，多洗衣服，有时还要他在田园里工作，哪里还有空去管小孩子。那做哥哥做姊妹的也是送饭、挑水、看牛、打草鞋，忙个不了，谁也没有工夫陪小弟弟、小妹妹玩。所以农忙之时，村中幼儿不是跟前跟后，就是没人照应，真好像是个大累。倘使乡村幼稚园办的得当，他们就可以送来照料，一方面父母又可以免去拖累，一方面儿童又能快快乐乐的玩耍，岂不是"得其所哉"！小学儿童年龄较大，可以做事，农忙时颇能助父母一臂之力，要他上学，不啻减少农民谋生能力，所以有如登天之难。幼稚园则不然。他所招收的儿童，正是农民要解脱的担负，要他们进来，正是给农民一种便利。倘使办理得当，乡村幼稚园可以先小学而普及。幼稚园既是应济平民的需要，自有彻底平民化之可能。我们只须扫除挡路的障碍，使他早日实现就是了。

建设一个中国的、省钱的、平民的乡村幼稚园，不是一说就可以成功的。我们必须用科学方法去试验，必须用科学方法去建设。我们对于幼稚园之种种理论设施都要问他一个究竟，问他一个彻底。我们要幼稚园里样样活动都要站得住。我们要运用科学的方法来建设一个省钱的、平民的、适合国情的乡村幼稚园。将来全国同志起而提倡，使个个乡村都有这样一个幼稚园，使个个幼儿都能享受幼稚园的幸福，那更是我们所朝夕祷祝的了。

注 释

① 福禄伯　通译福禄培尔。
② 蒙梯梭利　通译蒙台梭利。

我之学校观*（11月5日）

学校的势力不小。他能教坏的变好，也能教好的变坏。他能叫人做龙，也能叫人做蛇。他能叫人多活几岁，也能叫人早死几年。

学校以生活为中心。一天之内，从早到晚莫非生活，即莫非教育之所在。一人之身，从心到手莫非生活，即莫非教育之所在。一校之内，从厨房到厕所莫非生活，即莫非教育之所在。学校有死的有活的，那以学生全人、全校、全天的生活为中心的，才算是活学校。死学校只专在书本上做工夫。间于二者之间的，可算是不死不活的学校。

学校是师生共同生活的处所。他们必须共甘苦。甘苦共尝才能得到精神的沟通，感情的融洽。国家大事，世界大势，亦必须师生共同关心。学校里师生应当相依为命，不能生隔阂，更不能分阶级。人格要互相感化，习惯要互相锻炼。人只晓得先生感化学生，锻炼学生，而不知学生彼此感化锻炼和感化锻炼先生力量之大。先生与青年相处，不知不觉的，精神要年轻几岁，这是先生受学生的感化。学生质疑问难，先生学业片刻不能懈怠，是先生受学生的锻炼。这是不可避免的，也是好现象。总之，师生共同生活到什么程度，学校生气也发扬到什么地步，这是丝毫不可以假借的。李白诗说："黄河之水天上来，奔流到海不复回。"这好比是学生的精神。办学如治水，我们必须以导河的办法把学生的精神宣导出去，使他们能在有益人生的事上去活动。倘不能因势利导，反而强事压制，那末决堤泛滥之祸不能幸免了。

康健是生活的出发点，亦就是学校教育的出发点。学问、道德应当有一个活泼稳固的基础，这基础就是康健。俗话说"百病从口入"，同志们务必注意，办学校是要从厨房、饭厅办起的。

----

* 本篇原载1926年11月5日《微音》月刊第29、30期合刊。文后有程本海的编者按："陶先生这篇文字，是一个活学校的宣言书。在共和国家里面，无论什么地方，都可适用，尤其是我们徽州的学校，应当特别注意。我希望家乡学校读了这篇文字之后，要自己问问：'我这个学校是死的，还是活的？'如果是死的，就要叫他复活；如果是活的，就是叫他更加活，叫他长生不老。我们一致的要求是：徽州从今以后只有活学校，没有死学校。我们还要进一步要求活的学校去共同造一个活的徽州。"11月10日《民国日报》上海版转载。

生活之发荣滋长须有吸收滋养料的容量。学校教职员必须虚心，学而不厌。我以为不但教师要学而不厌，就是职员也要学而不厌，因为既以生活为学校的中心，那末各种事务都要含有教育的意义。从校长起一直到厨司、校工，各有各的职务，即各有各的学问要增进。增进之法有二：一是各有应读之书必须读；二是各有应联之专家同志必须联。一个学校要想有美满的生活，必须和知识的泉源通根水管，使得新知识可以源源而来。

学校生活只是社会生活一部分。学校不是道士观、和尚庙，必须与社会生活息息相通。要有化社会的能力，先要情愿社会化。

学校生活是社会生活的起点。远处着眼，近处着手，改造社会环境要从改造学校环境做起。全校师生应当以美术的精神共同改造学校环境。凡应当改造的，一丝一毫都不肯轻松放过，才能表现真精神。师生不能共同改造学校环境而侈谈社会改造，未免自欺欺人。

高尚的生活精神不用钱买，不靠钱振作，也不能以没有钱推诿。用钱可以买来的东西，没有钱自然买不来；用钱买不来的东西，没有钱也是可以得到的。高尚的精神如同山间明月、江上清风一样，是取之无尽，用之无穷的。没有钱是一事，没有精神又是一事。有钱而无精神和无钱而有精神的学校，我都见识过。精神是不靠钱买的。精神是在我们身上，我们肯放几分精神，就有几分精神。不关有没有钱，只问我肯不肯把精神放出来。

我们要学校生活长得敏捷圆满，就得要把他放在光天化日之下。太阳光底下可以滋长，黑暗里面免不掉微生物。所以我主张学校要给人看。做父母的、管学务的，以及纳教育税的人，都要看学校。要学校改良，做校长的、做教员的，都要欢迎人参观批评，以补自己之不足。学校放在太阳光里必能生长，必能继续不断的生长。

我对于学校悬格并不要高，只希望大家把学校办到一个地步——情愿送亲子弟入校求学，就算好了。前清往往有办学的人不令子弟入学，时论以为不恕。现今主持省县教育者，亦颇有以子弟无好学校进为虑，甚至送入外人设立学校肄业，真正令人不解。我要有一句话奉劝办学同志，这句话就是："待学生如亲子弟。"

十五、九、二十

南京中等学校训育研究会[*]（11月5日）

南京中等学校近来组织了一个训育研究会，于本月九日开成立会，并于二十一日开第一次常会。这个研究会是由国立、省立、私立中等学校担任训育的职员组织而成的，可算是一个地方训育人员第一次对于训育问题之大协作。历来办学的人谈到学生品行问题就联想到宽严的观念。其实从前学校一味盲目的压制，近年学校一味盲目的放任，都是不应该走的错路。训育问题不是笼统的宽严问题。究竟什么事应当严？什么事应当宽？应当严的如何严法？应当宽的如何宽法？什么叫做严？什么叫做宽？我怕专在笼统的宽严问题上做工夫总寻不出什么条理来。所以希望担任训育的人，第一要打破宽严的观念，要在宽严以外去谋解决。真正的训育是品格修养之指导。我们要在"事"上去指导学生修养他们的品格。事应当怎样做，学生就应当怎样修养，先生就应当怎样指导。各种事有各种做法，指导修养之法也跟了它不同。同是一事，处不同之地，当不同之时，遇不同之人，那做的方法及指导修养的方法也就不能尽同了。怎样可以拿一个笼统的宽严观念来制裁他们呢？

训育上的第二个不幸的事体就是担任训育人员的消极作用。他们惯用种种方法去找学生的错处。学生是犯过的，他们是记过的。他们和学生是两个阶级，在两个世界里活着，他们对于学生的困难问题漠不关心。我们希望今后办训育的人要打破侦探的技术，丢开判官的面具。他们应当与学生共生活、共甘苦，做他们的朋友，帮助学生在积极活动上行走。他们也不应当忘记同学互相感化的影响，最好还要运用同学去感化同学，运用朋友去感化朋友。

训育上还有个最不幸的事体，这事就是教育与训育分家，把教育看作知识范围以内的事，训育看作品行范围以内的事，以为学习知识与修养品行是受不同的原理支配的，甚至于一校之中管教务与训育者不相接洽，或背道而驰。殊不知学习知识与修养品行是受同一学习心理定律之支配的，我们如果

---

[*] 本篇原载1926年11月5日《新教育评论》第2卷第23期。

强为分家，必至自相矛盾，必至教知识的不管品行，管品行的不学无术。所以我们希望担任训育的人要打破知识、品行分家的二元论，而在知识品行合一上研究些办法出来。

训育难办，中等学校的训育更难办，当今中国之中等学校训育尤其难办。然而难处即是有兴味处。他所以难是因为他问题繁多而复杂；他所以有兴味是因为他给我们研究的机会极丰富而不可限量。品行养成之要素是在一举一动前所下的判断。我们问题中之最大问题，是如何引导学生于一举一动前能下最明白的判断。这样一来，即刻牵涉到善恶、是非、曲直、公私、义利之分。这样一来，即刻牵涉到个人所处的地位、时会及发生关系的人。这样一来，问题可就多了，可就难了，可就真有兴味了。知道这里的难处，欣赏这里的兴味，才可以干训育的事。任训育者不是查房间、管请假、记大过、发奖品就算了事。他的最大责任是引导学生参与现代人生切要的生活，于一举一动前能下最明白的判断。全体教职员都有这个责任，即全体教职员都负有一部分训育上之任务，不过任训育者总其成罢了。

南京训育研究会的成立，就是一件很有价值的事。从此各人可以把实际的具体问题提出交换意见，共谋改进。最好是活动些，大家可以伸缩自如；不可勉强规定一致的办法，以致造成机械的、呆板的训育系统。这种会的贡献就在唤起各人之主动思想，倘使每人提出经验上发生的问题，叫参与讨论的人都不得不慎重考虑，去谋适当的解决，便是很有价值了。像这样的训育研究会才值得推广哩。

我们的信条*（11月21日）

《我们的信条》虽是我用笔写的，但不是我创的。我参观诸位先生在学校里实际的工作，心里不由人起了好多印象，积起来共有十八项，我就依着次序编成这套信条。所以这是诸位先生自己原来的信条，早已接受实行，今日只是大家共同温习一遍，并下定决心，终身奉行，始终如一。

我们从事乡村教育的同志，要把我们整个的心献给我们三万万四千万的农民。我们要向着农民"烧心香"，我们心里要充满那农民的甘苦。我们要常常念着农民的痛苦，常常念着他们所想得的幸福，我们必须有一个"农民甘苦化的心"，才配为农民服务，才配担负改造乡村生活的新使命。倘使个个乡村教师的心都经过了"农民甘苦化"，我深信他们必定能够叫中国个个乡村变做天堂，变做乐园，变做中华民国的健全的自治单位。这是我们绝大的机会，也就是我们绝大的责任。

我们深信教育是国家万年根本大计。
我们深信生活是教育的中心。
我们深信健康是生活的出发点，也就是教育的出发点。
我们深信教育应当培植生活力，使学生向上长。
我们深信教育应当把环境的阻力化为助力。
我们深信教法学法做法合一。
我们深信师生共生活，共甘苦，为最好的教育。
我们深信教师应当以身作则。
我们深信教师必须学而不厌，才能诲人不倦。
我们深信教师应当运用困难，以发展思想及奋斗精神。
我们深信教师应当做人民的朋友。
我们深信乡村学校应当做改造乡村生活的中心。

---

* 本篇系陶行知1926年11月21日在中华教育改进社特约乡村教师研究会第二次会议上的讲话。原载1926年12月10日《新教育评论》第3卷第2期。

我们深信乡村教师应当做改造乡村生活的灵魂。

我们深信乡村教师必须有农夫的身手，科学的头脑，改造社会的精神。

我们深信乡村教师应当用科学的方法去征服自然，美术的观念去改造社会。

我们深信乡村教师要用最少的经费办理最好的教育。

我们深信最高尚的精神是人生无价之宝，非金钱所能买得来，就不必靠金钱而后振作，尤不可因钱少而推诿。

我们深信如果全国教师对于儿童教育都有"鞠躬尽瘁，死而后已"的决心，必能为我们民族创造一个伟大的新生命。

（民国十五年十一月二十一日中华教育改进社特约乡村学校——江宁县教育局管辖燕子矶小学、尧化门小学、巴斗山小学、江苏省立明陵小学——教职员在明陵小学开第一次联合研究会，由全体会员通过。）

中国师范教育建设论* （12月3日）

教什么？怎样教？教谁？谁教？这是师范学校的几个基本问题。要想把师范学校办得好，必须把这些问题先弄明白。

师范学校首先要问的是"教什么"，这是教材问题。施教的人不能无中生有，他必得要运用环境所已有的事物去引起学生之活动。所以遇了"教什么"这个问题，我们暂时可以下一句答语：有什么，学什么；学什么，教什么；教什么，就拿什么来训练教师。但是世界上有的东西，无计其数；所有的未必是所需要的。因此，我们姑且又要加上一句答语：要什么，学什么；学什么，教什么；教什么，就拿什么来训练教师。

所有和所要都知道了，我们立刻发生教法问题。我们要接着问一问"怎样教"，教的法子要根据学的法子，学的法子要根据做的法子。教法、学法、做法是应当合一的。我们对于这个问题所建议的答语是：事怎样做就怎样学；怎样学就怎样教；怎样教就怎样训练教师。

教什么和怎样教，决不是凌空可以规定的。他们都包含"人"的问题。这问题就是"教谁"。人不同，则教的东西、教的方法、教的分量、教的次序都跟着不同了。我们要晓得受教的人在生长历程中之能力需要，然后才晓得要教他什么和怎样教他；晓得了要教他什么和怎样教他，然后才晓得如何去训练那教他的先生。

预备要做先生的是那种人？他对于教师职业的兴味、才能如何？他充当某种教师是否可以胜任愉快？现在实际在那儿当教师的是谁？师范学校所期望于他所训练的人才有多少能做适当的教师？这也是师范学校要考虑的问题。我们的建议是：谁在那儿教，谁欢喜教，谁能教得好，就应当训练谁。

就上面所说的，总起来看，我们知道，师范学校是要运用环境所有所需的事物，归纳于他所要传布的那种学校里面，依据做学教合一原则，实地训练有特殊兴味才干的人，使他们可以按着学生能力需要，指导学生享受环境

---

* 本篇原载1926年12月3日《新教育评论》第3卷第1期。

之所有并应济环境之所需。这个定义包含三大部分：一是师范学校本身的工作，二是中心学校的工作，三是环境里的幼年人生活。这三大部分应当发生有机体的关系，使得他们的血脉可以流通，精神可以一贯。他们中间不当有丝毫的隔膜。一看这个定义，我们立刻晓得师范学校的出发点就是他所要传布的中心学校，中心学校的出发点就是环境里的幼年人生活。由此我们也就可以明白建设师范教育之历程。

　　环境里的幼年人生活既是中心学校的中心，我们首先就要把他弄个明白。我们要晓得幼年人在生长历程中有什么能力，有什么需要。我们虽不能完全知道，但是学者已经研究出来的，我们必须充分明了。幼年人不是孤立的，他是环境当中的一个人。环境对于幼年人的生活有两种大的力量：一是助力。自然界的光线、空气、食物、饮料，在常态之下，都是扶助人类生长的东西。社会里的语言文字、真知灼见以及别人的互相提携，也都有扶助我们生长的作用。二是阻力。例如狂风、暴雨、水患、旱灾、虫害种种，都是自然界与人为难的东西。社会方面的贪官、污吏、劣绅、土棍、盗贼以及一切不良的制度风俗，也是我们生长的挡路物。可是阻力倘不太大，可以化为助力。逆境令人奋斗，生长历程中发生了困难才能触动思想，引起进步。人的脑袋就是这样长大的，文明也是这样进化的。我们应当运用自然界和社会界的助力、阻力去培植幼年人的生活力，使他可以做个健全分子去征服自然，改造社会。因此，我们又要问自然界与社会界对于幼年人的生长有什么助力，有什么阻力，他们对于幼年人生长的贡献是什么？他们有什么缺憾要人力补天工之不足？一个环境对于幼年人生长之助力、阻力、贡献、缺憾，要具体的分析开来，才能指导教育的实施。倘使囫囵吞枣，似乎没有多大用处。分析出来的具体事实必定是整千整万，学校自然不能完全采纳进去。所以进一步的工作就是估量每件事实的价值。价值估量之后再作选择的工夫，把价值最低的除开，需要可缓的除开，学校不必教不能教的除开，留下来的容纳到学校里去，编成教材，制为课程，佐以相当设备，配以相当程序，使教师指导学生脚踏实地的去做去学。这样一来，中心学校就可以办成了。这种学校是有根的。他的根安在环境里，吸收环境的肥料、阳光，化作自己的生命，所以他能长大，抽条，发叶，开花，结果。这种学校是与自然生活、社会生活联为一气的。他能适应环境的生活，也能改造环境的生活。他是本地的土壤里产生出来的，他自能在相类的环境里传布。我们可以祝他说："恭喜你多福，多寿，多儿子，儿子又生孙，孙又生儿子，子子孙孙生到无穷期，个个都像你，个个胜过你。"中心学校有了办法，再办师范学校。师范学校的使命，是要运用中心学校之精神及方法去培养师资。他与中心学校的关系也是有机体的，也是要一贯的。中心学校是他的中心而不是他的附属品。中心学校也不应以附属品看待自己。正名定义，附属学校这个名字要不得。实习学校的名字好得多，但是这个名字包含了"思想与实习分家"的意味，也不是最好的。师范学校的各门功课都有专业的中心目的，大部分都应当与中心学校联串起来。例如教育学、心理学等等功课若是附加的性质，决不能发生很大的效力。这种功课应当与实地教学熔为一炉，大部分应当采取理科实验指南的体裁以谋教学做三者之合一。我们进行时对于师范生本身之能力与需要，当然要同时顾到。因为师范生将来出去办学的环境与中心学校的环境必定不能一模一样；要想师范生对于新环境有所贡献，必得要同时给他们一种因地制宜的本领。

师范毕业生得了中心学校的有效办法和因地制宜的本领，就能到别的环境里去办一个学校。这个学校的精神与中心学校是一贯的，但不是刻印板的，不是照样画葫芦的。他要适应他的特殊环境，也要改造他的特殊环境。

这个学校对于学生所要培植的也是生活力。他的目的是要造就有生活力的学生，使得个个人的生活力更加润泽、丰富、强健，更能抵御病痛，胜过困难，解决问题，担当责任。学校必须给学生一种生活力，使他们可以单独或共同去征服自然，改造社会。

我们这里所建议的步骤是一气呵成的：自然社会里的生活产生活的中心学校，活的中心学校产生活的师范学校，活的师范学校产生活的教师，活的教师产生有生活力的国民。

这个建设历程，从头到尾都是息息相通的，倘使发现不衔接、不联络、不适应的地方，到处可以互相参考纠正，随改随进。所以中心学校随着自然社会生活继续不断的改进，师范学校随着中心学校继续不断的改进，地方学校随着师范学校继续不断的改进，自然、社会生活又随着地方学校继续不断的改进。

上述师范教育的建设历程，倘用下图表示，更能一目了然：

中国师范教育建设图①

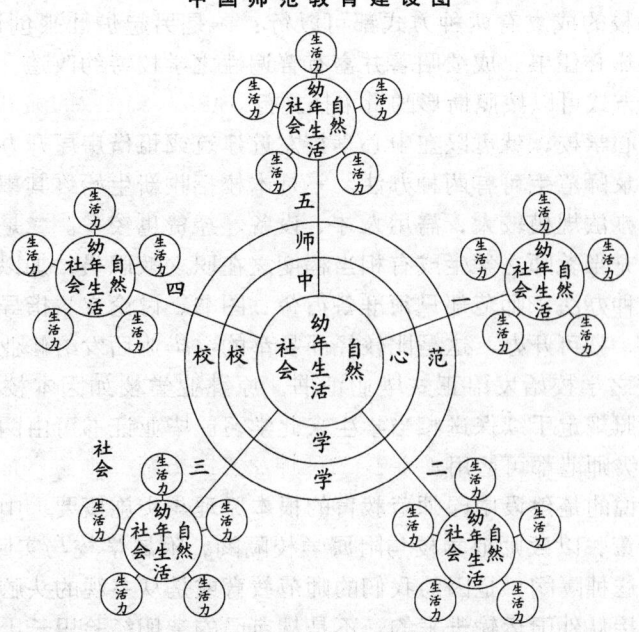

说明：

自然、社会里的幼年生活是中心学校之中心。

中心学校是师范学校之中心。

一、二、三、四、五是师范毕业生办的学校。

生活力代表师范毕业生所办学校培养之学生。

训练初级师范教员之高等师范或师范大学，可于师范学校外加一圈，并类推。

师范学校既以中心学校为中心，那末，有那一种的中心学校就有那一种的师范学校：有幼稚园为中心学校，就可以办幼稚师范；有小学为中心学校，就可以办初级师范；有中学或师范为中心学校，就可以办高等师范或师范大学；有各种职业机关或学校做中心学校，就可以办各种职业师范。

师范学校既以中心学校为中心，就得跟着中心学校跑。凡有好的中心学校的地方，都可以办个师范；凡是没有好的中心学校的地方，都可以取消师范的招牌。否则就应当根本改造中心学校和各方面的关系，使他名实相符。师范学校人数也可不拘，看中心学校的容量而定。他能容几个人就是几个人，不必勉强。一个师范可以有几个中心学校，一个中心学校也可以做几个师范学校的公共中心。例如，一个乡村师范可以有几个单式学校，几个复式学校，几个单式学校做他的中心学校。又例如，一个好的中心小学里可以容纳初级中学、高级中学、甚至于大学程度的师范生在这里学习。初级中学程度的人在这里学习之后可以去当初小的教师，高级中学程度的人在这里学习之后可以去当高小的教师，大学程度的学生在这里学习之后可以去办初级师范或县立师范。

中心学校的成立有两种方式都可以行：一是另起炉灶来创设；二是找那虚心研究、热心任事、成绩昭著并富有普遍性之学校特约改造，立为中心学校。这两种方式可以按照情形酌量采择施行。

有了中心学校，就可以在中心学校左近建筑或租借房屋开办师范班或师范学校。收录师范生可有两种办法。一是本校招收新生始终其事，予以完全训练。这种办法规模较大，需用人才、设备、经费也较多。二是招收他校将毕业而有志充当教师之学生或有相当程度之在职之教职员，加以相当时期之训练。照这种办法，师范部只须准备宿舍、图书、讨论室、指导人才及所需之其他设备，就可开办。这是比较轻而易举的。毕业后发给修业证书，俟办成有生活力之学校始发给正式毕业证书。原肄业学校如因本校没有师范训练，亦得依照规定手续保送相当学生来此学习。毕业证书可由两校合发。这种种办法各级师范都可适用。

上面所说的是建设中国师范教育的根本原理与实施概要。中国师范教育前清办理失策，以致师范学校与附属学校隔阂，附属学校与实际生活隔阂。我们所以有这种隔阂，是因为我们的师范教育或是从主观的头脑里空想出来的，或是间接从外国运输进来的，不是从自己的亲切经验里长上来的。这种师范教育倘不根本改造,直接可以造成不死不活的教师,间接可以造成不死不活的国民。有生活力的国民是要靠着有生活力的教师培养的;有生活力的教师又是要靠着有生活力的师范学校训练的。中国今日教育最急切的问题,是旧师范教育之如何改造,新师范教育之如何建设。国家所托命之师范教育是决不容我们轻松放过的。我们很希望全国同志会精聚神的来对付这个问题。

注 释

① 在《新教育评论》上发表时,编者曾将此图略去,作者自编《中国教育改造》文集时又将此图恢复。据戴伯韬回忆:在晓庄时,陶行知曾用一块大白布画了一幅乡村师范建设图。图中央是一个圆圈,中写"活师范",周围连接若干圆圈,中写"活中心学校",每个中心学校又伸出许多触角,上书"实际生活",使人一目了然。

中华教育改进社改造
全国乡村教育宣言书* (12月3日)

本社①的乡村教育政策是要乡村学校做改造乡村生活的中心，乡村教师做改造乡村生活的灵魂。我们主张由乡村实际生活产生乡村中心学校，由乡村中心学校产生乡村师范。乡村师范之主旨在造就有农夫身手、科学头脑、改造社会精神的教师。这种教师必能用最少的金钱，办最好的学校，培植最有生活力的农民。我们深信他们能够依据教学做合一的原则，领导学生去学习那征服自然改造社会的本领。但要想，这种教育普遍实现，必须有试验、研究、调查、推广、指导之人才，组织、计划、经费及百折不回的精神，方能成功。本社的事业范围很宽，但今后主要使命之一，即在厉行乡村教育政策，为我们三万万四千万农民服务。我们已经下了决心，要筹募一百万元基金，征集一百万位同志，提倡一百万所学校，改造一百万个乡村。这是一件伟大的建设事业，个个国民对他都负有绝大的责任。我们以至诚之意欢迎大家加入这个运动，赞助他发展，指导他进行，一心一德的为中国乡村开创一个新生命。

注 释

① 本社 中华教育改进社，1921年底由实际教育调查社、新教育共进社、新教育杂志社合并组成。熊希龄、蔡元培、黄炎培、范源濂、郭秉文、张伯苓等为董事，陶行知为主任干事。

* 本篇是陶行知代表中华教育改进社写的。原载1926年12月3日《新教育评论》第3卷第1期。

中国乡村教育之根本改造* (12月12日)

中国乡村教育走错了路！他教人离开乡下向城里跑，他教人吃饭不种稻，穿衣不种棉，做房子不造林；他教人羡慕奢华，看不起务农；他教人分利不生利；他教农夫子弟变成书呆子；他教富的变穷，穷的变得格外穷；他教强的变弱，弱的变得格外弱。前面是万丈悬崖，同志们务须把马勒住，另找生路！

生路是甚么？就是建设适合乡村实际生活的活教育。我们要从乡村实际生活产生活的中心学校；从活的中心学校产生活的乡村师范；从活的乡村师范产生活的教师；从活的教师产生活的学生，活的国民。活的乡村教育要有活的乡村教师。活的乡村教师要有农夫的身手，科学的头脑，改造社会的精神。活的乡村教育要有活的方法，活的方法就是教学做合一：教的法子根据学的法子，学的法子根据做的法子；事怎样做就怎样学，怎样学就怎样教。活的乡村教育要用活的环境，不用死的书本。他要运用环境里的活势力，去发展学生的活本领——征服自然改造社会的活本领。他其实要叫学生在征服自然改造社会上去运用环境的活势力，以培植他自己的活本领。活的乡村教育，要教人生利。他要叫荒山成林，叫瘠地长五谷。他要教农民自立、自治、自卫。他要叫乡村变为西天乐园，村民都变为快乐的活神仙。以后看学校的标准，不是校舍如何，设备如何，乃是学生生活力丰富不丰富。村中荒地都开垦了吗？荒山都造了林吗？村道已四通八达了吗？村中人人都能自食其力吗？村政已经成了村民自有、自治、自享的活动吗？这种活的教育，不是教育界或任何团体单独办得成功的。我们要有一个大规模联合，才能希望成功。那应当联合中之最应当联合的，就是教育与农业携手。中国乡村教育之所以没有实效，是因为教育与农业都是各干各的，不相闻问。教育没有农业，便成为空洞的教育，分利的教育，消耗的教育。农业没有教育，就失了

---

* 本篇是陶行知1926年12月12日邀集上海的中华教育改进社社员举行的乡村教育讨论会上的演讲词。

促进的媒介。倘有好的乡村学校，深知选种、调肥、预防虫害之种种科学农业，做个中心机关，农业推广就有了根据地、大本营。一切进行，必有一日千里之势。所以第一要教育与农业携手。那最应当携手的虽是教育与农业，但要求其充分有效，教育更须与别的伟大势力携手。教育与银行充分联络，就可推翻重利；教育与科学机关充分联络，就可破除迷信；教育与卫生机关充分联络，就可预防疾病；教育与道路工程机关充分联络，就可改良路政。总之，乡村学校是今日中国改造乡村生活之唯一可能的中心。他对于改造乡村生活的力量大小，要看他对于别方面势力联络的范围多少而定。乡村教育关系三万万六千万人民之幸福！办得好，能叫农民上天堂；办得不好，能叫农民下地狱。我们教育界同志，应当有一个总反省，总忏悔，总自新。我们的新使命，是要征集一百万个同志，创设一百万所学校，改造一百万个乡村。我们以至诚之意，欢迎全国同胞一齐出来加入这个运动，赞助他发展，督促他进行，一心一德的来为中国一百万个乡村创造一个新生命。叫中国一个个的乡村都有充分的新生命，合起来造成中华民国的伟大的新生命。

一九二六年十二月

南京安徽中学
生长程序*（12月19日）

第一时期　力谋现在初级中学与高级中学内容之充实，基础之稳固。

（一）依据青年及现代实际生活，运用科学方法，彻底改造本校之课程、教材、教法，以实现适合国情之中学教育，并准备为将来大学师范院之第一中心中学。

（二）依据效率原则、协作精神，改造本校之组织系统及行政方法。

（三）依据美术精神，师生共同从事改造学校环境，以为改造社会之起点。

（四）筹加经费至适当限度，以谋最经济，最有效之进行，并建立本校永久稳固之基础。

第二时期　创设经济的、平民的、适合国情的中心小学及中心幼稚园。

第三时期　创设女子中学，以谋男女教育机会之均等，并准备为将来大学师范院之第二中心中学。

第四时期　俟中心小学及中心幼稚园办有成效，即在男女两中学内正式设立师范科，以培植有生活力的小学及幼稚园教师。

第五时期　俟第一、第二中心中学办有成效，即创办大学。先设师范院，依据中心中学办法，造就有生活力的中等学校师资。

第六时期　设立各科学院，以完成大学之组织而培植各种事业之领袖人才。

第七时期　创设研究所，培养有独创力之学术人才，以开拓知识之领土，而增进人类之幸福。

上述程序，拟于本校三十周年，即中华民国四十二年前使之完全实现。

---

* 本篇系1926年12月19日所拟，署名陶知行、姚文采。摘自《十年来之南京安徽中学》，原题为《本校生长程序》。南京安徽中学即南京安徽公学。

本校三十周年之未来观

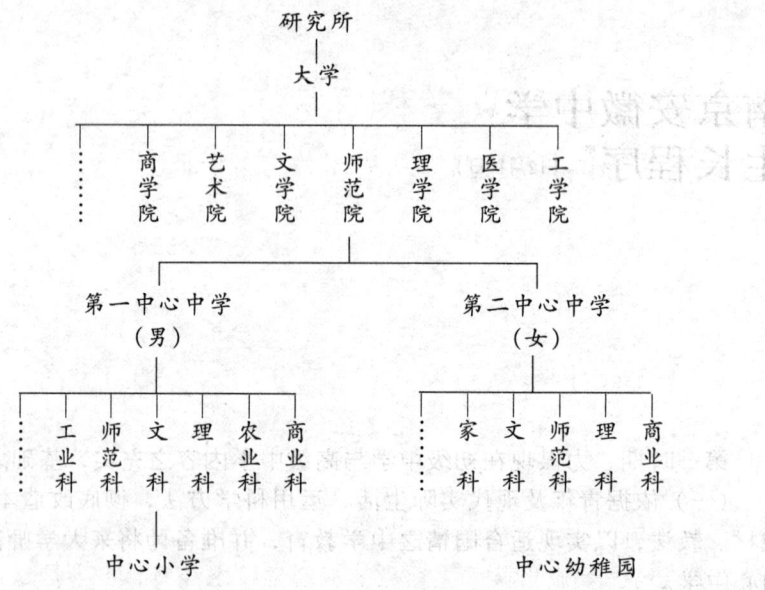

1927 年

教会教育与私立学校
——答同仁中学校杨继宗先生的信（1月）

杨继宗先生：

……接读来信，知道贵校已经照章立案，至为钦佩。

贵校改用"非正式的宗教教育①"，于信仰自由及办学原则都很符合，确系全国教会学校②应当共采之途径。教会学校之经费，多半是从外国信徒那里捐来的，现在既要废止《圣经》③科目及宗教仪式，自然要减少外国信徒对于教会学校之兴味，即不免要减少他们对于此种学校之捐款。贵校情形，既如来函所述，或亦难免受此困难。承以解决办法及步骤垂询，甚愿贡其一得之见，以资参考。

我以为人世幸福是要用代价换来的。享一分权利必须出一分代价。出代价而不享受权利固可谓清高；若享权利而不出代价心岂能安？中国现在之教会学校里出代价的是外国信徒，享权利的是中国子弟，纵使施者源源接济，受者能不惭愧吗？所以自筹经费是办学者之天经地义，初不容有丝毫之推诿。

教会学校是私立学校之一种；私立学校在三种情形之下，可以开办。一、公立学校太少，私人依照国家教育宗旨及学制，得设立学校，以免儿童失学。二、公立学校办理不善，私人依照国家教育宗旨及学制，得设立学校以便儿童受更良之教育。三、私人有科学教育之训练及发现教学新理之抱负，依照国家教育宗旨，得设立学校以资试验，即与学制有所出入亦当容许。

贵校既已放弃宣传宗教作用，则今后贵校办学之立足地，当不外上述三点之一。经费来源亦可以此为开发之方针。第一步，创学同志对于经费，应负筹划及捐输之责。贵校既是公理会④所创设，则公理会之中国信徒，自应负大部分之经济责任，为学校谋经济之独立。倘立时不能办到，至少应当下此决心，力图实现。第二步，俟学校办有成绩，渐得家长社会信仰，可以私立学校资格向社会同志募捐或向政府陈请补助。

总之，教育中国子女之学校经费，必须中国人负担；中国教会学校经费，必须中国信徒负担。这是我对中国人说的话。至于外国朋友以己达达人之精神、人类一体的目光，赞助中国教育之发展而无其他作用的，我们应当感谢他们的盛意，断不可一概抹杀。这是我们既负责任之后所应表示之大国民气概。

关于中学的"四二"、"三三"⑤问题，学制上原有伸缩余地。办学者尽可根据地方情形、学生需要及经费能力，酌量变通办理。倘使上述各项适用四年制中学，那末在第三、第四年酌设职业选修科目，使毕业生中不能升学者可谋相当职业，用意甚好，可以一试。但究以何种职业为最相宜，及如何训练之法，正须慎重考虑，方可收效。

注 释

① 宗教教育 以宗教教义、教规为内容的教育。"世俗学校"的对称。

② 教会学校 天主教或基督教（新教）设立和控制的学校。中国的教会学校，是鸦片战争后英美等国通过教会在中国设立的大、中、小学。中华人民共和国成立后，于1951年接管了外资津贴的学校。

③ 圣经 基督教经典，包括《旧约全书》和《新约全书》。

④ 公理会 基督教（新教）主要宗派之一。主张每一教堂独立自主，由教徒公众管理。19世纪初传入中国。

⑤ "四二"、"三三" 指学制中的中学教育分段。"四二"即初中四年，高中二年；"三三"即初、高中各三年。

师范教育之彻底改革
—— 答石民佣等的信 (2月3日)

民佣、锡胤、峻宪、小山、仁寿诸先生：

接读诸位先生十二月二十六日之油印信，晓得诸位先生对于我的言论有些不能苟同的地方。这封信给了我一个反省的机会，我是非常感激的。但经过此番反省之后，我并不能作根本修正。实在是抱歉之至。我的言论是根据自己直接的观察，不敢武断，也没有一概抹煞。我尊重诸位先生的态度；但是仁者见仁，智者见智，遇到不能苟同时，当然不必苟同。

师范学校为事造人，造一人必得一人之用。现在倒要借教育行政之力，为师范生谋出路。即此一端，已经给了我们办师范教育的人一个绝大的警告。我应当郑重的说：倘使师范学校里造的是真人才，他的出路断非区区一句话所能塞得住；倘若不然，天才的本领也开不通出路，何况现在一般的教育行政！

来函又以我的言论致疑于我对于师范教育的态度。我从前曾经为师范教育努力，现在正是为师范教育努力，以后仍是继续为师范教育努力。但是师范教育可以兴邦，也可以促国之亡。好些师范学校只是在那儿教洋八股，制造书呆子。这些大书呆子分布到小学里去，又以几何的加速率制造小书呆子。倘使再括〔刮〕一阵义务教育的大风，可以把书呆子的种子布满全国，叫全国的国民都变成书呆子！中华民国简直可以变成中华书呆国。老实说：二十世纪的舞台上，没有书呆子的地位，称它为国，是不忍不如此称呼啊！想到这里，真要令人毛骨悚然。为今之计，我们要从四方面进行：一、愿师范学校从今以后再不制造书呆子；二、愿师范生从今以后再不受书呆子的训练；三、愿社会从今以后再不把活泼的儿女受书呆子的同化；四、愿凡是已经成了书呆子的，从今以后要把自己放在生活的炉里重新锻炼出一个新生命来。我们爱师范教育，我们更应爱全国的儿童和民族的前途。惟独为全国儿童和民族前途打算的师范教育才能受我们的爱戴。中国师范教育之所以办到这个地步，原因也很复杂，大家都在那儿摸黑路，谁也不能怪谁。但是此路不通，过去且有危险。我们今后的责任是群策群力，摸出一条生路来。我所说的话，好像是责人，其实是责己。我也是师范教育罪案中之一人，纵有孙悟空的本领也是脱不掉的。如今只有戴罪立功。同志们，我们一同来干罢！我在《无锡小学之新生命》里所说的那段话，是指我自己一般观察而言，毫无影射第三师范之意。贵校是我平日最钦佩的学校之一，我很希望贵校同志挺身出来，作一个师范教育彻底改革的先导。

十六年二月三日

实际生活是我们的指南针
—— 给全体同学的信 (5月15日)

试验乡村师范全体同学：

我今天回到上海，接读四月九日手书，至为欣慰。您们植树节所做工作，正是我所希望做的。纵然我在南京，也是无以复加，怕只能减少大家的主动力。不过我这次失去参加共同种树的乐趣，委实有点可惜。

来信说自我到沪后，您们觉得生活的大船上少了一根指南针。我虽觉得我自己有好多地方可以帮助诸位，但指南针确是有些不敢当。我和诸位同是在乡村里摸路的人。我们的真正指南针只是实际生活。实际生活向我们供给无穷的问题，要求不断的解决，我们朝着实际生活走，大致不至于迷路。在实际生活里问津的人必定要破除成见，避免抄袭。我们要运用虚心的态度、精密的观察、证实的试验，才能做出创造的工作。这种工作必以实际生活为指南针。你们能以实际生活为指南针，而不以我为指南针，方能有第一流的建树。我只是你们当中的一个同志，最多不过是一个年长的同志。

一个多月来，我不能和诸位同在炮火中奋斗，心中委实不安。但是诸位知道，试验乡村师范是赤手空拳开办起来的，经济基础很不稳固。我动身的时候，董事会只有两千五百元存款，初步工程还未结束，预算到本月只有一千元了。未雨绸缪，不得不早为之计。我这个月的主要工作，就是要为本校立一较为稳固的经济基础。此刻十成已经做到六七成，其余的要在上海进行。这个不能十分满足的好消息，谅想是诸位愿听的。现在觉得，非多设免费或贷金学额不足使同学安心求学，所以还要留沪几天，接洽此事。日内或须到杭州一行。

本海[①]弟之中山装当派人送来。王琳弟的信已另复。楚材[②]弟的信已从京中回答，收到了吗？

我近来无大变化，不过脸上比从前白些，前额的阴阳圈渐次退尽，身上多长了几斤肥肉，惭愧得很。

敬祝平安康健！

十六年五月十五日

全校指导员及小学生处，均请代为问候。

注 释

① 本海　即程本海。
② 楚材　即李楚材。

行是知之始* (6月)

阳明先生说："知是行之始，行是知之成。"我以为不对，应该是"行是知之始，知是行之成"。我们先从小孩子说起，他起初必定是烫了手才知道火是热的，冰了手才知道雪是冷的，吃过糖才知道糖是甜的，碰过石头才知道石头是硬的。太阳地里晒过几回，厨房里烧饭时去过几回，夏天的生活尝过几回，才知道抽象的热。雪菩萨做过几次，霜风吹过几次，冰淇淋吃过几杯，才知道抽象的冷。白糖、红糖、芝麻糖、甘蔗、甘草吃过几回，才知道抽象的甜。碰着铁、碰着铜、碰着木头，经过好几回，才知道抽象的硬。才烫了手又冰了脸，那末，冷与热更能知道明白了。尝过甘草接着吃了黄连，那末，甜与苦更能知道明白了。碰着石头之后就去拍棉花球，那末，硬与软更能知道明白了。凡此种种，我们都看得清楚"行是知之始，知是行之成"。佛兰克林①放了风筝，才知道电气可以由一根线从天空引到地下。瓦特烧水，看见蒸汽推动壶盖，便知道蒸汽也能推动机器。加利里②翁在毕撒斜塔③上将轻重不同的球落下，便知道不同轻重之球是同时落地的。在这些科学发明上，我们又可以看得出"行是知之始，知是行之成"。

《墨辩》④提出三种知识：一是亲知，二是闻知，三是说知。亲知是亲身得来的，就是从"行"中得来的。闻知是从旁人那儿得来的，或由师友口传，或由书本传达，都可以归为这一类。说知是推想出来的知识。现在一般学校里所注重的知识只是闻知，几乎以闻知概括一切知识。亲知是几乎完全被摒于门外。说知也被忽略，最多也不过是些从闻知里推想出来的罢了。我们拿"行是知之始"来说明知识之来源，并不是否认闻知和说知，乃是承认亲知为一切知识之根本。闻知与说知必须安根于亲知里面方能发生效力。

试取演讲"三八主义"⑤来做个例子。我们对一群毫无机器工厂劳动经

---

* 本篇系1927年6月3日在晓庄学校寅会上的演讲词。第一段原载1928年1月15日《乡教丛讯》第2卷第1期，题为《行是知之始　知是行之终》。开头引用王阳明的话，原为"知是行之始，行是知之终"。第一段结尾的"知是行之成"原为"知是行之终"。1929年7月30日《乡教丛讯》第3卷第12期全文刊载。

验的青年演讲八小时工作的道理，无异耳边风。没有亲知做基础，闻知实在接不上去。假使内中有一位青年曾在上海纱厂做过几天工作或一整天工作，他对于这八小时工作的运动的意义，必有亲切的了解。有人说："为了要明白八小时工作就要这样费力的去求经验，未免小题大做，太不经济。"我以为天下最经济的事无过这种亲知之取得。近代的政治经济问题便是集中在这种生活上。从过这种生活上得来的亲知，无异于取得近代政治经济问题的钥匙。

亲知为了解闻知之必要条件已如上述。现再举一例，证明说知也是要安根在亲知里面的。

白鼻福尔摩斯⑥里面有一个奇怪的案子。一位放高利的被人打死后，他的房里白墙上有一个血手印，大得奇怪，从手腕到中指尖有二尺八寸长。白鼻福尔摩斯一看这个奇怪手印便断定凶手是没有手掌的，并且与手套铺是有关系的。他依据这个推想，果然找出住在一个手套铺楼上的科尔斯人就是这案的凶手，所用的凶器便是挂在门口做招牌的大铁手。他的推想力不能算小，但是假使他没有铁手招牌的亲知，又如何推想得出来呢？

这可见闻知、说知都是要安根在亲知里面，便可见"行是知之始，知是行之成"。

十六年六月三日

注 释

① 佛兰克林　通译富兰克林。
② 加利里　通译伽利略。
③ 毕撒斜塔　通译比萨斜塔。
④ 墨辩　书名，指《墨子》中的《经》上、下和《经说》上、下四篇。
⑤ 三八主义　即"三八制"（工作8小时，学习8小时，休息8小时）。美国无产阶级为反对资产阶级的残酷剥削，1886年5月1日，芝加哥20万工人为争取8小时工作制举行大罢工，遭到警察的武装镇压。
⑥ 福尔摩斯　英国作家柯南道尔（1859—1930）所著侦探小说《福尔摩斯探案》书中的主要人物。

生活工具主义之教育* （6月15日）

"教育以生活为中心。"这句话已经成为今日学校里的口头禅。但是细考实际，教育自教育，生活自生活，依然渺不相关。这是因为什么缘故？我们先前以"老八股"不适用，所以废科举，兴学堂；但是新学办了三十年，依然换汤不换药，卖尽气力，不过把"老八股"变成"洋八股"罢了。"老八股"与民众生活无关，"洋八股"依然与民众生活无关。但是新学校何以变成"洋八股"，何以与民众生活无关？这其中必有道理。

人的生活，必须有相当工具，才能表现出来。工具充分，才有充分的表现；工具优美，才有优美的表现；工具伟大，才有伟大的表现。"老八股"与"洋八股"虽有新旧之不同，但都是靠着片面的工具来表现的，这片面的工具就是文字与书本。文字与书本只是人生工具之一种，"老八股"与"洋八股"教育拿他当作人生的唯一工具看待，把整个的生活都从这个小孔里表现出去，岂不要把生活剥削得黄皮骨瘦吗？文字、书本，倘能用的得当，还不失为人生工具之一；但是"老八股"与"洋八股"的学生们却不用他们来学"生"，偏偏要用他们来学"死"。中国教育所以弄到山穷水尽，没得路走，是因为大家专靠文字、书本做惟一无二的工具，并且把文字、书本这个工具用错了。我们要想纠正中国教育，使他适应于中国国民全部生活之需要，第一就须承认文字、书本只是人生工具的一种，此外还有许多工具要运用来透达人生之欲望；第二就须承认我们从前运用文字、书本的方法是错的，以后要把他们用的更加得当些。

现在有一班人，开口就说：西方的物质文明比东方好，东方的精神文明比西方高。这句话初听似乎有理，我实在是百索不得其解。精神与物质接触必定要靠着工具。工具愈巧则精神愈能向着物质发挥。工具能达到什么地方即精神能达到什么地方。动物以四肢百体为工具，所以他的精神活动亦以四

---

* 本篇原载1927年7月1日《乡教丛讯》第1卷第13期，原题《工具教育》，作者将此文收入自编的《中国教育改造》文集时改用现题。

肢百体的力量所能达到的地方为限。人的特别本领就是不专靠自己的身体为工具。人能发明非身体的工具，制造非身体的工具，应用非身体的工具。文明人与野蛮人的最大分别就是文明人能把这些非身体的工具发明得格外多，制造得格外精巧，运用得格外普遍。有了望远镜，人的精神就能到火星里去游览；有了显微镜，人的精神就能认识那叫人生痨病的不是痨病鬼乃是痨病虫。今年五月七日第一次飞渡大西洋的飞行家林白从德国柏林通电话到美国和他的老母谈话，是精神交通破天荒的成功，也是物质文明破天荒的成功。精神文明与物质文明是合而为一的。这合而为一的媒介就是工具。教育是什么？教育是教人发明工具，制造工具，运用工具。生活教育教人发明生活工具，制造生活工具，运用生活工具。空谈生活教育是没有用的。真正的生活教育必以生活工具为出发点。没有工具则精神不能发挥，生活无由表现。观察一个国家或一个学校的教育是否合乎实际生活，只须看他有无生活工具。倘使有了，再进一步看他是否充分运用所有的生活工具。教育有无创造力，也只须看他能否发明人生新工具或新人生工具。中国教育已到绝境，千万不要空谈教育，千万不要空谈生活；只有发明工具，制造工具，运用工具是真教育，是真生活。

如何教农民出头*（8月15日）

上次，我和杨先生①讨论到怎样把国家建设在农业上，如何教农业文明过渡到工业文明，如何使农民得执工商业之牛耳等等问题。现在把我个人近来关于这些问题的心得，约略说一下。

如何教农民出头？这个问题的解决，我们可举种棉花来比。农民辛辛苦苦，把棉花收获下来之后，他对于棉花就不能自主了。棉花要出头到纱厂里去，纱厂里要他的出头费。纱厂以逸待劳，价格随意而定。农民为经济所迫，不得不低价出售。再进而至于由纺纱厂到织布厂，由织布厂到市场，没有一个关口不是有人要收很重的出头费。到布出卖的时候，农民买进来穿是很贵的棉布衣。棉花出售时是何等的便宜，穿布时却是大大的昂贵起来了。我们现在要想个法子，把纺纱厂、织布厂以及市场打成一贯，使农民能执工商业之牛耳，则棉花可以出头，种棉花的人也跟着棉花出头了。依我想来，这是可以做得到的。比方：以江苏省来说，江苏一省有二千五百万的农民，以五个农民为一家来计算，统共有五百万个农家。如果每家出一元，可以得到五百万元之数。以这五百万元，可以兴办农民纺纱厂，农民自己做股东，把农民自己所产的棉花，送到农民自办的工厂里去。再每家出一元来办织布厂以及商店。如此，二千五百万的农民，不但可以省去出头费，也还可以赚得赢利不少。

从农业国进到工业文明的过程中，必然有多数人要受淘汰而失业。因为机器发达，人工省去。这种现象，是确然不可免的。我们现在既然要把农业、工业打成一片，在农业上因机器而遭失业的人，就可以调进纺纱厂、织布厂、商店去做工度日。这个农民失业的危险，如果是农民执工业的牛耳，就可以避去一大部分。

孙中山先生的实业大计划，也包括上述的事业。他主张利用国家资本与

---

* 本篇是陶行知1927年在晓庄试验乡村师范学校的演讲。记录者：戴邦杰（戴伯韬）。原载1927年8月15日《乡教丛讯》第1卷第16期。

外资来发展国内实业。如果他的计划实行,要想教农民执工业上之牛耳,就得教农民实行把民权操在手中,运用国家权力来出头。国家资本,倘使分别缓急,必定要用来先筑十万里的铁路。因为这是农民出头必由之路。如果工厂里的货物运不出去,则生产过剩,价格低落,实业必归失败,所以筑路是发展实业的第一步。假如国家资本只能先顾筑路,创办纱厂一时不能并举,那末我们运用农民自己的资本与劳力,慢慢儿来开办起来,也是必要的政策。因为政府与农民共同努力,出头当然可以快些。

但如何可以从农民的荷包里掏出一元钱来做股东,以及如何可以使农民执有民权?这两件事须靠我们从事乡村教育诸同志的努力。农民对于这种大规模举动的不明了,与不知民权为何物,固然要靠舆论来鼓吹与启迪,但最要紧的还着重在培植小农民的乡村教师。假如每村有农户百家,五百万家就有五万个农村。假使这五万个乡村教师都受有特殊训练,那末五万个教师联合起来,不啻就是五万个村庄联合起来,也就是农民资本聚集的媒介。这样积少成多,就可以开办纺纱厂、织布厂等等。如此棉花可以出头无阻,农民也就可以出头无阻了。至于如何训练农民执民权,如何教他们运用选举权、罢官权、创制权、复决权,也要靠乡村教师为之教导。这是我一月来对于这些问题考虑的一斑。上月我曾种山芋一次,知道山芋必定要底下可以安根,上面可以出头,才可以活。我们要想中国活起来,就得要在农业上安根,在工商业上出头。这个问题很大,希望诸位注意这问题,细细加以研究。

注 释

① 杨先生　即杨效春。

平等与自由* (9月1日)

中山先生解释平等的意义，有很大的贡献。他说：世界上有真平等，假平等，不平等。什么是不平等？帝、王、公、侯、伯、子、男、民的地位是一步一步的高上去。我的脚站在你的头上；你的脚又站在他的头上。这是叫做不平等。现在要打倒这种不平等，那是应当的。但是打不平等的人，往往要把大家的头一齐压得一样平，变成平头的平等，殊不知头上虽平，立足点却是不能平了。好像拿可以长得五尺高的树，和可以长得一丈高的树一齐压得一样平，岂不是大错吗？这种叫做假平等。真平等是要大家的立脚点平等，你的脚站在什么地方，我的脚亦站在什么地方。大家在政治上要站得一样平，经济上也要站得一样平。这是大家的立脚点平等。这才是真平等。

中山先生之解自由，没有他解释平等那样清楚。但他有一点说得很好，他说："中国人不是不知道自由；中国人的自由实在是太过了。"所以他不用自由做口号，而用民族、民权、民生做标帜，与梁任公①先生的维新以自由为口号，是完全不相同的。外国人说："中国人不知自由。"然而外国人那里知道他们的自由远不如中国呢！

按中山先生的意思，说到自由是要求国家之自由。国民革命成功之后，团体能自由，个人不能自由。中国之所以弄到这地步，就是因为大家私人的自由太过，不注重国家之自由。私人的自由既然太过，则各人有各人的主张。所以中国人大多数是无政府党。我们中国人骨髓里，都含有无政府主义。这种无政府主义的倾向，往往在不知不觉中流露出来。比如蔡元培、吴稚辉，总算是忠实的国民党员，但是在不知不觉的时候，难免要流露无政府主义的色彩。共产党是与无政府党绝对不同的，但他的中国首领陈独秀，在不知不觉中，又何尝不是个无政府主义者。我们想到国家危险时，固然是要自抑私人之自由，但在不知不觉中，难免不爱享过分之自由。我们于不知不

---

* 本篇系演讲记录。记录者：陈昌嵩、戴邦杰。原载1927年9月1日《乡教丛讯》第1卷第17期。收入《中国教育改造》一书时，作者将第三段中"……不知不觉中流露出来。"之后的两句话删去，现附在文后；另有几处文字上的小删改。

觉中，都有无政府主义的倾向。现在我们要救中国，亟当抑制个人之自由，切不能火上加油的提倡一盘散沙的自由了。这是革命未成时所不得不采之政策。

但是革命成功以后，个人可以不要自由，这句话，我很怀疑。因此我常想着什么地方要自由，什么地方不要自由。我又想到种山芋时所得的感想。我问邵德馨②先生山芋如何种法。他告诉我说："底下可以安根，上面可以出头，山芋乃可活。"因此我忽然悟到人生"出头处要自由"。如树木有长五尺长的，一丈长的，十丈长的；树的出头处，是要自由的。如果我们现在只许树长五尺，不许它长一丈与十丈，那世界上不是无成材了吗？因此我们要使它尽量自由长上去。我们人类的智愚贤不肖，也如树木有能长到十丈长的，也有只能长到五尺长的，这是天生成的。如果你嫌五尺太矮，要把它拔到一丈，它因为力量的不足，是要死的；如果你嫌一丈太高，要把它压到五尺，它因为受了过分的压制，也是要死的。倘若不死，必是它的内力胜过压力，那压力必定是要被它撞穿的了。

个人如此，团体国家之自由解释，也是如此。如果国家的力量能够进步到什么程度，就尽它的力量进步到什么程度，谁也不能压迫的。如今列强对中国施行压迫，不许我们尽量出头；我们不愿被压力压死，就得使劲把压力撞破。个人能否得到出头的自由，是在乎个人之反抗与努力；国家能否得到出头的自由，那就非靠民众之努力与奋斗不可了！

近来我替友人书了一联："在立脚点谋平等，于出头处求自由。"上联是本着中山先生之学说；下联就是本着我的自由解释。在沪时我把这意思与胡适之③先生也谈论过的。他说："思想事业，要受困难与不自由，才能发奋振作。"颇与我们的标语"教师应当运用困难以发展思想及奋斗精神"相同。他说："烧肉要把锅盖盖得紧，才能熟。你要出头自由，我要出头不自由。"当时我反驳他说："（一）锅里的肉，是死的，出头不出头没有多大关系。（二）我们愿肉受压力是为肉的幸福呢？还是为我们口腹之欲呢？"凭藉困难，培养人才，当然是最好的教育法。但是困难是否要在出头处压下去，是一问题。现在我仍旧坚信出头处要自由，但为使诸位同学明了各方面意见，并将胡适之先生的意思举出来，希望大家加以研究。

注 释

① 梁任公　即梁启超。
② 邵德馨　即邵仲香。
③ 胡适之　即胡适。

教学做合一* （11月2日）

教学做合一是本校的校训，我们学校的基础就是立在这五个字上，再也没有一件事比明了这五个字还重要了。说来倒很奇怪，我在本校从来没有演讲过这个题目，同志们也从没有一个人对这五个字发生过疑问。大家都好像觉得这是我们晓庄的家常便饭，用不着多嘴饶舌了。可是我近来遇了两件事，使我觉得同志中实在还有不明了校训的意义的。一是看见一位指导员的教学做草案里面把活动分成三方面，叫做教的方面，学的方面，做的方面。这是教学做分家，不是教学做合一。二是看见一位同学在《乡教丛讯》①上发表一篇关于晓庄小学的文章。在这篇文章里，他说："晓庄小学的课外作业就是农事教学做。"在教学做合一的学校的辞典里并没有"课外作业"。课外作业是生活与课程离婚的宣言，也就是教学做离婚的宣言。今年春天洪深先生创办电影演员养成所，招生广告上有采用"教""学""做"办法字样。当时我一见这张广告，就觉得洪先生没有十分了解教学做合一。倘使他真正了解，他必定要写"教学做"办法，决不会写作"教""学""做"办法。他的误解和我上述的两个误解是相类的。我接连受了这两次刺激，觉得非彻底的、源源本本的和大家讨论明白，怕要闹出绝大的误解。思想上发生误解则实际上必定要引起矛盾，所以把这个题目来演讲一次是万不可少的。我自回国之后，看见国内学校里先生只管教，学生只管受教的情形，就认定有改革之必要。这种情形以大学为最坏。导师叫做教授，大家以被称教授为荣。他的方法叫做教授法，他好像是拿知识来赈济人的。我当时主张以教学法来代替教授法，在南京高等师范学校校务会议席上辩论二小时，不能通过，我也因此不接受教育专修科主任名义。八年②，应《时报·教育新思潮》③主干蒋梦麟先生之征，撰《教学合一》一文，主张教的方法要根据学的方法。此时苏州师范学校首先赞成采用教学法。继而"五四"事起，南京高等

---

* 本篇系陶行知1927年11月2日在晓庄学校寅会上的演讲词。原载1928年1月15日《乡教丛讯》第2卷第1期。

师范同事无暇坚持,我就把全部课程中之教授法一律改为教学法。这是实现教学合一的起源。后来新学制④颁布,我进一步主张:事怎样做就怎样学,怎样学就怎样教;教的法子要根据学的法子,学的法子要根据做的法子。这是民国十一年的事。教学做合一的理论已经成立了,但是教学做合一之名尚未出现。前年在南开大学演讲时,我仍用教学合一之题,张伯苓先生拟改为学做合一,我于是豁然贯通,直称为教学做合一。去年撰《中国师范教育建设论》时,即将教学做合一之原理作有系统之叙述。我现在要把最近的思想组织起来作进一步之叙述。教学做是一件事,不是三件事。我们要在做上教,在做上学。在做上教的是先生;在做上学的是学生。从先生对学生的关系说:做便是教;从学生对先生的关系说:做便是学。先生拿做来教,乃是真教;学生拿做来学,方是实学。不在做上用工夫,教固不成为教,学也不成为学。从广义的教育观点看,先生与学生并没有严格的分别。实际上,如果破除成见,六十岁的老翁可以跟六岁的儿童学好些事情。会的教人,不会的跟人学,是我们不知不觉中天天有的现象。因此教学做是合一的。因为一个活动对事说是做,对己说是学,对人说是教。比如种田这件事是要在田里做的,便须在田里学,在田里教。游水也是如此,游水是在水里做的事,便须在水里学,在水里教。再进一步说,关于种稻的讲解,不是为讲解而讲解,乃是为种稻而讲解;关于种稻而看书,不是为看书而看书,乃是为种稻而看书;想把种稻教得好,要讲什么话就讲什么话,要看什么书就看什么书。我们不能说种稻是做,看书是学,讲解是教。为种稻而讲解,讲解也是做;为种稻而看书,看书也是做。这是种稻的教学做合一。一切生活的教学做都要如此,方为一贯。否则教自教,学自学,连做也不是真做了。所以做是学的中心,也就是教的中心。"做"既占如此重要的位置,宝山县立师范学校竟把教学做合一改为做学教合一。这是格外有意思的。

十一月二日

注 释

①《乡教丛讯》 半月刊,中华教育改进社乡村教育同志会会刊,后与晓庄学校合办。

② 指民国八年 即1919年。

③《时报·教育新思潮》 即《时报》副刊《世界教育新思潮》专栏。陶行知为该专栏主要撰稿人之一。

④ 新学制 即1922年由北洋政府颁布的学制,又称壬戌学制。

在劳力上劳心*　（11月3日）

昨天我讲《教学做合一》的时候，曾经提及"做"是学之中心，可见做之重要。那末我们必须明白"做"是什么，才能明白教学做合一。盲行盲动是做吗？不是。胡思乱想是做吗？不是。只有手到心到才是真正的做。世界上有四种人：一种是劳心的人；一种是劳力的人；一种是劳心兼劳力的人；一种是在劳力上劳心的人。二元论的哲学把劳心的和劳力的人分成两个阶级：劳心的专门在心上做工夫，劳力的专门在苦力上讨生活。劳力的人只管闷起头来干，劳心的人只管闭起眼睛来想。劳力的人便成了无所用心，受人制裁；劳心的便成了高等游民，愚弄无知；以致弄成"劳心者治人，劳力者治于人"的现象。不但如此，劳力而不劳心，则一切动作都是囿于故常，不能开创新的途径；劳心而不劳力，则一切思想难免玄之又玄，不能印证于经验。劳力与劳心分家，则一切进步发明都是不可能了。所以单单劳力，单单劳心，都不能算是真正之做。真正之做须是在劳力上劳心。在劳力上劳心是真的一元论。在这里我们应当连带讨论那似是而非的伪一元论。一次我和一位朋友讨论本校主张在劳力上劳心，我的朋友说："你们是劳力与劳心并重吗？"我说："我们是主张在劳力上劳心，不是主张劳力与劳心并重。"劳心与劳力并重虽似一元论，实在是以一人之身而分为两段，一段是劳心生活，一段是劳力生活，这种人的心与力都是劳而没有意识的。这种人的劳心或劳力都不能算是真正做。真正之做只是在劳力上劳心，用心以制力。这样做的人要用心思去指挥力量，使能轻重得宜，以明对象变化的道理。这种人能以人力胜天工，世界上一切发明都是从他那里来的。他能改造世界，叫世界变色。我们中国所讲的科学原理，古时有"致知在格物"一语，朱子①用"在即物而穷其理"来解释，似乎是没有毛病的了。但是王阳明②跟着朱子的话进行便走入歧途。他叫钱友同格竹，格了三天，病了。他老先生便告奋

---

* 本篇系陶行知1927年11月3日在晓庄学校寅会上的演讲词。原载1928年1月31日《乡教丛讯》第2卷第2期。

勇,亲自出马去格竹——即竹而穷竹理,格了七天,格不出什么道理来,也就病了。他不怪他自己格得不对,反而说天下之物本无可格,所能格的,只有自己的身心。他于是从格物跳到格心,中国的科学兴趣的嫩芽便因此枯萎了。假使他老先生起初不是迷信朱子的呆板的即物穷理,而是运用心思指挥力量以求物之变化,那便不至于堕入迷途。在劳力上劳心,是一切发明之母。事事在劳力上劳心,便可得事物之真理。人人在劳力上劳心,便可无废人,便可无阶级。征服天然势力,创造大同社会,是立在同一的哲学基础上的,这个哲学的基础便是"在劳力上劳心"。我们必须把人间的劳心者、劳力者、劳心兼劳力者一齐化为在劳力上劳心的人,然后万物之真理都可一一探获,人间之阶级都可一一化除,而我们理想之极乐世界乃有实现之可能。这个担子是要教师挑的。惟独贯彻在劳力上劳心的教育,才能造就在劳力上劳心的人类;也惟独在劳力上劳心的人类,才能征服自然势力,创造大同社会。最后,我想打一个预防针,以免误解。一次有一位朋友告诉我说:"你们在劳心上劳力的主张,我极端的赞成。"我说:"如果是在劳心上劳力,我便极端不赞成了。我们的主张是'在劳力上劳心',不是'在劳心上劳力'。"

十一月三日

注　释

① 朱子　即朱熹。
② 王阳明　即王守仁。

以教人者教己* （11月5日）

"以教人者教己"是本校根本方法之一，我们也必须说得明白，方知他效用之大。昨天邵先生①教纳税计算法，就是"以教人者教己"的例证。邵先生因为要教大家计算纳税，所以就去搜集种种材料，并把这些材料融会贯通起来，然后和盘托出，教大家计算。他因为要教大家，所以先教自己。他是用教大家的材料教自己。他年年纳税，但是总没有明白其中的内幕，今年为什么就弄得这样彻底明白呢？因为要教你们，所以他自己便不得不格外明白了。他从教纳税上学得的益处怕比学生要多得多哩。近来韩先生②教武术，不是要一位同学发口令吗？这便是以教人者教己。这位同学发口令时便是以同学教同学。因为要他发口令，所以他对于这套武术的步骤就格外明了。他在发口令上学，便是以教人者教己。第三中心小学潘先生③是素来没有学过园艺的。但是他第三中心小学有园艺一门功课，他必得教。既然要教园艺，他对于园艺便要格外学得清楚些。他拿园艺教小学生的时候便是拿园艺来教他自己。我们从昨天起开始交际教学做。第一次轮流到的便是孙从贞女士，今天有客来，便须由她招待。来宾到校必定要问许多问题，孙女士必须一一答复。但她是一位新学生，对于学校的经过历史、现在状况及未来计划都是没有充分明了。因为要答复来宾的问题，她必须预先把这些事情弄得十分明白，才不致给来宾问倒。她答复来宾的问题时，从广义的教育看来，她便是在那儿教，来宾便是在那儿学。为了要答复来宾的问题，她自己就不得不先去弄得十分明白，这便是以教人者教己。我们平常看报，多半是随随便便的。假使我们要教小学生回家报告国家大事，那末，我们看报的时候，便不得不会精聚神了。我们这样看报，比起寻常的效率不知道要大得几多倍哩。这便是借着小孩讲国家大事来教自己明了国家大事。这便是以教人者教己。又比如锄头舞的歌词是我做的，对于这套歌词，诸位总以为我做了之后便是

---

* 本篇系陶行知1927年11月5日在晓庄学校寅会上的演讲词。原载1928年2月12日《乡教丛讯》第2卷第3期。

十分明了了，其实不然。我拿这歌词教燕子矶小学生时，方把他弄得十分明白。以前或可以说只有七八分明白，没有十分明白。自己做的歌词还要等到教人之后才能十分明白，由此可见"以教人者教己"的效力之宏。从这些例证上，我们可以归纳出一条最重要的学理，这学理就是"为学而学"不如"为教而学"之亲切。"为教而学"必须设身处地，努力使人明白；既要努力使人明白，自己便自然而然的格外明白了。

注 释

① 邵先生　即邵德馨。
② 韩先生　即韩凌森。

本校产生时的催生娘娘* （11月7日）

今天要同大家谈谈本校产生时候的情形。这里有一位本校产生时候的"催生娘娘"、"送子观音"，大家是不能不知道的。

在去年三月里，我曾经读了一本书，叫做《人间词话》，是王静安①先生著的。书里有这样一段话：

"古今之成大事业大学问者，罔不经过三种之境界。"

那三种境界呢？他说：

"一、昨夜西风凋碧树，独上高楼，望尽天涯路。"

这是说为大事者，先天下之忧而忧，要从高远处去望他。

"二、衣带渐宽终不悔，为伊消得人憔悴！"

这是说看清了人民的隐痛之后，要时时刻刻记念他，就是为他牺牲了一切，终不懊悔！

"三、众里寻他千百度，回头蓦见，那人正在灯火阑珊处。"

这是说，从各处各地要寻个解决，只有我们百折不回的去找他，终有一天出人不意的遇着。

我读了这一节书后，大受感动，将那时正在徘徊歧路的态度打破了，立刻起来施行我的计划。王先生今年已经在昆明湖自尽了。我听到这个消息，非常悲痛！

王先生与我虽只一面之缘，是那年范静生②先生因为要调和梁任公与胡适之两先生的意见，曾备了一席酒，请王先生和我还有其他的几位先生作陪客。在这一席上，我们虽没有深谈，王先生也不一定晓得我，但他的精神，对于我的事业，影响终是很大的。

---

* 本篇是陶行知1927年11月7日在晓庄试验乡村师范学校寅会上的演讲。记录者：操震球。发表时记录者改题为《年年今日》，并加按语说："这是陶校长在十六年十一月七日寅会里的一篇讲词，原名叫《本校产生时的催生娘娘》，为哀悼王静安先生而讲的。今天已经是我们纪念王先生逝世的两周年了，记者亦曾亲受教于王先生之门，回忆往事倍感神伤，爰将本词检出发表，藉表哀思，并告后来的诸同志。"转引自方与严编《晓庄之一页》第285~286页，上海儿童书局1934年4月出版。

今天我要将这几句话提出来同大家讲讲，就是希望我们从事乡村教育的同志，都要经过这种境界，并在每年王静安先生忌日的时候，细细的将这几句话念念。

注 释

① 王静安　即王国维。王国维在讲述三种境界时，分别引用了三首词。第一种境界引自晏殊《蝶恋花》，第二种境界引自柳永《凤栖梧》，第三种境界引自辛弃疾《青玉案》。

② 范静生　即范源濂。

晓庄试验乡村师范学校创校旨趣*（8月14日）

我们中国现在正是国民革命的势力高涨之秋。惟既有国民政治上的革命，同时还须有教育上的革命。政治与教育原是不能分离的，二者能同时并进，同时革新，国民革命才有基础和成功的希望。

本校是于本年三月开学，当时宁地战事①风云正急，三路交通，俱已断绝。而各同学冒危险，自上海、镇江，安徽、浙江、江西相继前来，本校遂得于枪林弹雨中如期开学。自开校迄今，屡经战事及其他变故，故现在设备及其他一切，俱觉不很完备。

本校的办法，是主张在劳力上劳心。本校全部生活，是"教学做"。教的法子根据学的法子，学的法子根据做的法子。我们的实际生活，就是我们全部的课程；我们的课程，就是我们的实际生活。我们每天早晨五时有一个十分钟至十五分钟的寅会，筹划每天应进行的工作，是取一日之计在于寅的意义。寅会毕，即武术。本校无体操课，即以武术代。上午大部分时间阅书。所阅之书，一为学校规定者；一为随各个人自己性之所好者。下午工作有农事及简单仪器制造、到民间去等。晚上有平民夜校及做笔记、日记等。这是本校全部大概的生活。

现在有一点我们应当注意的，就是以前的教育，都是像拉东洋车一样。自各国回来的留学生，都把他们在外国学来的教育制度拉到中国来，不问适合国情与否，只以为这是文明国里的时髦物品，都装在东洋车里拉过来，再硬灌在天真烂漫的儿童的心坎里，这样儿童们都给他弄得不死不活了，中国也就给他做得奄奄一息了！我从前也是把外国教育制度拉到中国来的东洋车夫之一，不过我现在觉到这是害国害民的事，是万万做不得的。我们现在要在中国实际生活上面找问题，在此问题上，一面实行工作，一面极力谋改进和解决。本校全体指导员及同学，都是抱有这样一个目标，所以毅然决然的

---

* 本篇是陶行知1927年8月14日在晓庄试验乡村师范学校的演讲。记录者：葛尚德。摘自《南京市教育局长及各校长参观本校记》。原载1927年9月1日《乡教丛讯》第1卷第17期。

跑到这个荒僻的乡下来。我们认定必须这样，将来中国的新教育才能产生呢！

　　以上是报告本校大概情况。敝校创办伊始，有许多不对的地方，现在请各位来宾先生们详细的批评和指导。

注　释

　　① 宁地战事　指当时北伐革命军分三路向盘踞南京之军阀实行总攻击。

中国乡村教育运动之一斑* (9月27日)

一、中国乡村教育为什么值得注意

中国是著名的农业国。据最普通的估计，中国农民占全国人口总数的百分之八十五，这就是说，全国有三万万四千万的人民住在乡村里，所以乡村教育是远东一种伟大之现象。凡关心世界问题的人们，决不至忽略这种的大问题——无论办得好不好，中国的乡村教育关系全世界五分之一的人民。

二、中国现在的乡村学校

中国现在的乡村学校，老实说起来，确实不能适应乡村的需要。他们给儿童唯一的东西是书本知识，他们从来不知道注意到农人的真正的需要。这样教育，使农村社会减少生产量，使农人富的变穷，穷的变得格外穷。这使人最不满意。所以改造农村教育的呼声，到处都可以听得到了，一个新纪元正在放射曙光咧！

三、新运动志在建设与创造

最近几年来，中华教育改进社拟订了改造中国乡村教育的计划，要使乡村教育适应中国乡村生活的需要。办这样教育的人们，都抱着研究的态度、科学的精神，以实际乡村生活，做他们探险的指南针。他们下了决心不再墨守旧法或抄袭舶来货，去重演削足适履的把戏。

现在中国正在产生新生活，占全国最大多数的农民自当得着相当训练去参加这种新生活。从前的旧传统和外国制度已经不适用，非抛弃不可，那新的方法更不期然而然的要产生了。所以中国现时的乡村教育运动是适应新农民生活需要而来的。这种新运动，可以很肯定的说，是志在建设和创造的。

---

* 本篇系中国代表致加拿大世界教育会议报告之一。原为英文稿，由张宗麟译成中文。原载1927年9月27日《教育季刊》第3卷第3期。

四、实现新运动的三个时期

这种新运动要想整个地实现出来,须分三个时期:第一时期——也可以说是最重要时期——是试验期。在这时期里,我们要设立各种试验学校去试验关于乡村教育种种方法和材料。第二时期是训练期。根据试验所得的结果,训练许多合于乡村生活的教师和其他有效的人才。第三时期是布种期。依据受过训练人才的多寡从事推广,使乡村学校可以布满全国。

五、中心小学是什么

这个新运动的出发点是开办中心小学。我们所以叫它为中心小学的意义有三:第一,以乡村生活为学校生活的中心;第二,以学校为改造社会的中心;第三,在这所学校本身已经办得有成绩了,可作训练师资的中心。现在中华教育改进社有三个中心小学:第一中心小学在燕子矶,是特约的,这所学校有六级,是一所单式编制的完全小学;第二中心小学在尧化门,也是特约的,他是用复式编制的;第三中心小学是自办的,叫作晓庄小学,是单级小学,全校只有一位教师。

以上三个中心小学,虽然因为各地需要的不同,而办法也有许多差异,但是他们确有几个共同之点:

第一,他们对于教育与人生有共同的信仰。他们以乡村生活为学校生活的中心,同时以学校为改造乡村的中心,并为小的村庄与大的世界沟通的中心。

第二,他们对于方法有共同的原则。他们的信条是:"在劳力上劳心","手到心到",以实际的工作为教学的中心。

第三,他们深信工具是教育的要素。人生教育须在人生工具上求实现。真的教育是教人发明工具,制造工具,运用工具。明了这点,就可以知道,书籍不过是人生工具的一种,不是人生唯一的工具。

第四,全校的费用是很经济的。他们的经费与邻近小学比起来是差不多的。他们要试验出最经济的标准,使各处的小学都很容易做到。因为在中国的教育经费现状之下,费用少的好小学比费用多的好小学,效力要大得多。

第五,学校既是乡村的中心,教师便是学校和乡村的灵魂。教师的人格影响于学生和乡村人民很大。他们有三个共同的资格:

(一)他们有农人的身手,他们都能够做农人的工作。第一,他们因此可以了解农民的困苦艰难和一切问题,并且容易做他们的朋友,帮助他们。第二,他们有了农人的身手,便可以利用闲暇时间做园艺等工作,像他们这样低额薪俸,种园一事,不无小补。第三,他们有了农人的身手,在乡间便有用武之地,因此便多办学之乐而少办学之苦。

(二)他们有科学的头脑。他们是虚心的,好观察和尝试。他们对于科学农业和科学上其他的新发明,都感到浓厚的兴趣,并且他们很切心希望把这些科学常识介绍给农人。这是乡村教师最应当有的态度。如此,才能控制一般农民社会的守旧性。

（三）他们有改造社会的精神。他们把自己的小学变成发电机，拿电力送到农家去，使家家发出光明来。虽然全校只有一个教师，也不觉得孤单寂寞。因为每个学生都是活的电线，把学校和社会连接起来了。我们深信学校的唯一功效，就是能使全数村民都能安居乐业，爱乡救国。

六、中心小学的活动

要想把中心小学整个的表现出来，最简单的方法是叙述他们一天的活动。乡村儿童真是像早起的小鸟，寻常在六点钟的时候都到学校里来了。他们第一件活动是整理学校。教师和学生同做，抹桌、扫地、擦窗……每个人担任一处地方，大家一齐做起来，不消半小时，把全校都收拾得清洁可爱了。在轻视儿童做实际生活的人们看起来，以为我们的中心小学教学生做下贱的工作。但是，同时也有人说："这种学校因为教育经费不裕，不得不自己操作，倒获得了生活上必需的技能。"

第二是晨会。晨会里的活动有升旗、唱歌、校长或教师谈话，散后学生方才到课堂里去。"清洁检查"是极重要的，教师和年长的学生共同执行，检查学生的脸部、眼睛、牙齿、手指等等。倘若在家里洗得不干净的，就罚他在学校洗干净。

这些活动完毕以后，就开始别种活动。无论读法、算术、写法，都和乡村生活或其他教材联络的，这些学校要乘各种机会运用文字到实际生活需要上去。例如：有一个不识字的乡人，要求学校替他写一封信，教师就请年长的学生来写。经过教师的修正，便选那最好的交给乡人。这样的写作都给相当的分数。

放午学半小时之前，教师或年长的学生，用故事式体裁对学生报告国家大事，或乡民须合作的事情。这种报告必须学生回去说给家里人听，再将家里人听了以后的反应报告到学校里来。

我们可以用灭蚊子的方法来做自然科的例子。教师事前指导学生搜集各种蚊子各期变化的标本，装在玻璃瓶里，逐步加以说明。因此儿童知道蚊子的变化和人生的关系。同时教师又指导学生知道吃蚊子的虾蟆等等动物，认他们为友军，从事扑灭蚊子的运动。

园艺是重要活动之一，有两种工作：学校设计与家庭设计。在这里我们必须叙述实行这种工作的困难。第一，农民反对教师率领儿童做学校园艺工作。他们说："我们送孩子来是读书的，不是做工的。"许多乡村教师所以失败，就是这个缘故，我们是预先料到的。事先，我们邀请了许多学生的父母，对他们说："我们想教儿童根据地上的出产，教他们读，教他们写，教他们算，使他们所能种的都会读、会写、会算，所以要种园。地上的出产他们可以带回家去，或是卖给人家。"经过这样解释，父母都赞成学校的举动了，学校的计划也就前进无碍。第二个困难是发生于单级小学里的。单级小学里学生的年龄、能力都参差得很多，在田里当然发生困难了。但是我们用了分工法做去，各个儿童都依着自己的能力忙于自己的工作，困难竟减少了。

手工科包含修理校具、校舍和制造教具、校具。教师带着学生做木工和泥水工，是学校很重要的手工。简单的科学器具，也是自己做的。

卫生科是巡回医生来指导的。学校教师跟着医生做检查沙眼、布种牛痘等简单医术，成效都很好。这几所学校里每人都有单独的手巾、牙刷、茶杯。我们希望不久再添聘巡回看护士。

团体的设计，可以用欢迎会来做例子。学生知道有学问的客人来了，一群学生和一位教师便开一个谈话会，筹备怎样欢迎客人。他们推举一个学生作主席，一个学生作纪录，编拟开会节目，指定各人的工作。他们又推定二个学生写请柬，二个学生送信邀请客人。以上的工作在半小时以内都做完了。过了一刻，客人来了，依着拟定的秩序单——致欢迎词，奏乐，来宾演说，致答词，全体唱歌……一件一件的实行下去。临了，学生还替全体摄了一张影。

校舍是公开的，给全体村民公用。信用合作社、农产物展览会、村民武术会、村民结婚的礼堂和赛会的会场，都可以借用学校的校舍场地。到了夜里还开办村民夜校，夜校也是教师来主持的。

中心小学的教师实在太忙了，到了夜里当然要想休息，所以另外想出方法来办理夜校。一个乡村里，必定有几个很能干、很肯为公众服务的人，教师就请他们来帮忙。这个计划倘若实行以后，就可增加很多的良教师，在燕子矶试验这个方法，成效很好。现在我们要编一种农民千字课，专为乡民用的，每天化一小时的工夫，四个月以后，大都能读平民报，写普通的信。这样做去，乡村学校不但能给儿童教育，也可以教成人呢！

七、乡村中心幼稚园

在中国乡村里，幼稚园格外来得需要。农忙的时候，农妇异常忙碌，她要帮助种田，要做饭煮茶，还有其他的家事。在这个时候，年长的儿童都可以帮助做事。六岁以下的孩子，真是她的累赘物了。倘若有一个地方替她看孩子，她们真是要感激不尽了。有的时候，在小学里的子女被叫回去陪弟妹；有时候，做母亲的拿了一条小凳子，抱着一个小孩子到小学里来，请教师替她看小孩子。她唯一的要求，只要求教师看顾这个孩子，不要让他走动。这是何等可怜呀！我们因此也可以知道乡村幼稚园是何等重要呀！

乡村幼稚园除了为幼稚儿童造幸福以外，还可以节省农忙时农妇的精力，又可以间接帮助小学生减少缺课——因为有许多小学生的缺课是要在家里看管弟弟妹妹，所以乡村幼稚园的功效比城市幼稚园还要大。但是寻常幼稚园的办法，实在不能够移到乡下来。中国寻常城市幼稚园犯了三个大病——贵族的、外国的和浪费的病。倘若我们要办乡村幼稚园，非根本的把幼稚园变成平民的、中国的和省钱的不可。我们已经开始研究了，也已经有些把握了。去世不久的陆慎如①女士，曾经发愿为办乡村幼稚园努力。我们此后是要本着她的牺牲精神，照着预定的计划做下去。

八、试验乡村师范学校

试验乡村师范设在晓庄，和第三中心小学邻近，距第一中心小学五里（一哩半路），第二中心小学十里。我们所以创办这所学校的目的，是要养成有乡村领袖能力的教师，目的有三：

（一）养成农人的身手；

（二）养成科学的头脑；

（三）养成改造社会的精神。

这个学校的校训是"教学做合一"：教的法子根据学的法子，学的法子根据做的法子。例如农事是要在田里做的，就须在田里学，也就须在田里教。这是合一的方法，与寻常所用的分割方法不同。按寻常的方法，师范生先受了三年半的普通训练，到了最后半年开始实习，毕业以后方才是真的做教师。我们的学生，开始就教儿童，学生们就在真切的、负责的和有指导的环境之下做先生，所以他们不但要自己学习，并且要同时学习教人，他们是以教人者教己。我们深信某件事能够教人家了解，自己方才可以算得真切的了解。我们依据这个方法，很严格的指导每个师范生到各个中心小学里去负一星期的完全责任。

全部的课程包括了全部的生活：一切课程都是生活，一切生活都是课程。我们不知道什么是课内活动和课外活动的。全部活动——教学做——可以分为五个部分：

（一）中心小学活动教学做 这部分教学做占全数时值之半。寻常师范有附属小学实习的一科，这种办法，和师范学校缺少有机体的关系。小学乃是师范的中心，先须有很好的中心小学，才能有很好的师范学校。中心小学好比是母亲，也是发电机。

中心小学活动教学做可以分做六组：国语算术组，公民组，卫生组，自然组，园艺组，游戏娱乐组。每组各设研究指导员。师范生每人可以选择一组或两组做研究指导员的助手。每个指导员研究所得，必须将经过情形和学生讨论，指导他，观察他，帮助他。小学教学做指导员由校长聘请，对于该工作负完全支配之责任。

（二）分任院务教学做 全校的文书、会计、杂务、卫生等工作，都是指导员指导学生做的。全校只有一个粗工担任挑水，其余的工作都是学生和指导员分担的，甚至烧饭、炒菜也是自己做的。烧饭的工作，在乡村教师是很重要的，因为学生们倘若送到一所没有校工的新学校里去，那末就非自己动手做饭不可了。

（三）征服自然环境教学做 这项包括科学的农业、造林、基本手工、卫生和其他教学做。

（四）改造社会环境教学做　这项包括村自治、民众教育、合作组织、乡村调查和农民娱乐等教学做。这项教学做，从学校三里路四周着手做起。每一个小村有二位去担负责任。现在已经有了十二个小村在计划中了。我们无论什么事都是以做为教学的中心的，所以这件事就算是社会工作。乡村调查，我们不在教室里学的，乃是要到十二个小村里去实行调查的。又如合作社，也是要依照各种原则，实行去组织的，不是空讲的。其他的教学做都是如此的。

二人担任一个小村庄的方法，我们希望他们和这个村庄里的人民做极要好的朋友，做一条学校与村庄通电的电线。有了这根活电线，一切的改造工作，都可以极便利的进行了。

（五）学生自动的教学做　这部分活动都是学生自动计划和决定的。大部分是关于个人的事情。

此外，晓庄师范学校里还有几个特点：学生只用书，不读书。他们在图书室里看书，不在课室里上书。他们看到书的难处才去问指导员。他们为生活而用书，不为书籍而读书。这是特点之一。

指导员和学生都是农人的样子，有时赤着脚，穿了草鞋干。学生从入学考试的一天起，就必须做农事。我们深信，我们倘要想感化农人，必须自己先受农人感化。这是特点之二。

指导员和学生只有很少的区别，他们的界限实在是分不清楚的。每个人都是教做，也都是学做。"会做的教人，不会做的跟人学"，是我们的座右铭。

学生毕业时是没有文凭的，要到毕业以后，服务了半年，有了好的成绩，方才给他证书。学生与学校的关系，虽是离校以后在社会上服务了，还是要很密切的。我们要设巡回指导员来维持学校与学生的永远关系。

九、试验幼稚师范院

在试验师范学校里，我们还要设幼稚师范院。该院以中心幼稚园活动为教学做的中心，招收乡村的女子学习。乡村小学教师的夫人、未婚妻或亲戚，尤为欢迎。该院有最显著的几个特点：

（一）可以培养许多幼稚教师，适应乡村间需要幼稚园的渴望。

（二）可以为乡村间受教育的女子们开一个新的职业之门。

（三）倘若乡村教师的夫人或未婚妻能受此种教育，将来夫妻同在一乡从事教育，可以有下列五点好处：

1. 乡村教师在乡间服务的幸福可以增进；
2. 夫妻同做教师，家庭的收入可以增加；
3. 因此乡村教师的服务期可以延长；
4. 乡村间有了女教育家，乡村妇女教育可以格外推广；
5. 这位教师的家庭，就可以组织成一个模范乡村家庭。

有了以上的种种理由和需要，所以幼稚师范院的开办，虽然有许多困难,我们还要设法使他实现的。

十、乡村教育研究部

乡村教育研究部由试验乡村研究指导员和名誉研究员组织而成,研究关于乡村教育的各种问题,以谋乡村教育实际问题的解决。大学校的学生可以来做研究员的助理。我们希望该研究部在最近期内可以充分发展,好做中国乡村教育之指针。

十一、其他事业

以上所说的中心学校、试验乡村师范和乡村教育研究部是中国乡村教育运动的主要工作。此外还有几种附带的事业,也来说明一下。

(一)招待参观　改进社为便利远道来校参观者起见,曾在少数优良校里设备床位,以便参观者作长时期的观察。这个方法,可以使乡村教育运动扩大得更快、更远。

(二)乡村教育同志会　该会有会员千人,曾议决乡村教师信条十八条,发行两星期刊物一种,即《乡教丛讯》,现在销数有二千份。

(三)乡村学校辅导员　改进社请了一位办乡村学校著有成绩的教师,做乡村学校辅导员。乡村学校要想谋学校之改进,可以先派校长或教师到中心小学来实地观察,再由辅导员去考察该校的实际状况;然后他们合拟改进的方法,由校长和教师进行,辅导员则随时前去帮忙。

(四)乡村治疗所　晓庄创办一个乡村治疗所,医生除了看乡人疾病以外,并训练师范生简单的医药卫生常识与检查中心小学儿童的疾病。

(五)乡民武术会　晓庄附近的十二个乡村里的农人倘欲受武术训练,都可由师范学校武术指导员教以相当之武术。

(六)合作社　尧化门小学宋调公先生已经办了一所小规模的合作社,成绩很好。不久在晓庄也要创办一所。我们希望把范围逐渐扩大,训练农民自己组织。

十二、结　论

以上所说各节,不过是中国乡村教育运动在南京——中国新都——的简要报告。以我们的能力所及,在广州、武昌、成都、北京、奉天、昆明各地,不久都要举办。我们最后的希望是各省各县都有这样的乡村教育做改造事业的中心。因为我们最后的目标是培养一百万个乡村教师,使全国一百万村庄都得到新生命,合起来造成中华民国的新生命。

注　释

① 陆慎如　负责筹办晓庄师范燕子矶幼稚园的指导员。

1928 年

"伪知识"阶级* （1月31日）

自从俄国革命以来，"知识阶级"① (Intelligentsia) 这个名词忽然引起了世人之注意。在打倒知识阶级呼声之下，我们不得不问一问：什么是知识阶级？知识阶级是怎样造成的？应当不应当把他打倒？这些问题曾经盘旋于我们心中，继续不断的要求我们解答。近来的方向又转过来了，打倒知识阶级的呼声一变而为拥护知识阶级的呼声。我们又不得不问一问：什么是知识阶级？知识阶级是怎样造成的？应当不应当将他拥护？在这两种相反的呼声里面，我都曾平心静气的把这些问题研究了一番，我所得的答案是一致的。我现在要把我一年来对于这些问题考虑的结果写出来，与有同样兴趣的朋友们交换意见。

我们要想把知识阶级研究得明白，首先便须分别"知识"与"智慧"。智慧是生成的，知识是学来的。孟子说："由射于百步之外也，其至，尔力也；其中，非尔力也。"会射箭的人能百步穿杨。射到一百步的力量是生成的限度；到了一百步还能穿过杨树的一片叶子，那便是学来的技巧了。这就是智慧与知识的分别。又比如言语：说话的能力是生成的，属于智慧；说中国话、日本话、柏林话、拉萨话，便是学成的，属于知识。人的禀赋各不相同，生成的智慧至为不齐。有的是最聪明的，有的是最愚笨的。但从最愚笨的人到最聪明的人，种种差别都是渐渐的推上去的。假使我们把一千个人按着聪明的大小排列成行，我们就晓得最聪明的是少数，最愚笨的也是少数，而各人和靠近的人比起来都差不了几多。我们只觉得各个不同，并找不出聪明人和愚笨人中间有什么鸿沟。我们可以用一个最浅近的比方把这个道理说出来。人的长矮也是生成的。我们可以把一千个人依着他们的长矮顺序排列：从长子看到矮子，只见各人渐渐的一个比一个矮；从矮子看到长子，只见各人也是渐渐的一个比一个长。在寻常状态之下，我们找不出一大群的长子，叫做长子阶级；也找不出一大群的矮子，叫做矮子阶级。我们在上海的

---

* 本篇的最后两段曾以《读书人》为题刊载于1928年1月31日《乡教丛讯》第2卷第2期。

大马路上或是在燕子矶关帝庙会里仔细一望，就可以明白这个道理。从人之长矮推论到人之智愚，我们更可明白生成之智慧只有渐渐的差别，没有对垒的阶级。智慧既无阶级，自然谈不到打倒、拥护的问题。

其次，我们要考察知识的本身。知识有真有伪。思想与行为结合而产生的知识是真知识，真知识的根是安在经验里的。从经验里发芽抽条开花结果的是真知灼见，真知灼见是跟着智慧走的。同处一个环境，同等的智慧可得同等的真知灼见。智慧是渐渐的相差，所以真知灼见也是渐渐相差。智慧既无阶级，真知识也就没有阶级。俗语说"三百六十行，行行出状元"。真知识只有直行的类别，没有横截的阶级。各行的人有绝顶聪明的，也有绝不中用的。但在他们中间的人，智力上的差别和运用智力取得之真知识的差别都是渐渐的，都是没有阶级可言。倘使要把三百六十行的"上智"联合起来，称为知识阶级，再把三百六十行的"下愚"联合起来，称为无知识阶级，那就是一件很勉强很不自然的事了。

照这样说来，世界上不是没有知识阶级了吗？不，伪知识能成阶级！什么是伪知识？不是从经验里发生出来的知识便是伪知识。比如知道冰是冷的，火是热的是知识。小孩儿用手摸着冰便觉得冷，从摸着冰而得到"冰是冷的"的知识是真知识。小孩儿单用耳听见妈妈说冰是冷的而得到"冰是冷的"的知识是伪知识。小孩儿用身靠近火便觉得热，从靠近火而得到"火是热的"的知识是真知识。小孩子单用耳听妈妈说火是热的而得到"火是热的"的知识是伪知识。有人在这里便起疑问："如果样样知识都要从自己经验里得来，岂不是麻烦得很？人生经验有限，若以经验范围知识，那末所谓知识岂不是也很有限了吗？没有到过热带的人，就不能了解热带是热的吗？没有到过北冰洋的人，就不能了解北冰洋是冷的吗？"这些疑问是很重要的，我们必须把他们解答清楚，方能明了真知识与伪知识的分别。我只说真知识的根是要安在经验里，没有说样样知识都要从自己的经验上得来。假使我们抹煞别人经验里所发生的知识而不去运用，那真可算是世界第一个大呆子。我们的问题是要如何运用别人经验里所发生的知识使他成为我们的真知识，而不要成为我们的伪知识。比如接树：一种树枝可以接到别一种树枝上去使他格外发荣滋长，开更美丽之花，结更好吃之果。如果把别人从经验发生之知识接到我们从自己经验发生之知识之上去，那末，我们的知识必可格外扩充，生活必可格外丰富。我们要有自己的经验做根，以这经验所发生的知识做枝，然后别人的知识方才可以接得上去，别人的知识方才成为我们知识的一个有机体部分。这样一来，别人的知识在我们的经验里活着，我们的经验也就生长到别人知识里去开花结果。至此，别人的知识便成了我们的真知识。其实，他已经不是别人的知识而是自己的知识了。倘若对于某种知识，自己的经验上无根可找，那末无论如何勉强，也是接不活的。比如在厨房里烧过火的人，或是在火炉边烤过火的人，或是把手给火烫过的人，便可以懂得热带是热的；在冰房里呆过的人，或是在冰窖里呆过的人，或是做过雪罗汉的人，便可以懂得北冰洋是冷的。对于这些人，"热带是热的，北冰洋是冷的"虽从书本上看来，或别人演讲时听来，也是真知识。倘自己对于冷热的经验丝毫没有，那末，这些知识虽是学而时习之，背得熟透了，也是于他无关的伪知识。

知识的一部分是藏在文字里，我们的问题又成为："什么文字是真知识？什么文字是伪知识？"经验比如准备金，文字比如钞票。钞票是准备金的代表，好一比文字是经验的代表。银行要想正经生意必须根据准备金去发行钞票，钞票是不可滥发的。学者不愿自欺欺人，必须根据经验去发表文字。文字是不可滥写的。滥发钞票，钞票便不值钱；滥写文字，文字也不值钱。欧战后，德国马克一落千丈，当时有句笑话，说是"请得一席客，汽车载马克"。这句话的意思是马克纸币价格跌的太低，寻常请一席酒要用汽车装马克去付账。这是德国不根据准备金而滥发纸币之过。滥发钞票，则虽名为钞票，几是假钞票。吾国文人写出了汗牛充栋的文字，青年学子把他们在脑袋子里都装满了，拿出来，换不得一肚饱。这些文字和德国纸马克是一样的不值钱，因为他们是在经验以外滥发的文字，是不值钱的伪知识。

我国先秦诸子如老子、孔子、孟子、庄子、墨子、杨子、荀子等都能凭着自己的经验发表文字，故有独到的议论。他们好比是根据自己的准备金发可靠的钞票。孔子很谦虚，只说"述而不作，信而好古"，自居为根据古人的准备金为古人清理钞票；他只承认删诗书，定礼乐，为取缔滥发钞票的工作。孟子虽是孔家的忠实行员，但心眼稍窄，只许孔家一家银行存在，拼命的要打倒杨家、墨家的钞票。汉朝以后，学者多数靠着孔子的信用，继续不断的滥发钞票，甚至又以所滥发的钞票做准备库，滥上加滥的发个不已，以至于汗牛充栋。韩文公[②]的脾气有些像孟子，他眼看佛家银行渐渐的兴旺，气愤不过，恨不得要拼命将他封闭，把佛家银行的行员杀得干干净净。他至今享了"文起八代之衰"的盛名，但据我看来，所谓"文起八代之衰"只是把孔家银行历代经理所滥发的钞票换些新票而已，他又乘换印新票的时候顺带滥发了些新钞票。程、朱、陆、王[③]纵有许多贡献及不同的地方，但是他们四个人大部分的工作还是根据孔、孟合办银行的招牌，和从前滥发的钞票去滥发钞票。他们此时正与佛家银行做点汇兑，所以又根据佛家银行的钞票，去滥发了些钞票。颜习斋[④]看不过眼，谨慎的守着孔家银行的准备库，一方面大声疾呼要严格按着准备金额发行钞票，一方面要感化佛家银行行员使他无形解体。他是孔家银行里一位最忠实的行员，可是他所谨守的金库里面有许多金子已经上锈了。等到八股[⑤]发达到极点，朱注的"四书"[⑥]被拥护上天的时候，全国的人乃是以朱子所发的钞票当为准备金而大滥特滥的去发钞票了。至此，中国的知识真正濒于破产了。吴稚晖先生劝胡适之先生不要迷信整理国故，自有道理。但我觉得整理国故如同清理银行账目一样，是有他的位置的。我们希望整理国故的先生们经过很缜密的工作之后，能够给我们一本报告，使我们知道国故银行究有几多准备金，究能发行多少钞票，哪些钞票是滥发的。不过他们要谨慎些，千万不可一踏进银行门，也去滥发钞票。如果这样，那这笔账更要糊涂了。总括一句：只有从经验里发生出来的文字才是真的文字知识，凡不是从经验里发生出来的文字都是伪的文字知识。伪的文字知识比没有准备金的钞票还要害人，还要不值钱。

　　伪的知识、伪的文字知识既是害人又不值钱，那末，他如何能够存在呢？产生伪知识的人，应当连饭都弄不到吃，他们又如何能成阶级呢？伪知识和伪钞票一样，必须得到特殊势力之保障拥护才能存在。"伪知识"阶级是特殊势力造成的，这特殊势力在中国便是皇帝。

　　创业的皇帝大都是天才。天才忌天才是很自然的一件事。天下最厉害的无过于天才得了真知识。如果政治的天才从经验上得了关于政治的真知灼见，谁的江山也坐不稳。做皇帝的人，特别是创业之主，是十分明了此中关系的，并且是一百分的不愿意把江山给人夺去。他要把江山当作子孙万世之业，必得要收拾这些天才。收拾的法子是使天才离开真知识去取伪知识。天才如何就他的范围、进他的圈套呢？说来倒很简单。皇帝引诱天才进伪知识的圈套有几个法子。一、照他的意旨在伪知识上用功，便有吃好饭的希望。俗话说"只有穷秀才，没有穷举人"，伪知识的功夫做得愈高愈深，便愈能解决吃饭问题。二、照他的意旨在伪知识上用功，便有做大官的希望。世上之安富尊荣，尽他享受。中了状元还可以做驸马爷，娶皇帝的女儿为妻。穿破布烂棉花去赴朝考的人，个个都有衣锦回乡的可能。三、照他的意旨在伪知识上用功，便有荣宗耀祖的希望。这样一来，全家全族的人都在那儿拿着鞭子代皇帝使劲赶他进圈套了。倘使他没有旅费，亲族必定要为他凑个会，或是借钱给他去应试。倘使他不去，又必定要用"不长进"一类的话来羞辱他，使他觉得不去应试是可耻的。全家全族的力量都做皇帝的后盾，把天才的儿孙像赶驴子样一个个的赶进皇帝的圈套，天下的天才乃没有能幸免的了。

　　"伪知识"阶级不是少数人可以组织成功的。有了皇帝做大批的收买，全社会做这大批生意的买办，个人为名利权位所诱而不能抵抗出卖，"伪知识"阶级乃完全告成。依皇帝的目光看来，这便是"天下英雄，尽入我彀中"。雄才大略的帝王个个有此野心，不过唐太宗口快，无意中把他说破罢了。最可叹的是皇帝手段太辣：一方面是积极的推重伪知识，所谓"满朝朱紫贵，尽是读书人"一类的话，连小孩都背熟了；一方面是消极的贱视伪知识以外的人，所谓"万般皆下品，惟有读书高"，又是从娘胎里就受迷的。所以不但政治天才入了彀，七十二行，行行的天才都入了他的圈套了。天才是遗传的，有其父必有其子。老子进了圈套，儿子、孙子都不得不进圈套。只要"书香之家"四个大字，便可把全家世世代代的天才圈入"伪知识"阶级。等到八股取士的制度开始，"伪知识"阶级的形成乃更进一步。以前帝王所收买的知识还夹了几分真，等到八股发明以后，全国士人三更灯火五更鸡去钻取的知识，乃是彻底不值钱的伪知识了。这种知识除了帝王别有用意之外，再也没有一人肯用钱买的了；就是帝王买去也是丝毫无用，也是一堆一堆的烧去不要的。帝王是醉翁之意不在酒，他哪里是收买伪知识，他只是用名利、权位的手段引诱全国天才进入"伪知识"的圈套，成为废人，不能与他的儿孙争雄罢了。

这些废人只是为"惜字炉"继续不断的制造燃料，他们对于知识的全体是毫无贡献的。从大的方面看，他们是居于必败之地。但从他们个人方面看，却也有幸而成的与不幸而败的之分别。他们成则为达官贵人，败则为土豪、劣绅、讼棍、刀笔吏、教书先生。最可痛心的，就是这些废人应考不中，只有做土豪、劣绅、讼棍、刀笔吏、教书先生的几条出路。他们没有真本领赚饭吃，只得拿假知识去抢饭吃，骗饭吃。土豪、劣绅、讼棍、刀笔吏之害人，我们是容易知道的；教书先生之害人更广、更深、更切。我们是不知道的。教书先生直接为父兄教子弟，间接就是代帝王训练"伪知识"阶级。他们的知识，出卖给别人吧，嫌他太假；出卖给皇帝吧，又嫌他假得不彻底。不得已，只好拿来哄骗小孩子。这样一来，非同小可，大书呆子教小书呆子，几几乎把全国中才以上的人都变成书呆子了，都勾引进伪知识阶级了。伪知识阶级的势力于是乎雄厚，于是乎牢不可破，于是乎继长增高，层出无穷。

皇帝与民争，用伪知识来消磨民间的天才，确是一个很妙的计策。等到民间的天才消磨已尽，忽然发生了国与国争，以伪知识的国与真知识的国抗衡，好一比是拿鸡蛋碰石头，哪有不破碎的道理！鸦片之战，英法联军之战，甲午之战，没有一次幸免，皇帝及大臣才明白伪知识靠不住。于是废八股，兴学堂，这未始不是一个转机。但是政权都操在"伪知识"阶级手中，他们哪会培养真知识？他们走不得几步路，就把狐狸尾巴拖出来了。他们自作聪明，把外国的教育制度整个的抄了一个来。他们曾用眼睛、耳朵、笔从外国贩来了些与国情接不上的伪知识。他们把书院变成学堂，把山长改为堂长⑦。"四书"用不着了，一律换为各种科学的教科书。标本、仪器很好看，姑且拣那最好看的买他一套，在玻璃柜里陈列着，可以给客人参观参观。射箭很不时髦，要讲尚武精神，自须学习兵操。好，他们很信他们的木头枪真能捍国卫民咧！这就算是变法！这就算是维新！这就算是自强！一般社会对于这些换汤不换药的学堂却是大惊小怪，称他们为洋学堂，又称学堂里的学生为洋学生。办学的苦于得不到学生，于是除供饭食发零用外，还是依旧的按着学堂等级给功名：小学堂毕业给秀才；中学堂毕业给贡生；高等学堂毕业给举人；大学堂学生给进士；外国留学回来的，赴朝考及第给翰林点状元。社会就称他们为洋秀才、洋贡生、洋举人、洋进士、洋翰林、洋状元。后来废除功名，改称学士、硕士、博士等名目，社会莫名其妙了。得到这些头衔的人还是仍旧用旧功名翻译新功名，说是学士等于秀才，硕士等于举人，博士等于翰林，第一名的博士便是从前的状元。说的人自以为得意，听的人由羡慕而称道不止，其实这还不是穿洋装的老八股吗？穿洋装的老八股就是洋八股。老八股好比是根据本国钞票发行的钞票，洋八股好比是根据外国钞票去发行的钞票,他们都是没有准备金的假钞票。洋八股和老八股虽有新旧之不同,但同不是从经验里发生的真知识,同是不值钱的伪知识。从中国现在的情形看来,科学与玄学⑧之争,只可说是洋八股与老八股之争。书本的科学,陈列的实验,岂能当科学实验之名?他和老八股是同样无用的东西。请看三十年来的科学、发明在哪里?制造在哪里?科学客倒遇见不少,真正的科学家在哪里?青年的学子:书本的科学是洋版的八股,在讲堂上高谈阔论的科学客,与蒙童馆里的冬烘先生⑨是同胞兄弟,别给他们骗走了啊!

所以中国是有"伪知识"阶级。构成中国之伪知识阶级有两种成分:一是老八股派,二是洋八股派。这个阶级既靠伪知识骗饭吃,不靠真本领赚饭吃,便没有存在的理由。

这个阶级在中国现状之下已经是山穷水尽了。收买伪知识的帝王已经消灭,再也找不出第二个特殊势力能养这许多无聊的人。但因为惰性关系,青年们还是整千整万的向着这条死路出发,他们的亲友仍旧是拿着鞭儿在后面使劲的赶。可怜得很,这些青年个个弄得焦头烂额,等到觉悟回来,不能抢饭的便须讨饭。伪知识阶级的末路已经是很明显了,还用得着打倒吗?又值得拥护吗?

但是一班狡猾的"伪知识"者找着一个护身符,这护身符便是"读书"两个字。他们向我们反驳说:"书也不应当读了吗?"社会不明白他们葫芦里卖的是什么药,也就随声附和的说:"是啊!书何能不读呢!"于是"读书不忘救国,救国不忘读书",便成了保障伪知识阶级的盾牌。所以不把读书这两个字说破,伪知识阶级的微生物便能在里面苟延残喘。我们应当明白,书只是一种工具,和锯子、锄头是一样的性质,都是给人用的。我们与其说"读书",不如说"用书"。书里有真知识和伪知识,读他一辈子,不能辨别他的真伪;可是用他一下,书的本来面目便显了出来,真的便用得出去,伪的便用不出去。也如同真的锯子才能锯木头,真的锄头才能锄泥土,假的锯子、锄头一用到木头、泥土上去就知道他不行了。所以提到书便应说"用书",不应说"读书",那"伪知识"阶级便没得地方躲了。与"读书"联成一气的有"读书人"一个名词。这个名词,更要不得。假使书是应当读的,便应使人人有书读。决不能单使一部分的人有书读,叫做读书人;又一部分的人无书读,叫做不读书人。比如饭是应当吃的,应使人人有饭吃。决不能使一部分的人有饭吃,叫做吃饭的人;又一部分的人无饭吃,叫做不吃饭的人。从另一方面看,只知道吃饭,不成饭桶了吗?只知道读书,不成为有脚可以走路的活书架子了吗?我们为避免堕入伪知识阶级的诡计起见,主张用书不主张读书。农人要用书,工人要用书,商人要用书,兵士要用书,医生要用书,律师要用书,画家要用书,教师要用书,音乐家要用书,戏剧家要用书,三百六十行,行行都要用书。行行都成了用书的人,真知识才愈益普及,愈能发现了。书是三百六十行的公物,不是读书人所能据为私有的。等到三百六十行都是用书人,读书的专利营业便完全打破,读书人除非改行，便不能混饭吃了。这个日子已经来到，大家还不觉悟，只有死路一条。凡受过中国新旧教育的人，都免不了有些"伪知识"的成分和倾向。为今之计，我们应当痛下四个决心：

一、从今以后，我们应当放弃一切固有的伪知识；

二、从今以后，我们应当拒绝承受一切新来的伪知识；

三、从今以后，我们应当制止自己不要再把伪知识传与后辈；

四、从今以后，我们应当陪着后起的青年共同努力去探真知识的泉源。

最后，我要郑重的说：二十世纪以后的世界，属于努力探获真知识的民族。凡是崇拜伪知识的民族，都要渐就衰弱以至于灭亡。三百六十行中决没有教书匠、读书人的地位，东西两半球上面也没有中华书呆国的立足点。我们个人与民族的生存都要以真知识为基础。伪知识是流沙，千万不可在他上面流连忘返。早一点觉悟，便是早一点离开死路，也就是早一点走向生路。这种生死关头，十分显明，绝无徘徊迟疑之余地。起个取真去伪的念头，是走向生路的第一步。明白伪知识的买主已经死了永不复生并且绝了种，是走向生路的第二步。以做"读书"人或"读书"先生为最可耻，是走向生路的第三步。凡事手到心到——在劳力上劳心，便是骑着千里驹在生路上飞跑了。

注释

① "知识阶级"（intelligentsia） 即知识界或知识分子的总称。把知识分子称为"知识阶级"是五四运动时期的叫法。

② 韩文公 即韩愈。

③ 程、朱、陆、王 程，即程颐与程颢兄弟，合称"二程"。朱，即朱熹。陆，即陆九渊。王，即王守仁。

④ 颜习斋 即颜元。

⑤ 八股 明清科举考试制度所规定的文体。全篇由破题、承题、起讲、入手、起股、中股、后股、束股八部分组成。"入手"后的四部分才是正式议论，以"中股"为全篇的重心。这四部分中各有两段对偶文字，共八股，所以叫八股文。其题材内容，限于四书五经，不许作者自由发挥，字数也有严格规定。用八股文取士的科举制度束缚人们的思想，阻碍科学文化的发展。

⑥ 朱注的"四书" 指朱熹所注的《四书章句集注》，包括《大学章句》一卷，《中庸章句》一卷，《论语集注》十卷，《孟子集注》七卷。朱熹在书中按其唯心主义理学的观点，对四书作了系统的注释。宋以后被历代封建统治者规定为必读的教科书。

⑦ 山长 元代书院设山长，讲学之外，并总领院务。清乾隆时改名院长，清末仍名山长。堂长，清末创设各级各类学堂后，设堂长总理校务、教务。

⑧ 玄学 指魏晋时期主要的哲学思潮。它以宣传《老子》的"玄而又玄，众妙之门"而得名。玄学主张"以无为本"，认为世界的本原是"无"，万事万物都是"无"所派生的。宣扬"无为而治"。

⑨ 冬烘先生 指思想迂腐、学识浅陋的教师。

道德问题*（6月8日）

"世风不古，人心浇薄。"我们耳闻目见已经不少，直到今日，还有恢复旧道德的声浪，也可见得五千年的旧道德势力确是不小。

旧道德三字，当然是新道德的反响。但是道德两字，只有是与不是的问题，不能有新与旧的问题。道德是人在社会上最适当的行为，所以适当的是道德，不适当的不是道德。人的本质，原有为人为己两种趋向。但是为己的行为，未必全是不道德行为；反之，为人的行为，也未必全是道德行为。因为社会、个人，是相辅相成，不是各自生存的。所以为己之极，反是为人；为人之极，亦可为己。至于如何可称道德，即在权衡这为人为己两方面，定夺最适宜之一点的所在。大概道德的原则，是在个人有充分的发展，但不致损坏在社会全体之安全；社会有支配的势力，而又不致侵害个人生存的目的。因此一来，道德两字就极难讲，因为社会状态何等复杂，个人差别何等显著，社会有流动性，个人亦有流动性，这最适宜的一点便时时发生疑问和争执。从古到今，社会不断的变化，道德也不断的迁移，没有一时，没有一地，道德性质不在那里更变。今日称为最适宜的行为，明日也未必适宜；昨日称为最适宜的，今日又未必适宜。换句话说，可以维持此一时代之社会，未必能维持彼一时代之社会。道德固是造成社会的要素，但时刻显露其裂痕，补救方法，就在时时有适宜的道德，来代替不适宜的地位。如此，社会可以常有进化，个人方面不受压迫。

欧美有欧美的道德，代表欧美社会最适宜的行为。宋、元、明、清有宋、元、明、清的道德，代表宋、元、明、清社会最适宜的行为。在欧美或宋、元、明、清的社会内，我们不能指出他道德的不是。但是社会不是只有欧美式同宋元明清式两种，以为除了欧美式只有宋元明清式的道德的心理，恐怕对于道德两字的观念有些弄错吧。总之，道德本来是习惯的制度，自然发生，不是有人可以勉强的，与法律不同。法律是行动上的，道德是见解上的。这是道德教育家应该研究的。

---

* 原载1928年6月8日《申报本埠增刊》。署名：知。

介绍一件大事（8月18日）
——给大学生的一封信

我最敬爱的同学：

　　人生为一大事来，做一件大事去。我现在愿向诸位介绍一件大事。本来事业并无大小：大事小做，大事变成小事；小事大做，则小事变成大事。小人居高位，如在厅里挂画像，挂得愈高，愈见其小。我们试把一部二十四史[①]从头数，便知道有多少人是把大事小做了。巴士德当初研究那人眼不见的微生物，便好像是一件很小的事情。但是等到瘆病虫发现以后，因他得救的人足足可以装满一个南京城。这是小事大做的效果。

　　我所要介绍给诸位的也是一件小事，不过诸位要将他大做起来，也就可以变成一件大事。请看，三家村，五家店，当中办了一个小学校，在这个小学校里面当一个教员，初看起来是何等一件小事。有许多人简直当他为一件不得已而为之的职业。但是一个小学校，少则有一二十位学生，多则一二百。老百姓送他们进学校，便是不知不觉地把整个的家运交付给小学教员。小学教员教得好，则这一二十、一二百家的小孩子可以成家立业。否则，变成败家子，永远没有希望了。所以小而言之，一个小学生之好坏，关系全村之兴衰。国家设立小学，是要造就国民以谋全民幸福。因此，全民族的民运都操在小学教员手里。德国战胜法兰西，归功于小学教师，这是人所知道的。中国之所以受不平等条约的束缚和帝国主义之宰割，追到根源，也要算教书先生为罪魁。这也是我们所不能否认的。所以小学教师之好坏，简直可以影响到国家的存亡和世运之治乱。我记得一个土地庙前写着一副对联说："庙小乾坤大；天高日月长。"小学校便有如此气魄。

　　这都是说小学虽小，是应当小题大做的。但是为何想到诸位头上来？说穿也很简单。要想小学办得好，先要造就好教师；要想造就好教师，先要造就办师范学校造就教师的教师。中国以农立国，住在乡村的人民占全人数百分之八十五，约计有三万万四千万。乡下学龄儿童以四年教育计算，约有三千四百万。每位教师教四十小学生，全国便要一百万小学教师，其中乡村教师就要占八十万人。用九年工夫训练这些乡村教师，便要二万八千位乡村师范指导员；用三年工夫训练他们，便要八万五千位乡村师范指导员。晓庄学校已经决定，自本年秋季开始乡村师范指导员之训练。我们很希望抱着兴味的大学生看清国家未来的需要，早日下乡来和我们共同挑起这个担子。晓庄学校对于诸位没有多大贡献，但在下列四件事情上，情愿尽心竭力帮助大家进修：

（一）生活农民化　我们做乡村工作的人，必先农民化，才能化农民。我们与农民共生活同甘苦，才能了解他们的困难，帮助他们解决。这是《大学》"新民"的道理，我们可以引导大家实行的。

（二）学术儿童化　乡村师范的职务，是训练小学教师；故他的指导员和普通中学的教师不同，必须明白儿童生活才能胜任。诸位所学的高深学问，必须向儿童需要折腰。儿童是诸位的总指导，我们只是儿童的助手。

（三）团体行动纪律化　我们民族最大的病根，是数千年传下来的无政府脾气！那凿井而饮、耕田而食的农民，连团体里都充满了这种脾气。要想铲除这个病根，非有严明的纪律，则一盘散沙之民族断难幸存，我们可以帮助大家，放弃个人的自由，以谋公共的幸福。

（四）建设工作下层化　种树栽花，要下面可以安根，上面可以出头，才有活的可能。人生如此，立国也如此。但有好些人只顾向上出头，忘了向下安根，所以枯死。我们应当明白，最下层的工作是最重要的工作。这种工作，又须彻底去干。一次，工人为我们凿井，没有挖到泉下就中止了，临行，要我写字送他。我就送他八个字："下层工作，务须彻底。"我们愿意同大家一齐下井，挖到活泉为止。

我们中国已经堕入老八股和洋八股的深渊里。抱着伪知识当宝贝的人，譬如在水里向着反光跑，愈跑愈近死路。惟有放弃虚光，才是走向生路。诸位如愿加入我们的团体，和我们共找生路，我们的诚恳请求是："出空脑袋里的伪知识。"我们又要报告我们并没有什么真知识奉送诸位。真知识是要自得的。但必须出空伪知识，才有获得真知识的可能。这是我们欢迎大家下乡时所要特别说明的。

注　释

① 二十四史　清乾隆时，《明史》定稿，诏刊出二十二史，又诏增《旧唐书》，并从《永乐大典》等书中辑出薛居正的《旧五代史》，合称二十四史。

《破晓》序* (11月24日)

《破晓》是楚材在晓庄摸黑路之自述。他编著成功后，要我替他做篇序，我从头到尾读了一遍，觉得好像是看活动影片，有趣得很！最有趣的，是我自己也是这套活动影片中的一个角色。看自己和朋友所演的活动影片，当然是一桩最有趣味的事。是的，《破晓》是楚材和他的伙伴在晓庄所过生活之写真——晓庄化之楚材写真，也是楚材化之晓庄写真。

说得确切些，《破晓》不是写真而是传神。我读的时候，感觉到楚材的心灵和晓庄的精神在纸上活跃。

《破晓》虽有三十多篇小品文字，但在这里面你可以看出一个一贯的人生观。这个人生观是什么？不是别的，是诗。充满晓庄的只是诗——诗的神，诗的人，诗的事，诗的物。晓庄是一部永远不会完稿的诗集。他不是个学校，若拿个学校的名目来找晓庄，一定要迷路、失望。如果硬要派他算个学校，他最多只能承认是个诗的学校。可是要拿五言、七言、古诗、律诗、白话诗这些名目去找晓庄，又要迷路、失望了。他所有的是"诗生活"、"生活诗"。除了这种诗以外，他别无长物。只有诗能说明晓庄生活的一切。

楚材写入学垦荒考试说：

白粉线一方方的划好，各人手里都拿着山锄，号笛一响，大家向荒芜的山上垦去。汗从额角上背上渐渐渗出，于是把棉衣脱去，依旧不息地垦掘，流着热汗。汗发出水蒸气，像白雾般在眼前。喘着气，呼呼地在喉间作响。不一会，锄柄上有红色粘着，心里非常害怕。这是什么咧？原来，是从薄脆的手皮里所浸出的鲜血呀！血！不管。要做一件事，要使一件事做得好，总要流汗，总要流血。

---

* 《破晓》系晓庄学生李楚材自述的著作，1932年9月由上海儿童书局印行，1933年4月再版。本文原载1929年1月30日《乡教丛讯》第3卷第2期。按作者末注查实，写作时间应为1928年11月24日早2时。

这是我们对于流血的态度。"血！不管。"没有诗的人生观，能说得这样有力吗？

在陆家避难的时候①，遇了大雨，楚材写屋漏说：

> 晚上，冷冰冰的水点，从茅草的破坏处滴到脸上，往往惊醒。喔！有趣！

只这"喔！有趣！"三字，已把寻常被人讨厌的屋漏通身诗化了。

一次将要绝粮，全校只剩一元钱，大家处之泰然，他说：

> 不！我们倘然饿死，也是为乡村教育而死。我们预备着牺牲，即使这时不饿死，别的时候也会饿死，时时会使我们饿死，处处会使我们饿死。以前从事乡村教育的死者很多了，我们虽然死，我们的事业和精神是不会死的，永久的遗留在世上。

同学们这次所受的困苦，比我十八岁流落在苏州的时候，我和我的表兄把衣服当得三百文过一日还要难些。但他们会拿一个不朽论去自慰慰人，立时便把"饿死"这件事彻骨的诗化了。他们甚至于深信他们饿死了之后不是变为饿鬼，必定是无疑的变成饿神。

楚材写养羊的故事说：

> 在一个冬天，小羊从母羊肚里诞生，一共是两个，软绵绵的非常可爱，引动了同学的好奇，聚着围观。但是这个可喜的消息，却造成了悲哀的结局：不知怎的引动了豺狼的胃口，在另一个晚上，只听得惨痛的号叫，把两个白嫩的小羊劫去了；第二个晚上，连母羊也夺了去。只剩那可怜的公羊，在夕阳西坠的时候，号着鼓盆之歌，动那西河之痛，非常凄惨的。

这是人对物的同情，也只有诗意可以说明。我们觉得自己煮的生饭是有特别香味的。我们以为土匪来了便是土匪自动上学。晓庄的粪也似乎失了本来的真味而许人亲近。这些除了诗的态度以外，又有什么可以说明呢？

楚材写高大哥②最有精彩，在诗人的目光里，高大哥浑身都是诗。倘我们用佛眼来看他，他何尝不是位弥陀佛呢？毕竟佛眼不常开，诗神也大意了些。高大哥乃不能容于晓庄，于今不知流落到何方去了！也许他已投到比晓庄更有诗意的地方而被引为上宾；也许到处遇着俗人，终身被人侮弄。总之，高大哥之去，非但是高大哥之不幸，也是晓庄的大不幸啊！诗的晓庄而不能给诗的高大哥一回旋之地，实为我们终身之大遗憾。

虽然缺了一大块，但晓庄毕竟还是个诗境，不是个别的东西。在晓庄一切诗化：困难诗化，所以有趣；痛苦诗化，所以可乐；危险诗化，所以心安；生死关头诗化，所以无畏。这是建设的达观主义，也可以说是创造的乐天主义。我很愿意介绍楚材的《破晓》，因为在这里面，大家可以看见这主义已经起身，正在梳妆台前照着镜子，欣赏他自己的美丽咧。

注 释

① 晓庄学校于1927年3月建校时，无校舍，师生暂借燕子矶小学住宿。后因北伐革命军进军南京，在战火中，师生散居周围农友家中。陆家，指农友陆健祥家。
② 高大哥　即高祥发。

1929年

图书馆之真意义* (1月28日)

今日各省皆有代表,知行以会员资格出席,极为愉快。图书馆事业之进步可分为三时期:一为藏书时期,即收罗与庋藏;二为看书时期;三为用书时期,即书为人所用,而非人为书所役,此时期实为图书馆之新纪元。治外交者,不可不用外交书籍;从事政治者,不可不用政治书籍;作工者,不可不用做工之书籍;做农者,不可不用做农之书籍。世上有两种人生活极无意义:一为读书而不做事,一为做事而不读书。此两种人之生活各有所偏,均属毫无意义。敝校①现在造一小规模之图书馆,其名似嫌太长,名为"书呆子莫来馆"。盖专为用书而设,非为书呆子而设也。余常谓酒迷、色迷、财迷与书迷实同一意义。酒迷为酒所迷,色迷为色所迷,财迷为财所迷;而书迷亦同样为书所迷,换言之,即为书所役。图书馆之设置,对此点须特别注意,不然即失去图书馆之真意义矣。

注 释

① 敝校 指晓庄学校。

---

* 本篇为1929年1月28日在南京金陵大学科学馆召开的中华图书馆协会第一次年会上的演讲。这次年会由著名图书馆学家李小缘主持。会上陶行知被选为15人组成的执行委员之一。原载《中华图书馆协会第一次年会报告》。

地方教育与乡村改造*（2月）

教育就是生活的改造。我们一提及教育便含了改造的意义。教育好比是火，火到的地方，必使这地方感受他的热，热到极点，便要起火。"一星之火，可以燎原"，教育有这样的力量。教育又好比是冰，冰到的地方，必使这地方感受他的冷，冷到极点，便要结冰。教育有力量可以使人"冷到心头冰到魂"。或是变热，或是变冷，都是变化。变化到极点，不是起火便是结冰。所以教育是教人化人。化人者也为人所化，教育总是互相感化的。互相感化，便是互相改造。

社会是个人结合所成的。改造了个人便改造了社会，改造了社会便也改造了个人。寻常人以为办学是一事，改造社会又是一事，他们说："办学已经够忙了，还有余力去改造社会吗？"他们不知道学校办的得法便是改造社会，没有功夫改造社会便是没有功夫办学，办学和改造社会是一件事，不是两件事。改造社会而不从办学入手，便不能改造人的内心；不能改造人的内心，便不是彻骨的改造社会。反过来说，办学而不包含社会改造的使命，便是没有目的，没有意义，没有生气。所以教育就是社会改造，教师就是社会改造的领导者。在教师的手里操着幼年人的命运，便操着民族和人类的命运。

寻常人又以为改造社会是要多数人干，决不是少数教师所能胜任的。尤其在穷乡僻壤中的小学有时只有一位教师，更觉得单身匹马不能有所作为。他们说："教师岂能独脚戏？"说这话的人忘记了他的四周都可以找着同志。孔子说："十室之邑，必有忠信。"又说："德不孤，必有邻。"这是孔子的经验谈。乡村虽小，必定可以找得着几位黄泥腿的领袖和我们合作。只须找着一两位，进行起来便能事半功倍。不但如此，同志便在眼前，一个个学生都可以成为活龙活虎的小同志。只要教师们放下孤高的架子，改造乡村的忠实同志正多着咧。

---

* 本篇原载1929年2月《地方教育》第1期。

寻常人又以为改造社会是劝人家干或替人家干。这两种方式都是表面的工作。劝人戒烟、戒赌，或是劝人爱人、爱国，都是自己用嘴说说，便要人家负实行的责任，当然是没有多大效验的。有些人见他没有多大效验，便改变方针，替人家干。这样一来，受替代的人便难免发生惭愧，如不惭愧，便要发生依赖。自己居于高尚的地位，而令人惭愧；或自己处于赈济的地位，而令人依赖，都不是好法子。替人家干还含有一个不稳固的因子，就是到了终局，难免人存政举，人亡政息。那末，社会改造究竟要采取什么方式？依我看来只有团结同志，共同去干，方能发生宏大久远的效力。真团体是要从扫除公敌、图谋公益、发挥公意上创造出来的。

　　寻常人最后还有一个误解，就是误认读书为教育，只要提到教育，便联想到读书认字。他们以为一切教育都从读书认字出发。他们只管劝人家识字读书，不顾到别的生活需要。识字读书是人生教育的一部分，谁也不能否认。但是样样教育都硬要从教书入手，走不得几步便走不通了。乡村里面十岁以上大多数的儿童教育，大多数的成人教育，都要从经济及娱乐两方面下工夫，读书认字只好附带在这里面去干。倘使一定要从读书认字出发，怕是多数人不能接受，那末，对于改造社会的影响，便是很有限了。

　　上面所说的几点，都证明地方教育及乡村改造的成败，是靠着人才为转移。所以培养乡村师资是地方教育之先决问题，也就是改造乡村的先决问题。不在培养人才上做工夫，一切都是空谈。现今各县对于乡村教育及乡村改造已有浓厚的兴趣，但是对于一县的乡村师范，每年只肯化数千元。固然也有多化的，但是寥若晨星。我们要想达到运用教育改造乡村的目的，必须出代价去培养教师，去培养教师的教师。江苏加征亩捐是个最好的机会，我以为在这义务教育萌芽时期，这笔钱应当多用于培养教师，少用在开办新校。教师得人，则学校活；学校活，则社会活。倘使有活的教师，各办一所活的小学，作为改造各个乡村的中心，再以师范学校总其成，继续不断的领导各校各村前进，不出十年，必著成效。依我的愚见看来，这是地方教育根本之谋，也是改造乡村根本之谋。

这一年*　（3月15日）

晓庄学校头一年摸黑路的经过，已经在一周纪念刊①上发表过。现在我要从同志们在第二年所探获的结果里，拣那含有普遍性的报告出来，以供大家参考，并求指教。

（一）**二亲原则**　我们自从跳进实际生活中去工作，便觉得真正的教育，必须使学者和人民万物亲近。与人民亲近是"做人"的第一步，与万物亲近是"格物"②的大门口。专在书本上学"做人""格物"的道理，究嫌隔膜。所以我们要把汗牛充栋的书本移在两旁，做我们生活的助手，不可使他们立在中央，把我们和人民、万物的关系离间掉。

（二）**教学做合一**　我们时常听见这样的批评："教学做合一，好是很好，怕初级中学以下的学生不容易行。"我们现在可以答复："教学做合一不但初级中学能行，小学也能行，就是幼稚园也无不可行。"本来，教学做合一只是生活法。既是生活法，那末，凡是活人都是能行的。只须看看晓庄幼稚园小朋友所种的菜，这种问题是不必辩论了。教学做合一的制度最须要考核。在这一年之终，我们已经找到了具体办法去考核成绩，以后进行自可比从前更有把握。

（三）**集团的中心**　我们开始便主张以乡村小学做改造乡村社会的中心。倘使单凭一个光棍的小学去改造社会，力量当然薄弱，收效也是很慢。不过倘使小学教师转个念头，把好村民以及小学生都当为合力作战的同志，力量也就不孤了。如果进一步，把一县或一区的中心小学团结联络起来，而以一乡村师范总其成，那末，力量既然集中，收效自可加速。这种集团的中心，本校正在试验着。

（四）**乡村幼稚园**　幼稚园为乡村最需要的一种教育，已由理论而得到实际的证明。这一年中，晓庄幼稚园、尧化门幼稚园、万寿庵幼稚园、和平

＊ 本篇是陶行知为纪念晓庄学校建校二周年而写的。原载1929年3月15日《乡教丛讯》第3卷第3期第1号晓庄学校《二周纪念特刊》，后在《地方教育》发表时，改题为《第二年的晓庄》。

门幼稚园，继燕子矶幼稚园而起，不久便可以普及到中心小学所在之村庄。这是乡村儿童教育的基础，乡村妇女教育的大关键，应当切实推广的。

（五）**生活教育的五目标** 生活教育的目标，分析开来，在乡村小学里，应当包含五种：一、康健的体魄；二、农人的身手；三、科学的头脑；四、艺术的兴趣；五、改造社会的精神。我主张以国术③来培养康健的体魄，以园艺来培养农人的身手，以生物学来培养科学的头脑，以戏剧来培养艺术的兴趣，以团体自治来培养改造社会的精神。园艺、生物、团体自治已稍有成效可睹，国术与戏剧尚待试行。

（六）**大家一同干** 民众活动有三种方式：一是劝民众干，二是替民众干，三是和民众一同干。晓庄取第三种方式，和民众一同干。我们觉得劝民众干是自己处于旁观地位；替民众干是令民众处于旁观地位，更有人存政举、人亡政息之弊。惟独加入民众当中做一分子和他们一同起劲的干，才是最有效的民众活动。

（七）**经济中心的乡村妇女教育** 乡村妇女教育若从文字入手，往往失败。晓庄开办乡村妇女教育失败过三次，引起不少人的灰心。但是抱着屡败屡战的精神，我们便决定改变方法，以生利训练为中心，而以文字和别种训练为副。现在试验期短，尚不能有具体成效，但似乎是一条比较可以走得通的路。

（八）**民众的武力** 从前晓庄五里以内有烟馆二十六所，新年赌博遍地皆是，匪警也是常有的。但是自从联村自卫团组织以来，民众的武力造成，公安局及驻军联盟缔结，四十里周围之烟赌匪患便一扫而空。试以赌博为例，茶馆一有赌博，小学生便潜去参观。学校一年教不好的孩子，赌场一天可以把他教坏。那末，造成民众武力以扫除那毁坏教育工作之恶势力，怕也是我们应当注意的一件事吧。

（九）**戏剧力量的伟大** 南国社④同志第一次到晓庄来的那一天是最可纪念的。那天晚上我们看见革命的艺术初次下乡与革命的教育携手。不久，我们便成立了晓庄剧社，把农民生活捧上舞台。阴历正月从元旦起演了五天。连赌场烟馆的民众，都被我们吸收来了，这是多么痛快的事啊！而且受着公演的压迫，演员对于音乐、文学、国语、应对以及种种人生艺术，都可借以一日千里的前进。我们深信戏剧有唤醒农民的力量。从心头滴下来的眼泪是能感动人的。

（十）**想到而没有做到的** 我们还有几件想到而没有做到的事情，写出来请乡村教育同志注意。一是县知事训练的重要。县长为亲民之官，在历史上享有特别重要地位。现在以县为自治单位，这个位置是要格外显得重要了。有了好的县长，乡村教育同志一年可以干出十年的成绩；没有好的县长，十年做不出一年的事业。培养两千位好县长，中国乡村教育，不，中国的建设，可算是干成一大半了。二是农暇副业的重要。中国农人全年约有五个月空闲没得事做，假使能乘这个机会训练他们些副业，那末，他们的生计立刻可以好些。三是如何训练农民享受工业文明的利益而不致被他淘汰。中国虽是以农立国，但趋势是向着工业文明前进的。如何叫机器为农人做工而不致把农民吞掉，是乡村教育一个顶大的问题。

最后，我还要说去年所说过的一句话：要想完成乡村教育的使命，属于什么计划方法都是次要的，那超过一切的条件是同志们肯不肯把整个的心献给乡村人民和儿童。真教育是心心相印的活动。唯独从心里发出来的，才能打到心的深处。

注　释

① 一周纪念刊　指1928年《乡教丛讯》晓庄学校建校一周年纪念特刊。
② 格物　推究事物的道理。出自《礼记·大学》："致知在格物，物格而后知至。"
③ 国术　即武术。
④ 南国社　剧作家田汉于1925年创建，设有文学、戏剧、音乐、电影等部门，以戏剧为主。1930年因参加左翼戏剧活动被国民党当局查封。

《在晓庄》序*（4月28日）

晓庄以十三位同志开校，本海是最先来和我商议加入乡村教育战线的。他和我本是好朋友，我到上海，时常与他会面。十五年之末，试验乡村师范的计划草成，我带到上海来筹备，于是我们有长期间的接谈。因此他对于乡村教育之改革运动，有最深切之了解与信仰。他的家累，他的经济压迫，朋友的冷淡态度，都阻止他前进；但他深信乡村教育为救亡大计，所以毅然决然排除一切困难，加入我们的战线。他给陆费伯鸿①先生的信说：

"近有一重大发展，方放射其光芒于吾国教育界中，足以使吾国奄奄垂毙之教育，立获一勃勃之生机。以晚之浅识测之，吾国此后之教育方针，行将依此潮流而一变其历来之趋向。"

这是何等坚强之信念！引他参加乡村教育运动便是这种信念，将来能使他对于乡村教育有所贡献的也靠着这信念之发扬光辉。

十六年八月在全国学生会中，他提出了一个议案："要完成国民革命，须厉行乡村教育。"霹雳一声，把"你不好，打倒你，我来做"而忘了第九字②的朋友们的注意，都吸收到乡村教育上来了。他主张扩大乡村教育革命联合战线。他说：

"乡村教育问题至为繁剧，且与土豪劣绅处处短兵相接，非有农人身手，菩萨心肠，科学头脑，哲人目光及大无畏精神之青年男女踊跃加入，万难成功。所以希望全国学生界忠实同志们，依据才能兴趣正式或随时加入乡村教育革命战线，齐心奋斗，以竟全功。"

---

* 本篇是陶行知为程本海所著《在晓庄》一书写的序，书中原题为《陶序》。《在晓庄》，1930年1月中华书局版。

他在晓庄头一年的精神完全献与这件事。他唤醒了不少的青年,增加了不少的生力军。

著者为人和蔼,不但同志爱他,农人也爱他,最爱他的是小朋友。他在农人和小孩子当中结交的朋友特多,这是他在晓庄最有精彩的生活,也是他最有意义的生活。我们在这本书中所得到的最大的安慰,便是他和农友、小朋友的谈心。

他是一位勇于任事的人,在出发前,他有一首自勉的诗:

>战鼓响了!
>血钟鸣了!
>振作你的精神,
>准备你的身手,
>充实你的子弹,
>奋勇的,
>忠实的,
>出发前方去干!
>干!干!!干!!!

他拼命的干。现在病了,还是要干。我很希望他此后恢复康健之后,要把一生的事,匀在三十年里从容的干,不要把一生的事,挤在三年当中急急的干。有时,不干的干比干的干还要重要的多啦。

注 释

① 陆费伯鸿　即陆费逵。
② 指忘了"你不好,打倒你,我来做"这句话中的第九个字——"做"。

生物学或死物学（5月）

——致郑先文

先文吾弟：

　　我现在想和你讨论发展晓庄生物学之方针。一般学校研究生物学之方法，除了读死书之外，如果有实验，便是杀生。教师变成屠户，生物馆不啻为死尸陈列所。晓庄生物学应该注重养生。我们的责任在指导孩子和生物做朋友，认识它，爱护它，研究它，等它死了再把它陈列出来，作为永久之纪念。我希望你把十分之九的经费用在养生上，造成一个生气勃勃的生物园。这是小学生物学之康庄大道，你照这样进行，是决没有错的。祝你康健，祝小朋友快乐，祝众生各得其所。

陶知行

"做学教合一"的总解释* (7月)

一、"做"字的新定义

"做学教合一"应集中在一个"做"字上面,这是当然的。因为"做学教合一"的理论,也是集中在"做"之一字。所以必先要把"做"字彻底的说明一番,然后其余的问题,便可迎刃而解了。

"做"字有个新而特别的定义,这定义,就是"在劳力上劳心"。单纯的劳力,只是蛮干,不能算"做";单纯的劳心,只是空想,也不能算"做"。真正的"做",只是"在劳力上劳心"。

我们"做"一件事,便要想如何可以把这件事做得好?如何运用书本?如何运用别人的经验?如何改造用得着的一切工具?……那末,才使这件事做得好。

同时,还要想到这事和别事的关系,这事和别事的互相影响。我们要从具体想到抽象;从我相想到共相;从片段想到系统。这都是"在劳力上劳心"的功夫,不如此,则既不是"在劳力上劳心",也便不是真正的"做"了!

二、"做"与各器官的关系

做事必须用器官。做什么事,用什么器官。耳、目、口、鼻、四肢、百体……都是要活用的。所以有的事,要用耳做;有的事,要用眼做;有的事,要用嘴做;有的事,要用脚做;有的事,要用手做;有的事,要用它们——耳、目、口……一起来分工合做。

中国教育普通的误解,以为是:用嘴讲,便是"教";用耳听,便是"学";用手干,便是"做"。这般一来,不但是误解了"做";也便是误解了"学"和"教"了。

---

* 原载徐德春著《做学教ABC》第39~62页附录(一),1929年7月初版,上海世界书局印刷发行。

我们主张"做学教"是一件事的三方面：对事说是"做"；对自己的进步或退步说是"学"；对别人的影响说是"教"。做要用手，即学要用手，教要用手；做要用耳，即学要用耳，教要用耳；做要用眼，即学要用眼，教要用眼。做要用什么器官，即学要用什么器官，教要用什么器官。

三、"做"与一般工具的功用

"做"不但要用身上的器官，并且要用身外的工具。"做学教合一"的主张是：做什么事，便要用什么工具。望远镜、显微镜、锄头、斧头、笔杆、枪杆、书本子……都是工具，物虽死而要用活的工具。

中国目今教育界，还有一个更凶的误解是：一提到教育，就联想到笔杆和书本，以为教育便是读书和写字。除了读书写字以外便不是教育。我们既以"做"为中心，那么，"做"要用锄头，即学要用锄头，教要用锄头；"做"要用斧头，即学要用斧头，教要用斧头；"做"要用书本，即学要用书本，教要用书本。吃面要用筷子，喝汤要用匙子，这是谁也知道的。倘使有人用筷子喝汤，用匙子吃面，大家定是不约而同的笑他是个大呆子。但是我们教育界现在何尝不是很普遍的犯了这个流行症？！

中国的教员、学生和一般人的见解，实在太迷信于书本了！他们以为书本可以耕田、织布、治国平天下；他们以为要想耕田、织布、治国平天下……等事体，只要读读书，就可以会了！

书本固然是个重要的工具，但书本以外的工具还多着呢！你们试看一般的学校，专重于书本之传授，所以讲书便成为教；读书便成为学；而那用锄头、斧头的……便算是做了。

这是"做学教"分家。他们忘记了书本也是"做"事所用的工具，看不出是和锄头、斧头一样的东西，于是就成了这差之毫厘、谬以千里的误解了！

做一件事，要想干得好，须用锄头的便用锄头；须用斧头的便用斧头；须用书本的便用书本；须合用数样、数十样工具的便合用数样、数十样的工具。我们当然不是排斥书本，但决不许书本做狄克推多[①]；更不许书本与"做"脱离关系，而成为所谓"教学"的神秘物。

四、公共的中心

"做学教合一"，有个公共的中心，这"中心"就是"事"，就是实际生活。怎样是实际生活？说得明白点，就是日常生活。积日为年，积年为终身，实际生活，便是人生的一切。分析开来，战胜实际的困难，解决实际的问题，生实际的利，格实际的物，爱实际的人，求实际的衣食住行，回溯实际的既往，改造实际的现在，探测实际的未来。这些事总结起来，虽不敢说概括全部人生，但人生除了这些事还有什么？在做这些事上去学、去教，虽不敢说有十分收成，但是教成的与学得的，必是真本领。实行这种教育——

做学教合一———的学校或社会,虽不敢必其进步一日千里,但是脚踏实地的帮助人类天演历程,向上向前运行,决不至于落空,那是可以断言的。换言之,决不致教育人类和社会没有进化或致退步,这是"做学教合一"可以自慰而慰人的。

五、教育是社会经验之改造者

"教育是传递社会的经验"。这句话不能概括一切教育。假使教育是仅仅把社会的经验传递下去,那就缺少进步的动力。所以与其说"教育是社会经验之传递者",不如说"教育是社会经验之改造者"。

教育上之所谓经验,原有两种意思:一种是个人的;一种是人类全体的。但是经验无论属于个人或人类全体,决无超越时间和空间的可能。我们至多只可说:有些社会经验,是不限于一时代,一地域的。经验又有直接和间接的分别,这当然是不可否认的。

六、接知如接枝

直接的经验,就是真知识;真知识是要安根在经验里的。但是样样的知识,都要从自己的直接经验上得来,这是大圣大贤也势所不能的。因为我们若抹煞别人经验里所发生的知识而不去运用,那真可算是大呆子了!

例:比方某甲因触电而几至毙命,这是某甲从经验里得来的真知识;假使某乙在旁见了,他不知运用某甲的经验,而自去触电毙命,事前不会用某甲的经验来求避免以致枉死。我相信这样的大呆子,连枉死城中也不易找得出的"凤毛麟角"吧!

我们应该知道,在"做学教合一"的原则下,最重大的问题是要如何运用别人经验里所发生的知识,使它成为我们的真知识,而不要成为我们的伪知识。

例:比如接树,这一种树枝,可以接到别一种树枝上去,使它格外发荣滋长,开更美丽的花,结更好吃之果。

如果把别人从经验里发生出来的真知识,接到我们从自己经验里发生出来的真知识上面去,那么,我们的知识必定格外扩充,生活必可格外丰富。

不过,我们要有自己的经验做根,以这经验所发生的知识做枝,然后别人的知识方才可以接得上去,别人的知识,方才成为我们知识的一个有机部分。

这样一来,别人的知识在我们的经验里活着,我们的经验,也就要生长到别人的知识里去开花结果。至此,别人的知识便成了我们的真知识;其实,它已经不是别人的知识而是自己的知识了。倘若对于某种知识,自己的经验上无根可找,那么,无论如何勉强,也是接不活的。

以上便是"做学教合一"原则之下的所谓"接知如接枝"的道理。简言之,就是说:我们必须有从自己经验里发生出来的知识做根,然后才能把别人的经验接得上去。假使自己对于某事毫无经验,我们相信他决不能运用或了解别人关于此事的经验。

七、举一知万

人类全体的经验,虽和个人有些分别,但是我们必须有个人的经验做基础,然后才能了解或运用人类全体的经验。我们必须以个人的经验做基础,来吸收人类全体的经验。孔子说:"举一隅,不以三隅反,则不复也。"荀子曰:"以一知万。"无论他是"一隅反三",或是"以一知万",我们可以知道那个"一"字,必定是安根在自己经验里的。我们更应该知道:自己经验里的"一",是一切知识的起点,有了这个"一",才能收"三反"、"知万"之效。

墨辩分知识为闻、说、亲三种。"说曰:'知:传受之,闻也;方不廑,说也;身观焉,亲也。'""闻知",是别人传授进来的;"说知",是自己推想出来的;"亲知",是自己经验出来的。依"做学教合一"的理论说来:"亲知"是一切知识的基础;没有"亲知"做基础,"闻知"和"说知",均系不可能的事体。——因为没有"亲知"作安根。

八、以哥仑布发现新大陆为证

现在可以引哥仑布发现新大陆一事为证:如果我们很正确的知道哥仑布发现新大陆的经过,恐怕要请国民政府效法西班牙王,拨下一只大帆船,横渡大西洋才行。即使这样办,我们也不能得到完全与哥仑布相同的经验,因为现在的情形和我们的同伴,决不能和哥仑布那时候一样。

可是,我们为什么这样正确的知道他发现新大陆的经过?即使是探险家,也不须复演这套老把戏;现在已有更好的海船和工具,决不致发呆气去模仿哥仑布。"做学教合一"的理论,既不曾主张普通人去模仿特殊人物的特殊事业。"做学教合一"的实际,也不曾主张现代人去复演前代人物之过去事业。那末,所要知道的,是哥仑布发现新大陆的大概情形和影响。但是,要使人知道这件事上,便有两种不同的办法:一种是迷信书本的记载,别人的演讲以及所有代表经验的储藏库,以为只要读哥仑布的书本,听哥仑布的故事,便能十分明白,再也用不着任何直接经验了。

一种是确信直接经验为了解一切事实的基础,所以要想大略了解一切事实的基础,要想了解哥仑布之发现新大陆,也必要各个人的直接经验做基础,才能了解别人所写所讲的哥仑布故事,才能推想到哥仑布当年的航海情形,想象出哥仑布发现新大陆以后的影响。

假使只知运用书籍演讲,那是和第一种迷信书本的记载,迷信别人的演讲的人,简直是"半斤八两"。所以他若能进一步审查那用以了解书本演讲中之哥仑布个人直接经验是否充分;如不充分,他便认为他的第一责任是使学生在"做"上补充这种经验,然后再叫学生去看书、听讲、推论。否则,那便是"耳边风",或是"走马看花",决定接不上丝毫真知识来。无论你说者说得"天花乱坠",写者写得"琳琅满纸",终生不出半点影响来的。

用以了解哥仑布发现新大陆所需的直接经验是什么?这可不能一一数出,只好提要例举数种:坐过帆海船,渡过海,在海里遇过大风暴雨,受过同事阴谋加害,看过野人生活,住过荒凉大陆……诸如此类,都是了解哥仑布故事的直接经验。如果没有渡过海,不得已而求其次,也要渡过湖;再其次,也要渡过江;更其次,也要渡过河;万不得已,也要看过池塘。倘使没有坐过海帆船,不得已而求其次,也要坐过鄱阳湖里的民船;再其次,也要坐过秦淮河里的花船;更其次,也要坐过西湖或湘湖里的小划船;顶顶起码,也要看过下雨时,堂前积水上之竹头木屑,在水面上如何如何的飘泊。倘使这些直接经验,一点也没有,那我不知道他们打从哪里来会懂得哥仑布之探险?!

九、以火星为证

火星里的生活,必须到火星里面去过,才能知道清楚。假使我没有去,但至少也要有人到过火星回来,把火星里的生活告诉我,同时,我又有足以了解这生活之基本经验,才能间接知道清楚。

但是,如今还没有人到过火星,那末,火星里的生活,是决没有知道清楚的。关于火星的事,现在知道最正确的,也不过是用望远镜所能看到,用算术所能推算得出的知识而已。最大的天文学家,也只能承认他对于火星只知道一点皮毛。虽然只知道这点皮毛,但"做学教合一"的天文学家,必定要在天文台上,用望远镜及高等数学,在"做"上去求得关于火星的知识。万一得不到望远镜,也至少要用肉眼对着火星去考究。关于火星的书,他是要看的;关于火星的演讲,他是要听的;但他必定要得到最好的望远镜看一看,才算甘心!不然,他假使一有办法,必定要到火星里去与火星人共同过一次生活,才能满足他的求知欲。

十、以空气为例

分子运动、原子运动、电子运动……都是科学家从研究物质上推想出来的理论以解释种种物质的现象。我们要想真正了解这些理论,必须从研究物质的现象入手。在研究物质的现象上"做学教",是了解这些现象上的理想中最有效的办法。倘使真要拿分子运动里的生活来说明"做学教合一",我们便可举空气为例:分子运动速率增加便觉热;速率减少便觉冷。我们要想明白分子运动的速率,这气候的冷热,却是眼面前一个最显明的例子。

十一、以飞机无线电为例证

飞机和无线电的知识,可分为二级:第一级是制造的知识。制造飞机和无线电的知识,都要从制造上得来,方为有效。他要在造上学,在造上教,才能一举而成。若单在书上学，在书上教，等到造的时候，势必重新学过，则以前所学的等于耗费了！

第二级是要了解知识。这级知识，可从别人那里或书本上的经验得来，但学的人，必须有些基本的直接知识才能接得上去。这些基本的直接知识，都是从"做"上得来的。倘使没有从"做"上得来的基本的直接知识，那么，书上所写的飞机，嘴里所讲的无线电话，都与学的人漠不相关。

十二、"做"是学教的基础

有了上面的总解释，我们可以相信"做"是"学"的一切、"教"的一切之基础。那就无往而不应在"做"上学，"做"上教。但是人生几何，至多亦不过百年已耳。事实上那里做得完、学得完、教得完？我们只要遇一事则估量价值，拣那对人生最有贡献的、最合乎自己的才能需要的去做、去学、去教。那不能参加的只好不参加，不必需要的就不要，不能做的也只好不做。除此以外，还有什么办法呢？

不过，人生既为一大事而来，就该做一大事而去！只要在"做学教"的立场上，打定"做"的基础就是了。

十三、以牛顿为证

牛顿看见一个苹果落下地上，便发一问："为什么这苹果不向天上飞呢？"从苹果下坠推到一切，于是想出万有引力的理论，以解释这些现象。牛顿看见苹果下坠，便是用眼做；他从苹果下坠，就推想到一切，以至想出万有引力的理论，乃是用脑做了。

十四、阳明学说之背谬

王阳明先生虽倡"知行合一"，但是不知不觉中，仍旧脱不了传统的知识论之影响，又误于良知之说，所以一再发表"知是行之始，行是知之成"的言论。"做学教合一"的人，都知道这种见解，愈研究愈不对。余认为："行是知之始，知是行之成。"此种议论，恰与阳明先生相反。

谁也都知道：古今中外所发现第一流的真知灼见，实无一不是从"做"中得来。哲学家之发明学说，宗教家之创立教义，何尝有一例外？上面所说的牛顿已是一个铁证。兹更引二三中外哲人，以资说明：

1. 孔子少贱，故多能鄙事。他入太庙，每事问。晨门称他是知其不可而为之者。多能鄙"事"，每"事"问，知其不可而为之，便是孔子发明他的哲学之根源。

2. 达尔文、瓦雷士[②]的天择学说，不是从天上凭空掉下来的，也不是从脑筋里空想出来的；乃是在动植物中，经年累月的一面干，一面想；干透了，想通了。然后才有这样惊人的发见。

3. 耶稣基督、释迦牟尼之创立教义，也不是凭空冥想出来的。试把佛教经典及基督教的《新约全书》，打开一看，便知道他们所阐明的教义，并不是整套同时公布出来；他们是在众生中，随行随明，随明随传的。

由此，我们可以下一结论曰："'哲学起于怀疑'，'宗教起于信仰'；怀疑与信仰，都是应生活需要而来的，都是在做学教合一上面发见的。"

十五、不承认精神与身体分家

我们既以"在劳力上劳心"算为"做"的定义，当然不能承认身体与精神分家。自动的涵义，便是同时具有力与心之作用，即同时要求身体与精神之合作。"做学教合一"，既是人生之说明，所以人人都在做，都在学，都在教。但是"做"错了，学与教都跟着错。

怎样会"做"错呢？错用目的，错用器官，错用工具，错用方法，错用力量，错走路线。……这些，都会叫人做错，即会叫人学错、教错。

"做学教合一"的要求是：事怎样做，便怎样学；怎样学，就怎样教。教的法子，根据学的法子；学的法子，根据做的法子。做一件事，就免不了这三方面。所以，"做学教"是有连环性的。

十六、以革命为证

革命这件事，要怎样"做"才能成功？这是我们要首先考察明白的。我们试分析起来，觉得要想革命成功，须有种种条件如下：

1. 适应现代中国需要之主义；
2. 忠勇廉洁爱民的领袖；
3. 纪律严明、器械精良的武力；
4. 特具独立发明之学术；
5. 开源节流的财政；
6. 训练自立爱国民众之教育；
7. 联合世界上以平等待我之民族；
8. 贴标语；
9. 游行……等等。

假使革命要满足这些条件才能成功，那末，革命"做学教"就该在这些事上整个的"做"着；在这些事上整个的"学"着；在这些事上整个的"教"着。

倘若把头几样撇开，只以"贴标语"、"游行"为能事，做虽是做，却是做错了！因为把以前几样抛开，这是忘本的。所以你在"贴标语"或"游行"时，在这"做"上，至少须把以前的条件"学着"、"教着"，那么，方才发生效力，否则，是徒劳而无功的！

十七、做学教原则下的看书

"做学教合一"的学校，看书的时间，是有规定的；所看的书，也有一部分是指定的。但比别的学校，要自由得多。所以对于书籍，有一条方针：做什么事，用什么书。它——做学教——极力反对为读书而读书；它——做学教——极力主张为做事而用书。

但是它——做学教——现在尚是摸黑路，天天向着光明大道上跑。它——做学教——想依据生活历程，编辑一个最低限度的用书目录，将来编成以后，看书和用书，就可以上轨道了。

在"做学教合一"的学校过生活的学生，只要谨守"在劳力上劳心"的原则，自然能从具体归向理论，能从片面走向系统了。

十八、技能与知识

谁也都知道，技能与知识是分不开的。铁匠或木匠司务，只会把徒弟教成一成不变的铁匠或木匠，一式一样的永久不知变化。这是实未足以尽教育之能事。

1. 因为中国的一般铁匠、木匠，实在是有一部分教错了。从粗枝大叶，荦荦大者来说："他们只知'劳力'而不会'劳心'。"以致技能与知识都不能充分发展，形成不进则退的病症，长此以往将焉能与这二十世纪物质文明的时代相角胜？

2. 因为他们除了呆板的职业训练以外，其余关于人生需要的教育都被漠视了；应具的ABC知识，也都被在遗弃之列了！这又是一桩多么危险的事体呀！

假使中国的铁匠、木匠，都"做"的不错，"学"的不错，"教"的不错；能在"劳力上劳心"，各方面生活需要都能顾到；那末，铁匠、木匠所应受的教育，便是人人应受的教育了。

王木匠要有技能和知识，也如同达尔文要有技能和知识一样。达尔文假使没有辨别物种变异的技能，便不能发现天择的学说；王木匠若没有由克雷地的几何知识，便要做出七歪八斜的桌子来。

可是，王木匠和达尔文有个不同之点：王木匠把知识化成技能；达尔文却用技能产生知识。不过，王木匠倘使能用知识所变成的技能，进一步去产生新知识；那么，王木匠亦可成为达尔文一流的人物了！假使达尔文停止在观察生物的技能上，而不能用它去发现天择学说；那末，终达尔文之身，也不过是王木匠的兄弟罢了！

十九、几个总纲领

"做学教合一"的理论和实际：要说到它——做学教——的精微处，就搜罗普天地的万象，集合中外古今的宏哲，实难以究其堂奥；要说到它——做学教——平易呢，即妇人、孺子、村夫、牧童，也能知能行。换言之，只要你用抽象的眼光，旁观的态度，留心去观察，则一举措间，一瞬目中，均无往而非"做学教合一"！现在且将几个总纲领写在下面，俾供参阅：

1. "做学教合一"，是全人类生活进程中的ABC。

2. 要想获得人类全体的经验，必须从"做学教合一"始；从"做学教合一"终；与"做学教合一"共终始，那才最有效力。

3. 生活教育，就是"做学教合一"。

4. 除了"饱食终日，无所用心"的猪仔式的人生观者外，谁也时时刻刻都须有"做学教合一"的心念。

5. "做学教合一"的生活法，是有意义的，是要"在劳力上劳心"的。

6. "做学教合一"，是有连锁性的：怎样做，就怎样学；怎样学，就怎样教。教的法子，根据学的法子；学的法子，根据做的法子。

7. "做学教合一"，不但不忽视精神上的自动，而且又有身体上的自动。——因为有"在劳力上劳心"，脚踏实地的"做"为它的中心，所以精神便随这"做"而愈加奋发有为。

注 释

① 狄克推多　（dictator）意译"独裁官"，后泛指独裁者。

② 瓦雷士　（Alfred Rusel Wallace）通译华莱士，英国生物学家。

今日之幼稚园*（10月28日）

我对于幼稚教育是个门外汉，不配谈什么。各位既要我说话，我只有一件事向各位报告。此次我的老先生克伯屈（Kilpatrick）先生来参观各国的教育，当然也来参观中国的教育；参观中国的教育，当然也来参观我们晓庄的教育。他对于我们中国的幼稚园有一个批评，我们晓庄自然不能例外。他的批评是怎样的呢？他说："现在中国的幼稚园，还是在二十五年以前的幼稚园。"我听了他这个批评，当然也就起了两个反应：第一个反应是承认他这个批评有一部分是对的；第二个反应是为我们的幼稚园辩护。我为什么会发生出这样的两个反应呢？现在我拿来向大家报告一下：

第一，我反对他这句话。我只承认他的批评有十分之三点三是对的，其余十分之六点七是不对的。什么叫做十分之三点三是对的？什么叫十分之六点七不对呢？这话怎么讲呢？我在当时就问他："中国的幼稚园还是在二十五年以前的幼稚园，当然不是今日的幼稚园，究竟什么叫做二十五年以前的幼稚园，什么叫做今日的幼稚园呢？"他说："二十五年以前的幼稚园，就是一切都是机械的，同是一律的天天在那里拍拍手，走走圆圈，一个教师在那里弹着琴……总之，一切活动，都是机械的，千篇一律、万篇一律、一成不变的。"我当时就对他说："你这个说法，我们这里的幼稚园确实也是这样。但是，这也才是一小部分，还有其他的一大部分你还没有看到，我可以带你去看看。"于是我就带他到晓庄幼稚园的农场上去看小朋友所种的东西。后来，我又带他去看燕子矶幼稚园的。他说："啊！这些我在外国倒还没有看见过，这是很好的一种办法。"后来，我又向他说，"我们这里所办的幼稚园，要适合下面的三个目标：

"第一是要平民化。现在的幼稚教育，多数是操纵在贵族阶级及智识阶级的手里，我们这里是要把幼稚教育从贵族阶级、智识阶级的手里夺出来，

---

* 本篇是1929年10月28日陶行知在晓庄学校幼稚教育研究会上的讲话。记录者：戴自俺。摘自《蟠桃学园》一文。原载1930年4月12日《乡村教师》第11期。

普遍到平民阶级。进一步我们还要把贵族阶级、智识阶级、平民阶级打成一片。我们这里的幼稚园，不是为什么部长、总长的小孩子办的，我们是为农工阶级的小孩子而办的。我们也不是只徒喊口号，而是见诸实行的。你看，我们幼稚园里的小朋友不一个个都是农家的小孩吗？

第二是要经济化。'我们深信乡村教师要用最少的经费办理最好的教育。'这是我们的信条之一。这个意思就是说，我们要用少的金钱办出好的教育，不是用很多很多的钱把一个幼稚园弄得非常华贵。幼稚园要想在平民阶级里普遍起来，自非省钱不为功！

第三个目标是要适合于乡村儿童生活的。我们不要搬洋货，也不要骛时髦，只求适合于乡村儿童的生活。我们的主张是这样，我们的办法是这样。你如果赞成我们的主张，愿意和我们努力的话，我希望你们哥伦比亚大学在放假的一年——他们是六年之后放假一年——有一个幼稚教师到我们此地来走一遭，那么我们就可以打成一片，共同努力了。"

他说："我很赞成你们的主张，我愿意努力。"

克伯屈先生给予我们这个批评，是我再三的要求他，要他不辜负此行而才说的。假若今天我不将这个批评转达给大家，也就辜负了大家今天要我在这里来说话的厚意！我把这个意思转达出来，就是要使得大家格外的努力。我们一方面在这里干，我们一方面还要吸收别人的经验，我们要把英国的、法国的、日本的、意大利的、美利坚的……一切关于幼稚教育的经验都吸收进来，我们来截长补短冶成一炉，来造成一个"今日之幼稚园"！要造成今日之中国幼稚园，就是从今日起我们就要下功夫！

1930 年

生活即教育*（1月16日）

今天我要讲的是"生活即教育"。中国从前有一个很流行的名词，我们也用得很多而且很熟的，就是"教育即生活"（Education of life）。教育即生活这句话，是从杜威（John Dewey）先生那里来的，我们在过去是常常用它，但是，从来没有问过这里边有什么用意。现在，我把它翻了半个筋斗，改为"生活即教育"。在这里，我们就要问："什么是生活？"有生命的东西，在一个环境里生生不已的就是生活。譬如一粒种子一样，它能在不见不闻的地方而发芽开花。从动的方面看起来，好像晓庄剧社①在舞台演戏一样。"生活即教育"这个演讲，从前我已经讲了两套，现在重提我们的老套。

第一套就是：

是生活就是教育，不是生活就不是教育；

是好生活就是好教育，是坏生活就是坏教育；

是认真的生活，就是认真的教育，是马虎的生活，就是马虎的教育；

是合理的生活，就是合理的教育，是不合理的生活，就是不合理的教育；

不是生活，就不是教育；

所谓之生活，未必是生活，就未必是教育。

第二套是第二次讲的时候包括进去的，是按着我们此地的五个目标加进去的，就是：

是康健的生活，就是康健的教育，是不康健的生活，就是不康健的教育；

是劳动的生活，就是劳动的教育，是不劳动的生活，就是不劳动的教育；

是科学的生活，就是科学的教育，是不科学的生活，就是不科学的教

---

* 晓庄学校于1930年1月16日至2月7日举行全国乡村教师讨论会，本篇系陶行知在会上的演讲。记录者：戴自俺、孙铭勋，原载1930年3月29日《乡村教师》第9期。

育；

是艺术的生活，就是艺术的教育，是不艺术的生活，就是不艺术的教育；

是改造社会的生活，就是改造社会的教育，是不改造社会的生活，就是不改造社会的教育。

近来，我们有一个主张，是每一个机关，每一个人在十九年度里都要有一个计划。这样，在十九年里，我们所过的生活，就是有计划的生活，也就是有计划的教育。于是，又加了这么一套：

是有计划的生活，就是有计划的教育，是没有计划的生活，就是没有计划的教育。

我今天要说的，就是我们此地的教育，是生活教育，是供给人生需要的教育，不是作假的教育。人生需要什么，我们就教什么。人生需要面包，我们就得受面包教育；人生需要恋爱，我们就得过恋爱生活，也就是受恋爱教育。准此类推，照加上去：是那样的生活，就是那样的教育。

与"生活即教育"有连带关系的就是"学校即社会"。"学校即社会"也就是跟着"教育即生活"而来的，现在我也把它翻了半个筋头，变成"社会即学校"。整个的社会活动，就是我们的教育范围，不消谈什么联络，而它的血脉是自然流通的。不要说"学校社会化"。譬如现在说要某人革命化，就是某人本来不革命；假使某人本来是革命的，还要他"化"什么呢？讲"学校社会化"，也是犯同样的毛病。"社会即学校"，我们的学校就是社会，还要什么"化"呢？现在我还有一个比方：学校即社会，就好像把一只活泼泼的小鸟从天空里捉来关在笼里一样。它要以一个小的学校去把社会上所有的一切东西都吸收进来，所以容易弄假。社会即学校则不然，它是要把笼中的小鸟放到天空中去，使它能任意翱翔，是要把学校的一切伸张到大自然界里去。要先能做到"社会即学校"，然后才能讲"学校即社会"；要先能做到"生活即教育"，然后才能讲到"教育即生活"。要这样的学校才是学校，这样的教育才是教育。

杜威先生在美国为什么要主张教育即生活呢？我最近见着他的著作，他从俄国回来，他的主张又变了，已经不是教育即生活了。美国是一个资本主义的国家，他们是零零碎碎的实验，有好多教育家想达到的目的不能达到，想实现的不能实现。然而在俄国已经有人达到了，实现了。假使杜威先生是在晓庄，我想他也必主张"生活即教育"的。

杜威先生是没有到过晓庄来的。克伯屈先生是到过晓庄来的。克伯屈先生离了俄国而来中国，他说："在离莫斯科不远的地方，有一个人名夏弗斯基[②]的，他在那里办了一所学校，主张有许多与晓庄相同的地方。"我见了杜威先生的书，他说现在俄国的教育很受这个地方的影响，很注重这个地方。他们也主张生活即教育，社会即学校。克伯屈先生问我们在文字上通过消息没有？我说没有。我又问他："夏弗斯基这个人是不是共产党？"他说不是。

我又问他:"他不是共产党,又怎么能在共产党政府之下办教育呢?"他说:"因为他是要实现一种教育的理想,要想用教育的力量来解决民生问题,所以俄政府许可他试验,他在俄政府之下也能生存。"我又对他说:"这一点倒又和我相合,我在国民党政府之下办教育,而我也不是一个国民党党员。"这是克伯屈先生参观晓庄后与我所谈的话。

现在我们这里的主张,已经终于到了实现的时期了,问题是在怎样实现。这一点,可以分作三个时期:

第一个时期,是生活是生活,教育是教育,两者是分离而没有关系的。

第二个时期,是教育即生活,两者沟通了,而学校社会化的议论也产生了。

第三个时期,是生活即教育,就是社会即学校了。这一期也可以说得是开倒车,而且一直开到最古时代去。因为太古的时代,社会就是学校,是无所谓社会自社会、学校自学校的。这一期也就是教育进步到最高度的时期。

其次,要讲生活即教育与社会即学校,有几方面是要开仗的,而且,是不痛快,是很烦恼,而与我们有极大的冲突的。

第一,在这个时期,是各种思潮在中国谋实现的时期,中国几千年来的传统教育所支配的许多传统思想都要在此时期谋取得它的地位。第二,是外来的各种文化,如德国以前是以文化为中心。这种文化,胡适之先生曾说是一种Jantade man的文化,是充满着绅士气的。第二是英国的。

现在先说中国遗留下来的旧文化与我们的生活即教育是有冲突的。中国从前的旧文化,是上了脚镣手铐的。分析起来,就是天理与人欲,以天理压迫人欲,做的事无论怎样,总要以天理为第一要件。

他是以天理为一件事,人欲为一件事。人欲是不对的,是没有地位的。在生活即教育的原则之下,人欲是有地位的,我们不主张以天理来压迫人欲的。这里,我们还得与戴东原③先生的哲学打通一打通:他说,理不是欲外之理,不是高高的挂在天空的;欲并不是很坏的东西,而是要有条有理的。我们这里主张生活即教育,就是要用教育的力量,来达民之情,顺民之意,把天理与人欲打成一片,并且要和戴东原先生的哲学联合起来。

与此有连带关系的就是"礼教"。现在有许多人唱"礼教吃人"的论调,的确,礼教吃的人,骨可以堆成一个泰山,血可以合成一个鄱阳湖。我们晓得,礼是什么?以前有人说,礼是养生的,那是与生活即教育相通的。这种礼,我们不惟不打倒,并且表示欢迎。假若是害生之礼,那就是要把人加上脚镣手铐,那是与我们有冲突的,我们非打倒不可。因为生活即教育,是要解放人类的。

再次,中国以前有一个很不好的观念,就是看不起小孩子。把小孩子看成小大人,以为大人能做的事小孩也能做,所以五六岁的小孩,就要他读《大学》《中庸》。换句话说,就是小孩子没有地位。我们主张生活即教育,要是儿童的生活才是儿童的教育,要从成人的残酷里把儿童解放出来。

还有一点要补充进去的就是书本教育。从前的书本教育，就是以书本为教育，学生只是读书，教师只是教书。在生活即教育的原则之下，书是有地位的，过什么生活就用什么书，书不过是一种工具罢了。书是不可以死读的，但是不能不用。从前有许多像这样的东西，是非推翻不可的，否则不能实现"生活即教育"。

现在外面传进来的思潮，也有许多与我们是冲突的。以文化做一个例吧，以文化做中心的教育，它的结果是造成洋八股。文化是人类创造出来的，固然是非常的宝贵，但它也不过是一种工具而已，不能拿作我们教育的中心。人为什么要用文化？是要满足我们人生的欲望，满足我们生活的需要。电灯是文化，我们用了它，可以把一切东西看得更明白。无线电是文化，我们用了它，可以更便利。千里镜是文化。我们用了它，可以钻进土星、木星里去。……所以文化是生活的工具，它是有它的地位的。我们不惟不反对，并且表示欢迎。欢迎它来做什么呢？就是满足我们生活的需要。有些人把它弄错了，认它做一种送人的礼物，这是不对的。文化要以参加做基础，有了这参加的最低限度的基础，才能了解，才能加上去。生活即教育与以文化为中心的教育的不同，就是如此。

还有训育④与生活即教育的理论怎么样？生活即教育与训育把训与教分家的关系怎样？生活即教育与社会即学校如何实现？小学里如何把它实现出来？假使诸位以为是行得通的，最好是每一个人拟一个方案来交给我，那一部分可以实现，我们就拿那个地方当一个社会实现出来。

现在我举一个例说：去年因为天干，和平学园因为急于要水吃，就开了一个井。井是学校开的，但是献给全村公用，不久就发现了两个大问题：

（一）每天出水二百担，不敷全村之用。于是大家都起早取水，后到的取不到水。明天又比别人早，甚至于一夜到天亮，都有取夜水的。到天亮时，井里的水已将干了。群聚在井边候水，一勺一勺的取，费尽了气力，才打出一桶水。

（二）大家围着取水，争先恐后，有时甚至用武力解决。

这种现象，假使是学校即社会，就可以用学校的权力来解决，由学校出个命令，叫大家照着执行。社会即学校的办法就不然，他觉得这是与全村人的生活有关系的，要全村的人来设法解决，于是就开了一个村民大会，一共到了六七十个人，共同来做一个吃水问题的教学做。到会的人，有老太婆，也有十二三岁的小孩子，公推了一位十几岁的小学生做主席。我和许多师范生，就组织了一个诸葛亮团，插在群众当中，保护这位阿斗皇帝。老太婆说的话顶多，但同时有许多人说话，大家听不清楚，而阿斗皇帝又对付不下来。这回，诸葛亮用得着了，他就起来指导。结果，共同议决了几件事：

（一）水井每天休息十小时，自下午七时至上午五时不许取水。违者罚洋一元，充修井之用。

（二）每次取水，先到先取，后到后取。违者罚小洋六角，充修井之用。

（三）公推刘君世厚为监察员，负执行处分之责。

（四）公推雷老先生⑤为开井委员长，筹款加开一井，茶馆、豆腐店应多出款，富户劝其多出，于最短期内，由村民团结的力量，将井开成。

这几个议案是由阿斗会议所通过的。这就是社会即学校的办法。由此，我有几个感触：

（一）民众运动，要以对于民众有切身的问题为中心，否则不能召集。

（二）社会运动，非以社会即学校，则不能彻底实行。而社会即学校，是有实现的可能的。

（三）不要以为老太婆、小孩不可训练，只要有法子，只要能从他们切迫的问题着手。

（四）公众的力量比学校发生的大，假使由学校发命令解决，则社会上了解的人少，而且感情将由此分离。

（五）阿斗离了诸葛亮是不行的，和平门吃水问题，倘无相当指导，可以再过四五千年还没有解决。

（六）做民众运动是要陪着民众干，不要替民众干。训政工作要想训练中华国民，非此不可。

这就是以小学所在地做学校的一个例，其余的例很多，不必多举。社会即学校要如何的实现，请大家一样一样的做个方案，二次开会的时候再谈。

这是证明"生活即教育"与"社会即学校"是相联的，是一个学理。

关于"生活即教育"，我现在再来补充一套。我们是现代的人，要过现代的生活，就是要受现代的教育。不要过从前的生活。也不要过未来的生活。若是过从前的生活，就是落伍；若要过未来的生活，就要与人群隔离。以前有一部书叫做《明日之学校》，大家以为很时髦的，讲得很熟的。我希望乡村教师，要办今日之学校，不要办明日之学校。办今日之学校，使小学生过今日之生活，受今日之教育。

注释

① 晓庄剧社　晓庄学校师生组织的戏剧团体，成立于1929年初，陶行知任社长，是中国最早的话剧剧团之一，与南国剧社、复旦剧社齐名。

② 夏弗斯基　通译沙茨基。

③ 戴东原　即戴震。

④ 训育　德国赫尔巴特把教育工作分为管理、教育和训育三个部分。训育，一般指对学生行为、习惯的训练与控制。中国自清末兴办学堂以来，传统教育所实施的训育，是强化以统治阶级的思想意识来影响学生，对学生的思想行为，从精神上进行严格的控制。

⑤ 雷老先生　即雷万民。

《乡村教师》宣言* （2月1日）

"生长三家村，苦守五家店。知己遍天下，终身不相见。"这不是我们乡村教师所共感的烦闷吗？《乡村教师》周刊的志愿就是要消灭这种烦闷。他要打破空间，使不能相见的朋友可以谈心。我们的警语："小的村庄愿与大的世界沟通"，是永远不可忘记的。周刊便要负起这个使命。世界的沟通，在人的沟通；人的沟通，在心灵的沟通。全世界乡村教师有了谈心的机会，然后小的村庄与大的世界乃有沟通的希望。有人问："小的村庄为什么要与大的世界沟通？"世界是一个大剧场，人生便是演戏。个人的活动无论如何独立，只是历史剧中之一幕。没有沟通，则布景、化装不能和谐，悲欢歌舞不能中节。我们必定要深刻的知道自己和配角所演的剧情，才能做出好戏来。乡村教育运动只是一出历史剧，全世界的乡村教师都同是这一出戏中的演员。这周刊里有我们的剧本，有我们的导演。这里可以找得出艺术生活的过程。这里可以找得出那愿意我们艺术更进一步的批评。这里可以找得出演员心头滴下来的泪痕，也可以找得出装哭者涂在眼睛上的残唾。总说一句：这个周刊便是我们乡村教育运动的一出永远不会闭幕的历史剧的写真。这出戏是"心的力"的表现。没有"心的力"，不但是演不出好戏，根本就没有这出戏的可能。周刊的使命是要从笔头里透出心头的力量，来完成这部永远不会脱稿的杰作。穆罕默德说："假使你有两块面包，你得用一块去换一朵水仙花；因为面包是身体的粮食，水仙花是灵魂的粮食。"这是再好也没有的人生观。可是看一看我们这出戏里面的主角——中国的农人和乡村教师——只有一块面包！换了水仙花，肚皮就得挨饿；不换水仙花，精神又要枯萎。倒不知穆罕默德如何指示我们才好？朋友们！眼前摆着水仙花，嘴里

---

* 本篇是陶行知1930年为2月1日出版的《乡村教师》创刊号写的发刊词。原题为《本刊宣言》。《乡村教师》周刊系1929年12月17日中国乡村教育先锋团举行大会决定筹办的，并选举陶行知、操震球、方与严、胡尚志、石俊、董纯才、易铁夫等7人为委员，组成委员会。24日推定陶行知为委员会主席，方与严为总编辑，程本海为总经理。1930年4月7日晓庄学校被勒令停办，《乡村教师》出至11期亦随之停刊。

有面包吃，这是再好也没有的生活。我们可有这种福气？先要问：我们可有这种力量？力量是有的，藏在每一个人的心里。散开来，如同一点点的小雨，连渴也不能止；合起来，便如耐亚嘎拉瀑布①，能产生一千六百万匹马力，推得动世界上所未能发明的伟大的机器。我们再也不要把力量藏到小己的荷包里。《乡村教师》周刊是我们的耐亚嘎拉，我们应当把各人心灵里的力量流到这里来，构成乡村教育的大瀑布。从这瀑布里所发出来的力量，可以教我们有面包吃又有水仙花看。这力量可以教农人自己从时代的车轮底下爬起来。这力量可以教农人做机器的主人，不做机器的奴隶。这力量可以扫除伪智识，推动教育革命的法轮。这力量可以打破人间的隔阂，创造一个四通八达的大通世界。这力量是一出历史剧的原动力，可以推着历史向前转动。这力量可以变成不可思议的大，也可以变成不可思议的小。假使我们各人仍旧把他收藏在一己的打算上，那末，只有一个雨点的力量，连一粒芥子也推不动。他只好闭着眼睛吃饭，或是饿着肚皮看水仙花罢！

注 释

① 耐亚嘎拉瀑布　通译尼亚加拉瀑布，在北美洲尼亚加拉河上，宽1420米，落差约50米，是世界著名瀑布之一。

晓庄三岁敬告同志书 (3月15日)

> 今日是何日？
> 当念三年前。
> 愿从今日起，
> 更结万年缘。

三年前的今日，老山下的小庄①出了一桩奇事。他们是来扫墓吗？香烛在哪儿？强盗来分赃吗？如何这样客气！他们是开学哟。开学？学堂在哪儿？连燕子都不肯飞来的地方，忽然这样热闹，奇怪得很！

不错，我们是来开学。说得更切些，我们是来开工。还不如说，我们是在这儿来开始生活。"从野人生活出发，向极乐世界探寻"，是我们今天所立的宏愿。学堂是有的，不过和别的学堂不同。他头上顶着青天，脚下踏着大地，东南西北是他的围墙，大千世界是他的课室，万物变化是他的教科书，太阳月亮照耀他工作，一切人，老的、壮的、少的、幼的、男的、女的都是他的先生，也都是他的学生。晓庄生来就是这样的一副气骨。

到了今天，已经是三周年了。说到可以看见的成绩，真是微乎其微。他所有的茅草屋，稍微有点财力的人，只要两个月就可以造得成功。一阵野火，半天便可以把他们烧得干干净净。至于每个同志之所有，除了一颗血红的心和一些破布烂棉花的行李之外，还有什么可说？然而晓庄毕竟有那野火烧不尽的东西。这些东西的价值，也许只等于穷人家在天寒地冻时之破布烂棉花，也许就是因为这些破布烂棉花的力量，那血红的心才能继续不断的跳动，那怀抱着这血红的心的生命便能生生不已。我现在所高兴说的就是这些东西。

晓庄是从爱里产生出来的。没有爱便没有晓庄。因为他爱人类，所以他爱人类中最多数而最不幸之中华民族；因为他爱中华民族，所以他爱中华民

---

* 本篇原载1930年3月15日《乡村教师》第7期。

族中最多数而最不幸之农人。他爱农人只是从农人出发，从最多数最不幸的出发，他的目光，没有一刻不注意到中华民族和人类的全体。在吉祥学园②里写了两句话："捧着一颗心来；不带半根草去。"晓庄是从这样的爱心里出来的。晓庄可毁，爱不可灭。晓庄一天有这爱，则晓庄一天不可毁。倘使这爱没有了，则虽称为晓庄，其实不是晓庄。爱之所在即晓庄之所在。一个乡村小学里的教师有了这爱，便是一个晓庄；一百万个乡村小学里的教师有了这爱，便是一百万个晓庄。虽是名字不叫晓庄，实在是真正的晓庄了。

晓庄三年来的历史，就是这颗爱心之历史——这颗爱心要求实现之历史。有了爱便不得不去找路线，寻方法，造工具，使这爱可以流露出去完成他的使命。流露的时候，遇着阻力便不得不奋斗——与土豪劣绅奋斗，与外力压迫奋斗，与传统教育奋斗，与农人封建思想奋斗，与自己带来之伪知识奋斗。这奋斗之历史，也就是这颗爱心之历史。晓庄没有爱便不能奋斗，不能破坏，不能建设，不能创造。个人没有爱，便没有意义，即使在晓庄，也不见得有贡献。所以晓庄和各个同志的总贡献——破坏与创造——如果有的话，都是从爱里流露出来的。晓庄生于爱，亦惟有凭着爱的力量才能生生不已咧。

我们最初拿到晓庄来试验的要算是教学做合一的理论了。当初的方式很简单。它的系统也就是在晓庄一面试验一面建设起来的。这个理论包括三方面：一是事怎样做便怎样学，怎样学便怎样教；二是对事说是做，对己说是学，对人说是教；三是教育不是教人，不是教人学，乃是教人学做事。无论哪方面，"做"成了学的中心即成了教的中心。要想教得好，学得好，就须做得好。要想做得好，就须"在劳力上劳心"，以收手脑相长之效。这样一来，我们便与两种传统思想短兵相接了。一是孟子的"劳心者治人，劳力者治于人"的二元论。这种二元论在中国的力量是很大的。他在教育上的影响是：教劳心者不劳力；不教劳力者劳心。结果把中华民族划成两个阶级，并使科学的种子长不出来。二是先知后行的谬论。阳明③虽倡知行合一之说，无意中也流露出"知是行之始"之意见。东原④更进一步的主张"重行必先重知"。这种主张在中国教育上的影响极深。"知是行之始"一变而为"读书是行之始"，再变而为"听讲是行之始"。"重行必先重知"也有同样的流弊。请看今日学校里的现象，哪一处不是这种谬论所形成。不入虎穴，焉得虎子。知识是要自己像开矿样去取来的。取便是行。中国学子被先知后行的学说所麻醉，习惯成了自然，平日不肯行，不敢行，终于不能行，也就一无所知。如果有所知，也不过是知人之所知，不是我之所谓知。教学做合一既以做为中心，便自然而然地把阳明、东原的见解颠倒过来，成为"行是知之始"，"重知必先重行"。我很诚恳的敬告全国的同志："有行的勇气，才有知的收获。"先知后行学说的土壤里，长不出科学的树，开不出科学的花，结不出科学的果。

教学做合一的理论最初是应用在培养师资上面的。我们主张培养小学教师要在小学里做，小学里学，小学里教。这小学是培养小学教师的中心，也就是师范学校的中心，不是他的附属品，故不称他为附属小学而称他为中心小学。培养幼稚园教师的幼稚园和培养中学教师的中学，都是中心学校而不是附属学校。现在实行的学园制即是艺友制，每学园有导师、艺友及中心学校，更进一步求教学做合一的主张之贯彻。现今师范教育之传统观念是先理论而后实习，把一件事分作两截，好一比早上烧饭晚上请客。除非让客人吃冷饭，便须把饭重新烧过。教学做合一的中心学校就是要把理论与实习合为一炉而冶之。

教学做合一不是别的，是生活法，是实现生活教育之方法。当初，生活教育戴着一顶"教育即生活"的帽子。自从教学做合一的理论试行以后，渐渐的觉得"教育即生活"的理论行不通了。一年前我们便提出一个"生活即教育"的理论来替代。从此生活教育的内容方法便脉脉贯通了。

"生活即教育"怎样讲？是生活即是教育。是好生活即是好教育，是坏生活即是坏教育；有目的的生活即是有目的的教育，无目的的生活即是无目的的教育；有计划的生活即是有计划的教育，无计划的生活即是无计划的教育；合理的生活即是合理的教育，不合理的生活即是不合理的教育；日常的生活即是日常的教育；进步的生活即是进步的教育。依照生活教育的五大目标说来：康健的生活即是康健的教育；劳动的生活即是劳动的教育；科学的生活即是科学的教育；艺术的生活即是艺术的教育；改造社会的生活即是改造社会的教育。反过来说，嘴里念的是劳动教育的书，耳朵听的是劳动教育的演讲，而平日所过的是双料少爷的生活，在传统教育的看法不妨算他是受劳动教育，但在生活教育的看法则断断乎不能算他是受劳动教育。生活教育是运用生活的力量来改造生活，它要运用有目的有计划的生活来改造无目的无计划的生活。

生活教育既以生活做中心，立刻就与几种传统思想冲突。第一种传统思想与生活教育冲突的是文化教育。他以文化为中心。德国战前之教育即是以文化为中心。中国主张此说的也不少。依生活教育的见解，一切文化只是生活的工具。文化既是生活的工具，哪能喧宾夺主而做教育的中心？第二种传统思想与生活教育冲突的是教、训分家。在现代中国学校里教、训分家是普遍的现象。教育好像是教人读书，训育好像是训练人做人或是做事；教育好像是培养知识，训育好像是训练品行；教育又好像是指所谓之课内活动，训育则好像是指所谓之课外活动。所以普通学校里，有一位教务主任专管教育；又有一位训育主任专管训育。某行政机关拟以智仁勇为训育方针，那末，教育方针又是什么呢？生活教育的要求是：整个的生活要有整个的教育。每个活动都要有目标，有计划，有方法，有工具，有指导，有考核。智识与品行分不开，思想与行为分不开，课内与课外分不开，做人做事与读书分不开，即教育与训育分不开。生活教育之下只有纵的分任，决无横的割裂。某人指导团体自治，某人指导康健是可以的。这是纵的分任。若是团体自治的智识是功课以内归教务主任管，团体自治的行为是功课以外归训育主任管，这就是生活的横的割裂，决说不过去。第三种传统思想与生活教育冲突的是教育等于读书。生活教育指示我们说：过什么生活用什么工具。书只是生活工具之一种，是要拿来活用的，不是拿来死读的。书既是用的，那末，过什么生活便用什么书。第四种传统思想与生活教育冲突的是学校自学校、社会自社会。从前学校门前挂着闲人莫入的虎头牌⑤以自绝于社会，不必说了，就是现在高谈学校社会化、或是社会学校化的地方，也往往漠不相关。生活即教育的理论一来，它立刻要求拆墙，拆去学校与社会中间之围墙，使我们可以达到亲民亲物的境界。不但如此，它要求把整个的社会或整个的乡村当作学校。与"生活即教育"蝉联而来的就是"社会即学校"。第五种传统思想与生活教育冲突的就是漠视切身的政治经济问题。我们既承认"社会即学校"，那末，社会的中心问题便成了学校的中心问题。这中心问题就是政治经济问题。我们最初定教育目标时对于政治经济即特别重视。赵院长⑥后来又作有力的宣言说："生活教育是教人做工求知管政治。"江问渔先生近著《富教合一》和《政教合一》两篇文字，使生活教育之内容更为明显。我也作《富教合一后论》、《政教合一后论》、《政富合一论》，以尽量发挥三者之关系，终于构成政富教合一理论之系统。晓庄所办之自卫团、妇女工学处，现在向省政府建议设置之试验乡以及十九年度计划中之生产事业，都是想把政治、经济、教育打成一片，做个政富教合一的小试验。政富教合一的根本观念是要将政富教三件事合而为一。如何使他们合起来？要叫他们在"遂民之欲达民之情"上合起来。现在这三件事的中间有很大的鸿沟。它的根本原因不外三种：一是富人拿政治与教育作工具以遂富人之欲而达富人之情；二是政客拿富人之力与教育作工具以遂政客之欲而达政客之情；三是不肯拿教育给富人和政客做工具的教师们存了超然的态度，不知教人民运用富力和政治力以遂民之欲达民之情。我们要知道等到富力成为民的富力，政治力成为民的政治力，然后生活才算是民的生活，教育才算是民的教育。在教育的立场上说，我们所负的使命：（一）是教民造富；（二）是教民均富；（三）是教民用富；（四）是教民知富；（五）是教民拿民权以遂民生而保民族。我们要教人知道，不做工的不配吃饭，更不配坐汽车。我们要教人知道"朱门酒肉臭，路有冻死骨"是最大的罪孽。我们要教人知道富力如同肥料，堆得太多了要把花草的生命烧死。我们要教人民造富的社会，不造富的个人。从农业文明进到工业文明，我们要教农民做机器的主人，不做机器的奴隶。这种主张，不消说，不但和"先富后教"、教育不管政治一类的传统思想冲突，凡是凭着特殊势力以压迫人民，致使民之欲不得遂、民之情不得达的，都是我们的公敌。

最后，晓庄是同志的结合，我不要忘记了叙述。晓庄的茅草屋一把野火可以烧得掉。晓庄的同志饿不散，冻不散，枪炮惊不散。我们是为着一个共同的使命来的。这使命便是教导乡下阿斗做中华民国的主人。要想负得起这个使命，便不能没有特殊的修养。这是我们自己勉励的几条方针：

（一）自立与互助

"滴自己的汗。吃自己的饭。自己的事自己干。靠人靠天靠祖上，不算是好汉。"这首《自立歌》，晓庄的人是没有不会唱的了。我们所求的自立，便是这首歌所指示的。但是自立不是孤高，不是自扫门前雪。我们不但是一个人，并且是一个人中人。人与人的关系是建筑在互助的友谊上。凡是同志，都是朋友，便当互助。倘不互助，就不是朋友，便不是同志。我们唱一首互助歌罢："小小的村庄，小小的学堂，小小的学生，个个是好汉。好汉！好汉！帮人家的忙。"

（二）平等与责任

在晓庄，凡是同志一律平等。共同立法的时候，师生工友都只有一权，违法时处分也不因人而异。我们以为，在同一的团体里要人共同守法，必须共同立法。但同志的法律地位虽平等，而责任则因职务而不同。职务按行政系统分配，各有各的职务，即各有各的责任。责任在指挥，当行指挥之权；责任在受指挥，应负受指挥之义务。

（三）自由与纪律

晓庄团体行动有一致遵守的纪律，五十岁以上及对本校学术有特殊贡献的人，得由本校赠与晓庄自由章，不受共同纪律之限制。但这些纪律的目的，无非也是增进团体生活的幸福，防止个人自由之冲突。晓庄毕竟不但是个"平等之乡"，而且是个"自由之园"。晓庄以同志的志愿为志愿，以同志的计划为计划，以同志的贡献为贡献。晓庄虽然希望每个同志对于共同的志愿、计划是要有些贡献，但是乡村教育的范围广漠无边，除非是身在乡下心在城里的人，总可以找出一两样符合自己的才能兴味。大部分的生活都是供大家自由的选择。学园的成立是由于园长选同志，同志选园长，格外合乎自由的意义。试验自由是各学园的础石。晓庄所要求于个人的只是每个人都要有计划，要按着自己的计划进行。至于什么计划，如何实现，都是个人的自由。在理想的社会里，凡是人的问题都可以自由的想，自由的谈，自由的试验。晓庄虽然没有达到这种境界，但愿意努力创造这样的一个社会。这里含蓄着进步的泉源，这里孕藏着人生的乐趣。乡下人的面包已经给人家夺去一半了，剩下这点不自由的自由是多么的尊贵哟！

（四）大同与大不同

这又是一对似乎矛盾而实相成的名词。我们试到一个花园里面去看一看：万紫千红，各有它的美丽；那构成花园的伟观的成分正是各种花草的大不同处。将这些大不同的花草分别栽种，使它们各得其所，及时发荣滋长，现出一种和谐的气象，令人一进门便感觉到生命的节奏：这便是大同之效。晓庄不是别的，只是一个"人园"，和花园有相类的意义。我们愿意在这里面的人都能各得其所，现出各人本来之美，以构成晓庄之美。如果要找一个人中模范教一切人都学成和他一样，无异于教桃花、榴花拜荷花做模范。我们当教师的实在需要园丁的智慧。晓庄不但是不要把个个学生造成一模一样，并且也不愿他们出去照样画葫芦。晓庄同志无论到什么地方去，如果只能办成晓庄一样的学校，便算本领没有学到家，便算失败。没有两个环境是相同的，怎能同样的办？晓庄同志要创造和晓庄大不同的学校才算是和晓庄同，才算是第一流的贡献，才算是有些成功。

同志们！记牢了我们的使命是教导乡下阿斗做中华民国的主人。乡下阿斗没有出头之先，我们休想出头。乡下阿斗没有享福之先，我们休想享福。我们若是赶在农人前面去出头享福，只此一念便是变相的土豪劣绅。与农人同甘苦，共休戚，才能得到光明，探出生路。我们大家唱首《劳山歌》，为中华民国的主人努力吧！

老山劳；
小庄晓：
俺锄头，
起来了。
老山劳；
小庄晓：
新时代，
推动了。

注　释

①小庄　陶行知于1927年3月15日在老山小庄（村）创办晓庄学校。后将"老山"改为"劳山"，"小庄"改为"晓庄"。陶行知在本文《劳山歌》中表达了他更名的思想。

②吉祥学园　原名晓庄师范吉祥庵中心小学，创建于1928年春。后因晓庄师范各中心小学扩大，故将中心小学更名为学院。1930年又改"学院"为"学园"，其意为培养人才幼苗之园地。

③阳明　即王守仁。

④东原　即戴震。

⑤虎头牌　清代的衙门大门上都挂着虎头牌，上面写着禁止闲人擅入等字。这时的学校也仿效衙门，挂着闲人莫入的虎头牌。

⑥赵院长　即赵叔愚。

生活历* (7月)

释义 生活历是一种生活日程,亦即实施生活教育之切要工具。人有定期生活与无定期生活。无定期者暂置勿论,其有定期者,自宜按期序别,组成系统,以为因时施教之依据。故生活历系有定期生活之系统,亦即有定期教育之系统。依生活历以办教育,则此历谓之教育历亦可,谓之生活教育历亦无不可。

定期生活复可区为定季、定日、定时数种。观日出,赏夕阳,定时之生活也。五月一日纪念劳工,十月十日纪念国庆,定日之生活也。栽树、养蚕、割稻、种麦,定季之生活也。生活历皆为之序列,使一切教、学、做有所遵循。

功用 古人为政,贵在不违农时,故颁历书。教人亦然。教当其时,则事半功倍;失其时,则事倍功半,或全失其效。故办学贵在不违人时。《泰山观日出》诗,宜于黎明时诵之;"夕阳无限好,只是近黄昏"之句,宜于黄昏前诵之。海宁①学生讲求潮水,宜于阴历八月十八日行之。五月一日与其放假,不如师生共做一日苦工,以明了工人之生活。十月十日与其放假,不如实行训练公民。欲使儿童明了电之性质作用,倘在一月十七日佛兰克林生日,或其他电气发明家生日,或在放纸鸢时节,或在雷电交作之日,或在此数日各教一部分,皆比在他日为更有效。他如栽树、养蚕、割稻、种麦,皆宜依节气办理,不可稍有疏忽,方能望其成功。现在一般学校所通用之学校历,只是何时招考,何时开学,何时考试,何时毕业,何时放假,为办学者一种备忘录而已,不足以当生活历之名。学校历之出发点,是学校行政,而非学生生活。惟其非由学生生活出发,故亦不能为学生生活之指针,甚而至于与学生生活渺无关系。此种学校之课程、教材、方法、设备,皆与生活疏隔,有时竟与生活矛盾。遇有定期生活,不是照样画葫芦而流于重复,即是茫无准备而将就过去;或一意孤行,宁牺牲生活,以谋办法之一致。某农校校章定星期二、四、六下午实习农事。割稻后久旱,一夜忽大雨,农人群

---

* 本篇是陶行知为《教育大辞书》(朱经农主编,商务印书馆1930年7月版)写的词条,载第313~374页。陶为该辞书的特约编辑之一。

相庆贺，以天降黄金喻之。次日，农人皆耕地，以为种麦之用。该校则以适值星期例假，师生皆不工作。明日为星期一，无农事实习课，又不工作。又明日为星期二，上午有他课，不能工作。俟下午下田时，地已干硬，不便耕种矣。候至多日，又无雨下，只得用车引水入田以耕，费尽九牛二虎之力。次年所获，不及农人之半。此乃违农时又违人时之教育，皆坐有学校历而无生活历以为指针之弊也。

史略与推测 自杜威来华讲学，生活教育之名，已成中国教育界之口头禅。但只有生活教育之哲理，而于实现此哲学之具体方法，未加注意，故生活自生活，教育自教育，渺不相关。去年晓庄开办中心小学，其主旨在以乡村实际生活为小学之中心，同时又以小学为师范学校之中心。设立半年，依然费力多而成功少。当事人渐觉具体方法之需要，于是生活历即因此感觉而起。其法将学生生活分为社会的、自然的、农艺的、健康的、欣赏的五方面，再依据此五方面考订其定期事项，编为生活历，再依据生活历搜集教材，规定方法，制造工具，力谋学生生活之充分实现。适萧山县东乡教育会派校长王兆年等来晓庄研究乡村教育，晓庄同人即以编订生活历为其留校主要工作之一。王君乃就萧山东乡实际生活编一《小学儿童生活历》携归，作为办学之具体方案。吾人不办生活教育则已，如欲办生活教育，非每校有如此一生活历不可。生活历有世界所同者，如印刷机发明、汽机发明、电气发明、微生物发明、解放黑人、劳动纪念等是；有一国所同者，其在中国，如南京政府成立、黄花岗革命、植树节、马关条约、五九国耻、五卅惨案、马厂起义、南京条约、辛丑国耻、孔子生日、国庆纪念、孙文生日、云南起义等是。但一大部之生活，随省而异，随县而异，随市乡而异，必须予各校以编订之自由。但各校得此自由，必须负责编订，不可认自由为放弃，置此项重要工作于不顾。故将来应由世界教育会联合会②将有关人类进化之大事，编订世界儿童生活历，建议于全世界之学校。各国教育行政最高机关将有关本国进化之大事，编为全国儿童生活历，颁布全国学校。推之一省、一县、一校皆宜仿办。而最重要之工作，即为各本校教师依据本地实际生活，编一适于此种生活之生活历，并活用之，以充分培养本校儿童之生机。盖生活历为建设生活教育最重要之引导，无生活历，则顾此失彼，茫无所从。有生活历，则一切课程、教材、教法、工具，皆可纳于轨范之中，而与生活发生有机体之关系。故生活历一出，则一切传统沿袭之课程、教材、教法、工具，皆将受根本之动摇，而不得不受其支配。未来之学校，未来之教科书，未来之教学，必须建立在生活历上，始可谓为活的学校，活的教科书，活的教学。

注 释

①海宁 在浙江省北部，南临杭州湾。
②世界教育会联合会 1923年由美国教育会发起成立。中国代表郭秉文当选为副会长。

教育改进* （7月）

吾人不但须教育，而且须好教育。改进之意即在使坏者变好，好者变为更好。社会是动的，教育亦要动。吾人须使之继续不断的改，继续不断的进。

教育改进包含两方面：有关于教育方针之改进，亦有关于教育方法之改进。教育方针随思潮为转移，有因个人兴致而偶然变更者，亦有因社会大势所趋而不得不变更者。教育方法受方针之指挥约束，必须与方针联为一气。方针未定得准，方法不与方针一致，均与吾人以改进之机会。比如航海，必须先定准方向。方向不定准，无论方法如何敏捷，如何洽意，只是行错路，究不能达目的地。但空悬一方针，船身能否抵制风浪，水手是否干练勇敢，食料与燃料敷用几时，均未打算清楚，则虽有方针，亦难达到目的地。故方针不准，应当改进；方法不与方针一致，亦应改进。航海如此，办学亦应如此。

论到中国教育方针，自办新学①以来已经改变五六次。最初要吸收科学而又不忍置所谓国粹者于不顾，所以有"中学为体，西学为用"之主张，此种主张即是当时一种教育方针。光绪二十七年明定教育宗旨为忠君、尊孔、尚公、尚实、尚武。此种教育宗旨即表明其时之教育方针。民国元年，国体变更，教育方针因改为重在道德而以实利教育、军国民教育辅之，更以美感教育完成其道德。民国四年，申明教育宗旨，又改进为"注重道德，实利，尚武，并运之以实用"。民国八年，教育部组织教育调查会，该会建议"以养成健全人格，发展共和精神为教育宗旨"。所谓健全人格须包含："一、私德为立身之本，公德为服务社会国家之本。二、人生所必需之知识技能。三、强健活泼之体格。四、优美和乐之感情"。共和精神包含："一、发挥平民主义，俾人人知民治为立国之根本。二、养成公民自治习惯，俾人人能负国家社会之责任。"民国十一年第八届全国教育会联合会②建议学制系统标

---

* 本篇是陶行知为《教育大辞书》写的词条，载第1021~1023页。

准，即是关于教育方针之修正。嗣经教育部公布标准七条："一、适应社会进化之需要。二、发挥平民教育精神。三、谋个性之发展。四、注意国民经济力。五、注意生活教育。六、使教育易于普及。七、多留地方伸缩余地。"此二十余年中，吾国教育方针每隔四五年即修改一次，颇不稳定，论者辄讥为无方针之教育。其实中国方在过渡时代，又当各种思潮同时交流而至，方针不易固定。即以现在而论，吾人尚在歧路上考虑。吾意不出数年，中国教育方针必须再经一次变更，此次变更后或可较为稳定。中国教育方针已经走过几层歧路，以吾观之，尚有两层最为重要之歧路。第一层，国家主义与国际主义。第二层，物质文明、精神文明与吸收物质文明而保存精神自由，并免去机械的人生观。改革固须改革，究竟如何改革方能进步，实属根本问题。

至于教育方法之改进，所包括之方面更多。学制、组织、行政、教师之训练、教材之选择与编辑、教学法之研究、校舍教具之设备、经费之筹措等种种问题，悉包括在内。如须一一详述其近年改进之途径，非本文篇幅所许。就教育方法论，却有极显著之进步。如由主观的逐渐移至客观的，由盲从的移至批评的，由少数人参与的移至多数人参与的，由一时兴会所致的移至慎重考虑的，由普通人议论出来的移至专门家屡试屡验的，不由人要喜形于色。但此种趋势只属起点而已。盖今日中国之教育方法亦有两个缺点：一是方法不与方针一致，造就一人不能得一人之用；二是从外国贩来整套之理想与制度不能适合国情，不能消化，不能在人民生活上发现健全之效力。此均为吾人应绞脑筋、运身手、谋改进之急务。

以上论教育方针与方法均须改进，兹进论如何改进之道。

一、办教育者必须承认所办教育尚未尽善尽美，确有改进之可能。彼应持虚心的态度，彼应破一切成见、武断、知足。脑中积有痞块，决无改进希望。彼又应承认有问题必有解决，有困难必可胜过，只须自己努力，无一不可以改进。若听天由命，不了了之之人，决不能望其改进。彼或是被人改进，但如无人乐意为之改进，则彼之存在只属幸运而已。

二、改进教育者必须明白自己之问题，又必须明白他人解决同类问题之方法。于是调查，参观，实为改进教育之入手办法。国内调查参观之发生效力者可以择要述之：民国三年黄炎培之本国教育考察，民国十年孟禄等六人之实际教育调查，民国十二年中华教育改进社之全国教育统计调查，均为多区域、多问题之调查，影响亦甚普遍。又地方教育之调查，如民国七年南京高等师范学校之南京教育调查，民国十二年中华教育改进社之北京学校调查，只是地方教育调查之初步工作。一级教育之调查，如民国十二年中华教育改进社之小学教育调查，十四年俞子夷之调查儿童对于各科好恶，于小学教育均有相当贡献。一门教育之调查，如民国八年九年中华职业教育社调查甲乙种实业学校之得失，十一年至十三年中华教育改进社之调查十省科学教育及十四年之中国图书馆调查，十三年江苏义务教育期成会及改进社之乡村小学考察，十五年江苏教育厅之乡村小学视察，均于教育改进影响甚大。国外教育考察，最早者为光绪二十八年吴汝纶之日本教育考察。其《东游丛录》呈上管学大臣后，对于《钦定学堂章程》自有相当影响。嗣后派遣提学使③赴日考察教育，使我国教育之日本化更进一步。美国教育考察，始于民国三年。是时黄炎培为江苏教育司长，派郭秉文、陈容、俞子夷三人考察欧美教育，归国后乃有南京高等师范之产生。四年黄炎培游美，其所带之感想，可于彼所著《东西两大陆教育不同之根本谈》中见其大略。六年考察菲律宾教育，南北各三人，直接即产生中国之职业教育。其后袁希涛组织欧美教育考察团，回国后极力介绍欧美教育方法与理想。新学制之成立直接间接受此种调查参观之影响不少。调查、参观确已表现"改"之能力，但究竟属改进属改退，则一时颇不易定。

三、教育界共同之问题应同心协力共谋解决与改进。故教育会议乃必不可少之事。吾人要求精神之一致、经验之沟通，非有会议不可。前清之中央教育会，民国元年之临时教育会议，民国四年以来之全国省教育联合会以及中华职业教育社、中华教育改进社、中华平民教育促进会等之年会，以及去年大学院之全国教育会议，均与形成全国教育思潮、方针及进行方案有密切之关系。现在国内省有省教育会，县有县教育会，市乡之组织完备者有市教育会及乡区教育会。学校与学校合组之各会议，影响较大者有中等教育协会，附属小学联合会。彼等于各自范围内所经营之事业，各有善良之效验。一门教育之会议，如民国十三年五月之乡村小学组织及课程讨论会，颇能引起乡村教育之兴味。一校之中，各科教员倘有讨论之组织，亦于改进各该科教学有所裨益。不但国内教育同志应有讨论之机会，国际教育同志亦应有交换意见之机会。十二年世界教育会议在旧金山举行，我国派代表出席，即思运用教育方法，以培养国际之谅解，增进国际之同情，并提倡国际之公道。吾人相信如依此慎重作去，此种会议于改进全世界之教育当有裨益。

四、调查参观仅为取别人之所知以益己之所不知，会议仅为会合各人之所知以成公众之所共知，吾人决不能藉此种方法以发现新理。不能发现新知，决不是在源头上谋改进。改进教育之原动力及发现新理之泉源，乃属试验学校之功能。我国现在足以当试验学校之名者甚少。以前东南大学附属小学及附属中学曾作道尔顿制及设计教学法之试验工作。最近北京艺文中学亦正在试验道尔顿制，鼓楼幼稚园之设乃欲试验幼稚教育者。中华教育改进社以试验学校为一切教育改进之大本，特于十四年十二月定一进行方针："本社今后对于教育之努力，应向适合本国国情及生活需要之方向进行。其入手方法为选择宗旨相同，并著有成绩之中学、小学、幼稚园，与之特约试验。合研究者之学术与实行者之经验为一体，务使用费少而收效宏；并将试验结果，随时介绍全国，俾多数学校，可以共向此途进展。"依此方针进行，该社已与燕子矶小学、尧化门小学、鼓楼幼稚园、南京安徽公学、北京艺文中学特约进行试验。该社于特约学校外尚须特设一试验乡村幼稚园及一试验乡村师范，不久可以实现。改进教育最有效力之方法无过于以学校化学校。

五、调查必须有工具，方能明白问题之所在；试验亦必须有工具，方能考核方法为实效。此种工具名曰测验。比如医病，教育心理测验仿佛是听肺机、寒暑表、爱克斯光线，较之通常之听闻为可靠。民国十一年至十二年中华教育改进社聘麦柯博士来华，偕同北京师大、东南大学教育科及其他大学教授二十余人编造测验二十余种，可算是第一次之尝试。此种测验当然未能谓为已十分完备，十分可靠。但吾人亦不能因此谓为无用。吾人应精益求精，使之渐达尽善尽美之境地。而教育事业之改进，亦可以由此而获得相当之助力。

六、教育之学术，非可独立存在。彼立于哲学、心理学、生物学、生理学、社会学、经济学、各种学术之基础之上。故谋此种种学术之进步即所以谋教育学术之改进。教育之事业亦非可独立存在者。彼与一国政制、风俗、职业以及天然环境均有息息相关之道。故谋政制、风俗、农、工、商、交通、水利等等之进步亦即所以谋教育之改进。吾人不能专在教育上谋改进，即以为可以完全达到吾人之目的。吾人当改进教育之时，务须注意教育以外尚有许多别种事情须同时改进也。

注 释

① 新学　五四以前由西方传入的资产阶级新文化。此处指中国近代效法欧美教育制度而办的各类学校。

② 全国教育会联合会　1915年由各省及特别行政区教育会推派代表组成。每年集会一次。以"体察国内教育状况，并应世界趋势，讨论全国教育，共同进行"为宗旨。是"五四"前后有影响的教育社团，对1922年学制的改革曾起很大的作用。1926年停止活动。

③ 提学使　清末学官名，为省教育行政最高长官。

艺友制的教育* (7月)

释义 何谓艺友制？艺者艺术之谓，亦可作手艺解。友为朋友。凡以朋友之道教人艺术或手艺者，谓之艺友制教育。

方法 艺友制之根本方法为教学做合一。事如何做便如何学，如何学便如何教。教法根据学法，学法根据做法。先行先知者在做上教，后行后知者在做上学。共教、共学、共做方为真正之艺友制，亦惟艺友制始能彻底实现教学做合一之原则。

史略 中华教育改进社考察乡村学校后，深觉改造乡村教育非另辟途径不为功，故于民国十五年与燕子矶小学、尧化门小学、开原小学特约设置铺位，以便远道同志可以留校作较长时间之观摩。此为艺友制之发端。江恒源①适为江苏教育厅长，深以此法为然，即派其侄希彭至燕子矶小学共同生活，以为回乡创办板浦小学之准备。江希彭留燕子矶数月，颇得互助之益。十六年秋，燕子矶幼稚园成立，丁夫人②偕同女毕业生二人随张宗麟指导及徐教员③学办乡村幼稚园，进步异常迅速。至此，同人益信此制不但为培养人材最有效力之方法，而且为解除乡村教师寂寞与推广普及教育师资之重要途径。此时虽有事实，却无名称，群戏称为徒弟制。但徒弟制实不足以充分表示此制之精神。直至十七年一月五日始定名为艺友制。

艺友制在师范教育上之应用 艺友制之发现既以小学幼稚园为发祥地，则其应用于师范教育，自较他门教育为速。教师生活是艺术生活，其职务亦是一种手艺，应当手到心到躬亲实行者。彼惟高谈阔论，妄自尊大，不屑与三百六十行为伍者，岂能当二十世纪教师之名？学做教师之途径有二：一是从师；二是访友。随友学较从师为更自然而有效。故欲为优良教师，莫便于与优良教师为友。现行师范教育将学理与实习分为二事，所出人才与普通中学不相上下，国内少数优良小学全凭天才护持，至于师范教育之人为的贡献，尚属甚微。大多数曾受师范训练之人才至今办不出一所令人仰慕之学

---

* 本篇是陶行知为《教育大辞书》写的词条，载第1649页。

校，不亦深可叹息乎？艺友制以教学做合一为原则，自能纠正今日师范教育之流弊。民国十七年一月八日南京试验乡村师范学校、燕子矶小学、尧化门小学、晓庄小学、鼓楼幼稚园、燕子矶幼稚园已开始联合招收艺友。此是用艺友制的旗帜正式招集同志之起点。一月九日作者曾在《申报》及《民国日报》上发表一文，题为《艺友制师范教育答客问》，略述艺友制师范教育之原理。南京特别市教育局学校教育课陈鹤琴课长同时向南京女子中学及南京中学师资科征求同意，派遣将毕业学生至市立实验小学充艺友。南京特别市教育局亦拟招收艺友十余人，以培植教育行政人才。现此制推行至为迅速，影响所及，约有五端：一、凡有优良教师之学校皆可招收艺友，成为训练教师之中心；二、附属学校将失去惟一实习场所之资格，倘附属学校欲负训练教师之责，便非根本改造不可；三、推行义务教育之师资可以增加一伟大之来源；四、优良乡村小学教师既可招收艺友，自能解除生活上一部分寂寞；五、根本推翻师范教育之传统观念。

艺友制与艺徒制之比较 艺友制与艺徒制之关系甚密切。由源头上观察，艺友制亦可谓是从艺徒制中脱胎而来者。艺友制与艺徒制之所同者为教学做合一，艺徒制是在做上教，在做上学，艺友制亦然。但艺徒制有三种流弊系艺友制所革除者：一、艺徒制下之工匠待艺徒几如奴仆，至不平等。二、工匠所有秘诀、心得对艺徒不愿轻传，故使艺徒自摸黑路，精神、时间，皆不经济。三、一切动作，偏重劳力而少用心，太无进步。艺友制则不然：教者、学者既是朋友，便须以平等相待，以至诚相见，尤须共同在劳力上劳心，以谋事业之进步。

艺友制之推行 艺友制之成功在乎指导之得人。故凡有指导能力者，皆可以招收艺友，初不问其事业之粗细也。图画家、音乐家、雕刻家、戏剧家、电影家、著作家、新闻家、行政家、军事家、科学家、民众运动家、医生、教师、律师、技师、拳师、农夫、木匠、裁缝、商人，皆可以招收艺友。民国十七年一月十五日，中华职业教育社为推广艺友制起见，决定拟订介绍办法，使有志青年得以依据兴趣才能，充当一种事业专家之艺友，以谋上进。该社并拟筹集艺友贷金，俾贫寒天才不致因经济压迫而失学。凡此皆推行艺友制之重要步骤也。

注 释

① 江恒源　即江问渔。
② 丁夫人　即丁超的夫人。
③ 徐教员　即徐世璧。

1931 年

生活教育论发凡* (3月15日)

在杭州西湖边的某个凉亭里,写着几个歪歪斜斜的字,并不是名人的题字,也不是墨客所留的诗迹,却是四句堪以玩味的劝世箴言,想不出和尚与道士或尼姑的手笔,最多不过是信人之类的迹象吧。哪四句话呢?便是:"做到老,学到老,学到老,学不了。"①我看了这话,不知为什么像刻板样的老是印在脑海里,没法儿把它忘去。同时,使我结成了"生活教育"论。

近来时常听到人讲"中心教育""整个教育""生活教育",真是可喜的消息。大家能以社会的环境做纬,以学生生活为经,不断的实验,继续的改造,一定会有成绩得到。教育事业是要捺着心儿,按着步骤,准对计划,研究利弊,从一点一滴上做着功夫,以收一点一滴之效果。我们用"迎头赶上去"的方法固是不错,可是不该以新奇的目光来处理非用刻苦耐劳的精神不能见效的教育事业。在理论的鼓吹者既要审察现实的环境,妥慎发言;在教育的实验者更要慎重将事,具体的观察和分析环境,拟就切实的计划,按步去施行。中国自行了新教育来,变革不能谓不多,试验的人不能谓不努力。所以没有多大的功效,却在试验者忘去了所处的环境,忽略了试验者的生活,因此,外国来的新教育,只是在旧教育上揩漆,骨子里没有改动,外表的新奇又有什么用处呢?

卢梭发现了儿童,教育者才注意到受教育者地位;杜威发现了社会,教育者才注意到教学材料的扩张。支配近代教育的杜威的两句名言,就是:"教育即生活,学校即社会。"要使教育收效,一定要注意儿童生活:儿童的身体和心理发展,有程序可寻,教育者要顾到生长的程序,儿童的家庭与社会环境有不同,禀质有差异,故生活的情状亦各别,教育者应分别儿童的不同的生活;更要的就是教育者应该知道什么是儿童生活?自己怎样和儿童在一处生活?怎样把教育去纳入儿童生活中?以上是作为"教育即生活"的译解。至于"学校即社会"一项呢,依杜威的说法,便是把庞大复杂的社会的

---

* 原载 1931 年 4 月《师范生》第 1 期第 17~29 页。

环境，缩小在学校内活动，使儿童能明了社会的机构，进与社会沟通。譬如学科方面像工艺等课，使用实际的材料；在活动方面，组织"市政府""村政府"等以求学校所活动的，便是社会所活动的，不再会隔膜。

"生活教育"的意义，就把杜威的两句名言翻了半个筋斗，变成了"生活即教育，社会即学校。"

人们的生活，可以划分做幼年期，青年期，壮年期，老年期，分年各有说法，普通人总以为幼年期和青年期是受教育时期，壮年期和老年期却是作事时期，或者说教育时期。普通人度过了青年期，便板起了脸，摆正了架子来教训自己的或别人家的子女，以为他是有那样的资格与权利了，哪里知道自己的生活既分时期，个人从幼年期里所受的教育，到青年期就有一部分不合用而须得再求了；在青年期所受的教育到壮年期一部分须得修正了，同样，进入老年期时，壮年期所得教育就有许多无用了。因此讲来，一个人的生活不能不转变，那么就不能不学习，不能不受相当的各年期的教育。这是第一点理由。儿童的生活是最活泼的，最易迁变的，教育者应该顺其生活之流转，为各项教育活动之设施；不应当以教育活动来限制其生活。这是第二点理由。过某种生活时，能受某种影响，而此种影响不会轻易消灭，教育者能因势利导，便是极佳的成绩，若要使教育活动影响到生活上，感应结就异常薄弱，亦有事倍功半之失。这是第三点理由。使生活为教育之全部，则生活能随时革新，随处有意义；若教育为生活之一部，则生活一有教育的段阶，便无意义，便难革新。这是第四点理由。以上都是说明"生活即教育"的话。

杜威要把"学校即社会"，我们却要使"社会即学校"，这究竟有什么理由呢？现在分开来讲：

第一点社会的机构是整个的，学校所割宰的不过是社会某一部分；用一部分的社会组织来应用到学校里，那是另零的，非驴非马的，使儿童习见了社会的一方面，养成他们将来对于社会的一种偏解。第二点各个儿童有各个社会的背景，他的家庭的情况，他的邻居的情况，他的家庭的职业，他的居家的环境，没有一项不影响于他的，他所亲眼目睹，自身所经历的事变，难道不及学校中的一点儿组织，一点儿材料来得亲切有味么？第三点是所谓儿童的社会，不是成人的社会所能了解的；儿童在儿童社会中所感的困难，不是成人社会所能解决的；儿童社会有他们构成的原因和构成的材料，不是剽窃成人社会的一部分就可成功的。所以儿童要的是儿童的世界，儿童的社会。第四点就是社会的展开应该是全部的，而不是片断的，另零的。教育者要把全部社会开放在儿童的眼前，无论是善的或恶的，让儿童先知道了全部社会，再去研究和知道他所要的所欢喜的地方，慢慢地欣赏和实验下去。

关于"生活教育"的意义，已如上述；以下想写出"生活教育"的几条重要原则，使实验者有所采择。

第一是身心的同时生长——健康是生活的出发点，也就是教育的出发点。一个儿童该不是大量智识的吸收者，也不是身体的健全者，因此，教育者不该用"揠苗助长"的手段，使儿童不能按身心的发育程序进展；也不该用抑压的方策，使儿童对于某一方面感到兴趣，而某一方面感到枯燥。常人以为教育者的责任只在"教"，只要使儿童领受多量的智识，对于身体的健康，所谓"育"字是不讲究的。中国人又期儿童能"规行矩步""少年老成为最善良"。故现在的学校，只是传授智识的地方，或可以说施行畸形的教育的场所。将来学问得到了，身体却坏了。所以生活教育的最要原则，要注意儿童身心两方面的同时生长，依了生长的程序，给予优良的环境，施行适当的"教""育"。那样，才能使儿童的身体和精神有健康的基础。

第二是培养活能力——什么是能力，能力就是智识和经验的运用，怎样叫做活能力，活能力就是死智识和旧经验的运用与改造。天天挤在我们眼前，压逼在我们四周，需要我们去对付的就是环境。环境是千变万化的，你要在这个环境生活，一定要知道环境的内容，环境的内容对于我是适合的，什么就顺应了；环境的内容对于我是不相融洽，什么就得起来改造。要顺应环境和改造环境，不是死智识和旧经验的运用就能对付得过的，一定需要一种活能力，活能力便是要把死智识和旧经验来改造。对准了环境的内容，用种种方法考量困难所在，再用种种方法去解答困难。因此讲来，儿童有了智识，有了经验，还不能应付当前的环境。所以我们与其给儿童予多量的智识与经验，不如使他们有一种活的能力。所以"生活教育"下不问儿童有学问没有，只要问儿童有能力没有？有能力，便是一个受教育的完全儿童。

第三点是由具体的经验到融会贯通的智识——儿童应该从实际生活里取得具体的经验；具体的经验丰富了，便自然而然的产生出抽象的智识，这种智识是逐渐融会贯通起来的。孔子的"举一反三"，荀子的"以一知万"，所谓"一"便是具体的经验；所谓"三"与"万"便是融会贯通的智识。没有具体的经验做基础，就不能使融会贯通的智识发生出来。所以在"生活教育"试验下，教育者要最先指导儿童对于学习的事项，不是抽象的智识，而是自己所"亲身参加"的具体的经验；再应用所得之具体经验，与融会贯通的智识，以树立新的概念。

第四点扩大活动环境——生活教育既以社会为学校，自然教室的范围，不是在房子里，而是在天地间。需要研究农事，教室就在旷野里；需要研究工业，教室便在工场里；需要研究商业，教室便在市场里；需要研究社会问题，教室便在十字街头。所以生活教育的施行，不在狭隘的小房子里做功夫的，以研究的利便及深切起见，需要什么地方，便以什么地方为教室。至于教学的材料，竭力要扩充。凡儿童生活环境中感到什么困难，需要怎样解决的各项问题，都应抉择以为教学之材料。教育者要抛弃书本的传授，而慎谨于儿童的问题归纳，进而研究，儿童所得智识，便是困难问题解决的过程，不是亲切而有味的么？那种材料我们忍愿抛弃么？

第五点是教学做合一——这是教育的方法问题。所谓教学做合一有两个原则：一是做什么，便学什么；学什么，便教什么。一是怎样做，便怎样学；怎样学，便怎样教。所以教育者是以"做"为基础，受教育者亦是以"做"为基础。在事的本身讲，两种人都属于工作者；因为工作，所以要努力地去"做"，"做"得努力时，一方面有经验得到，一方面以经验予人，于是教学做便融合为一了。在施行"生活教育"时，教育者处处要使儿童亲自去经历一番，无论使用的是体力还是脑力，使用的是我的智识还是别人的经验，经过一番经历后，本来是模糊的迹象，一定能成为亲知灼见了。结果的成败利钝，儿童自己能够省察，每种事实，再不会轻易地看成不经意的东西了。

第六点是教师的地位——教师究竟站在什么地位呢？我们该得说一说。在"生活教育"的实验者，决不是一个教书匠，也不是一个旁观者。教师是儿童队里的一员，是儿童生活中的一个游侣，他因为年龄较长，经验较多，所以是这许多儿童中的一个辅导者。教师既不能板起脸来教，那么就得堆上笑来玩，使自己的生活回复到儿童时期去。最好的教师，便是近于儿童的成人，也就是最好的辅导者。当儿童有不能解决的困难，教师就给予暗示，暗示不足，则给予辅助和指导，务使儿童能自己用过一番心力去研究，教师不该心急的代为设法。

"生活教育"是一个新兴的教育学说，所望实验者能鼓起勇气，拟定计划，切切实实的做一番，无论结果的成败，总望有个始终。同时，我们希望先从师范教育和小学教育及幼稚教育着手起。

这篇不过是个发凡，一切理论，还待详细的阐发；一切实际问题，还待多方讨论。写到此地，暂时做个结束吧。

二十年三月十五日于上海

注　释

① 此事发生于1923年9月26日与胡适等游杭州西湖花坞时。

答震叔* （3月31日）

震叔①：

借着这个地位来答复你的问题，因为你所感到的困难，便是一般人所觉得的苦痛，吾把它公开，就要使大家能看到。

你想废去班级制，实行生活法，实是可喜的消息。虽吾没有看到你的详细计划和施行步骤，可是你的一种勇敢的精神，真使我佩服。

来信上说："失败当然是在意料之中，不能因为失败，就此丢弃，因噎废食，为世人所不取；所以我又二次欲试。岂料明令之规定，社会之监视伈伈伣伣，使我默然！"成功与失败，在试验者可无所容心，因为每一种试验，只要尽其心力去做，试验成功固是可喜，试验失败亦有相当价值。因怕试验失败，就此丢弃的，不是要想到"为世人所不取"，应该为自己的兴趣与志愿而可惜。不能试验是自己的主张不能贯彻，关不得世人的取不取。

你说又二次欲试。岂料明令之规定，社会之监视，因此使你"默然"了。凡是一种新的试验，决不会平平稳稳，安安逸逸的过去的。最先和你接触的，便是"明令"。"明令"是屈伏人的思想，束缚人的行为的东西，中外古今能做试验工作的，谁不经过一番刻苦耐劳的历程，主张被人攻击，生命濒于危险，可是在他心头，只是主张的能否实行，不是"明令"的压束后的苦痛。哥白尼的主张地圆，马丁路德反对旧教，都是实例。你在前信上说起的文纳特卡制的创始者华虚朋不是也被明令所指责遭人所反对的么？所以你不必怕社会的监视，社会本来是盲目的，待你稍稍成功时，社会即刻会肉麻地捧你起来的。

教育本来不是什么神圣的事业，教育者总得吃饭穿衣，养家活命，虽然也有许多失意政客和得意政客借着教育的牌子清高的名号做护身符。一个小学教师，在穷苦的乡村里做事，和一般愚拙真朴的农民相处，站在金权世界的现代，实在是再低微也没有的工作了，决不会像一般得意或失意的政客盘

---

* 原载 1931 年 4 月 15 日《师范生》创刊号，第 113~117 页。

据或遥领那学府来得快慰。话要说回来，小学教师虽苦，能够让你真心诚意地实行一种学说或主张时，也还有一部分生趣；可是明令堂皇地限制你，社会暗地里监督你，使你的学说与主张灭绝了才肯罢休呢。照此说来，那么我们不必多费精力去做什么试验工作了么？这又不然，教育是"日新""又日新"的工作，一天不革新，就一天没有进境，所以我们要用刻苦耐劳的精神，化阻力为助力的手段去贯彻自己的主张，以求新教育之推进。你既不愿坐以待毙，那么你得用出你最后的呼吸去打到人们的心坎里去；"振臂疾呼"是乡村教育者时时用到的努力口吻呀！

乡村人民满贮着真诚的心，他们不愿进取，不要新奇，看见你使用进取和新奇的方法与手段时，便会消极的和积极的来反对。所以对于农民，对于乡村社会，一定要用温和的手段，循次渐进的去潜移默化。一时焦急，满局皆输，希望你捺着心儿，忍着劲儿去干事。

你说事情忙不过来，学校功课和社会活动交相迫着。这点我承认是实情。可是你能改变一种态度，一定觉不到事情的累赘与苦痛了。怎么改变呢？就是你要想到所做的事是教育不是上课，是艺术的兴趣不是劳苦的工作。你时以艺术的兴趣来办教育，一定不会感觉事务的忙碌和累重的苦闷了。

你的信里虽然带著愤慨和牢骚，我总相信你是有为的青年，望你不要为一时感慨，便对事业全部否定。记着"最后的胜利属于最后的努力者"。

一之②　三月卅一日灯下

附：盛震叔给陶行知信

一之先生：

司晨的公鸡，杜防的保垒，舍我其谁哉!？自然啰！振起你的精神，吹起你的法螺，去唤醒那熟睡的民众，这样，才可说你是一个克尽斯职者。不过有时自然而然地会使你绝望，灰心！单就我校来说吧！本来在我的计划中，想废去班级制实行生活法，失败当然是在我意料之中，不能因为失败就此丢弃，因噎废食为世人所不取，所以我又二次欲试。岂料明令之规定，社会之监视，伈伈伣伣使我默然！

唉！教育是吃饭找钱的工具；学校是失业工人的收容所，在乡村社会，畸形的乡村社会里，有此现象，城市里，何独不然？但你也不能说教育的本身是这样，完全是因为农村经济破产，工商业不振……使然的。假使你愿意从事于乡村，在你还想做一点事。而他，他们已无形中告你，最好你们走吧！否则敛迹些！唉！命耶?！运耶?！乡村教育之命何其短耶！勇士既死，将领无归，如之何？如之何？坐而待毙又非吾愿，振臂疾呼，恐遭受荼毒，质之先生，良策为何？

　　小学教员生活，假使你用慧眼一看，真是阴间苦鬼逊三分！日里小学部，晚上民众学校，社会活动，还有民众茶园，阅报处……各色都有。从精神方面讲：人的精力是有限的，况且人数又少，长此以往，实难胜任。从事业效力方面讲：一个人要使得（各种事业）同时进展，难吧？！顾此失彼，当然是免不了的。与其只求量的方面发展，不若在质的方面去求进。你说：对吗？

生　震叔书于深夜
三月二十日

文纳特卡制的四个重要原则

一、使儿童尽量地能够获得将来在生活上应用知识和技能。

二、每个儿童应该自然地，和完美的，能够享受儿童的生活。

三、人类的进步，在每个分子能够达到充分的发展。

四、人群的福利，需要每个分子中有整个的社会意识之发展。

注　释

① 震叔　即盛震叔。

② 一之　即李一之，陶行知化名。

师范生的第一变
——变个孙悟空* (4月15日)

教育是什么？教人变！教人变好的是好教育。教人变坏的是坏教育。活教育教人变活。死教育教人变死。不教人变、教人不变的不是教育。

师范教育是什么？教学生变成先生。先生是什么？自己会变而又会教人变的是先生。师范生不是别的，是一个学变先生的学生。

自古到今，从东到西，我找来找去，只找着一位差不多可以比得上这学变先生的学生。你猜是谁？是那保唐僧上西天取经的孙悟空！

你们别瞧不起老孙。他那大闹天宫的天界革命功劳我且不提，只说几桩与你们最有关系的事迹。

第一件，他有目的，有远虑，有理想。他做了美猴王，还是烦恼。众猴对他说："大王好不知足！我等日日欢会，在仙山福地，古洞神洲，不伏麒麟辖，不伏凤凰管，又不伏人王拘束，自由自在，乃无量之福，为何远虑而忧也？"他说："今日虽不归人王法律，不惧禽兽威，将来年老血衰，暗中有阎王老子管着，一旦身亡，可不枉生世界之中，不得久住天人之内？"所以他存心要"学一个不老长生，躲过阎君之难"。这是他所抱的目的。师范生的目的何在？我想美猴王如果做了师范生，他必定也是烦恼。如有人问他为何烦恼？他一定是这样回答了："今日虽为双料少爷，事事有听差服侍，先生照应，只管教学，可以不做，将来双手无能，误人子弟，暗中有帝国主义老子管着，一旦教人做奴隶的，自己也做了奴隶，可不枉生世界之中，不得久住主人之内！"

第二件，他抱着目的去访师。他所住的水帘洞是在东胜神洲傲来国花果山。为着要"躲过轮回，不生不灭，与天地山川齐寿"，他便飘洋求师，飘到南瞻部洲，又渡西洋大海，才到西牛贺洲，因樵夫指引，找到灵台方寸山中的斜月三星洞，遇着须菩提祖师，算起来已是化了十几年光阴了。无论那个现代留学生也没有像他这样诚恳了。教师多于过江鲫，谁能教人达目的？

---

* 本篇原载1931年4月15日《师范生》第1期，署名：时雨。

如果美猴王做了师范生，他必定要找一位能达他的目的的老师。不能达他的目的的老师，他是不要的。空口说白话，能教不能做的老师，他也是不要的。他又是一位大公无私的好汉。他飘洋求师，不是为着他一个人的长生不老。他所求的是猴类大家的幸福。你看他在生死簿上，把猴属之类但有名者，一概勾之，得了瑶池之玉液琼浆，也是拿回洞来大家吃。他的目的是，老孙、二孙、三孙、细孙、小孙——一家孙、一国孙、一窝孙，一个个长生不老。如果他是师范生，他决不访那教人做奴隶的老师，也决不访那教少数人做主人多数人做奴隶的老师；他所要访的是教一家人、一国人、一世界人，个个做主人的老师。

第三件，他抱着目的求学。孙悟空在斜月三星洞住了好久，一日，须菩提祖师登坛讲道，问他说："你今要从我学些什么道？"悟空道："只要有些道儿气，弟子便就学了。"祖师道："道字门中有三百六十旁门，旁门皆有正果，不知你学那一门哩？……我教你个术字门中之道，如何？"悟空道："术门之道怎么说？"祖师道："术字门中，乃是些请仙扶鸾，问卜揲蓍，能知趋吉避凶之理。"悟空道："似这般可得长生么？"祖师道："不能！不能！"悟空道："不学！不学！"祖师又拿"流字门"、"静字门"、"动字门"中之道问他学不学，他总是反问道："似这般可得长生么？"祖师道："不能！不能！"他便说："不学！不学！"祖师闻言，咄的一声，跳下高台，手持戒尺，指定悟空道："你这猢狲，这般不学，那般不学，却待怎么？"走上前，将悟空头上打了三下，倒背着手，走入里面，将中门关了，撇下大众而去。悟空心中明白，这是祖师暗示叫他三更时分从后门进去传道。悟空当夜依着暗示进去，果然得着长生之道，还学了七十二套地煞变和一翻十万八千里的筋斗云。

由此可见，孙悟空不是一个糊涂的学生。他抱着一个"长生不老"的目的而来，必定要得到一个"长生不老"的道理才去。凡是不合这个目的的东西，他一概不学。学做先生的道门中有几多旁门，我可不知道，可是现在通行的一个，便是"讲"字门，大家好像都以为这讲字门中有正果可找。假使孙悟空做了师范生，教员问他说："我教你个讲字门中之道，如何？"悟空必定问："讲门之道怎么说？"教员说："讲字门中，乃是些上堂下课，高谈阔论，好比一部留声机器。"悟空必定要追问到底，如果不能达到他的大目的，他的断语也必定是："不学！不学！"

我们做学生的当中有多少是像孙悟空这样认真的啊？

变吧！变吧！
变个孙悟空，
飘洋过海访师宗。
三百六十旁门都不学，
一心要学长生不老翁。

七十二般变化般般会，
翻个筋斗十万八千里儿路路通。
学得本领何处用？
揭起革命旗儿闹天官。
失败英雄君莫笑，
保个唐僧过难亦威风。
降妖伏怪无敌手，
不到西天誓不东。
请看今日座上战斗佛，
岂不是当年人人嘴里的雷公？

　　师范生要变做孙悟空的道理是说明白了。但是既有孙悟空，便有唐三藏。师范生变了孙悟空，那唐僧推谁去做呢？师范生的唐僧是小朋友。师范生应该拜小朋友做师傅，也如同孙行者的本领比唐僧大倒要做唐僧的徒弟。小朋友是我们的总指导。不愿受小朋友指导的人不配指导小朋友。唐僧向西天取经，经过了八十一难，若不是孙悟空保驾，也不知死了几十次，那能得到正果？小孩子学着做人，一身遇着的病魔、恶父母、坏朋友、假教员，个个都是吃人的妖怪，差不多也好比是唐僧的八十一难，若没有孙悟空的心术和本领的师范生保驾，不死于病，必死于亲；不死于亲，必死于友；不死于友，也必死于老师之手了，还能望他成人为民族人类谋幸福吗？

老孙！老孙！
校长招你来，
当个师范生。
西天保谁去取经？
小朋友是你的唐僧。

师范生的第二变
——变个小孩子* (5月15日)

"小孩子懂得什么?"

在这个态度下,牛顿是被认为笨伯,瓦特是被认为凡庸,爱迪生是被认为坏蛋。

你若想在笨伯中体会出真牛顿,在凡庸中体会出真瓦特,在坏蛋中体会出真的爱迪生,您必得把自己变成一个小孩子。

你若不愿变小孩子,便难免要被下面两首诗说着了:

(一)

你这糊涂的先生!
你的学堂成了害人坑!
你的墨水笔下有冤魂!
你说瓦特庸,
你说牛顿笨,
你说像个鸡蛋坏了的爱迪生。
若信你的话,
哪儿来火轮?
哪儿来电灯?
哪儿来的微积分?

(二)

你这糊涂的先生!

---

* 本篇原载1931年5月15日《师范生》第2期,署名:时雨。

> 你的教鞭下有瓦特，
> 你的冷眼里有牛顿，
> 你的讥笑中有爱迪生。
> 你别忙着把他们赶跑。
> 你可要等到
> 坐火轮
> 点电灯，
> 学微积分，
> 才认他们是你当年的小学生？

倘使被这两首诗说中，那是多么可悔恨的一件事啊！

"小孩子懂得什么？"

小孩子是再大无比的一个发明家。生下地一团漆黑，过了几年，如果没有受过母亲、先生和老妈子的愚惑，便把一个世界看得水晶样的透明。他能把您问倒。这有什么羞耻？倘使您能完全回答小孩子的问题，便取得一百个博士的头衔也不为多。

您不可轻视小孩子的情感！

他给您一块糖吃，是有汽车大王捐助一万万元的慷慨。他做了一个纸鸢飞不上去，是有齐柏林飞船①造不成功一样的踌躇。他失手打破了一个泥娃娃，是有一个寡妇死了独生子那么悲哀。他没有打着他所讨厌的人，便好像是罗斯福讨不着机会带兵去打德国一般的恍气。他受了你盛怒下的鞭挞，连在梦里也觉得有法国革命模样的恐怖。他写字想得双圈没有得着，仿佛是候选总统落了选一样的失意。他想您抱他一忽儿而您偏去抱了别的孩子，好一比是一个爱人被人夺了去一般的伤心。

> 人人都说小孩小，
> 谁知人小心不小。
> 您若小看小孩子，
> 便比小孩还要小！

未来的先生们！忘了你们的年纪，变个十足的小孩子，加入在小孩子的队伍里去吧！您若变成小孩子，便有惊人的奇迹出现：师生立刻成为朋友，学校立刻成为乐园；您立刻觉得是和小孩子一般儿大，一块儿玩，一处儿做工，谁也不觉得您是先生，您便成了真正的先生。您立刻会发现小孩子的能力大得很：他能做许多您不能做的事，也能做许多您以为他不能做的事。等到您重新生为一个小孩子，您会发现别的小孩子是和从前所想的小孩子不同了。

我们必得会变小孩子，才配做小孩子的先生。师范学校的同学们！小孩子变得成功便算毕业；变不成功，休想拿文凭！

　　我们却要审查一番，这第二变的小孩子与那第一变的孙悟空有无重复。师范生既然会变孙悟空，那么凡是孙悟空所会变的，师范生都能变了。现在留下的问题是："孙悟空可会变小孩子？"我们调查他的生平，他只能变一个表面的小孩子，而不能变一个内外如一的小孩子。他在狮驼洞曾经变过一个小钻风，被一个妖怪察觉，"揭起衣裳看时，足足是个弼马温。原来行者有七十二般变化，若是变飞禽、走兽、花木、器皿、昆虫之类，却就连身子滚去了。但变人物，却只是头脸变了，身子变不过来，果然一身黄毛，两块红股，一条尾巴"。所以：

　　　　　　儿童园里无老翁；
　　　　　　老翁个个变儿童。
　　　　　　变儿童，
　　　　　　莫学孙悟空！
　　　　　　他在狮驼洞，
　　　　　　也曾变过小钻风。
　　　　　　小钻风，
　　　　　　脸儿模样般般像，
　　　　　　拖着一条尾巴儿两股红！

注 释

　　① 齐柏林飞船　齐柏林公司制造的硬式飞艇。第一艘这种飞船由德国退役军官齐柏林伯爵设计，1900年7月2日首次飞行。

贫穷与教育*
——生活教育讨论之一 (5月15日)

中国的新教育，实在是洋教育，无论制度，课程，方法等都是抄袭外国的。起始是抄袭同文同种的日本，因为日本兴办了新教育，不到三十年便跻于世界强国中；后来又去模仿资本主义最发达而高唱着民治主义的美国，因为中国已经民治了，所以要以"民本主义"表现在教育上，以教育来宣达"民本主义"，像美国一样。可是抄袭和模仿的结果，非但不能收实效，国势依旧那么的颓衰，人民依旧那么的愚贫，究竟是什么道理呢？

日本抄袭了德美的教育，识字者达百分之九十五以上，国势亦因工商各方面努力而日渐增强，教育是收有一部分功效的。可是中国抄袭和模仿美日的教育为什么没有多大效力呢？说来原因很简单，因为美国是世界上工商业最发达的国家；日本是在工商业发展到中期的国家；中国却在农业社会正向工商业社会出发的时期中。我们去援用日美中后期工商业社会所适用的教育来施行，因为"文不对题"，所以没有成效。

自鸦片之战后，中国便把门户开放了。外来的工商业资本势力的继长增高，直接地间接地向农业社会搏击，终于农村经济渐形动摇，农业社会渐形崩溃。在此激烈转变的涡漩中，教育者虽朝一新方法，夕一新主张，也难适应。

即承认教育能有普遍性的。适于甲地的制度，方法，课程，同时也能适用于乙地；可是甲地与乙地若社会背景，经济组织无有相同之点，则失败可立见。美与日均向工商业资本主义旗帜下在竞走，故日本教育模仿美国有所成；中国与美的社会背景经济组织截然相异，故中国教育模仿美国就无所成了。

国家有给人民受教育的义务，人民都应该有受教育的权利。可是中国识字的人的数量，总难增高，国家也没有力量和心思顾念到这种地方。第一，中国是一个穷得可怜的国家，没有固定的经费来办理教育，被国际帝国主义

---

* 原载1931年5月15日《师范生》第2期，第17~29页。

经济侵略的方法吸去十二万万元；第二，中国历年内乱，府库空虚，所有的收入，都充作军政费用，何来余款作教育经费呢。（教费大多是附税）

中国在国际贸易上，自民国以来，只有入超，数量甚巨，兹录海关历年入超数表如下：

年次	入超数（海关两）	年次	入超数（海关两）
民元	102 576 628	民九	220 618 930
民二	166 857 011	民十	304 866 902
民三	212 014 555	民十一	290 157 717
民四	35 614 555	民十二	170 485 471
民五	34 609 629	民十三	246 427 000
民六	86 587 144	民十四	171 512 007
民七	69 010 051	民十五	259 926 482
民八	16 188 269		

再看民国十七年财政部发表民十六全国支出各费分配表，军费却占百分之九十七，教育只占千分之七。国家以千分之七的经费来办理全国教育，教育还办理得好么？那年因战事关系虽属例外，可是历年国家的预算决算，教费总未超过百分之十以上呢。

再从社会方面看吧！纵使国家没有余力来为教育尽力，要是社会经济组织健全，也能负起一部分责任的。可是中国是农业社会已濒于崩溃正向工商业社会出发期中，社会经济组织，甚为单薄，资本主义者可以随意操纵着。（像最近的金涨风潮）好！我们回头去看看农业社会的情状吧。

第一是生产力的减退。中国近年来，因生产方法的陈旧，生产范围的缩小，生产量年有退步；而农产物亦年有入超。这是何等可怕的现象！现录自民三至民七年间，米的产额的减少表及民九至民十四米的入口及出口比较表：

历年产米减少表

年次	作物面积（亩①）	收获量（石）
民三	579 223 868	2 133 483 039
民四	406 136 399	2 091 955 667
民五	247 138 746	538 855 515
民六	239 577 886	526 640 763
民七	181 676 194	302 296 986

历年米粮出口进口表

年次	出货量	价额	进货量	价额
民九	312 000	1 009 000	1 152 000	5 362 000
民十	35 000	133 000	10 629 000	41 221 000
民十一	45 000	222 000	19 156 000	79 875 000
民十二	63 000	337 000	22 425 000	98 198 000

| 民十三 | 42 000 | 225 000 | 13 198 000 | 63 249 000 |
| 民十四 | 35 000 | 220 000 | 12 635 000 | 61 041 000 |

第二是灾区的广大。以民十七年言，山东省有四十六郡陷于待赈状态，全省人民百分之三十三不得果腹。直隶省有一千万贫农，濒于死亡，五百万人民武装为匪。湖北省有四十九郡大旱，全省饥馑。其他如陕西与广东遭旱灾及虫灾。江苏及安徽遭水灾与旱灾。浙江则遭水灾及虫灾。更据民十八华洋义赈会的调查，一年内灾民及灾区数如下：

灾区	县数	灾民数
绥远	12	1 388 000
甘肃	37	4 144 000
陕西	60	10 913 000
河南	62	18 358 000
察哈尔	20	3 037 000
山东	46	12 420 000
山西	41	3 417 000
河北	21	3 168 000
共计	299	57 347 000

在这里还得加以说明的，就是除去天灾外，还有人祸在扰乱社会呢。军阀的混战，土匪的横行，到处为灾，倘加以统计，数目远可惊人。而天灾的所以造成，大半要归结到人祸方面去呢！

第三是佃农的增多。农业社会中对立着地主与佃农两个阶级。若佃农减少，社会得以安，佃农增多，社会得以病。最近佃农消长无有根据，兹取民七民八两年的统计来看吧：

年度	自耕农	自耕兼佃农	佃农	合计
民七	53%	21%	26%	100%
民八	49%	19%	32%	100%

上表只是相隔一年的比较，佃农竟增加百分之六，自耕农减少百分之四，自耕兼佃农减少百分之二。又据民十七武汉土地委员会调查全国土地及人数分配如下表：

类别	人数百分比	占有地百分比
小农（一亩至十亩）	48%	6%
中农（十亩至三十亩）	24%	12%
大农（三十亩至五十亩）	14%	17%
小地主（五十亩至百亩）	9%	19%
大地主（百亩以上）	6%	46%

以百分之四十八的人来耕食百分之六的土地，怎养得活命？而百分之十五的人却坐食百分之六十五的土地，与上相较，显有多余的食料。

更求其次，个人要是有财力和时间去受教育时，教育还有普及的希望。

不过中国的国家和社会如此贫穷，个人当然不会富裕了，诚然！我们大家看看数字吧：

各国财富每人平均摊额表（十七年，日本内阁统计局发表）

国别	每人平均摊额（日金）
美国	6 607元
英国	5 247元
法国	2 549元
日本	1 731元
中国	101元

中国每人只能摊派一百零一元，而美国每人能摊派到六千六百零七元，贫富相差甚巨。

我们再看看收入方面如何。北平中华教育文化基金董事会调查部调查过北平郊外一百个乡村家庭。据发表结果如下：

数额	家数
百元以下	34
百元以上	39
二百以上	14
三百元及以上	13

又据华洋义赈会调查河北、江苏、山东、安徽、浙江五省的二百四十个村落，七千零九十七人家。调查的结果，知道中国东部区域村落里，约有半数以上的住户，在北部区域的村落里，竟有五分之四以上的住户，他们每年的进款，却都在贫困线［退勒（J.B.Tayler）氏调查中国乡村生活费后假定一百五十元为贫困线］下；同时东区的村落里，约有千分之一百七十六户，北域的村落里，约有千分之六百二十二户，每年进款，竟不到五十元呢。

好！我们来看农家的支出吧。据中国经济调查会调查北平的顺府，安徽的和州，那两个乡村生活费如下表：

项目	顺府	和州
食	84元	106元6角
衣	40元	40元
住	6元	5元5角
杂项（燃料灯火）	5元	5元
工作所得	93元1角2分	88元8角
不敷	41元8角8分	68元3角

又，顾复先生以江苏无锡的生活情状，定了一个农民每年最低限度的生活水准如下表：

伙食费	180元	医药卫生费	10元
衣服	20元	婚丧费	10元
房屋费	12元	赋税	6元

子女教育费	6元	杂费	20元
交际费	10元	合计	274元

以这个水准来调查农村家庭，可以说多半是在贫困线之下了。中国的农民生存在这种境遇中，哪里有时间去受教育？哪儿有钱去受教育呢？在北平郊外六十四家中占有教育费的仅是八家，全年共用二十三元。

现在得要结核一下，就是在工商业社会相竞中，农业社会必然的要沦于动摇的地步；在大量生产与交易中，农业经济必然的会沦于崩溃的状态。社会贫穷的现象，便是农业社会出发向工业社会进行的现象，所以我们对于贫穷不必存过分的忧虑，对于农村社会不必抱过分的悲观，先决问题在如何设法使工业有出头的机会，也就是教育有出头的机会。

中国是个生产落后的国家，农业不能应用科学，生产量不能增加；工业不应用科学，出品不精，数量寡少，于是处处赶不上人，处处吃亏，社会就日益贫穷。现在要望农业上应用科学，使农产物增多；更要望工业上应用科学，同时急切的发展起来，使出品精多，更能容纳失业农民工作。

从农业社会渡到工业社会去是必然的，中国还在资本主义萌芽期，所以能有适当的裁制，使农业与工业保持均衡势力，适应的进展，非特不会严立贫富的阶级，还能救目前的贫穷。

贫穷的现象已在我们的眼前，不得加以否认；农业工业的必须应用科学，也得承认是现在的事实。我们生活在这样的社会上第一要祛除"安贫"的态度，不甘做个穷人，竭力要从崩溃的社会里奋斗出来；第二要有"造富"的本领，替全社会造富，不是替个人挣财产，以补救社会的贫穷。要祛除"安贫"，要造富的社会，人人必得有创造的精神，创造出未来的安乐的社会来。

那么教育呢？

只有生活教育才能适应贫穷的社会，才能指示从农业社会出发向工业社会进行的方向，因为生活教育是创造的教育，它能合着社会一同进展。

要建立富的社会人人须具有创造精神，现在的教育能养成这种精神么？我们先问问教育者，他们专事抄袭别国的教育制度，课程，方法等施行，把自己所处的社会背景，经济组织忘去了；再看看学校内容，教学材料，大家捧着教科书在死读，或者在研究别人所得的结果。这种教育不是智识的传递，决不能养成学生的创造的能力。

生活教育下要养成能创造的人才。从消极方面看，学校要摒除一切足以妨碍学生思想与行动的规章，凡能限制学生的创造力的，都要廓清。譬如学生在构思数学问题，教师要他读古文观止；学生问人从哪里来的，不许他开口；学生在拿积木造房子，教师要他去读书；学生想做个试验，教师不会动手指导。直到后来，学生的创造能力被泪灭殆尽。从积极方面看，学校要有适当的工具（不一定要多）可以作学生相当的试验之用；要有切实的指导（不一定要教），可以启导学生的思考力。学校内的工具缺乏，决不能引起学生的创造的兴趣来，工具完备，学生自然会使用来制作各种器具，创造新的东西，学生有创造的兴趣，教师处处要给予便利，热诚的奖励与切实的指导，使他能专心致意于所做的工作，再不要去扰乱或禁止他。学生一次成功了，两次成功了，以后对于创造有了能力，处处会表现出能力来创造切于应用的工具了。在学校里养成了创造能力，到社会上自然也会放出精神来创造的。

生活教育的特征，就在解放创造力。教育者摒除抄袭的心，就能创造适合于中国的新教育。教师们脱离了书本智识教授的工作，自己能创造就能养成有创造能力的学生。所以我们要求给学生们以求知的自由以发挥创造之精神。

注 释

① 亩：1亩约为667平方米。

今后教育上基本问题之讨论* （8月）

（一）

时已初秋，假期将满，国内各级学校当局乃特显忙碌。一方面忙于招考，一方面复忙于筹备开学；聘任教授也，编制课程也，通告学生也，种种准备执行其神圣之教育任务之忙碌情状，皆在吾人意想之中。记者偶检昨日本报刊登各校之招生广告，得数六十有五校；复一检阅八月十四日北平晨报，得校三十有九。此登载广告之学校，十之九都在上海及北平，或且尚有未登者焉！以此推至各省各埠，则在下学年中青年之就学者其将增添若干人，盖无可疑。吾人据十七年教育统计：全国大学及专门学校学生为一万九千四百五十三人，中学学生为二十三万四千八百一十一人，即就中学生而论，平均尚须一千七百人中方能有一人，小学生为七百余万人，但学龄儿童失学者，尚有三千五百万人以上，全国文盲据约计为百分之八十。就此点而言，则姑无论教育之方针如何，功效如何，结果如何，就学青年数量之增多，即国内文盲数量之减少，此应为可喜现象之一。

虽然，教育之功能，就其大者而言，为立国之大本；就其小者而言，亦为如何导引国民精神生活与实际生活臻于健全与畅遂之关键。教育对青年所负之责巨，对社会对国家所负之责更巨！然而此艰巨之责，就事实言，过去已否尽了？大抵一般人士皆能作答。惟教育之责巨，惟过去教育之效率低，惩前毖后，鉴往追来，故记者不得不于新学年开始，学校招生，大批青年就学之际，谨以数事商陈学校当局：

（一）招生之动机，是为照例，抑有事先计划？招生之目的，是为学生？为社会？抑为学校？或其为个人？

（二）投考青年是来自各个社会层，抑有所偏倚？如其偏，则教育为畸

---

* 原载1931年8月19、20、22、23日《申报·时评》。

形,教育之效能亦为畸形。此畸形之现象,将听其自然,抑亟谋有以补救?

(三)今日招学生入学,是否已计及将来学生出路?即学生将来毕业而后,在社会应做何事,可做何事,能做何事诸问题,是否曾有事先之筹思?

于此记者有须郑重声明者,上陈三点,绝非对个人而发,其目的纯在于求改进教育,增进教育之效能,切盼读者勿以辞害意,至其理由,容当续言。

(二)

惟勇者乃能承认事实之真相,惟智者乃能从事实中求出路。今请就昨评所提出之三问题,加以事实与理由之申述,非敢故意求瑕索疵,其真实用意,乃在于从过去事实之真相中辟开今后广坦之出路。

第一问题之提出,其中心意义,在于希望负教育之责者,重视教育,有责任之自觉。就事实言,过去学校招生,大部分或为"照例",或为"为学校"。所谓"照例"者何?学校之所赖以延续生命者,厥为班班相承之学生,故有一班旧学生毕业离校,即应招一班新学生补充,新陈代谢,以绵延学校生命至于无穷。然而问其于招生之先,曾否计及社会需要何种人材?学生能有何种出路?如何教?如何使学生蒙受教育之实益?如对者能掬诚作负责之答复,吾人敢断言能于招生之先,曾计及上述诸问题者,百中或仅有一二焉!此为"照例":即照例招生,照例教学,旧学生照例毕业去,新学生照例招进来。循环的照例,照例的循环。除照例外,教者学者都无所谓"招"与"就"之责任也!所谓"为学校"者何?本月十八日朱经农先生在北平世界学会学术讲演团讲演《教育的歧路》中有云:"有多数私立大学招生时,抱来者不拒主义,完全靠学生学费";又曰:"有某大学学生读书一年,即可毕业者。"朱君为前任教育部次长,言当可信。此种招生之动机,为学生乎?为社会乎?为国家乎?抑为学校乎?明眼人自可作答。照例招生者为不负责任,为学校招生者,则更为使学校市场化,使学生原料化。"照例"招生与"为学校招生",在学校当局,固毫无所损,或且有益,然而其将何以善社会之后?其将何以善学生之后?此记者之所以提出第一问题也。

第二问题之所以提出,其中心意义,则为希望教育能普及,不至继续畸形发展之现象。何以言之?近世以来,我国农村经济日趋破产,中农以上,日渐破落,中农以下,更趋于无法生存;然而另一方面,则教育费用,小学每年需费数十金,中学二三百金,大学则更达五六百金。多筑校门,惟城市上层社会之子弟,乃能跨过,其日渐破落之户,即或以剜肉之方法,忍痛送其子弟入学,然而其能不中途辍学者无几也!其幸而能受尽中等教育者更无几也!至于无法生存之贫苦群众,则更终其身,以至终其子子孙孙之身,惟有高山仰止,对龙门长叹而已耳!故不久以前,上海曾有因无法为儿子筹措学费而一死以谢之父亲。故我国内拥有百分之八十以上之文盲,事之不平,孰逾于此！影响之大，又孰逾此！今年灾遍全国，民更苦无死所，而学校之招生如故也！学生之来自何种社会层，顾亦曾予以注意乎？或曰：此为政府之责，非学校所能顾及者也，是诚然矣！然而否否。改进社会制度，改进教育行政，使国人都有受教育之机会，政府之责也！吾人暂且置不论列；就力之所能及，为可以深造之贫苦子弟谋可能之就学机会，则学校当局之责也！岸然道貌，举目但见富裕阔绰之学生入学，贫苦父兄之苦脸不见也，贫苦子弟之饮泣不闻也，则教育非为公物，而为一部分人所私有矣！教育乃呈其缺陷矣！此记者之所以提出第二问题也。

（三）

第三问题之所以提出，其中心意义，在于希望确立教育之方针与目的，使其合于实际，合于现代，尤其合于现代我国家社会与人民共同之需要。今日我国家之病，在于贫；人民之病，在于无知，无生产之学识与技能的知；贫与无知托出呈现于社会表面者，乃为混乱，为骚扰，为种种之天灾与人祸。故今日教育之任务，不在于徒搬东洋西洋不合我国情之教育原理、主义、学制，重演于我国，亦不在于造出少数出类拔萃，装饰体面之人物，而在于授予人民以实际适合生存之学识与技术，使个人能持以为生，国家与社会能赖以进入建设与进化之途。然而今日教育之所表现者，大学教育徒为少数富裕子弟之装饰品，徒为富裕子弟转入仕途猎取功名利禄之阶梯。惟其目的仅为装饰也，故教者放任，学者荒荡，选举皇后，竟成时尚，悠游歌舞，亦成风气。惟其目的为从事政治也，故学校遂成为角逐之场，成为政治斗争之实习地，排此迎彼，风潮迭生。至于中学，则绝无其独立性，似乎纯为升入大学之准备。惟其纯为准备升学，故所学与实际生活隔离，而纯为书本上之装饰知识。惟其无独立性，故除少数富裕子弟能得升入大学，以完成其装饰门面与猎取功名之美梦外，多数无力升学学生，遂流为一无所能一无所用之高等游民，强者乃铤而走险，弱者遂厌世自杀。曾有人批评二十年以来之教育，为改"土八股"为"洋八股"，改"土科举"为"洋科举"，为小姐少爷之装饰品，缙绅先生之娱乐品，与一般人不发生关系，即与受教育者本身生活，亦毫无关系。此种大胆之暴露，固指前五六年之情形而言，然而吾人试一检阅今日教育界之实际情形，如不强自掩饰，则五年前后，有无进步，吾人殆将惭作无以自答。质言之，今日之教育，为拉青年出社会，与实际生活分离，而非引青年入社会，以解决其本身及社会一切问题；为提高青年生活之欲望，走入奢靡无能无用之绝境，而非导青年走入生产与建设之坦途。故愈教而国愈贫，社会秩序愈乱，人民乃愈苦痛！职业教育会议宣言中有云："今日匪之八九，皆为兵；共产党十之八九，皆为学校毕业生。"青年同感无出路，同感生之艰难，环境所激，思想随之而转变。近两年来"思想国难"为不可掩饰之事实，而当局不求诸教育（自亦非教育单方面所能解决），徒诉诸政治！政治之裁制愈严，无出路之群众乃愈激而恶化，教育已失其效能，而教育者则依然继续从事于"为教育而教育"之教育。此种现象，至为可痛，今后如不求所以改进之道，则青年将永无出路，青年思想亦将永无可解决。"民不畏死，奈何以死惧之"！严刑峻法，将安所施？固然，此种现象之造成，不仅由于教育。要之教育之使命，为对现实求进步，为追求比现实较高较远之理想。现实如此，教育家安所辞其责，此记者之所以有第三问题之提出也。

（四）

　　教育家时时在教育青年，而同时其本身又时时在受现实环境之教育。故现实环境，即现实事实，实为教育家正确而有力之批评，亦即为教育家正确而充实之教材。教育家应基于本身之责任，而接受客观的批评，更应依于时代的要求，而接受事实的教训。

　　上提三问题，吾人已加以事实与理由之申述矣。往者不必咎，如何打破现实？如何加以改进？乃为今日教育家当前之重责，记者仅更述管见，藉贡刍荛。

　　关于第一问题所述现象之改正，其重心端在于教育家之本身。教育家应时时体念其本身对于民族社会前途所负之重责，重视教育，重视责任。此种责任之自觉，要为教育家之基本道德、基本条件。如能重视教育，则不至以教育事业为解决生活之工具，以学校为互相攘夺之政治舞台，以学生为利用与嗾使之争斗武器。如能重视责任，则不至以敷衍保全地位，以优容接纳学生，保守现实，或更辩护现实。夫使教育家重其所事，重其所负之责，处处为学生着想，为民族与社会着想，时时作自我之批评，时时接受环境与事实之教训，则教育上之一切设施，自皆能有确定之目的，事先之计划，教育之效能，自亦克应时代之要求而增高。

　　第二问题所述现象之改正，在于教育家应时时环顾其四周之贫苦大众，时时顾及其四周之贫苦子弟，时时注意及中华民国约法第五章第四十八条"男女教育之机会一律平等"之规定。固然，教育机会平等之实现，要非教育家一方面所能为力，但最低限度，教育家应尽其心，尽其力，为贫苦子弟多造求学机会。清光绪三十二年以前之书院与学堂，不特不收学宿等费，而且有膏火等之津贴。虽清代之科学堂，同为愚民政策，而其普予贫苦子弟以求学之机会，则亦实有足多者在。往事未远，现在何以遂不能仿行，示世界各国以中国特立独立之精神？退一步言，在约法第五十七条中曾规定有"全国公私立学校，应设置免费及奖金学额，以奖掖品学俱优无力升学之学生"之明文，切实遵行，即所以为贫苦子弟造机会，亦即所以尽其心与力。目前国内南开、东北两大学，已设有奖金学额，负有教育之责者，其曷急起而声应！

至于第三问题所述现象之改正，应切实使教育中国化，应求其合于我国之国民经济力，合于我国之社会状况，合于我民族与社会之切实要求。此问题在国民会议所议决之《确定教育设施之趋向》一案中曾有痛切之指陈，同时曾有"中小学教育应体察当地社会情况，一律以养成独立生活之技能，与增加生产之能力为中心，务使大多数不能升学学生，皆有自立之能力"及"社会教育应以增加生产为中心目标，就人民现有之程度与实际生活，辅助其生产知识与技能之增进"等教育方案之确立。方案既定，力求实行，则教育家之责也，亦即所以改正第三问题所述之现象也。

　　凡上所述，固都为今日我国政治问题中之一部分，但整个政治问题未得适当之解决以前，此种关系民族前途至大之部分，固亦不能不竭吾人之心力，以求其改进。在上吾人已有言："教育之使命为对现实求进步，为追求比现实较高较远之理想。"最后记者仍谨郑重以此意献致今日我国之教育界。

中华民族之出路与中国教育之出路*（节选）(9月)

"中国教育出路"这个问题，给了我一个多月的不安。我起初以为化费两三天功夫便可以交卷，那知道拿起笔来，竟一个字也不能写。好一比是进了兴安岭的森林找不着路线。我二十年来的研究经验，好像都不能给我一点光明。想不通，如何写得出？可是，这块鱼骨头我是已经下了决心要从喉咙口吐出来的。我要就一个字不写；如果写的话，必是我思想里产生出来的和谐的系统。这个和谐的系统，我要建造在活的事实上。因此我一方面镇压自己的成见，一方面排除别人的断语。我所要追求的是充分的事实，等到事实汇齐之后，我便让它们引导我去下断语。如果我有错误，只是因为事实有错误。这个我随时愿意领教，并重新考虑订正。事实是我惟一的指针。我只愿听它的启示。在最近的两个星期来，我是想通了，我手边的事实是如此的告诉我。我现在愿意把我所探出的几条路线，献给我所敬爱的为中华民族与世界人类谋出路之朋友们，还请大家指教。

刘大钧君根据民国十七年农商部统计报告，找出中国已耕地面为一千八百二十六兆亩。如用每人十亩、七亩半、六亩、五亩、四亩三分来除，可得在各种状态上之人口约数。现列图表如下：

已耕地面	每人亩数	总人口	生活状态
1826兆亩÷	10.0亩=183兆		此数以下可以创造文化，称为创造线
	7.5亩=243兆		此数以下可以普及初等教育，以上便有文盲，称为教育线
	6.0亩=308兆		此线以上无力换新衣，称为无衣线
	5.0亩=365兆		此线以上食亦有缺，称为无食线
	4.3亩=425兆		此线一到必有乱事，七人中死一人，称为大乱线

* 本篇原载1931年9月《中华教育界》第19卷第3期，署名何日平。

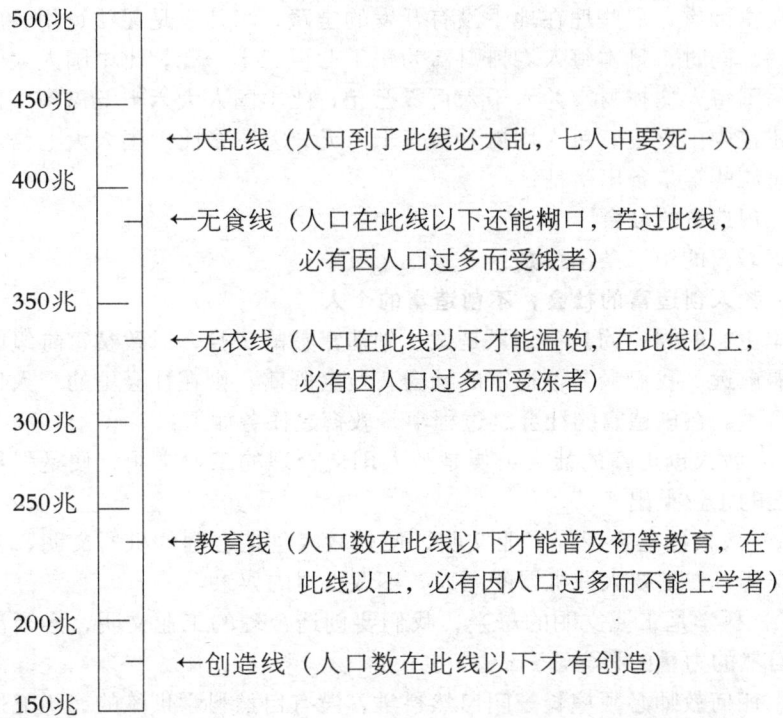

中国人口数与生活状态图

看了这张表，我们对于中华民族最根本之出路，是看得明白了。中华民族最根本之出路是什么？

少生小孩子

中华民族之最根本之出路，即中国教育之最根本之出路。故中国现代教育者之最大责任是：

教人少生小孩子

教中华民族从大乱线退到二百四十兆的教育线上来，使得个个饱食暖衣又能受最基本的教育；更好是退到一百八十兆的创造线上来，使有天才的分子不致为穷忙所埋没，得有余暇研究高深学问，以发现更有效之生产技术，而创造更富裕的社会。

假使我们顺利的把人口退到教育线与创造线，如果我们不变更人生观，还是无济于事。我们在教育线上若无求知欲，便依然不会运用科学结果以增进人生的幸福。我们在创造线上若无发明欲，便依然不会探入未知之境界，以开发科学之泉源。知识不是从玄想中跳出来的，必得在大自然里去追求。财富不是从天上落下来的，也必得在大自然里去探获。我们从前因为过庶，所以贫穷；因为贫穷，所以愚蠢；因为愚蠢，所以过庶。结果是愈庶愈穷，愈穷愈愚，愈愚愈庶。少生小孩子，可以打破过庶之害。接着来的问题，便是用智识去造财富，用财富去求知识，使人民愈富愈智，愈智愈富。新近依日本人估计，中国每人均摊财富只有一百零一元日金。这大概是指我们可以运用的财富而言，那些埋在地下没有开发的宝藏，当然还是无法运用，所以不算在内。同时，日本每人均摊财富为一千七百三十一元，比中国人大十七倍多。美国每人均摊财富为六千六百零七元，比中国人大六十五倍多。俄国虽穷，还在中国之上，每人均摊七百五十六元，差不多比中国人大七倍。所以中华民族的第二条出路是：

创造富的社会

中国教育的第二条出路是：

教人创造富的社会，不创造富的个人

资本主义的国家的教育，只是做了创造富翁的工具，以致贫富阶级因教育而愈隔愈远。我们只要创造富的社会。社会既富，则在社会里的个人自然而然的富了。在创造富的社会之过程中，教育之任务如下：

（一）教人创造富的社会，便是教人创造合理的工业文明，便是引导人民在合理的工业上出头。

（二）教人创造合理的工业文明，便是教人创造合理的机器文明，合理的机器文明，便是要人做机器的主人，不做机器的奴隶。

（三）科学是工业文明的母亲，我们要创造合理的工业文明，必须注重有驾御自然的力量的科学。

甲、任何教师必须擅长一门自然科学，没有自然科学训练的，不配做现代的教师。

乙、科学要从小教起。

丙、不做无学，不学无术。科学实验要在做上学，在做上教。读科学书籍，听科学讲演，而不亲手去做实验，便是洋八股而非真科学。

（四）农业对于富力之增加，有两种方式：一是使全国无荒废之地；二是把科学应用到农业上来，使地尽其利。最后，等到工业吸收了一大部分之农人，即可使农业变成工业化的农业。

（五）教后起青年运用双手与大脑去做新文明的创造者，不教他们袖起手来去做旧文明的安享者。

（六）教人同时打破"贫而乐"、"不劳而获"、"劳而不获"的人生观。这三种人生观，都是造富的心理上的最大障碍。

（七）教人重订人生价值标准。农业社会与向工业文明前进之农业社会是不同的。纯粹的农业社会的一切是静止的。向工业文明前进的农业社会的一切是变动的。我们要有动的道德，动的思想，动的法律，动的教育，动的人生观。有人说知识要新，道德要旧。这简直是应该扫除的一种迷信。旧道德只能配合旧知识。新知识必得要求新道德。

创造富的社会，头脑里要装着科学，手里要掌着马力，这样，大自然会变成我们的宝藏。我们如果能把空中的淡气造成肥料，石田变成土壤，人人吃不了，用不了。到那时，这造富的工作才算有点成绩哩。

最后，这创造的力量与人口之自然增加率的关系也得讨论。生得多，死得多，创造力自然要减少，生命、金钱都在这上面耗费了。生要吃着，死要棺材，弄得人财两空。与其生而即死，何如不生？许士廉君算出来，中国人和印度人生一个孩子，比欧洲北部的人要费八倍半的精神和财力。精神和财力都和死的孩子一起埋在泥里去了，还有多少余力来教养活的孩子，还有多少余力来创造文化呢？所以，要想有创造富的社会的精神，也得少生几个小孩子。

教人少生小孩子，是少数人干得起来的吗？少数人可以发起，但是要他发生力量必得全民族起来互助。全民族家家都实行节育，那末可以把人口退到教育线与创造线上来。教人创造富的社会也要靠这种互助。但是，如果工人们只是机器之奴隶，而不是机器的主人，那末劳资纠纷，永无宁期，还能造出富的社会吗？故必须有大平等的地位，才有互助之可言。这两件事的效力，一部分要靠政治的力量。政治立在民众的基础上，才能发生伟大的力量。大家觉得政治是自己的事，必是拼命的拥护，这力量必是不可思议的伟大。否则，寡人政治以治者资格压制被治之民众，民众非积极的对抗，则消极的不合作，必不能发挥出力量来。所以要想把少生小孩子与创造富的社会两件事做出来，必须整个民族在政治经济上有平等互助的精神。所以

教人建设平等互助的世界，是我们第三条出路

不但我们民族的出路是平等的互助，即世界人类的出路，也在平等的互助。特别是这人口问题，必须由世界各国同心合力的来解决，才能有彻底的办法。

我在上面所叙述的中国教育的三条出路是：

一、教人少生小孩子；

二、教人创造富的社会；

三、教人建立平等互助的世界。

这便是我所说的大口出路，多口出路。我们的责任不是像南京南门的过客，老在城门口呆挤。我们要用科学教育的斧头，把城门开得大些，多开几个洞。如果必需，或是把城墙连根拆掉。这三条出路是一套连环的出路。少生几个孩子，便可以多做一些创造工作；多做一些创造工作，便可以多得一点平等的地位与人互助；而这种平等的互助，又可以叫你放心大胆去少生几个孩子。但是，即使世人尚未觉悟，没有看出互助即自助的道理，中华民族也得毅然采取少生主义，创造富的社会，并将这平等互助的原则身体力行出来，决不可因别人不觉悟而失望。我们向前走去，他们自然会跟来的。

（吾友竺茵将他半生躬耕经验寄我作重要参考，我是很感激的。）

科学的生活* （9月21日）

青年的朋友啊！您想得一位爱人吗？我心里有一个姑娘，愿意介绍给您，您可愿意去拜访她而向她追求吗？她姓自名然，我们称她为自然小姐。假使您还没有爱人的话，您可以依照我指示您的路线去探寻她的芳踪。捉着她！投到她的怀抱里去，要她教您如何可以得着她的爱，情愿将她心里的秘密，一五一十的泄漏给您。

这是多么够味儿的事啊！浪漫即生命。没有这心灵的跳动，不算是科学的生活。

一天到晚沉醉在八股里，充其量，不过是一个科学的书呆子。一年到头闷起头来照样画葫芦的干那刻印板的实验，充其量不过是一套科学的猴子戏，这里面没有生命。如果是科学，便是蛇儿成龙时所脱下的壳子，不是活蛇，尤其不是真龙。您必得和自然小姐发生恋爱，尝一尝其中的甜酸苦辣，才算是过着科学的生活。

我现在为您画一条路线吧！

您必得愿意用自己的腿去走路，然后才用得着路线。爱人不是从天上落下来，您必得上天去找。行动是思想的妈妈。科学是从把戏中玩出来的。您或者要说："我不知道，怎么能行呢？"信我的话吧！科学以无知之行始，以能行之知终。自然小姐是远在天边，近在眼前，只要您把一双手儿从袖筒里伸出来捞一捞，便可以把她捞着了。

杜威先生分析反省思想（Reflective Thinking）之过程，列举了如下的步骤：（一）困难之感觉；（二）审定困难之所在；（三）设法解决；（四）在许多方法中选一最有效的试试看；（五）屡试屡验之后再下断语。这反省的思想之过程便是科学思想之过程。可是杜威先生所叙述的过程是单极电路，通不出电流。他没有提及那思想的老祖宗。这位老祖宗便是行动。路走不通才有困难。走不通而不觉得困难，这是庸人；连脚都没有动而心里却虚

---

* 本篇原载1931年10月10日《生活》第6卷第42期，署名：斋夫。

造出万千困难，这是妄人；走不通而感觉有困难便要解决这困难，不到困难解决不止，这是科学家。所以我要提出的修正是在困难之前加一行动之步骤。从无知之行到能行之知是行而后知；从能行之知到无知之行是知而后行。抱着能行之知去行，以寻常目光看来是行得通了，但是事实未必尽然，向前行不得多少路便又走到另一天地，能行之知又化成无知之行了。我们试拿一张大纸，从中心以螺旋形向外画去，初看是周而复始，循环不已，其实是愈旋愈大，大到没有边际；若从外向中心画来则愈旋愈小，小到不可思议。你沿着这螺旋形的路线去探寻吧！

英国远在哥仑布探获美洲之前已在那儿开采煤炭，挖到深处有时遇涌泉，遇着涌泉便要抽水。初用人力，实抽不及。次用马带，也无涌快。法人帕瓶（Papin）[①]用蒸汽造真空之法（1690年）为撒费里（Savery）[②]所得，制成蒸汽抽水机（1698年）。蒸汽压力每英方时有一五〇磅，买他的抽水机的只有一家，因为机易炸裂，马力虽小，比较平稳。等到纽柯门（New Comen）与撒费里合作，解决了压力问题，而新创之蒸汽抽水机（1711年），便不翼而飞了。这种抽水机在英国煤矿里称霸了六七十年，没有别的抽水机足与它抗衡。到了后来，有一位没有做完徒弟，不能加入葛拉斯哥（G1asgow）[③]同业公所，从大学里得了特许，在校内开设一个小工场，以制造仪器过活的瓦特（James Watt），一天替一位教授修理一架撒纽蒸汽抽水机，修好了，烧水一试，只见汽锅里的水化为蒸汽，为圆筒完全吸收而去，仔细观察，才知道蒸汽已在圆筒的冷壁上凝结为水了。新的蒸汽进来必须将圆筒再行蒸热，而在蒸热的时候又有蒸汽凝水在壁了。他在心里一连盘算了几个星期的问题是："如何可使蒸汽凝结而圆筒常保它的热度？"他思虑的结果是把圆筒通一短管与一凝汽器相接，使蒸汽可流入凝汽器凝结，而圆筒不复有热后使冷、冷后使热之耗费与麻烦了。这是他在1765年之发明。但是圆筒露在空气中，热也会消散，他于是发明蒸汽套筒（Steam Jacket），在圆筒外加一圆筒，隔间也灌入蒸汽，于是圆筒之热不易消散了。同样，他在凝汽器外套一冷水桶，而蒸汽亦易凝结了。纽氏之机在圆筒上面开口，靠着大气压力压下活塞。瓦特问：既然有蒸汽何必还要借重大气？他于是将圆筒上口紧闭，叫汽锅的蒸汽将活塞压下，一个真正的蒸汽机关的雏形乃于1769年出世了。不久，他又以为蒸汽的压力于推动活塞之外还有剩余。他问：为何不想个法子叫它推了一段路便行闭断，以资节省？他于是又发明闭气瓣（Cut-off），过不多时，他的双向推动圆筒出现了，从此活塞之两端都用蒸汽膨胀推动了。那时他要推销他的蒸汽抽水机，还得与马拉的抽水机竞争。他算出来一匹马在一分钟内能负重三万三千磅走一英尺路，所以一匹马力到现在还是称为每分钟三三〇〇〇呎磅。他卖机器的时候是说："这部机器能做四十匹马的工作。"马力（Horse Power）一名词便是这样来的。瓦特对于高度压力不愿使用，等到项布洛耳（Jonathan Hornblower，1781年）一辈人出来才知道高压力可以运用二个至四个圆筒而节省大量之煤炭。瓦特的蒸汽机关还是抽水用的。美国人费计（Fitch）④于一七九〇年造成汽船，行驶于费拉德耳非亚与柏林登之间。一八〇一年美国伊文思（Oliver Evans）造了一部蒸汽机关，证明可以锯石头，磨石膏，后来又用蒸汽机关磨面粉。一八〇四年英人特雷维西克（Trevithick）运用蒸汽机关在铁轨上开第一次火车载矿铁二十吨。以后屡有改进，一个蒸汽机关竟造成空前之产业革命。

我们在这一段小小的蒸汽机关的发达史中，处处可以看出行动生困难，困难生疑问，疑问生假设，假设生试验，试验生断语，断语又生行动，如此演进于无穷。懒得动手去做，何能算是科学的生活？

然而中国的农人何尝不做，做而遇着困难又何尝不感觉？他的过处是不追求做之所以然。蝗虫飞满天，他说是神虫降临。大水为灾，他说是天老爷要收人命。他的假设不容试验，所以断语成为武断，而行动也就不得不仍旧贯了。自然小姐不是一个神仙，也不是一个魔鬼，您要拜她，怕她，她就要跑了。可是您不敬她，不爱她，不追求她，她也不会和您接近。我们试看一看巴士笃⑤（Louis Pasteur）之追求吧！

法国南部常有蚕疫发生。亚来（Alies）一区，十五年中至一八六四年损失在一万二千万法郎。巴士笃于一八六五年被任为蚕疫研究员。

他生平是一只蚕也没有见过。他到法布耳（Fabre）家里去拜访的时候，向法布耳要几个蚕茧。法布耳向一个邻居要了一些回来送他，并写了一段笔记说："他拿了一个茧翻来覆去的察看，很觉得奇异，好像我们观察一个希奇的东西似的。后来他把茧子拿到耳边摇摇，极惊讶的说：'这家伙会响，里面有东西咧。'我回答：'当然里面有东西。''是什么东西？''蛹。''蛹是什么意思？''蛹便是蚕在未变成蛾之前，所变的一种木乃伊。''每个茧里都有这东西吗？''当然，蚕制茧便是保护蛹的。''啊！'他没有说别的，便把这新奇的茧子装入衣袋里，以便带回去得暇研究。巴士笃对蚕、茧、蛹和昆虫变态，完全不明白，却来恢复蚕业！古时的体育家是裸体决斗……他也好像一个裸体的战士，冲入战场上来和蚕疫宣战。我不但是惊讶不已，简直是望呆了。"

法布耳这次受了巴士笃的影响极深刻，从此他便抛弃书本向自然追问，卒成世界昆虫学泰斗。

巴士笃之所以敢于和蚕疫肉搏也不是毫无准备，他那打破砂锅纹（问）到底的头脑，从酿酒研究出的微菌经验技术，都是他的枪炮子弹。他所没有的是一些无关要旨之死书本知识。这种死知识在头脑里装得太多，反而妨碍思想之自由，倒不如没有还要好些。

巴士笃便是这样与自然小姐萍水相逢，他对于她的来历，在没有相会之前是丝毫也不明白。那里知道他们便从此结下了万年不朽之姻缘。

他排除一切药方专求病源。病蚕都有微点，像胡椒子，所以这病称为胡椒子病或微点病（Pebrine）。亚来农学会只在卵里或蚕里搜求那微点的病状，其实卵或蚕的本身都能把病菌带去，而不现露那显微镜所能现露之微点。惟独巴士笃要在蛹与蛾里找病态之发展。他在亚来育了两种不同的蚕，一是用健全的蛾的种子养的；一是用有微点病的蛾的种子养的。他建立一个假设说："应该有一种方法使我们能从不带微点的蛾里找出健全的种子。"结果他得了三对不带微点的蛾。此外还有别的关心蚕业的人送来了五个无病之蛾。他从这些蛾上取得种子等候第二年实验。到了第二年养育起来，果然没有微点的蛾所产生的种子都是健全的。他于是自信的说："一八六七年一定是养蚕者诉苦之最后一年。"这年一月他便和他的夫人与艺友们到亚来之日斯格桥来试验育蚕。邻近一家养了前年用的日本最优蚕种忽然也发生微点，巴士笃考察缘故，知道这些蚕在一龄的生长期内是和不健全的种蚕放在一块，所以受了传染。他自己养了十六筐蚕，第十六筐蚕没有微点也害病死。这是一个大疑案。经过细密的考察，他知道这是另外一种病，称为软病，为胃中发生一种螺杆状细菌（Vibriones）所致。

巴士笃对于蚕疫是追求了它的所以然了。只要您肯努力追求，自然小姐是会拿她心里的秘密告诉您的。孔雀有美丽的羽毛，鹿儿有刚强的角，这都是求爱的天然工具，不像现在少数堕落青年之敷粉。您若想追求自然小姐，您必得自造工具。巴士笃研究蚕病之工具除了显微镜外，差不多都是他自造的。伽利略想看天便造望远镜；法拉第自造电动机而电学乃益放光明。第一流的科学家没有不自造工具的。不能自造工具而要想得自然小姐之爱，是比如镜里采花，水中捞月。

自然小姐是天下最妒之小姐。她是超过一切，不愿与别人共爱人。您如果要有一位夫人，必得如巴士笃一样，看准了便立刻求婚，求成了便立刻结婚，结了婚您的夫人必得将Science的第一个字母大写，帮助您做个伽利略或牛顿，甘心情愿和您共同侍奉自然小姐。万一得不到这样一位夫人，您可以效法牛顿，忘了向他所欢喜的表妹求婚，或者像卡汾狄士一样终身不愿见女人面。自然小姐甚至于妒她自己的照片、自己的轶事。您为什么舍了面前的活人而与她的符号鬼混呢？一位朋友要研究蚂蚁，我问他为什么不立刻动手，他说我正等着美国来的书咧。他不知道在他身边就有蚂蚁够他研究一辈子！这位先生好比是遇着林黛玉，把她放在一边，却自言自语的说："等我的《红楼梦》买来再和她谈心吧！"

自然小姐欢喜熟人，不欢喜生人。您从小便须和她做朋友。您做小学生的时候便要与她订交。最好，是在幼稚园里。不，在妈妈的怀抱里便须与她一块儿玩。过了中学时代您与她还不相认识，那么我怕您终身就无与她见面的姻缘了。

我的路线画好在这里。青年的朋友们！我等着要喝您们的喜酒咧，万一请不起喜酒，那末，喜信也得给我一个吧。

注　释

① 帕瓶　通译帕潘。
② 撒费里　通译萨弗里。
③ 葛拉斯哥　通译格拉斯哥，英国城市。
④ 费计　通译菲奇。
⑤ 巴士笃　通译巴斯德（1822—1895）。

教学做合一下之教科书* （10月）

教学做合一是生活教育之方法之理论。这理论同时叙述生活教育之现象与过程。所以要想讨论这个理论对于教科书之要求，先须说明什么是生活教育，什么是教学做合一。

什么是生活教育 生活教育是以生活为中心之教育。它不是要求教育与生活联络。一提到联络，便含有彼此相外的意思。倘使我们主张教育与生活联络，便不啻承认教育与生活是两个个体，好像一个是张三，一个是李四，平日不相识，现在要互递名片结为朋友。联络的本意原想使教育与生活发生更密切的关系，不知道一把它们看作两个个体，便使它们格外疏远了。生活与教育是一个东西，不是两个东西。在生活教育的观点看来，它们是一个现象的两个名称，好比一个人的小名与学名。先生用学名喊他，妈妈用小名喊他，毕竟他是他，不是她。生活即教育，是生活便是教育；不是生活便不是教育。分开来说，过什么生活便是受什么教育：过康健的生活便是受康健的教育；过科学的生活便是受科学的教育；过劳动的生活便是受劳动的教育；过艺术的生活便是受艺术的教育；过社会革命的生活便是受社会革命的教育。从此类推，我们可以说：好生活是好教育；坏生活是坏教育；高尚的生活是高尚的教育；下流的生活是下流的教育；合理的生活是合理的教育；不合理的生活是不合理的教育；有目的的生活是有目的的教育；无目的的生活是无目的的教育。反过来说，平日过的是少爷小姐的生活，便念尽了汗牛充栋的劳动书，也不算是劳动教育；平日过的是奴隶牛马的生活，便把《民权初步》念得透熟，熟得倒过来背，也算不了民权教育。没有生活做中心的教育是死教育。没有生活做中心的学校是死学校。没有生活做中心的书本是死书本。在死教育、死学校、死书本里鬼混的人是死人——先生是先死，学生是学死！先死与学死所造成的国是死国，所造成的世界是死世界。

什么是教学做合一 教学做合一是生活现象之说明，即是教育现象之说

---

* 原载1931年10月《中华教育界》第19卷第4期，署名：何日平。

明。在生活里，对事说是做，对己之长进说是学，对人之影响说是教。教学做只是一种生活之三方面，而不是三个各不相谋的过程。同时，教学做合一是生活法，也就是教育法。它的涵义是：教的方法根据学的方法；学的方法根据做的方法。事怎样做便怎样学，怎样学便怎样教。教与学都以做为中心。在做上教的是先生，在做上学的是学生。在这个定义下，先生与学生失去了通常的严格的区别，在做上相教相学倒成了人生普遍的现象。做既成了教学之中心，便有特殊说明之必要。我们怕人用"做"当招牌而安于盲行盲动，所以下了一个定义："做"是在劳力上劳心。因此，"做"含有下列三种特征：

（一）行动；

（二）思想；

（三）新价值之产生。

一面行，一面想，必然产生新价值。鲁滨孙在失望之岛上缺少一个放水的小缸。一天烧饭，他看见一块泥土被火烧得像石头样的硬。他想，一块碎土既有如此变化，那么用这土造成一个东西，或者也能如此变化。他要试试看。他动手用土造成三个小缸的样子，架起火来把它们烧得通红，渐渐的冷下去，便成了三只坚固而不漏水的小缸。这里有行动，有思想，有新价值之产生——泥土变成水缸。这是做。这是教学做合一之做。

做是发明，是创造，是实验，是建设，是生产，是破坏，是奋斗，是探寻出路。

是活人必定做。活一天，做一天；活到老，做到老。如果我们承认小孩子也是活人，便须让他们做。小孩子的做是小发明，小创造，小实验，小建设，小生产，小破坏，小奋斗，探寻小出路。小孩子的做是小做，不是假做。"假做"不是生活教育所能允许的。

我也不是主张狭义的"做"，抹煞一切文艺。迎春姊妹和宝玉在荇叶渚上了船，跟着贾母的撑向花溆去玩。宝玉说："这些破荷叶可恨！怎么还不叫人来拔去？……"黛玉说："我最不喜欢李义山的诗，只喜欢他这一句：'留得残荷听雨声。'偏你们又不留着残荷了。"宝玉说："果然好句！以后咱们别叫拔去了。"这里也有行动，有思想，有新价值之产生——破荷叶变成天然的乐器！领悟得这一点，才不至于误会教学做合一之根本意义。

既是这样，那么我们可以说：不做无学；不做无教；不能引导人做之教育，是假教育；不能引导人做之学校，是假学校；不能引导人做之书本，是假书本。在假教育、假学校、假书本里自骗骗人的人，是假人——先生是假先生，学生是假学生。假先生和假学生所造成的国是假国，所造成的世界是假世界。

生活教育与教学做合一对于书之根本态度 生活教育指示我们说：过什么生活用什么书。教学做合一指示我们说：做什么事用什么书。这两句话只是一句话的两样说法。我们对于书的根本态度是：书是一种工具，一种生活的工具，一种"做"的工具。工具是给人用的；书也是给人用的。我们对一本书的见面问，是：您有什么用处（当然是广义的用处）？为读书而读书，为讲书而讲书，为听书而听书，为看书而看书，再不应该夺取我们宝贵的光阴。用书必有目的。遇到一本书，我们必须问：您能帮助我把这件事做得好些吗？您能帮助我过一过更丰富的生活吗？我们用书，有时要读，有时要讲，有时要听，有时要看；但是读、讲、听、看，都有一贯的目的，这目的便是它们对于"用"的贡献。在《诗的学校》里有一首诗，描写我们对于书的总态度[一]：

> 用书如用刀，
> 不快便须磨。
> 呆磨不切菜，
> 何以见婆婆？

中国教科书之总批评 我们试把光绪年间出版的教科书和现在出版的教科书比较一下，可以看出一件惊人的事实，这事实便是三十年来，中国的教科书在枝节上虽有好些进步，但是在根本上是一点儿变化也没有。三十年前中国的教科书是以文字做中心，到现在中国的教科书还是以文字做中心。进步的地方：从前是一个一个字的认，现在是一句一句的认；从前是用文言文，现在是小学用白话文，中学参用白话文与文言文；从前所写的文字是依着忠君、尊孔、尚公、尚武、尚实的宗旨，现在所写的文字是依着三民主义的宗旨。但是教科书的根本意义毫未改变。现在和从前一样，教科书是认字的书，读文的书罢了。从农业文明渡到工业文明最重要的知识技能，无过于自然科学。没有真正可以驾驭自然势力的科学，则农业文明必然破产，工业文明建不起来，那是多么危险的事啊！但是把通行的小学常识与初中自然教科书拿来审查一番，您立刻发现它们只是科学的识字书，只是科学的论文书。这些书使您觉得读到胡子白也不能叫您得着丝毫驾驭自然的力量。这些教科书不教您在利用自然上认识自然。它们不教您试验，不教您创造，它们只能把您造成一个自然科学的书呆子。国民党以党义治国。党义，从国民党的观点看来，又是何等重大的一门功课呀！固然，党军既到南京之后，没有一家书店不赶着编辑党义教科书，党政府看了这些教科书也以为教育从此可以党化，小孩子个个都可以成为三民主义的信徒了。但是把这些书仔细看一看，不由您又要惊讶了，您立刻发现它们只是党义识字书，只是党义论文书。它们教您识民权的字，不教您拿民权；教您读民主的书，不教您干民主的事。在这些书里，您又可以看出编辑人引您开倒车，开到义和团时代以前。他们不教小朋友在家里、校里、村里、市里去干一点小建设、小生产以立建国之基础，却教小孩子去治国平天下，这不是像从前蒙童馆里的冬烘先生拿《大学》、《中庸》把小朋友当小鸭子硬填吗？照这样干法，我可以断定，小孩子决不会成为三民主义有力量的信徒。至多，他们可以成为三民主义的书呆子。

中国的教科书虽然以文字做中心，但是所用的文字不是第一流的文字。山德孙①先生在昂多学校里就不用教科书。他批评英国的教科书为最坏的书。中国初中以下的教科书不比英国的好。我读了中国出版的教科书之后，我的感想和山德孙先生差不多。我不能恭维中国初中以下的教科书是小孩子值得读的书。在我的《中国自然科学教科书之解剖》[二]一篇论文中，我将毫不避讳的罗列各家教科书之病菌，放在显微镜下，请大家自己去看。我现在只想举一个普通的例子来做个证明。诸位读了下面三节教科书，作何感想？

甲家书馆：大狗叫，小狗跳。叫一叫，跳两跳。
乙家书馆：小小猫，快快跑。小小猫，快快跑。
丙家书馆：小小猫，小小猫。快快跑，快快跑。

若不是因为每个小学生必得有一本教科书，每本教科书必得有书馆编好由教育部审定，谁愿意买这种有字有音而没有意义的东西呀？请诸位再看刘姥姥赴贾母宴会在席上低着头引得大家哄堂大笑的几句话：

老刘，老刘，
食量大如牛，
吃个老母猪，
不抬头。

这样现成的好文学在以文字为中心的教科书中竟找不着一个地位，而"大狗叫，小狗跳"的无意义的文字，居然几百万部的推销出去。所以中国教科书虽以文字为中心，却没有把最好的文字收进去。这是编书人之过，不是文字中心之过。

中国的教科书，不但用不好的文字做中心，并且用零碎的文字做中心，每课教几个字，传授一点零碎的知识。学生读了一课，便以为完了，再也没有进一步追求之引导。我们读《水浒》、《红楼梦》、《鲁滨孙飘流记》一类小说的时候，读了第一节便想读第二节，甚至于从早晨读到夜晚，从夜晚读到天亮，要把它一口气读完了才觉得痛快。中国的教科书是以零碎文字做中心，没有这种力量。有人说，中国文人是蛀书虫。可是教科书连培养蛀书虫的力量也没有。蛀书虫为什么蛀书？因为书中有好吃的东西，使它吃了又要吃。吃教科书如同吃蜡，吃了一回，再不想吃第二回，连蛀书虫也养不成！可是，这也是编书人不会运用文字之过，不是文字中心之过。

文字中心之过在以文字当教育，以为文字之外别无教育。以文字做中心之教科书，实便于先生讲解，学生静听。于是讲书、听书、读书便等于正式教育而占领了几乎全部之时间。它使人坐而言，不使人起而行。教育好比是菜蔬，文字好比是纤维，生活好比是各种维他命（Vitamin）。以文字为中心而忽略生活的教科书，好比是有纤维而无维他命之菜蔬，吃了不能滋养体力。中国的教科书，是没有维他命的书。它是上海上等白米，吃了叫人害脚气病，寸步难行。它是中国小孩子的手铐，害得他们双手无能。它是死的、假的、静止的。它没有生命的力量。它是创造、建设、生产的最大的障碍物。它叫中国站在那儿望着农业文明破产而跳不到工业文明的对岸去。请看中国火车行了几十年而第一个火车头今年才造起来，这是中国科学八股无能之铁证！而这位制造中国第一个火车头之工程师，十分之九没有吃过上海白米式的科学教科书。或者也吃过，后来又吃了些糠秕，才把脚气病医好，造了这部特别难产的火车头。以文字做中心的教科书，在二十世纪里是产生不出力量。最多，如果用好的文字好好的编，也不过能够产生一些小小书呆子，小小蛀书虫。

假使再来一个秦始皇，把一切的教科书烧掉，世界上会失去什么？

大书呆子没有书教，小书呆子没有书读，书呆头儿出个条子："本校找不到教科书，暂时停课。"

于是，有的出去飘洋游历，也许会成达尔文；有的在火车上去卖报，做化学实验，也许会成爱迪生；有的带着小朋友们上山游玩，也许会成柯斯式；有的回去放牛、砍柴、捞鱼、种田、缫丝，多赚几口饭儿吃。少几个吃饭不做事的书呆子，多几个生产者、建设者、创造者、发明者，大概是这位秦始皇第二的贡献吧。

生活教育与教学做合一之总要求 我们要活的书；不要死的书；要真的书，不要假的书；要动的书，不要静的书；要用的书，不要读的书。总起来说，我们要以生活为中心的教学做指导，不要以文字为中心的教科书。我要声明在先，我并不拘泥于文字之改变。倘使真的拿生活为中心使文字退到工具的地位，从死的、假的、静的、读的，一变而为活的、真的、动的、用的，那末就称它为教科书，我也不反对；倘使名字改为生活用书或教学做指导，还是以文字为中心，便利先生讲解，学生静听，而不引人去做，我也不能赞成。但是，如果能够做到名实相符，那就格外的好了。

生活用书或教学做指导，是怎样编法呢？最先须将一个现代社会的生活或该有的力量，一样一样的列举，归类组成一个整个的生活系统，即组成一个用书系统。例如：

要培养的生活力	要用的书
（一）防备霍乱	（一）防备霍乱指导
（二）防备伤寒	（二）防备伤寒指导
（三）防备天花	（三）防备天花指导
（四）防备感冒	（四）防备感冒指导
（五）防备肺痨	（五）防备肺痨指导

（六）防备梅毒　　　　　　　（六）防备梅毒指导
（七）打篮球　　　　　　　　（七）打篮球指导
（八）踢球　　　　　　　　　（八）踢球指导
（九）选择食物　　　　　　　（九）选择食物指导
（一〇）选择衣料　　　　　　（一〇）选择衣料指导
（一一）种菜　　　　　　　　（一一）种菜指导
（一二）种麦　　　　　　　　（一二）种麦指导
（一三）种树　　　　　　　　（一三）种树指导
（一四）养蚕　　　　　　　　（一四）养蚕指导
（一五）养鸡　　　　　　　　（一五）养鸡指导
（一六）养鱼　　　　　　　　（一六）养鱼指导
（一七）养鸟　　　　　　　　（一七）养鸟指导
（一八）纺纱　　　　　　　　（一八）纺纱指导
（一九）织布　　　　　　　　（一九）织布指导
（二〇）扫地　　　　　　　　（二〇）扫地指导
（二一）调换新鲜空气　　　　（二一）调换新鲜空气指导
（二二）用风车水　　　　　　（二二）用风车水指导
（二三）制造抽气唧筒　　　　（二三）制造抽气唧筒指导
（二四）制造气压表　　　　　（二四）制造气压表指导
（二五）用空气压力钻钢　　　（二五）用空气压力钻钢指导
（二六）用淡气做肥料　　　　（二六）用淡气做肥料指导
（二七）用太阳光烧饭　　　　（二七）用太阳光烧饭指导
（二八）用太阳光杀菌　　　　（二八）用太阳光杀菌指导
（二九）用太阳光照相　　　　（二九）用太阳光照相指导
（三〇）用水推磨　　　　　　（三〇）用水推磨指导
（三一）用水发电　　　　　　（三一）用水发电指导
（三二）用水化铁　　　　　　（三二）用水化铁指导
（三三）用磁石发电　　　　　（三三）用磁石发电指导
（三四）造罗盘　　　　　　　（三四）造罗盘指导
（三五）用电磁举钢铁　　　　（三五）用电磁举钢铁指导
（三六）用煤黑油取颜料　　　（三六）用煤黑油取颜料指导
（三七）造汽车　　　　　　　（三七）造汽车指导
（三八）造蒸汽机　　　　　　（三八）造蒸汽机指导
（三九）用电发光　　　　　　（三九）用电发光指导
（四〇）用电推车　　　　　　（四〇）用电推车指导
（四一）用电谈话　　　　　　（四一）用电谈话指导
（四二）用电相见　　　　　　（四二）用电相见指导
（四三）用泥造瓷器　　　　　（四三）用泥造瓷器指导

（四四）造屋	（四四）造屋指导
（四五）造桥	（四五）造桥指导
（四六）造船	（四六）造船指导
（四七）造纸	（四七）造纸指导
（四八）造飞机	（四八）造飞机指导
（四九）用显微镜看细菌	（四九）用显微镜看细菌指导
（五〇）用望远镜看天象	（五〇）用望远镜看天象指导
（五一）编剧	（五一）编剧指导
（五二）演戏	（五二）演戏指导
（五三）布景	（五三）布景指导
（五四）唱歌	（五四）唱歌指导
（五五）画水彩画	（五五）画水彩画指导
（五六）画油画	（五六）画油画指导
（五七）写诗文	（五七）写诗文指导
（五八）雕刻	（五八）雕刻指导
（五九）弹琴	（五九）弹琴指导
（六〇）说话	（六〇）说话指导
（六一）恋爱	（六一）恋爱指导
（六二）治家	（六二）治家指导
（六三）生育	（六三）生育指导
（六四）限制教育	（六四）限制教育指导
（六五）团体自治	（六五）团体自治指导
（六六）掌民权	（六六）掌民权指导
（六七）师生创校	（六七）师生创校指导
（六八）创造富的社会	（六八）创造富的社会指导
（六九）人类互助	（六九）人类互助指导
（七〇）创造五生世界	（七〇）创造五生世界指导[三]

以上七十种生活力和教学做指导，不过是我个人随手所举的例子。把它们归起类来，（一）至（一〇）属于康健生活；（一一）至（二〇）属于劳动生活；（二一）至（五〇）属于科学生活；（五一）至（六〇）属于艺术生活；（六一）至（七〇）属于社会改造生活。我想这些例子不过是全部生活力之少数，内中之概括的还应该细分。如养鱼，便可分为养金鱼、养青鱼、制造相生水族池等等。统统算起来，重要的总在三千种以上。我们姑且可以普通的说，我们有三千种生活力要培养，即有三千种教学做指导要编辑。这些生活力，有些是很小的小孩子便应当有，有些是很成熟的人才可以得；有些是学了就可以变换，有些是要继续不断的干；有些是一人能做，有些非多人合作不办；有些是现代人共同所需，有些是各有所好，听人选择。专家依性质、学力把它们一一编起来，并编一些建在具体经验上面融会贯通

的理论，便造成整个的用书的系统，帮助着实现那丰富的现代生活。我们还要随着学术进步，继续修改扩充，使用书继长增高的进步，帮助着生活继长增高的向前向上进。

照这样看来，教学做合一的理论不是不要书；它要用的书的数目之大，比现在的教科书要多得多。它只是不要纯粹以文字做中心的教科书，因为这些书是木头刀，切不下菜来。过什么生活用什么书，做什么事用什么书。不用书，即用书而用得不够，用得不当，都非教学做合一的理论所允许的。

教学做指导编得对不对，好不好，可以下列三种标准判断它。

（一）看它有没有引导人动作的力量，看它有没有引导人干了一个动作又要干一个动作的力量。中国人的手中了旧文化的毒是已经瘫了，看它能否给他打一针，使一双废手变成一双开天辟地的手。我们要看它能否把双料少爷的长指甲剪掉，能否把双料小姐的手镯戒指脱掉，能否把活活泼泼的小孩们的传统的几十斤重的手铐卸掉，使八万万只无能的手都变成万能的手。

（二）看它有没有引导人思想的力量，看它有没有引导人想了又想的力量。中国文人的头脑做了几千年的字纸篓；中国农人女人的头脑做了几千年的真空管。我们现在要请大家的头脑出来做双手的司令官。我们要头脑出来监工。我们不但是要做，并且要做得好。如何可以做得好，做得比昨天好这是头脑的天职。我们遇了一本书，便要问它是否给人的头脑全权指导一切要做的事。

（三）看它有没有引导人产生新价值的力量，看它有没有引导人产生新益求新的新价值的力量。我在《乡村教师》上曾经写过十几首诗，描写一位乡村教师的生活，内中有一首是：

人生两个宝，
双手与大脑。
宁做鲁滨孙，
单刀辟荒岛。

中国教育之通病是教用脑的人不用手，不教用手的人用脑，所以一无所能。中国教育革命的对策是使手脑联盟，结果是手与脑的力量都可以大到不可思议。手脑联盟，则污秽的垃圾可以用来点灯烧饭，窒人的淡气可以用做养人的肥田粉，煤黑油里可以取出几千种的颜料，一粒种子可以长成几百粒谷，无饭大家饿的穷国可以变成有饭大家吃的富社会。只要头脑子命令双手拿起锄头、锯子、玻璃管、电动机去生产、建设、试验、创造，自然是别有天地了。

生活用书的体裁内容也不可一律，大致说起来，我有下列的建议：

（一）做的目标。

（二）做的材料。

（三）做的方法。

（四）做的工具。

（五）做的理论。

（六）从做这事引导人想到做那事。

（七）如做的事与时令有关便要有做的时令。

（八）如做的事与经济有关便要有做的预算。

（九）如做的事须有途径之指示便要有做的图。

（十）如做的事须多人合作便要有做的人的组织。

（十一）如做的事须多方参考便要有做的参考书籍。

（十二）如做的事与别的事有多方的关系便要有做的种种关系上的说明。

（十三）在做上学的人可引导他记载做的过程，做的结果，做上发生的问题与心得。

（十四）在做上教的人可引导他指示进行考核成绩。

这十四条不是像从前五段教授样要人家刻印板的遵守的。如果您能把它们一齐打破，天衣无缝的写成一本可用的书也未为不可，或者竟是更为可贵。《鲁滨孙飘流记》是一部小说，也是一部探险与开创的教学做指导。歌德失恋，写《少年维特之烦恼》，创造一个维特去替死，那末歌德的恋爱史与《少年维特之烦恼》，当作一部恋爱指导用也很合宜。同样，《水浒》是一部打抱不平之指导。自然科学教学做指导，能写到法布尔的几部顶好著作那样好，减少一些闲话，增加一点小孩子自己做的机会也就很好了。最要紧的是著书人独出心裁，若求一律，反而呆板了。

初进学校的学生，要他自用教学做指导，当然是不可能。但是他虽然认不得字，话语听得懂，先生不能教他吗？年长的同学不能助他吗？初年级的学生，多数的生活力不能从文字上去取得，若受文字的限制，生活便枯燥无味。故初年级的教学做指导，除说话（即国语）一门外，都可编为先生用书，先生在做上教时所用的书。那末，这个困难便没有了。即就说话一门说，也不必太拘于生字之多少。只要是小孩子爱说的话，便多几个字也不要紧。若是头一课只限于四五个字，编不成好听的话，那末，比十几个字还难认。认字与写字也不必同时兼顾。若认的字一定要写，那末，又只好限于几个字，而流于枯燥了。

我想要使这个用书的计划实现，必须有下列六种条件：

（一）各门专家中须有几位去接近小孩子，或竟毅然去当几年中小学教员，一面实验，一面编辑几部教学做指导。

（二）现在接近小孩子的中小学教师，须有许多位，各人开始研究一门科学，待研究有得，可以编辑几部教学做指导。

（三）现在教科书的编辑者有志编辑生活用书，如缺少某种准备、专科学术或儿童经验，亦宜设法补足，然后动手编辑。

（四）现在商务印书馆、中华书局、世界书局每年大部分收入是从小朋友那里来的，应该多下点本钱，搜罗各国儿童、成人用书（不是教科书）和工具，聘请上列三种人才，为小朋友多编几部可用的好书。

（五）教育行政当局，从中央以下直到校长，该给教员们以试验或选择书本之自由。现在行政方面之趋势是太一律，太呆板。若不改弦更张，实无创造之可能。

（六）全民族对于中国现代的无能的教育，该有觉悟；对于教学做合一之理论，该使之普遍实现。若再因循苟且，则可以救国之教育，将变成亡国之催命符。到了那时，虽悔也来不及了。如果大家从此下一个决心，在头脑指挥之下，把双手从长袖里伸出来，左手拿着科学，右手开着机器生产、建设、创造，必定能开辟出一个新天地来。荣枯、安危、存亡之故，只在念头之一转和双手之一动，用不着到远处去求啊！

原注

[一] 见小朋友书店出版之《师范生》第2期。
[二] 不久在《师范生》发表。
[三] 五生世界即少生、好生、贵生、厚生、共生之世界。我有专篇叙述建立五生世界之理论，不久在《师范生》上发表。

注释

① 山德孙　通译桑德森。

假人* （9月25日）

颜习斋十六岁时，他的干祖父朱翁，想行贿为他运动中一个秀才，他哭得连饭都不肯吃。他说："宁为真白丁，不作假秀才。"我们做人都应该有这种精神。一天我坐电车，身上只带了一个双角子①，摸出来买票，那卖票的说："铜嘎，弗好用。"② 我只好下车步行。假角子尚且给人这样多的麻烦，何况假人？假角子用不去，而假人偏能行得通，又是什么缘故呢？真小人易知，伪君子难防。看去是真的，又像有几分假；听来是假的，又像有几分真：真中有假，假又像真，把人弄得头昏脑黑，无从辨别。假社会当中做人是多么难对付的一件事啊！去年夏天写就《假好人》短诗十首，志在劝世，兼以自励。措词未免过分，但一腔热血，实望大家洗心改面，共同手创一个光明磊落的真世界罢了。恕我罪我，听人裁判吧！

（一）假好人

世界如何坏？
坏在假好人。
口是而心非，
虽人不是人！

（二）假父子

假父子！
金子是老子。
嘴里喊爸爸，
心里咒他死。

（三）假母女

假母女，
养女如养猪。
谁个银子多，
可以买肥猪。

（四）假夫妻

假夫妻，
貌合心已离。
老婆偷汉子；
丈夫打野鸡。

---

* 本篇原载1931年9月25日《申报·自由谈·不除庭草斋夫谈荟》，题为《假好人》。

（五）假情人

假情人，
丢手成路人。
遇着新路人，
又成意中人。

（六）假朋友

假朋友，
交情肉与酒。
酒肉吃光了，
到处丢你丑。

（七）假师生

假师生，
买卖在书本。
一旦要打倒，
只因少给分。

（八）假军队

假军队，
忍看山河碎。
他自有本事：
会杀亲姊妹。

（九）假官吏

假官吏，
嘴上有主义，
吃了百姓饭，
要剥百姓皮。

（十）新武松

我是新武松，
已上景阳冈。
遇着人面虎，
打去无商量。

注 释

① 双角子，指当时的2角硬币。
② "铜噶，弗好用。"即："铜的，不好用。"

不如学阿尔*　（10月28日、29日）

（上）

阿尔（AL）是爱迪生做小孩儿时候的小名。爱迪生如汪洋大海，毕竟有些难学。与其学爱迪生不如学阿尔。

阿尔从始到终只上了三个月学。先生以为这孩子不可教，常喊他为坏蛋。他退了学在家里的地窖中玩化学把戏，这地窖便是他的一个小小实验室，别的功课便由他的妈妈指导。他把买糖果的钱省下买化学药品，不够，便去卖菜、卖报赚些钱来做实验。卖报卖上火车，就在火车上的行李间干起实验来。干了许多日子，一天铁轨出了毛病，药瓶掉在地上烧了起来，守车的给他一个耳光，使他一直聋到老。他说耳朵聋了一只倒能免他分心。阿尔的玻璃瓶一起被摔在站上，从此他又到家中去建造他的实验细胞了。

这都是一个十二岁左右的孩子干的勾当，我们看了这段小史该作何感想？

如果你是一位教师，切莫轻于断定小朋友的品格。我们看他是坏蛋，他未必就是坏蛋。容或教师眼中之坏蛋，倒是一个真的爱迪生。千万不要把你的阿尔逼跑了，可是留他在学校里也不是甘言蜜语敷衍他所能了事。他欢喜玩科学的把戏，你得使他有可用的工具。倘使学校没有经费，可让他去卖报挣钱来干；倘使学校没有实验室，那无人要的地窖屋角何不借他一用？您得给他一些自由的空气呼吸，否则他的科学的幼苗便要闷死。他不愿闷死，便要跑了。刻印板的传统先生是活埋爱迪生的凶手。你们未下恶手之前，请你们想一想吧！

---

* 本篇原载1931年10月28~29日《申报·自由谈》。

（下）

　　阿尔的母亲实在是不可多得，容许他在家里放那些毒药，多至二百瓶！那位火车上的守车也有意思，居然让他在行李车上开办实验室！这都是爱护科学和小朋友的天使。倘使没有这些天使，那么不容于正式学校之阿尔，又何能容于家庭与社会？小朋友们也不可自暴自弃。除了学校，便没有用功求学的地方吗？你看阿尔：他厌倦学校之死教育，回家便在家里做实验，上火车便在火车上做实验，没有钱便卖报卖菜，以所赚的钱来做实验。他过的是科学的生活，受的是科学的教育，这不是真正的生活教育吗？他和他的小伙伴一同自己做，自己学，自己教，不是教学做合一的证据吗？《纽约泰晤士报》说，现在爱迪生（长成的阿尔）的发明和他的发明所推动的事业上所投的资本共有一百五十万万美金，合华币七百五十万万元。大家都说中国穷得可怜。救穷之惟一方法是要造富的社会，不造富的个人。美国用爱迪生造了许多大富豪，我们却要用未来的爱迪生来造四万万人的富国和二十万万人的富世界。这未来的爱迪生是怎样来的啊？小时是阿尔，大时便自然而然的成了爱迪生。只要先生们少骂几句坏蛋，社会、家庭、政府多给一些自由空气，少用一些齐一手段，阿尔，是，爱迪生，便如雨后春笋一发而不可遏了。

科学的孩子* （11月16日）

问真、探真①两位小宝宝：

你们知道现在是一个科学的世界。科学的世界里应该有一个科学的中国，科学的中国要谁去创造呢？要小孩子去创造！等到中国的孩子都成了科学的孩子，那时候，我们的中国便自然而然的变为科学的中国了。

我希望你们俩从今天起，立刻变为科学的孩子。你们或者要问："这科学的孩子是怎样的变法呀？"

你们要攀上科学树去摘几个科学果子，一吃，便会变成两个可爱的科学的孩子。我现在送你们两种书：一是小朋友书店出版的《儿童生活》；一是儿童书局出版的《儿童科学丛书》。这些书会教你们怎样攀上科学树，怎样去摘科学果子，怎样变个科学的孩子。

这些书不是给你们看的，乃是引导你们玩科学的把戏，做科学的实验。如果你们藏而不看，看而不做，那就算是辜负我的好意了。

现在差不多要到冬天了，你们怕就要戴上手套吧？科学的孩子的手是一天忙到晚，用不着手套。你们向妈妈禀告说："今年我们都是科学的孩子，不再戴手套了，请您把买头绳的钱给我们买实验的材料吧。"

我寄给你们的东西，你们放心吃！从前买可可糖送你们，我必先吃一块，看看里面坏了没有。这次送你们的科学果子，我都尝过，你们放心吃吧！

这些科学果子里，有几个是我亲自摘的，放在花篮里，一起送给你们。这样，我送给你们的果子，同时可以送给全国的小朋友一同尝。新时代的孩子一定赞成这个一举数得的办法。

你们吃了这些果子，我不希望别的报酬，只希望你们每星期写一封信，告诉我玩了几个科学小把戏，做了几个科学小实验，使我知道你们是的确变了科学的孩子，抱着决心去创造一个科学的中国，我就心满意足了。

---

* 本篇原载1931年11月6日《申报·自由谈》。

祝你们努力向科学树上攀，攀得高高的，把那肥大的果子摘下来给全世界的人吃，不要只顾自己吃得一肚饱，忘了树底下的民众。

你们的爸爸也是你们的朋友

注 释

① 问真、探真　作者次子陶晓光和三子陶刚。

中国的人命* （11月9日）

我在太平洋会议的许多废话中听到了一句警语。劳耳①说："中国没有废掉的东西，如果有，只是人的生命！"

人的生命！你在中国是耗费得太多了。垃圾堆里的破布烂棉花有老太婆们去追求，路边饿得半死的孩子没有人过问。化十来个铜板坐上人力车要人家拼命跑，跑得吐血倒地，望也怕望，便换了一部车儿走了。太太生孩子，得雇一个奶妈。自己的孩子白而胖，奶妈的孩子瘦且死。童养媳偷了一块糖吃，要被婆婆逼得上吊。做徒弟好比是做奴隶，连夜壶也要给师傅倒，倒得不干净，一烟袋打得脑袋开花。煤矿里是五个人当中要残废一个。日本人来了，一杀是几百。大水一冲是几万。一年之中死的人要装满二十多个南京城（说得正确些，是每年死的人数等于首都人口之二十多倍）。当我写这篇短文的时候，每个字出世是有三个人进棺材。

"中国没有废掉的东西，如果有，只是人的生命！"

您却不可作片面的观察。一个孩子出天花，他的妈妈抱他在怀里七天七夜，毕竟因为卓绝的坚忍与慈爱，她是救了他的小生命。在这无废物而有废命的社会里，这伟大的母爱是同时存在着。如果有一线的希望，她是愿意为她的小孩的生命而奋斗，甚而至于牺牲自己的生命，也是甘心情愿的。

这伟大的慈爱与冷酷的无情如何可以并立共存？这矛盾的社会有什么解释？他是我养的，我便爱他如同爱我或者爱他甚于爱我自己。若不是我养的，虽死他几千万，与我何干？这个态度解释了这奇怪的矛盾。

中国要到什么时候才能翻身？要等到人命贵于财富，人命贵于机器，人命贵于安乐，人命贵于名誉，人命贵于权位，人命贵于一切。只有等到那时，中国才站得起来！

注 释

① 劳耳　即劳合·乔治。

---

* 本篇原载1931年11月9日《申报·自由谈》。

新旧时代之学生 *（11月26日）

旧时代之学生之生长的过程有三个阶段：
一是读死书；
二是死读书；
三是读书死。
新时代之学生也离不了书，所不同的，他是：
用活书，
活用书，
用书活。

什么是活书？活书是活的知识之宝库。花草是活书，树木是活书，飞禽、走兽、小虫、微生物是活书，山川湖海、风云雨雪、天体运行都是活书。活的人、活的问题、活的文化、活的武功、活的世界、活的宇宙、活的变化，都是活的知识之宝库，便都是活的书。

活的书只可以活用而不可以死读。新时代的学生要用活书去生产，用活书去实验，用活书去建设，用活书去革命，用活书去树立一个比现在可爱可敬的社会。在活的社会里，众生都能各得其所，何况这个小小的我，当然也是跟着大众一块儿欣欣向荣的活起来了。

---

* 本篇原载1931年11月26日《申报·自由谈》。

一个教师与家长的答复*
——出头处要自由！（12月11日、12日）

南京八日专电，载有戴传贤于本月七日给全国教育家及学生家长的一封公开信，上面写的是：

"培植出一根树苗，要他长成端正的大树，要费几根大木头，四面撑住他。培植一个好青年，要牺牲几个成年人，四面去扶植他。树苗自由，不能成长；青年自由，不能成人。全国的教育家醒来，全国学生的父母兄弟姐妹醒来！救国先救国家命根的青年！救国先救教导青年的学校！"

我虽然当不起教育家这个名词，但是一个当过十几年教师的人，总该跟着诸位教育家共听戴君之教益。我并且是几个小孩子的父亲，更该负起责任来发表我的见解。在戴君大声疾呼之下，我是醒了，想睡也睡不着了。我于是先把戴君的信介绍给孩子们看，然后对他们发表我的意见，谁是谁非，让他们自己判断吧。我对他们所说的话是：

"你们要知道种树吗？底下可以安根，上面可以出头，幼苗才能种得活。有水分、肥料、空气、阳光，而无虫害，幼苗才能长成大树。园丁的责任在灌溉、施肥、除害虫，而不没收它的自由的空气与阳光，则幼苗自能欣欣向荣了。花园里给人玩赏的树木，四面是有死木头撑住，并有绳子把它们扎成种种曲线美。这些是树少爷，因为有树听差服侍它们；有的是树小姐，因为它们裹脚束腰，和人间不自尊的姑娘大同小异。树少爷、树小姐只是人的玩物，这中间找不出栋梁材。栋梁材是长在森林里，兴安岭的幼树可有树听差服侍？谁见过它们裹过脚束过腰？如果你想叫幼苗端端正正的长起来，也难也容易。小树生在大树中间，若大树端正，则小树须向上吸收阳光，自必端正，这不是很容易吗？若大树惯于折腰，罩在小树上，小树得不着阳光，想

---

* 本篇原载1931年12月11~12日《申报·自由谈》。

它端正便是万难。所以：

　　出头处要自由！

　　树苗要伸出头来呼吸自由的空气，感受自由的阳光，才能活，才能长，才能端正。假使我们在幼苗的出头处加以压力，那末除非是幼苗肯像乌龟样把头缩进壳里去，它的自然的生长力是会把压力冲破，如同小鸡啄破鸡蛋壳出世一样的不可制止。

　　戴君认定你们青年是国家的命根，我也有此认识。你们也不可把自己小看了。不可做树少爷！不可做树小姐！不可给折腰的大树把你们笼罩住！与害虫奋斗！伸出头来向水分、肥料、空气、阳光进取！这样，你们才能把自己造成中国之栋梁之材，才可算是国家命根的青年。

　　我既主张出头处要自由，那么'自由'的涵义是什么也得说明。自由是以自己的意志指挥自己的行动。个人自由是以个人自己的意志指挥个人自己的行动。团体自由是以团体自己的意志指挥团体自己的行动。自由这个名词是含有自主、自决、自动、自得种种意义，扩而大之，是要各得其所。自由人是奉头脑做总司令；他的反面是奴隶。他自己不愿做奴隶，也不要人做他的奴隶。放荡不是自由，因为放荡的人是做了私欲嗜好的奴隶而不能自拔。一个人若做了私欲嗜好的奴隶便失掉自由。青年放荡固然不能成人；成年人放荡也只算是成年，不能算是成人。成年人、青年、小孩子都该在一个道德标准下生活。双层标准、三层标准只是恕道不足的结果。青年不可以假借自由之美名去过放荡的生活；教师、家长也不可假借放荡之罪名去剥削青年小孩子生长所必需之自由。根据以上所说，我所得的断语适与戴君相反。我的断语是：

　　'失掉自由，不能成人'。"

如何可以不做一个时代落伍者*
——答复一位青年教师的信（12月21日）

接读你的信，知道你有努力上进之志，我是何等的欣慰啊！我们要不愿做时代的落伍者，必须专攻一门自然科学。自然科学是开向理想世界去的特别快车，你坐在上面，不要下来，决不致落伍。我现在也打算用我后半生之精力来专攻一门科学。我们同坐这部车儿去吧！从农业文明渡到工业文明，自然科学是惟一的桥梁。小学教师必须拿着科学的火把引导儿童过渡。不懂科学的人，不久便不能做教师了。但是有一件事你得留心，科学已经被屠户用做杀人的利器。我们应当从屠户的手里把科学夺过来。我们要教学生用科学渡人，不用科学阻人过渡。我们要拿科学来抑强扶弱。科学的使命，是要造富的社会，不造富的个人。自然科学没有成为国货以前，我们要取得自然科学上最新的知识与方法，还得精通一种外国文。这都是你要认清而必须准备的。你来，我们详说吧！……

---

* 本篇原载1931年12月24日《申报·自由谈》。

诗的学校*　（12月30日）

（一）

宇宙为学校，
自然是吾师。
众生皆同学，
书呆不在兹。

（二）

白日耀青天，
有人田里哼。
明月出东岭，
是吾看花灯。

（三）

劳力上劳心，
教学做"人工"。[一]
探深而钩玄，
要将真理穷。

（四）

用书如用刀，
不快自须磨。
呆磨不切菜，
何以见婆婆？

（五）

老牛会耕田，
忘却头上角。
屠户何日到？
用角预商榷。

（六）

生来不自由；
生来要自由。
谁是真革命？
首推小朋友。

---

* 本篇原载1931年5月《师范生》，署名：梧影。同年12月30日在《申报·自由谈·不除庭草斋夫谈荟》发表时，诗前有文："这世界不好吗？我们何不把它投进诗的电炉里去重新铸出一个诗的世界？中国不好吗？我们何不把它投进诗的电炉里去重新铸出一个诗的中国？这诗的电炉是什么？是诗的学校！有诗的学校，我们便可铸成诗的中国、诗的世界。这鼓铸诗的世界和诗的中国的诗的学校，是怎么样的一个学校啊？请听我说来！"诗中（十一）节第3行为："偶然到此处"。作者曾手书诗的第（一）节作为1934年3月1日《生活教育》第1卷第2期的封面题诗。

（七）

天池育蛟龙；
森林教狮虎。
得志不伤人，
此意谁与语？

（八）

地狱不在地；
天堂不在天。
创造大平等：
无地亦无天！[二]

（九）

不是桃花源，
不是神仙府。
只做人中人，
天间他我汝。

（十）

谁说非学校？
就算非学校。
依样画葫芦，
未免太无聊！

（十一）

捧来一颗心，
愿共心儿好。
偶然一到此，
流连不知老！

原　注

[一] 日本有一派人，站在保皇党的地位上作工人之后盾。他们根据一君万民之陈说，要铲除那立在君民中间之资产阶级。他们依着天皇的称法，称工人为"天民"，劳动为"天工"。初看这"天工"二字似乎很有精神，故我的初稿，写作"教学做天工"。既而想到大平等之世界中，万工平等，无所谓"天工"，无所谓"地工"，我们所要教学做的只是"人工"，但求他不流于"奴工""畜工"便是合理了，何必妄自尊大！

[二] 初稿作"非地亦非天"，颇有飘然欲仙之意，对于原在人心之天堂地狱，任其自生自灭。但这至多不过是一时之想象，而大平等之根本要求便是天堂与地狱及一切连类而来的诸多观念形式之完全消灭。所以与其说"非地亦非天"，不如说"无地亦无天"。"非地亦非天"是造端；"无地亦无天"是可望不可即之终极。"非地亦非天"含着有余不尽之诗意。"无地亦无天"是把要说的话一起都说完了。这两句何去何从，却大费踌躇咧。这大概是我个人内在之矛盾在文字上反映出来的影子吧？我的情感欢喜在"非地亦非天"的人间里流连，而我的思想一跳便跳到"无地亦无天"的世界里去，这中间也不知相隔几千百年咧！

1932 年

是非* （1月21日、22日）

孟子说："是非之心，人皆有之。"生理心理学家把人的头脑解剖实验了几千百次，至今没有找着这样一个专管是非的"心"。

是非只是判断行为的一种符号。这种判断的能力是在判断上得来的。它是在实际生活里学得的本领，不是与生俱来的良知良能。

在实际生活中，人们对于某一种行为加以某一种符号，丝毫不容假借，久而久之，习惯成自然，是的便会说是，非的便会说非，没有什么参差。如果在实际生活中，有人混乱黑白，指鹿为马，是的有时说作非，非的有时说作是，这样一来，是非便不能分明了。

为什么要颠倒是非？大凡自己讨便宜的时候，不愿是非分明；只要自己吃了一点亏，便大声疾呼的要人家辨别是非。"是非"是上算者的敌人，"明是非"是吃亏者的呼冤。人不能老是上算，也不能老是吃亏，故有时要是非，有时不要是非。

靖节公①有诗说："荣衰无定在，彼此更共之。""是"岂能专属于我？"非"岂能常属于人？

是非如贞操，既已挥之而去，何能招之即来？

当前的势力是占便宜的势力。拜倒在当前势力膝下的人的字典里，没有"是非"。如果有，便是另有注解。

只许自己是，硬派别人非，是当前势力之惯技。有时连呼冤也不许。在这种情形之下，受冤屈的人只有打出是非来。是非要靠武力打出来，那是多么不经济的一回事呀！

是非之判断大都含有时代性，地域性，阶级性。一时代有一时代之"是非"，一地域有一地域之"是非"，一阶级有一阶级之"是非"。

量布用尺，量米用斗，量是非的尺与斗是什么？我以现代中国大众的一分子提出是非标准如下：

---

* 本篇原载1932年1月21~22日《申报·自由谈》。

（一）公者是；不公者非。增进大众福利者是；损害大众福利者非。大众福利与小集团福利冲突时，拥护大众福利者是；拥护小集团福利者非。

（二）真者是；不真者非。

（三）推动时代前进者是；阻碍时代前进者非。

注 释

① 靖节公　即陶渊明。

儿童科学教育*（5月13日）

在二十世纪科学昌明的时代，应当有一个科学的中国。然而科学的中国，谁来负起造就的责任？就是一班小学教师。造成科学的中国，责任大得很啦。小学教师们一定要说："我们负不起这种重大的责任。"别怕。我想，造成科学的中国，也只有小学教师可以负责。因为要建设科学的中国，第一步是要使得中国人个个都知道科学，要使个个人对于科学上发生兴趣。年龄稍大的成人们，对于科学引不起他们的兴趣来。只有在小孩子身上，施以一种科学教育，培养他们的兴趣，发展他们科学上的天才。只要在孩子们中培养出像爱迪生那样的几个科学杰出人才，便不难使中国立刻科学化。所以我说要造成科学的中国，责任是在小学教师。但是谈到科学教育，在施行上大家都觉有些难色，因为科学是一种很高深很精微的学问，小学教师的本身，对于科学尚未登堂入室，而要负起科学教育的责任，谈何容易。殊不知科学并不是很难的东西，高深的科学，固然很难研究，但是浅显的科学，我们日常玩着的，人人都会做。我们用科学的教育训练小孩子，譬如叫小孩子爬树。你教人爬树，如果从小教起，到了长大，便会爬到树顶。如果教成年人学爬树，势必爬到皮破血流，非特爬不到顶，并且于他的手足伤害甚多。所以我们必先造就了科学的小孩子，方才有科学的中国。

造成科学的小孩子，向来教师是不注意的。检查过去的事实，父亲母亲倒或有一些帮助。如今我要讲两个故事，一是讲述一个造就科学小孩子的父亲，一是讲述一个造就科学小孩子的母亲。我们不是大家都知道一位大科学家富兰克林（Franklin）吗？富氏是证明天空的电，和我们人工摩擦出来的电是一样的东西。天空的电，可以打死人，富氏于是制成避电针。他是在科学上一位很有贡献的学者。他的父亲是做肥皂和洋烛的，他自己能教小孩子。富氏入校读书不久，便去学手艺。他的父亲任凭他东去看看，西去做做，随

---

* 本篇系陶行知1932年5月13日在杭州师范学校的演讲记录。演讲后，陶行知当即要他的次子陶晓光等分四桌现场演示科学实验。原载杭州师范学校编《师范教育学术讲座讲演集》（第一辑），1932年6月20日版。

意的、自由的去工作，去参观。他愿意做什么，便让他做什么，所以使他对于工厂中的化学和工作很有兴趣。富氏自传中谈起他四十岁然后从事于科学，然而富氏对于科学的兴趣，在很小时候，东看西玩的已经培养成了，这是他父亲的功绩。所以小学教师也须得率领儿童常时到工厂、农场和其他相当的地方去玩玩。

去世不久的爱迪生氏，举世都承认他是一位大科学家。他关于电气上的发明，数目真可惊人。他有一个很好的母亲。他不过进了三个月的学校。在校时，校中的教师，都当他是一个十分顽劣的小孩，所以入校三个月，便把他开除了。爱迪生从此以后也再没有进过学校。他的母亲知道自己的小孩子并非坏东西，反怪校中教师只会教历史、地理，不能适合自己孩子的需要。因为那个时候的爱迪生，十分爱玩科学的把戏，在学校的时候，也只爱玩这一套而不留心学业，所以遭受教师的厌恶。西洋人的家里，都有一个贮藏杂物的地窖，爱迪生即在他家中的地窖里玩他科学的把戏。他在地窖中藏着许多玻璃瓶，瓶里都是藏着化学品，有的药品而且是毒性猛烈的。爱迪生的母亲，起初亦不愿孩子玩那些毒药，要想加以制止，但是不可能，于是也任他去玩了。玩化学上的把戏，须要用钱买药品，爱氏在替他母亲出外买东西时，必定要挏一些油，藏几个钱来，去买药品。后来他做了报贩，在火车上卖报，他卖报赚下来的钱，大部分是去买化学药品的。他并且在火车上堆货包的车棚里，贮藏他的玩意儿，报纸卖完，便躲在车棚里玩他的把戏。有一回，车棚坏了，把他化学的瓶子打破，于是烈火熊熊，把破坏的车棚烧了起来。车上的警士跑来一看，知道是爱迪生出的岔子，于是猛力的向爱氏一个耳刮，把爱氏的耳朵打聋了。后来据他自己说，耳朵聋了以后，反而使他专心科学。

我希望中国的父亲，都学做富兰克林的父亲；中国的母亲，都学做爱迪生的母亲。任凭自己的小孩子去玩把戏，或许在其中可以走出一个爱迪生来。我更希望中国的男教师学做富兰克林的父亲，女教师学做爱迪生的母亲。所以说出这两个故事，作为我提倡科学教育的楔子。

再说我们提倡科学教育该怎样的来干呢？我们的教育向来有许多错误，小时读书便成了小书呆子，做教师时便成了大书呆子。因此我们中国没有什么科学，没有什么爱迪生的产生。不但是中等教育完全是洋八股，就是小学也成了小书呆子的制造场。我们提倡科学，就是要提倡玩把戏，提倡玩科学的把戏。科学的小孩子是从玩科学的把戏中产生出来的。我们要小孩子玩科学的把戏，先要自己将把戏玩给他看。任小孩子自由的去玩，不能加以禁止，不能说玩把戏的孩子是坏蛋。

晋朝时代，江苏宜兴有一位叫周处的，他有些无赖的行为。当时宜兴的父老，称说地方有三害，一是南山猛虎，一是长桥蛟龙，一就是指周处。周处听到了这话，他便杀了猛虎，刺死蛟龙，自己亦改过自新，替地方上除掉三害。我们从事教育的人，也要学做周处，须得自己悔悟，改过自新，再不要教成书呆的小孩子，而要造就科学的小孩子。然则取怎样的态度呢？我可以略为申述我的意见：

（1）每个教师都变成小孩子，加入小孩子队里玩把戏。所谓把戏，并不是上海"大世界"游艺场所玩的把戏。像教师这样的尊严，说加入孩子队中玩把戏，似乎不妥当。然而科学把戏，和别的把戏不同。把戏上面加着科学二字，冠冕得多。教师应当和小孩子一起玩，而且应当引导小孩子一同玩。大世界的把戏是秘密的，科学的把戏是公开的。知道的就告诉学生，能做的就做给学生看，总须热忱的去干。

（2）我们对于科学的把戏，既是愿意和小孩子一起玩了，但是没有玩的本领那怎么办呢？不要紧，有法儿可想，我们可以找教师，请他教去。我以前曾经写了一首白话诗，诗的第一句说："宇宙为学校。"此话怎讲？就是想把我们的学校除墙去壁，拆掉藩篱，把学校和社会、和自然联合一起。这样一来，学校的范围广而且大。第二句："自然是吾师。"大自然便是我们的先生。第三、第四句说："众生皆同学，书呆不在兹。"这样一来，我们研究切磋的同学很多，学问也因此很广，先生亦复不少。怎样把我们书呆的壳子脱掉？在我个人，中了书呆子的毒很深，要返老还童的再去学习，固然困难，然而我极力还想剥去书呆的一层壳。如今我报告我的几桩经过的事情。有一回，我买了一只表送我的母亲，这表忽然坏了，便送到修钟表匠那里去修理。修表的人说："要一元六角修费。"我说："可以，不过我有一个条件，在拆开的时候，我要带领我的小孩子来看你拆。"他于是答应了。修钟表匠约定在明天下午一时。到了那个时候，我带领了四五个人同去，看他修理，看他装。完结的时候，我向修钟表匠说，你们的工具和药水是到什么地方去买的？他以为我们也去开什么修理钟表店，未免抢了他的生意经，所以秘而不宣，随随便便回答我们说是外国来的。我想物件当然是外国来，但是中国店家，当然也有卖处。上海的钟表店，最大的有"亨达利"，我且到亨达利去问声，究竟有否出卖。谁知亨达利的楼上，多是卖修钟表器械和药水的场所，我便买了几样回来。当晚就到小押当里面去买到了一只表，花钱七角。拿回动手开拆，拆时不费多久，一下便拆开了，但是装可装不上去。直到晚上十二点钟，方才成功。于是大家欢天喜地，不亦乐乎。第二、第三天，大家学着做修表拆表的工作，学不多时，好而且快。有一位董先生，他是擅长绘画的，于是叫他拆一部画一部，经此一番工作，而装钟拆钟，全部告成。我们在这一桩事实中，可以说，社会各处都可求获一种技能。钟表店是我们的教室，钟表匠是我们的教师，一元六角便是我们所纳的学费；而我们同去学的儿子、父亲、朋友，都成了同学。回家学习，学习会的，便算对于这一课已经及格。在同道中间，只有我尚不及格，因为我小时手没有训练，书吃得太多，书呆程度太深了。如果我小时候的先生，他用这种方法教我，我不致如此啊！但是我们自己只要肯干，我们的先生很多，不要自己顾虑的。

我如今再举一个例子。南京的晓庄学校，自从停顿以后，校具都没有了。如今晓庄又开学了，几个小学校都已恢复，幼稚园的儿童已有八十多人。我写封信对主办的人说："你们此刻的工作对象，譬如一张白纸，白纸可以随意作画。我希望你们不要乱画。第一笔切须谨慎。"从前孔夫子的讲学，讲堂里没有凳子及桌子；苏格拉底率领弟子在树下讲学，把树根当作椅子。我说这两位先生，有些书呆气，既然没有椅子坐，为什么不自己制作起来呢？如今晓庄学校没有凳子，我们可以请一个木匠来做太先生，教教师和小孩子做凳，而且给以相当的工钱。做一工，或做一张椅子，便给他多少钱。这种工作十二三岁的小孩很会做。所以自己不会教，可以请太先生。有一天我在上海，走过静安寺路，看见一个女人，手提一花络，上面插着许多棕树叶做的好玩东西。这种东西，在小孩子眼光中看来，着实比洋囡囡好看。于是我便把她请到家里，做我们的教师，教了两小时，结果给我都学会了。做几个虾儿，几只蚱蜢，真是孩子们的好玩意儿。这样看起来，七十二行，行行都可做我们的教师。

自己愿意学了，先生有了，但是学校没有钱便怎样办呢？原来大家误会得很，以为施行科学的教育，一定要大大的花一笔钱；不知有些科学不十分花钱，有些教学简直一钱都不要花。我们在无钱的时候，可以做些无钱的科学，玩些不花钱的科学把戏。譬如教小孩子看天文，教小孩子看星宿。天文是一种科学，这种科学，你如果说要花钱，便千百万块钱也可花，因为造一个天文台，置些天文镜及其他仪器，那么百万千万块钱，用去也不嫌其多。说要不花钱的话，我们也可以研究天文，推求时刻和节气。我们两只眼睛，便是一对天文镜；用两根棒，便可做窥视星宿的器具。从前小孩子问他的老师说："先生，这是什么星？"老师只摇着头说道："不知。"如今教师懂得一些科学，知道一些天文，将天空的星宿指点给小孩子看，小孩子一定兴趣浓郁。所以教科学，有钱便做有钱的布置，无钱便做无钱的事业。还有我们可以利用现成的东西，玩我们科学的把戏，譬如一只杯子、一个面盆、一根玻璃管、一张白纸，可以玩二十套科学把戏。其他校中所有的仪器，可以充分利用，火柴废纸都可做玩科学把戏的工具。我们没有玻璃管，便可用芦柴管通个孔来替代。内地如果买不到软木塞，可以用湿棉花来做瓶塞，破布烂纸，都可利用。从不花钱的地方干去，这是很有兴趣的。如果推而广之，学校之外，也可给你去干，那是兴趣更浓了。所以我们没有钱，便拣着没有钱的先干。

我如今再可以举一个例子。上海有一个外国人，他专门研究上海所有的鸟，共历五年之久，如今他著成一本书，就署称《上海的鸟》。此书价格要四块美金。另有一外国人，研究中国南部的鸟，也著了一部书，买起来要花十二三元中国钱。居住在上海的中国人，以为上海人烟稠密，那里有什么鸟。这是他们不留心研究的缘故。据这位外国人的研究，认为上海有四十九种鸟。我们别说上海了，就是内地的乡村，以为除了雀儿、燕子、老鹰、喜鹊四五种鸟之外，没有其他的鸟。这种见地狭窄得很。如果以宇宙为学校，则我们不必在教室中求知识，四处都可以找知识，四处都有相当的材料。要研究鸟类，真不必到什么博物院、动物园中去观察，随时随地都可研究。这位外国先生，他研究鸟的方法，就是在住宅旁边多种些树，树一长大，许多鸟儿便自己送来给他观察。到了冬天，他在树上筑几个窠，留鸟儿们来住宿，庭园里撒些谷类，留过往的鸟类吃点心。夏天置几个水盆，供给鸟儿洗澡。这些研究法，不必花钱，而所得者，都是很真切的知识。

惟在研究科学教育时，有一点要注意、要预防。小学中的教师，捉到一只蝶儿、蚱蜢，便用针一根，活活的钉在一块板上，把它处死，说是做标本。这我以为不对，因为我们观察生物，是要观察活的生物，要观察生物的自然活动。如今将活的生物剥制成死的标本，致将生物学成了死物学，生物陈列所变成僵尸陈列所。我近来曾写信和研究生物学的朋友讨论及此。我以为生物不应当把它处死做标本，只可待他死了以后，再用防腐剂保护它，看作朋友死亡了，保存遗躯留个纪念。把活的东西弄死，太嫌残忍，增长儿童残酷的心理，这是不行的。这种意见，我常与研究生物的朋友讨论，他们都说对，他们和我讨论的时候态度很诚恳，想不至于奚落我罢！上海科学社中养有白鼠，工人要拿几只回去，我不许，恐怕他拿了回去要弄死。我们教小孩子能仁慈，知道爱惜生物，这点是很紧要。达尔文研究生物学，他也不轻易杀害生物。中国老年人多爱惜生物，放生戒杀，虽近迷信，也是仁者胸怀。中国的蛙，向来由政府禁止捕捉的，但是在英国，别说普通人的捕捉，便是生物实验室中想要解剖一只蛙，也要向政府去纳护照。这是很正当的。所以我们要教小孩子养生，不当教小孩子杀生。生物学是一种有兴味的科学，研究起来，也要有许多材料，但是少杀生是要注意的。

我还可以申述我得到的感触。我们知道蛙是从蝌蚪变成的，蝌蚪是粒状，像灵隐的念佛珠般大小。有一天，一个孩子从河边，淘到一群蝌蚪，移殖到天井中的一个小小池潭里，过了几天，蝌蚪生尾了，再过几天，蝌蚪生足了，小孩子观察得很快活。再过几天，蝌蚪挤得一片墨黑。但是不久，一个都没有了，这并不是成了蛙跳走了的，原来都死光了。这是因为蝌蚪长大了，还是蹲在小潭里，生活条件不适合，所以非死不可。如果我们抱着宇宙即学校的观念，那么野外的池塘，便是我们蛙的实验所，我们要看蝌蚪的变化，我们就时常到那个池塘里去看，为什么要把蝌蚪捉到家中来呢？我们任凭生物在大自然安居乐业，过它们的生活。要观察便率领小孩到自然界去观察。我们须把我们学校的范围扩展，海阔天空便是一个整个的学校。这样一来，所观察的也就比较真确可靠，生物学也不致成为死物学。不然，要讲蛙时，便捞取许多蝌蚪，养育在学校中所备的缸或瓶里，结果死得精光。我希望这样的科学教育不能提倡，否则科学教育提倡得愈利害，杀死的生物愈多，恐怕蝌蚪死尽，中国的蛙便绝迹了。

所以提倡科学教育，有一点很要注意。欧洲大战，人家都说是科学教育的结果。科学教育之提倡，徒使人类互相残杀。中国无科学，真是中国的长处。这是不信任科学、怀疑科学那一部分人的话。还有一部分人迷信科学，自己终日埋头的研究科学，然而忘了人类，所以拼命在科学上创造些杀人的利器。这实在错误之极。我们须知科学是一种工具，犹如一柄锋利的刀，刀可杀人，也可切菜；我们不能因为刀可杀人废弃不用，也不能专用刀去杀人，须要用刀来作切菜之用，做其有益人类的工作。科学是要谋大众幸福，解除大众苦痛。我们教小孩子科学，不要叫小孩子做少数富人的奴隶，要做大众的天使。不是徒供少数人的利用和享受，当使社会普遍的民众多受其实惠。应当用科学来养生，不当用科学来杀生。这是提倡科学教育最紧要的一点。

对于乡村教育的一个新建议*
——乡村工学团之试验（8月）

乡村工学团是一个小工场，一个小学校，一个小社会。在这里面包含着生产的意义，长进的意义，平等互助、自卫卫人的意义。它是将工场、学校、社会打成一片，产生了一个改造乡村的富有生活力的新细胞。

乡村工学团由儿童组成的，称为乡村儿童工学团；由青年组成的，称为乡村青年工学团。青年的定义不根据年龄而根据求学的态度。老年人而有青年求学精神者，得入乡村青年工学团。

中华民族已经到了生死关头，我们要想起死回生，整个的民族须以最敏捷的手段，实施下列六大训练：

（一）普遍的军事训练；

（二）普遍的生产训练；

（三）普遍的科学训练；

（四）普遍的识字训练；

（五）普遍的民权训练；

（六）普遍的人种改造训练。

乡村工学团要将上列六大训练，具体而微的在自己乡村里尽量推进，把自己的乡村，造成中华民国的健全分子，并与全国一百万乡村联合起来，推进这六大训练，以造成一个伟大的、令人敬爱的中华民国。乡村工学团所采取之方法，与传统的方法根本不同。现撮要列举如下：

（一）传统的方法，是学校与社会隔离；乡村工学团主张以社会为学校。

（二）传统的方法，是生活与教育分家；乡村工学团主张生活即教育。

（三）传统的方法，把师生的界限分得太严；乡村工学团主张会的教人，不会的跟人学。我们跟农人学种田，农人跟我们学科学，这是相师相学的意思。我们还可以教大徒弟去教小徒弟，七十二行都有资格做先生，都有资格

---

* 本篇写于1932年夏，载同年11月14日《光华半月刊》第3期。本文收入方与严编，1946年9月重庆民联书局初版的《陶行知教育论文选辑》时，补上了"一个乡村工学团第一年最低限度的概算"7项，改题为《乡村工学团试验初步计划说明书》。

做太上先生。先生既多，学问自广。

（四）传统的方法，是先生教而不做，学生学而不做；乡村工学团主张先生在做上教，学生在做上学。教与学都以做为中心，这便是教学做合一之要义。

（五）传统的方法，是教劳心者不劳力，不教劳力者劳心；乡村工学团主张在劳力上劳心，才算真正的做，否则便是瞎做瞎学瞎教了。

（六）传统的方法，教人先费几年，把知识装满了再去行；乡村工学团主张"行是知之始"，我们要在行动上去追求真知识，有行的勇敢，才有知的收获。

（七）传统的方法，是教少数人升官发财；乡村工学团主张与大众共甘苦，同休戚，以取得整个中华民族之出路。

乡村工学团之主体，是本村之真农人。所谓真农人，是靠自己动手种地吃饭的人。我们所以要有这一个条件，是防备这件重要事业，落在坏人的手里，作为个人利益的工具。村外同志，只处于推动、赞助、辅导的地位。这种村外的推动、赞助、辅导，只适合本村需要的时期为限。推动的宗旨在求本村之自动；赞助之宗旨在求本村之自助；辅导之宗旨在求本村之自导。乡村改造运动者，最忌代替农人做；因为代替农人做得太多太久，农人仍旧不会自己做。农人不会自己做，终是无补于大局。我们要想农人自动、自助、自导的来改造他们的村庄，必须在发动的时候有此认识。从村外同志的发动，到本村完成主体健全之组织，其移转之步骤如下：

第一步骤　创办时，发起人组织乡村改造社，掌管筹款、用人、指导事宜，同时认识本村真正农人。

第二步骤　由真正农人产生董事会，接受改造社助款，聘任总指导，再由总指导聘任指导员。

第三步骤　本村工学团经济独立，改造社得以此款创办他村的工学团。

乡村工学团以充分运用本村固有之力量为原则。凡新时代生活所必需而为本村所无的，才运用外来力量。例如房屋，则以租借公共建筑物为原则，非到不得已时必不建造新屋；实验农场，则特约开通农友自办，不必买地。运动场之类，则租用荒地开辟。自卫武器，亦从集合本村原有武器，徐图扩充。甚至于小孩们用的桌凳，亦可由家中搬来使用，以待自造新的家具；虽一时外观不甚整齐，但惟有肯下如此决心，才能打破装饰品的教育。这样开办费必可减到极少，使得腾出余款从事生产一类的重要活动。

乡村工学团，可从事指导员之培养。其培养方法，则采艺友制。所谓艺友制，即在一种艺术上做朋友的意思。我们可以欢迎有志青年下乡，在办工学团上学办工学团。

培养合理的人生 (8月)

我这几天的主张是越弄越激烈了。朱先生突然问我说:"假使你拿了一省或全国的教育权,你预备怎样去干?"我毫不迟疑的回答说:"停办学校,改设工厂!"朱先生问:"为什么不办工学团?那工厂二字可怕!"我说:"我要办的当然是工学团,不过我想要偏重生产之工以纠正传统的消费之学。我在城里听说几十年来农业学校、工业学校、实业学校、职业学校是几乎完全失败。我考察他们失败的原因虽多,而主要的就害在这块学校的招牌。挂了学校的牌子,那些只会动嘴不会动手的先生学生都可以滥竽了。他们用学校的招牌做盾牌,可以暂时躲避时代的攻击。他们哄骗社会说:'我们是在提倡生产教育了。可是你们不要性急。你不能捉只老母鸡来立刻叫它生蛋。过几年,或者过几十年我自然会生大鸡蛋,你看。'现在我们已经知道这只老母鸡是只会拉屎不会生蛋了。我不愿书呆子再躲在工学团的盾牌后面做蛀书虫,所以直截了当的把学堂一齐改成工厂。"朱先生说:"你的办法极痛快!可是你要留心,书呆子虽然不会做工种田,却会演说、登报、写文章、上条陈、发宣言。你的命运是会背着摧残教育之罪名下台。结果是你的工厂办不成,他们仍旧办他们的学校一直到亡国。亡国他们也不怕,因为殖民地也用得着不事生产的先生学生做麻醉的工具咧。还有一层你要留心。你只知道学校里有蛀书虫,不知道工厂里有拜金虫。只要你把工厂的招牌挂起来,那些拜金虫都会蜂拥而来了。这里大家只顾赚钱,这里黄金贵于一切,比人命还贵重!所以即使你能把工厂办成,也不是你心目中的工厂了。一般办学校的是抱着书本而忘了人生;一般办工厂的是抱着黄金而忘了人生;一般社会运动者是抱着标语而忘了人生。从这样改到那样,从那样改到这样,若忽略了人生的大前提,都会使你失望。我们的工学团只是以人生为大前提,在我们心目中,人生是超过一切。因为要培养合理的人生,所以反对学校、工厂及一切忽略人生之组织,而要创造出一种富有人生意义的工学团。你把学校改为工厂是以一种缺乏人生意义的组织来替代另一种缺乏人生意义的组织。结果是赶了一群狼,来了一群虎。我不愿在你的热烈的火花上浇冷水。也许你的意见是含了一部分真理:要想打破根深蒂固的积习,难免要用些矫枉过正的手段。但是千万不可忘了'培养合理的人生'乃是我们真正的宗旨。"

从教育上谋国难的出路*
——手脑并用（9月20日）

教育是解决问题的，如教育而不能解决问题，那就不算教育。那末教育究竟是什么呢？简单一句话，教育就是力的表现或变化。世界是力创造的，所以解决困难也必须拿力来才行。用力有以下几个定律：

1. 小的力敌不住大的力——以往传统的教育，因为专在少数人身上施行培养的工夫，所以产生不出力量。

2. 散漫的敌不过有组织的力量——散漫完全是由封建教育造成的，不过谈到组织要小心，切勿走上乡绅之路。所以第一要紧的，是直接认识自食其力的真农人，惟有如此才能使组织生出力量。

真农人真工人和假农人假工人的分，可以从下面的两个人看得出。

陶侃每天把砖由屋内搬出，然后再搬进去。他虽在工作，却不是真工人，因为他不靠做工吃饭，乃靠做官吃饭。

《儒林外史》上的王冕是真农人，因为他虽读书，却不靠读书吃饭。

3. 行动强于空谈——谈后继以行动，那就不算空谈。书本上得不到什么力量，惟有从行动上得来的真知识，才是真的力量。

王阳明的话我可以把他翻半个——180度的筋斗，意思就是把他的话来个倒栽葱。他说"知是行之始，行是知之成"，我的倒转法就是"行是知之始，知是行之成"。爱迪生是由试验才把电灯发明成功。婴儿明白火烫手，也是从实际经验得来。所以教育应培养行动，应当培养知识。

4. 被动敌不过自动——中国现在的教育完全是被动的，所以产生一种坏的现象，就是有的说而不动，有的简直不敢动。例如有人到乡间去办学办医院，这是替他们做事，所以不会生出力量。这好比小宝宝，由老祖母得到的抚摸一样。所以最要改的，是深入民间与他们同工。例如你同十人同工，走后还有九人能继下去，不然工作要停顿。所以惟有加入他们的队伍，才能把地狱变成合理的人间。

---

* 本篇原载1932年9月20日《消息》。

5. 用头脑不及手脑并用的力量大——读书人只能想出许多解决困难的方法，但却生不出力量。

传统教育的矛盾，可由孔老先生①来作总代表。他是地主，所以他说："君子谋道不谋食。"他骂劳农是小人，然而他却说"非小人莫养君子"，这是多么的无赖。他又是好吃懒做的人，所以一个农人对子路骂他是"四体不勤，五谷不分"。"割不正"②一段话，很可代表他的好吃。"民可使由之不可使知之"，这是他所主张的教育。中国从这位老先生以来，可说完全造成了一个书呆国家。

总之，人所以比禽兽厉害，就因为他有手，手能打仗、能生产、能建设，也能创造。所以如是大家想应付困难，就当竭力把知识分子变成工人，把工人变成知识分子。小孩要注意并指导他竭力运用手的活动。

一个母亲把弄坏一只表的小儿痛打一顿，这与小儿无关，倒把一个小的爱迪生打死了。

歌：

第一歌

我是小工人，
我有双手万能；
我要造富的社会，
不造富的个人。

第二歌

我是小盘古，
我不怕吃苦；
我要开辟新天地，
看我手中双斧。

第三歌

人生两个宝，
双手与大脑。
用脑不用手，
快要被打倒；
用手不用脑，
饭也吃不饱。
手脑都会用，

才算开辟天地的大好佬。

所以四万万人,若都能用脑来指挥手,手来变化脑,那么组织起来,必能生惊人的力量,那时应付日本,一定不难。

注 释

① 孔老先生　指孔子。
② 割不正　语出《论语·乡党篇第十》。孔子对食物有一大套讲究,说"食不厌精,脍不厌细"。如食物不新鲜,颜色、气味烹调不好都不吃,并且"割不正,不食",即肉切得不方正也不吃。

目前中国教育的两条路线*
——教劳心者劳力，教劳力者劳心

中国有四千余年的历史，二千余年的文化，照理讲来应该站在时代的最前线。为什么现在不但不能和欧美各国并驾齐驱，而且还处处跟人不上？这个原因固很复杂，但是过去教育政策的失败，可以算是主因。

从前的教育是传统政策，单教劳心者，不教劳力者。《孟子》上有说："劳心者治人，劳力者治于人。"从这里就可以看得很透彻了。

一般的知识阶级，他们是劳心而不劳力，读书而不做工，所以形成了"书呆子"。教书的人是"教死书"，"死教书"，"教书死"；读书的人是"读死书"，"死读书"，"读书死"。充其量只是做一个活书橱，贩卖知识而已。除此之外，他们的一双手总是不肯拿来使用。我们常常可以看见一般老先生们的手，老是叉在袖内，现在的新学辈却因洋衣袖太狭叉不进去，所以换个方式叉在裤袋里。这可以十足地表现出来中国的知识阶级是不肯用他们的贵手来与农工合作的。现在有一段故事把它引来说说，更可以明白些：二千年前孔老夫子有一次跑到乡间，有个农家儿子要请教老夫子学农圃的事。老夫子答应他好，你要学农圃的事，可以跟老农去学好了；我是教人读书的，不晓得农圃的事。由此可见一斑了。

农工阶级呢？他们是劳力而不劳心，做工而不读书，所以形成了"田呆子"。他们只知道"做死工"，"死做工"，"做工死"。除此之外，什么事情都可以不管，就使天翻地覆了，他们也只以为半天下雨，不知来由。他们受尽了剥削，还不知道什么道理，只是听天由命，叹几声命运的舛蹇而已。从前山东在张宗昌为督军时，连年饥馑，而张宗昌又极搜刮之能事，人民困厄，莫可言宣。但是当时的人民，反不知道这个原因究在哪里，只是晓得叩天求神来消除灾苦：试问哪里可以得到安慰？言之可悲而又可怜！

中国因为有了"书呆子"和"田呆子"，所以形成了一个"呆子"国家。读书的人除劳心以外，不去劳力，除读书以外，不去做工，以致不能生产。他们寄生在社会上，只是衣架饭囊，为社会国家蟊蠹。中国目前的坏，坏在

---

* 本篇系陶行知在国立暨南大学教育学系的演讲记录，记录者：严格。原载1932年11月28日福建教育厅《教育周刊》第137期。

哪里？可以说完全是坏在这一班人身上。做工的人除劳力以外，不去劳心，除做工以外，不去读书，以致不能自保其利益，而受他人的横搜直刮。要他们做国家的主人翁，那更是在做梦。

中国现在危机四伏，存亡一缕。做成这个的原因，就是这山穷水尽的传统教育。我们要挽回国家的危亡，必须打破传统的教育而寻生路。我觉得目前中国的教育只有两条路线可以走得通：

（1）教劳心者劳力——教读书的人做工；
（2）教劳力者劳心——教做工的人读书。

站在现在的时代前，劳心不劳力的固然不行，劳力不劳心的也是不行。中国比不上外国，原因即在乎此。现在英美法意日俄的教育都注意到教劳心的人劳力，教劳力的人劳心，尤以俄国为显现。中国的教育自然也应该走这两条路线——教读书的人做工，教做工的人读书。

中国读书的人不去生利，是一个极不好的现象。现在的教育者要把他们的头脑灌输成科学化，使他们为自己创造，为社会创造，为国家创造，为民族创造。更要把他们的一双手解放开来，使他们为自己生利，为社会生利，为国家生利，为民族生利，这才是对的。南通中学现在应了这个要求，招了六十个学生，先行试试脑手同训练。他们一星期上课，一星期做工，每日工作六小时，所做的工作为金工、土工、木工、竹工，甚至磨豆腐、包面包都来。实行了半年之后，考查他们的学业，程度和其他学生相等，不过教学差些。这六十个学生，既然能够做工，并且能赶得上他们的学业，这是他们已经把两手解放了。我希望他们学校当局推广之，都实行这种工读的设计，同时更希望全国学校都采用，尤其是对于高等教育更为必要。

中国做工的人，不去求知，这也是一个极大的缺憾。无论哪一个国家的工人比中国的工人程度总要胜过一筹，这是事实，无须我们置辩的。因此我国的工人也就只配作被支配的阶级，做被剥削的民众。若要拿"主人翁"的一等金交椅给他们坐，他们是无所措其手足。所以教做工的人读书，是最重要的，而且是刻不容缓的。

现在已经把用脑的人要用手，用手的人要用脑的理由说过了。希望我们负有教育责任的人，都要注意注意。现在还有一首诗拿来劝劝大家手脑并用：

人生两个宝，
双手与大脑。
用脑不用手，
快要被打倒；
用手不用脑，
饭也吃不饱。
手脑都会用，
才算是开天辟地的大好佬。

1933 年

创造的教育* （3月）

诸位同学：

我今天的讲题是"创造的教育"。

什么是创造的教育？先说明"创造"两个字的意义。我举两个例子来说吧。鲁滨孙漂流到荒岛上去，口渴了，白天他走到海边用手去捧水喝，到黑夜里就没有办法了。他偶尔在灶的旁边，看见经火烧过的泥土，硬得如石子一样。他想到软的土经火烧了，就成坚固且硬的东西，于是他把土做成三个瓶子，放入火中去烧，烧碎了一个，其余的两个可以满满的盛着水。于是他口渴的问题完全解决了。我们把这件事分析起来，可以发现三点：他把手捧水喝，到黑夜发生了困难，是他的行动；发现泥土经过火烧变成坚固且硬的东西，也是他的行动；把泥土塑成了瓶，希望同烧过的土一样的坚固，是他的思想。结果，他瓶子盛水的计划成功了，是新价值的产生。由行动而发生思想，由思想产生新价值，这就是创造的过程。这个例子是"物质的创造"。再如《红楼梦》上刘姥姥游大观园，贾母请客，后来唤了二只船来，贾母同媳妇人等在前船先行，宝玉同姊妹们在后船后行。河内余满着破残荷叶，宝玉的船划不快，追不上前船。宝玉心里非常忿怒，马上要铲光破荷叶。薛宝钗说："现在仆人们很忙碌，等他们空了，再叫他们铲除吧！"林黛玉说："我平生最不喜欢李义山的诗，只有一句还可以。"宝玉问她究竟是哪一句呢？黛玉说，"留得残荷听雨声"一句。宝玉一想，觉得破荷叶很有用处，就不再要铲荷叶了。这个例子中，船行到荷叶中去，是行动；破荷叶妨碍行船，是行动；林黛玉提出李义山的诗句，是思想；宝玉心中厌恶的破荷叶，一变而为可爱的天然乐器，是产生了新的价值。这种新观念的成立，是"心理的创造"。

我现在再讲行动，关于教育上的行动。中国现在的教育是关门来干的，

---

* 本篇系陶行知在上海大夏大学的演讲记录。记录者：华炜生。原载1933年3月《教育建设》第5集。

只有思想，没有行动的。教员们教死书，死教书，教书死；学生们读死书，死读书，读书死。所以那种教育是死的教育，不是行动的教育。我们知道王阳明先生是提倡"知行合一"说的，他说"知是行之始，行是知之成"。他的意思是先要脑袋里装满了学问，方才可以行动。所以大家都认为学校是求知的地方，社会是行动的地方，好像学校与社会是漠不相关的，以致造成一班只知而不行的书呆子。所以阳明先生的二句话，很可以代表中国数千年的传统教育的思想。现在我要把他的话翻半个筋斗。如果翻一个筋斗，岂非仍是还原吗，所以叫他翻半个筋斗，就是说："行是知之始，知是行之成。"例如爱迪生发明电灯，不是从前的人告诉他的，是玩把戏而偶然发现的。小孩子不敢碰洋灯泡，是他弄火烫痛的经验；至于妈妈告诉他火是烫人的，不过使小孩子格外清楚一些。所以要有知识，是要从行动中去求来，不行动而求到的知识，是靠不住的。有人告诉你这是白的，那是黑的，你不行动，就不能知道哪个是真，哪个是假。有行动的勇敢，才有真知识的收获。书本子的东西，不过告诉你别人得来的知识。有许多人著书，东抄西袭，这种抄袭成章的知识，不是自己知识的贡献。你能行动，行动才生困难，想法解决了困难，才是真知识的获得。我现在介绍杜威先生思想的反省（Reflectria of Thinking）中的五个步骤：（一）感觉困难；（二）审查困难所在；（三）设法去解决；（四）择一去尝试；（五）屡试屡验，得到结论。我的意思，要在"感觉困难"上边添一步："行动"。因为惟其行动，到行不通的时候，方才觉得困难，困难而求解决，于是有新价值的产生。所以我说行动是老子，思想是儿子，创造是孙子。你要有孙子，非先有老子、儿子不可，这是一贯下来的。但是我们知道，单独的行动，也是不能创造的，如中国农夫耕种的方法，几千年来，间有小小的改良外，其余的都是墨守陈规，毫无创造。还有许多书呆子，书尽管读得多，也不能创造。所以要创造，非你在用脑的时候，同时用手去实验，用手的时候，同时用脑去想不可。手和脑在一块儿干，是创造教育的开始；手脑双全，是创造教育的目的。孟子说："劳心者治人，劳力者治于人。"这是孟子当时的教育思想。时至今日，这种传统的思想已经起了一个极大的地震，渐渐的在那里崩溃了。我最近读了世界许多有名科学家的传记，觉得有发明的人，都是以头脑指挥他的行动，以行动的经验来充实他的头脑。中国的所谓学者，他们擅长的是高谈阔论，作空文章；而做劳工的人，又不读书，不肯用脑。所以一辈子在这种传统习尚下过生活，大科学家、大发明家哪里会产生？现在我们知道了，劳工教育啦，平民教育啦，都是时见时闻。但是情势一变，"反动"、"嫌疑"等等名目都加上来，你就陷于四面碰壁的绝境。有许多教育界很有声望的、无阻无碍的人，他们又不愿去干，以致这种教育至今还尚在萌芽时代。

行动的教育，要从小的时候就干起。要解放小孩的自由，让他做有意的活动，开展他们的天才。至于我们一辈，从小是受传统教育的熏陶，到现在觉悟起来，成为一个半路出家的和尚。和尚是半路出家，他往往会想起他的家来。例如不吃鸦片的人，一见鸦片就生厌恶，但吃过鸦片的人，虽然戒了，至少对它有相当的感情。我们小的时候，有天赋的行动本能，不过一切工作都被仆人们代做去了，被慈善的妈妈代做去了。稍长一些，我们到小学校去读书，有阎罗王般的教师坐在上面，不许我们动一动。中学和大学的课程是呆呆的订死在那里，你要动亦不得动。到现在始费尽九牛二虎之力，挣扎着改变久受束缚的人生，还不能回复自然的行动本能。但是我们不要灰心，时机也并不算晚，佛兰克林四十几岁才发明了电呢！① 不过行动的教育，应当从小就要干起，因为小孩子还没有斫丧他行动的本能，小小的孩子，就是将来小小的科学家。假使我们给小孩子自由行动，我相信千百孩子之中，一定有一个小孩是天才，是一个创造者、发明者。爱迪生小时候，是个很喜欢行动的小孩子。当时美国的教育，也同中国一样，小学教员是禁止小孩子活动的。爱迪生违反了教师的训条，就蒙到"坏蛋"的声名，不到三个月，爱迪生被"坏蛋"的空气逼走了。爱迪生的母亲不服气，她以为她的儿子并不是"坏蛋"，"蛋"并没有"坏"，她就教他先在地窖里研究化学，后来研究物理，结果成了一个闻名的科学家。所以爱迪生的成功，幸而有他的妈妈，否则老早就把他的天才牺牲了。牛顿生下来的时候，小到像小老鼠一只，体重只有三磅。看护妇去请医生的时候，很不高兴的说："这样小老鼠一般大的东西，等到医生来，早已一命归天了。"岂料小老鼠一般的东西，就是以后闻名的科学家，还活到八十多岁呢。据说牛顿小的时候，并不聪明。可见小孩子的时代，很难看得出哪一个是天才的儿童。

四月四号是世界儿童节，中华慈幼协会②请我编了四支儿童歌：

（一）小盘古

我是小盘古，
我不怕吃苦；
我要开辟新天地，
看我手中双斧。

（二）小孙文

我是小孙文，
我有革命精神；
我要打倒帝国主义，
像个球儿打滚。

（三）小牛顿

我是小牛顿，
让人说我笨；
我要用我的头脑，
向大自然追问。

（四）小工人

我是小工人，
我有双手万能；
我要造富的社会，
不造富的个人。

  我们要打倒传统的教育，同时要提倡创造的教育。他的办法是怎样呢？我们知道，传统的教育，他们一个教室容纳四五十人，试问教师的力量有多么大，能够完全去推动全级学生？所以就发生了教育方法上的错误。我们现在的办法是教师教大徒弟，大徒弟再去教小徒弟，先生在上了几堂课以后，鉴别了几个较有天才、聪明的大徒弟。以后教师就专门去教大徒弟，所以他的精神容易去推动他们，学问也容易灌输到他们头脑中去。大徒弟再把他所得到的，分别的去教那些小徒弟。学生们很活动的去找寻知识，解释困难，贡献他所求得的知识，先生不过站在旁边的地位略加指点而已。我们认为这种教育，是行动的教育。有行动才能得到知识，有知识才能创造，有创造才有热烈的兴趣。所以我们主张"行动"是中国教育的开始，"创造"是中国教育的完成。我曾经参观过一个学校，这个学校是小孩子办的。我问他们说："你们是大小孩子教小小孩子吗？"有一个小孩子回答说："是的，不过有许多时候小小孩子也教大小孩子呢。"我说："你的话是对的，是真理，比我的意见更进一层。"现在中国传统教育下的知识阶级，根本就看不起小孩子，看不起农人、工人。但是试问他们的力量有多么大？倭奴侵占我们的东三省，你有力量赶走他吗？不可能！我们要启发小孩子，启发农人、工人，运用大多数人的力量，才能够去创造，才能救国雪耻。我来举一个例子，证明农人的力量并不弱。从前我办一个学校，在校的旁边凿了一口井，专门供给学校用水的。有一年大旱，乡村中旁的井水都汲干了，所以乡民都集中到校旁井内来汲。后来这口井也涸竭了，于是我们校里，因为水的恐慌开了一个会。当时有人主张，把井收回自用。我不以为然。我说："我们的学校，是以社会作学校的，不应该把社会圈出于学校之外。假如这样，我们将来推广农事和民众教育就不容易办了。用水既是大众的事，还不如请大众共同来解决。"于是请各村庄每家派一个代表，男的、女的、小孩子在十三岁以上的都可以，没有多少时候，礼堂上已挤满了代表。我们教员们，自觉居于孔明的地位，三个臭皮匠合做一个诸葛亮的地位，所以黄龙宝座的主席，推了一个十三岁的小孩子。我们略略讲了几条会场规则之后，就正式开会。那一天的会，非常有精彩、有力量，当时发言最多且最好者，要推老太婆！好！我们来听有一个老太婆的宏论。她说人是要睡觉的，井也是要睡觉呢；井不让它睡觉，一辈子就没有水吃。所以当时一致议决井要睡觉。自下午七时起至翌晨五时止，不得唤醒井，违者罚大洋一元，作修井之用。当这个老太婆发言未完，另有一个老太婆，也想立起来发言，就有第三个老太婆牵牵她的衣襟，制止她的发言，说："不是方才先生说过的吗？"你想他们非但能够自治，而且还能管理他人，所以当时会场发言的人非常多，秩序还是一丝不乱的。他们讨论了好久，还制成几条议案：第二条就是汲水的程序，先到者先汲，后到者后汲，违者罚大洋五角，作修井之用；第三条就是再开凿一井，把太平天国时留下淤塞的废井加以开凿，经费富者多捐，贫者少捐，茶店、豆腐店也多捐一些；其四，推举奉天刘君世厚为监察委员，掌理罚款，调解纠纷。结果，一个大钱都没有罚到，因为这是出于农人自动的议决，所以大家能遵守。你看农人的力量是多么大，他们的话多么的公正和有效，这种问题来的时候，岂是少数人所能干得了吗？不过他们的旁边，还是需有孔明在那里指示，否则恐怕到如今，井还没有开凿成功。所以创造的教育应该启发农人、工人、学生……使他们得真的知识，才是真的创造。

其次我要讲的：现在中国的教育组织，是不能创造的。我们可以分两种来说：第一种是，学校是学校，社会是社会。他们认为学校是求知的地方，社会是行动的地方；他们说读书不忘救国，救国不忘读书。日本人的炮弹已经飞到他们面前，还是子曰子曰读他的书，这种教育是亡了中国还不够的。第二种，他们已经觉得学校是离不开社会的，所以他们主张"学校社会化"。他们想把社会的一切，都请到学校里来，所以学校里什么都有：公安局啦，卫生局啦，市政厅啦，什么都有。但是他们所做的与社会依旧是隔膜的。况且学校有多么大，能够包罗万象？他们的学校好像大的鸟笼，把鸟儿捉到笼里来养，又好像一只大缸，把鱼儿捉到缸里来养。结果鸟儿过不来鸟笼的生活，死了；鱼儿过不来鱼缸的生活，死了。所以这种似是而非的教育是不自然的、虚伪的和无力量的，也不是创造的教育。创造的教育是怎样呢？就是"以社会为学校"、"学校和社会打成一片"，彼此之间，很难识别的。社会含有学校的意味，学校含有社会的意味。我们要把学校的围墙拆去，那么才可与社会沟通。这种围墙不是真的围墙，是各人心中的心墙。各人把他的感情、态度从以前传统教育那边改变过来，解放起来。实则这种教育，只要有决心去干，是很容易办到的。例如大夏大学的附近有许多村庄，庄上的人，都是散漫的，无教育的。假使我们把学校与村庄沟通，大学生都负责去创造新村，村上的人，都接受到知识，形成活泼的有力量有生命的村庄，再把全中国所有的村庄联合起来，构成一个有大生命的中国，民众的力量可以集中，国难也可共赴。这样做去，要普及教育，一年就可以成功。我们自近而后远，先小而后大，着手办去，把小孩子、农人、工人都培养起来，这才是创造教育的目的。中国现在的教育不是平等发展的，是畸形发展的：一方面有博士、硕士；一方面有一大群无知识的民众。迟滞的表示不出多大贡献。

现在我再要讲，创造的教育是以生活为教育，就是生活中才可求到教育。教育是从生活中得来的，虽然书也是求知之一种工具，但生活中随处是工具，都是教育。况且一个人有整个的生活，才可得整个的教育。举个例来说吧，有一个儿子，他是喜欢赌博的，他的母亲训斥他。不过他的母亲却悄悄地到邻舍去赌博了，他在窗内看见他的母亲赌博，于是也到别处去赌博了。这个孩子过的是赌博生活，受的是赌博教育，不期而然而成赌博的人生。某学校反对我"生活即教育"的主张，我去参观他们的学校，适逢吃饭的时候。他们的饭菜是有等级的，厨子巴结先生，先生的菜特别好，学生的菜，简直坏之不堪。他们请我在先生一桌吃饭，我愿意同学生一块儿吃。学生的饭菜坏到怎样呢？他们名为一碗肉，肉仅在碗面上有几小块，学生在未下箸的时候，目光炯炯地早已看准那最大的一块，一下箸，一碗饭还没有吃完，而菜已吃得精光了。这种饕餮的状态，无形中在饭堂里更造成了许多小军阀。这个学校，是不把吃饭问题归入教育范围之内的。有许多学校对于男女学生的恋爱，他们是讳莫如深，但恋爱问题，往往闹遍在学校里。现在生活的教育是怎样呢？我们知道恋爱、吃饭等问题都是非常重要的。所以，恋爱先生我怕你，请你进来；吃饭先生我怕你，请你进来：我们一块儿干吧！我们的教育非但要教，并且要学要做。教而不学，学而不做，叫做"忘三"。我们要能够做，做的最高境界就是创造。我们要能够学，学从生活中去学，只知学而不知做，就不是真的学。我们要能够教，教要教得其所，要有整个的教育，平等的行动的教育，不要像现在畸形的教育。有人说我的创造教育，不成其为学校，我做了一首诗："谁说非学校，就算非学校。依样画葫芦，简直太无聊。"

注　释

① 佛兰克林四十几岁才发明了电　指富兰克林在研究大气电方面曾作出贡献，发明了避雷针。

② 中华慈幼协会　以完善幼儿保育为宗旨的慈善团体，为朱其慧筹创。

过去与未来的中学生* （3月10日）

今天我讲的题目是《过去与未来的中学生》。

我做过中学生，诸位现在做的也是中学生，将来还有的中学生，所以这个题目是值得讨论的。

过去的中学生好多种，现提出三种来说说：

（一）书呆子。怎么叫做书呆子呢？书呆子就是读死书，死读书，读书死。他们上课的时候，只晓得读书，等到考的时候，更只晓得拼命的读书。这种人在中学校里实在不少。

（二）双料少爷。老子做官，儿子当然是少爷。在家里还有老子管管，不能老是享福，还得做些小事。到了学校里，简直连铺床、叠被、买花生、倒便壶，全有校役代劳。像这样，由中学升到大学，由大学出去求升官发财。既然一心想着养尊处优，有的连卖国也肯干。

关于双料少爷，我曾做过一首歌，现在念给诸位听听：

　　　　自从家父做老爷，
　　　　人人呼我阔少爷。
　　　　谁知我还是自倒洗脸水？
　　　　远不如进个学堂儿：
　　　　听差为我铺床又叠被；
　　　　上课看情书；
　　　　下课拜小姐；
　　　　不高兴闹个风潮儿，
　　　　直要教员怕我如同儿子怕爹爹。
　　　　请看今日害国贼，

---

* 本篇系在上海光华大学附中所作的演讲，由惟翰、黎青笔记。原载1933年3月10日《光华附中半月刊》第6期。

哪一个不是当年的双料少爷!

(三) 双料小姐。关于双料小姐的歌,我虽然没做过,可是双料小姐的事,我倒可以说说。她们脸上擦的是巴黎香粉,是不是?从前嘴上只点两点胭脂,现在却满嘴涂得通红。但这些我们都不去管它,不过有件事却是我们要反对的,就是穿高跟皮鞋。我提出这个意见以后,高跟皮鞋店的老板对我很不表同意。其实我的演讲又有多大的效力呢?现在不过是开始进攻罢了。

我也作过一首穿高跟皮鞋的摩登小姐歌,是:

瞧,瞧,瞧!
摩登小姐踩高跷,
一跷跷到白渡桥。
白渡桥上有人笑:
曲线三角真巧妙,
大脚婆儿脚变小。
走路不稳少爷扶,
少爷不扶就跌跤:
上桥跌一跤,
下桥跌一跤。
来瞧!来瞧!
摩登小姐蹩了腰!
蹩了腰,
还要踩高跷。

今天我讲这话,是因为此地的小姐很少穿高跟皮鞋的我才敢讲。要是有一两个穿的话也不要紧,听了我的话从此再不穿就是了。好!过去的让他过去吧。以后书呆子不要再做书呆子,双料少爷不要再做双料少爷,双料小姐也不要再做双料小姐。

小时候,我听见过一句俗话,叫做"老鼠钻进牛角筒"。牛角是一头大一头小的,如果钻进去,就越钻越到小处,结果是"死路一条"。书呆子、少爷、小姐,走的都是死路。因此中华民族在这生死存亡的关头,并不是他们所能救的。假使我们要把死路变为生路,惟一的方法,就是不要再做这三种人。我们晓得书呆子只能蛀书,少爷小姐也只能享现成的福。他们对于国家的存亡,是没有多大的关系的。我们现在就要谈到未来的中学生!

"未来的中学生是哪一种人?"如果这问题我不能回答,今天我就不得下台了。未来的中学生,我们可以说就是创造新文明的小工人。中国以及全世界的文明,现在都在那里崩溃破灭;中国的农业文明那更不用说了。但我们就这样袖手旁观吗?我们当旧文化正在破灭和新文化还没有创造出来的时候,应该怎样呢?诸位,我们二十几万中学生负的责任是很大的!不过创造新文化要有几种人:第一是小工人即工徒,第二是工人,第三是工师。中学生可以说是小工人,那样我们到底怎样做呢?

我们知道人身上有两件宝贝,一是头脑,一是手——一双可以自由活动的手!书呆子、少爷、小姐,他们只用了一件宝贝而且用错了。他们的手可以说是没有用。从前他们要养指甲(长而是曲线的叫兰花指甲),一般穿中国衣服的老是把手拢在袖子里,穿西装的也老是把手放在裤袋里,讲究点的还要用鸡皮手套套起来,那知这样一来他们同时就把整个的中华民族也就套在里面去了!书呆子、少爷、小姐是不用手的。我们既不要做那三种人,我们就得拿我们的头脑来指挥我们的手去做事:扫地,抹桌,倒夜壶,倒马桶,都要自己干。诸位听了一定要问:"难道自己倒夜壶倒马桶就能救国吗?"那我也就要问诸位一声:"一个人连夜壶马桶都愿自己动手去做,世上还有什么不愿做呢?"中国自有历史以来,农业已有几千年了。可是一般农人,向来只用手而不用脑。现在的我们,就该手脑并用了。我们的头脑,也要用我们手来变动他。那就是说,用手来化脑,用脑来化手。用手的时候用脑,劳力的时候劳心,才有意思。譬如说,我的眼瞎了,耳聋了,然而我要是用我的手去仔细的摸索,还是可以知道各种物件的状态。我既然看不见,也听不见,那么我的头脑是怎样会知道的呢?这还有我的手来取得知识。我有一首《手脑相长歌》:

  人生两个宝:
  双手与大脑。
  用脑不用手,
  快要被打倒。
  用手不用脑,
  饭也吃不饱。
  手脑都会用,
  才算是开天辟地的大好佬。

上海有一个聋盲学校,教瞎子用手读书。他们的书与我们的两样,全是凸出的字。他们用手一摸,就可以晓得"中华民国现在不得了"了!这是手能帮助头脑的一个例子。如果少爷、小姐、书呆子运用大肌肉的手力去改变他们的脑子,那才是科学的脑子。创造新中国只要科学的手和科学的脑子合拢起来就成了。南京安徽中学十五周年纪念我送了他们一首歌,内中有几句:

  大事不好了,
  黄帝子孙今病倒;

> 书呆子手软脚软，
> 田呆子笨头笨脑。

我还配了两种药给他们吃：一叫脑化手；一叫手化脑。拿脑化手的药，给书呆子吃；手化脑的药，给田呆子吃；这样他们的病就会好了。要是用科学的头脑和手来创国，还怕不能抵抗日本吗？我们要创造新文化，就得把我们的宝贝拿出来。王阳明主张知是行之始，行是知之成。我现在把它翻半个筋斗，我说行是知之始，知是行之成。从前的许多学校都是先知后行，现在却要行以求知了。但这不是乱行乱动。杜威先生的反省的思想（Reflective thinking）有五步：第一个步骤是感觉困难；第二是要审问困难在什么地方；第三是要设法解决这个困难；第四是选择一种方法来试试看；第五是屡试屡验才下断语。可是他这里少了一个重要的步骤，就是行动（Action）。因为行动才能产生困难，不行动，这困难是靠不住的。所以我要在感觉困难之前加一个行动的步骤。这六个步骤我给取了一个新名字叫做反省的行动（Reflective action）。行动是老子，知识是儿子，创造是孙子。因为行动是知识的泉源，行动是力量的发电机。所以未来的中学生，是用手用脑去行动的小工人。把我们的高跟皮鞋脱掉，把长衫脱掉，穿起工人的衣服来，才能创造新文化。否则这五千年的古国，就会深深地断送在我们的手里了！诸位这时还不难改变过来，若不赶快觉悟，等到像我这样大的年纪就不行了。

所以小工人最好是从小做起。

> 我是小工人，
> 我有双手万能。
> 我要造富的社会，
> 不造富的个人。

我们要想造富的社会不造富的个人，就必得集中我们的力量向帝国主义进攻。总括一句，消极方面，我们要做反抗帝国主义的小工人；积极方面，我们要做创造新文明的小工人。

小先生与普及教育*（4月16日）

据最近教育部统计，中国今日有一千万〔失学〕儿童，实际上达就学年龄之儿童应有八千万，而且以数年来提倡义务教育的效果论，今日就学的儿童，亦应有四千万；故事实上仍只有一千万者，原因虽多，普及教育方法的不妥善，实在是主要的阻碍。近几年来，思索试验的结果，以为小先生的办法，倒是一解决途径。尤其是在今日农村破产，经济万分拮据之秋，如能将小先生的办法尽量推行，不出两年，即可使教育普及。请先举出三例来证明：

一、十年前我方从事于提倡平民教育，家母也欲识字。那时，家中惟一能教她老人家的，只有一个六岁的孙儿，于是这个孙儿便担任了教祖母的责任。等到教会了十六课字以后，我就根据这十六课字，写了一封信给家母。她看了，读读听听，居然也就懂了那封信里的意思。六岁小孩子能教祖母，岂不证明小先生有教人识字的能力么？而且又有照片作证。

这也不是独创的事，最近有一位朋友看见我热心提倡小先生的办法，就把最近报纸上的一张苏俄儿童教成人的照片寄给我。我想不只苏俄有这一类事实，世界各国莫不有此等事实。

二、南京晓庄师范停闭后，当地识字的儿童便自动地组织了一所自动学校，纯粹由儿童们负责。因为成绩很有可观的原故，已经政府立了案。我在他们开办后，就送了他们一首诗。这首诗我事前给了我的一些朋友们、留学生看过，都以为好到一字不能改。我于是很自信的寄与他们。诗如下：

---

* 1933年4月16日在中华基督教育会初等教育参事会上的演讲，署名：陶知行博士。王尔斌笔记。原载1934年9月《教育季刊》第10卷3期。

1934年10月18日出版的《上海青年》第34卷第31期第3～6页，刊载有同题文章，该刊编者有如下按语："陶知行先生为我国教育界有数之人才，年来对于实验教育，工作非常努力。过去南京之晓庄师范，不但蜚声国内，同时亦引起世界人士之注意。最近陶先生复在大场举办工学团，不过年余的努力，已经成效大著。工学团的教学目标，是'即知即传人'，并提倡小先生运动，打破只有大人能教小孩的观念。此文即陶先生对于小先生教学的意见。本载上星期日《晨报》，编者以此种主张，对于普及我国教育，实有莫大之贡献，故特转载于此。"

> 有个学校真奇怪，大孩自动教小孩；
> 七十二行皆先生，先生不在学如在。

哪知他们接到我的诗后，竟回了我一封信，不仅能懂得我的诗，而且说：

1. 大孩能教小孩，小孩难道不能教大孩么？
2. 大孩能自动，难道小孩不也能自动么？

我接着他们的回信后，以为他们的理由很充足，就把第二句的"大"字改成"小"字，从此，我的这首诗就改成"小孩自动教小孩"了。以一班儿童而居然能改留学生们所以为不好改的诗，不又证明小先生的能力吗？

三、去年淮安小学七个学生到各地旅行，没有人领导。过镇江至上海时，只剩了十元旅费。他们在上海住了五十余日，就以卖演讲为生，每次十元。许多大学和中学都先后请他们去演讲；及至回去时，已余下六十余元，买了不少的书带回去；演讲也讲得好。事后，他们的校长来信问我的感想，我因事忙，回了他下面一首诗：

> 一群小光棍，数数是七根。小的十二岁，大的未结婚。
> 没有父母带，先生也不在。谁说小孩小，划分新时代。

所谓"划分新时代"者，是说上海人从前一味的看不起江北人，江北小孩子更无论了。经过他们这一次的旅行后，上海人看不起江北人的观念，也就随着改变了。这不又证明小孩子的能力么？

中国已有一千万学童，采取小先生的办法，每个学童教两个不能进校的儿童，再加一年，普及教育便成功了。平民学校的大部难处，在小先生身上也就消灭了。小先生虽小，力量却也不少；犹如微生物小固然小，力量倒不可忽视。

可是小先生的办法要有成效，却要大先生帮忙。1. 开娱乐会，召集阖村大小男女来，演讲普及教育的重要。2. 在教学法上，也应时时加以指导。3. 考核小先生的工作，令他交成绩表格等等。如想推行有效，大先生应当认真去督促，使儿童把教人识字的工作，当作正式课程去做。实际上，这并不加重教师的担子，因为教师在下列几点上，可以省出不少的时间：1. 废止写大字，因为写大字的本身固不十分重要，而教师改字的时候，模糊的居多。2. 写日记也无须日日写。真正有价值的日记，须在生活环境下的学校方可写，其他学校不可写。今日如此，明日亦如此，意义毫无。而生活日记因为是天真流露的表示，却用不着改。3. 教师也可少有些会议的事。至于实施推进小先生的办法，请随便举出数例：

（一）定期放映电影。假如票上印了三十二个字的说明，每张售铜元十枚。若是不愿付钱的话，小先生就要负责，在期前把这三十二个字教会持票来看电影的人。

（二）妻子得着丈夫的信，甚至庙宇中求得的签，都可作为教学的工具。

（三）利用无线电播音中的一切，来作教材等。

组织方面，有值得述说者，很有几处已在大规模的试验。如上海宝山县的山海工学团，宝山县，邹平县，将全县儿童组织为若干学军，每一个孩童找四人组学排，五排为学营，五营为学团，五团为学师，五师为学军，梁漱溟先生同兼学军长。采军队组织制，而尽力推进普及教育工作。

复次，小先生的办法，对于小先生也有两种益处：（一）以所学转教他人，自己便容易于记忆；（二）自幼即教人，为服务社会的实际工作。

诸君虽为教会小学当局，然而对于小先生的办法，当能乐予赞同，努力推进。

为农人服务的方针和做学问的方法* (9月16日)

诸位到乡下来，要定一个方针。方针是什么？方针是指导我们的方向。工学团为什么办在乡村里？工学团是为农人服务，帮助农人解除痛苦，帮助农人增进幸福。这是从晓庄到这里一贯的方针。

所以诸位到乡村里，要有一定方针。不是说在城市里做不到绅士，来到乡村里做绅士的；也不是说到乡村里做隐士，把乡村当做桃花源；更不是说城里少爷小姐多，乡村里也要少爷小姐来做点缀品。到乡村里来，完全为农人服务。每天每人自问：为农人服务没有？自己做学问，和农人发生直接或间接的关系没有？

这里有两种人：一是农人的孩子；一是从别处来的孩子。这个地方没有升官发财的机会。这里只有一个共同的目标，就是为农人服务。合乎这个目标，在这里过生活有意思的；不合乎这个目标，不必勉强在这里。大家想一想：有没有讨厌农人或农人的孩子的心思？

做学问最要紧的是定目标，没有目标，自己觉得无聊。工学团为农人活，为农人死，和农人共甘苦，同休戚。什么是真农人？靠自己动手种田吃饭的人是农人，是真农人！

怎样做学问？做学问的方法，我自己用的方法：

（一）做学问要有先生指导。谁是我的先生？农人教我种田，农妇教我养蚕，木匠司务教我做桌凳，裁缝司务教我做衣服，字典教我认字，七十二行都能教我，都是我的先生。比方你们有问题问我，给我用脑筋来思索，来解决问题，我自己不也是在求长进吗？我做了一首歌，送给南京自动小学：

> 奇怪奇怪真奇怪，小孩自动教小孩。
> 七十二行皆先生，先生不在学如在。

---

* 本篇系陶行知1933年9月16日对山海少年工学团的谈话记录。摘自马侣贤、戴自俺等编著的《山海工学团》（1934年11月上海儿童书局版）一书。本篇与侣朋著的《小先生的信（第七封）》所记内容基本相同。

先生越多，学问越大。学养鸡学养蜂的，就要拜鸡、蜂做先生，鸡、蜂是我们的太上先生。世界上头一个会养蜂的人，他的学问是跟蜂学的，是拜蜂为太上先生。

（二）自己求得学问，要告诉别人。有许多人，学问很大，只是每天坐在沙发上享福，不愿传给别人。我们要五分钟前认识的字，五分钟后就传给别人。先生多，自己学问广；学生多，社会可进步。这里是农村社会，学问来自世界，学问还给农人。

（三）求学问的技术。做学问要有改卷的先生，改卷的先生是谁？自己和书本合起来是先生。普通学校改卷的先生，每人多则一百本卷子，少则四五十本卷子。晚间急忙的改好，已到深夜十时了，唉声叹气，弄得头昏脑胀，实际对学生毫无效果。我们要改变一下才好。比方初学英文时选择一本教科书，第一要听熟、背熟、写熟；第二不间断；第三自己会了教不会的人。教别人自己也会长进，这叫做"以教人者教己"。从前我推广平民教育时有首歌："你教我，我教他，他又教他。"循环教，上算不吃亏的。这样继续半年至一年，再采第二部方法：选一本最好的英文书，一本字典和一本最好的汉译书，一面看英文，一面翻译，把自己翻译的文字和汉译本比较看。这样继续不断的做下去，进步一定很快。

还有每个人定计划，有计划的生活是有计划的教育。工作不要太散漫，也不要太紧张，要有一定的计划。没有计划，把应做的重要事情丢掉，同时反养成懒惰。有计划的生活，不要太忙，也不要太闲。

1934 年

什么是生活教育 (2月16日)

　　生活教育这个名词是被误解了。它所以被误解的缘故，是因为有一种似是而非的理论混在里面，令人看不清楚。这理论告诉我们说：学校里的教育太枯燥了，必得把社会里的生活搬一些进来，才有意思。随着这个理论而来的几个口号是："学校社会化"、"教育生活化"、"学校即社会"、"教育即生活"。这好比一个笼子里面囚着几只小鸟，养鸟者顾念鸟儿寂寞，搬一两丫树枝进笼，以便鸟儿跳得好玩，或者再捉几只生物来，给鸟儿做陪伴。小鸟是比较的舒服了，然而鸟笼毕竟还是鸟笼，决不是鸟的世界。所可怪的是养鸟者偏偏爱说鸟笼是鸟世界，而对于真正的鸟世界的树林反而一概抹煞，不加承认。假使笼里的鸟，习惯成自然，也随声附和的说，这笼便是我的世界；又假使笼外的鸟，都鄙弃树林，而羡慕笼中生活，甚至以不得其门而入为憾。那么，这些鸟才算是和人一样的荒唐了。

　　我们现在要肃清这种误解。生活教育是生活所原有，生活所自营，生活所必需的教育（Life education means an education of life, by life and for life）。教育的根本意义是生活之变化。生活无时不变，即生活无时不含有教育的意义。因此，我们可以说："生活即教育。"到处是生活，即到处是教育；整个的社会是生活的场所，亦即教育之场所。因此，我们又可以说："社会即学校。"在这个理论指导之下，我们承认过什么生活便是受什么教育：过好的生活，便是受好的教育；过坏的生活，便是受坏的教育；过有目的的生活，便是受有目的的教育；过糊里糊涂的生活，便是受糊里糊涂的教育；过有组织的生活，便是受有组织的教育；过一盘散沙的生活，便是受一盘散沙的教育；过有计划的生活，便是受有计划的教育；过乱七八糟的生活，便是受乱七八糟的教育。换个说法，过的是少爷生活，虽天天读劳动的书籍，不算是受着劳动教育；过的是迷信生活，虽天天听科学的演讲，不算是受着科学教育；过的是随地吐痰的生活，虽天天写卫生的笔记，不算是受着卫生的教育；过的是开倒车的生活，虽天天谈革命的行动，不算是受着革命的教育。我们要想受什么教育，便须过什么生活。

生活教育与生俱来，与生同去。出世便是破蒙，进棺材才算毕业。在社会的伟大学校里，人人可以做我们的先生，人人可以做我们的同学，人人可以做我们的学生。随手抓来都是活书，都是学问，都是本领。

自有人类以来，社会即是学校，生活即是教育。士大夫之所以不承认它，是因为他们有特殊的学校给他们的子弟受特殊的教育。从大众的立场上看，社会是大众惟一的学校，生活是大众惟一的教育。大众必须正式承认它，并且运用它来增加自己的知识，增加自己的力量，增加自己的信仰。

生活教育是下层建筑。何以呢？我们有吃饭的生活，便有吃饭的教育；有穿衣的生活，便有穿衣的教育；有男女的生活，便有男女的教育。它与装饰品之传统教育根本不同。它不是摩登女郎之金刚钻戒指，而是冰天雪地下的穷人的窝窝头和破棉袄。

生活与生活磨擦才能起教育的作用。我们把自己放在社会的生活里，即社会的磁力线里转动，便能通出教育的电流，射出光、放出热、发出力。

（原为《普及教育》第一篇）

怎样指导小先生* （4月1日）

小先生是负着普及教育之使命。穷社会除了重用小先生之外，是没有别的办法可以使教育普及。但是小先生所遇着的阻碍实在是屈指难数。如何指导小先生扫除阻碍以完成他们的使命，是我们当前最迫切的大问题。

一、我们一提起先生就联想到班级。依着传统的路线是把一班小学生交给一个小先生去领导。那少数出类拔萃的小先生固然可以胜任愉快，但是大多数的小先生，如果接受一班小学生之领导重任，必致一败涂地。我们原来的意思，只要每个小先生担任两三人的教育，不要他们担任整个班级的教育。倘使自作聪明，勉强寻常小先生做起传统先生来，对着三四十个小学生手指脚划高谈阔论，那便是违反生活教育，摧残小先生。所以，第一条成功之路是镇压贪多的野心，把小先生所担任的人数减少到两三个。您看，一个六七岁的小先生，日里学得青菜两个字和青菜煮黄了就不养人这一件事，晚上就把它一五一十的教给嫂嫂和姊姊，那是和踢毽子一样的有趣，拍皮球一般的容易！他教了一个字便有一个字的成功，教了一件事便有一件事的成功，又有什么失败呢？

二、小先生是很容易的关起门来教人。他们是在指导小同学。这只做到蓝卡斯突耳的班长制①——大同学教小同学，英国人老早就干过了，与我们这次所发起的运动是毫不相干的。这样干法只是把一个个独身守知奴变做一群合作守知奴，没有一点普及的力量。我们的意思是要把整个学校的学生或整个工学团的团员都变成小先生。小先生所要找的学生是不能上学的人或不能常到团本部来工作的人，换句话说，他是要到传统学校外或团本部周围去找他的学生。很自然的，不识字的奶奶、妈妈、嫂嫂、姊姊、妹妹、爸爸、哥哥、弟弟，和隔壁邻居的守牛、砍柴、拾煤球、扒狗屎的穷同胞都是他应当找的学生。一个识字的人教导两个不识字的人，一个会做的人教导两个不会做的人，这里面才包含着普及的力量。这样去干，一千万学生便可算是三

---

* 本篇原载1934年4月1日《生活教育》第1卷第4期。

千万学生。否则，关起门来互相切磋，教来教去，还只是一千万人，毫无我们所说的意义。所以，我们必须指导小先生开起大门找学生。把一个不会的人教会了，便算是多生了一个人，这样才算是小先生真正的成绩，才算是表现了小先生真正的力量。

三、"即知即传人"的原则是要一贯的实行下去。因此，小先生的职务不但是教人，说得更切些，他的职务是教人去教人。等到他的学生也在教人了，他那小先生的封号才有丰富的意义咧。所以小先生之成绩，不在直接所教学生之多，而在间接所传代数之多。设有两位小先生，第一位自己教了四人，第二位教了两人，又教这两位去教两人。依我们的目光看来，第二位小先生的工作是更有意义。因为他是有了两代学生，他至少有两位学生是能即知即传人，而第一位小先生的工作是缺乏这种更进一步的意义。因此，我们指导小先生是加了一条原则：指导小先生教人，不如指导小先生教人去教人。

四、文字只是生活的符号，要与生活连在一起教。例如丈夫来了一封信，妻子是急于要知道信里所写的话。倘使信到的时候，正在吃午饭，她可以立刻丢下饭碗要您读信给她听。我们这些笨人老是把大好机会错过，照例读它一遍。她只是听到消息，连一个字也没有学会。我们总是替人读信，替人读信，何如教人自己读？教人自己读，起初是要多费一些时间，但是照我的话干干看，您的学生会有出人意外的成绩。您想，一个女子第一次会读她的丈夫写来的信，那种趣味实不亚于初恋之一吻。又例如儿子害病，请医生开好药方，若有人将这药方教给他妈妈知道，她是终身不会忘记的。山海工学团从四月一日起要实现电化教育。电影说明书、无线电播音节目都要重新编过，成为活动教科书。会读入场券的可以半价入座，那么入场券也就成了"教科书"。这种例子随手拈来都可证明符号与生活可以很自然的联系起来。我们并且要使小先生知道，他的使命不但是普及文字教育，凡是他所过的有意义的生活都是负了责任要传布出去。

五、普及教育运动应该做成学校规定的正课和工学团规定的工作。因此，小先生不是一种自由的职务。小先生不能随便的高兴就干，不高兴就停。他必得天天拿成绩来交给负责的导师考核。寻常学校有所谓家庭功课，往往是要学生在家里写一张大字，第二天带来给先生看。小先生所要交来的不是自己写的字，乃是他的学生所干的成绩。他若找不着学生，导师须指导他如何去找；他若碰了钉子，导师须辅助他求得一个解决；他若没有恒心，导师须鼓励他向前努力；他若不明了他的职务之重要，导师须将普及教育与中华民族生死存亡关系说给他听。第一天就须把守知奴不配受教育的大道理向大家开导。总之，导师必须把普及教育运动当作规定的正课或工作，才有成功的希望。

六、小先生所遇到的最大的困难是大人对小孩不信任的心理。"小孩子懂得什么！怎能做小先生！"社会上不懂事的人是异口同声的这样说。但这是毫无根据的侮辱。我们一开始便须化除这种障碍。普及教育发动的第一天便须开一个娱乐大会，把小先生的家属一起吸引了来。在这个大会里面，导师须将普及教育与中华民族存亡关系尽量发挥，并将小孩子的能力充分证明。他可以将别处老年好学的人和小先生的成绩作一个生动的报告。他并须让本地有能干的小孩在会场中表现出真的力量，使大家从会场里带回家去的礼物是：（一）人人必须求学；（二）小孩能做先生。

导师须是一个火把两头烧。他一方面要把小孩的热心烧滚，使个个小孩都愿做小先生，不再做守知奴。这件事是很容易成功，大概只需一次演讲就行。另一方面，他要把大人的热心烧滚，使个个大人都愿拜小孩子做先生，不再轻视小朋友。这是一件比较难办的事，但热心、智慧与不断的努力总会使您成功。有一位小先生的妈妈不肯学，他请示于我，我告诉他说："你的妈妈不肯接受你奉送她的学问，你也不要吃她所烧出来的饭。你如果有挨饿一两餐的决心，我包你不致失望。"这一类的方略，遇必要时，可以一试。穷国普及教育最重要的钥匙是小先生。这把钥匙多半是操在导师（包括校长）手里。导师袖手旁观，则普及教育运动变成儿戏；导师以身作则，则儿戏变成普及教育运动。因此，导师必须加入小先生的队伍里一起去干，才有成功的希望。倘若导师自己目光不远，懒惰不长进，平日让小先生自生自灭，等到打了败仗，还说漂亮话："我早就预料到，小孩哪能做先生？"这种人才是普及教育之罪人咧。老实说，在热心的导师的指导之下的小先生都有了相当的成绩；小先生一无成绩，只是证明了导师冷血不努力。

注 释

① 蓝卡斯突耳班长制　通译兰卡斯特（Lancaster）制。此制由教师先选择年龄较大的优秀学生（即导生）进行传授，然后由他们转教其他学生，也称导生制。该制由英国牧师倍尔和兰卡斯特创立，故亦称倍尔—兰卡斯特制。

如何达到工以养生* （5月6日）

一、怎样看工以养生①

（1）首先，我们不能把工以养生看得太呆板。要说孩子没有工可做，或者是他们的工不能养生，这就是看得太呆板的缘故。我可以说，小孩在母体里，就有必做之工。他吸取母亲的血液以滋养他自己，就是工以养生。如果他没有一点小小的吸取母亲的血液的工，他在母体内也就会死掉。因此，我们可以说，一个胎儿的生命，是由他的做工而得来的。再说，生下地后，吃奶，他就要用他的舌头做一种工。很明白的例子：现在要我们任何一个成人用我们的舌头去吃奶，无论如何是不会了，就是我们的舌头已失掉了做那一种工的效能了。小孩再大一点，做工的分量就多一点，方法也就多些，而所获到的滋养料也就多些。一个儿童的生命，就是如此这般的长上来。再大一点，他的能力再加厚些，他就可以与别人共同生产，甚至以他的生产可以养活别人。然因智力体力等等的不同，同年龄的儿童所能做的工也不一样，这又是我们应该知道的。

（2）小孩子能做的工，不是我们所能够坐在房里想得出的，要我们能实地的参加到儿童的队伍里去，发现他们所欢喜做、必须做、能够做的工。如此做了一个相当时间，我们才能找出线索。

（3）我们的同工，每人要成大众生产的一员。这也不要看得太呆板，譬如戴先生②，他有他的长处，要他去种棉花，不如要他辅助大家抚养幼儿来得有势。我们的态度应是：知识分子吸收科学知识的力量要大些。他能吸收种种科学的知识以为农人的滋养料，他可以帮助农人有好的大的生产。这是顶重要的。假如我们同工中再有对于某种生产事业有特殊兴趣的，我们还可

---

* 本篇摘自《怎样达到工以养生——山海工学团讨论会记录》，原载1934年7月16日《生活教育》第1卷第11期。记录者：戴自俺、吴锦璋。这是陶行知1934年5月6日在山海工学团全体工师及艺友讨论会上的三次发言，今在每次发言前加了一个小标题。

以自己做一种特殊的试验。不过，要成功一个技术人员，不是一蹴而可跻的，是要经过相当时间的培养才行的。总说一句，我们不能把所有的问题或意见看得太呆板。我们把它看灵活一些，就不会没有办法。

二、知识分子与生产分子的合作[3]

（1）知识分子不必靠狭义的自己种棉花——其他生产事业也是一样——吃饭，但他吸收各种科学的知识以帮助农人种棉花是可能的。譬如张世德[4]同志现在能够吸收这方面的知识帮助农人种棉花，以他一人的力量可以帮助不少的人，但如要他直接的去靠种棉花而维持他一己的生活，效率是不会大的。现在的农人没有工夫去吸收充分知识，这是事实。我们要把一般的知识分子变成参加生产分子的集团之成员。更进一步，我们要把农人变成知识分子，知识分子全变成农人，最后，变成同一的分子。这知识分子与农人之合作，就好比是阴阳电之配合，两者配合后，就可以有很伟大的力量发生出来。

（2）操君[5]所指的一部分"害生"的工，这是后天造成的，我们当然要把它避掉。吃鸦片烟不是维持生命之本来的必要的行动。但也不能看得太呆板，就是小孩子吧，有时，有一种病，就是要服鸦片烟才可以医治的。

三、对戴自俺三点意见的解答[6]

（1）"出世就是破蒙"的意思，是"两个细胞构成一个有生命的东西的时候就是破蒙"，我原来的意思是包含得有的。因为母体是小生命所遇着的第一个环境，便是小生命所来到的第一个世界。

（2）我们要发现小孩子能做的工，不是在这狭小的范围里可以发现的，应该实地的走到小孩子的队伍里，跟着小孩子去跑。最近我对于电核团员与电子团员的解释是：那些守牛的，割柴的，在家烧锅、看守小弟妹的，是电核，是固定分子；能够到团里来的，是电子，是游离分子。这些游离分子，应该跟着固定分子跑。这样便可不致误了他们本来的工作。

（3）你的第三个意见，当然要用"团"来解决，不过要与社会科学打成一片。

注 释

① 这是陶行知对讨论中提出的到底儿童能做什么工，工师艺友怎样与大众同工等问题发表的意见。

② 戴先生　指戴自俺。

③ 陶行知第一次发言后，操震球提出两个问题：一是如何变"害生"的工为"养生"

的工？二是有无知识与生产"合作"的分子，这种分子从哪里产生？以下两段话是陶的答复。

④ 张世德　即张劲夫，当时负责棉花工学团，向农民传播科学种棉的知识。

⑤ 操君　即操震球。

⑥ 在陶行知上述发言后，戴自俺提出三点意见：（一）既然小孩在母体内就有工，那"破蒙"就"应该是两个细胞成功一个有生命的东西的时候"。（二）小孩子到校，反误了家里的工，如何补救？（三）好多工农生产技术好，终年辛劳，却工难养生，对这种社会条件如何处理？陶行知认为提出的几点意见很好，并作了简单的解答。

杀人的会考与创造的考成*（6月1日）

自从会考①的号令下了之后，中国传统教育界是展开了许多幕的滑稽的悲剧。

学生是学会考，教员是教人会考，学校是变了会考筹备处。会考所要的必须教；会考所不要的，不必教，甚而至于必不教。于是唱歌不教了，图画不教了，体操不教了，家事不教了，农艺不教了，工艺不教了，科学的实验不教了，所谓课内课外的活动都不教了，所要教的只是书，只是考的书，只是《会考指南》！教育等于读书；读书等于赶考。好玩吧，中国之传统教育！

拼命的赶啊！熄灯是从十时延到十一时了。你要想看压台戏当然是必须等到十一时以后。那时你可以在黄金世界里看到卓别林的化身正在排演他们的拿手好戏。茅厕里开夜车是会把你的肚子笑痛，可是会考呆子会告诉你说："不闻臭中臭，难为人上人。"

赶了一考又一考。毕业考过了接着就是会考，会考过了接着就是升学考。一连三个考赶下来，是会把肉儿赶跑了，把血色赶跑了，甚至有些是把性命赶跑了。

不但如此，在学生们赶考的时候，同时是把家里的老牛赶跑了，把所要收复的东北赶跑了，把有意义的人生赶跑了，把一千万民众的教育赶跑了（注：中学生赶考旅费可供普及一千万民众教育之用）。换句话说，是把中华民族的前途赶跑了。

奇怪得很！这样大规模的消灭民族生存力的教育行政不是出于信仰而是出于敷衍，不是出于理性而是出于武断。我所接谈过的主考官没有一个相信会考。他们是不信会考而举行会考。

就表面的成绩看，广东会考是几乎全体及格，广西会考是几乎全体不及格。广东对呢？广西对呢？谁知道？浙江会考，绍兴中学第一次是背榜，到了第二次竟一跳而为第一。绍兴中学第一次的整个成绩果真坏吗？第二次的

---

* 本篇原载1934年6月1日《生活教育》，第1卷第8期。

整个成绩果真好吗？真成绩之好坏是这样的容易调换吗？谁敢说？

这把会考的大刀是不可以糊里糊涂的乱舞了。考官们所自毁毁人的生活力已经是太多了。我们现在的要求是：

停止那毁灭生活力之文字的会考；

发动那培养生活力之创造的考成。

创造的考成所要考成的是生活的实质，不是纸上的空谈。在下面所举的几个例子当中，我们可以知道创造的考成是一个什么东西。

（一）校内师生及周围人民的身体强健了多少？有何证据？

（二）校内师生及周围人民对于手脑并用已经达到什么程度？有多少是获得了继续不断的求知欲？有何证据？

（三）校内师生及周围人民对于改造物质及社会环境已经达到什么程度？有何证据？

甲、荒山栽了多少树？

乙、水井开了几口？

丙、公路造了几丈？

丁、种植改良了多少？

戊、副业增加了多少？

己、生活符号普及了多少？文盲扫除了多少？

庚、少爷小姐书呆子有多少是成了为大众服务的人？

辛、团结抵抗强暴的力量增加了多少？

注 释

① 会考　1932年施行会考制，规定中学毕业考试合格的学生，还须经过省、市统一命题的会考，会考合格后才能获得中学毕业证书。

生活教育提要*（6月）

（一）从学校到社会

学校教育的范围小，不能尽"生活教育的能事"；"学校社会化"亦是削足适履，包括不下去。只有将整个社会变成学校，主张"社会即学校"，整个的社会范围，即是整个的教育范围。那么，教育的对象丰富，教育的意义也就丰富，取之不尽，用之不竭了。

（二）从书本到生活

从前是读死书，死读书，读书死！舍书本外无教育，所以造成许许多多"书呆子"。现在要从整个生活出发，过整个的生活，受整个的教育。过做工生活，即是受做工教育。过种田生活，即是受种田教育。过康健生活，即是受康健教育。过劳动生活，即是受劳动教育。过科学生活，即是受科学教育。过艺术生活，即是受艺术教育。过社会革命生活，即是受社会革命教育。……否则，读种田的书，算不得受种田的教育；读劳动的书，算不得受劳动的教育；读康健的书，算不得受康健的教育……

（三）从教到做

从前是先生教，学生学。教而不做，不是真教；学而不做，不是真学。故教而不做，不是先生；学而不做，不是学生。在做上教，才是真教；在做上学，才是真学。真教，才是先生；真学，才是学生。这就是我们主张的"教学做合一"。

（四）从被动到自动

不能自动即是被动。被动是要受到人家的牵制，愈被动愈受牵制。牵制愈多，则民族性愈弱，国势愈危。个人能自动，则个人人格自尊。全国国民

---

* 摘自方与严《新教育史》（1934年上海儿童书局出版）。

人人能自动，则国势自强，则国体自尊，莫之敢侮了。

（五）从士大夫到大众

以前教育是属于少数人的，是士大夫教育，教人升官发财的教育，没有力量的教育；甚至变成害人的教育，刮地皮的教育，吸大众膏血的教育。现在要把教育普及于大众，要把教育做水，把散沙的民族性凝合起来，团结成为伟大的中华民族力量！

（六）从轻视儿童到信仰儿童

从前的儿童，是大人的附属品、玩物、私有财产，一切没有儿童的地位。现在要信仰儿童有能力，是一个小思想家，小创造家，小建设家，只要能因势利导，他们——儿童个个都是思想自由的天使，创造的天使，建设的天使！

（七）从平面三角到立体几何

以前的教育，是从口里出来，耳朵里进去；或从眼睛里进去，又从口里出来。荀子说："小人之学也四寸。"口耳眼之间距离各约四寸，可以算它是平面三角的教育。现在是要立体几何的教育呢！因为"生活即教育"是：有的生活要手脑联盟起来干，有的要用脚一起干，有的要运用全身的力量来干，才干得好，才干得出色。

行知行* （7月16日）

谢育华先生看了《古庙敲钟录》之后对我说："你的理论，我明白了，是'知行知'。知行底下这个知字是安得何等有力！很少的人能喊出这样生动的口号。"我向他表示钦佩之意之后，对他说："恰恰相反。我的理论是，'行知行'。"他说："有了电的知识，才去开电灯厂；开了电灯厂，电的知识更能进步。这不是知行知吗？"我说："那最初的电的知识是从哪里来的？是像雨一样从天上落下来的吗？不是。是法拉第、爱迪生几个人从把戏中玩出来的。说得庄重些，电的知识是从实验中找出来的。其实，实验就是一种有目的、有计划、有组织、有步骤、有创意的把戏。把戏或实验都是一种行动。故最初的电的知识是由行动中得来。那么，它的进程是'行知行'，而不是'知行知'。"

"既是这样说，你就应该改名了。挂着'知行'的招牌，卖的是'行知'的货物，似乎有些不妥。"

改名！我久有此意了。在二十三年前，我开始研究王学①，信仰知行合一的道理，故取名"知行"。七年前，我提出"行是知之始，知是行之成"的理论，正与阳明先生的主张相反，那时以后，即有顽皮学生为我改名，常称我"行知吾师"。我很乐意接受。自去年以来，德国朋友卫中先生，即傅有任先生，每每欢喜喊我"行知"。他说："中国人如果懂得'行知'的道理而放弃'知行'的传统思想，才有希望。"近来有些人常用"知行"的笔名在报纸上发表文字，我不敢夺人之美，也不愿代人受过。本来，"知行"二字，不是我姓陶的所得据为私有。我现在所晓得的，在中国有黄知行先

---

* 本篇发表时，署名：陶行知，此后即改"知行"为"行知"。原载1934年7月16日《生活教育》第1卷第11期"行知行闲谈"栏，这个栏目是从这一期开始的。

生，熊知行先生，在日本有雄滨知行先生，还有几位无姓的知行先生。知行队中，少我一个，也不见得寂寞，就恕我退出了吧。我对于二十三年来天天写、天天看、天天听的名字，难免有些恋恋不舍，但为求名实相符，我是不得不改了。

注 释

① 王学　王阳明（守仁）的学说。

普及教育运动小史（10月）

　　这十几年来，我有时提倡平民教育，有时提倡乡村教育，有时提倡劳苦大众的教育，不知道的人以为我见异思迁，欢喜翻新花样；其实我心中只有一个中心问题，这问题便是如何使教育普及，如何使没有机会受教育的人可以得到他们所需要的教育。民国十九年春天，我曾一度草成一个二十年内完成的普及教育计划。这计划曾由教育部提出全国教育会议通过。与这计划同时提出的有一个成人补习教育初步计划。成人补习教育初步计划之所以不能实行，是因为被一位不懂事的官剪去一段重要的办法，成了一个残废的计划，所以失了效用。那二十年内完成的普及教育计划之所以失败，却是我自己的错误。我写那计划的时候，以为中国既系从农业文明渡到工业文明，便误认每年工业之进展，足以应济教育普及率逐渐增高之需要。我们的幼稚的工业在帝国主义高压未曾铲除以前，决不许我们存这奢望。那时我对于儿童大众的力量还没有正确的估定，对于学校式的传统教育还没有彻底的看破，这些都是构成那个普及教育计划根本失败的重要因子。现在我们所发起的普及教育，是建筑在极困难的农业经济的基础上。它是一个农业国的普及教育方案。假使工业文明暂时没有多大的进展，教育仍有普及的可能。在儿童大众的力量的新估计之下，如果大家把传统学校彻底的看破，则普及中国教育不但是有可能性，并且是可以一举而成，万世不灭。

教育的新生*（10月13日）

宇宙是在动，世界是在动，人生是在动，教育怎能不动？并且是要动得不歇，一歇就灭！怎样动？向着哪儿动？

我们要想寻得教育之动向，首先就要认识传统教育与生活教育之对立。一方面是生活教育向传统教育进攻；又一方面是传统教育向生活教育应战。在这空前的战场上徘徊的、缓冲的、时左时右的是改良教育。教育的动向就在这战场的前线上去找。

传统教育者是为办教育而办教育，教育与生活分离。改良一下，我们就遇着"教育生活化"和"教育即生活"的口号。生活教育者承认"生活即教育"：好生活就是好教育，坏生活就是坏教育，前进的生活就是前进的教育，倒退的生活就是倒退的教育；生活里起了变化，才算是起了教育的变化。我们主张以生活改造生活，真正的教育作用是使生活与生活摩擦。

为教育而办教育，在组织方面便是为学校而办学校，学校与社会中间是造了一道高墙。改良者主张半开门，使"学校社会化"。他们把社会里的东西，拣选几样，缩小一下搬进学校里去，"学校即社会"就成了一句时髦的格言。这样，一只小鸟笼是扩大而成为兆丰花园里的大鸟笼。但它总归是一只鸟笼，不是鸟世界。生活教育者主张把墙拆去。我们承认"社会即学校"：这种学校是以青天为顶、大地为底、二十八宿为围墙，人人都是先生都是学生都是同学；不运用社会的力量，便是无能的教育，不了解社会的需求，便是盲目的教育。倘使我们认定社会就是一个伟大无比的学校，就会自然而然的去运用社会的力量，以应济社会的需求。

为学校而办学校，它的方法必是注重在教训。给教训的是先生，受教训的是学生。改良一下，便成为教学——教学生学。先生教而不做，学生学而不做，有何用处？于是"教学做合一"之理论乃应运而起。事该怎样做便该

---

* 本篇原载1934年10月13日《新生》第1卷第36期。《新生》周刊系杜重远主编。1933年2月10日在上海创刊，至1935年6月22日第2卷第22期停刊。

怎样学，该怎样学便该怎样教。教而不做，不能算是教；学而不做，不能算是学。教与学都以做为中心，在做上教的是先生，在做上学的是学生。

教训藏在书里，先生是教死书，死教书，教书死；学生是读死书，死读书，读书死。改良家觉得不对，提倡半工半读。做的工与读的书无关，又多了一个死：做死工，死做工，做工死。工学团乃被迫而兴。工是做工，学是科学，团是集团。它的目的是："工以养生"，"学以明生"，"团以保生"。团不是一个机关，是力之凝结，力之集中，力之组织，力之共同发挥。

教死书，读死书便不许发问，这时期是没有问题。改良派嫌它呆板，便有讨论问题之提议。课堂里因为有了高谈阔论，觉得有些生气。但是坐而言不能起而行，有何益处？问题到了生活教育者的手里是必须解决了才放手。问题是在生活里发现，问题是在生活里研究，问题是在生活里解决。

没有问题是心力都不劳。书呆子不但不劳力而且不劳心。进一步是：教人劳心。改良的生产教育者是在提倡教少爷小姐生产，他们挂的招牌是教劳心者劳力。费了许多工具玩了一会儿，得到一张文凭，少爷小姐们到底不去生产物品而去生产小孩。结果是加倍的消耗。生活教育者所主张的"在劳力上劳心"，是要贯彻到底，不得中途而废。

心力都不劳，是必须接受现成知识方可。先在学校里把现成的知识装满了，才进到社会里去行动。王阳明先生所说的"知是行之始，行是知之成"便是这种教育的写照。他说的"即知即行"和"知行合一"是代表进一步的思想。生活教育者根本推翻这个理论。我们所提出的是："行是知之始，知是行之成。"行动是老子，知识是儿子，创造是孙子。有行动之勇敢，才有真知的收获。

传授现成知识的结果是法古。黄金时代在已往，进一步是复兴的信念。可是要"复"则不能"兴"，要"兴"则不可"复"。比如地球运行是永远的前进，没有回头的可能。人只见春夏秋冬，周而复始，不知道它是跟着太阳以很大的速率向织女星飞跑，今年地球所走的路绝不是它去年所走的路。我们只能向前开辟创造，没有什么可复。时代的车轮是在我们手里，黄金时代是在前面，是在未来。努力创造啊！

现成的知识在最初是传家宝，连对女儿都要守秘密。后来，普通的知识是当作商品卖。有钱、有闲、有脸的乃能得到这知识。那有特殊利害的知识仍为有权者所独占。生活教育者就要打破这知识的私有，天下为公是要建筑在普及教育上。

知识既是传家宝，最初得到这些宝贝的必是世家，必是士大夫。所以士之子常为士，士之子问了一问为农的道理便被骂为小人。在这种情形之下，教育只是为少数人所享受。改良者不满意，要把教育献给平民，便从士大夫的观点干起多数人的教育。近年来所举办的平民教育、民众教育，很少能跳出这个圈套。生活教育者是要教大众依着大众自己的志愿去干，不给知识分子玩把戏。真正觉悟的知识分子也不应该再要这套猴子戏，教大众联合起来自己干,才是真正的大众教育。

知识既是传家宝,那么最初传这法宝的必是长辈。大人教小人是天经地义。后来大孩子做了先生的助手,班长、导生都是大孩教小孩的例子。但是小先生一出来,这些都天翻地覆了。我们亲眼看见:小孩不但教小孩,而且教大孩,教青年,教老人,教一切知识落伍的前辈。教小孩联合大众起来自己干,才是真正的儿童教育。小先生能解决普及女子初步教育的困难。小先生能叫中华民族返老还童。小先生实行"即知即传人"是粉碎了知识私有,以树起"天下为公"万古不拔的基础。

读书与用书* （11月10日）

（一）三种人的生活

中国有三种人：书呆子是读死书，死读书，读书死。工人、农人、苦力、伙计是做死工，死做工，做工死。少爷、小姐、太太、老爷是享死福，死享福，享福死。

（二）三帖药

书呆子要动动手，把那呆头呆脑的样子改过来，你们要吃一帖"手化脑"才会好。我劝你们少读一点书，否则在脑里要长"瘩块"咧。工人、农人、苦力、伙计要多读一点书，吃一帖"脑化手"，否则是一辈子要"劳而不获"。少爷、小姐、太太、老爷！你们是快乐死了。好，愿意死就快快的死掉吧。我代你们挖坟墓。倘使不愿意死，就得把手套解掉，把高跟鞋脱掉，把那享现成福的念头打断，把手儿、头脑儿拿出来服侍大众并为大众打算。药在你们自己的身上，我开不出别的药方来。

（三）读书人与吃饭人

与读书联成一气的有"读书人"一个名词。假使书是应该读的，便应使人人有书读；决不能单使一部分的人有书读叫做读书人，又一部分的人无书读叫做不读书人。比如饭是必须吃的，便应使人人有饭吃；决不能使一部分的人有饭吃叫做吃饭人，又一部分的人无饭吃叫做不吃饭人。从另一面看，只知道吃饭，不成为饭桶了吗？只知道读书，别的事一点也不会做，不成为一个活书架了吗？

（四）吃书与用书

有些人叫做蛀书虫。他们把书儿当作糖吃，甚至于当作大烟吃，吃糖是

---

* 本篇原载1934年11月10日《读书生活》第1卷第1期。《读书生活》系李公朴主编。

没有人反对，但是整天的吃糖，不要变成一个糖菩萨吗？何况是连日带夜的抽大烟，怪不得中国的文人，几乎个个黄皮骨瘦，好像鸦片烟鬼一样。我们不能否认，中国是吃书的人多，用书的人少。现在要换一换方针才行。

书只是一种工具，和锯子、锄头一样，都是给人用的。我们与其说"读书"，不如说"用书"。书里有真知识和假知识。读它一辈子不能分辨它的真假；可是用它一下，书的本来面目便显了出来，真的便用得出去，假的便用不出去。

农人要用书，工人要用书，商人要用书，兵士要用书，医生要用书，画家要用书，教师要用书，唱歌的要用书，做戏的要用书，三百六十行，行行要用书。行行都成了用书的人，真知识才愈益普及，愈易发现了。书是三百六十行之公物，不是读书人所能据为私有的。等到三百六十行都是用书人，读书的专利便完全打破，读书人除非改行，便不能混饭吃了。好，我们把我们所要用的书找出来用吧。

> 用书如用刀，
> 不快就要磨。
> 呆磨不切菜，
> 怎能见婆婆。

（五）书不可尽信

孟子说："尽信书则不如无书。"在书里没有上过大当的人，决不能说出这一句话来。连字典有时也不可以太相信。第五十一期的《论语》①的《半月要闻》内有这样一条：

> 据二卷十二期《图书评论》载：《王云五大辞典》将汤玉麟之承德归入察哈尔，张家口"收回"入河北，瀛台移入"故宫太液池"，雨花台移入南京"城内"，大明湖移出"历城县西北"。

我叫小孩子们查一查《王云五大辞典》，究竟是不是这样，小孩们的报告是，《王云五大辞典》真的弄错了。只有一条不能断定，南京有内城、外城，雨花台是在内城之外，但是否在外城之内，因家中无志书，回答不出。总之，书不可尽信，连字典也不可尽信。

（六）戴东原的故事

书既不可以全信，那末，应当怀疑的地方就得问。学非问不明。戴东原先生在这一点上是给了我们一个很好的引导。东原先生十岁才能开口讲话。《大学》有《经》一章，《传》十章。有一条注解说这一章《经》是孔子的话，由曾子②写的；那十章《传》是曾子之意，由他的门徒记下来的。东原先生问塾师怎样知道是如此。塾师说：朱文公③（夫子）是这样注的。他问朱文公是何时人。塾师说是宋朝人。他又问孔子和曾子是何时人。塾师说是周朝人。"周朝离宋朝有多少年代？""差不多是二千年了。""那末，朱文公怎样能知道呢？"塾师答不出，赞叹了一声说："这真是个非常的小孩子呀！"

（七）王冕的故事

王冕十岁时，母亲叫他到面前说："儿啊！不是我有心耽误你，只因你父亲死后，我一个寡妇人家，年岁不好，柴米又贵，这几件旧衣服和些旧家伙都当卖了。只靠着我做些针线生活寻来的钱，如何供得你读书？如今没奈何，把你雇到隔壁人家放牛，每月可得几钱银子，你又有现成饭吃，只在明天就要去了。"王冕说："娘说的是。我在学堂里坐着，心里也闷，不如往他家放牛，倒快活些。假如我要读书，依旧可以带几本去读。"王冕自此只在秦家放牛。……每日点心钱也不用掉，聚到一两个月，偷空走到村学堂里，见那闯学堂的书客，就买几本旧书，逐日把牛拴了，坐在柳荫树下看。

现在学校教育是对穷孩子封锁，有钱、有闲、有面子才有书念。我们穷人就不要求学吗？不，社会就是我们的大学。关在门外的穷孩子，我们踏着王冕的脚迹来攀上知识的高塔吧。

注 释

① 《论语》　文艺半月刊，1932年9月16日创刊于上海，林语堂主编。
② 曾子　即曾参。
③ 朱文公　即朱熹。

小先生与民众教育* （12月1日）

今天贵馆民众教育服务人员训练班举行开学典礼，行知能躬逢其盛，参与大典，心里觉到非常快活。刚才冯先生①及两位来宾，已说了许多我心里所要说的意思，现在行知再简单的说几句。

近来我对"民教"二个字有点感想。教育在从前甚至现在是被少数有钱人把它当做私有财产占住了，就如同占取金钱一样，非但把它占有，而且还要存在银行的铁柜里牢牢保护，不轻易传给别人。我以为"民众教育"的根本意义，就是教人把知识广散给人众，不是像占取金钱一样，把它封锁在少数人的脑袋里，把头弄得大大的。干民众教育，便是要把教育、知识变成空气一样，弥漫于宇宙，洗荡于乾坤，普及众生，人人有得呼吸。空气是不要钱买的，人人可以自由呼吸。教育也就不能以金钱做买卖，人人可以自由享受。把教育当作商品做买卖，只被少数有钱人霸占，使大多数人像坐牢一般受限在一个"愚者之群"的圈子里，这绝对不行，我们极力要否认。有了空气人才活，没有空气便活不成。空气是人人需要，人人不可少；教育也是人人需要，人人不可少。新鲜空气是有益于人的，教育也必不能仅是些泥灰污浊气，给人以害生。所以把教育、知识化做新鲜空气，普遍的广及于大众，人人可以按其需要，自由呼吸，因而增加大众以新的生命活力。我以为这便是民众教育最主要的意思。不过挂着民众教育的招牌，不见得就会把知识变成空气，必得要有办法才行。在我看来，这办法便只有运用小先生，小先生便能把知识变成空气。

小先生出世尚未到一年，而它的怀胎，却远在十数年以前。小先生最重要的几位接生婆，除我以外，你们的主任冯先生也是一个，今春"一·二八"宝山普及教育动员令，便是冯先生发的，《生活教育》第一期画报，很希望大家一看）。每村小先生发令旗一面，普及教育，把知识变做空气！

小先生为什么能把知识变成空气一样的容易普遍呢？因为小先生便是小

＊ 本篇是陶行知1934年在宝山县民众教育馆主办的民众教育服务人员训练班开学典礼上的演讲记录。记录者：张新夫、朱学典。原载1934年12月1日《生活教育》第1卷第20期。

学生。他早上学了两个字，晚上便可以把这两个字拿去教人；此刻学了一件知识或一种技能，彼时即可以把这一件知识或一种技能去教别人。他不像大先生一样要领薪水，所以我们可以不花经费把教育普及出去。

有人说，小先生要有相当程度才行。我敢保证说，六岁小孩便可以做小先生，这是有着铁打的事实。当然，小先生所遇到的困难非常多，我现在正要写小先生的八十一难。《西游记》上唐僧取经，要经过九九八十一道难关，幸而有三个徒弟费了很大的力量把它一个个的解除了。有的是猪八戒帮助解除的，有的是沙僧帮助解除的，而帮助唐僧解难关最多的要算孙悟空。现在小先生普及教育，正犹如唐僧向西天去取佛经一样，要经过八十一道难关。我们做个猪八戒也好，做个沙僧也好，做孙悟空更好，总动员去帮助小先生解除一难又一难，把教育变成新鲜空气普及出去，以增加大众的新兴力量。

用小先生普及教育，还有四点比大先生好的地方：

第一，中国最难普及的是女子教育。乡下十七八岁大姑娘，或是二十几岁的大嫂子，一位年青的男先生去教，乡下人是看不惯，不欢迎你去教的。即有较开通，肯受教了，不多时，谣言来了，女学生不敢上学了，甚至把学堂封掉了，男先生失败了。女先生去教固然是很好，可是女先生太少了，而且女先生大都是些少奶奶、小姐，肯下乡的真是难得。有勇气下乡的，怕蛇、怕鬼、怕小偷，又吓跑了。如果是男校长请女教员，那又有困难问题。夫妻学校最好，可是又太凤毛麟角，少之又少了。现在小先生来了，女子教育就如雪团见太阳，一见冰消，问题一笔解决。广东百侯中学有三百小先生，教二千多民众，其中女人就有一千五百人之多，由此可见小先生对普及女子教育问题解决之一斑。

第二，有人说，中华民族现在是衰老了。我推究其原因虽多，但有一个原因，便是被人教老了。六岁小孩子，大人就教他要"少年老成"，而这小孩子也就无形中涂上两个八字胡须，做个小老夫子了。我有一个大学毕业的学生，他到一个女子中学去当教员，可是年纪太轻了，很不为人敬重。后来教员不当，找了一件别的事做，便养起一嘴胡子来。本来是个美少年，一变而为美髯公，因此很受人敬重而做了许多年的事。所以中华民族衰老，便是社会教人变老，教小孩子做小老翁。用小先生教人便不同了，大人跟小孩学，无形中得到一种少年精神，个个变为老少年。本来，大人者，不失其赤子之心者也。这样一来，朝气必格外勃勃。前天在上海西区小学开小先生会，有一位小先生教一个八十三岁老太婆。又有一位孩子，教其德国母亲认中国字，写的故事均非常生动有趣。南京有一个丁广生小先生，教他父亲。他父亲有一天用笔画一个乌龟，画一角菱角。小先生不懂，问他父亲什么缘故。他父亲告诉他说："我画着玩的，这意思是说：菱角怕乌龟，乌龟爱菱角。"后来丁广生便把这几个字写出来教他，父亲读得非常有趣。前天下午两点半钟，我未吃午饭，正想出去买两块烧饼充饥时，忽接西桥小先生来的信，我便坐在门外一个竹椅上拆开来看。有一位小先生教他六十二岁的祖母。他的祖母能读能认，不能写字，小先生便代祖母口里说的意思写信给我，精神非常好，我看得饭也忘记吃了。在这许多故事中，可以看出中华民族可以因小先生而转老还童，而得　种新兴的少年精神。

第三，刚才我已说过，过去甚至现在，教育是被少数有钱人把它当为私有财产占住。小先生一出来，"即知即传人"，立刻把这种观念撕得粉碎。要知识公有，不再私占；要把教育化为"春风风人，夏雨雨人"一样，人人有得到沾施的机会。"天下为公"的基础，第一步便要知识公有。这一点，小先生是可以帮助我们，一个钱也不要花的做到。

第四，一般乡村小学要和学生家庭联络，很多困难，教师感觉孤立，学校感觉单调，利用小先生那便好了。小先生是一根根流动的电线，这一根根电线四方八面伸展到社会底层，构成一幅生活教育网、文化网，把学校与家庭构成一体，彼此可以来往，可以交通。它把社会所发生的问题，所遇到的困难，带回学校，再把学校里的知识技能带回社会去。这样一来，如有一位教师，三十位小学生，而这三十位小学生便是三十位小同志，教师不再孤立，学校也不再和社会隔膜，而能真实地通出教育的电流，碰出教育的火花，发出教育的力量。训练班诸位同学，现在最要紧的一件事，便是"怎样把小先生的办法得到？""怎样把学校教育与社会教育打成一片？"将来到一处办民众教育馆，最要紧的，便是要和当地的小学校联络、私塾联络、店铺里的能看报的掌柜联络，要发动他们都负起教人责任，即知即传人，共同普及教育。还有一点，办民众夜校，开学后学生只见少而不见多。我们也得要教学生去做先生教人。譬如有四十位学生，我们教他们每人回去教二个人，这样便一共有一百二十位学生了。这样成人做先生，我们不叫他"小先生"，叫他做"连环先生"或"传递先生"。因为他是要继续不断地循环着，学后去教人。最后，我还有几句话要向诸位贡献。

我们现在办民众教育必得要承认：

农人最好的先生，不是我，也不是你，是农人自己队伍里最进步的农人！

工人最好的先生，不是我，也不是你，是工人自己队伍里最进步的工人！

小孩子最好的先生，不是我，也不是你，是小孩子自己队伍里最进步的小孩子！

我们现在最要紧的工作便是：

帮助进步的农人格外进步，由他们"联合自动"，领导全体农人一同进步！

帮助进步的工人格外进步，由他们"联合自动"，领导全体工人一同进步！

帮助进步的小孩子格外进步，由他们"联合自动"，领导全体小孩子及时代落伍的成人一同进步！

注　释

① 冯先生　即冯国华。

关于现代教育上的
几个实际问题* （12月）

（一）现在中国的乡村教育有哪几种派别？其理论之根据如何？

这个问题是很难解答的。因为，假若从派别上讲起来，本人也是其中的一派；站在这上面来说话，总不免是戴有色眼镜的说话。不过，我可以介绍大家去搜集几个地方的材料：（1）邹平，这里也包括河南的镇平在内；（2）定县；（3）中华职业教育社乡村改进会；（4）广西柳州的实验；（5）中央医学院；（6）华洋义赈会合作社；（7）全国经济建设委员会；（8）无锡江苏省立教育学院；（9）山海工学团。山海工学团又包括了淮安、南京自动学校和萧场小学等处。可是，关于山海工学团方面的材料，将来我可以送给大家几份，以供参考；至于上面一些地方，除邹平和定县我曾经到过外，其余地方却没有去参观过，所以若仅凭他们的文字来加以批评，是不可靠的。

不过乡村教育，近几年来，似乎比前进步得多：第一点，教育范围扩大。我们看，无论是以政治出发也好，经济出发也好，卫生出发也好，教育出发也好，可是他们教育的内容都很丰富。就是以政治出发的，也含有经济、卫生、教育等因素。以经济出发的，也含有政治、卫生、教育等因素。以卫生、教育出发的，也未尝不是一样。总之，生活即教育已渐趋普遍，为一般人所注重了。第二点，各实验的地方，都有刊物发表。因此，各地方都可互相交换意见，彼此借镜，这也可说是种进步的地方。

（二）实施乡村教育以何种方法为最适宜而最易行？

实施乡村教育最易实行而最有效的办法，就是乡村教育是不能关起门来办的，一定要与城市打成一片；同时还要有世界的目光和民族的目光，这是很要紧的。

---

* 这是1934年12月应安徽省教育厅的邀请，参加该省的教育会议期间，在安徽大学教育学社谈讲会上的演讲。曾德培记录。原载1935年6月《教育新潮》第4卷第1、2期合刊。同年6月10日《教育周刊》第73期也载。

还有，乡村教育教什么人为最适合？我们知道，从前的教育，都是教育有钱有闲的人，我曾经把这个出了个对子，就是："有闲有钱有面子才有书念"，尚未对起来，请诸位不妨对一对。我们现在明白了小孩了最好的先生，就是前进的小孩子；而大众最好的先生，也就是最前进的大众。因此我们知识分子的任务，就是要帮助这些前进的小孩子和前进的大众，使他们的才能可以发展出来，去领导小孩子，去领导大众，这是乡村教育最容易而最适宜的。要说办什么新村是没有用的。

办乡村教育，须在茅草棚子里或运用空屋子来办，不要什么的。我们工学团在山海，大的只有六个，小孩子工学团有廿六个，这些小孩子工学团多在乡间茅草棚里。我们为什么要小孩子而不要富有声望的绅士？因为这些绅士都是靠不住的，他们不种田要吃饭，并且还要吃好饭，统统是些怪物！所以我曾经写了两句话："十个绅士九个劣，这条门路走不得。"的确是这样。

（三）应用何种方法与区公所联络去普及教育？

普及教育能有个方案交给政府，政府就应该当作事业办；政府能当作事业办，那么，区公所势必奉到政府的命令，这时他自然会出来帮助的。假如凭自己去作，与区公所总不免常生隔阂，因为区公所往往是在劣绅手里。不过区公所也有不剥削农民或压迫农民的，这个当然可以合作。假若是碰着某区公所是剥削农民的、压迫农民的人，那么，也不能即刻就动他的手，这个应当注意；不过也不能妥协。

（四）怎样作乡村小学校长和教师？

作乡村小学校长和教师的，应当具备下列几个条件：

1. 要认定不是代替传统教育来麻醉大众和小孩子的；换句话说，是要为他们谋福利的。也就是要帮助小孩子，使之成为前进的小孩子；帮助大众，使之成为前进的大众。总之，作乡村小学校长和教师的，一定要将士大夫的头脑脱除才行。

2. 要有健康的体魄。这个用不着解释的。

3. 要有农人的身手。这个随时随地都可养成。比如你初次下乡，把韭菜当作麦子，自然会成笑话。那么，你首先应拜农人作先生；因为你必得拜农人作先生后，才能作农人的先生。

4. 要有科学的头脑。农村是迷信的，是无政府的。办法就是要用科学来改变他们迷信的头脑。可是不能走上来就拆土地庙。你若是拆了他们的土地庙，会引起他们的反感，他们也一定要来拆你的学堂。我曾经费了几年的功夫，把土地庙变为反省院，专门关一班好赌博、好吃大烟的人，因为必得这样，才可以使他们的迷信观念逐渐改除。若只是在黑暗里同他们斗争，如同在黑屋子里同他们斗争一样，一辈子也不得光明的，所以非有盏明灯在手不可，就是这个道理。

5. 要有艺术的精神。房子要好看，必得要艺术化方行。不过这里所谓艺术，是要不花钱的艺术。换句话说，就是要天然美，决不是像女子要穿高跟鞋，也不是像上海女子要花四块钱去烫一次发。比如房屋里吃饭的地方，除掉不关猪外，当作会客的落地也未尝不可。不过，这里总有些东西；既然有些东西，我们就要把他摆了整整齐齐的，讲时髦一点，就是要有艺术的安排。因为是不花钱的，所以叫做不花钱的艺术。

6. 要有社会改进的精神。中国社会是无组织的。要想社会有组织，就必得把乡村里散漫的农民，使之组织起来。这个可从合作社、工学团入手。不过校长和教师要说真实话，同时还须告以现代世界真实的情形。可是，现在乡村小学教师，对于世界情形能够明了的很少，因此大学生在这里就不能不负一部分责任，就是要吸收世界知识，传布到乡村，以改进他们的头脑。比如暑假或寒假，都是很好的机会，可将所学的带些到乡村里去。

（五）借用乡村庙宇作校舍如引起乡民反感，应采用何方法与之联络？

在这一个问题上，我只可拿点经验来讲讲。山海工学团，当初就只看中了一个红庙。那时在这红庙里有个看庙的人，他说："你们要就这个庙来办学校吗？假如是真办，就请赶快点来。"于是他们回来就把这话同我说。我就告诉他们，叫他们不要信看庙人的话，实际上还是要得到庙主的承认才可以。我们主张买点药品去看庙主。哪晓得这个看庙的人，还是叫不要去看庙主。那时他的妇人出来了，就说："听他们先生的话不错，是要看看庙主。"她的丈夫说："要去看，你就引他们去。"实在去看头一个人的时候，就碰了一个钉子。他说："我们这个庙不办学校！即或要办学校，我们自己来办。"我们就对他说："在这个乡村里，一个学校都没有，你们自己要能够出来办学校，那就很好。"其实，他们是不办的。这时，我们也没有了办法。于是就想了个方法，在这个庙的旁边租了二十块钱一座的房子，目的就是专为看守这个庙的。我们在那租的房子里住了三个月，于是同那些乡民渐渐的做起朋友来了。大家都感觉到那座房子太小，有人就说："可以移到红庙里去吧！"我们说："你们去借去，如果借到了，自然很好。"看吧，那一班青年农人，十个就有九个赞成，甚至于十个有十人赞成。他们就去借庙去，奇怪！那一个看庙的妇人，她说："昨天晚上观音菩萨托我的梦，不许办学校。"这样一来，许多人都吓倒了，就没有人再说话，只好不办。本来这个庙有五间，是五个村子合作的，看庙的妇人只占一间，于是我们就分开来借。这样一借，五间就借到了三间，自然是有办法了；到后来，第四间也加入；现在还有一间没有借来。像这些，都是那班前进的农人去干的。

（六）普通一般人以为普及教育就是使全国人民能够识字，并不另有其他目的，这种论调对不对？

普及教育，大家有个误解。其实真正的普及教育，是要使人民生活化，就是要使他们有现代的文字符号，有现代的组织，并且要了解现代的问题。绝不是就是认字，是要用字。如果忽略了这一点，就只能收到十分之一的效果。

　　文字符号的重要，是大家所知道的。我可以拿人与兽、文明人与野蛮人来作解释：第一，人和禽兽的分别。人是会说话的，并且会写字，因为会识字的缘故，所以眼睛即可变成耳朵。可是禽兽则不然，禽兽是不会说话的，即如狮子、老虎能说不清楚的话，但有没有文字符号呢？没有。因为没有，所以禽兽始终是赶不上人的。第二，文明人与野蛮人也有分别。文明人的文字是正确的、清楚的，文法简单，运用便利，且文字公开。再进一步讲，在当初愚民政策实行的时候，还能将它组织起来，以供管理人民的便利；到现代，这种东西才变成大众的工具。可是野蛮人的文字是不正确的、含混的，差不多与文明人的文字全相反的。这一点，我们很可以看出来，文字与文明程度很有关系的。

　　文字符号，重在一个符字的上面，如道士会画符，不必做事也有饭吃。今天某人受了惊吓，即去找他画一张符，送他几个钱；明天又有哪一个人打摆子，又去找道士先生画一张符，挑些米送给他。像这样的事，真多极了！送他吃，供他用，是不打紧，有时他还要骂你这班人无知。可是我们知识分子画符，就不同了，是要帮助大众取得面包，大众的事情大众来管。不过农人也知会画符，虽然他自己不行，他可以叫他的儿子来，每年花了些钱，叫他的儿子去跟私塾的先生学画符去。我们晓得私塾的先生，都是蹩脚的士大夫，因为会画几张蹩脚的符，所以能吃几碗蹩脚饭。如果是聪明一点的孩子，学会了，也可画符。那么，他就叹气说道："后生可畏！"因为孩子学会了画符，与他的饭碗很有关系。比如每年学东送了他许多钱，一到了过节，又送上些礼物和鸡蛋等等，这都是靠着他画符得来的；假如学生也学会了，不是糟糕吗？所以他时时刻刻怕学生会学到画符，于是想了个方法：不叫学生画符，而叫学生念咒。天天在那里念："人之初，性本善，……"。因为这样，哪晓得孩子念了好几年，连信都不会写，帐也不会记。农人花了许多钱，原是要孩子能和先生一样会画符，哪知念几年书，信都不会写，帐也不会记，又有什么念头呢？倒不如歇歇了，还是回来跟我种田吧！要是叫老年人读书，他说："我这大的年纪，还读什么书呢？"所以叫老年人读书，更不必谈了。可是真正的读书，只要能作活的运用、不读死书的话，实在几个月的功夫就可念得通。记得工学团里有个学生，他原来只读八个月的书，到工学团里来读了两个月，他就能作五万字的日记。虽然中间别字不免，的确可以出版。可见得活读书的效力的大吧！

　　总之，文字符号是要和生活一起教，才能会用，这是很要紧的。

　　（七）近年来中国的农村渐形破产，即使利用小先生教农民识字，但他们都感觉到生活的困难，没有求知的兴趣怎么办？

　　农村愈破产，愈需要文字符号来打破这种难关。同时，生活即教育不是不要教育，破产的生活，就是破产的教育。

（八）教育是否有救国的力量？

传统教育是变人为少爷、小姐、书呆的教育，也就是一种亡国的教育！

比如讲会考这一件事，也就是传统教育界所展开出来的悲剧！我认为，会考简直就是毁灭民族生命力的一把刀。怎么见得呢？会考里出了许多滑稽的故事，我可以告诉大家：第一件事，广西省会考，个个学生都不及格；而广东省会考，个个学生都及格，这是广东对还是广西对呢？大家想想是不是滑稽？第二件事，绍兴中学会考，第一次是背榜，但到第二次会考，竟然跳到第一，难道一个背榜的学校好得这样快吗？同时，第一次果真坏吗？第二次整个的成绩又果真好吗？这是第二个滑稽！还有第三件事，有许多学校，平常晚上多在十点钟熄灯，到会考时，乃延长到十一点钟或十二点钟熄灯；可是学生还感觉到不够，于是乎把茅厕变成火车站，来开特别快车。中国从前有两句话："吃得苦中苦，方为人上人。"可是这班会考的书呆子会告诉你说："不闻臭中臭，难为人上人。"诸位看：这是由会考演出来的把戏！可是现在师范生也要会考，小学生也要会考，这根本上就是毁灭学生在社会上服务的力量，也就是毁灭民族的生存力！我曾经作了一篇《杀人的会考与创造的考成》，我的主张是要停止那毁灭生活力的文字的会考，来发展那培养生活力的创造的考成。创造的考成所要考的，是生活的实质，而不是纸上的空读，这样才是救国的教育。

（九）要想救中国，是否要打倒多福寿多男子的多生主义？

要解答这个题目，可请诸位去看两篇文章。第一是《中华教育界》，大概是三年前，我曾作了一篇文章，叫作《中华民族之出路与中国教育之出路》。在那篇文章的上面，我认为要想救中国，应当注意三点：（一）教人少生小孩子；（二）教人创造富的社会，不创造富的个人；（三）教人树立平等互助的世界。第二是几月前子钵先生在《大公报》写了一篇批评的文章，他说陶知行主义生虱子。其实，虱子都是由他自己身上落下来的。第一个虱子，是他说节制生育不是中国的出路，这是个小虱子。第二个虱子，他说陶知行从三十亩地的自耕农出发，是不是大众的代表呢？如果三十亩地的自耕农有代表大众的资格的话，那么，也必然是陶知行本身的社会阶层代表；换句话说，陶知行必定是个三十亩地的自耕农的小资产阶级；而陶知行主义者所提出来的出路，也只是三十亩地自耕农教育的出路；试问还有半自耕农、佃农、雇农怎么办呢？这确乎是个很大的虱子咧！其实，倒不是陶知行主义生了虱子，因为我所说的三十亩地的农人，只是拿三十亩地的农人作出发点的，就是要说明三十亩地的农人的变动的过程——土地缩小的过程，既然是说明农人土地缩小的过程，自然我可以从三十亩地的农人推算起，看他如何由三十亩而降到十五亩，再看如何由十五亩降到十亩，更看他如何而自然而然地完全破产。但在这种变动的过程上，我也可以从十五亩推算起，也可以从十亩推算起，并且也可以从雇农倒算上去，其理论都是一样的。我始终以为是"为农不富，为富不农"。这两句话，可算是天经地义了。况且我的字典上就找不出"富农"两个字来。这都是子钵先生从他自己身上所找出来的虱子。

再从节制生育上讲，人生的多也就死的多，我们看这种消耗是多么大呢！与其生又必死，又何必多生呢？比如大学生改造社会，必得要发挥其改造社会的力量，自然是到东也可，到西也可，一下子与人谈恋爱了，再由恋爱而结婚，如果是为事业而结婚，那么，并不是一加一等于二，而是一加一等于三人。可是到后来女子生下了孩子，这时三个人却变成了一个人。假如男子是在外面办普及教育，到这时，他必时常记挂着家里的女同志、小同志。明明是不能请假，他也要想方设法的请假回家去看看。回家来以后，小孩子抱在身上，一下子又是尿来了，一下子又是屎来了，多麻烦！同时，假若照子钵先生的多生主义，尽量的生，不断的生，那么结果总不免：有的这样死，有的那样死，当然这里要花许多钱。可是自己做事的生活费，还是这样多，并没有增加，哪能够这些开销呢？其实，小孩子生多了，并不只上面所说的消耗。同时又有：如在医院里生小孩子，又有许多小孩子生下来要吃牛奶粉了。这些一来，所收的生活费不是更不够敷衍吗？于是想方设法，找这个借，找那个借，要借上许多人，好容易才能借得几个钱买点牛奶粉给小孩子吃，多讨苦哩！就是农人、工人也是如此。

我的意见、主张，每人只准生两个，如社会服务五年后，开始生第一个孩子；到第一个孩子能到小学读书时，再生第二个；够了，不要再生。

还有，第三个虱子，他说叫农人不要多生，是剥削农人生养的力量。其实，这是为整个国家、民族设想的；同时统所提出来的，并不只农人，一切的人都是如此。我以为，要想救中国，少生小孩子固然要紧，而对于人口统制也很重要。国家应组织一个人口统制升降委员会。这个人口统制升降委员会，可以根据社会经济情形，随时下令多生。假如中国经济发达，仍然可以多生；再就地域论，人口升降委员会又可颁布特殊的条例，允许人口稀少之边疆的人民，可以多生。如广西人口稀，每人就可以多生几个孩子。总之，人口多不一定是力量，人口统制才有力量。照子钵先生说，不生小孩子，中华民族就会灭亡，这是错误的。比如东印度亡国，是由天然淘汰，并不是人口少的缘故。

最后，目前还有个问题，就是要组织一个中央研究院，研究一个铜板的避孕法，这个也是非常要紧的。

普及教育* （12月24日）

刚才谢先生①介绍陶知行，陶知行已经死了，我现在的名字叫陶行知。让我先来介绍自己，陶行知出生才三个月，可以代表我的思想的转变。"知行"变成"行知"。陶知行这个名字，跟我已有二十四年，因为这个名字跟我太久，所以不愿改，并且有人说我喜欢花样翻新，所以终于没有改。三个月前忽然改了，改的原因何在呢？因为许多顽皮的小朋友，写信给我早就改称行知先生。还有一位德国朋友卫中先生，常常喜欢喊我"行知"，他说中国人如果懂得"行知"的道理，而放弃"知行"的传统思想，才有希望。我名"知行"，而主张"行知"，这不是挂羊头卖狗肉吗？经过许多朋友的鼓励，所以我毅然决然在苏州改名陶行知。我的朋友谢育华，看了《古庙敲钟录》之后对我说，你的理论我明白了，是"知行知"，底下这个"知"②字是何等有动力，很少有人能喊出这样生动的口号。我向他表示钦佩之意后，对他说，恰恰相反，我的理论是"行知行"，所以改名为陶行知。他说，你的"行知行"不对，比如，有了电的知识，才能去开电灯厂，开了电灯厂，电的知识更能进步，这不是"知行知"吗？我说，那最初发明电的知识是从哪里来的？还不是从科学实验、玩科学把戏中得来的吗？法拉第（Faraday）是一个订书店的徒弟，他订书订得很慢，订一本书就看一本书，大家向老板攻击他书订得慢，老板却说他是订一本书就吃一本书。有一次，装订《百科全书》，吃到电学，他还不够，适Davy③在卖讲演，他便求人做东，给他买了入场券去听讲。他就帮助Davy做助手，行动起来，用线接到指南针，拨动磁石，就发生了电。这就是行动。爱迪生发明了电灯丝，经过一千多次实验才成功，也是从行动中得来的。所以，行动是老子，知识是儿子，创造是孙子。因此我主张"行知行"。王阳明先生主张"知行合一"，有一点却拖下一根狐狸尾巴，说"知是行之始，行是知之成"。我们把他翻了个筋斗，提出

---

* 本篇是陶行知1934年12月24日在安徽大学的演讲记录，原载《安大周刊》第176期。当时编者曾在文中冠有31个小标题，现略去。

"行是知之始，知是行之成"的理论，正与阳明先生的主张相反。因此，就改名"行知"。这是我对自己的介绍。

今天所要讲的题目是《普及教育》。这个题目，也是从行动中得来的，不然一定先要将美国普及教育如何，法、德普及教育是如何，俄国、日本又是如何先讲一讲，再讲到中国普及教育方案。不知道中国是一个穷国，已到了农村破产，民不聊生，农民已连饭都没有得吃了。拿富国的办法，引到中国来，无异是乡下人吃大菜。我有一首打油诗，形容乡下人吃大菜，那诗是："乡下佬吃大菜，刀儿当作筷，我的妈呀！舌头割掉了一块。"两年前，我流浪在上海，跟随我的几个学生，也是穷光蛋，穷又不安分，还想办点教育。于是四个人背了留声机器，带了一点药，到宝山去，把留声机一开，乡下人就大家出来，听洋人哈哈笑，高兴得很。慢慢问他们有没有病，有病我这里有药，头痛送他一点阿斯匹林，打摆子就请他吃金鸡纳霜，结了感情，山海工学团就如此办起来了。

工学团是什么，工就是劳工，学就是科学，团就是团体。如果有外国朋友问起来，就告诉他是Labour Science Union④。说得清楚些，是工以养生，学以明生，团以保生。说得更清楚些，是以大众的工作，养活大众的生命；以大众的科学，明了大众的生命；以大众的团结的力量，保护大众的生命。说他是学校，他有工与团，不像学校；说他是工厂，他有学与团，不像工厂；说他是民团，他有工与学，不像民团。所以，工学团可以称为"三不像"。四个穷光蛋，挂的一块大招牌是"来者不拒"，来一个收一个，来两个收一双。后来来了两百人，随后增至三百人，真有点吃不消。正如面包夹火腿，打在夹板中间，招牌既不能下，法子又想不出来，我们就在这里头打滚。有一天，看见一个小孩子教四五十个小孩子做箭，教的极好。我看了半个钟头，非常高兴，觉得这块招牌可以不下了，另外还能添上一块招牌："不能来者送上门去"。"小孩子能做小先生"，他们是负有把教育送上门去的责任，他们把教育送到牛背上去，送到山上去。这种方法，不是从书本中得来的，不是从头脑中想出来的，不是从听讲演学来的，乃是从行动中产生的。因此，想起在十一年前，我的母亲是五十七岁，我的第二个小孩子叫小桃，才六岁，他读完《平民千字课》第一册就教他的祖母，祖孙二人，一面读一面玩，兴高采烈，一个月就把第一册读完。读了十六天，我在张家口依据《千字课》上十六天的生字，写了一封信寄给家母，她自己便看懂了。

两年半以前，晓庄师范关了门。晓庄佘儿岗的农人要想办一个小学，苦于没有钱，请私塾先生，小孩又不愿。于是小孩自动起来办了一个农村小学，校长、教师、工人，都是小孩子。我为他们写的一幅小照："有个学校真奇怪，大孩自动教小孩，七十二行皆先生，先生不在学如在。"他们回信说，原稿第二句那个"大"字，应改为"小"字。他们反问我，大孩能自动，难道小孩就不能自动吗？大孩能教小孩，难道小孩就不能教大孩吗？从此这首诗的第二句，便改为"小孩自动教小孩"。

第三个例子，我想到去年江苏淮安新安小学有七个孩子，自动出来，一飘飘到镇江，再飘飘到上海。来的时候，身边只有十块钱，他们靠卖书卖讲演过活。告别上海时，却有六十块钱了。当他们来看我的时候，他们说听见我卖讲演，所以他们也卖讲演。我叫他们先讲给我听，一听果然不错。于是我介绍几处去讲演，别人也介绍了几处，后来就有人自动请他们讲演了。他们讲三分钟，准可使听众大鼓其掌。今天我讲了很多时间，还没有博得掌声（鼓掌）；我讲了二十几分钟，才博得掌声。可见我还不如他们讲得好。他们从小学讲到中学，讲到大学，大夏、光华、沪江等大学，统统去过。后来我问大夏教授邵爽秋先生讲的如何，他说几乎把我们教授饭碗打破了。当时我写了两首诗，答复他们的校长⑤：

  一群小光棍，数数是七根。
  小的十二岁，大的未结婚。

  没有父母带，先生也不在。
  谁说小孩小，划分新时代。

这七个小孩子，都是江北人。当"一·二八"后，上海人目江北人为汉奸。这些小孩子，经过这次讲演以后，大家心理一变，至少这七个小孩子，总不是汉奸。穷孩子到大学里去讲演，这次可以说破世界纪录。这七个小孩子将金刚之锥，把时代划分两个。

以上几个例子证明小孩子能做小先生。小孩子一个教两个极为容易。一个六岁小孩子，白天学了"青菜豆腐"四个字，晚上就会教给妈妈姐姐，一本书可供给三个人用。假如再给他一本簿子、一支铅笔，妈妈还可以划一两笔，像日记一样的缴给小先生看。

小先生的数字非常伟大。一千一百万小学生，一个教两个，便是三千三百万。义务教育，就算有了大进步。还有一千万私塾生，可命每个先生带两个学生来受培养，一个假定是他的儿子，一个是他的得意门生。这两个小先生回去，等到冬烘先生午睡、访友、上茶馆评理的时候，一定可以将新的思潮传入私塾，私塾马上就可以改良。有二千一百万小先生，六千三百万失学人问题就解决了。再按"即知即传人"的道理，另外还有八千万认字的成人在商店、家庭里，也可以每家抽出一二个人来受教育。再由这八千万人，一个再去教两个，便是一万万六千万人，成人教育就推动了。不过这确要有组织，才能共同发挥出力量。

现在的老观念，非用大炮来轰破不行。诸位知道，社会里有一种人叫做守财奴，这种人喜欢把金银弄到自己的腰包里去，腰包装满了，藏到皮箱去，埋到地下去。他惟一的遗憾，是棺材太小，虽然小，还是要拼命的装，带得多少便带多少去。当他活着的时候，肚子总是大大的，他的肚子比别人大，固然是因为平日补养得好；其实另一个原因，是那腰包点水不漏，纵然要一个铜板，比拔他一根毛发还痛。他有一个弟弟叫"守知奴"，就是大头鬼。他会用一种漆黑的东西，灌在脑袋里，不给他流出来，久而久之，他的头就大了。他一进小学，头就觉得大了些；进了中学，更大一些；进了大学，更大一些；如果还嫌不够大，可以出洋，那头就更大了。回国以后，到上海，到安庆，大家的头都比他小，知识在他脑海里只进不出，非钱不卖，只有用金钥匙才能开这锁。知识在小先生头脑中，就变成了空气，准许人自由呼吸。在上海只有空气不要买，安庆不知如何？所以，"知识为公"除了小先生不行；小先生一出，这知识的"买卖关"就攻破了。

  第二关是"娘子关"。中国女子教育不普及，有百分之九十五的女子不识字。进攻娘子军的办法有两种，一种是男先生，一种是女先生。一位二三十岁的男子教一些十七八岁的大姑娘，或是十八九岁的大嫂子，乡下人是看不惯。谣言来了，放谣言的便是不愿意媳妇上学的婆婆；路上出鬼了，装鬼的便是丈夫们的鬼把戏。一直闹到女学生不敢再上学，男教员一败涂地了。换了一个女教员，如果有，那是天字第一号。但是因为女子教育不普及，女教员根本就很少。一个破庙里关了一个男校长，一两个女教员，也有点不方便。几个女子同下乡，那是再好没有了，但是没有男子的地方，女教员又怕鬼，怕贼，怕蛇。最好是夫妻学校。我在几年前，在晓庄师范就鼓励男女同学结婚。这种为事业而结婚，费用不上十块钱，结婚以后办点事业作为纪念，结婚的婚礼请我做证婚，我都到。不过这种夫妻学校，是和金刚钻一样的少，到如今算起来还不到一打。女子教育不解决，普及教育就无法解决。据估计，浙江省普及教育要四百年才行，杭州市要一百五十年，全国要三百年才能普及，小孩子义务教育要七十年才能普及。同时，还要具备三个条件：一要所有学生皆长生不老，万岁，万万岁；二要教育经费按比例源源增加；三要人口不再增加。全国三百年成人教育方能普及，七十年小孩义务教育方能普及。小先生一来，关门就大开，娘子军欢迎小将军进关，他们连新娘房都钻得进去上一课，灶前房角到处都可以做他的课堂。小先生比女教师还好，女学生最怕问人，在小先生的面前，最害羞的女子，也不怕难为情了。

  一个先生住在古庙里，等于一只孤鸦，与社会不发生关系。有些思想新一点的先生，想去调查调查农村，常常跑到农人家里去问问，几次一去，不好了，谣言就起来了，只好仍回古庙做菩萨。小先生就不同了，每一个人都可以变成一条电线，从古庙四处放射，成一个电线网。先生变成大电线，可以通到外面去，于是"学校即社会"跟我们翻了个筋斗，变成"社会即学校"（Society as School），活到老，做到老，学到老。现在这种小学六年、中学六年、大学四年的教育制度，都可以"短命教育"四字代表之。我们所要干的是整个寿命的教育，不是短命的教育。上海经过十个月的试验，自宝山、上海县普及到公共租界等地，已经有一万八千个小先生。现在这种制度，已经推行到十九省、四个特别市。诸位要参观，安庆的大渡口小学，镇江的车形小学，已经在仿行这种制度，可以去看看。

现在想普及教育，有三条路：一条是在民间组织普及教育助成会，诸位寒假回去，都可以去组织，帮助地方教育机关去做；第二条路，各省市应订普及教育方案；第三条路，政府应订法令，不准妨害进步。中国的家庭中，往往婆婆不愿媳妇读书，小工厂、商店老板，不愿学徒读书，连孔子的书也不准读，三民主义也不准读。这种妨害进步，政府必须以法律和命令制裁。我以为这种罪，是等于危害民国罪。我曾写了一文，名为《大学生普及教育运动》，可以供诸位参考。中国现在知识分子集中城市，形成庙小和尚多，不妨到乡村去。照我所提的法，两年内，安徽教育就可以普及。

注　释

① 谢先生　即谢循初，当时任安徽大学教务长。
② 底下这个"知"字即"知行知"中后一"知"字。因当时书写和排印均为直书、竖排，故称"底下"的"知"。
③ Davy　通译戴维。
④ 英文，意为做工、科学、集团。
⑤ 指新安小学校长汪达之。

向时代的最前线追求* （12月30日）

普及教育，第一要整个民族现代化。孙总理说："学外国要迎头上去"，不仅坐飞机汽车，还要自己研究造飞机汽车。有知识的人也要现代化，不仅是读死书自己有知识就算了，还要教人识字去取现代知识，使别人也现代化。第二要整个生活现代化。怎样叫整个生活现代化？不但是要读现代书，而且要过现代整个的生活。第三要整个寿命现代化。现在有人将四年义务教育变成一年，甚至于四个月，可以说是短命教育。我们要办的教育是活到老，做到老，学到老，教到老，团到老。整个寿命现代化，是一个人一辈子上进，是继续不断的向时代的最前线追求。上海的地位非常重要，因为上海是中国经济的首都，如果上海干得有办法，自会风行全国。这并不是"挟泰山以超北海"的不可能。希望各位今天回去就试试看，究竟小先生能不能干普及教育运动？

---

* 此系1934年12月30日上午在上海市教育局第五次学术讲座的演讲的结尾部分，由汪公遐速记。于1935年2月12日、19日、26日和3月5日、12日、19日、26日在《新夜报·普及教育》1～7期上陆续刊登。1934年12月31日《申报》发表报道：教育专家陶行知氏，发明小先生制，为实行普教运动，已办山海工学团试验，成绩斐然。昨晨本市潘局长假湖社陈英士纪念堂，到六百余人，特聘陶氏公开演讲，为本市做一借镜。陶氏历举小先生制实为穷国普教的一法，并证明儿童的力量伟大，真正为普教的先锋。陶氏说小先生制却能冲破普教十二道难关，尤以黄警顽主办花村民众基础学校，为本市第一小先生试行处，且小先生能普及生活教育，培养民族活力，以上海文盲不出三年，就可以肃清。潘局长对于小先生深表热忱，并勉公私立百余校教师等下一决心，以实行小先生制。陶氏讲时杂以诙谐，历三时许，听者莫不动容。

1935年

中国普及教育方案商讨* (1月1日)

一 原则

（一）普及教育之要义

（甲）整个民族现代化　不仅是学龄儿童及失学成人之普遍入学。

（乙）整个生活现代化　不仅是普遍识字，或文盲之普遍消除。

（丙）整个寿命现代化　不仅是四个月、一年、二年、四年之义务教育。教育最重要的成就在使众人养成一种继续不断的共同求进的决心。我们要对众人养成的态度是：活到老，做到老，学到老。

（二）普及什么教育

普及工以养生、学以明生、团以保生之生活教育。工是做工，学是科学，团是集团。这三种生活缺少一样便是残废的教育。

（三）认定中国是个穷国，必得用穷的方法去普及穷人所需要的粗菜淡饭的教育，不用浪费的方法去普及穷人所不需要的少爷、小姐、书呆子的教育。

（四）社会即学校

社会与学校打成一片。社会教育与学校教育打成一片。

（五）即知即传人

会的教人，不会的跟人学。不愿教人的不配受教育。

（六）小孩的力量伟大

信仰小孩子能做小先生。信仰小孩最好的先生是前进的小孩。认定中国是到了生死关头，好比黄河将要决口，小孩搬一块小石头来也是欢迎的。每一个人的力量都要号召来救命，每一个粗识字义或有一技之长的小孩都要号

＊ 本篇原载1935年1月《中华教育界》第22卷第7期，同年1月1日《湖北特教》半月刊创刊号发表时改题为《中国普及教育方案之商榷》，又载同年3月1日《生活教育》第2卷第1期。以后还有"二　办法"十八条略。

召来做小先生。小先生经过十个月的试验有如下的优点：

（甲）能解决女子初步教育问题；

（乙）成人跟着小孩追求现代知识是变成老少年；

（丙）知识不再当作商品买卖，知识为公是成了实现天下为公之坚固基础；

（丁）小先生好比是电线，将社会与学校通起电流，又好比是血管，将学校与社会通起血脉，于是社会变成学校了；

（戊）小先生普及教育运动增加了大先生事业上不少的兴趣。

（七）大众的力量伟大

大众最好的先生是前导的大众。所谓传递先生便是大众自己队伍里跑出来的老师。

（八）来者不拒；不能来者送上门去。

（九）化无用为有用。

（十）损有余以补不足。

（十一）勉求缴纳教育税与享受教育权之接近。

（十二）城乡同进。

（十三）劝导与强迫并行。

（十四）劝人抓住饭碗求进；不逼人丢掉饭碗上学。

（十五）强迫兴学，强迫教人，强迫求知三管齐下。

（十六）不能同者不强其同。

（十七）抓住现成的集团生活，如家庭、店铺、工厂、机关、寺庙、民团、军队及现有学校做下层之教育场所。

（十八）运用最新的交通工具输送文化，使文化落后之地带一齐赶上时代前线来。

儿童的世界* （1月1日）

> 从前世界属大人，
> 以后世界属儿童。

这是今年儿童节我们所唱的两句歌词，也就是新世界与旧世界合拍的一幅小影。是的，从前世界里一切都归大人所有，连小孩子也变成大人的私产，甚至于可以当作商品卖。如不相信，请听我唱吧：

> 假母女，
> 养女如养猪。
> 谁个银子多，
> 可以买肥猪。

小孩子最大的敌人有时便是他们的亲生爹娘，谁能料得到呢？

世上一切既为大人所有，小孩子如果要想分一点肥，只有一个法子，非大人的话不敢说，非大人之行不敢动。他必须学做一个小大人，才能得大人之宠而共大人之产。于是：

> 规矩和奶一齐吃，
> 六岁已变小老翁。

然而小孩子毕竟是小孩子，对于大人的压迫是不断的反抗。一座小小的火山，只要是活的，自然时常喷出火焰来。你看！

> 生来不自由，

---
* 本篇原载1935年1月1日上海《新儿童》杂志。

生来要自由。
　　谁是真革命，
　　首推小朋友。

　　大人坐在针毡上，如何能安？他必须借外力来消灭革命的孩子。如果小孩子不受指挥，大人有的是糖果，怕你不软化；有的是威吓，怕你不屈服？你如果不愿意受他的麻醉，他会在门口造一只老虎吃你，在房里造一个恶鬼拖你，使你进退两难。总而言之，他是不许你动：

　　谁敢大胆动一动，
　　俺就断他是反动。

　　于是大人赐给小孩子的，是一个恐怖的世界。日里听了恐怖的话，夜里还要做恐怖的梦咧。为小孩子造成这样的恐怖世界已是不可宽恕，他还叫小孩子屈伏在恐怖之神之前，以造成不抵抗之劣根性，那更是罪大恶极了。
　　这种恐怖的瘴气，是笼罩在每一个小孩子的头上，几乎是没有一个小孩子能跳出这个圈套。然后依照家庭的地位，各种的小孩子是有各种的世界。有钱的小孩子，是在温柔的世界里享现成福，把自己造成了少爷小姐，互做玩物彼此玩，一直玩到死，死在安乐之窝里。一部分的少爷小姐，又在字纸篓的世界里蛀书吃字纸，把自己造成读死书，死读书，读书死的书呆子。穷人家的小孩子不能做少爷小姐，也读不起书，八九岁就送出门去，一面学手艺，一面做奴隶，或是送到工厂里去活活的给机器妖怪慢慢吸他的血，甚至于送命。没有工做的，就在街上打流，一不小心，给车马冲成肉酱。拐子老是像猫样在街头巷尾等候着：女孩子拐去卖入娼门，男孩子切作肉包饺子卖。如果生下地就养不起，大人全把小孩子抛到河里淹死，或送给育婴堂里去，弄得一个活的进去，一个死的出来。在大人的世界里，小孩子是这样的牺牲了。
　　我们要打破这个大人世界，打破大人所造成的谣言的世界、恐怖的世界、享福的世界、书呆的世界、惨酷的世界、奴隶的世界。
　　在大人的世界之遗迹上，我们要创造儿童的世界。儿童世界里，只有真话没有谣言，只有理智没有恐怖，只有创业没有享福，只有公道没有惨酷，只有用的书没有读的书，只有人——只有人中人，没有人上人，没有人下人，没有奴隶。
　　这个儿童世界不是由大人们造好之后，现现成成的交给小孩子去享受。大人代儿童造的世界必是于儿童有害的。儿童的世界是要由儿童自己动手去创造。我们要停止一切束缚，使儿童可以自由活动，这儿童的世界，才有出现的可能。所以我们最重要的工作在解放儿童的头脑与双手；儿童的手脑一经解放，这新的儿童世界自然会应运而来了。

人生两个宝：
双手与大脑。
用脑不用手，
快要被打倒；
用手不用脑，
饭也吃不饱。
手脑都会用，
才算是开天辟地的大好佬。

我们来解放儿童的头脑与双手吧，不够，不够。如果我们是书呆子，我们还得解放我们自己的软手软脚，解放我们自己的呆头呆脑。如果我们是田呆子、机器呆子，也得解放我们自己的笨头笨脑，解放我们自己的粗手粗脚啊！小朋友！你们也不要老是等着别人来解放您。您的脑袋是长在您的头颈上，你的双手是长在您的身体上，拿来用他一用，您就成了一个开辟儿童世界的小盘古了。拿把剪子来把那捆您的绳剪断：

世事须从小儿意，
不从儿意不成功。
谁敢欺负小孩子，
联合小拳向他攻。

我们还要知道这个儿童世界是大众的儿童世界，决不是少数的儿童的世界，也不是顾到这个儿童而忘了那个儿童的儿童世界。可是提倡儿童幸福的人们，有多少还是在那儿排演下面一类的惨剧啊？

奶妈的婆婆之悲哀

人人羡慕儿童节，
我家宝宝哭不歇。
张家新生小少爷，
雇个奶妈好过节。
媳妇做了奶妈去，
奶变张家少爷血。
张家少爷白又胖，
胖如冬瓜白如雪。

人人羡慕儿童节，

> 我家宝宝哭不歇。
> 老奶给他尝一尝,
> 无奈奶头久已瘪。
> 清水米汤吃不饱,
> 小儿苦恼向谁说?
> 红红绿绿争点缀!
> 问是谁的儿童节。

我们要把这种的剧本丢下火炉烧掉了,永远不再排演。我们要引导大众的儿童来造成这儿童世界,以供献于大众的儿童。

那末,大人在儿童世界里就没有地位吗?您是提倡儿童专政吗?也对也不对。让我的一首小诗来奉答您吧:

> 儿童园里无老翁,
> 老翁个个变儿童。
> 变儿童,
> 莫学孙悟空。
> 他在狮驼洞,
> 也曾变过小钻风。
> 小钻风,
> 脸儿模样般般像,
> 拖着一条尾巴儿两股红。

我们必得重生为小孩子,才能加入小孩子的队伍里去工作。变吧,变吧,大家都变成真的小孩子,那是多么够味儿的事啊!

言归正传,我们要依据上面几条原则在上海创办一个儿童世界。其实是培养一个儿童世界的细胞。在这里面,我们要编儿童用的书报,造儿童玩的玩物,制儿童做工的工具,并出卖大众儿童生活所需要的东西。我们这儿童世界是一个小小工场,是一个小小商店,是一个小小学园,是一个小小俱乐部。我们欢迎小孩子来玩、来学做工、来买东西。小孩子是我们的股东,是我们的伙计,是我们的工人,是我们的顾客,是我们的学生,同时也是我们的先生。我们先变了小孩子,再教小孩子自己把儿童世界的细胞造起来献给大众的儿童。

我们这个小小事业只是整个儿童世界的第一个细胞,一是千万之起点。我们希望这个细胞造成以后会自然而然的繁殖出去。大家一起来迎接这新生命之降临吧。大家一起来同声为这新生命的前途歌唱吧:

天也欢喜，
地也欢喜，
人也欢喜。
欢喜你多福多寿多儿子，
儿子又生孙，
孙又生儿子，
子子孙孙生到无穷期。
有几分儿像你，
有几分儿不像你。

生活教育现代化 *（3月1日）

　　生活教育是早已普及了。自有人类以来，便是人人过生活，人人受教育。自然而然的，生活是普及在人间，即是教育普及在人间。但是有些人是超时代，有些人是时代落伍。有些人到了现代还是过着几百年前的生活，便是受着几百年前的教育。教时代落伍的人一起赶上时代的前线来，是普及教育运动的目标。做一个现代人必须取得现代的知识，学会现代的技能，感觉现代的问题，并以现代的方法发挥我们的力量。时代是继续不断的前进，我们必得参加在现代生活里面，与时代俱进，才能做一个长久的现代人。否则，再过几年又要成为时代落伍者了。因此，我们必须拿着现代文明的钥匙，才能继续不断的去开发现代文明的宝库，保证川流不息的现代化。这个钥匙便是活用的文字符号和求进的科学方法。普及教育运动之最大使命，便是把这个钥匙从少数人的手里拿出来交给大众。

---

* 原载1935年3月1日《生活教育》第2卷1期。

文化细胞*（5月1日）

一般人只要一提到教育便联想到学校，一提到普及教育便联想到普设学校。他们好像觉得学校是惟一的教育场所，如果要想普及教育便非普设学校不可。倘使没有钱普及四年的学校教育，他们便退一步主张普及一年的学校教育，甚至于退到四个月、两个月、一个月的学校教育。万一不能普及全天的教育，他们想半天、二小时、一小时也是好的，但必须在学校里办。仔细把它考虑一下，这种意见只是一种守旧的迷信。我们若不跳出学校的圈套，则普及现代教育在中国是不可能。我不说学校没有用，但学校之外，我们必须创造一种下层文化的组织，适合大多数人的生活，便利大多数人继续不断的长进，才是有了永久的基础。

我建议要创造一种文化细胞。每一家，每一店铺，每一工厂，每一机关，每一集团组成一个文化细胞。这种细胞里的分子有两种：一是识字的，一是不识字的。我们叫每一个细胞里的识字分子教导不识字分子，说得正确些，我们要叫识字分子取得现代知识精神，连文字一同教给不识字的分子。这样一来，每个文化细胞里的分子都能继续不断的长进。任何文化细胞里倘若识字分子过剩，可以分几个出去，帮助缺少识字分子的细胞。这种文化细胞在山海工学团范围以内叫做工学队，为工学团最下层之组织单位。俞塘①称它为生活教育团，安徽省会称它为普及教育团。有人建议称它为自学团或共学团。名字不同，无关重要，但他们有一点相同，便是感到专靠学校来普及教育在中国是很勉强，不易做到；即使做到了，也是一种短命教育，没有久远的长进。所以要在学校之外创出一种较为自然之组织来救济，不但要谋教育之普及，并要谋所普及之教育得以继长增高。他们用得着学校的地方，不妨先开一个学校。铺中、家中连一个识字的人也没有的地方，不妨叫每家每铺先派一人每天来校学半小时或一小时，再依即知即传之原则，把各个文

---

* 本篇在《晨报·普教周刊》发表时，题为《文化细胞之创造》，载1935年5月1日《生活教育》第2卷第5期时用现题。

化细胞成立起来。

普及教育动员令一下,有暇进学校的,尽可进学校;无暇进学校的,在自己家里、店里、工厂里及任何集团里创起文化细胞来共谋长进。文化细胞成立后,必须向负责学校或教育行政机关注册。凡在文化细胞里自谋长进的,可以不进学校;凡在学校里求学的,必须常川回到他的文化细胞里来尽义务教人。

学校是文化的旅馆,只能暂住而不可以久留。自学团、共学团、普及教育团、生活教育团或工学团下之工学队,才是文化之活细胞。

注 释

① 俞塘　指当时上海县的俞塘民众教育馆。

文化网* （5月16日）

文化细胞虽是最下层的组织，但是光棍的细胞是没有多大用处，我们必须把一个个的"文化细胞"联合起来，结成一个文化网。

在都市里，每一铺户里的识字者与不识字者组织一个生活教育团，继续不断的共同教学做，便成了一个"文化细胞"。有了这个"文化细胞"的组织，这一铺户里的人便可以活到老做到老，教到老学到老。如果一条街上之"文化细胞"都联了起来，成了一街的文化组织，再进一步，一区的街文化组织都联了起来，成了一区的文化组织，以至全市的文化组织，那便是有了文化网的作用了。我们可以称它为街文化网、区文化网、市文化网。乡下的可以称为村文化网、乡文化网等等。

"文化网"的目的，无论在乡下或是在城里，都是要把单个的"文化细胞"联合一气，把它范围里面的人一齐捞到时代的岸上来，不使一个漏掉。

"文化网"对于"文化细胞"负有两种使命。一是培养新的"文化使者"去创造新的"文化细胞"。例如这一条街上或这一个村里，有一半的人家家里没有识字的人，我们就可以叫每一家派一个人来，一面学，一面回到家里去创造新的"文化细胞"。二是从外界吸收新血液，向着范围内的每一个"文化细胞"继续不断的灌注进去，使它们可以继续不断的生长。例如某街某村之"文化网"，必得运用说书、滩簧①、留声机等等，把"文化细胞"的分子，每星期号召来开一次会，以摩擦出来新的精神。范围较大的区域，更可运用演戏、电影、无线电话来号召。我们要寓教育于娱乐，才能发挥这"文化网"的作用。如果到会的人觉得是单单来受测验或是受训练，不久将要变成一桩枯燥无味的事情，大家都要望而生畏了。

文化细胞是基本的组织；文化网是有提纲挈领的作用。从事普及教育者必须兼筹并顾，方能发生广大深刻的效力。

注 释

① 滩簧　一种地方曲艺。

---

* 本篇原载1935年5月16日《生活教育》第2卷第6期。

1936年

上海文化界救国会国难教育方案* （1月6日）

一 国难教育之目标

（甲）推进大众文化。（乙）争取中华民族之自由平等。（丙）保卫中华民国领土和主权之完整。

二 国难教育之对象

（甲）教育大众联合起来解决国难。（乙）教育知识分子将民族危机之知识向大众广播。

三 国难教育之教师

（甲）前进的大众。（乙）前进的小孩。（丙）前进的学生。（丁）前进的教师。（戊）前进的技术人员。

四 国难教育之非常课程

有计划的非常生活便是我们有计划的非常课程。（甲）政治经济军事之演讲讨论。（乙）防卫作战技术之操练。（丙）医药救护之实习。（丁）交通工具运用之实习。（戊）国防科学之研究。（己）大众教育之研究推广。

五 国难教育之组织

（甲）成立学生救国会及学生救国联合会，以实施学生之国难教育。（乙）成立教师救国会及教师救国联合会，以实施教授教师之国难教育。（丙）成立各界大众救国会及各界大众救国联合会，以实施大众之国难教育。

六 国难教育之文字工具

（甲）拼音新文字，易认易写易学，应立即采取作为大众普及教育之基

---

* 本篇原载1936年1月11日《大众生活》第1卷第9期。

本工具。（乙）用汉字写作时，也须将它写成大众易学之大众文。

七　国难教育之方法

在行动上取得解决国难真知识，立刻把它传给大众，使它在解决国难上发生力量。（甲）推动报纸、杂志、戏剧、电影、说书人、无线电播音，积极针对民族解放之宣传。（乙）变通各校功课内容，使适合于解决国难之需要。（丙）运用县、市、乡现有组织及集会，宣传民族危机及解决国难的路线。（丁）推动家庭、店铺，组织国难讨论会、读书会。（戊）开办或参加识字学校，使此种学校对解决国难发生效力。（己）长途旅行，唤起民众组织起来救国。（庚）必要时游行示威。

八　从事国难教育同志应有之几点认识

（甲）中国已到生死关头，我们要认识，只有民族解放的实际行动才是救国的教育；为读书而读书，为教书而教书，乃是亡国的教育。（乙）中国已到生死关头，只有武力抵抗才是生路。（丙）根据目前的阿比西尼亚[①]抵抗意大利及历史上被压迫民族独立解放运动的经验，中国不但可以抵抗，并且可以久战，获得最后胜利。（丁）中国的国难不是少数人可以挽救，我们必须教育大众共同抵抗，中国才能起死回生。（戊）我们应该知道，孤立不足以图存，必须联合世界弱小民族及世界上以平等待我之民族共同奋斗，才能够翻身。（己）我们应该知道，东北问题、华北问题都是整个中国的问题而不是一个地方的问题。（庚）我们应该知道，集会、结社、言论之自由，为表示民意、认清路线、共同行动之必要条件，我们必须拼命争取才能发挥国难教育。（辛）我们应该知道，国难当头，大家都应该加倍努力以求国难之解决，故主张国难不止，决不放假，当然我们是坚决反对提前放假。（壬）我们应该知道，教师的责任不仅是指导学生，而且要与学生参加救国运动，同过救国生活，共受救国教育，故我们主张教师要与学生大众共休戚，决不可袖手旁观。

（二十五年一月六日上海文化界救国会通过）

注　释

[①] 阿比西尼亚　源出阿拉伯语，过去对埃塞俄比亚的一种称呼。

普及教育之要义
与普及什么教育* (2月)

一、普及教育之要义
（一）整个民族向前进　不仅是学龄儿童及失学成人之普遍入学。
（二）整个生活向前进　不仅是普遍识字，或文盲之普遍消除。
（三）整个寿命向前进　不仅是四个月、一年、二年、四年之义务教育。教育最重要的成就在使众人养成一种继续不断的共同求进的决心。我们要对众人养成的态度是活到老，做到老，学到老。

二、普及什么教育
普及工以养生、学以明生、团以保生的生活教育。在现阶段，中华民族解放运动是我们的中心生活，即为我们的中心教育。做什么工？做民族解放运动所要做的工。求什么学？求民族解放运动所要求的学。结什么团体？结民族解放运动所要结的团体。总之，我们所要普及的是民族解放运动的生活教育。

---

* 原载1936年2月《中国教育学会第三届年会报告》。此系节录该书附录《中国普及教育方案》中十八条原则 的前两条。1935年元旦《湖北特教》半月刊创刊号曾发表《中国普及教育方案之商榷》；同日《中华教育界》第22卷7期，以及稍后的3月1日《生活教育》第2卷1期发表了《中国普及教育方案商讨》。这两篇文章与教育学会报告所附文章的内容相同，只是与节录的这两条原则有些微差异。这差异表明此时陶行知对于"生活"与"教育"同一性的理论有了进一步发展，中国现代化和生活教育的同一性在于使中华民族的解放运动不断"向前进"。

答复庶谦先生*（2月15日）

庶谦①先生对于《国难教育方案》之意见，已经拜读。有几点我很赞成，有几点不同意。现在扼要答复，希望庶谦先生和关心国难教育的同志指教。

一

参加救国运动是国民的本分，"英勇"两个字不敢当。我希望把这两个字保留起来。谁把敌人打退或与敌人战死，我们才能把这个封号送给他。

二

"国难教育"的意思是解决国难，它本来是积极的。"救国教育"这个名词也很好。只须办法有效，我对于这两个名词没有偏爱。

三

争取中华民族之自由平等和保卫中华民国领土与主权之完整，当然包含着铲除一切汉奸，打倒帝国主义。倘使要把"铲除一切汉奸"列在目标里面，那同时也要把"打倒帝国主义"列进去。为着要叫我们的目标更加明确起见，我很赞成把这两项一同提出来。

四

关于推进大众文化一项，原方案绝不偏重战时的技术。在"非常课程"

---

* 本篇原载1936年2月15日《大众生活》第1卷第14期，廖庶谦的文章也载同期，现附于本文之后。

上第一条就是政治、经济、军事之演讲与讨论。这种演讲讨论，当然是以中华民族解放为中心，凡是妨害中华民族解放之歪曲理论也当然要痛加驳斥，否则这种演讲讨论，便是毫无意义。我们再看方案里从事国难教育同志应有之几点认识，便知道本方案对于造成国难之几条歪曲理论是丝毫没有放松。不过要把"歪曲理论的驳斥"的口号特别提出来列在非常课程内，我也觉得格外醒目。

五

"有计划的非常生活，便是我们有计划的非常课程"，"在行动上取得解决国难的真知识，立刻把它传给大众，使它在解决国难上发生力量"。我觉得这两句理论所指示的并没有错。在这一点上，庶谦先生是有误解或有成见。

五四前后所流行的教育理论是"教育即生活"，"学校即社会"。现在我们所主张的"生活即教育"，"社会即学校"的理论在那时实在还没有出现，胡适先生一班人也无法拿这些东西去介绍给人。

"即知即行"是王阳明[②]的格言，和我现在所奉行的"即行即知"，"行是知之始"是不同的。"行是知之始"和"即行即知"，是一方面说明人类与个人的知识的起源，一方面叫行动取得主导的地位。行动产生理论，行动发展理论。行动所产生发展的理论，还是为着要指导行动。理论要通过行动才能发生它的力量，丰富它的内容。人类所遗留下来的积极的历史教训是从哪儿来的？是"数千年在生活斗争中"得来的。这历史的教训要通过大众的生活斗争，才算是大众意识了这个历史的教训。大众要在民族解放的实际行动上取得这历史的教训。这历史的教训便是解决国难最宝贵的真知识。因此，我们目前所需要的是大众自己实施的救亡的生活教育。详细点说，争取中华民族劳苦大众之解放的生活，便是我们所要的教育；争取中华民族劳苦大众解放之有计划的行动过程，便是我们所要的课程；整个中华民国和整个世界，便是我们所要的大学校。

争取中华民族劳苦大众解放之教育，必然是生活的、大众的、前进的、战斗的、历史的。

民族解放是我们当前最急切的任务，武力抵抗才有生路是一个真理，用不着实验，也不容实验。本方案也没有一丝一毫拿它来试试看的态度。庶谦先生怎么会给它戴上一顶实验主义的帽子？我真不解。庶谦先生这样的误解，是给了谁的便利呢？

认定中华民族劳苦大众之解放的实践生活，是我们所要的教育，这是"生活教育"在国难时期必然要求的结论。庶谦先生把"有计划的非常生活就是我们有计划的非常课程"，简单化为"生活即课程"。这就等于我们说"白马"，而他偏偏咬定我们说的是"马"；这就等于我们说"救国的人"，而他偏偏咬定我们说的是"人"。这是不是也算做辩证法？

六

这个方案的重心在教育大众联合起来解决国难。有些人还误会它为一个大众救国教育方案。庶谦先生却说它在组织上太把工农轻描淡写了，缘故是因为原案只以大众救国会来概括各界。倘使照庶谦先生的提示，把工人救国会、农人救国会等等分列出来，那是更好了。

七

在"教育方法"那一节里不曾提到工厂和农村，其实戊项便是要在工厂、农村、市街开办识字学校，并且使这种学校与民族解放运动联系起来。工厂和农村，这几个字应该照庶谦先生的意思加上，同时还要加上市街。在宣传民族危机一点上，加入大众自动的集会是更加明显。但是全方案的精神就在大众自动。故教师一项首列前进的大众。所谓运用县市乡现有组织，也是希望大众能去运用的意思。大众救国会也就是大众自动的集会。

八

庶谦先生所提关于方案次序的意见是很对的。不过这一个方案是接着上海文化界救国会所发的两次宣言而来的。在那两个宣言里面，对于敌人的侵略和汉奸的出卖已经说得够具体了。

九

我很感谢庶谦先生发动这个讨论，我的答复如有不对的地方，还要请庶谦先生和大家指教。这个方案遗漏的地方还不少，希望大家批评补充。例如大众唱歌，大众戏剧等等，都应该列入非常课程里面。最重要的是各种实施办法都应该赶快地起草。研究所、大学校、专门学校、中学校、师范学校、职业学校、小学校、工人、农人、商人、妇女、士兵、失业群、流浪儿等等都应该有一个国难教育的实施办法。这是必须要集合许多人的心思才能把它完成的。

注 释

① 庶谦　即廖庶谦，为上海文化界救国会会员。
② 王阳明　即王守仁。

附：　　　　　　　　对于《国难教育方案》的意见

庶　谦

陶行知先生所拟的已由上海文化界救国会通过的《国难教育方案》，在本刊第九期上我已经看过了。

在敌人日逼日紧的时候，汉奸们甘心卖国的时候，我们在教育这一方面，应该有一种抗敌除奸的配合，这自然是必要的。然而，领导这一种教育的计划，要当心不要把它弄错，或者把这种教育领到牛角尖里去。

陶先生的参加救国运动是十分英勇的；然而他所拟的这个教育方案，却还有几点不十分够。

我因为认定这一个方案意义的重大，个人对于它感触到有几点应该补充的意见；所以特为提出来，请陶先生以及关心救国教育的先生们指正。

第一，我认为"国难教育"这个名词不妥。因为"国难"这个词里面，看不出积极的意义。因此，我主张改用"救国教育"这个名词；在"救国"两个字里面，包含抗敌除奸的意义。

第二，在目标那一项里，我认为应该加上"铲除一切汉奸"。因为抗敌和除奸是两件不可分离的任务。

第三，关于"推进大众文化"，不应该偏重战时的技术，在"非常课程"上，我们固然要把战时的技术排进去；然而，一种正确理论的武器，却不应该一个字也不提起。再对于歪曲理论的驳斥，也应该提到。

第四，在这个方案里，关于理论的指示，有这样的两句，"有计划的非常生活，便是我们有计划的非常课程"。"在行动上取得解决国难真知识，立刻把它传给大众，使他在解决国难上发生力量"。

在这两句话里，我们若是把第一句化简，那便是说："生活便是课程"，这正是陶先生平日所主张的"生活即教育"。我们若是把第二句化简，那便是说："在行动上取得知识，立刻使它在解决国难上发生力量"。这是陶先生平日所奉行"行以求知"，"即知即行"的态度。

这样的一种理论，在五四的前后，经过胡适一班人的介绍，动摇了中国的封建思想。在那一个时候，我们不能不承认：它起过相当进步的作用。

然而，事到如今，已不是五四的时代了；实验主义的理论，行为派的思想，杜威氏的教育，都已经很明显地替买办们服务了。因此，在目前，我们不仅不要这种理论和教育；并且，我们还应该很坚决地去反对它。

我们目前所需要的是向大众实施的救亡教育；而不是向任何人实施的生活教育。我们所需要的是人类数千年在生活斗争中所遗下来的积极的历史教训；而不是任何个人乃至任何团体，临时在行动上取得的知识。自然，我们也应该承认：在我们当前的死活斗争中，必然地会使我们已有的理论更加丰富起来；然而，我们决然不应该把临时得来的一些经验单独地去应用。

第五，在组织上，我认为对于学生和教师太强调一些。对于占全国人民大多数的工农却又太轻描淡写了。

第六，在"教育方法"那一节里，提到了"推动家庭店铺"，却不曾提及包含大多数民众的工厂和农村。

在"宣传民族危机"这一点上，只主张"运用县市乡现在组织"，却忘记了大众自动的集会。

第七，这一个方案的次序，首先是从"目标"一项起头。我以为：首先应该叙述敌人的侵略以及汉奸卖国事实。再从事实上决定任务，由任务上再决定方法、工具等等。这虽然好像是一件小事，然而也有理论上的区别吧。

这以上的意见，不见得就完全正确，也不见得就说到十分充分了。因此，我希望继续有人加以讨论。

再，我以为当前的救国教育，除开大众自己的基本训练以外，要和下列的两种教育作殊死战——第一是封建复古的教育，第二是实验主义的买办教育。关于后一种，我希望每一位（连我自己也在内）曾经受过实验主义影响的人们，一齐醒悟过来，正确地站在进一步的立场，实施大众的救亡教育，去争取抗敌除奸的胜利。

(原载1936年2月15日《大众生活》第1卷第14期)

民族解放大学校* （2月16日）

你一看见"大学校"三个字，或者要疑心我想谈一谈"中央大学"①一类的学府。其实我心里所想说的，并不是这样的学府，而是比这样学府要大二三十万倍的大学校。

这个大学校，自二十四年十二月九日起，已经开学，还没有取名字，我姑且送它一块校牌，叫做"民族解放大学校"。

这个大学校是没有围墙，万里长城还嫌太短，勉强的说，现在中华民国的国界就算是我们这个大学校的"四至"。

它也用不着花几百万去建造武汉大学②那皇宫一般的校舍。工厂、农村、店铺、家庭、戏台、茶馆、军营、学校、庙宇、监牢都成了这个大学校的数不清的分校。连坟墓都做了我们的课堂。谁能说庙行的无名英雄墓③和古北口的支那勇士墓④不是我们最好的课堂啊？

它并且没有校长。的确，一直到现在，我们还没有找到这样的一个校长。大概这校长怕不是一个人做得起来，照趋势看来恐怕是要由四万万人合做一个集体校长，或是由大家的公意产生一个校长团。

它的导师多着咧！前进的大众，前进的小孩，前进的知识分子，都有资格做这大学校的导师。学生们学得一点真理，立刻就负了教人的义务，也立刻成了先生了。广义的说起来，是四万万人都是先生。

它的学生也是一样的多，顶少也有四万万。在这所大学校里，大家共同追求真理，活到老、学到老、教到老、干到老、团到老。

我说四万万人这句话是有毛病。一因全中国的人是没有正确的统计，二因少数汉奸卖国贼必得开除出去，三因我们不能关起国门来办教育。这个大学校的国外学生、同学、导师，谁能数得清呢？

学校虽大，功课只有一门。这门功课叫"民族解放教学做"，简单一点，它叫做"救国教学做"。先生教什么？教救国。学生学什么？学救国。教与学都以做为中心。先生要在救国的行动上教救国，学生要在救国的行动上学

---

* 本篇原载1936年2月16日《生活教育》第2卷第24期。

救国，这样才是真正的救国教学做，这样才是真正的民族解放教学做。这门伟大的功课当然有许多细目可以分出来。例如政治、经济、军事之演讲，作战防卫技术之操练，医药救护之操练，交通工具之操练，戏剧唱歌之演习，国防科学之研究，大众教育之推进，拼音新文字之普及等等，都是这门功课里所应当包括的细目。这些细目都是以民族解放之实际行动为中心，有计划有组织的各种实际行动的过程，便是这个大学校的课程。

照上面的观点看来，救国不忘读书的口号是站不住了。救国与读书是分不开的。我们只读可以救国的书，救国的行动要求什么书我们才读什么书。最近教育部通告里说"教育之生命即民族之生命"。这句话也要颠倒过来才是真理：民族之生命即教育之生命。不救民族之生命，哪能救教育之生命？这个大学校只救民族之生命，则教育自然有生命了。

这个大学校的教育法也特别。前进的生活法便是前进的教育法。前进的生活法是什么？一是批判，二是战斗。这个大学是要根据大众的利害来批评一切歪曲的理论，要为民族解放前途向汉奸卖国贼封建势力帝国主义拼命的战斗。

这个大学也要办毕业，它也有会考⑤。等到一切失地收回，主权恢复，中华民族完全得到了自由平等，我们就算会考及格，定期举行毕业典礼。

这样的会考，当然不是写几篇文章就能及格。我们的民族解放的证书是用血写的，我们的民族解放毕业是打出来的。我们所纳的学费不是金子银子，乃是我们的生命。我们所要得到的不是方块帽、漏斗袋，乃是万万年的整个中华民族之自由平等！

够了！你这个人是多么自私自利啊，单为你自己一个民族打算！对，你的话虽然骂得不错，但是你不要心急，民族解放大学只是一个初级大学（Junior College），在它上面，还有一个更大的人类的高级大学（Senior College）咧。

注 释

① 中央大学　文理科综合大学，校址在南京，创办于1902年。其前身为三江师范学堂，后改为两江师范学堂、南京高等师范学校、东南大学。1928年改为中央大学。抗日战争时期迁重庆，抗战胜利后迁回南京。解放后改名为南京大学。

② 武汉大学　文理科综合大学，校址在武昌珞珈山。前身为武昌高等师范学校，1923年改为武昌师范大学。1925年改为武昌大学，1928年改为武汉大学。抗日战争时期迁四川乐山。抗战胜利后迁回武昌。

③ 庙行的无名英雄墓　位于上海市北郊的庙行镇，是1932年"一·二八"抗日战争中死难将士的墓地。

④ 古北口的支那勇士墓　古北口是长城关隘之一，位于北京密云县北。"支那"是古代印度人、波斯人、希腊人对古代中国的一种称呼，该处勇士墓所埋葬的勇士，是1935年5月为抵抗日本侵略军侵入华北而牺牲的将士。

⑤ 会考　国民党统治时期对中学毕业生所实行的统一考试。

大众的国难教育方案之特质* （3月1日）

现在是教育与国难赛跑。我们必须叫教育追上国难，把它解决掉。但是教育这个东西，能帮助解决国难也能加重国难，我们是不可以随便干的。要怎样才算是一个解决国难的教育方案？让我把它的特质指出来，你就可以知道它和别的教育方案是不同了。

（一）它是单一的

解决国难的教育方案只有一个目的。这个目的就是保卫中华民国领土主权之完整以争取中华民族之自由平等。一切教育设施都要以这个神圣的使命做中心。教育部新近宣布国难时期教育宗旨，说：教育之生命即民族之生命。还有人甚而至于说：我们先要救教育之生命，才能救民族之生命。前一说是把生命的源头弄颠倒了。后一说是把一个生命分成两个：一是教育的生命，二是民族的生命。我要郑重的说：教育没有独立的生命，它是以民族的生命为生命。惟有以民族的生命为生命的教育，才算是我们的教育。国难教育是要教人救民族之命，则教育之命自然而然的得救了。

（二）它是大众的

民族之命非"小众"所能救。国难教育的任务，在唤醒大众组织起来救国。教育大众是当前国难教育之第一件大事。《大公报》二月七日的社评乃把它降到第二义，可算是颠倒是非了。北平学联会所通过之非常时期教育草案是很好的，但是《大公报》披露该案的时候，任意的把民众教育三条删掉，也是因为《大公报》是采取了一种要不得的流行的态度：不许大众救国。我们应该知道，不许大众救国的教育，乃是亡国的教育，而不是救国的教育。

---

* 本篇原载1936年3月1日《生活教育》第3卷第1期，题为《国难教育方案之特质》。

（三）它是联系的

解决国难的教育方案，应该注重三种联系：一是内容的联系，一切科目活动都以解决国难为中心而取得联系；二是组织的联系，各界各团体都以救亡工作为中心而取得联系；三是历史的联系，把现在中国民族解放运动与历史的教训密切的联系起来。这样整个的中华民国是成了我们的伟大的大学校。中山大学教育研究所所拟之战时教育工作计划，很详细具体，但是单以学校为组织之中心是不够的。至于有些人想把国难教育像只小鸟儿关在课堂的小笼里，那更是自欺欺人了。

（四）它是对流的

比如烧水，冷水重而往下沉，热水轻而往上浮，这叫作对流。经过一些时候的对流，水就自然的沸起来了。解决国难教育的方案是必须容许上层下层的对流。领导的人总想由上而下；但是纯粹由上而下的教育，只能造成被动的群众。被动的群众是发挥不出力量来担负救亡的责任。我们必须愿意被群众领导才能领导群众。故群众对于教育必须有由下而上的自动的机会，才能把自己和领导者造成救亡的战士，而完成救亡的使命。我们应当打通领导者与被领导者中间的隔板，使他们可以对流而互相教育。若把教育分成两部分，一部分专门培养领导者，另一部分专门培养被领导者，结果必定是教领导的人脱离群众的要求，致使国难教育变成一个麻木不仁的东西。

（五）它是行动的

高谈阔论不能救国。只有实际的救国的行动才能把将亡的国救回来，但不能盲行盲动。我们所需要的是有理论的行动，有组织的行动，有计划的行动，有纪律的行动。所谓理论、组织、计划、纪律，又不是校长训育主任为行政便利弄出来的那一套，乃是民族解放运动所决定的必要条件。我们要在行动上接受民族解放的理论、组织、计划、纪律。为教育而教育，不许行动的教育，乃是加重国难的教育，而不是解决国难的教育。

新的大众教育运动（3月15日）

　　一场反对同中国本身一样古老的教育制度的文化革命今天正在中国兴起。这种教育制度使得汉字十分艰深难学，以致百分之八十的人民成为文盲。因为需要花上许多年来学习，所以只有少数有特权的人才能掌握几万个汉字来达到能读会写的程度。近年来，把自己叫做"文化工作者"的那些学生和知识分子担负起将复杂的汉语拼音字母罗马化的任务并把这套罗马化字母教给群众。这种罗马化的字母共有28个，以"拉丁化"闻名。

　　为了把新教育带给人民，一种工农学校制度创立起来了。这种学校没有领薪的教师。学生和知识分子们每天花一至二小时来训练群众，过了一段时间，群众便培养出自己的教师。差不多每个班级总有四至五人有任教的天生才能，经过几个月的训练就主动地领导一个班级或一个小组。于是，在农村地区便可看到农民教农民的情况，在城市里可以看到工人自己当教师的工人学校。

　　大众教育运动的原则是：每个人，即使只学习过几个月，只要学到一点，就应把他所学到的教给别人。这是"小先生"制度的基础。甚至很小的孩子也可以当"小先生"——能力较强的可以各领导一个班级，其余的可以各教一个三四人的小组。五六岁的男孩子、女孩子教他们的父母、祖父母、佣工等读书写字是常见的事。

　　一种新的心理状态支撑着这种新的大众教育运动。生活的变化就是教育的变化。在普通学校里不需要、有时也不可能进行这种教育而获得成功。因此，我们的教育不限于学校的形式。既然真正的教育来源于人们生活间的接触，任何有人居住或聚集的地方实际上就是一所大众学校。于是，我们的学校是在庭院、走廊、街道、商店、庙宇、兵营中举办的。整个社会是我们的学校，全部生活是我们的课程。

　　文化工作者正在全中国组织这种大众的教育制度。音乐和戏剧工作者的相类似的团体也在进行同样的活动，茶馆里讲的故事也在宣传这种新的教育。因此，这一思想便广泛地传播开去。

　　新的课本用拉丁化文字编写，期刊用拉丁化文字出版了。北平话和上海

---

* 原载1936年3月15日《中国呼声》（Voice of China）英文半月刊第1卷第1期。

话的拉丁化拼写体系已经编制完成，我们目前正在编制福建话和广东话的拉丁化拼写体系，因为这些省份都各有自己的方言。据估计，一个文盲无论男女，都能够在一个月内学会用拉丁化字母读和写，因此，经过很短期间的训练，群众就能够继续自己教育自己。

新的大众教育运动起源于上海，但这种教育运动不应和晏阳初①先生在定县所提倡的那种类型的教育方式相混淆。用汉语来说，定县类型的教育称为"平民教育"，是指普通人的教育，而新的群众教育汉语叫做"大众教育"，意思是广大群众的教育。名称上的差异包含着主要点上的根本区别。定县主张平民教育，但在实践中却成了少数人的教育，而新的大众教育则目的在于真正实现民有、民治、民享的教育。

这一运动完全靠自力维持。民族解放教育社②只靠每人一角钱的社员费维持。虽然对运动的同情者捐助的款子总是欢迎的，民族解放教育社的主要活动并不依赖这些捐款，而依靠人民自己。

这场文化革命理所当然地是和民族解放运动不可分离地联系在一起的。大众教育培养大众的觉悟。运动的目的不限于教人民能读会写，还教他们知道当前存在的各种问题，并引导他们懂得如何对待这些问题。测定一种教育制度的有效性在于它是否经得起现实的考验。群众需要的教育是能够帮助他们面对生活的教育。回避现实的教育制度，说明它具有一种使它不能发挥作用的内在弱点。

虽然大众教育运动进行民族解放的教育，但决不可理解为它提倡狭隘的民族主义。尽管我们面临着民族危机，我们仍然没有忘记培植国际主义精神。不言而喻，国际主义精神乃是世界和平的基础。中国大众的教师们不敢忘掉这个重要的原则。

可能除了印度之外，世界上没有任何别的国家像中国这样，教育一向成为有钱人的特权。这一新的运动发展和持续几年之后，将可能消灭中国惊人的文盲，给人民带来文化，使他们能够捍卫自己的文化，抵御外国的各种文化侵略。

注 释

①晏阳初　中国提倡平民教育的教育家之一。曾长期担任中华平民教育促进会的总干事。该会成立于二十年代中期，开始主要是在城市中进行识字教育。1929年该会总会迁到定县，1930年确定定县为实验区。1933年河北省政府根据国民政府法令，将定县作为河北省县政建设实验区，并设县政建设研究院于定县，由晏阳初任院长。1936年日本侵略者企图侵吞华北的时候，平教会南迁四川和广东、广西。新中国成立后，晏阳初仍在海外从事教育活动。

②民族解放教育社　即国难教育社。1936年2月23日成立。领导人是陶行知。作者在这一英文论著中，把"国难教育社"译成"民族解放教育社"，是为了使英文读者更易了解该社的性质和使命。

生活教育之特质* （3月16日）

您如果看过《狸猫换太子》那出戏，一定还记得那里面有一件最有趣的事情，就是出现了两个包龙图：一个是真的，还有一个是假的。我们仔细想想，是越想越觉得有趣味了。世界上无论什么事，都好像是有两个包龙图。就拿教育来说吧，您立刻可以看出两种不同的教育：一种叫做传统教育，另一种叫做生活教育。又拿生活教育来说吧，您又可以发现两种不同的说法：一种主张"教育即生活"；另一种是主张"生活即教育"。我现在想把生活教育的特质指出来，目的不但要使大家知道生活教育与传统教育之不同，并且要使大家知道把假的生活教育和真的生活教育分别出来。

（一）**生活的** 生活教育的第一个特点是生活的。传统的学校要收学费，要有闲空工夫去学，要有名人阔老介绍才能进去。有钱、有闲、有面子，才有书念，那么无钱、无闲、无面子的人又怎么办呢？听天由命吗？等待黄金时代从天空落下来吗？不！我们要从生活的斗争里钻出真理来。我们钻进去越深，越觉得生活的变化便是教育的变化。生活与生活一摩擦便立刻起教育的作用。摩擦者与被摩擦者都起了变化，便都受了教育。有人说：这是"生活"与"教育"的对立，便是"生活"与"教育"的摩擦。我以为教育只是生活反映出来的影子，不能有摩擦的作用。比如一块石头从山上滚下来，碰着一块石头，就立刻发出火花，倘若它只碰着一个石头的影子，那是不会发出火花的。说得正确些，是受过某种教育的生活与没有受过某种教育的生活，摩擦起来，便发出生活的火花，即教育的火花，发出生活的变化，即教育的变化。

（二）**行动的** 生活与生活摩擦，便包含了行动的主导地位。如果行动不在生活中取得主导的地位，那末，传统教育者就可以拿"读书的生活便是读书的教育"来做他们掩护的盾牌了。行动既是主导的生活，那末，只有"为行动而读书，在行动上读书"才可说得通。我们还得追本推源的问：书

---

* 本篇原载1936年3月16日《生活教育》第3卷第2期。

是从哪里来的？书里的真知识是从哪里来的？我们是毫不迟疑的回答说："行是知之始"，"即行即知"，书和书中的知识都是著书人从行动中得来的。我要声明著书人和注书人抄书人是有分别。人类和个人的知识的妈妈都是行动。行动产生理论，发展理论。行动所产生发展的理论，还是为的要指导行动，引着整个生活冲入更高的境界。为了争取生活之满足与存在，这行动必需是有理论、有组织、有计划的战斗的行动。

（三）**大众的** 少爷小姐有的是钱，大可以为读书而读书，这叫做小众教育。大众只可以在生活里找教育，为生活而教育。当大众没有解放之前，生活斗争是大众惟一的教育。并且孤立的去干生活教育是不可能的。大众要联合起来才有生活可过；即要联合起来，才有教育可受。从真正的生活教育看来，大众都是先生，大众都是同学，大众都是学生。教学做合一，即知即传是大众的生活法，即是大众的教育法。总说一句，生活教育是大众的教育，大众自己办的教育，大众为生活解放而办的教育。

（四）**前进的** 有人说，生活既是教育，那末，自古以来便有生活，即有教育，又何必要我们去办教育呢？他这句话，分析是对的，断语是错的。我们承认自古以来便有生活即有教育。但同在一个社会里，有的人是过着前进的生活，有的人是过着落后的生活。我们要用前进的生活来引导落后的生活，要大家一起来过前进的生活，受前进的教育。前进的意识要通过生活才算是教人真正的向前去。

（五）**世界的** 课堂里既不许生活进去，又收不下广大的大众，又不许人动一动，又只许人向后退不许人向前进，那末，我们只好承认社会是我们的惟一的学校了。马路、弄堂、乡村、工厂、店铺、监牢、战场，凡是生活的场所，都是我们教育自己的场所，那末，我们所失掉的是鸟笼，而所得的倒是伟大无比的森林了。为着要过有意义的生活，我们的生活力是必然的冲开校门，冲开村门，冲开城门，冲开国门，冲开无论什么自私自利的人所造的铁门。所以，整个的中华民国和整个的世界，才是我们真正的学校啊。

（六）**有历史联系的** 这里应该从两方面来说。第一，人类从几千年生活斗争中所得到而留下来的宝贵的历史教训，我们必须用选择的态度来接受。但是我们要留心，千万不可为读历史而读历史。我们必须把历史的教训和个人或集团的生活联系起来。历史教训必须通过现生活，从现生活中滤下来，才有指导生活的作用。这样经生活滤过的历史教训，可以使我们的生活倍上加倍的丰富起来。倘使一个人停留在自我或少数同伴的生活上，而拒绝广大人类的历史教训，那便是懒惰不长进，跌在狭义的经验论的泥沟里，甘心情愿的做一只小泥鳅。第二，中国已经到了生死关头，争取大众解放的生活教育，自有它应负的历史的使命。为着要争取大众解放，它必须争取中华民族的解放；为着要争取中华民族之解放，它必须教育大众联合起来解决国难。因此，推进大众文化以保卫中华民国领土主权之完整，而争取中华民族之自由平等，是成了每一个生活教育同志当前所不可推却的天职了。

怎样做大众的教师* （4月1日）

现在中华民国已经到了生死关头，我们做大众教师的人应当怎样做才能帮助解决国难而不至加重国难？我常以这个问题问人，现在人也常以这个问题问我了。这里是我的答复：

第一，追求真理

大众是长进得很快，教师必须不断的长进，才能教大众。一个不长进的人是不配教人、不能教人、也不高兴教人。大众快赶上你了！你快要落伍了！"后生可畏"不是一句客气话，而是一位教师受了大众蓬蓬勃勃的长进的压迫之后，对于自己及一切教师所提出来的警告。只有不断的追求真理才能免掉这样的恐怖。也只有免掉这种恐怖才能教大众，否则便要因为怕大众而摧残大众了。我得声明，真理离开行动好比是交际花手上的金刚钻戒指。我们所要追求的是行动的真理，真理的行动（Truth in Action）。这种真理不是坐在沙发上衔着雪茄烟所能喷得出来的。行动的真理必须在真理的行动中才能追求得到。你不钻进老虎洞，怎能捉得小老虎。

第二，讲真理

让真理赤裸裸的出来和大众见面。不要给它穿上天使的衣服，也不要给它戴上魔鬼的假面具。你不可以为着饭碗、为着美人、为着生命，而把"真理"监禁起来或者把它枪毙掉。教师只能说真话。说假话便是骗子，怎么能做教师呢？

---

* 本篇原载1936年4月1日《生活教育》第3卷第3期，题为《儿童节对全国教师谈话》。文章开头还有一句："儿童的教师应该怎样干？我拿这个问题问过自己，问过朋友，问过好多小学教师。"文中"第一，追求真理"和"第二，讲真话"中的"小孩"二字，在收入本书时均改为"大众"。

第三，驳假话

说假话的人太多了，教师要有勇气站起来驳假话。真理是太阳，歪曲的理论是黑云。教师要吹一口气把这些黑云吹掉，那真理的太阳就自然而然的给人看见了。

第四，跟学生学

你要教你的学生教你怎样去教他。如果你不肯向你的学生虚心请教，你便不知道他的环境，不知道他的能力，不知道他的需要；那末，你就有天大的本事也不能教导他。他要吃白米饭，你倒老是弄些面条给他吃，事情是会两不讨好。不但为着学生而且为着你自己，你也得跟你的学生学。你只须承认小孩有教你的能力，你不久就会发现小孩能教你的事情多着咧；只须你甘心情愿跟你的学生做学生，他们便能把你的"思想的青春"留住，他们能为你保险，使你永远不落伍。

第五，教你的学生做先生

你跟学生学，是教学生做你的先生。如果停止在这里，结果怕要弄到师生合做守知奴，于大众毫无关系。你必得进一步教你的学生去教别人，你必须教你的学生把真理公开给大众，你得教你的学生拿着真理的火把指点大众前进。

第六，和学生大众站在一条战线上

教学不和学生站在一条战线上便不成为教师。这是怎样说呢？因为他要到西方去，你却教他往东走；反过来，他要到东方去，你却教他往西走。这种牛头不对马嘴的教育怎能行得通呢？有些教师不惜使用强迫手段要学生朝着教师指定的路线走，结果是造成师生对垒，变成势不两立。在势不两立的局面下还能叫学生接受他的指导吗？不但如此，先生学生虽是打成一片，如果他们联合行动的目标与大众所希望的不符，还只是小众的勾结，将为时代所不容。因此做教师的人必须和学生、大众站在一条战线上为真理作战，才算是前进的教育。现在中国第一件大事是保障中华民国领土主权之完整，与争取中华民族劳苦大众之自由平等。教师和学生大众都要针对着这个大目标，才能站在一条战线上来。教师和学生大众站在这一条战线上来奋斗，才算是实行着真正解决国难的教育。你若把你的生命放在学生的生命里，把你和你的学生的生命放在大众的生命里，这才算是尽了教师的天职。

我们如果能把上面这六点做到，便不愧为现代的教师了。这样的教师，我相信，对于民族解放、大众解放、人类解放是有贡献了。

大众教育问题* （5月1日）

一、为什么需要大众教育？

简单说来，因为大众失了教育，所以需要大众教育。中国的教育只有少数人，有钱的人、有闲的人、有面子的人才得受教育。这少数人的教育，可以说是小众教育。而掌握国家大权的人，也就是这些小众。掌握国家的大权，照理要保护国家，但事实上东北丢了，热河丢了，冀东丢了，华北丢了，土地一块一块的丢了，丢了二十二个江苏省那么大了，而福建也动摇了。少数人受了教育，不能保护国家，把中国土地一块一块的丢了。想把国家大事依靠此种人，说来只有"靠不住"三个字，也只有书呆子才想靠他们。现在只有大众才能救国。

我们要大众起来救国，但是大众识字的只有十分之二。他们不知道国家的危险，吃了苦不知道苦从哪里来；受了灾难，也不知道怎么有这许许多多的灾难。他们只晓得吃苦受灾是命运不好，说咱们的老命不行，这是我们祖宗的风水弄错了。

他们受了痛苦，不会去追求痛苦的原因；受了灾难，不会去根究灾难是谁给予的。民族国家的危险，正需要大众来挽救，他们有力量救国，而没有人去启发，没有人去领导。他们不知道国难的根本原因，在于日本帝国主义的侵略。他们不知道灾难的线索在什么地方，他们不知道痛苦的根本原因在什么地方。我们要教大众知道他们所受层出不穷的痛苦，并不在于命运不行，也不在于风水弄错，而在于日本帝国主义的侵略。我们要教大众会运用他们的力量，我们要教大众怎样去推翻日本帝国主义，这才是大众教育。我们要提倡大众教育，推行大众教育。因为小众拿政权在手，带兵百万，仍是不能救国。救国的问题，只得由大众来解决，我们要使大众知道国难的根本原因在于日本帝国主义的侵略，而想出挽救的办法来。

---

* 本篇是1936年5月1日作者应中山大学法学院之请，在中大大礼堂所作的演讲，由陈孝禅记录整理。原载1936年5月8日和15日的广州《民国日报·教育周刊》。

二、什么是大众教育？

大众教育和小众教育有什么分别？

第一，大众教育是大众的，不是小众的；

第二，大众教育是大众自己办的，不是小众代办的；

第三，大众教育是大众谋大众的幸福，大众除大众的痛苦，不是小众谋小众的幸福，小众除小众的痛苦。

大众教育的定义是："大众教育是大众的教育，大众自己办的教育，为大众谋幸福的教育。"(Mass education means education of the mass by the mass and for the mass)

在此，我们要仔细分别大众教育和所谓平民教育、民众教育不同之点。大人先生所倡办的平民教育或民众教育，一点儿也无补于事的。我们只要把大众教育的定义弄清楚，自然会明白平民教育或民众教育乃是小众的，小众代办的，为小众谋幸福的。这是大众教育和平民教育或民众教育根本的区别，除此之外，还有许多不同之处。

分析说来，第一，大众教育要对大众说老实话，不要含混，不要欺骗。平民教育或民众教育，便不是这样。譬如说，我看见某平民课本①，开宗明义说："人人有衣穿，人人有饭吃，人人有工做。"这是欺人之谈。你说"人人有饭吃"，昨晚隔邻张三全家挨饿了。你说"人人有工做"，李四自从工厂辞退回家，没有工做已经许久了。这还说什么"人人有饭吃"，说什么"人人有工做"，这不是明明白白的骗子吗？我们办大众教育要说老实话，不要欺骗才行。

再如，大众教育也是要农村建设的。不错，农村建设要有组织，也要有礼貌，不过这只是农村建设的一端。要有组织就先要有目的，譬如中山大学是一种组织，此种组织，已经有了目的，因此，才不会今天组织了，明天就散伙了。农村建设也是一样道理，既然要建设，就应该有一个中心，没有一个中心，不但要落空，而且会吃亏的。举一个例来说，农村建设之中，有一个叫做"公路建设"的口号。好了，要开公路，于是乎清丈土地，圈定土地，填筑土地，公路造成了，汽车来了，洋货也源源输入了。我曾做一首诗："圈去农人地，农人哭啼啼，造成汽车路，汽车大王笑嘻嘻。"帝国主义的政治经济文化的侵略，也深入农村，于是乎农村更加破产。办这样的教育，要来建设农村，真是南辕北辙！我们办大众教育要有深远的计划才行。

第三，大众教育也是要生产建设的。一般人提出生产教育，我并不反对；但他们以生产教育做唯一的目的，我就要反对了。比方说，生产主义者，他们以为一亩小麦，要是多收两斗，照这个比率计算起来，全国小麦的生产不是洋洋可观吗？他们以为一亩棉花要是多收五十斤，照这个比率计算起来，全国棉花的生产不也是洋洋可观吗？生产——生产——生产——生产主义的平民教育就要鼓励农民去增加棉花的生产。日本帝国主义的计划不是也在华北鼓励农民增加棉花的生产吗？棉花种的越多，帝国主义也越欢迎，棉花原料也越不愁没有地方供给。单教人去生产而不去计较后来的得失，正是帝国主义的口吻。我以为大众教育教大众生产之外，还要教大众觉悟，大众的生产（Mass must coneious of mass production）才不会偏在后头。这样教人生产，才靠得住。

我们要教人，不但要教人知其然，而且要教人知其所以然。这一回上海的普及教育，也只教人知其然，自然是不够。此次我到广东来，在船上，我就想出几条原则来，教人怎样去知其所以然。这几条原则是要大众觉悟的。

（一）知道事情是这样；

（二）知道事情为什么这样；

（三）知道事情怎样就这样；

（四）知道事情怎样会成那样；

（五）知道事情为什么由这样变到那样；

（六）知道事情怎样由那样变成这样；

（七）把一切的事情和别的事情联合起来看；

（八）在行动之中追求一切的真理，把真理来指导提高一切的行为。

我们要彻底理解一个事情，要知其然知其所以然，那么就要依照这八条原则，不然，我们只知其然，教人知其然，这是愚民政策。

举例来说，我们知道生物学、社会学都有发展性，这是学过生物学和社会学的人周知的事。民族解放运动也有发展性，第一，知道中国是如此的一个半殖民地；第二，知道中国为什么会沦为半殖民地；第三，知道中国怎样沦做半殖民地；第四，知道中国怎样会成为独立平等的国家；第五，知道中国为什么要由半殖民地进为独立平等的国家；第六，知道中国怎样就由半殖民地进为独立平等的国家；第七，中国民族解放运动要和资本主义国家人民反抗帝国主义运动，社会主义反抗帝国主义运动，弱小民族反抗帝国主义运动，联合起来，考虑得失，要否大家连成一条共同战线；第八，中国民族解放运动，要从实际行动得到经验，以行动做主要的领导。

大众教育，也要照这个程序和民族解放运动联系起来，务使大众个个做民族解放运动的斗士。就这样去教大众读书，才不会陷入"读死书，死读书，读书死"的泥淖之中。大众解放，中国才解放，中国要解放，就得求大众的解放。如果不是这样，中国是没得救的。

大众教育是针对现实，小众教育是逃避现实。小众教育像古寺的和尚，古庙的修道，他们不愿跟现实接触的。华北的情形，最易看出来，日本的飞机，盘旋于古城之上，于是学者搬家，古物搬家，仪器搬家，只有古城搬不了家，这是逃走教育。高等教育尤甚，迁校啦，迁图书啦，逃走，逃走，搬走了事！否则做汉奸，投降！只有我们的大众搬不了家，不能逃走，只得死守古城。因为他们即使想逃走，没有地方给他们逃走，没有旅费给他们逃走，而我们大众的教育也就没有跑掉，已经跑掉的不是大众的教育。真正的大众教育要和现实打成一片，现实也是大众的教育，永远跑不掉。

再如定县也挂起大众教育的招牌，所谓平民教育或民众教育，可是大人先生教育逃走了。国难没有来，他们还在那里，国难的消息传到领袖的耳朵，领袖专家就想逃走，他们也知道要逃走，师出无名是不可以的，于是想来想去，想出县单位的试验提高到省单位的试验的法子。这样一来，领袖们专家们便逃到广西了，逃到四川去了，而用不着顾虑舆论的指责了。他们还在报上发表声明，说这一回的搬家不过是由县单位试验，提到省单位试验。真的由县单位提到省单位，是事业的扩充，我很喜欢能够这样的。河北省是定县的所在地，也是国防的最前线，危险万分，在这里才真正是试验省单位，才真正做救国的工作，为什么不提到河北省做省单位试验而提到广西去、提到四川去，还不是逃走吗？几百万元给他们花掉了，几十万农民给他们抛弃了！大众不能逃避现实，他们要保护自己的生命、自己的田庄、自己的财产，教育要居于领导的地位才对，而现在定县的教育领袖跑了，这是绝大错误！真的大众教育要从现实中找出题材，针对着现实，这也可说大众教育和小众教育不同的地方。

三、怎样去干大众教育？

（一）社会即学校：办大众教育第一个难关，没有房子怎么办？办大众教育当然不能希望有这样考究的房子，店铺、家庭、茶馆、篷户、庙宇、晒台、茅厕坑、监牢、坟墓，都是教育场所。上海的日本工厂压迫中国工人，无微不至，工人的谈话，也在禁止之列。但是工人救国的会谈，也不因此而终止，他们装大便，到茅厕坑去，你能说茅厕坑不是学校吗？如果你犯了罪，如爱国罪之类，给宪兵警察抓到监牢去，在监牢学了许多东西，难道监牢不是学校吗？你到黄花岗七十二烈士墓去，你的见识，你的回思，你的感慨，算是上了一课，我到上海无名英雄墓去，也上了一课，坟墓不是我们最好的课堂吗？

我们若愁没有房子开学校，对有钱有空房子的人商借一间半间房子办学校，哼，免开尊口！社会就是学校，我们在亭子间、工厂、码头、田头、茶馆、庙宇，处处都可以受教育。先生来了，我们读书吧，穷人慷慨，他们的牛棚、篷户，无妨借来做课堂。即使没有，山上、树林不也是绝好的学校吗？我们办大众教育，只要明白社会即学校的道理，处处都走得通。

（二）即知即传：有了地方开学校，没有先生还是不行。先生不是没有，月薪三百块钱，穷人哪里负担得起，三十块钱不行，二毛钱还是不行。然则先生哪里来呢？我的办法："即知即传"。知道一条真理，负责传遍天下；知道两条真理，负责传遍天下，我传你，你传他，他传他，传到码头、工厂去，传到农村去。一人教十人、二十人、三十人，你教我，我教他，他教他，一村之中，总有一二个人合农人的口味吧。一人教十人、二十人、三十人，做个传道者。譬如从前办小学，只知道教学生，其实小孩也可以做先生的。所以现在办小学，要教小孩子做学生，也要教小孩子做小先生。

小孩子做小先生，古已有之。私塾先生有了学生代课代管理，他便可安心去打麻将，睡午觉。临去只要吩咐一声，"你们好好地读书不要闹，不然，我回来就要打屁股了。"就没有事了。这正像资本家的剥削制度，在小孩子身上揩油。

小孩子做小先生，确是一个很有效果的办法。中国有九千万小孩子，如果大众教育起了作用，我们就有不领薪水不自私自利的小先生九千万人。这样一来，先生教书也进步了，因为要教孩子去做先生，做先生不能不知得多，不能不知得透，也不能不知得新；不多，不透，不新，学生就不高兴，也不能传人。现在我们有一千一百万小学生，训练起来，也即有一千一百万小先生。现在只差八千万，小先生教大众，先进的大众也做先生，如此继续不断由学生而先生，先生的问题就解决了。

（三）新文字：有学校，有先生，没有工具，还是不行。我们办大众教育要利用新文字做工具。什么叫新文字，原来是拼音字，即是"拉丁化"文字。"拉丁化"我们不敢说了，为的怕人家误会，所以叫上海话新文字也行，叫广州话新文字也行。怕人家误会的原因有二：第一，乡下人不说外国话，你要叫他们学"拉丁化"，他们只听到"拉丁化"三个字就不愿学了。第二，"拉丁化"是从俄国来的。俄国来的东西都是赤化②，他们就怕学了赤化了。其实俄国输入的东西，未必完全赤化。上海某文豪，就把"拉丁化"有赤化的危险来责难。我说："你的汽车所用的汽油，不是俄国光华公司的吗？如果从俄国来的东西就是赤化，那么你的汽车所用的汽油，也就是赤化了。"某文豪哑然失笑，给我问倒了。原来新文字是从海参崴的华侨传入来的。海参崴华侨的知识分子，用新文字推行华侨的识字教育，收效卓著，因此就有人介绍到中国来。一般人对于华侨只晓得要华侨的袁头，旁的东西，一律拒绝，难道这是公平的吗？可以推销俄国的汽油，难道不能推销旅俄华侨的新文字吗？

我们要了解新文字的好处，我们得先知道国语罗马字的不行。旁的不说，只要知道国语罗马字的二个难关，第一，国语罗马字用北平话做标准音，中国的方言复杂万分，国语一时很难推行，换句话说国语在短时间内不易希望普及。你看乡下人一辈子不出门一步，一辈子不上北平，一辈子没有和国语相接触，所以即使学会，也没有什么用处，倒不如规规矩矩去学汉字。像我学北平标准语，学了五年，还是二不像。所以用国语罗马字做普及教育的工具简直是幻想。第二，国语罗马字要分平上去入四声。在字的上下左右加点，标明是平声，还是上声、去声、入声，弄得天昏地黑。我们学来，已经感很困难，何况一般大众呢？

新文字没有这两个难关。广州有广州话新文字，上海有上海话新文字。新文字全不勉强广州人定要去学别种方言。广州人自从一岁以后，已经学会了广州方言，只要学会拼音，就可以阅读新文字、了解新文字，这是文字上的大解放。新文字用连词的办法，不用平上去入四声，它不会把"叫"字弄错做"吊"（diao）字。da dao一词，"打倒"、"打稻"、"大刀"，三个意义不同，若是把一句话连接起来就行，打倒（da dao）走狗，农人打稻子（da daozi）、关公的大刀（da dao），决不会弄错的了。

新文字不但没有国语罗马字的两个难关，而且有易学的好处，大众聪明的一天学会，笨的一月也学会，我们念过ABCDE的，很快就学会。大家说广东话，学广东话新文字，只须两个头。我们要做先生的人要教学生，学生又做先生，再去教学生，所以我们更要赶快学会。现在，广州话新文字方案共有四种，将来由专家审定，采取一种方案做广州话新文字的标准，凡说广州话的大众，如广州、香港、中山、澳门等地方，都可以用来做工具。上海的大众，采用上海话新文字做读书识字的工具，大家都可以读书阅报，明白道理，运用力量来救国了。大众有了识字的工具，教科书一分钱，铅笔一分钱，拍纸簿一分钱，高级教科书一分钱，高高级教科书一分钱，大众花了五分钱就可以读书阅报，运用大众的力量来救国。

新文字的来历上面已经说过，新文字运用的发展，我也得提一提。大家知道上海救国有罪的，所以有些爱国志士，为逃避检查者的耳目，他们就利用这种新文字。那班检查者，横看不是英文，直看也莫名其妙，常常掩饰过去。又有些青年男女利用新文字写情书，也无非怕人检查，结果也很有效。我们提倡新文字，倒不是此意，简单说来，只要大众用来做救国的工具。

（四）救国的实际行动：昨天也说了一些。我们认定教大众救国的知识，起来做救国的实际行动就得了。

上面四项的主张，已经包括大众教育的主要部分。我们有了理论，有了计划，有了组织，我们起来做救国的实际行动。大家必定已经知道天津人民自治运动的喜剧，其实都是二毛钱白面的力量推动出来，而天津市长，也居然接见这班东西。这是汉奸教育，二毛钱的汉奸教育。我们的大众教育只要五分钱，培养一个民族解放的斗士，不说二毛钱，就是二百块钱，二万块钱也收买不去，彻底干，达到中华民族解放，中国自由平等才肯罢手，这才有意思。

注 释

① 某平民课本　中华平民教育促进会总会的定县教育试验区在20世纪20年代后半期所编写和传授的平民课本。

② 赤化　反动派用来指责受马克思主义影响、拥护共产党的人物、事物的言词。

我们的态度*（5月1日）

我们这个刊物，经过长时间的筹备，居然在这多难的五月出世了。

在这个年头，要办一种刊物，说几句自己心上所要说的话，本不甚容易。但是我们的态度是坦白的，我们的心地是纯洁的，我们既决定要说自己所要说的话，那我们也只有坦白地纯洁地不管一切地说话了。

现在谨先将我们两个基本主张贡献于读者：

（一）我们坚决地主张教育目标的大众化

我们所主张的大众教育，包含有两种意义：其一，过去的教育是少数的独占的教育。这种少数独占的现象，不但是一种社会的病态，而且与需要大众为民族生存而斗争的现局相矛盾。教育的大众化，不仅站在大众的立场，是我们应有的权利；即从民族立场观察，亦是我们应有的责任。所以我们主张，将少数的独占的教育归还于大众。其次，通常的教育，每专指学校内的教育而言，并且以为教育的任务只在教人识字读书。但是，我们所理解的大众教育却并不是这样的。我们认为，教育并不是被以砖墙或篱笆围着的学校所限定，而且教育的主要目的，也并不在于教人识字读书——固然识字原是重要的手段——而是在教人，在行动中解决他自身与他所属的社会的困难。所以，我们主张的大众教育，是要冲破学校的墙围而以整个社会为教育的场所，而且由文字、知识的教育，扩大为超文字的行动的教育。

（二）我们坚决主张教育理论的现实化

这里所谓理论，决不是空想的，而是要从现实的综合的观察中发现事件的联系。过去的教育，正犯了两种相反的错误：一种是离开现实的空想的理论，如所谓人格教育、文化教育；另一种是根本缺乏综合理论的实验主义教育观。他们都只是枝枝节节地做些头痛医头、脚痛医脚的工作，看不见或看不清教育与现实的各方面的联系。这两种错误见解，更递地在中国教育领域

---

* 本篇原载1936年的5月1日上海杂志公司总代发行的《大众教育》创刊号。此文系发刊词，未署名。《大众教育》系由陶行知、郭一岑主编的进步的教育理论月刊。仅出两期。

内散播了不少的毒素。现在，我们对于这些错误是要不客气地给予清算的。

教育是一种行动，而行动需要理论的指导；没有理论的行动，那是盲动。并且行动之能否成功，要看理论之是否正确。因为不正确的或歪曲的理论，是要导行动陷于错误的泥潭的。即以国难教育为例，假使不了解什么是国难，不了解教育的本质，或不了解国难与教育的联系，则在教育的实施上，必然地要陷于错误的。我们看现在各地所实施的国难教育之不伦不类，即由于没有正确的理论指导之故。所以，正确的教育理论是教育行动上所不可须臾或离的。

总之，我们今后的努力，一方面要竭力将教育建筑在大众的基础上面，而另一方面要竭力建树一种正确的合于现实需要的教育理论，以为教育行动的指导。然而我们的力量是有限的，希望同情于我们的教育工作者以及受教育的大众，多多帮助我们。这个刊物原是属于大众的。朋友们！在这民族危机已经压到头顶上的今日，让我们在教育领域的工作中，来尽一部分民族解放运动的责任吧！

中国大众教育概论[*] （5月10日）

为什么要大众教育？中国是遇着空前的国难。这严重的国难，小众已经解决不了，大众必得起来担负救国的责任而中国才可以救。我们的"友邦"要取得辽宁的铁、山西的煤、吉林的森林、华北的棉田、福建的根据地以及全国的富源，并不是安分守己的做一个富家翁享享福就算了事。他是要叫我们四万万五千万人做亡国奴——做他的奴隶。做奴隶当然是不会舒服的，除了为他种田做工之外，还得为他当兵，做他进攻别人的肉炮弹。只须大众觉悟起来，不愿做亡国奴，与其拿生命来做敌人的肉炮弹，不如拿生命来争取整个民族的自由平等，我们的国难就必然的解决了。但是中国的大众受了小众的压迫剥削，从来没有时间、金钱、机会去把自己和民族的问题彻底的想通。加上了几千年的麻醉作用，他们遇到灾难，会武断的说是命该如此。我们要一种正确的教育来引导大众去冲破命定的迷信，揭开麻醉的面具，找出灾难的线索，感觉本身力量的伟大，以粉碎敌人之侵略阴谋，把一个垂危的祖国变成一个自由平等的乐土。

大众教育是什么？大众教育是大众自己的教育，是大众自己办的教育，是为大众谋福利除痛苦的教育。这种教育和小众教育固然大不相同，即和小众代大众办的所谓民众教育、平民教育也是根本矛盾。大众教育是要教大众觉悟；只是教大众生产、生产、生产，长得肥一点，好叫小众多多宰割的教育不是大众教育。大众教育是对大众讲真话；专对大众说谎的教育是骗子教育而不是大众教育；大众教育对着麻醉大众的歪曲理论是要迎头驳斥；始而装痴装聋，继而变成哑巴，终之而拜倒在当前势力下，这是帮凶教育而不是大众教育。大众教育是要教大众行动，教大众根据集体意识而行动；只教大众坐而听，不教大众起而行，或是依照小众的意思起而行，都是木头人教育而不是大众教育。大众教育是要教大众以生活为课程，以非常时期的有计划有组织的生活做他们的非常时期的有计划有组织的课程；这非常生活，便是

---

[*] 本篇原载1936年5月10日《大众教育》创刊号，原题为《大众教育与民族解放运动》。

当前的民族解放、大众解放的战斗生活，这是大众教育的中心功课。在这里我们要指出，民族解放与大众解放是一个不可分解的运动。如果大众不起来，民族解放运动决不会成功；但是如果不拼命争取民族解放，中国大众自己也难得到解放。所以大众教育只有一门大功课，这门大功课便是争取中华民族大众之解放。若只教大众关起门来认字读书，那是逃避现实的逃走教育而不是真正的大众教育。

大众教育怎样办？依据教育部的统计，每一个小学生每年要用八元九角钱的教育费，民众学生每年要用一元八角钱的教育费。现在中国有二万万失学成人，七千万失学儿童。这二万万七千万人当然是我们大众教育的对象。照上面的费用算起来就得要十万万元才能普及初步的大众教育。这个数目不但是大众自己办不到，就是教育部去年费尽九牛二虎之力也只筹到三百多万元的义务教育经费，对于这十万万的大众教育经费也一定是筹不出来的。因此，大众教育在现阶段一定要突破金钱关才能大规模的干出来。下面的两条原则和一个新工具是一方面可以叫大众教育突破金钱关，一方面又叫大众教育进行得更有效力更有意义。

（一）**社会即学校**　大众教育用不着花几百万几千万来建造武汉大学那皇宫一般的校舍。工厂、农村、店铺、家庭、戏台、茶馆、军营、学校、庙宇、监牢都成了大众大学的数不清的分校。客堂、灶披、晒台、厕所、亭子间里都可以办起读书会、救国会、时事讨论会，连坟墓都可以做我们的课堂。谁能说庙行①的无名英雄墓和古北口②的"支那"勇士墓不是我们最好的课堂啊！

（二）**即知即传**　得到真理的人便负有传授真理的义务。不肯教人的人不配受教育。前进的知识分子当然是负着推动大众教育的使命。但是经过很短的时间，前进的大众和前进的小孩都同样的可以做起先生来，我们可以说大家都是学生，都是同学，都是不收学费的先生。在传递先生和小先生的手里，知识私有是被粉碎了，真理为公是成了我们共同的信条。

（三）**拼音新文字**　拼音新文字是大众的文字。有了新文字，大众只须花一个月半个月的工夫，便能读书、看报、写文。初级新文字教育只须三分钱就能办成，连一个人力车夫也能出得起。大众教育可以不再等待慈善家的赈济。的确，文化赈济是和面包赈济一样悲惨，一样的靠不住。水灾和旱灾的地方是十个人饿死了九个，剩下一个人才等着一块面包，而这块不易得的面包是差不多变成酸溜溜的糨糊了。新文字！新文字！新文字是大众的文字。他要讲大众的真心话，他要写大众的心中事。认也不费事，写也不费事，学也不费事。笔头上刺刀，向前刺刺刺，刺穿平仄声，刺破方块字，要教人人都识字，创造大众的文化，提高大众的位置，完成现代第一件大事。

依据社会即学校，即知即传两条原则，拿了新文字及其他有效工具，引导大众组织起来，争取中华民族大众之解放：这便是中国所需的大众教育。

注释

① 庙行　位于上海市北郊的庙行镇。
② 古北口　长城关隘名，位于北京密云县北。

新大学
——大众的大学*（6月1日）

新大学是什么？新大学是大众的学府。

《大学》里面说："大学之道在明明德，在新民，在止于至善。"这是从前的"大学之道"。新的"大学之道"就不同了。依照新的眼光看来，它是变成了"大学之道在明大德，在新大众，在止于大众之幸福"。

什么是"大德"？"大德"是大众之德。大众之德有三：一是觉悟，二是联合，三是争取解放。"明"即明白，要教大众自己明白大众之德是这样。

"新大众"是教大众自新。大众本来是可以明白"大众之德"，但为天命之说和别的迷信所麻醉，把自己弄得糊里糊涂。新大学之任务是要教大众在真理的大海里洗个澡，天天洗，一世洗到老，使得自己的头脑常常是清清楚楚的，认识痛苦之来源和克服痛苦之路线。

"止"是瞄准的意思。新大学的一切课程设施都要对着大众的幸福瞄准。为大众争取幸福所必需的就拿来教人，所不需的就不拿来教人。

从前大学里所造就出来的人才有两种。一种是不肯为大众做事。我曾经为这种人写了一幅小照：

> 滴大众的汗，
> 吃大众的饭，
> 大众的事不肯干。
> 架子摆成老爷样，
> 不算是好汉。

第二种人是代替大众做事，但野心勃勃，想要一手包办，甚至不许大众自己动手来干。这样的人我们也是反对的：

---

* 本篇原载1936年6月1日《生活教育》第3卷第7期，题为《新大学》。

大众滴了汗，
　　大众得吃饭，
　　大众的事大众干。
　　若想一个人包办，
　　不算是好汉。

　　新大学所要培养的不是这种人。它要培养和大众共同做事的人才。如果它也免不了要培养领导人才的话，它是要培养愿意接受大众领导而又能领导大众的人才。说得正确些，它是要培养大众做大事。

　　还有一种时髦大学，好像是我所说的新大学而实在是和我所说的正相反。它们的作风，一动手就是圈它几千亩地皮，花它几百万块钱，盖它几座皇宫式的学院。我参观了珞珈山武汉大学之后，有人问我作何感想。我说如果我有这笔款，我用款的步骤是有一些不同。第一步，这笔款用来开办大众大学，足够培养五百万大众帮助收复东北。第二步，东北收回之后，假如还有这样多的款子，我想用来发展一些适合国民经济的工业。第三步，工业稍有发展，又积下这么多的款子，我还不能建造皇宫的学府，是必须盖些大众住宅，使无家可归的人可以进来避避风，躲躲雨。第四步，等到一切穷苦无告的人都可以安居乐业了，那时大众一定要勉强我盖几座皇宫的学府，我大概是可以马马虎虎的答应了。

　　那末，新大学就不要校舍吗？要是要的。没有也无妨，茅草棚虽小，足够办大学。

　　新大学是大众大学。新大学是茅草棚大学。

文化解放*（6月14日）

（一）什么是文化

文化是什么？初看起来是一个很容易答复的问题，但是仔细想一下，却有些困难。我们看到一本书，大家都可以承认它是属于文化方面的东西，但是遇着一把"石斧"的时候，我们的意见就要分歧了。有的人承认它是古代文化的遗产；有的人就不免要把它划进别的部门里面去。如果我们承认它是文化的遗产，那末一切生产工具都可以包括在文化的范围里面去了。石斧既是属于文化，那末，锄头乃至机器都可以算为文化了。这样一来，文化范围可就广大了。除了大自然之外，凡是人类所创造的一切都是文化了。凡是可以用来生产、战斗、交通、享乐、治理、思想的工具以及这些工具所引起的变化都可以当作文化看待了。这是一个顶宽的看法，也是一种顶简单的看法。照这样看法，文化是与大自然相对起来的。世界上的一切可以分成两大类；一类是没有加上人工的，叫做自然；另一类是人工所创造的，叫做文化。但是在这个广大的定义之下，研究讨论的工作是不易进行。因此我们要从这广大的事物里抽出一部分来，特别叫它为"文化"。这部分便是记录思想，传达思想，发展思想，改变思想的符号、工具和行动。照这样看法，在文化里面是包含了书籍、报纸、戏剧、电影、学校教育、社会教育、民众运动、高深学术研究等等；在本质方面看，文化工作反映着人类经济政治的思想。这个定义是与一般人普通所想的接近。

（二）对谁解放

大众是文化的创造者。最初连语言文字都是从劳动中产生出来的。从哼呀哼呀的呼声里发现了语言，这是不可否认的事实。在树皮上画游猎的路线是文字起源之一。石斧、石刀、种地、造房子不是什么圣人发明的，乃是许多劳苦大众一点一点地积起来的贡献。近代工人对于发明上千千万万的贡献

---

* 本篇原载1936年6月14日《生活日报》星期增刊第1卷第2期。

都给科学家偷了去，写在自己的账上。文化是大众所创造的。文化是被小众所独占。现在应该将文化从小众的手里解放出来，创造文化的大众应该享受创造的结果。文化是无疑的要对大众解放，使整个文化成为大众的文化。现在的文化解放运动可以说是大众文化运动。

（三）认识上的解放

文化有什么功用，我们必得把它认识清楚，才能谈它的解放。有些人把文化当作装饰品看待，以为大众用不着这个东西。我承认现在所谓"文化"当中有一部分是好比金刚钻戒指。但是有一部分是思想斗争的武器，这武器必定要解放出来，给大众抓住，然后民族、大众的解放才有很快的发展。其次，有些人以为大众文化是要等到大众政治实现以后才有可能。我承认大众文化的普及是要等到整个政治变成大众的政治。但是，大众的政治决不是凭空从天上掉下来的，它是要靠着大众继续不断的奋斗才能实现。这奋斗是要运用文化的武器以转变大众的思想，才能保证胜利。另外，特别是从事文化工作的人，太夸大文化的工作，或把文化看作一个孤立的东西。他们相信文化万能，或者是为文化而文化。这样会叫文化工作脱离了现实而变成一个没有作用的东西。殊不知文化所要记录、传达、发展、改变的思想乃是人类生活中心的思想，即是政治经济的思想。文化脱离了政治经济便成了不可思议。我们认识了文化是政治经济斗争的武器，就没有这个毛病了。最后，还有一种人以为文化的工作是纯粹的头脑工作。他们把它看成一个静的东西，可以静坐而得，静坐而传。他们忽略了行动与思想的关系。他们没有认识文化运动的作用。我们如果认识文化是民族大众解放的斗争的武器，这个静止文化的错解也就消灭了。我们对于文化的功用至少要有这点认识，然后才能把它从错误歪曲的观念里解放出来，也惟有把文化从错误歪曲的观念里解放出来，文化才能发生真正的作用。

（四）工具的解放

中国的思想符号主要的是汉字。读书人要花一两千块钱，学它十年二十年，才可以读点古书；平常的人花它百把块钱，一两年只是一撇一直的像稻草一样吃到肚里去不能消化，俗语叫作不通，读书没有读通。这难写难识的汉字只好留给那少数有钱有闲的少爷小姐去学，无钱无闲的大众和苦孩子必得另找出路。这出路就是近年提倡的易写易认的新文字。大众只须一个月每天费一小时就会写新文字的信，看新文字的报，读新文字的书，那是多么便利啊！大众文字的解放是大众文化解放的钥匙。

（五）方法的解放

传达文化之方法，依我看来，有三点最要解放。第一点，灌注的教授法最要不得。它把接受文化的人当作天津鸭儿填。民族大众解放运动最需要的不是灌注的演讲而是对于时事之讨论。这种相互之自由讨论，如果有前进书籍杂志作参考最能启发人的思想。学生和大众应该普遍的从灌注的教授法里解放出来，跑到这种自由讨论的空场上呼吸些新鲜空气，晒一晒太阳光。第二点，是知识封锁也要不得。从前的观念是学问自己受用，学校变成守知奴的制造厂。我们应该把自己从这知识私有卑鄙习惯里解放出来，我们对于真理应该即知即传，不肯教人的人不配受教育。从前写文章的人，是写得越深越觉得得意。现在呢，连白话文都得解放成大众文，使得大众易于了解。这的确对于传布文化起很大的作用。觉悟的知识分子都得把自己的作风解放出来使得大众易懂。第三点，要不得的是教而不做，学而不做。我们要在行动上来推进大众文化。我们要从静的方法解放出来，使大众加入真理的行动以追求行动的真理。

（六）组织上的解放

文化的组织是被小众捏得死死的，学校里的训育管理变成官僚化，学生只是被治而失去了自治。我们要把文化从模范监牢里解放出来，使它跑进大社会里去。社会即学校。文化的场所多着哩，茶馆、酒楼、戏院、破庙、茅棚、灶披、晒台，甚至于茅厕在今日都成了大众的课堂；整个民族解放运动成了大众的课程。平常的课程如果是和民族解放运动配合起来就不得不起质的变化。例如算学吧，那是看作一门纯粹的学科，然而把整个中国失掉的领土富源算一算，便立刻从平常的课程跳入非常的课程里面来了。在新的组织里教师、学生和大众是站在一条民族自救的大路上，从前教师与学生间、学生与大众间的围墙都要打通，这样大众的文化才能充分传达发展。

（七）时间的解放

有些传统的学校，名为认真，实际是再坏无比。他们把无所谓的功课排得满满的，把时间挤得点水不漏，使得学生对于民族前途和别的大问题一点也不能想；并且周考、月考、学期考、毕业考、会考弄得大家忙个不了，再也没有一点空闲去传达文化、唤起大众。说得不客气些，这就是汉奸教育、奴化教育、亡国教育。另一方面，大众一天做十二小时工，甚至于有的要做十六小时的工，他们是没有空闲接受文化。时间是文化战的最大关键，我们必须争取时间来推进大众文化，时间解放是大众文化解放的焦点。

（八）新文化创造的解放

新文化之创造是社会进步之特征，同时也是帮助社会更进一步的一种推动力。新兴的文化多少总是于大众有益的文化，所以新文化的创造是受着前进者之欢呼，同时是遭着落伍者之妒忌。前进的书籍、杂志、戏剧、电影种种，是在热烈的欢迎里遭着最惨酷的虐待。明明是一部最好的电影，他会给你东剪一条，西剪一条，剪得使你失去了原来的生命。好比人家生了一个小孩，假如管户口册的人要批评你这孩子那里生得对，那里生得不对，你一定是要觉得他做得太过分了；又假如他不但是随嘴乱说，并且手里还拿了一把剪子，看到孩子耳朵长得太长便毫不客气的剪掉一点，看到孩子鼻子长得太高又毫不客气的剪掉一点，你该觉得这是一个什么人啊！你能忍心的坐在旁边让他剪吗？这样的刽子手是等在文化界的门口，一看见新的作品出来就给它几剪。从这把剪子的虎口里把新文化解放出来，是整个文化界不可推诿的责任。

（九）怎样取得文化解放

中国从前有一样东西叫做裹脚布，把姑娘们的脚紧紧的裹，裹得肉烂骨头断，裹成一双三寸金莲，好嫁一个好人家。我想和这裹脚布相配的还有一样东西，叫做裹头布，把中国的小孩、青年、大众的头脑壳，紧紧的裹，裹得呆头呆脑，裹成一个三寸金头，好做一个文化奴隶。这裹头布便是加在大众头上的一切文化的压迫。不愿做文化奴隶的人联合起来，争取大众文化之解放！前进的知识分子在推进大众文化上固然能起重要的作用，但是大众文化运动决不能由少数知识分子代办。大众文化是大众的文化，是大众为自己推动的文化，是大众为自己谋幸福除痛苦而推动的文化。大众文化的解放是要大众运用集体的力量来争取的。它决不是小众可以送来的礼物。并且民族解放、大众解放、文化解放是一个分不开的运动。必得要联起来看、联起来想、联起来干，才会看得清楚，想得透彻，干得成功。

大孩子游记
——我要看世界*（7月12日）

世界是一个大学校，我要钻进去上课。我要在世界大学里去做学生。

每一个小孩子都欢喜到外面去看看。一个人无论他是多大年纪，只要他还想到外面去看看，他还算是有小孩的精神，便可算为一个大孩子。这样说来，我是十足的一个大孩子。

我要去看看世界。我所以要看看世界，为的是要认识世界。我所以要认识世界，为的是觉得这世界出了毛病，要大家来改造一下。

我这次是到伦敦去参加世界新教育同志会的第七届大会。到会的人有五十几国的代表，听说有二千多位。我将有这许多的先生同学指教，我是多么的高兴啊！这是我要在世界大学里去上的第一课。以后我要在英国考察一下，再到法国、苏联、德国、土耳其、意大利、美国、印度各地方去看看。

我是一个大孩，
我要看看世界，
我要认识世界，
要和大家一同来改造世界。
中国是世界上的一块。
如果世界好，
中国不会坏。
要想中国好，
世界不可坏。

我们要认识中国，
同时要认识世界；
我们要为世界改造中国，

---

* 本篇系1936年7月12日陶行知在香港至新加坡的海轮上写的。

同时要为中国改造世界。

花费许多人的血汗钱，
说是要看看世界。
我不问你别的，
只问你有什么东西带回来？
带来给中国大众？
带来给中国小孩？

花费许多人的血汗钱，
说是要看看世界。
我不问你别的，
只问你有什么带去给世界？
带去给世界的大众？
带去给世界的小孩？

  我写这游记的动机便是这样问出来的。我觉得现在至少有一件事是有把握的，就是每到一个地方把见到听到的有关系的事情扼要的写出来，报告给中国的大众和小孩知道。我要努力继续不断的写这游记，按期在《生活教育》上发表。如果《生活教育》的读者肯得帮助我把这些知识或印象广播给学生和大众以及校外的小孩，我深信是有意义的，也是有趣味的。如果《生活教育》读者或他们的学生朋友有什么问题要我顺便调查，也可以托生活教育社转寄给我，这样当能更加具体的引导我去探取有益于大众、小孩的材料。我特别注意的是各地大众、小孩的生活及世界改造的趋向。如有这类的问题给我，我是格外欢迎的。

中国大众教育运动* （8月）

中国主要是农业国，而且是一个穷国，因此没有钱按照西方的方式教育全国人民。中国要在几年内使全国人民能读会写，就必须研制出它自己的方法来。目前中国通过大众教育运动正在做这件事。中国大众教育运动开始于十二年前，但在最近两年中已经进入一个新的阶段。这个运动已下定决心要解决现时中国面临的三个最迫切的问题。首先是建立新学校的经费问题。运动的组织者们不把钱投入建筑校舍，而把整个社会看作一个学校。庙宇、戏院、休息室、私人住房的顶楼以至住房旁边的附属小屋，都已经被利用作大众的学校，从而把别的计划极为需要的钱节省下来了。

第二个问题也已经用一种新的方法解决了。中国的农民和工人没有钱买知识，没有钱付教师的薪金，因此运动的组织者们规定，凡是拥有知识的人都有责任与他人分享知识。参加夜校学习班的或者收割庄稼前后较为空闲时前来学习的三四十个农民，不仅是学生，而且也是先生。他们即使只学了第一课，也被鼓励回家去把他们刚才学到的内容教给他们的妻子和儿女。儿童们也成功地当了先生。六岁的孙儿教五十七岁的祖母读书写字。小学、中学的教师们因而受到鼓舞和帮助去训练他们的孩子们当"小先生"。

"小先生"这个词儿听起来似乎很奇特，但是在中国，这些小先生却获得了很高的声誉。他们已经能够比成年人更有效地处理了中国的一个特殊的问题。中国妇女多数是文盲，女教师非常少。可是男教师教十六七岁的女孩子不方便。所以儿童们白天在学校，晚上当先生，教邻近的妇女和女孩。小先生制非常成功，凡是采用了小先生制的地方，男人和妇女的文化几乎相等。

当然还必须防止若干危险。小先生制须坚持自愿。但儿童们是热情的，他们一听到小先生制，多数就想当先生为国效劳。另一个危险是他们可能在

---

* 本篇是陶行知作为中国大众教育运动的组织者和领导人在1936年8月于英国切尔特纳姆市（Cheltenham）举行的"新教育联谊会"第七次世界会议上的发言。

教学上操劳过度，有损他们的健康。必须注意防止这样的事情发生。可能有人猜想，他们传递的知识是非常错误的。然而，实际上，人们发现，他们是非常认真的，把自己学到的东西教给别人，也使自己对学习的内容更清楚。

大众教育运动还解决了另一个问题，即简单的中文拼写字母问题。中文的方块字，一字一个图像，很难学习。中国话的一套拉丁化字母制定出来了。这套拉丁化字母已经在广州、上海和北方各省试行。它能为全国人民的四分之三所读懂，一个农民凭借这套拉丁化字母一个月之内就能学会读书写字。

随着这三个问题的解决，使大众不必等到中国工业化就能够用来自己教育自己的一种工具铸造出来了。如果中国要等待这久，那就太晚了；没有大众教育，中国就要遭殃，丧失它的完整和自由。因为，坦率地说，现在中国的教育只有一个目的：民族解放。如果教育不能帮助中国成为一个自由、独立的国家，那么教育就没有意义了。

可是，强调民族解放，并不意味着狭隘的民族主义。一个自由、独立的中国将有助于世界和平，因为中国丝毫没有采取帝国主义政策的意思。中国力图达到的是在中国青年身上培植中国的民族解放精神和整个世界的国际谅解的精神。

出自WyattRawson编"The Freedom We Seek"（《我们追求的自由》）一书

1937年

对于中国学生运动之认识与希望*(5月29日)

世界学生大同盟总干事克鲁门先生说："中国学生运动在世界学生运动中是处于领导之地位。"我当初听他讲的时候，以为他是对中国人说客气话。但是，九个月来，在巴黎、日内瓦、布鲁塞尔、伦敦和美国，因接触学生活动，而得到的经验是证明了克鲁门先生所见之正确。中国学生拿着火把照着全世界学生前进。

我个人也能为中国学生运动做见证。我之所以加入中国民族解放运动，多半是受了学生运动之影响。我以为年青的人对于时代的感觉是要灵敏些。跟着青年学生的灵敏的感觉去找路线，是不容易走错的。下面一首小诗便是我对于学生运动的见解：

> "世界已起变化，
> 火把要有人拿，
> 但愿天翻地覆，
> 青年领着老大。"

我们中年人不但是应当爱护学生运动，并且应该从学生运动中去认识自己对于民族解放之责任。

学生运动是中国整个民族解放运动之先锋。我希望这个先锋部队要严密它的组织，锻炼它的精神，使它可以胜任百折不回的奋斗。学生救国联合会是负有责任要叫每个分子都有"富贵不能淫，贫贱不能移，威武不能屈"的精神。有了这样的精神，才能冲锋陷阵，以争取中华民国之自由平等。

中国学生不但是先锋，而且是先觉。我们早已知道：联合抗日才是生路。但要保证胜利，必须大家起来。学生是负有唤起大众之任务。我希望"学联"动员每一个分子去到每一角落里去培养传递先生和小先生，把民族

---

* 本篇原载《学生之路》第4期，转引自1937年6月《消息》第10卷第6期。

解放之真理传布到大众的队伍里去。这是"学联"一开始就努力的工作，但是还要继续的做，扩大的做，更认真的做。每个学生都要推行大众的国难教育，引导大众自己教自己，使大众都觉悟起来，拼命去争取中国之自由平等。能够这样，中国的前途一定是远大光明。

问自己* (7月12日)

我仔细算了一下，这次要用的旅费大约是六千块钱。我是个穷光蛋，哪里来这些钱？我把出国的目的在几个月前就给几位道同志合的朋友知道了。承他们的好意，陆续自动地代我筹足，并为我筹了一点事业费，使我在国外的时候，国内的事业不致停顿。我是多么高兴而感激啊！但是我越想越难过起来了。何以呢？个人是生不带钱来。我的朋友的钱也都是从老百姓那里来的。我们的老百姓有的是吃着早饭愁着中饭，有的是当掉冬衣来取夏衣，有的简直是吃着树皮草根到处逃难。我乃花费他们的血汗钱来周游世界，岂不荒唐？老实说：我这次要花掉二百人的全年的粮食。倘使我没有好的东西带回来，我能对得起大众和小孩吗？我究竟有没有好东西带回来？带回来的东西究竟是不是好的？我是没有把握。并且我也必得有好的东西带去给人，人才有好的东西交给我，这也没有把握。但是，我决不放松自己。我天天都要拿这些问题来引导我的行动。

（下略）

---

* 这是陶晓光的手抄稿。

乡村教育十周年 （10月10日）

诸位工友、农友、小朋友和全体同仁：

今年，是我们乡村教育十周年。我们在这十年当中，大家所努力的结果，是有好几个贡献：

一、社会即学校。

二、生活即教育。

三、教学做合一。

四、在劳力上劳心。

五、行是知之始。

六、教劳苦大众自己教自己，在这里面我们发现了传递先生。

七、教小孩子自己教自己，在这里面我们发现了小先生。

八、就是工学团，工以养生，学以明生，团以保生。

九、我们把这个工学团今年变成救国团，这是更进一步了！我们要求救国的学，救国的工，要为救国而团结。

十、我们要传播拼音符号。在这个一年当中，对于拼音符号的传播，我们是有特殊的进步。

今年还有一件特别的事体，我们可以报告的，就是生活教育已竟引起华侨和各国的认识。他们大家对于这个生活教育和乡村教育，是非常的注意。今年世界新教育同志会开会的时候，已经把生活教育报告给大家，大家都感觉到很大的兴趣。

第二，印度在这一方面有许多朋友，已经把生活教育特别是普及教育的办法，传到印度去。

第三，就是美国的杜威先生和孟禄先生对于我们的办法非常赞成。

今天我们特别要讲的是以后的努力：

第一件事体我们要努力的就是统一抗日。因为统一抗日是我们中华民族的出路。

我们今后要努力的第二件事，就是充实大众的大学，要把大众的大学发展出来。一定培养他们的教育，才能争取本身的生存和中华民族的解放。

---

* 本篇原载1937年《生活教育研究会会刊》第1卷第7期，署名：梧影。

论中国文化*

——一个教师关于中国文化的观点（11月26日）

一、文化是劳动人民的成果，双手造就了大脑，从而创造文化。

二、使文化成为可能或产生文化双手，文化果实被剥夺。

三、中国文化和西方文化的融合。

四、在时代伟大变革的漩涡中：

（1）为学者们重新发现双手；

（2）为工农重新发现大脑；

（3）文化的重新发现是进一步解放的工具，而不是可供游戏的玩具；

（4）文化的重新发现是为供一切参与创造文化的大众共同欣赏，而不是只供少数人享用；

（5）文化的重新发现是进一步创造的基础，创造不是一次就了事的。

---

* 这是陶行知1937年11月26日在纽约市布鲁克林第七街〔Brooklyn Academy of Museam〕的演讲，根据英文手稿由庞曾漱译。

1938 年

十二个字的理论
——致吴树琴 (1月4日)

树琴同学：

我新近得到了十二个字的理论，写出来给你们看看：

　　学七十；

　　教八十；

　　让九十；

　　求一百。

怎样叫做学七十？我们无论学什么事，最少要学到七十分。但是学到了七十分，就不该自私自利的把知识藏在脑壳的冰箱里，立刻要拿它出来教人。平常人总以为，学到七十分只可教六十分。这是不对的。我们只要存了知识为公的念头，就可跳过七十分的限度。我们只须想到预备教人，便可从七十分跳到八十分，这叫做教八十。但是如果有人懂得九十分，我就应该让他领导，不应该挡路。同时我自己须精益求精，务必达到完全的境界，缺少一分也不甘心。

梧①
二七、一、四

注 释

① 梧　陶行知笔名"梧影"的简称。

回国三愿*（9月1日）

我有三件大事要做：
（一）创办晓庄学院，以培养高级人才。
（二）在港创办中华业余补习学校，以教育方式，发动侨胞救国。
（三）创办一难童学校，选拔有特殊才干之难童，作人才幼苗之培养。

---

* 这是1938年9月1日，陶行知由欧美回国，途经香港时与记者的谈话。原载1946年7月26日《新华日报》。题为编者拟。

生活教育目前的任务＊（12月15日）

这几天在桂林的同志们，得有机会，聚在一块，检讨生活教育之理论与实践，各人都有一些收获。我从前为一位朋友题过三句话：检讨过去，把握现在，创造将来。我们为什么要检讨，把握？一切都为创造。我们要常常检讨，紧紧把握，天天创造，积小创造而为大创造。

生活教育之定义在晓庄开校前九年，我已提出，包含三部分：一是生活之教育；二是以生活影响生活之教育；三是为着应济生活需要而办之教育。用英文译出来，比较简单：Life education means an education of 1ife, by life and for life. 关于第一部分和第三部分，洞若同志说得很清楚，对于第二部分我想补充几句。"以生活影响生活"是怎样讲呢？我们要拿好的生活来改造坏的生活，拿前进的生活来引导落后的生活，针对着现在说，我们要拿抗战的生活来克服妥协的生活。

在抗战建国这一伟大时代中，生活教育者有什么任务，有什么贡献，我想简单的说一说。

我们有四种任务：一、力求长进，把自己的集团变成抗战建国的真力量；二、影响整个教育界共同求进，帮助整个教育界都变成抗战建国的真力量；三、参加在普及抗战建国的生活教育的大运动里面帮助全民族都变成抗战建国的真力量；四、参加在普及反侵略的生活教育的大运动里面帮助全人类都变成反侵略的真力量。

我们的理论，在战时，更显出它的优点。现在说它的可能的贡献：

一、我们认识教育只是民族大众人类解放之工具。当日本帝国主义危害我们生存的关头，生活教育者每上一课自必要问：这一课对于抗战能有多少帮助？为教育而办教育的人是不容易发出这样的疑问。

＊ 本篇系1938年12月15日在桂林召开的生活教育社成立大会上的讲话，原载1939年1月10日《战时教育》第3卷第10期。附文《生活教育社成立大会纪录》摘记，系摘自1939年1月7日上海《申报》奇卓写的特写。题为《象征中华民族新生的新安旅行团小朋友写了〈生活教育社成立会记〉》。原记录者是新旅的童常。

二、我们认识生活之变化才是教育之变化，便自然而然的要求真正的抗战教育，必须通过抗战生活。抗战演讲、宣传，若不通过抗战生活，我们不会承认它是真正的抗战教育。

三、我们认识社会即学校，便不会专在后方流连。我们立刻会联想到前方，联想到敌人的后方。即使在后方办学校也必然的要想，如何把教育的力量输送到前方和沦陷区域里面去。

四、我们认识人民集中的地方便是教育应到的地方，便毫不迟疑的注意到伤兵医院、难民收容所、壮丁训练处、防空壕与山洞里的教育而想去解决它。

五、我们认识集团的生活的力量大于个人的生活的力量，即认识集团的教育力量大于个人的教育力量，便毫不迟疑的帮助我们的学生团结起来，让他们自己管自己，从前的工学团和战时的集体主义的自我教育都是要贯彻这个意思。

六、我们认识"生活影响生活"以及人人都能即知即传，故不但顾到成人青年而且顾到老年人与小孩子，整个民族不分男女老少都必然的要他们在炮火中发出力量来。义勇军之母赵洪文国老太太及台儿庄的小孩唱歌感化小汉奸为小战士，都是印证生活教育理论颠扑不灭的铁证。

七、我们认识教学做合一及在劳力上劳心为最有效之生活法亦即最有效之教育法，便自然以行动为中心而不致陷落在虚空里面。如果抗战建国是要真正的干出来，那么生活教育的理论便要求为干而看，为干而谈，为干而玩，为干而想。

八、我们认识到处可以生活即到处可以办教育。当平时学校被炸，先生散了，学生散了，学校也跟着散了。生活教育者的学校是炸不散的，如果可以炸散，除非是先生学生一起炸死。只要有几个存在，不久归起队又是一个学校了。孩子剧团、新安旅行团便是炸不散的学校。平常的学校只要采取生活教育这一点点办法，那千千万万倒闭的学校都可以复活了。这几次的集会使我们大家对于生活教育理论有了更亲切的了解，更热烈的信仰。这了解与信仰是会发生不可思议的力量。我相信生活教育必定能够发出伟大的力量帮助打倒日本帝国主义，帮助创造一个自由平等的新中国，并且帮助创造一个和平互助的新世界。

附：《生活教育社成立大会记录》摘记
——记陶行知的若干插话

十二年来为中国新教育事业而奋斗的生活教育社，在广西当局的提倡之下在桂林正式成立了。十二月十五日在广西省政府开成立会，到会社员及来宾约一千五百人。与广西同胞分别了两年多的陶行知先生，对十二年来的生活教育做了一个简明的报告，广西省政府、省党部、省教育厅都有代表讲话。

大会上通过了社章和三十三位理事十五位监事。理事实际上只有三十二个，因为陶先生说："我们的理监事中应有各民族的代表。回族的代表有唐柯三先生，藏族的代表有喜饶嘉错先生，可是蒙古的代表还没有，我们相信不久一定会有的，所以空一个名字……"主席请白崇禧副总长讲演。白讲演后，陶先生站起致谢说：

"刚才白副总长说：新的战术就是游击战、运动战、阵地战综合运用的全面战术。这是一个真理。同样，蒋委员长在衡山会议所发表的五个方针，其中一个就是注重游击战。我们教员的一个责任就是宣扬真理。我们应该把蒋白二公所述的真理教给大家知道。但是，教员还有一个责任，就是驳斥假理。"

新安旅行团小朋友唱了三支歌后，教育家而又兼大众诗人的陶先生又笑逐颜开的出来说：

"现在是全面抗战，武人要文装，文人要武装。我刚才做了一首小诗：'文人武化，武人文化，不文不武的文武化。文武不再相骂，联合起来创造新天下！'现在就请中国文学界的泰斗、武装的郭沫若先生讲演。"

郭先生在讲话中称赞新安旅行团和孩子剧团是我们中国的裴斯塔洛齐——陶行知先生创造出来的。

在生活教育社总社社员
大会上的讲话*（12月15日）

生活教育提倡在十二年之前，当初我们办了一个晓庄学校。起先是想怎么给乡下人受教育，这就是"乡村教育运动"。

乡村教育运动发展下去，后来我们在上海办了一个山海工学团，从此又发现"小先生"的教育方法，希望吸收一切大小的力量来开展"普及教育运动"。

从"九一八"到"一·二八"，国难一天紧一天，所以在上海发起了国难教育的力量，帮助国家解决国难。

"八一三"抗战后，国内的形势起了根本的变化，我们的同志又提出了"战时教育"。

现在是到了全面抗战时代，我们的中心任务是展开"全面教育"运动，以配合全面抗战而争取全面胜利。但是我们并不是见异思迁，这五个教育运动只是一个教育运动的五方面。这一个教育运动是什么？只是"教育为公"四个字。

不过我们的工作，因为没有正式的组织，做得非常不够。最近我们为了同志们的进修，为了集中力量贡献给国家民族，所以把生活教育社正式的成立起来。

刚才白副总长说：新的战术就是游击战、运动战、阵地战综合运用的全面战术。这是一个真理。同样，蒋委员长在衡山会议所发表的五个方针，其中一个就是"注重游击战"。

我们教员的一个责任，就是宣扬真理。我们应该把蒋、白二公所述的真理教给大家知道。但是教员还有一个责任，就是驳斥假话。汪精卫先生在他的全面抗战论文里大骂游击队，说它游来游去，好比明朝的流寇，可以颠覆政府而不足以抗日。我们知道游击队是击来击去，不是游来游去。击什么？

---

* 摘自童常的文章《生活教育社总社社员大会记》，原载香港《星岛日报》。转引自《生活教育十二周年纪念刊》。

击日军，击伪政权。我想它也可以颠覆一种政府，颠覆什么政府？颠覆伪政府！至于说游击队为流寇，我在日本报上看过多次中国官骂游击队为流寇的，要算汪先生为第一个人了。他所说的假话，我们是必须向人民和小孩指出来，这是我们教师的责任。假话驳掉，好比刮一阵风把乌云吹散，真理便如太阳光样和我们相见了。

现在是全面抗战，武人要文装，文人要武装。我刚才做了一首小诗："文人武化，不文不武的文武化。文武不再相骂，联合起来创造新天下！"现在就请中国文学界的泰斗、武装的郭沫若先生讲演。（群笑，鼓掌。）（郭在讲话中称新安旅行团和孩子剧团都是我们中国的"裴斯塔洛齐"陶先生创造出来的。郭的讲演另附。——编者注）

新安旅行团和孩子剧团并不是我产生的，不过我们相信生活教育的发展一定要产出他们这样的团体和更多的团体的。记得在汉口的时候，孩子们叫我太老师，我就不敢当。我是主张跟孩子们学的，所以我是"太学生"。

郭先生又告诉我们一个真理："跟孩子们学！"

附：郭沫若在生活教育社总社社员大会上的演讲

有十二年光荣历史的生活教育社，今天在模范省的广西开成立会，尤其是能够听到白副总长这样详细的分析，我真快活极了。这是我有生以来最快活的一天。相信我如果能够再活半年，一定不会忘记的，我如果能够再活上〔一〕年，我也一定不会忘记了今天的。

在白先生讲话之后，有新安旅行团和中山纪念学校的小朋友们在大家面前来表演，我看了真觉惭愧。

中国有一句俗话说"一代不如一代"，今天看了小朋友的活动，深深地觉得是"一代不如一代"。古人的意思是说后代不如前代，但是我们今天看到的"一代不如一代"，是前代不如后代啊！（鼓掌）

仅仅这一点，就足够证明最后胜利一定是我们的。别的小朋友团体我不大清楚，对于新安旅行团和孩子剧团，我是比较清楚的。新安旅行团是在抗战前就从江苏出发了，已经走了三万里路。在西北留了很深的影响；这一回到南方来，我们看到他们的工作是多么有条理，多么努力啊！

孩子剧团是抗战后在上海组织的，上海沦陷后，他们跑出来，从南通、郑州到了武汉，做了很多的工作。这是大家都知道的。

新安旅行团和孩子剧团是谁创造出来的？都是我们中国的"裴斯塔洛齐"陶先生创造出来的。

生活教育是注重实践，启发自觉性和创造性。是要把教育和生活密切地联系起来的，所以又有"生活即教育""社会即学校"的口号，小朋友就是实践了这种方针和原则，与我们前一代的人不相同的。新安旅行团、孩子剧团是生活教育的具体化，标本！

最近政治部对宣传工作确定了两个原则："宣传即教育""服务即宣传"。这也可以说是模仿陶先生的"生活即教育""社会即学校"的。这个宣传原则的决定是生活教育十二年来努力的结果，也可以说是一年多的抗战使我们觉得我们需要生活教育。

现在小朋友们就在诸位的面前，他们是多么纯洁，多么勇敢，希望每一个人都能够像这些小朋友一样，以纯洁无垢的精神，创造出一个纯洁无垢的新中国！（鼓掌）

（出处同前）

1939年

教育过程*（3月9日）

观察世界，
说明世界，
变化世界。

感觉困难，
迎接困难，
解决困难。

---
* 手稿见《衔忘录》第29册-039。影印本见全集第10卷第926页。

评加强教育党化*（3月10日）

党义教育或党化教育这一名词，已经久被人们所淡忘了！最近以来，在报章杂志和一部分教育界人士的言语之间，又有人主张恢复党义教育，或在课程内加上三民主义一课。

这种建议，原是未可厚非的。因为三民主义是抗战建国的政治基础，要抗战必胜，建国必成，不但有需于全国人民对三民主义的深切了解，尤需于全国人士能起来实行三民主义。不过，过去十余年来，党义教育之所以失败，是很值得我们猛省的。国民党第三届中央执行委员会第一五七次常务委员会所通过的《三民主义教育实施原则》，是凡初等、中等、高等、师范、社会、蒙藏、华侨等教育如何实施三民主义教育，均详列大纲；而于课程、训育、设备等，也均有详细的厘定，不可谓不周。政府复编纂党义教科书，检定党义教师等等。可是推行十余年之结果，尽人皆知，无庸讳言，是完全失败了。其原因，不外高廷梓先生在《中央周刊》上《论过去党义教育的检讨与今后党德的实行》一文中所说："十年来本党主义尚未能普及到全体国民的缘故，实在是党德之未充分的表现与实行。"这是很确实的，党在民众中间的行动与表现，就是一种教育，如果党员不"以身作则"，不以"人民之利害为利害"，不以"人民之视听为视听"，徒贪个人之私利，其所宣扬的党义教育，必适得其反。

还有一个原因，就是《中央日报》社论上所指出的："许多误解党化教育的人，以为教育权教育机关尽握在党员的手中，就算达到党化教育的目的了！"其结果，所谓党化教育，变成争权夺利！

我们现在要将三民主义教育普及全国人民，必须痛改前非。而于实行之时，尤其注意三事：

一、推行三民主义教育，不只是设三民主义一课，必须也把一切教育都以促进民族独立、民权普遍、民生乐利为旨归，而把三民主义的革命精神，

---

* 本篇原载1939年3月10日《战时教育》第4卷第2期。

渗透到整个教育领域去。

二、三民主义教育的实施，不在死读三民主义，而在实践。是凡抗战建国的具体工作，如兵役宣传、慰劳伤兵、推行战时民教和动员民众、组织民众等工作，都是一种最好的教育。

三、推行三民主义教育，尤须努力团结全国各党各派。在国家民族危在旦夕之秋，决不能再容我们有强制式的统治与形式的统一，造成貌合神离、分崩离析的险恶现象！否则，不特在教育的意义上，其结果适得其反，而且会加深国家民族的危机。

告生活教育社同志书*
—— 为生活教育运动十二周年纪念而作（3月15日）

我所敬爱的同志们：

三月十五日①是一个值得纪念的日子。每年到了这个日子，大家都有许多意见想交换。我回国以来，忙于建立新事业，只有少数同志曾经通信，而且也因为时间关系，没有畅快的写。在这半年当中也曾走过不少的地方，但是会见的同志究竟不多。现在想乘这十二周年纪念的日子，把心里想说的话，尽量的说出来，希望大家指教；并希望大家也将别后的一切尽量告诉我，使我对于各人的工作有更深切的了解。让我们就在这种了解中建立我们共同的信念，以发挥我们的力量。

我们在这大时代中遇着了，而且是继续不断的共同奋斗，这是多么幸福啊！有些人却不是这样看法。去年八月中归船到印度，一位留学的太太对我说："这次我们回到中国是和出国的时候大不同了。学校没有了，工厂没有了，家庭没有了，亲戚朋友都流离失所了，先生也不免有些伤感吧？"我说："在国内我们可能看见的也许比你所说的要惨十倍一百倍，但是我毫无伤感。它的确是一个不大同的中国了。有拳头了，站起来了。不错，它是在大量的流血，但是如同一位母亲生孩子一样，流血的结果是新生命之产生。我们在中国所看到的血，不再是自相残杀的血，而是和日本帝国主义拼命的血。在这伟大的血的洪流里将要浮出来一个伟大的自由平等的中华民国。"记得"五三"惨案②纪念日在晓庄寅会③里我曾说过："晓庄所办教育如果不能帮助中国把日本帝国主义打出去，便算是失败。"我们自始就认定大时代之来到，而且这大时代是要靠中国人和一切反侵略的战友的血汗创造出来的。

从上海、江苏、浙江、安徽、湖北、湖南、广东、广西、福建、四川、陕西、山西、河南、河北、贵州、甘肃、香港、安南④、新加坡及欧美同志的来信，知道大家都在自己的岗位上把各人的力量贡献给中华民族。在后方、在前方、在海外、在敌人的后方，大家都是很努力很切实的尽你们的责任。

---

* 本篇原载1939年3月25日《战时教育》第4卷第3期。

我们的人数不多，但几乎是总动员了。大家毫不吝啬的贡献各人的汗、血或脑汁。我不能否认也有很少数的同志由认识不够而徘徊、落伍。但是大多数是在大时代的创造中，百折不回的发挥各人的小小的力量。有一封信，尤其使我不能忘记，它以"迎接困难"四个字作对我回国之勉励。我以为这四个字是不应该独自欣赏而应该送给全体同志做座右铭。拿破仑说他的字典里没有"难"字，连侵略俄国也不难，所以一败涂地。汪精卫说他的字典里没有"易"字，怕抗日不易，所以动摇妥协。这都是矫枉过正之谈。其实，字典里有难字也有易字。我们对于困难，不可轻视，也不可害怕，这"迎接困难"四字恰恰把我们应该有的态度表现了出来。谁也不能否认，中国是在过难关。困难既是不断的来，那末，来一个，解决一个，来两个，解决一双。我们个个人都有了这"迎难"的精神，便更能负起我们的任务而发挥我们的贡献。

就我实地所观察，中国是走上了胜利之路。三民主义是成了全国共同信仰之主义，即成了领导中华民族解放之最高原则。抗战建国纲领也是正确的国策。衡山会议议决方针，如民众重于士兵，政治重于军事，后方重于前方及游击战重于阵地战都是帮助抗战建国纲领实行之有效途径。蒋委员长对于近卫声明的驳斥一方面是指出抗战国策之坚决，一方面是粉碎敌人之阴谋。在第三届参政会闭幕词里面，蒋议长特别阐明民主政治之要义，尤足以保证抗战必胜、建国必成之信念。这是在政治方面所表现的进步。军事方面，游击战、运动战、阵地战综合之全面抗战已经展开，最可宝贵的是我所遇见的将领士兵，人人都抱有抗战到底的决心。经济方面，各种重要工业在内地是渐渐的惨淡复兴起来。轻工业合作社也已逐渐展开，最可喜的是有不少新工程师之出现，没有水泥钢骨也能建立起工厂。法币的基础是仍然稳定，敌人使尽千方百计还是撼不动。人民方面所表示出来的，如赵洪文国之三代打游击、曾大娘之送子从军、台儿庄儿童唱歌团之化小汉奸为小战士，华侨之长期输捐，小贩发动之义卖，足见人心未死，中国必兴。这些事实与现象都证明中国是在胜利的大道上阔步迈进。

同时，日本国内反战分子渐多，政府为要镇压反战势力之兴起而益趋向法西斯化。在前线日军是士无斗志，厌战心理浓厚。所造傀儡时遭中国志士毁灭，伪军多反正。占领之据点被我游击截断，联络不易。敌国际市场受抵制日货的威胁，日渐缩小。现金为抵补军需入超，将要枯竭。我只能大略说说，证明日本帝国主义是愈战愈弱，必有支持不住之一天。国际方面亦逐渐发生于中国有利之发展。英美间本有难以调和之矛盾，但近来亦有商约之订立，俾经济矛盾得以减少，使其对远东政策可以由平行行动而渐趋于合作。美洲是门罗主义⑤之家乡，近年来是被德意日撒下纳粹法西斯的种子造成侵略的细胞。美国感到极度不安，最近召集泛美会议目的在取得美洲各国谅解互助以共同抵御侵略。倘美国减少内顾之忧则对于远东问题，自能采取更有效之行动。苏联本其和平政策，对中国抵抗侵略，自始至终是十分同情，所以他对于国际联盟各别援助中国之决议是忠实执行。起初各国亲日派大放谣言说中国接受苏联帮助是趋向赤化。殊不知苏联与中国皆为国联会会员国,依照国联决议授受,是其本分。现在英美对于中国亦有同样的帮忙,则谣言不攻自破,苏联以后援助中国亦可以减少顾虑了。现在德意日的侵略阵线拉拢得更紧,将来的趋势,英美法苏和中国的反侵略阵线是有结成的可能。即使结不成功,他们的平行行动也是于中国有益。

　　我们只须看一看上面所说的便知道教育者责任之重大了。一、怎样才能使全国人民都了解三民主义,信仰三民主义,实行三民主义?二、怎样才能使全国人民知道抗战建国纲领,拥护抗战建国纲领,实行抗战建国纲领?三、怎样才能唤起全国民众使他们发出比士兵更大的力量?四、怎样才能使个个老百姓都知道蒋委员长驳斥近卫声明之要点?五、怎样才能使全国老百姓都很快的得到民主政治的训练而成为民主政治的柱石?六、怎样才能使全国的老太太都得到赵老太、曾大娘的精神?七、怎样才能使全国的小孩都有台儿庄儿童的认识?八、怎样才能使敌人占领区域之老百姓都有民族意识并使伪政权不得成立?九、怎样才能使敌人前线士兵及国内民众反战势力增高以镇压消灭其侵略之气焰?十、怎样才能使全世界反侵略运动发生效力以制裁侵略国之行动而粉碎他们扰乱和平的阴谋?这些可以说都是教育问题。由此可见教育者责任之重大。我们在这重重叠叠的重大责任逼迫而来的时候,举行我们的十二周纪念,是非常有意义,不容我们有丝毫的懈怠。

　　在这个值得纪念的日子,我的脑袋里浮出来一个最鲜明的印象是:一群青年丢掉了文凭的眷恋,从学府里跑到乡下去,和农人共生活。光阴过得很快。这已经是十二年前的"罗曼斯"①了。这一群青年所带去的不是文化的赈济品,而是一颗虚心要探寻真正适合中国向前进取的教育。

　　当这些青年和农人接触之后,双方都有了惊奇的发现。青年们在学府里受教已久,手无缚鸡之力,只拿得动一支笔儿写几行字。他们下乡不多时,便发现自己也有手,可以做工,可以种田,可以实验,可以使枪杆。农人呢,在"民可使由之,不可使知之"的空气中生活了几千百年,久已被裹头布裹得不能思想。他们和青年知识分子接触之下,禁不住要喊出来:"我们也有头脑啊!"青年发现了自己有双手,才是能坐而言也能起而行。农人发现自己有头脑,才能由了解信仰三民主义并发挥出力量来以争取中国之自由平等。这种双手与头脑的重新发现是极重要的收获,应当在纪念的时候特别指出。

　　我们在这十二年当中干了些什么事?三件事,还没有做完。一是反洋化教育,二是反传统教育,三是在半殖民地半封建的国家建立争取自由平等之教育理论与方法。

　　一、反洋化教育的用意并不是反对外来的知识。我们对于外洋输入的真知识是竭诚的欢迎。但是办学校一定要盖洋楼、说洋话、用洋书才算是真正的学校,那可不敢赞同。有些洋化教育家没有抽水的洋马桶是几乎拉不出屎。尤其是没有工业的生产而他们要工业的享受和花费，中国是个穷国，哪能禁得起这样的浪费。在这一方面浪费，在另一方面的教育便没有钱办了，结果是成了少数人的教育。

二、反传统教育也不是反对固有的优点。我们对于中国固有之美德是竭诚的拥护。但是"满朝朱紫贵，尽是读书人"的升官教育，以及"为教书而教书，为读书而读书"的超然教育，我们都是反对的。至于一般老百姓"出钱给人读死书，自己一个大字也不识"的现象尤其不能缄默。

三、建立争取自由平等的教育原理方法。我们之所以反对洋化教育和传统教育，是要开辟出一条大路，让这半殖民地争取自由平等的教育可以出来。三民主义是我们的工作的最高指导。从一个半殖民地半封建的国家变成一个自由、平等的民有、民治、民享⑦的国家，是要军事、政治、经济、教育几方面配合得好才能达到目的。教育方面必定要具备几种条件才能负起这样伟大的使命。1. 教育必须是战斗的。教育不是玩具，不是装饰品，不是升官发财的媒介。教育是一种武器，是民族、人类解放的武器。2. 教育必须是生活的。一切教育必须通过生活才有效。抗战建国的生活才算是抗战建国的教育。3. 教育必须是科学的。这种教育是没有地方能抄袭得来的。我们必须运用科学的方法，根据客观情形继续不断的把它研究出来，而且，这种教育的内容也必须包含并着重自然科学与社会科学，否则不能前进。4. 教育必须是大众的。把一个半殖民地半封建的国家变成一个独立国，绝不是少数人所能办得成功。我们必须教育大众一同起来负担这个伟大的使命。但是希望老百姓都得到这教育必须有三个条件：一要省钱，使无钱的老百姓可以受到教育；二要省时间，使没有空闲的老百姓也能求学；三要通俗，使没有受过教育的老百姓也能了解而感到兴趣。这样一来，若不运用"即知即传"的原则，便不能达到老百姓都受教育的目的。而且老百姓所受的教育是要集体的施行，集体才是力量；个别的教，还是一盘散沙，不能发挥出充分的力量。5. 教育必须是计划的。我们要有一个动的计划，使人力、财力都有一个缓急轻重的总分配。从半殖民地半封建到自由平等之境要有一个继续展开的教育计划，逐步的引导我们前进。

在这十二年当中，应客观环境的需要，我们是发动了四个教育运动：即乡村教育、普及教育、国难教育、战时教育。这四个运动只是一个运动的四个阶段，这一个运动便是生活教育运动，也可以说是从半殖民地半封建过渡到自由平等的国家的教育运动。

现在要问：我们今后应该做什么？怎样做？

一、继续已往的工作。伟大的抗日战争已经把洋化教育、传统教育弄得站不住脚。新的教师在茅草棚和山洞里没有黑板粉笔也能办教育。这是多么可喜的现象啊！但是教死书、死教书、教书死的教书匠，和读死书、死读书、读书死的蛀书虫还是很多；守知奴也没有完全变化过来；文化买办还在恋栈；学校内外的洋八股⑧、老八股、文八股、武八股、宣传八股还没有肃清；

文化瘤块是长在都市；乡下是害了文化贫血症；缺课的要拼命的补，补课之后就得吃补药；穷苦的天才是被埋没；到现在还有人反对战时需要的战时教育，他们是藏在百年大计、基本学术的盾牌之下，时常发出违背民族生存之歪曲言论。我们要争取抗战的胜利，建国的成功，是必须把这些毛病改正过来。我们对于这些病症是不应该消极的批评，而是要积极的帮助改正。

二、负起当前的任务。我们当前的任务是展开全面教育以配合全面抗战而争取全面的最后胜利。我们要把教育展开到前方，展开到边疆，展开到敌后方，展开到华侨的所在地，展开到全世界凡是有敌人斗争的地方去。别人不愿意去而应该去的地方，我们都得分道扬镳的去。我们要把三民主义送去，把抗战建国纲领送去，把蒋委员长告全国国民书及驳斥近卫声明的训词送去，把蒋委员长对全国教育会议的训词送去，送到每一个人的心里，还要在每一个人的生活里行动上表现出来，去粉碎敌人挑拨离间的阴谋，破坏敌人所造的伪政权，揭开敌人灭亡我们民族的野心，消灭敌人可能得到的一切外援。增高敌人压迫下的民众反战的情绪，化除集团间因夙怨政见误会所引起之磨擦，启发整个民族对于抗战建国之了解，加强整个民族对于抗战建国之团结，坚定整个民族对于抗战必胜、建国必成的信念。我们不应该把别人的力量小看了，连老太太、孩子们都是同阵的战士。我们也不应该把自己的力量小看了，当一个小学教员不仅是三四十个学生的导师，倘使培养学生即知即传，是很容易的影响三四百人。他的地位的重要是好比一个作战的连长或营长。当一个小学校长，不仅是一两百学生的导师，而是一两百户、一两千人的导师。他的地位的重要是好比一个作战的团长。当一个县教育局长，不仅是几百个学校、万把学生的导师，而是一个几十万民众的导师。他的地位是好比一个集团军总司令，甚至是一个战区的司令长官。但是倘使你小看了自己的岗位，小看了别人的力量，小看了生活教育的即知即传、工学团等等原理，你便成了一只孤鸦，一个光棍，由渺小而悲观、徘徊、妥协，敌人一来是不堪设想。有许多人是把大事小做了。最重要的是我们要认清我们任务之重大。此外随身要带的还有两样东西：一是针线，二是灯笼。一件衣服破过了，是可以越破越撕，越撕越破，到后来是可以撕成粉碎。唯一的办法是遇着破绽便立刻用针线把它缝好。当这民族的生死关头，是不容有丝毫的裂痕，一遇破裂就把我们的针线拿出来。灯笼是照着人认清路线向前走，不只是照着自己而且是照着同行的人向前走，走入自由平等之境。

三、加强我们的力量。为着要继续已往的工作和负起当前的任务，我们必须增加自己的力量，否则是不能胜任的。第一，学术便是力量。我们要提高学术的研究。晓庄研究所之建立便是希望对于抗战建国的重要而被忽略的问题，加以研究，以求解决而帮助增加抗战建国之力量。此外，我希望我们每一个同志都要抓着一个问题，继续不断、百折不回的去研究它，不得到解决不止；同时，对于中国、对于敌国，对于世界也要努力取得正确的认识。我们所教的小孩的集团也要时时刻刻的求进。第二，组织便是力量。生活教育社已经成立，这是一个喜讯。季平同志说得好，生活教育社是一个教育界的大家庭。它是教育思想者的团体，又是教育运动者之团体，又是教育工作者之团体，又是培养教师的团体，又是一般人学习生活和知能的团体，又是一个共同生活体。他又说：它是应该大众化的，大家共同生活；它应该是工厂化的，大家分工合作；它应该是学校化的，大家互教共学。我对这些话都同意，只是培养教师的团体要改为教师进修的团体，并且互教共学之下要加即知即传。传统学校化是不够的，我们必须即知即传才能跳出自己的小篱笆。其实，整个生活教育社应该是一个大的工学团，办教育是我们的工，研究问题是我们的学，共同过有组织的生活是我们的团。我们既要根据三民主义教导民众小孩，那末，我们自己的组织就必须民主化。不但总社要民主化的组织，而且分社、共学服务团的组织都得民主化。第三，行动便是力量。我们要在抗战建国的行动上发挥我们的力量而且增加我们的力量。蒋委员长说得好："战时生活就是现代生活。现在时代，无论个人或社会若不实行战时生活，就不能存在，就要被人淘汰灭亡。"这是多末正确的真理啊。依我们的说法：战时生活便是战时教育，我们要以行动的战时生活来增加我们的力量。

　　增加我们的力量是为着要在三民主义最高原则即蒋委员长领导之下帮助争取最后之胜利。让我们大家把整个生命献出来，帮助打倒日本帝国主义并创造我们的独立平等幸福的中华民国。

注释

① 三月十五日　晓庄学校开学纪念日，亦为开始开展生活教育运动纪念日。

② "五三"惨案　又叫济南惨案。1928年，蒋介石在英美帝国主义支持下，北上攻打奉系张作霖。日本帝国主义为了阻止英美势力向北发展，出兵侵占济南。5月3日，蒋下令不准抵抗，并撤出济南。日军侵占济南后，屠杀军民五千余人，造成惨案。

③ 晓庄寅会　晓庄学校每天清晨5时~6时（寅时）许举行集会，由师生轮流主持，轮流作简短的讲话。

④ 安南　越南的旧称。

⑤ 门罗主义　1923年美国总统门罗所宣布的美国对外政策原则："美洲是美洲人的美洲"。声称：任何欧洲强国都不得干涉南、北美洲的事务。实质是要使美洲成为美国资产阶级的美洲。

⑥ 罗曼斯　英文Romance的译音，意译浪漫，有富有诗意、充满幻想等意思。

⑦ 民有、民治、民享　19世纪60年代美国总统林肯对民主政治内容的概括：意谓一切权力归人民所有，一切权力由人民来治理，一切权力由人民来享用。

⑧ 八股　八股文的简称。这是明清科举考试规定的一种极其死板的文体。每篇文章都要依次由破题、承题、起讲、入手、起股、中股、后股、束股八个部分组成。后人就把它当作教条的同义词来使用。

全国难民教育计划草案* （3月20日）

中国是被侵略的国家，这次战争是奋起全国国民抵抗日寇侵略的战争。抗战的战场无疑的在中国境内。因此敌人的侵略线愈长，中国国民遭敌人轰炸与蹂躏的区域也愈广，难民也就愈多。这是我们中央政府在发动抗战之前早早计划到的，所以炮声一响，全国便有很多救济难民的机关。不久中央成立难民赈济委员会，统盘筹划全国难民救济事业，赈济区域除战区及邻近战区外，并且对于沦陷区也同样救济。如上海难民救济协会、南京难民区都受赈济会直接救济与指导。这样大规模的救济事业，虽二十年前的欧洲大战，也不过如此。

救济事业要教养并重，所以全国难民救济所都设有教养组。过去教育难民，大都委托当地教育行政当局，他们教难民识字和听听常识讲演。所以全国似乎有一致的教育，其实很缺乏整个的教育计划。因为难民不但需要识几个字，并且需要各种知识，也需要有用的技术，以便养活自己。

假定全国今日有二千万难民，这二千万难民除出十分之一的老弱残疾人，只须单纯的救济，其他如儿童妇女壮丁都是国家的有用之才。倘若给他们充分的知识、熟练的技术，对于抗战就有很大的力量。所以难民教育不但是慈善性质的救济事业，尤其是增加抗战建国力量最重要的一环。

现在草拟全国难民教育计划如下：

一、难民状况

教育必须先认清对象，难民教育的对象当然是难民。但是同是一群难民，因为身体的强弱，男女的性别，年龄的老幼，更因他们在以前的生活状况的不同，就可以分别出许多不同的难民群来。

最容易分别的是儿童、妇女、壮丁和老弱残疾。这几种区别，在一般难

---

* 难民教育系1939年1月8日陶行知拟定的晓庄研究所研究问题之三。此计划草案于1939年3月20日所写。

民收容所都顾到的。例如上海、香港、汉口等难民收容所，妇女与儿童是分别住的，老弱残疾也是分别住的。至于壮丁，因为有事可做，也常常给他们暂时的收容。

其次一般人也注意的，就是同是壮丁与妇女，有的是有生产技能的，有的只会做普通工作的，因此在介绍工作时，对于这点，大家也很注意。但是，收容难民，是暂时的救济，终究以遣送为上策。谈到遣送难民，就立刻可以分为可以遣送，不可以遣送；愿意遣送，不愿意遣送等。因为难民的来源不一，有的是城市遭炮火轰炸而毁家罹难的，有的是乡村因过兵或化为战场而沦为难民的。前者既然毁家以后万不能回家，后者只要战事移远，他们还可以归乡耕种。上海自从国军西撤到今日已二十几个月，难民收容所还不能结束，并且再过半年一年，也没法结束，主要的原因是上海的难民大都是闸北南市虹口等地的工人与小商人，真是无家可归。其他如苏州、无锡甚至徐州、南京、杭州等地难民救济事业，比较容易结束。因为那许多地方的难民，多半是四乡的农民，只要战区他迁，难民就可回乡，虽然断垣荒田，但是胼胝半年，麦稻登场，就能渐复原状。中国内地的难民救济事业，大都看清楚了这点，所以遣送较易。

因为男女老幼的区别，因为有否技能的区别，因为遭难前生活的区别，所以难民的心理也各各不同。这点是办难民教育者应该重视的。其次是他们的生活上既然有这许多不同，那末他们将来的出路也各各不同，这点更应该注意。除此两点以外，还有难民的一般心理与行动，都有些变态，这是他们的忧郁、愤恨以及饥寒等困苦所造成的，办难民教育者亦应注意。

二、怎样教育难民？

本段分下列六小段：（一）难民教育的目标；（二）难民教育的行政；（三）一般的教育；（四）分类教育；（五）教师问题；（六）教材问题。

难民教育的目标 本着人类恻隐之心，救济难民，这是慈善为怀的主张。倘若站在民族国家的观点上，那么救济难民除慈善为怀之外，还有更重要的目的，就是救济难民是救济国民，是增加民族的实力，是减少民族在战争中的损失。敌人劫夺我们的难民收容所，抢着办救济事业，就是抢夺我们的国民，哪里真的是来救济我们遭难的同胞。怎样能够使遭难的同胞，不但不怨恨祖国的抗战，反而能够用破釜沉舟的决心，参加抗战为祖国为民族解放牺牲他最后的一条生命？这完全要靠教育的力量。从这里我们可找得难民教育的目标是什么。在总目标上我们可以拟定为："教育难民成为抗战的勇敢战士，教育难民成为建国的优良技术人员。"

本着总的目标，难民教育应该在下列五点上去努力：

第一，加强民族意识，并确切了解世界大势。

第二，养成团体生活习惯。

第三，丰富生活常识。

第四，学习生产技能。

第五，学习文字及传达与表达意识的工具。

以上五点，乍看起来以为与普通教育的目标无分别，但是在总的目标上是明白规定化难民为抗战建国的有用人才，所以这五个教育目标也就不是普通教育目标。纵然达到这五个目标而不能化难民为战士，依然是不算有成效。这是最重要的一点，那么一切行政、教师、教材等问题，都不致拿普通教育的成法来随便套用了。

难民教育的行政 难民教育既然与普通教育不尽相同，难民教育的教育对象又是大半集中在指定地点，在生活上比较的是受控制的男女老幼俱全的国民；同时这些国民的行动、饮食都有人代为设法，有人管理的。倘若承认教育不能与生活隔离，那么在难民救济事业之外，单独设立难民教育机关在事实上是不大可能的。所以难民教育行政上，第一点应该了解的是难民教育应该与救济事业合并办理，至少应该取得密切联络。

根据上述的理由，全国难民教育的总机关应该设在赈济委员会，不过为着各地实施时方便起见，赈济委员会中应设一教育组，邀请教育部派员参加，在各省分会可以邀请教育厅派员参加，在各县各市也如是。不过在组织上，中央当然应该完备些，在各省各县是实施机关应该更灵活些，不应太拘泥于行政手续。至于整个的行政系统，应该属于赈济委员会。这样易收指臂之效，可以免去无为的用能与无端的掣肘。

难民教育经费照理应该在救济费之外另行筹措，例如庚子赔款，中央既然决定拨作办教育之用，那么今日教育之急务，难民教育当然也是其中之一，所以请求拨付庚款办难民教育当然也是筹款方法之一。不过因为限于事实，若不能即时实现，不妨在赈济费项下，节衣缩食，为一般难民办几许教育事业。根据上海国际救济会难民教育费的统计，每人每月不过五分，又根据上海难民救济协会的报告，每人每月约计二角。这个数目当然不甚真确，并且倘若要举办生产教育，此数也万万不够用。所以筹措难民教育经费应该依照计划兴办的教育事业而做预算，再根据这个预算而筹措经费。

难民教育经费骤然一看以为是一笔极大的支出，即以每人每月五分至二角计算，全国一千万难民就是每月亦须五十万至二百万，倘若每人每月须一元至五元，即须一千万至五千万。但是难民教育的经费主要的是生产教育费，生产教育的经费是有一定的限度，经过了开办与熟练，受教者都是生产者，不但不需要继续支出，并且可以在生产上获利，补助其他费用，或兴办其他教育事业。不过筹措生产事业的资金，为数决不在小。在今日，第一项国库支出，当然是战费，不容易拨巨款兴办难民教育中的生产资金。此事可以采取鼓励各地游资内移的方法，例如上海一埠，在廿八年春，就有游资五万万以上，各银行竟无法运用。此等游资，倘能给银行相当保障，移去内地办难民工厂，不独于难民教育的前途有极大帮助，于整个抗战建国的国策也有极大的帮助。

在行政方面除出筹措经费及组织系统以外，还有统一指导也是极紧要的事。难民教育的指导不比普通教育指导，他可以与赈济指导连起来。对于指导员的训练与考核，当然在出发前后应有严密处置，否则指导员不但不能尽指导之责，反而会扰乱办收容所的工作人员。这是一。指导的标准应该有比较客观的规定，详细列表，按项搜集事实填写，作为考核；同时将考核标准恳切而坦白的给工作人员看，这样虽不能完全收指导之效，但多少已有效果。这是二。指导系统应该完全隶属于整个赈济行政系统，不能假手于当地教育行政当局，一来免得引起无谓误会，二来指导性质不尽相同，三来训练与考核等事若不归赈委会亦不易收指臂之效。这是三。指导员既归中央直接指派，平时各地工作人员不易得到指导，此事可以用下列二法解决：其一是用通信方法，中央指导处尽可能用书面回答各地问题；其二将收容所工作人员组织起来，实行自我教育。这是四。难民教育的指导工作比较起来算是简单的，只要指导员稍有训练就易收效，但其流弊难免变成照例办事，只是考核没有指导，或者甚至藉此做非法之事。这两点弊端，就得要用双重指导的方法，在可能范围内，用指导员的指导员来防止弊端增进指导效率。这是五。以上五点，并不过分理想，亦不必十分假手于"专家"之流，可以办到。（因为教育上一谈到指导便与专家联系起来，难民教育专家极难物色，所以这层可能避免，必须避免。）

可以普遍实施的难民教育　难民的性别、年龄、职业等既有不同，所以难民教育应有各种不同的设施，但是同为难民，并且全国难民遭难的原因是同一的，实施难民教育的总目标也只有一个，所以普遍的设施还是极重要的。全国普遍的实施必需简单，易做，而又能有实效。这是一个最重要的原则。下面分课程、组织与训导三项分别说明：

第一，课程　可以全国实施者有：

公民常识　包括认识国旗，全国形势（地形），孙总理，蒋总裁，做公民应尽服兵役等责任，民权初步，三民主义大意，及日常卫生，做人等简要知识。不用教科书，由教师口讲。在可能范围内，赈济会或各省教育厅发给讲演大纲。

时事　包括日寇侵略的近况，世界大势，及我国抗战中经济政治军事等重要设施。

识字　中国方块字比较难学，在上海各难民收容所试验用拉丁化新文字，成绩很好。今后教难民识字，不妨先教拉丁化新文字，或同时并教吾国方块字。若教新文字，必须教到能看能写信为标准；若教方块字，以陶行知老少通四本读完为标准。

唱歌　至少应教会二十首歌，其中包括国歌及抗战建国最流行的歌曲，绝对禁止唱淫歌。唱歌材料可以由赈济会编印颁发，或由赈济会审定难民应唱歌目录颁布全国。

第二，组织　难民收容所本身就是一个组织，是集合一群过去生活背景不同，目前同一遭受日寇的屠杀的落难人。不过这个组织是很脆弱的，甚至有人讥诮是乌合之众。我们对于难民倘若不加以组织与训练，不但是乌合之众，并且是一群敌人抢夺的目的物。这种事实，两年来全国发生得很多，如南京、汉口，甚至上海的南市，九龙的深圳，都发生过这样惨事。所以组织难民与救济难民的生活在抗战中是具有同样重要意义的。加强难民的组织，当然还是要利用难民过去的生活背景与社会关系。同乡会是一个很有意义的组织。中国人对于乡土观念很深，在落难中谈到同乡，更有意味，所以组织同乡会确是一个最有意义而最方便的办法。其次是同业工人的组织，这个组织不一定有效，并且技术工人也不会久留难民收容所，所以此种组织，只可碰机会，并且必须组织得快。

组织的成功是完全靠干部，所以无论采取何种组织，必须有若干干部人员加入该组织，这好比是面粉加水一定团结，但必须有几许发粉，那么才会发酵。

第三，训导 关于训导应该分两种，一是对一般难民的训导，一是对干部的训导。先说一般难民的训导。难民的过去生活大都不是富裕，所以许多生活习惯本来不很整饰，今又突然遭破产流离，在情绪上更加恶劣。所以训导方面最主要的是怎样使难民情绪稍稍平静，怎样使他们在落难中能够养成生活上必须的习惯，尤其是能够群居的习惯。关于生活上的习惯，大都可以采取新生活运动中所揭示的若干条，逐条按期实施，很有效果。平静情绪，在事实上是不很可能，但是使之情绪移转，这是很可以的。怎样使情绪移转，就是要使各种怨愤，完全明了这是来自敌人的侵略，识清敌人只有两个：侵略者与汉奸。能够明了到如此程度，不但不会怨恨本国的抗战，并且会使抗战的实力增加很多。

难民训导实施办法：1. 先确定若干训条，此等训条可以参酌新生活信条。2. 将此训条颁发给全国难民教育机关，并规定最低限度的标准。3. 颁布考核标准与办法。4. 训导工作不是教师单独可以负责，必须与收容所管理员共同负责，例如禁吸香烟，教师言之谆谆并且以身作则，但是管理员口不离香烟，那么这个训导工作便毫无效果，所以训导应全体动员的一点必须事前注意到。

简单易做到，全体工作人员"以身作则"，这是一般训导实施的原则。

干部训导可分下列五步：1. 在难民队伍中选拔若干干部人才，数目大约以十人为一小队，选出一人为干部人员，再在这若干干部人员中选拔中心干部人才，其比例数亦为十与一之比。2. 干部人才在能力上比较来得强，但在认识上不一定顶清楚。所以训练时先须坚定他们的信仰，最低限度使他们能够了解此次抗战是民族解放战争。3. 凡一切组织法、宣传术及领导群众的方术，在可能范围内都应该教他们。4. 在时间上如有可能，补充他们各种文字工具与常识。5. 要达到干部真能领导群众，必须多有各种机会，如为主持各种集会（早会、周会、娱乐会、同乡会以及各种小组会），如实行分成小队过集体生活，如自己处理自己队伍的事等等。

干部人才不尽是天才，大多是从训练中、从经验中、从工作中产生出来的。主持难民教育者，对于选拔干部人员一点，千万注意从客观事实选拔，力避主观的好恶。

应该分别实施的难民教育　在前节中说明难民群中包含着各种各样的人才，难民的生活背景是各各不同的，这便是决定在普遍教育之外应该有分别教育的因素。下列各种教育，在国内各大城市已分别实施，已很收有实效。

第一，生产教育　关于难民应该做生产工作一点，在前段已有说明。难民中尽多技术工人，根据上海、香港两处统计，技术工人的种类很多，其中轻工业的居多数，如纺织、香烟、火柴、印刷装订、橡胶、玻璃等轻工业的熟练工人及半熟练工人。亦有汽车、铜匠、电灯匠、铁匠等熟练工人，但为数极少。在有几个大城市供给内地技术工人时，常常到难民收容所中去征求。凡是技术工人，往往进所不久便应征而去。

生产教育的实施必须与生产部门的各厂家联络，才有实施的可能。例如内地需要大量汽车修理工人，难民收容所若能与汽车修理联络，便可在一定时期内训练出大批修理汽车人才。这是实施生产教育应该注意的第一点。

生产教育可以估计社会的需要而实施训练。例如战争期内，内地纺织事业是极需要的，难民可以受纺织的训练。又在当地如需要某种技术工人，亦可以加以训练而供给当地的需求。这是第二点。

难民自给，并预计在相当时期内难民自立，这点非实施生产教育不可。小规模的工艺训练在难民收容所中可以自己措办的，例如裁缝、装订、打绳、编织等工艺都是轻而易举的工艺。不过这许多手工艺，是否在当地最需要，是否将来能自给等问题，在开办之初都应该详细考虑，不然在经济上失败，教育也必无成就。这是第三点。

生产教育在经济上固然有重大意义，在政治上亦应举出他的重要性来。在帝国主义侵略中，倘能做到用手工业来抵制舶来机器制造品，那就是印度甘地的主张。这点虽然不能完全成功，但是抵制一文钱，便是少漏出去一文钱。用这个主张教育难民固然有效，用他去兜销难民的生产品更加有效。这是第四点。

近来国内盛行轻工业合作社的办法，难民生产教育工作可以与这些有意义的运动合作。利用这许多运动的财力与社会上的号召力，利用难民的人力，必可有几分的效果。这是第五点。

任何生产教育工作，都难免发生两种弊病：其一是教育效率极低，生产率低到无以维持；其二是主持人为求速效起见，雇用很多熟练工人赶着生产，把教育工作搁置。难民的生产教育当然不是例外。要免去这两种弊病，只有详订考核的办法，在缜密的考核制度之下，再加以对主持人的政治训练，那么这两种弊病或可减少，甚至可以消去。这是第六点。

第二，后方或沦陷区的人才教育　跑进难民收容所的壮丁与儿童，虽然在短时期内不能到后方去或沦陷区去，但是除出极少数的城市机器工人以外，大多数的农村难民必将回乡去。他们的家乡不是后方便是沦陷区。所以在普遍的难民教育中已经注意到这点——难民回乡后的工作。

后方与沦陷区需要的人才各各不同，有的需要战斗员，有的需要技术员，有的需要组织人才、宣传员等。这许多人才，不是普通教育所能培植，必须施以特殊教育。在前节已经提到组织难民可以利用同乡会的组织，在同乡会的组织之下可以真切调查到各乡——后方或沦陷区——需要何种人才。既然知道需要何种人才，那么运用各种关系，聘请教师加以训练。有时不能在收容所里训练，不妨先遣送回乡，在各该乡实地加以训练。例如战斗员就非如此训练不可。甚至有许多技术人员，亦非在各该乡训练不可，例如看护是完全技术人才，但在城市中只能训练一部分技术。

小组组织是特殊训练的有力教育之一。在小组中可以调查难民的志趣，可以坚定难民对于抗战的信念，可以互相探讨增加技术上的纠正与深造。更因小组而引起许多封建社会中的许多值得保留的遗迹，如义气等。但小组的应当留意之点亦很多，如防间谍的混入等。

第三，天才难童教育　人类中有天才，这是已经证明的事实；天才不限于望族与富室，这也经近年科学的证明。我国此次千万难民中，在壮丁方面有很多技术工人可用；在儿童方面有天才儿童应该加以特殊教育，使天才得发展，以备他年有贡献于民族国家。天才儿童与平常儿童不很有差异，有时候在某方面且不及平常儿童。例如音乐天才儿童，不一定能演算术，甚至工艺成绩也不及平常儿童。有科学天才的儿童，美术成绩不一定好。在难童中发现天才比较不容易，因为设备简陋，生活简单，天才无从表现，但因日常生活比较放纵自由，所以天才儿童有时也容易有表现的机会，不过这是偶然的事。中国已有许多智力测验，虽非尽善尽美，但测量智力总算是一个标准。所以如要有计划的发掘难童中的天才儿童，不妨用现成的智力测验，作为初步的试验。其次便是委托各种专家到各处去发掘，也可以获得几许，但多凭许多主观而得，有时难免遗珠。

根据欧美训练天才儿童的方法，训练的科目与材料应该是专一的，训练的方法与进行应该是直线的。例如，音乐天才儿童，在训练音乐方面应该是专一的，直线进行的，不必仍将算术、文法、古典等功课加在他的身上，只有与音乐有直接关系的功课，应该照常教他。教育其他各种天才儿童也是这样。

教育天才儿童除在某种学问上加紧教育外，对于天才儿童的养护也要特别当心，尤其在后期儿童的数年中更应特别当心，这里当然还得请教医生与护士来协助。

难民天才儿童教育，已有晓庄研究所的育才学校从事实验，许多详细办法，可以参看该校最近的设施。

教师问题　难民教育的教师问题比普通教师更难解决，因为难民教育是突然发生的教育工作，不像普通教育中的教师，可以受五六年的师范教育再来做。难民教育又是最辛苦、报酬最少的工作，许多师范生不一定肯来做。所以难民教育中的难题之一是物色教师。为着教育难民而开办难民教师训练班在事实上是不可能，即使有人肯办，在时间上也只能有短期的训练，如几个星期或一二个月。所以难民教师不得不从现成的工作人员中去物色，去求解决。下列几种工作人员是难民教师的主要来源：

第一，宗教工作人员　在抗战中基督教、天主教、回教及一部分佛教教徒对于难民救济工作表现得极好。这类教徒都受过相当教育，难民教育中的普通教育可以委托他们做。

第二，中学生与大学生　难民大多数是集中在大都市大镇市，中学生、大学生也在这些地方。这许多青年都是热血奔腾，有时甚至不告父母师长逃去前方。所以只要是与抗战有关的工作交给这许多青年做，没有一个不是牺牲一切去做。难民教育虽辛苦，在中学生与大学生看起来并不辛苦，只要看交托者的诚意如何，态度如何。

第三，小学教师　在抗战中各级教师表现得最英勇者是小学教师。他们的生活最清苦，但为国牺牲的精神却与清苦成对比。所以与其恳求大学教授、中学教师担任辛苦的难民教师，远不如请小学教师担任。

第四，难民与技术工人　难民教难民，这是小先生制的精神，难民中程度稍优者负起教育一般难民的责任来。至于技术工人教难民好比收徒弟，不过不用从前师傅教徒弟的办法，而是采取个别教授的办法。

第五，有热血的专家　这是难民特殊教育的教师问题，例如训练天才难童非专家不可，训练高等技术工人非专家不可。专家在中国，相当名贵，不肯轻易出手教褴褛的难民。所以物色专家做难民教师，第一个标准是要看他是否有热血，还是只顾自己享受的人。假如有两个专家，甲的本领高于乙，而乙的热血多于甲，那么应该先聘请乙，将来有机会时再聘请甲，否则主持人会处处感到痛苦与行不通，徒然把应做之事抛弃。

教师的主要来源既如上述，既得的教师若不加以进修，在事实上也会发生许多流弊，因为热忱是情感作用，有时会低下去的。教师进修有时须要教育行政上的指导得力，这点在前节指导问题上已说过。其次是教师组织讨论会，每月或每周讨论各种实际上所遇到的问题。同时可以请专家做顾问（中国专家做顾问的风气很盛，所以请专家做顾问一层并不难）。将讨论所得的结果在报上或各种刊物上发表出来，使全国有同样问题的教师可以借鉴。

为着教师进修，赈济会可以编印各种教师进修用书。倘能编印定期刊物，讨论难民教师进修问题及难民救济事业的一般问题，影响也是很大的。

教材问题　难民教育中的教材问题，比较容易解决。各种教材，若按着科目来解决，那么需用现成的教科书的不多，这便是减少一大困难。因为在今日运输极度困难的形势之下，在上海印成的教科书运去内地不但费时日，并且运费超出成本两三倍，难民教育万不能购用如此高价的教科书。况且时事常识二科教材本来不应该用教科书，一切教材就是当天或最近发生的事情，取材也就在眼前，不必引证典故，也不必强迫难民学生记录。至于专门技术的教材，因为技师大都在工作上教授，所以也很少用教科书，至多也不过油印几份讲义。唱歌是口授的居多，偶然印发一二页讲义也就可以过去。只有识字一科，有时非有书籍不可。若用书籍，便发生用什么书，这点颇费讨论。例如生活书店所出《战时读本》，用于儿童比较更相宜，用于成人稍觉勉强。其他各种民众教科书尽是平时读本，叫难民读起来很不自然，甚至会发生反感。所以赈济会倘有人才与经费，不如编一套难民读本，颁发全国各地翻印，不取版税，不收任何费用。

教材的内容，在讨论课程及其他问题时都约略谈到。如常识、时事以当前问题为教材中心，唱歌可以教抗战歌曲，专门技术以各地所规定的需要来定。只有识字一科是否应该用拉丁化新文字，还是照旧用方块字？这点颇费讨论。因为全国语文专家几乎全体主张用拉丁化新文字，而中央党部的教育部中有一部分官员不主张用它。在事实上难民得受识字教育的机会极少极少，时期又不是怎样能够学习方块字到会读会写的程度，倘若改用拉丁化新文字兼教方块字，至多两个月（每天一次）就会写信读报。不过社会上拉丁化新文字的书物极少，所以应用的机会不多，学了也容易忘却，这点也是应该顾到的。难民的识字问题应该怎样解决呢？在用什么字未确定以前，真不易谈到解决。

三、结论

本计划草案只就各项实施要点与原则，加以说明与分析，并不涉及各项工作的实施方案。本计划草拟者觉得各项工作的实施方案是第二步工作，只要把几个重要的原则与要点确定了，各项工作方案也就比较容易着手。这是应该声明的第一点。

本计划草案着重在如何使全国能够施行的一点上，不是偏重在某一个问题上。例如难民儿童教育问题虽然很重要，但是该问题分析开来可以在其他问题上讨论者很多，所以不另立专条讨论，一方面免去重复，一方面也觉得不必谈到如是细致。这是应该声明的第二点。

倘若政治家要想利用教育做训练民众的工具，那么在毫无根基的某种教育的起头时期只应该把握住几个紧要点，千万要避去琐碎条文。所以难民教育应该求全国统一，尤其在加强民族意识，坚定抗战等思想上应该统一，但是不应该在许多细节上苛求划一。例如难民教师的资格问题，若规定要学校文凭，如检定小学教师的办法，那便是摧残难民教育。这些地方，本计划始终注意到，不肯轻易阿附。这是第三点。

全国试验难民教育的场所至少有五处：上海、香港九龙、桂林、重庆、西安。这五处难民，上海与九龙的难民比较相类似，大都是遭难的小工商业者，其他几处都是农民遭难者。几处的试验报告都没有正式公布。其实他们应该将试验的成绩，报告给性质相似的难民教育工作人员。例如同是在上海办难民教育者，有慈联总会，慈联分会，国际总会，难民救济协会等分别。平时是各不相谋的，最近虽全市统一，但是各种方法，仍不统一办理。试验者亦不能完全公布其成绩。这点，将来如赈济会有权可以与同时，应该力劝公布。（此等情形，据友人说不止上海如是）因为于将来草拟各项工作实施方案时，可以得到很多帮助。这是第四点。

全国战区甚大，难民众多，其中难免有被敌人利用者，甚至有呼啸为匪者。如沿海渔区的难民，最易流为此一者之一，山林深处的难民亦如是。此辈亦是中国人，所以出此下策者，半系失于救济，半系失于教育。把教育的范围扩大，教育者观念改变，这些难民都有办法可以使之变为沦陷区的得力人员。所以难民教育是否应该与沦陷区的训练工作打成一片，是一个急需解决的问题。本计划草案是主张二者打成一片的。这是第五点。

难民是应该救济的，但是不应该长期供养。所以遣散难民回乡去是应该随时都做。因此难民教育应该着重在难民回乡后的工作，不应该只着目在收容所里的琐碎问题，以及许多书生气的工作如读死书等。这是第六点。

难民回乡以后，□□□□□（此处文字不详——编者注）难民教育者不应就弃。不过也不能越俎代庖去贸然施教。最好应该与沦陷区的教育工作人员打一个招呼，继续在收容所里的工作。其实呢，沦陷区的教育工作者也应该事前与难民教育者打招呼，那么两方面都不至于脱节。这是第七点。

一般老慈善家，办理救济事业纯粹为着慈悲，所以对于教育不但不注意，有时还会避免麻烦而反对。所以办理难民教育工作，在这点上千万要有耐心，否则阻力横生，困难特多。这是第八点。

世界上的侵略者到处伸魔手，世界上的难民决不止中国。不久以前的西班牙，全国尽是战区，不久将来的整个欧洲，也有化为战区的可能。难民教育已经是世界问题之一，不是中国局部问题了。我们从事难民教育者也正有力可使。倘能从难民教育中求得一二点可以制裁侵略者魔手的方法，对于人类的贡献也就着实不小。本计划草案当然够不上这样贡献，不过集众人的心思来讨论，这个贡献也是可能会有的。我们草拟这个计划的主要用意在此。

怎样办教育* （6月27日）

一、教育的认识
（一）教育是战斗的
（二）教育是大众的
（三）教育是生活的
（四）教育是科学的
（五）教育是集体的
（六）教育是行动的
（七）教育是计划的过程
（八）教育是力的培养
（九）教育是觉的启发动员
（十）教育是教学做合一
（十一）教育为社会服务是在大社会里干的
（十二）教育是五万小孩的乌托邦

二、怎样办战时儿童教育
（一）三民主义、抗建纲领、教育会议训词为最高原则——造梯子，民主的集团
（二）引导小孩过战时生活——在生活中认识，在行动中去追求真理
（三）帮助小孩组织起来，小孩的集团生活，检讨过去，把握现在，创造将来批评，计划，实行
（四）做小孩的母亲
慈爱，怄气，引导，不要做后母，要做亲母，做爱迪生的母亲
（五）四种培养
手脑相长的小工人

---

* 这是为妇女干部训练班准备的第二讲提纲，写于1939年6月27日。录自手稿，题为编者拟。

追求真理的小学生

即知即传的小先生

百折不回的小战士

（六）五马，不要把小孩残废了

（七）两只脚，都向前

（八）三种组织

1. 学校小孩

2. 保育院小孩

3. 社会小孩

（九）要儿童文学，不要干咸菜的文字

（十）不要使小孩脱离小孩群，不要使小孩脱离社会的群众，（五万孩子，乌托邦）不要使小孩脱离中国的小孩，脱离世界的小孩

（十一）干儿子与中华民族的儿女

（十二）妇女工作不要脱离战时生活，小孩——小同志，为小孩服务，能聚能散，在炮火中长大起来！

（十三）避免认识的错误——病孩，丑孩，顽皮孩

（十四）方法上的错误

打不出真理来

越打越笨

不要你哄，不要你捧，只要你懂

（十五）小孩的先生——面前人，无常师

（十六）小孩的课本——活的书

（十七）小孩的学校——大社会

（十八）小孩的同学——[1]

（十九）小孩的学生——前后左右都是

注 释

[1] 原文如此。

温泉讨论生活教育*(7月30日)

一、定义 of life, by life, for life（可译为：生活之教育，以生活影响生活之教育，为着应济生活需要而办之教育——编者译注）

二、基础、生活、哲学的基础的基础

（一）历史的生活——发展的生活——从农业文明到工业文明的生活——从半殖民地半封建到自由平等的生活

（二）联系的生活——政治经济文化互相关联的生活——乡村都市关联的生活

（三）生活决定教育，不是教育决定生活

（四）生活的变化即教育的变化

（五）生活的矛盾即教育的矛盾

（六）生活的量的增加到某种程度可以突然起质的变化，即教育的量的变化到某种程度可以突然起质的变化

（七）社会物质环境通过生活才有决定的意义

三、发展史 中国传统教育 ／ 美国教育 ｝不适

（一）想象力与现实肉搏

（二）概念

（三）二者活用

教育法

1. 教学合一　教中有学
2. 教学做合一（在做上统一）
3. 在劳力上劳心
4. 生活即教育（历史的，联系）
5. 社会即学校（历史的，联系）

---

* 录自手稿。这是1939年7月30日在重庆北碚温泉讨论生活教育会上的发言提纲，共14条。编辑中将序号的甲、乙、丙改为　一、二、三。

6. 工学团——集体主义的自我教育
7. 即知即传　学中有教
　　充分的发展□（此处文字不详——编者注）矛盾
运动
1. 乡村教育
2. 普及教育
3. 国难教育
4. 战时教育
5. 全面教育

四、生活教育与政治
（一）任务的决定者
　　　病害决定医生的任务
　　　帝国主义——日本帝国主义
　　　半封建的条件
　　　自由平等之要求
（二）政治贯彻在生活之中，笼罩在生活之上
（三）政教学做合一（目的与方法）
　　　教学做用合一（同上）

五、任务　根据我们的技术
　　　　　反侵略
　　　　　推进民主
　　　　　巩固团结
　　　　　抗战建国合一
　　　　　战时生活即战时教育
　　　　　六艺：礼=组织
　　　　　　　　乐=乐
　　　　　　　　射御=武艺
　　　　　　　　书数=文

中国教育政策
　　　　　　／政
1. 补充　—军：不够，要造新的人才
　　　　　＼文
2. 义务教育　态度技术内容要改进
3. 民主的教育法有待促进
4. 师严道尊之建立
5. 自我教育（集体主义）之正确
6. 加强政治教育，集体教育，实践教育，正确

六、生教与普教

（一）知识为公
（二）以知与人己愈知
（三）量的增加起质的变化

七、生产教育
（一）生产者教育
（二）工学团

八、教学做合一
理论与实践统一
学校与社会统一
先生与学生统一
生活与教育统一
不是标语统一便算统一
利害冲突的要经过斗争方得统一

九、生〔活〕教〔育〕社
（一）总与分社之联系
（二）分社设立
（三）社员教育之检讨
　1. 民主的检讨
　2. 经济
　3. 教学治事

十、研究所

十一、育才学校

十二、战时教育

十三、各地工作报告：
（一）新旅
（二）英国
（三）香港
（四）大别山
（五）孩〔子〕剧〔团〕
（六）新加坡
（七）海防
（八）菲律宾
（九）云和〔属浙江〕
（十）广东
（十一）桂林
（十二）重庆
（十三）延安

十四、慰劳死难同志家属

宪政运动与国民教育* (11月16日)

国民参政会第四届会议①把七个关于制宪的提案合并通过，而又组织了一个宪政期成会，这是一件值得注意的大事。蒋议长②在开会词中说，这个案子之通过是本届参政会最大之收获，可见得实现宪政是现在中国顶要紧的事了。闭会之后，社会上不久就组织了宪政座谈会和宪政促进会来响应这一议决案，现在是形成了一个宪政运动③，它的发展的前途应该造成一套适合国情而又进步的中国宪法。

我们在表示"抗战必胜，建国必成"的信念的时候，有些人好像是把抗战和建国之间分成一条鸿沟。其实抗战和建国是一件不可分的大事。抗战便是建国的一步，而且是最基本的一步。要把它们分开来看，不但是对于抗战会发生误解，而且对于建国也要发生误解。同样我们对于制宪也不能离开抗战建国去看它。我们是要为抗战而制宪，为建国而制宪。一部有效的进步的宪法能保证抗战的胜利和建国的成功，也就把抗战和建国统一起来了。所以宪政运动——创造一部增加抗战建国的力量而担保抗战胜利建国成功的宪法是空前的一件大事。

大事要大做，不可小做，如果小做了就会变成一件小事。宪政运动怎样才算当作一件大事来做呢？我们从教育的目光看来，宪政运动是要用新大学的原理来干，才能把它干成一桩真正救国的大事。怎样叫做新大学呢？大学之道在明大德，在新大众，在止于大众之幸福。新大学是大众之学府，整个的中国是我们的学校。中国的疆界是学校的疆界，中国的领土是学校的校址，凡是中国人都是学生，都是同学，只要他对于某件事是先知先觉便是先生。校长不消说便是蒋委员长，现在的大成至圣先师便是孙中山先生。各国的华侨可算是我们的留学生，世界上一切反侵略之组织是我们的友校，反侵略之战士都是我们的学友。我们的全部课程是抗战建国。宪政运动是我们的一门重要的功课。我们要在制宪上学习制宪，制宪是国家的根本大计，不能草草了事。这门功课必得

---

* 本篇于1939年11月16日草成，原载1939年12月10日《战时教育》第5卷第3期。

大家亲自去上，请人代替上课是一切认真的学校所不许。千万不要认为老百姓程度不够，就连宪政教育也不给他们。先知先觉的同胞们要领着后知后觉的同胞们一同把这门重要功课好好的上，使老百姓都明白大众的道德，都能做新时代的大众，都能瞄准着大众的幸福来制成宪法，并且运用宪法来增进大众的幸福，而不使它被减少或受忽视。

　　大学里最重要的原则是学术自由。这学术自由四个字往往被人误解为自由主义的学术。其实，学术自由只是追求真理的自由，如果追求真理的自由都没有，根本就不能产生学术。宪政教育里所需要的是这种自由。中国的老百姓应该有充分自由去追求制宪的真理。我们要什么宪法？要什么适宜的人去制宪？怎样去制成这种宪法？我们要有自由去追求这些问题里面所包含的真理。

　　孔子说："温故而知新，可以为师矣。"我想补充一句："知新而温故，可以做学生了。"因此，无论是教导制宪或者是学习制宪的人必得温故又必得知新，然后才能把中华民国的宪法好好的立起来。怎么叫做温故？我们对于创造中华民国的中山先生的指示应该温习，我们应该把他的北上宣言、号召国民会议之演讲和建国大纲再仔仔细细的翻开来看看，看不懂的应该有人讲给他们听。其次，我们对于国民党政纲也要再看看。最后国民大会组织法、选举法和五五宪草也要用锐敏的眼光再来重读一遍。怎样叫做知新呢？抗战后应运而生的中国国民党抗战建国纲领不可不知，世界进步的宪法不可不知，抗战第二阶段以后的新需要及国际形势的新发展不可不知。宪法如何制？先知先觉者温故而知新，后知后觉者知新而温故可以制宪了。

　　宪政运动是训政的最重要的一课。蒋议长对于训政在参政会里曾有精辟的定义，他说训政的意义不但是官训民，民也训官。的确如果老百姓们都拿他们的美德来帮助官吏向好的路上走，那末世界上就没有坏官了。我们在老百姓的立场上说，如果官长都拿他们的优势来找出老百姓的真正需要，而帮助他们实现这种需要，那末世界上也就没有捣乱的老百姓了。如果我们拿官民互训的意思来上这训政的最重要的一课，那末中国的宪政运动是可以成为一个最有精彩的国民教育运动；也唯独成为国民教育运动，那宪政运动才有充分的意义。全国国民共同认识而又共同学习、共同参加所产生的宪法，是必定成为共同遵守、共同爱护的国宝而垂于久远。

注　释

　　① 国民参政会第四届会议　即1939年9月9日至18日的国民参政会第一届第四次会议。
　　② 蒋议长　即蒋介石。他是在国民参政会第一任议长汪精卫叛国后才兼任。
　　③ 宪政运动　全称是"宪政期成运动"。开始于1939年9月9日至18日召开的国民参政会第一届第四次会议。会议前一天，《新华日报》发表了毛泽东、陈绍禹、林祖涵、吴玉章、董必武、秦邦宪、邓颖超7位参政员为反击国民党积极反共所制造的"平江惨案"等一系列反

共事件而提出的《我们对过去参政会工作和目前时局的意见》，重点是要求实行民主政治，加强党派合作。在这一《意见》的影响下，国民党以外的民主党派和无党派人士，也在会上先后提出了7个关于制宪的提案。经过讨论，就把这些提案合并为《请政府定期召集国民大会实施宪政案》，并获得通过，还推出包括中共代表吴玉章在内的19人组成宪政期成会。

抗战时期之小先生
——致重庆第六中心学校小先生推行委员会（12月19日）

小先生推行委员会大鉴：

接读你们给我的信，知道你们对于运用小先生唤起大众抢救危亡，非常努力，我们是何等高兴而钦佩。承你们虚心垂问，我们很愿意贡献一点小小意见，以供参考。你们所拟的几条办法，多数很好，只有一两点想请你们重新考虑：

（一）小先生的义务不但是教人认字读书，尤其是在与日本帝国主义拼命的时候，小先生要把他们的小小力量贡献出来，影响整个民族起来为中华民族争取自由平等，所认的字和所读的书，都要和这个大目的紧紧的配合起来。

（二）小先生一遇到机会，便需在救国的具体工作上积极的参加，并影响别人积极参加，如献金、募寒衣、写慰劳信、慰问抗战军人家属，以增加抗战力量。

（三）组织不必呆板的用小先生名义，有时抗敌服务团等等组织要比较有效些。

（四）教小先生读书认字的方法是要一句一句的教，不要一个字一个字的教。比如钱字、力字、出字、有字，与其一个一个的教，不如直截了当的把它们联成与抗战有关系的句子教。你们看这四个字，倘使联成这样的句子便成了："有力出力，有钱出钱。"读起来又顺口，又有力量，又有意义。你们用报纸写字块，意思很好，倘若把字块灵活的联成各式各样的短句教更好。

（五）教民众一定要把趣味与意义打成一片，我们只需在报纸、杂志上留意，随时可以采来做教材。比如，十一月十六日《扫荡报》①登载，各报的记者四月十一日访问马相伯先生于谅山，马先生说了几句话，又通俗，又有趣，又有警告国人的力量。马先生说：

> 我是一只狗，
> 只会叫，
> 叫了一百年，

还没有把中国叫醒。

这一课的课题可以用"国狗"两个字。我的经验是用教材只要有趣、有意义,生字多几个也不妨碍。

(六)根据兴趣与意义合一的原则,你们可以充分运用漫画、故事、金钱板、独幕剧、笑话来指导小先生干工作。

(七)过一些时,留意提拔学校四周乡村成人、妇女、儿童团体自己的干部,而让你们大先生和小先生处于顾问的地位。

我很欢迎质疑问难的通讯。你们在工作上遇有困难或对困难如何克服,我很愿知道。尚希随时指教。敬祝
康健!

陶行知启
二八、十二、十九

注释

①《扫荡报》 中国国民党军事系统的报纸。1931年创刊于南昌,先后曾出汉口、重庆、南京、上海、桂林、昆明等版。

附:重庆第六中心学校小先生推行委员会的来信

行知先生:

自从渝市实行疏散以后,我们的学校下乡了。校长及教师对于战时教育,本极热心,我们在这新的环境里,就推行小先生制来推动战教工作。

小先生当前是风靡一时的,可是我们没有经验,完全凭借我们的热忱冒失地就干起来了。我们确信在民族的存亡的绝顶关头,要普及国难教育,唤醒大众起来抢救危亡,小先生制是当前异常迫切需要的教育,我们推行方法是这般的:

一、以学校为核心,周围三里至五里为施教区域。

二、先由部分小先生及教师组成五个劝学队,用作先驱,向固执的乡民说得他(她)心悦诚服。

三、来校读书的民众学生,男女大小有二十五个,每日午后三时半为活动时间。因工作忙碌不能来校的学生,男女大小有二十七个,亦于是时由我们的小先生送上门去,有时在田沟、土边、树下,就施起教来。

四、民众学生分为校外校内两大队,校内队以学生程度分为三小组。校外队以路线远近分为四小组,每大队设队长一人,每小组设组长一人,小先生三人至八人,队长、组长都由小先生选任。

五、教师担任辅导员，每日有一节课专讲"怎样做小先生"，关于字义及教学做等法，先让小先生学习纯熟，然后教学。

六、我们用的教材是《民众学校课本》，但多数民众学生，都感觉深了，我们就用报纸制成方块，每块用红色写上一字或两字，一天读两三个。集到相当的字，便成了一句口号，读者感到极大的乐趣，另外还有习字、唱歌、时事、救亡与指导。

七、辅导员轮流地、经常地作巡回的、个别的、集体的辅导，想许多方法克服困难。

八、教师与小先生另组有小先生推行委员会，每周开会一次。辅导员、队长、组长都有工作报告，之后互相批评，之后便确定新的计划。

以上所述就是我们工作的概况，虽说在这儿的民众，许多都认清了识字的重要，并且对我们有着相当的信仰，这不能不说对于读书的风气，起了相当作用。但我们究竟没有经验，有时叫我们感觉着空虚，每每像觉得有许多工作还没有干起来，可是又不晓得怎样去干。有时竟使我们感到苦闷。

这个工作，究竟怎样做才尽善尽美？关于这工作有没有专书讨论？希望先生指教我们。

第六中心学校小先生推行委员会
十二月九日

我们的校徽* （12月25日）

育才开学之后，将近两个月，大家觉得还缺少一个东西。一天有几位同志正式提出来要一个校徽。绘画组主任①要求我把主要的意思告诉他使他可以设计。我当时觉得很难，似乎比开创学校还要难些。何以呢？我们需要一个符号，可以代表学习，又可以代表工作，又不脱离现在的任务而可以代表战斗。我们学校的基础是集体生活，也必定要在这符号里表现出来。而且我们又不可关起门来干我们的集体生活。我们的集体生活，是必须与全世界以及整个人类的发展联系起来。我们如果用各种符号堆砌起来表现这许多重要的意义，那也不算很难的工作，但是这样的一个杂货铺的校徽，连自己也不容易看明白，别人见了它更要头昏了。我当时觉得校徽之难就难在简单而符合创校的意义。

一连好多天我是不能交卷。九月三十日，我从金刚碑坐船到白沙沱，在船上有点空闲，可以仔细的对这问题想想。忽然在我的脑海中浮出一个圆圈。这圆圈是求学的符号，因为求学要虚心而且要有相当的空闲。它又是工作的符号，因为工作要不断的努力才能成功。它也是战斗的符号，因为抗战要精诚团结才能得到最后的胜利。

但是这一圆圈虽然把学校生活本身的内容包括无遗，但是如何可以表现它与世界及历史发展之关系呢？我想了一下，觉得必定要三个圆圈连锁起来，才能充分发挥这一切的意义：第一个圆圈代表全校一体，第二个圆圈代表世界一体，第三个圆圈代表古往今来一体。

我继续的想下去，愈想愈觉得这三圆圈校徽的意义之丰富。它们所表现出来的意义有：（一）民族、民权、民生；（二）智、仁、勇；（三）真、善、美；（四）工学团；（五）教学做合一②；（六）自然、劳动、社会；（七）头脑、双手、机器；（八）迎接困难、分析困难、解决困难；（九）认识社会、适应社会、改造社会；（十）检讨过去、把握现实、创造未来；

---

* 本篇原载1939年12月25日《战时教育》第5卷第4期。

（十一）肯定、否定、否定之否定……我一时也数不完全。

　　三个环决定了之后，颜色又成了问题。当初是想采用黑色，因为它表现出钢铁一样的坚强，但是有机体的联系，需要有生命的颜色才能表现出真正的意义。我们的三个环是三个连锁的红血轮，代表着有生命的学校、有生命的世界、有生命的历史都联成一体。

注 释

　　① 绘画组主任　即陈烟桥。
　　② 教学做合一　陶行知关于生活教育的理论。认为教、学、做是一件事，主张"在做上教，在做上学"；"教的法子要根据学的法子，学的法子要根据做的法子"。

育才三圆圈校徽的内涵
——三位一体的多元运用* （9月30日）

1. 集体生活 { 全校一体 / 世界一体 / 古今一体
2. 智仁勇
3. 知情意
4. 工学团
5. 教学做
6. 文化工具，劳动工具，战斗工具
7. 感觉困难，分析困难，解决困难
8. 认识社会，适应社会，改造社会
9. 行，知，衙
10. 师，生，众
11. 老，壮，少
12. 左，中，右
13. 自然——劳动——社会
14. 头脑，双手，机器
15. 艺术，科学，哲学
16. 天时，地利，人和
17. 新大学：明大德
    　　　　新大众
    　　　　　止于大众之幸福
18. 大德：觉悟，联合，争取解放
19. 空间，时间，人间
20. 海陆空

---

* 录自手稿。手稿写于1939年9月30日，文中画有育才校徽。题为编者拟。

21. 检讨过去，把握现实，创造未来
22. 正反合
    肯定，否定，否定之否定
23. 真善美
24. 德智体
25. 抗战三阶段：防御，相持，进攻
26. 民族，民权，民生
27. 大众福禄寿
28. 自由，平等，幸福
29. 身修，国治，天下平
30. 百战百胜
    求学——虚心
    工作——不断
    战斗——团结
31. 动植矿
32. 你我他

我的民众教育观* （12月25日）

民众教育是什么？民众教育是民众的教育，民众自己办的教育，为民众的最高利益而办的教育。换句话说：民众教育是给民众以教育，由民众来教育，为民众而教育。给民众以教育是用教育来动员民众。无论是征兵、征工、募捐、募寒衣及一切需要民众做的事，强迫不如说服，命令不如志愿，被动不如自动。说服是教育的方法，志愿是教育的成果，自动是教育所启发的力量。所以教育是动员民众最可靠、最有效的武器。由民众来教育是用民众来动员教育。中国对教育是动员了四五十年，到如今中国教育还没有普遍的动起来。这是什么缘故呢？先生少，学生多。小众的力量不够大，推不动大众的教育。但是民众接受了知识即刻传递给别人，那就容易推动了。前进的民众来教育落后的民众，一起起来动员教育，那末教育就不能不普遍的动起来了。为民众而教育是为民众最高的利益而教育。民众最高的利益是什么呢？中国民众最高的利益，不消说得，是打倒日本帝国主义，建立一个自由平等幸福的中华民国，并和全世界反侵略之战友共同来创造一个合理公道互助的世界。所以由民众来动员教育，用教育来动员民众，以争取这最高之利益和最后之胜利，才可算是真正的民众教育。

民众教育之发展大概有三个阶段：第一个阶段是要民众。第二个阶段是要教育民众。第三个阶段是民众要教育。要民众是民众教育之基本条件。否则民众且不要，何况乎民众教育。可是单凭我们的主观或是小众的利益而办的民众教育，民众不一定接受，一直等到我们发现民众所以不接受这样"教育"的缘故，并且改变我们的方针、内容、方法，使所办民众教育适合民众的口味，然后民众才要教育。也要等候它办到民众未得它之先是如饥如渴的想念，既得它之后是向前向上的奋发，那时候民众教育才算是办得有几分谱子了。

中国已往的民众教育是害了三种病。一是偏枯病。它或是由于有意的放

---

* 本篇原载1939年12月25日《战时教育》第5卷第4期。

弃，或是由于无意的忽略以致大部分的民众是不知、不能、不可、不敢跑进民众教育的圈里来。例如老年人、女人、工人、农人、流浪儿，绝大多数是被摈于民众教育之外。我没有篇幅一一举例，只谈一谈老年人吧。假使全国的老太太都能有机会受一点像岫岩县的赵老太太、修仁县的曾大娘、歇马乡的刘太太的教育，那末对于她们的从军的儿子是有多么大的鼓励啊！假使有一点真的教育配献给她们，那末，经过她们的广播，又是有何等扩大的影响啊！然而一般民众教育者则忽视老人之重要，而口口声声的说，我们要赶快培养青年民众，老人家快要进棺材了，有什么用呢？因此，民众教育对于老年人则害了偏枯症，同样，它对于妇女、农人、工人、流浪儿都害了偏枯的症候。二是守株待兔病。民众教育者是坐在民众教育馆里等待民众来：来一个，教一个；来两个，教一双；很少自动的到老百姓的队伍里去找学生。那愿意把教育送上门去的更是凤毛麟角了。民众教育还有一个特有的病，那就是尾巴病。民众教育在已往是成了教育之尾巴，排列是尾巴，经费是尾巴尖。社会既以尾巴看待民众教育，民众教育亦不知不觉的以尾巴自居。反过来说，民众教育抬头，也可见民众之抬头。

前几天，蒋委员长巡视湘北遇见民众教育馆，必去观看，可见民众教育之被最高当局重视。

民众教育是一件大事不可小看，更不可小做。大县一二百万人，小县也一二十万人。一位民众教育馆长假使用民众来动员教育并用教育来动员民众，他和他的同志便能影响而唤起少则一二十万、多则一二百万民众，个个知道为中华民国奋斗，愿意为中华民国奋斗，能够为中华民国奋斗，则中华民国自然会活到万万年了。大家要想民众教育抬头，要想中华民国抬头，是必得认清民众教育是一件大事并且要把它当作一件大事来实践。

民众教育舘的"舘"字引起了我的注意。"舘"字从官从舍；官舍是官住的地方，好像是一个衙门。民众教育舘有变成一个衙门的危险，但要想把民众教育当作一件大事做，切不可以在衙门里做老爷。官舍还有一个意思，就是看管房子。办民众教育倘变成只看管民教馆的房子，那也嫌不够。我有意把"舘"字换个"馆"字。民众教育馆好一比是一个民众餐馆，前者管民众的文化粮食，后者管民众的身体粮食。民众餐馆要想生意好必须价廉物美招待周到不需久候，民众教育馆要想做得开，在几方面都要跟民众餐馆学学才好。但是馆子也有毛病，官食可作老爷吃饭讲。倘使办民众教育的老爷只顾着自己的饭碗，而不把精神粮食输送给老百姓，那便是大事小做了。

谈生活教育*
——答复一位朋友的信（12月）

接读十二月十二日手书，知道我们在重庆相左，不能见面谈一谈，那是很可惜的一件事。承你对于生活教育和生活教育者提出一些意见，我们很感谢。你所勉励我们的话，多半是对的，我们是朝着你所指示的路向不断的努力。但是你批评生活教育是有一些不正确。这不能怪你，因为如你所说，你不能把全部生活教育研究之后再提出意见。为着要答复你的好意，我想把我认为不正确的地方提出来和你谈谈。

第一，你说："生活教育者好像不懂得'真正生活教育的实现，只有在没有人剥削人的制度里存在'。"你仔细想过之后，便知道这样的看法，是机械的看法而不是发展的看法，是静态的看法而不是动态的看法，是等待的看法而不是追求的看法。你心里的理想的社会，不是从天上落下来的，而是人类依着历史发展的趋势努力创造出来的。真正的生活教育，自古以来一直存在到今天，即发展到今天，而且还要一直存在下去，发展下去而达到最高的生活即最高的教育。为着最高的目的而忘了发展的过程和为了发展的过程而忘了最高的目的，都是错误。

第二，你说："生活教育者企图不经过突变而欲达到质变。"我们没有这样的企图。除非你所遇到的是没有常识的"生活教育者"。水热到摄氏一百度，突变而为水蒸气。我们不能幻想着水蒸气而忽视了砍柴、挑水、烧锅的工作。

第三，你说：生活教育者之努力……即使能完成任务，那也只限于一部分被……提拔的"天才者"，群众是没有份的。这"天才者"大概是指我们所选之具有特殊才能之儿童吧？他们是从难童中选来，不能说他们与民众无关。我们当然不应该为"天才"而办"天才"教育，但是，为着增加抗战建国的力量而培养特殊才能的幼苗，使他们不致枯萎夭折，也是值得做的工

---

* 本篇原载1940年1月10日《战时教育》第5卷第5期，尾注"二十八年十二月"，指1939年12月。

作。我们当然不应该教他们做人上人。但是,为着社会进步,让他们依据各人的才能志愿,学做一群人中人,而且把他们的贡献发挥出来以为民众服务,也是值得干的工作。若只注重"天才"教育而忽略一般教育,那是不可以;但是,生活教育者自始就发动普及教育运动,到近来,才感觉到具有特殊才能之儿童之被忽视而开始唤起社会之注意。我们所希望的是"从民众那里来"的"回到民众那里去"。

第四,你说:"生活教育者没有把革命与教育联系起来。"这要看你心中的革命是一件什么事?你心中的联系是如何联系法?在我们看来,现在的民族解放斗争是革命的行动!我们以一个民众学术团体,对于团结、抗战建国,是用了全副精神参加,不敢有丝毫之懈怠。至于你所说,一个教育者同时应该是一个革命者,我很同意。但我希望补充一句:一个真正革命者,必然是一个真正生活教育者。即使他不承认他是一个生活教育者,按着生活教育的理论说来,他也是一个道地的生活教育者。

第五,你说你的很多朋友,大都不知道生活教育是什么,并且说生活教育的受人忽视的主要原因是,因为缺少革命的联系。生活教育之被一部分人忽视,那的确是事实,但完全归咎于缺少革命的联系,从上面说明看来,也不见得完全对。我想除我们自己力量有限外,生活教育之被人忽视,还有下述之原因:一、过生活而忽视教育的人,必然忽视生活教育。二、受教育或施教育而忽视生活的人,亦必然忽视生活教育。三、忽视民众生活而又忽视民众教育的人,固然不要生活教育而高谈革命理论,而无革命实践的象牙塔里的"革命家",也无由知道生活教育之宝贵。

末了,你希望我们能够出版一部生活教育大纲。我们正在着手编这样一部集体创作,现在为你参考起见,我把生活教育的理论提出几个要点和你谈谈。

从定义上说,生活教育是给生活以教育,用生活来教育,为生活向前向上的需要而教育。从生活与教育的关系上说,是生活决定教育。从效力上说,教育要通过生活才能发出力量而成为真正的教育。"教学做合一",是生活法亦即教育法。为要避去瞎做、瞎学、瞎教,所以提出"在劳力上劳心",以期理论与实践之统一。"社会即学校"这一原则,要把教育从鸟笼里解放出来。"即知即传"这一原则,要把学问从私人的荷包里解放出来。"行是知之始,知是行之成",是教人从源头上去追求真理。工学团或集体主义之自我教育,是在团体生活里争取自觉之进步。"教育是民族解放、大众解放、人类解放之武器。"这种教育观,是把教育从游戏场、陈列室解放出来,输送到战场上去。时间不许我细说,总之,生活教育理论,是半殖民地半封建的中国争取自由平等的教育理论。我希望你把研究之门大开起来。如果有机会,我想和你谈谈。千万不要因为一时之倒霉,少数人之不忠实,就误断一个运动的命运。

1940年

儿童保育问题* (2月10日)

自从前年三月十日在汉口成立了战时儿童保育会①，在蒋夫人②和冯夫人③领导之下，已经先后开办了四十八所儿童保育院，收容难童将近二万人。这个中国破天荒之儿童公育运动，是一个伟大的社会运动，也是一个伟大的教育运动。我应当在这里向这一运动之贤明领导者蒋夫人和冯夫人致敬，向这一运动之目光远大之发起人安娥先生致敬，向这一运动之劳苦功高之实行者，全国保育院院长致敬。

在我参观几所保育院的时候，自然而然地发生三种感想。一种是保育院院长和工作人员的热忱和牺牲精神。在今天我们就可以看见证据，从前几位胖胖的院长现在是瘦了一些。一种是儿童的力量之大，超过了我们的估计。一个小孩忽然在重庆不见了，一个月后他在香港出现，再过一些时候又在重庆见面。这种情形谁也没有预料到。一种是问题之丰富令人烦恼，也令人高兴。可是我们对于问题之来是不应该因为它们麻烦而讨厌，倒要高高兴兴的去欢迎它们、研究它们、解决它们。

我遇见保育院的朋友总是向他们要问题，所以我今天谈的问题都是大家共同感觉到的问题。我所提出的解决的意见，不一定对，还要请大家指教。

我遇到的第一个问题是战时儿童教育怎么办？这些小孩子怎样教？过战时生活才算是受战时教育，对于这个原则，儿童也不能有例外。我们应该教小孩们团起来做追求真理的小学生，团起来做手脑并用的小工人，团起来做即知即传的小先生，团起来做百折不回的小战士。

这"团起来"的意思，就是教小孩们过集体生活。集体生活是怎样过法？要说明集体生活应该怎样过，最好是把假集体生活提出来做反证。一群囚犯被狱卒押着做工作，这不是真的集体生活。因为狱卒的压力一去他们就会散了。他们是手在做工，心在逃走。心不在焉则不是真的集体生活。一群

---

* 本篇原载1940年2月10日《战时教育》第5卷第7期，系陶行知在重庆保育院院长会议上的谈话。

赌博鬼在赌场上赌博，这也不是真的集体生活。因为同床异梦，各有目的，各人想把别人荷包里的钱赢了来。把钱赚到手或输光了，便一个一个的散伙。这里虽没有压力，但不是同心协力要完成一个工作。它是各有各的野心，要把别人的钱都赚来以完成他个人的目的。真正的集体生活要有共同的目的，而且对这共同的目的要有共同的了解。但不是停止在共同的了解，而且对于共同的工作要有共同的参加，没有共同的参加，连那共同的了解也是假的。所以从真正的集体生活中实施集体教育，必定要有共同的目的、共同的认识、共同的参加。而这共同目的、共同认识、共同参加又不可以由单个的团体孤立的树立起来，否则又会变成孤立的生活、孤立的教育，而不能充分发挥集体的精神。孟子说："先立乎其大者，则其小者不能夺也。"我们中国现在最大的事是什么？团结整个的中华民族以打倒日本帝国主义，而创造一个自由平等幸福的中华民国。每个保育院的小集体，要成了这个大集体的单位才不孤立、才有效力、才有意义。与这个大的集体配合起来，然后一个保育院内共同立法、共同遵守、共同实行，才不致成为乌托邦的幻想。

虽然我们要教小孩过战时生活、受战时教育，但他们所需要的最低的生长条件必须具备，否则小小生命就难免枯萎，甚而至于夭折。所以如何健全小孩们的基础生活，是一个迫切的问题。小孩们营养不够、保温不够，这是不可讳的事实。在这物价飞涨的时候，当然要增加经费。这一点听说总会有酌量增加的准备，那是要向诸位道贺的。我对于这种苦处尝过一点滋味，希望总会在通盘筹划当中能多增加一点经费，使小孩们可以好好地长起来。我想除了增加经费之外，还有两件事要做：一是食物要根据已经有的营养研究的结果来配合。如果配合适当，则花一样的钱而营养价值要高得多。比如把青菜和萝卜配合吃，远不如把青菜和黄豆配合着吃，青菜黄豆糙米饭怕是最经济而合理的营养吧。其次，卫生的管理要周到彻底。平常人只顾到饭厅清洁就算了，以为饭厅里有纱罩就保险了。殊不知厨房的清洁更重要，毛厕的清洁尤其重要。假使毛厕里一只蛆都没有，恐怕连饭厅上的纱罩也可以省掉了。

一般的说来，保育院里身体的营养固然不够，但精神的粮食尤感缺乏。这文化的饥荒宜如何整治？我想一方面要请总会拨款买书救治，一方面要一个大规模的捐书运动。每个保育院要有一万本书不为多，总起来就须五十万册。少到不能再少也需十万册，平均每院二千册。我们知道，不但小孩要精神粮食才能长进，而且教师们也要有精神粮食才能留得住。

每个保育院有一千只手，但是缺少工具不能做工，缺少田地不能种植，这是一个严重的问题。这些手如果有了充分的田地和工具，不但能增加一些后方的生产，而且小孩们可以得到自立的教育。中国有的是地，一定有法子解决。我想每个小孩一分地总不能算太多，每个保育院至少要有五十亩地，才能把小孩们的劳动生活建立起来。

保育院的先生都说太忙，忙不过来。这也是一个要解决的问题。一个茶杯，中间有点空，可以倒茶，因此茶杯乃有了功用。庖丁解牛，运斤成风。倘使他的前后左右上下挤得满满的，则手儿动也不能动，又何能运斤成风呢？先生太忙，便无暇温故知新，依孔子的话，便不可以为师了。解决的办法：一是使工作有计划；二是酌量加几位先生；三是从小朋友当中提拔出干部来，加以训练，使他们分任一部分工作。但是，小朋友也是不可太忙啊！

一个有趣的小问题是我遇到的，因为有普遍性，还有几分钟，也提出来谈谈：吃饭的时候，可不可以讲话。我对于这个问题也曾研究了一些日子，结论是允许小孩在吃饭的时候讲话。第一，因为平常无论什么地方吃饭的时候都讲话；第二，因为吃饭不讲话则吃得太快，反难消化；第三，吃饭能讲话则大家都高兴些。但是，要训练他们轻轻的讲。有时可以举行特别训练，一句话也不讲。和尚吃很热的粥，都没有丝毫声音，静得连绣花针落在地上也听得见响。我们也要有这样的修养，但这只是偶尔一试，如同练习消防一样，不可常常做，常做反而有碍小孩的活泼。

还有一个难以解决的问题，就是你们有些难管的小孩。这些难管的小孩，有时是被称为劣童或者被称为坏蛋。怎样解决呢？（一）难管的孩子多半不是劣童，也不是真正的坏蛋，这一个态度要立定，否则你主观上咬定他是劣童则一切措施都错，便愈管愈难管了。（二）仔细考虑他所以难管的原因，在源头上予以解决。例如发明电灯的爱迪生，是被先生以坏蛋的罪名不容于学校。但他的母亲知道他不是坏蛋，而是欢喜弄那先生不高兴的毒药而玩化学的把戏。（三）体力充足，无法发泄的，有时捣乱，可多给他一些机会劳动或干体育游戏。（四）先生也得检讨自己的功课教法是否合乎学生的需要程度。（五）即使是真正的坏蛋，我想开除出去，无人指导，更要变坏，倒不如运用团体制裁，以纠正其过失。而且团体若有办法，则有少数捣乱分子，可以培养团体中大多数人之抗毒素。（六）此外还有身心上有了缺陷的小孩，那是要医生及心理专家医治。（七）曾经受过特殊折磨而起了对人之反常态度，则先生及同学之同情照顾为不可少。

中国被难的小孩，连抗战将士的小孩在内，最少也不下于二百万。我希望大家从保育院的窗户里向外边再看一看。我们的工作似乎应该放大一百倍来干。可是也不必等待。院门口的无家可归的小孩，不也是我们的责任吗？

保育总会要负起这重大的任务，必须把培养新干部列入整个的计划。为着扩大保育的范围和对现任人员退职之补充，都需要这样一种新干部之培养。再末，为着充实各保育院之精神食粮及有效的新技术，一个得力的研究部和编辑部之设立也似乎是必要的，此外还需要专家时常访问各院，作实地的辅导。有了新的干部，再加上研究部、编辑部和巡回的辅导，我想不但保育院的许多问题可以迎刃而解，而且对于中国儿童公育运动必定有层出无穷的有价值的贡献。

注　释

① 战时儿童保育会　1938年3月10日成立于武汉，后迁至重庆。
② 蒋夫人　即蒋介石的夫人宋美龄。
③ 冯夫人　即冯玉祥的夫人李德全。

生活教育运动十三周年纪念告同志书*（3月15日）

我所敬爱的同志们：

从十二周年纪念到现在，有几件比较重要的事，想先向各位报告：一、晓庄研究所已经建立起来，而且已有好几个研究报告，印成学术研究专刊以与教育及科学界人士交换意见。二、育才学校已于去年七月二十日开学。现已成立音乐组、戏剧组、文学组、社会科学组、绘画组、自然科学组。工艺组及农艺组，希望于今年下半年成立。现在已选拔到校之学生有一百二十余名，要陆续增加到五百名。全校教育以集体生活为基础并努力使抗战教育与建国教育合一起来。三、新安旅行团在伤兵难民及保卫大西南的工作上成绩都很好。他们也建立了适合儿童之集体主义之自我教育。这次敌人进攻西南，一部分团员应政治部之号召，组织了南路工作队，最近才从宾阳突围而出。四、云和、英山及山西省之数县以县为范围试用生活教育理论进行战时教育，学生比平时增加数倍，可见生活教育理论对于战时有特殊之效用。五、本社社友五百余人在江南一带工作，据最近报告，在过去一年中已经殉国者有四十余人。这些同志的壮烈牺牲，是树立了我们的表率，我们应当踏着他们的脚迹，负起他们遗下来而未完成的任务。

在去年的告同志书里我曾提出三个口号：（一）学术即力量；（二）组织即力量；（三）行动即力量。年年今日，我们每一个人，或每一个集体或整个的社，都得对这三种力量清算一下，并继续不断的在这三方面增长我们的力量，以为民族与人类服务。

我提起笔来想写的真是千言万语，但时间不许可，今天特别想说的就是今日中国教育最需要而最忽略的一点——觉悟之启发。启发自觉是包含在我们立社的宗旨里面。社的宗旨是要"探讨最合理最有效之新教育原理与方法，促进自觉性之启发，创造力之培养，教育之普及，及生活之提高"。但是，我们对于启发自觉性并没有充分讨论过。战时教育运动开始的时候，本

---

* 本篇原载1940年3月15日《生活教育通讯》第8期。又载同月25日《战时教育》第5卷第10期。

社提出"集体主义的自我教育"。这"自我"二字若作自觉解是更正确。集体教育要通过"自觉"才成为有效的教育，即集体的自觉教育和自觉的集体教育。

中山先生讲三民主义首先就说这个道理。他讲："大凡人类对于一件事，研究当中的道理，最先发生思想；思想贯通以后，便起信仰，有了信仰，就生出力量。"这思想贯通便是觉悟，对于觉悟的本人说便是自觉，有了觉悟才起信仰而生出力量。但觉悟又从何而来？从研究而来。研究是追求真理，即是求知之行。那么觉悟是从行而来，从"求知之行"而来。

蒋委员长在行之哲学里面特别指出行与自觉的关系。他说："凡是真正的行，他必定是有目的、有轨道、有步调、有系统，而且'反之于心而安'的自觉。"

中国古代教育是一贯的注重觉悟。"大学之道在明明德"。明德即真理。第一个明字便是明白和阐明，明白是自觉，阐明是觉他。这个道理和"先知觉后知"，"先觉觉后觉"是相通的。并且觉悟是智仁勇三达德之康庄大道。"仁者不忧，智者不惑，勇者不惧"。因为不惑，才能不忧，不惧、不惑便是思想贯通而觉悟了。《中庸》①说"不诚无物"。无论是"自诚明"，或是"自明诚"都离不了诚。不诚便没有觉悟，诚心追求真理，才能自觉觉他。要负起自觉觉他的任务，必定是要忠实于真理。比如一个人必定要忠于追求抗战建国的真理，才能在抗战建国上自觉觉他，才能对抗战建国生出信仰，并发挥出力量来。

人人都可以觉悟而往往到老还不觉悟，反而妨碍别人觉悟，这是由于成见、武断、私心、偶像崇拜、公式主义、教条主义，或是由自己闭了觉悟之门，或是由外力封锁了觉悟之路，客观的真理反映不到头脑里去，或者能到头脑而不能正确的反映出来，以致自己不肯觉悟，不能觉悟，甚至不愿别人觉悟。

当伽利略用风琴管自制望远镜发现了木星的四个月亮，他诚恳地去请佛罗棱萨大学②教授来参观。这些教授不但是不愿来看，而且武断他们用不着看。他们说：人有七窍，天有七明（金、木、水、火、土、日、月），哪能再来四个月亮？他们不但拒绝伽利略的邀请参观，并且设法陷害，说伽利略谣言惑众，违背教规大逆不道。伽利略于是饱受折磨。但真理毕竟不能埋没，伽利略之发现，实是千古不朽，那些不肯觉悟的教授当年固然威风十足，现在可有一点贡献遗留下来呢？所以一个教育者的重要任务，是把自己和学生的成见、武断、私心、偶像心理、公式主义、教条主义从头脑里肃清出去，并把客观环境与头脑之间的门户开得好好的，使得真理可以清楚而正确的反映出来。这种反映的收成，便是从大彻大悟中形成信仰而生出力量。

最近教育部颁布十六字的训育方针：自治治事，自信信道，自养养人，自卫卫国。我想倘使把自觉觉他的意思贯彻进去，则不但教育内容更加丰富，而且更能发挥出管教养卫的力量。有自觉的纪律，则自治治事更可严谨。有自觉的信心，则自信信道更可坚定。自觉的做工是斯大汉诺夫运动③的灵魂，不但生产激增，而且做工的人个个兴高采烈，只觉做工之乐不觉做工之苦。自觉去当兵，则知为中国死，愿为中国死，与敌人拼命时必可以一当十、以一当百的去打倒日本帝国主义而收复已失的河山。

现在要粉碎敌人"以华制华"的阴谋，自必扩大反汪运动，以毁灭这"以华制华"的工具。但是，想把这个运动做得比以前更有效，也得要把它变成自觉的反汪运动④，使得民族正气充塞天地，连跟他跑的人都反正过来，自必势穷力竭，终归消灭。

民主的宪政是保证精诚团结抗战建国的根本大计。我们必须把宪政运动和国民教育民众教育联起来，使大家对于制宪有共同了解、共同参加、共同信仰。这种共同的了解、参加、信仰，必能发出伟大的力量，来保证精诚团结和由精诚团结而来的最后胜利。换句话说：制宪也要启发人民的自觉。

生活决定教育，教育要通过自觉的生活才能踏进更高的境界。通过自觉的集体生活的教育更能发挥伟大的力量以从事于集体之创造。

这次所提出的这点关于"启发自觉"的意见，只是供大家讨论参考，关于启发自觉之方法，希望大家来一个集体探讨。

注释

① 《中庸》 儒家经典之一。原是《礼记》中的一篇，相传为战国时孔子的弟子子思所著。宋儒程颐、朱熹把它和《大学》、《论语》、《孟子》并列为"四书"。

② 佛罗棱萨大学 通译为"佛罗伦萨大学"。校址在意大利中部城市佛罗伦萨。

③ 斯大汉诺夫运动 通译斯达汉诺夫运动。指苏联在第二个五年计划期间开展的运用新技术和改善劳动组织的群众运动，为苏联社会主义竞赛的形式之一。斯达汉诺夫是顿涅茨矿区采煤工人。

④ 反汪运动 声讨以汪精卫为代表的降日叛国运动。

育才学校创办旨趣* (5月1日)

我们在普及教育运动实践中，常常发现老百姓中有许多穷苦孩子有特殊才能，因为没有得到培养的机会而枯萎了。这是一件非常可惜的事情，这是民族的损失，人类的憾事，时时在我的心中，提醒我中国有这样一个缺陷要补足。

抗战后，从国外归来，路过长沙汉口时，看到难童中也有一些有特殊才能的小孩，尤其在汉口临时保育院①所发现的使人更高兴。那时我正和音乐家任光先生去参观，难童中有一位害癫痫的小朋友②，但他是一位有音乐才能的孩子，不但指挥唱歌有他与众不同的能力，而他也很聪敏，任光先生给他的指示，他便随即学会。

又有一次，我在重庆临时保育院参观，院长告诉我一件令人愤愤不平的事。他说近来有不少的阔人及教授们来挑选难童去做干儿子，麻子不要、癫痫不要、缺唇不要，不管有无才能，唯有面孔漂亮、身材秀美，才能中选。而且当着孩子的面说，使他们蒙上难堪的侮辱，以至在他们生命中，烙上一个不可磨灭的印象。

以上三个印象，在我的脑子里各各独立存在了很久。有一天，忽然这三个意思凝合起来了：几年来普及教育中的遗憾须求得补偿，选干儿子的做法，应变为培养国家民族人才幼苗的办法，不管他有什么缺憾，只要有特殊才能，我们都应该加以特殊之培养，于是我便发生创办育才学校的动机。当时就做了一个计划，由张仲仁先生领导创立董事会，并且得到赈委会许俊人先生之同意而实现，这是去年一月间的事。

创办育才的主要意思在于培养人才之幼苗，使得有特殊才能者的幼苗不致枯萎，而且能够发展，就必须给与适当的阳光、空气、水分和养料，并扫除害虫。我们爱护和培养他们正如园丁一样，日夜辛勤的工作着，希望他们

---

* 本篇原载1940年8月1日出版的《战时教育》第6卷第1期《育才学校专号》（期刊尾注出版日期为10月1日）。此系1940年5月1日起草。

一天天的生长繁荣。我们拿爱迪生的幼年来说吧，他小时在学校求学，因为喜欢动手动脚，常常将毒药带到学校里来玩，先生不理解他，觉得厌恶，便以"坏蛋"之罪名，把仅学了三个月的爱迪生赶出学校。然而他的母亲却不以为然，她说她家的蛋没有坏，她便和她的儿子约好，历史地理由她教他，化学药品由自己保管，将各种瓶子做记号，并且放在地下室里。他欣然的接受了母亲的意见，于是这里那里的找东西，高高兴兴的玩起来。结果，就由化学以至电学，成为世界有名的大发明家。虽然那三个月的学校教育是他一生仅有的形式教育，但是由于他母亲的深切的理解他，终能有此造就。像爱迪生母亲那样了解儿童的精神，是值得我们学习的。假如他的附近有化学家电学家的帮助，设备方面又有使用之便利，则可减少他许多困难。我们这里便想学做爱迪生的母亲，而又想给小朋友这些特殊的便利。

我们这里的教师们，要有爱迪生母亲那样了解儿童及帮助儿童从事特殊的修养，但在这民族解放战争中，单为帮助个人是不够也是不对的，必须要在集体生活中来学习，要为整个民族利益来造就人才。因此，我们要引导学生们团起来做追求真理的小学生；团起来做自觉觉人的小先生；团起来做手脑双挥的小工人；团起来做反抗侵略的小战士。

真的集体生活必须有共同目的，共同认识，共同参加。而这共同目的，共同认识和共同参加，不可由单个的团体孤立的建树起来。否则，又会变成孤立的生活、孤立的教育，而不能充分发挥集体的精神。孟子说："先立乎其大者，则其小者不能夺也。"我们中国现在最大的事是什么？团结整个的中华民族，以打倒日本帝国主义而创造一个自由平等幸福的中华民国。我们的小集体要成了这个大集体的单位才不孤立，才有效力，才有意义。与这个大集体配合起来，然后我们的共同立法、共同遵守、共同实行，才不致成为乌托邦的幻想。

我们的学生要过这样的集体生活，在集体生活中，按照他的特殊才能，给与某种特殊教育，如音乐、戏剧、文学、绘画、社会、自然等。以上均各设组以进行教育，但是小朋友确有聪明，而一时不能发现他的特长，或是各方面都有才能的，我们将要设普通组以教育之。又若进了某一组，中途发现他并不适合那一组，而对另一组更适合，便可以转组。总之，我们要从活生生的可变动的法则来理解这一切。

但是，育才学校有三个不是，须得在此说明：

一、不是培养小专家。有人以为我们要揠苗助长，不顾他的年龄和接受力及其发展的规律，硬要把他养成小专家或小老头子。这种看法是片面的，因为那样的办法也是我们极反对的。我们只是要使他在幼年时期得到营养，让他健全而有效地向前发展。因此，在特殊功课以外，还须给予普通功课，使他获得一般知能，懂得一般做人的道理，同时培养他的特殊才能，根据他的兴趣能力引导他将来能成为专才。

二、不是培养他做人上人。有人误会以为我们要在这里造就一些人出来升官发财,跨在他人之上,这是不对的。我们的孩子们都从老百姓中来,他们还是要回到老百姓中去,以他们所学得的东西贡献给老百姓,为老百姓造福利;他们都是受着国家民族的教养,要以他们学得的东西贡献给整个国家民族,为整个国家民族谋幸福;他们是在世界中呼吸,要以他们学得的东西帮助改造世界,为整个人类谋利益。

三、我们不是丢掉普及教育,而来干这特殊的教育。其实我们不但没有丢掉普及教育,而且正在帮助发展它。现在中国处在伟大的抗战建国中,必须用教育来动员全国民众觉悟起来,在三民主义抗战建国纲领之下,担当这重大的工作,所以普及教育,实为今天所亟需。是继续不断的要协助政府,研究普及教育之最有效之方法,以提高整个民族的意识及文化水准。育才学校之创立,只是生活教育运动中的一件新发展的工作,它是丰富了普及教育原定的计划,决不是专为这特殊教育而产生特殊教育,也不是丢掉普及教育而来做特殊教育。

注 释

① 临时保育院　保育院是抗日战争中,为抢救在战争中失掉亲人而成立的中国战时儿童保育会所属的负责收容和教养难童的机构。临时保育院是临时负责收容和教养难童的机构。

② 害癫痫的小朋友　即育才创办时被选为音乐组的学生陈贻鑫。

育才学校教育纲要草案* (8月1日)

一、育才学校之性质及其内容

（一）育才学校根据中华民国教育宗旨及抗战建国需要，用生活教育之原理与方法，培养难童中之优秀儿童，使成为抗战建国之人才。

（二）育才学校办的是建国教育，但同时是抗战教育。有人离开抗战教育而提出建国教育，挂建国教育之名，行平时教育之实。我们的看法不同，今天的建国教育必须是抗战教育，而今天真正把握中国抗战全面需要的抗战教育，必然是建国教育。育才学校从某些人的眼光看来，是"建国教育"（因为他们以为它只是培养未来的人才）；但我们认为这并不保证它就是建国教育。保证它是建国教育的是在于它同时就是抗战教育。今天育才学校的儿童必须过战时生活，必须为抗战服务，必须在抗战洪炉中锻炼。否则，我们便没有理由希望他们成为未来的建国人才。育才学校的教育，不是挂名的建国教育，而是抗战与建国的统一教育，抗战建国教育。

（三）育才学校办的是人才教育，分音乐、戏剧、绘画、文学、社会、自然等组。但和传统的人才教育办法有所不同。传统的人才教育，一般地是先准备普通的基本教育，然后受专门的高等教育。我们的办法是不作这样严格的时间上的划分，我们选拔具有特殊才能的儿童，在开始时便同时注意其一般基础教育与特殊基础教育。前者所以使儿童获得一般知能及优良的生活习惯与态度；后者所以给予具特殊才能之儿童以特殊营养，使其特殊才能得以发展而不致枯萎，并培养其获得专门知能之基础。表面上看来，这是一般基础教育与专科基础教育之过早的区分，但根据我们的办法，这是及早防止一般基础学习及专科基础学习之裂痕。我们要及早培养儿童对于世界和人生一元的看法。倘若幼年的达尔文对于生物浓厚的爱好是发展伟大的进化论者达尔文的条件之一，那末今天提早发展儿童之个别优异倾向，实在有其理由。倘若中国近年来文化工作之脱离广泛社会实际生活，和技术专家之缺少

---

* 本篇原载1940年8月1日《战时教育》第6卷第1期《育才学校专号》。

正确的认识可以作为殷鉴，那末，今天便在一般基础教育与特殊教育中予以统一，防止那样的分裂倾向，实在有其必要。

（四）育才学校办的是知情意合一的教育。中国数十年的新教育是知识贩卖的教育，有心人曾慨然提倡感情教育，知情意并重的教育。这种主张，基本上是不错的，但遗憾的是没认清知识教育与感情教育并不对立，同时知情意三者并非从割裂的训练中可以获取。书本教育也许可以使儿童迅速获得许多知识，神经质的教师也许可以使儿童迅速地获得丰富的感情，专制的训练也许可以使一个人获得独断的意志，但我们何所取于这样的知识，何所取于这样的感情，何所取于这样的意志？知情意的教育是整个的，统一的。知的教育不是灌输儿童死的知识，而是同时引起儿童的社会兴趣与行动的意志。感情教育不是培养儿童脆弱的感情，而是调节并启发儿童应有的感情，主要的是追求真理的感情；在感情之调节与启发中使儿童了解其意义与方法，便同时是知的教育；使养成追求真理的感情并能努力与奉行，便同时是意志教育。意志教育不是发扬个人盲目的意志，而是培养合于社会及历史发展的意志。合理的意志之培养和正确的知识教育不能分开，坚强的意志之获得和一定情况下的情绪激发与冷淡无从割裂。现在我们要求在统一的教育中培养儿童的知情意，启发其自觉，使其人格获得完备的发展。

（五）育才学校办的是智仁勇合一的教育。智仁勇三者是中国重要的精神遗产，过去它被认为"天下之达德"，今天依然不失为个人完满发展之重要的指标。尤其是目前抗战建国时期，我们需要智仁勇兼修的个人，不智而仁是懦夫之仁；不智而勇是匹夫之勇；不仁而智是狡黠之智；不仁而勇是小器之勇；不勇而智是清谈之智；不勇而仁是口头之仁。中国童子军①以智仁勇为其训练之目标，是非常有意义的。育才学校不仅是以智仁勇为其局部训练之目标，而是通过全部生活与课程以达到智仁勇之鹄的。我们要求每一个学生个性上滋润着智慧的心，了解社会与大众的热诚，服务社会与大众自我牺牲的精神。

（六）育才学校是一个具有试验性质的学校。第一，抗战以来，中国破天荒产生了儿童公育的事业，而育才学校是其中特殊的一种。我们希望将具有特殊才能的儿童之公育，予以充分的试验。第二，育才学校以生活教育原理与方法作为一种指导方针，我很希望将这一指导方针予以充分试验，我们深信这种试验会给予生活教育理论一些新的发展。

（七）育才学校全盘教育基础建筑在集体生活上。这里不是一个旧的教育场所，而是一个新的生活场所。这里的问题，不仅在于给儿童以什么样的教育，同时更在于如何使儿童接受那样的教育；这里的问题，不仅在于我们应有一个教育理想与计划，而在于如何通过集体生活达到那样一个理想与计划。所谓集体生活是全盘教育的基础，有三个意义：

第一，集体生活是儿童之自我向社会化道路发展的重要推动力，为儿童心理正常发展所必需。一个不能获得这种正常发展的儿童，可能终其身只是一个悲剧。第二，集体生活可以逐渐培养一个人的集体精神。这是克服个人主义、英雄主义及悲观懦性思想的有效药剂，中华民族正处于历史上空前未有的抗战建国关头，这种集体精神应溶化在每个人的血液里。第三，集体生活是用众人的力量集体地创造合理的生活、进步的生活和丰富的生活，以这种丰富、进步而又合理的生活之血液来滋养儿童，以集体生活之不断的自新创造的过程来教育儿童。具体言之，集体生活之作用是在使儿童团结起来做追求真理的小学生，团结起来做即知即传的小先生，团结起来做手脑并用的小工人，团结起来做反抗侵略的小战士。

（八）育才学校的集体生活必须保持合理、进步与丰富，而欲保持它的合理、进步与丰富，则有两个重要的条件：第一，与社会发展的联系，与整个世界的沟通。第二，在集体之下，发展民主，着重个性。

（九）育才学校的集体生活包含着如下几种生活：第一，劳动生活；第二，健康生活；第三，政治生活；第四，文化生活。在传统教育中有所谓劳动教育而忽略劳动生活，有所谓健康教育而忽略健康生活，有所谓政治教育而忽略政治生活，在各种各样的课堂中，讲授文化生活而忽略真正的文化生活。育才学校的生活与教育是统一的，它认定劳动生活即是劳动教育，用劳动生活来教育，给劳动生活以教育；它认定健康生活即是健康教育，用健康生活来教育，给健康生活以教育；它认定政治生活即是政治教育，用政治生活来教育，给政治生活以教育；它认定文化生活即是文化教育，用文化生活来教育，给文化生活以教育。

（十）育才学校的集体生活虽然在性质上分为劳动生活、健康生活、政治生活和文化生活，但在生活之集体性这一点上，决定了我们的劳动生活、文化生活往往同时就是政治生活。质言之，劳动生活、健康生活、文化生活之解释、动员、组织的过程都是政治生活，也都是政治教育。因此育才学校的集体生活，在其总的意义上来说便是一种政治生活。也就是说育才学校的政治教育笼罩着整个集体生活。

（十一）育才学校的集体生活是有计划的，此种有计划的集体生活之集体性决定了全部的集体生活，同时就是政治生活。同样地育才学校的集体之教育性决定了全部的集体生活，同时就是文化生活。质言之，劳动生活、健康生活、政治生活在集体讨论与检查中所有语言文字表达能力之锻炼以及思考推理之应用等等，便同时是文化生活。劳动生活、健康生活、政治生活对于学生精神和品格上之陶冶及锻炼，便同时是文化教育。因此，育才学校的集体生活在其总的意义说来，同时又是文化教育。

（十二）育才学校之集体生活在其总的意义上说来，一方面是政治教育，另一方面又是文化教育。此二者与集体生活是互为影响的。集体生活愈丰富，则政治教育愈充实；政治教育愈充实，则集体生活之政治认识的水平愈提高。同样地，集体生活愈丰富，则文化教育愈充实；文化教育愈充实，则集体生活之文化水平愈提高。

（十三）育才学校之政治教育、文化教育在集体生活有其总的意义，要求我们确定这两方面的指导方针：第一，今天吾人正处在历史上空前未有的民族解放战争中，纵贯在整个抗战中之最根本问题是全国精诚团结，服从三民主义之领导，这是全国人民的共同要求，毫无疑义地育才学校之政治教育应以精诚团结、服从抗战、实行三民主义为最高原则。第二，人类历史上的文化遗产浩如瀚海，欲浩如瀚海之文化遗产全部为儿童所接受，匪特不可能，抑且与教育原理不相合。因此，育才学校今日而言文化教育，就其内容而言，必须确定以下诸点：第一，约缩地反应人类历史上重要而有代表性的文化遗产。第二，着眼哲学科学（社会与自然）与艺术之历史的发展及其在社会实践的意义。第三，着重人类进化史及中国历史的认识。

（十四）最后，育才学校一般基础教育之是否可以获得成功，特种基础教育是否可以获得较多的学习时间，都要看儿童们是否能迅速地获得文化之工具来决定，这是一个教育上基本建设的问题。一个儿童不能够用适当语言文字清楚地表现他的思想，我们可以说，这个儿童所受的是不完备的教育。所谓文化的工具的教育，包含着这样几项：第一，语言，第二，文字，第三，图画，第四，数学，第五，逻辑。广义地说来，这五项东西同是表达思想的工具。只有这种工具获得了才可以求高深的学问，才可以治繁复的事。传统教育也是非常看重这种工具的，但它有两个根本缺点：第一，偏狭，将读、写、算看做最重要的工具；第二，错误，一味在读、写、算本身上来学习读、写、算。今天我们提出文化的工具教育，并且强调其重要，绝不是将它置于一般基础教育之上，终日来学习语言文字、数学逻辑。倘若这样的话，这正是犯了三R（The three R's）②教育的错误。我们认为工具教育，应该从丰富的集体生活中来吸取培养它自己的血液，用语言文字图画来表达集体生活，用集体生活中统计的事项来作写计算的材料，用集体生活中之事实、论争发展儿童客观的逻辑，代替儿童之虚幻的逻辑。

然而，在另一方面也有一种错误的倾向：那就是设计教学法③者，根本忽视工具教育之特性。他们将语文和算术的学习不断联结于各个不甚关联的单元活动上，充满了牵强附会和人工造作。依照我们的办法，一方面是用这些工具来表达集体生活事项，一方面又将语文中之优秀作品以及计数活动之练习给组成一种文化生活，从事学习。儿童获得这种文化的生产工具以后，他便能自动地吸收广泛的知识。

二、育才学校生活、学习与工作制度

（一）育才学校的生活、学习、工作基本上是打成一片的，其中一般活动皆属于一骨干组织的集团生活之组织下。这一个组织统一了生活与学习的组织，统一了集体生活与日常社会服务组织。这一组织系统概略如下：第一，设育才学校儿童生活团；第二，音乐、戏剧、文学、社会、绘画、自然、工艺、农艺等组各编为一中队，中队下设若干分队；第三，各组同一般教育水准之儿童编为一学级，使共受普通教育；第四，各组之各不同分队的儿童按年龄大小与工作经验之配合，混合组成若干社会服务队，专司附近村落社会服务（详细情形，可参考育才学校公约草案）。

（二）学习活动中之一般学习包含一般生活组织中。

（三）工作与服务之一般的组织亦包含在一般生活组织中，但育才学校为了在抗战洪炉中锻炼儿童，同时为了抗战工作之需要，得相机随时组织战时工作队；倘若在一般生活组织中，有较为固定的生活、工作与学习已经使儿童获得较为刻板的习惯，那末战时工作队便是有意打破这种刻板的习惯，予儿童以一种应有的训练。

（四）以上各项组织尽了纵横交错之作用，使全校儿童能彼此相接触，但在这各组织中，分队是平日生活、工作、学习的基本组织。

（五）育才学校主张教训合一，同时育才学校坚决地反对体罚。体罚是权威制度的残余，在时代的意义上说它已成为死去的东西；它非但不足以使儿童改善行为，相反地，它是将儿童挤下黑暗的深渊。育才教师最大的责任便是引起儿童对于纪律自觉地需要，自觉地遵守；引起儿童对于学习自觉地需要，自动地追求。

（六）育才学校集体生活之组织的原则是民主集中制。民主集中制的运用，一方面可以健全当前的集体生活，另一方面是要培养儿童参与未来民主政治之基础。

（七）育才学校着重分队晚会，凡集体生活中之问题、时事及当天指导员所教的东西务需予以充分的讨论，这除了增加儿童对于学科了解而外，同时更增进了儿童语言表达的能力。

（八）育才学校着重自我批评。自我批评是发展民主的有效手段，自我批评是促进自觉性启发的利器。

（九）育才学校着重总结能力之培养。总结需要包含学习中各种问题、自我批评及讨论中不相同的意见等，这一方面是扩大了儿童的能力，一方面是练习了逻辑。

（十）育才学校要养成儿童之自我教育精神。除跟教师学外，还跟伙伴学，跟民众学，走向图书馆去学，走向社会与自然界去学。他可以热烈地参加集团生活，但同时又可以冷静地思考问题。

（十一）育才学校之总的教育过程为：第一，以儿童为行动的主体，在教师之知的领导下，所进行的行与知之不断连锁的过程；第二，以儿童为行动的主体，同时以儿童自身之知为领导，所发展之行与知不断连锁的过程；第三，育才教育目的之一便是从第一种过程慢慢地发展至第二种过程。

（十二）育才学校之一般"教学做"的过程，有三种形式：第一，以工作或问题为中心的教学做过程；第二，以事物之历史发展为中心的教学做过程；第三，各学科、各系统的学习与研究的教学做过程。这三个过程，育才学校参合互用。

（十三）育才学校教师与学生基本上是在集体生活上共学，不但是学生受先生的教育，先生也在受学生的教育。这里我们要反对两种不正确的倾向：一种是将教与学的界限完全泯除，否定了教师领导作用的错误倾向；另一种是只管教，不问学生兴趣，不注意学生所提出的问题之错误倾向。前一种倾向必然是无计划，随着生活打滚；后一种倾向必然是盲目地灌输学生给弄成填鸭。

优良的教育工作者一方面是他根据客观情形订出教育计划，但另一方面是知道如何通过生活与实践，实现这个计划，并且在某种情形下知道修改他的计划，同时发展他的计划。

注 释

① 中国童子军　1912年武昌文华书院创办，南京国民政府成立后设中国童子军总会，并在小学和初中设童子军课程，推行童子军管理。

② 三R（The three R's）　英语read，recite，review三词的缩写。意为阅读、背诵和温习。

③ 设计教学法　实用主义教育的一种教学制度，为美国克伯屈所创，主张由学生自行决定学习目的和内容，从自行设计、实行的活动中获得有关的知识和能力。

1941 年

清水沙盘*
——献给全国小朋友（1月10日）

一月初在教育部会见顾荫亭先生，谈及中国幼稚园缺乏恩物，他希望能就地取材，用本国的东西，造成一套幼稚园里可以用的设备。教育部注意到幼儿的教育是一个可喜的消息。在这样重视之下，幼稚教育一定是会得到新的贡献。我当时就联想到一年半前的一个小小的发现，现在写出来，供给幼稚园和小学的教师做参考。如果小朋友因此而生活过得快乐些，学习能够丰富些，我就很高兴了。

这个小发现的经过，说来也有趣。前年我到北碚住下，要做一个滤水缸。在江边弄来的沙是含有很多泥土。我们叫工友把泥土洗掉。他洗了三十几盆水之后，叫我来看，还是带着微红的颜色，没有洗干净。我就自己动手来洗。起初不过是想把沙洗干净。后来越洗越觉得有趣起来。水和沙在手上溜来溜去给了我一种快感。我记起幼时玩沙没有这样好玩，玩水也没有这样好玩。我又记起平常幼稚园中的沙盘——只是一个小沙漠，虽然可以点缀些树木、房屋、人物，但除了沙漠生活之外，很难做到逼真的表现。这时在我脑海里浮出了"清水沙盘"四个大字。

根据这个概念的指示，我从"洗沙"跳到"地形之创造"。我能随意的造山、造河、造湖、造海、造平原、造海岛。我连沙带水造成一个山顶湖，在湖边开口，竟造成一个临时的瀑布。照着地图，我很快的在"清水沙盘"里造成一个中国的轮廓，画了扬子江、黄河、珠江、淮水、沽河①、黑龙江六大江河，以及渤海、黄海、东海、南海之海岸。我顺手又在中国东边造我们唯一敌人的大本营——日本之轮廓。朝鲜和四十六年前割给日本的台湾，都先后造了起来。这时我很高兴，觉得"清水沙盘"不但是一个好玩的东西，而且是一个非常有意义的东西。它不但是一个玩具，而且是一个千变万化的学习工具。

水与沙之外再加一点竹片、木屑、破纸、碎石，你可以把人类创造的文化在"清水沙盘"里一一表现出来。在河流的两岸搁上一条木片便成了一座桥。做得精巧一点，你可以把芦沟桥表现出来。在湖里海边砌上几块碎石，便成了堤和码头。弄点油纸或蜡纸，摺几只船，在水面上游来游去，可以代

---
* 本篇原载1941年1月10日《战时教育》第6卷第3期。

表商轮兵舰。我们可以做个游戏，把长江一带的日本军舰炸沉到江底。

同样，我们可以用"清水沙盘"来表现英德海峡炮战。你可以造一个大伦敦、法国之卡勒和英吉利之多佛海峡。我们还可以造南北美洲、大西洋、太平洋和巴拿马运河，在运河上做水闸，使大西洋和太平洋的商轮军舰可以通过水闸而进出。这样可以使小朋友们更具体的知道巴拿马运河的作用。

造两个小舰队。每只船上放一枚针。用两块磁石指挥作战，一队从巴拿马运河里用磁石引出来和另一队在太平洋里作遭遇战。

从美国经过檀香山、关岛、斐利滨②而到香港之航空站，也可以由"清水沙盘"而表现出来。

进一步，我们可以运用"清水沙盘"使小朋友得到高一点的科学知识。山顶湖可以造成临时的小瀑布，前面已经说到。现在在瀑布必经之路旁建立两根支柱，用大号针或竹针作轴，串一轻轮搁在支柱上，当小瀑布一泻而下之时则轻轮转动，可使小朋友了解水力推动的意义，进而了解水力磨粉，水力研米，水力发电。

古人有沧海桑田之说，正合地质学的道理。这现象可以很正确的由"清水沙盘"表现出来。当你把沙压到水底则山变为田、变为海，将沙从水里压出来则海变为田、变为山。倘使你把蚌壳藏在水里的沙中，当沙被压迫上来的时候，则蚌壳上山了。别的，如同河口之三角洲之形成，黄河改道之灾难都可以具体而微的表现出来，给小朋友一个正确的认识。

清水沙盘和干沙盘比较起来有好几个优点：

（一）小孩喜欢玩水，沙盘里有水更能使小孩高兴玩。不过水要清，沙要洗得纯净，没有一点泥土，使小孩玩时，不致把手和衣服弄脏。

（二）干沙盘是静止的，少变化的。清水沙盘是流动的，多变化的，更适合于小孩的性情，更能刺激小孩多方面的活动。

（三）干沙盘恐怕只能用于幼稚园。清水沙盘不但幼稚园的小朋友喜欢玩，而且小学生也喜欢玩，就是大到我们这样年纪也还喜欢。清水沙盘的功用随小孩年纪而转移。为幼稚园的小孩，它是玩具的成分多，但同时对于寻常地形及环境之变化也可以帮助他们认识。为低年级以上的学生，它是学习工具的成分多，但也不失掉好玩的意义。

（四）清水沙盘是活地图的原料。它在今日缺乏地图的前方后方之学校中，插上地名的小旗，可以代替地图，代替地图练习。它是立体的，所以在某种功用上说起来是更好的地图。

注　释

① 沽河　又名海河。河北省最大的水系，上游有五大支流，各支流在天津附近汇合，东流到大沽口入渤海。

② 斐利滨　通译菲律宾。

追求真理做真人*
——致陶晓光（1月25日）

晓光：

最近听说马肖生寄了一张证明书给你。他擅自作主，没有经我看过，我不放心，故即于当晚电你将该件寄回，以便审核有无错误，深信你已经遵电照办。现恐你急需文件证明，特由我亲自写了一张，附于信内寄你。你可根据这样证明，找尚达①弟力保。我们必须坚持"宁为真白丁，不作假秀才"之主张进行。倘使这样真实的证明不合用，宁可自己出钱，不拿薪水，帮助国家工作，同时从尚达弟及各位学术专家学习。万一竟因证明不合传统，而连这样的工作学习亦被取消，那末，你还是回到重庆，这里有金大电机工程，也许可去，或与陈景唐兄商量，径考成都金大②。总之，"追求真理做真人"，不可丝毫妥协。万一金大也不能进，我愿筹集专款，帮助你建立实验室，决不向虚伪的社会学习或妥协。你记得这七个字，终身受用无穷，望你必需努力朝这方面修养，方是真学问。

我近来为校经费困难所逼，驻渝筹款，而重庆天气易令人咳，这两天才愈，因此不能早日写信给你，至为歉然。

你给银行的信，误由银行转到学校去，故来不及和陈毅③先生会面。我接信他已走了。你所要脚踏车，如能留蓉工作，当寄款来给你自买。此地自行车也不便宜，而路远难带，我们也非内行，怕买来不合用。

绍良先生代买东西之款已托涵真先生代还。

育才有戏剧、图画两组驻渝见习，进步甚快。今吾④十七日动身，日内可望抵渝，大致担任指导部主任。来信寄重庆村十七号。

衡

三〇、一、二十五

---

* 1940年底陶晓光到成都一家无线电厂工作，厂方催索学历证明书。陶晓光没有正规的学历，只好写信给育才学校副校长马侣贤求助，很快要了一张晓庄学校的毕业证明书。陶行知在重庆闻讯后，即电告晓光将此证明书寄回，接着又寄出这封快信，同时又开了一张"宁为真白丁，不作假秀才"亲笔证明信，要求晓光"追求真理做真人"。

注 释

① 尚达弟　指倪尚达,当时在陶晓光工作的成都无线电厂任厂长。
② 金大　指抗战期间迁往成都的金陵大学。当时陈景唐(即陈裕光)任校长。
③ 陈毅　当时为陶晓光所在的无线电厂的同事。
④ 今吾　即程今吾。

新武训* （6月1日）

武训之所以成为普及教育之义人，是因为他抱着兴义学之宗旨，用整个生命来贯彻它：有钱的不肯出钱办学，他便向他下跪，跪到答应出钱办学才起来；有学问的不肯认真教人，他便向他下跪，跪到答应认真教人才起来；青年小朋友不肯用功求学，他也向他下跪，跪到答应用功求学才起来。他自己则挑水做夜工自食其力，丝毫不动用讨来的钱。所以他名为乞丐，实在不是乞丐。现在学生仍旧有不用功的，先生仍旧有不认真的，富人小康之家仍旧有不肯出钱兴学的。让我们大家跟武训先生学吧！学他自食其力，学他贯彻宗旨，学他注意后辈之长进，学他看重先生之负责任，学他苦口婆心劝人有力出力、有钱出钱共兴义学。今日大敌当前，如果武训复生，他所要兴办的不可能是旧日之义学，而一定是抗战建国之义学。倘使刻板去学武训，那又是武训之罪人了，我们所要学的是武训的真精神，配合新时代之需要，普及新义学，以增加抗战建国之力量。这便是我们的责任。怎样叫做新时代的需要呢？中国不能等待数十年出一位武训，我们大家要合起来做集体的武训，孳生千千万万的新武训来扶助贫苦的小朋友，取得求学机会。我更希望有财富的、有学问的、有青春的都做起新武训来督促自己慷慨出钱，督促自己认真教人，督促自己努力求学，毋须别人来苦劝。这样教育不但容易普及，而真正自由平等幸福的新中国，也可以创造成功了。

---

* 本篇原载1941年6月1日《战时教育》第6卷第4期、第5期合刊。

育才二周岁之前夜* (6月1日)

育才是在中国抗战中产生的一所试验学校，应该是要在磨难里成长为一个英勇的文化作战集团。它的怀孕是在武汉快要失守之前，而诞生则在南岳会议以后，正当国内肃清巨奸之污血，国际唤起正义的声援，我们的整个民族是树立了必胜的信念，而在历史的过程中酝酿着一个蓬蓬勃勃的大转机。这时抗战文化是开放着千紫万红的鲜花，那空前的难童公育运动，也奠定了一个相当规模的初基。育才学校便是这难童公育运动之进一步的、合乎客观需要的发展。这一切回想起来令人不胜黄金时代之感。

但是向前看啊！不可近视懈怠而被目前的磨难俘虏而去，前面有着更大的黄金时代。

说到目前的磨难可算是严重，但是也给了我们空前的机会来创造。敌人的扩大封锁与加紧进攻，要更大的团结力量去克服。世界战争，自从德军开始进攻苏联，把我们的友邦都转入漩涡了。这也可使我们格外警觉，靠着更大的团结来自力更生，同时也可使我们与友邦发生更亲切之合作，并由于我们的努力使英美与苏联的关系加强，四国配合作战，以铲除人类之公敌而创造幸福之世界。目前的文化界无可讳言的是因烦闷而离去了一批工作者。文化之园里还存在着"无奈朝来寒雨晚来风"之慨。从张文白①部长第二次招待文化界的演说词里，我们知道他似乎有惜春之意。这春暮的气象，大家多少有些同感，但是夏天之莲、秋天之菊、冬天之梅、四季常青之松柏，只要园丁负责，不给茅草乱长，哪一样不可以及时欣欣向荣呢？而且春，无论如何也会回到人间。向前看啊！前面有着更大的黄金时代待创造。

育才是在这样的气氛里生长着。它是抱着这样的态度过日子。它快两岁了，长成了一个什么样儿呢？

跟武训学，最近几个月我们是过着别有滋味的日子，终日与米赛跑，老

---

* 本篇原载1941年6月1日《战时教育》第6卷第6期、第7期、第8期合刊《育才学校二周年纪念专号》。

是跑在米的后面。到了四月，草街子米价涨到每老斗五十三元，比开办的时候涨了二十五倍。这时所有的存款都垫到伙食上去了。向本地朋友借来的四十石谷也吃完了，向银行借来的三万元也花光了。怎么办？从前武训先生以一位"乞丐"而创办了三所学校，我们连一所学校也不能维持，岂不愧死？于是我们在四月六日下了决心要跟武训学，我们要做一个"集体的新武训"。我们相信只要我们所办的是民族与人类所需要的教育，总有一天得到"政府"社会之了解帮助，从磨难中生长起来。首先是育才学生们之响应。他们来信说："我们愿做新武训的学生，不愿做旧武训的学生。"他们的意思是说：我们自动求学，用不着武训向他们下跪才用功。同样，教师们也给了认真教课的保证。有了认真教课的教师和自动求学的学生，新武训是比较容易做了——只须讨饭兴学，对付经济问题。这经济问题固然严重得很！到我写这篇文章的时候，二百张嘴天天所吃的已是每老斗一百一十元的米了，超出开办时五十倍——但是本着立校颠扑不灭的教育理论，抱着武训先生牺牲自我之精神，并信赖着中华民族重视教育爱护真理之无可限量之热诚，我们知道就是比现在更困苦，也必定不是饥饿所能把我们拆散的。中华民族需要我们，世界人类需要我们。磨难只能给我们以锻炼，使我们更强壮的长起来。

初步人才教育之路，育才在过去两年中只是做了一点探路的工作。育才在两周岁之前夜，对于初步人才教育，探到了什么路？怎样在这路上试探？有限得很，只可约略的谈谈：

甲、集体生活

集体生活不仅仅是大家聚在一块过日常生活。我们要想丰富集体生活在教育上之意义，必须使它包含三种要素：为集体自治；为集体探讨；为集体创造。

（一）集体自治的主要目的，是要使大家在实行集体自治上来学习集体自治。集体自治在育才是采用民主集中制。我们在民主与集中之问题上摇摆了一些时候，我们主观上是要实行民主集中，使全校的公意得以充分的发表，并使此发表之公意有效而迅速的实现出来。但是实际上，我们初期似乎过于民主，发生过平均、平行等毛病；后来，要想纠正这些毛病，权力过于集中，整齐严肃是其好处，被动呆板是其弱点。现在仍回到立校之原意，要贯彻民主集中制之真精神，一方面培养自动的力量，一方面培养自觉的纪律，一方面树立宣导这力量及发挥这纪律有效而有条理的机构，使他们向着有目的生活奔赴，如百川之朝海。如果有一方面做得不够或有所偏，多少便会失去民主集中之效用。

（二）集体探讨之目的，在以集体的努力，追求真理。探讨之路有五，即行动、观察、看书、谈论、思考，称之为五路探讨，也可称之为五步探讨。这与《中庸》所说之博学、审问、慎思、明辨、笃行相仿佛，不过次序有些变动。博学相当于观察与看书，审问似乎属于思考又属于谈论，慎思明辨纯属于思考，笃行相当于行动。人类与个人最初都由行动而获得真知，故以行动始，以思考终，再以有思考之行动始，以更高一级融会贯通之思考终，再由此而跃入真理之高峰。说到应用，凡是不必按班级学习之功课，都可采用集体探讨的方式，如社会科学、自然科学、艺术之一大部分，只需文化锁匙略会运用，即可开始从事于集体探讨。例如集体探讨中国抗战或某一战役，教师可于一星期前公布探讨纲目，提示参考图书，并指点探讨之路。地图及数字，须预为择要公布。首先我们要在参加抗战行动上来了解抗战。我们在慰问抗属、制寒衣、义卖、宣传兵役等等行动上来理解它的性质及发展。敌机凌空，轰炸残酷，汉奸挑拨，奸商囤积居奇，军民同赴国难，以及种种战利品随时随地广为观察。有关中国抗战及该战区之地图、书籍、报章杂志，须广为搜集，按程度分别陈列，以备阅览。然后依规定日期，由教师或请专家主讲，由学生参加讨论，当时扼要记录，事后用心整理，并加以批评检讨，以期达到融会贯通之境界。等到融会贯通以后之抗战行动，是跃入更深的必胜信念，并能发出更大的参加力量。这整个过程，我们称之为集体探讨。牛顿养猫，猫生小猫，他在大猫洞旁边开一小洞使小猫可以自由出入。但小猫只是跟随大猫走大洞，小洞等于虚设。集体探讨只是开了一个文化大洞，小孩自然跟着大孩一同进出罢了。

（三）集体创造的目的，在运用有思考的行动来产生新价值。我们虽不能无中生有，但是变更物质的地位，配合组织使价值起质的变化，而便利于我们的运用。这也构成普通功课之一部分，使学生在集体创造上学习创造。我们以前开辟操场、劳动路及普式庚林②，并改造课室，已经有了些经验。这次从六月二十到七月二十定为集体创造月，开始作有计划之进行，分举如下：

（子）创造健康之堡垒；

（丑）创造艺术之环境；

（寅）创造生产之园地；

（卯）创造学问之气候。

（子）创造健康之堡垒　我们的集体生活首重健康。创造健康之堡垒，目的在与疾病作战。善战者不战而退敌人之师，故一分预防胜于十个医生。健康之堡垒有三道防线：第一道防线，是制造扑灭病菌绝缘病菌及携带病菌者之工具，如苍蝇拍、捕鼠器、纱罩、蚊帐、烧水锅炉、消毒器械，并采用其他科学方法与侵犯之病菌，及病菌携带体作战。第二道防线，为实施环境卫生，如水井、厕所、厨房、饭厅、阴沟死水、仓库、家畜栏、垃圾堆，都要经常的施以适当的处理，使病菌无法孳生蔓延。第三道防线，是赤裸裸的靠着身体的力量与病菌肉搏。这道防线所包含的是营养、运动、防疫针、生理卫生之认识。至于治疗乃是三道防线都被攻破肉搏又告失败，只好抬入后方医院救治。故治疗不是作战之防线，乃是医伤之处所。最好是努力于三道防线上健康堡垒之创造，使治疗所等于虚设。我们是要朝这方向进行，很希望在集体创造月里立下一个基础，以后继续使它逐渐完成。但是既与病菌作战，无论如何周到，难免没有受伤官兵，故治疗所工作也不敢疏忽，而是要使它有效的执行它的任务。

（丑）创造艺术之环境　我们要叫整个的环境表现出艺术的精神，使形式与内容一致起来。这不是要把古庙装成一座新屋，老太婆敷粉擦胭脂涂嘴唇是怪难看的。但是阵有阵容，校有校容，有其内必形诸外，我们首要重艺术化的校容。甲午③之前，中国海军也算是世界第四位，一度开到日本大示威。一位有见识的日本官在岸上看了一看说：这可取而代之。人问其故。他说："大炮为一舰之主，我看见他们在大炮上晒裤子。所以知道它的末路快到了。"这种眼光多么锐利啊！他是从舰容——大炮上的裤子——看清逊清海军军纪了。我们所要的校容不是浪费的盛装，而是内心的艺术感所求的朴素的表现。我们的校容要井然有条，秩然有序，凛然有不可侵犯之威仪。什么东西应该摆在什么地方或只许摆在那个地方，应该怎样摆也只有那样摆，而不许它不得其所。无论什么东西，一经成群，就得排队：草鞋排队、斗笠排队、扫帚排队、畚箕排队、锄头排队、文具排队、手巾排队、脸盆排队、桌排队、椅排队、凳排队、床排队、被排队、书排队——一切排起队伍来！物也排队；人也排队。静要排队；动要排队。排队而进；排队而出。排队之前，排队之时，排队之后，通身以朴素之艺术精神贯彻之，便成了抗战建国中应有之校容。捣乱这校容的有少爷、小姐、名士派、浪漫派、个人主义、自由主义之遗孽，我们是努力的感化而克服着。

（寅）创造生产之园地　我们要渡过经济难关，是要开源节流，标本兼治。治标的办法，是在节约捐款。根本之计，则在从事有效之生产，以十年树木之手段，贯彻百年树人之大计。现在正进行着"寸土运动"④，先使大家知道"一寸黄土一寸金"之义，而后用集体的力量使地尽其力。进行这工作时候，有数件事颇令人兴奋。晚饭钟已经敲了，我见一位小同学身边放着十根辣椒苗，左近实在没有空地了，只剩下一个小水凹。他把水疏通流到别处去，拾了几块石头连泥做了个小堤，再拿好土把凹地填平，将辣椒苗栽完了才洗手回校吃晚饭。这时，又看见一位同学远远的还在工作，待我走去和他谈谈，他说："我今天要挖好五百个凹，使山芋秧种完了才放手。"他的技术虽然还有许多地方不能令人满意，但是我们有一些小农人精神，是足以完成我们小范围中的寸土运动的任务。在我们当中，也有一些人懒得动手，或把生产当作玩艺儿干。我希望在创造劳动的洪炉里，他们渐渐的会克服自己的弱点，把自己造成手脑双挥的小工人。

（卯）创造学问之气候　气候是生物生长之必要条件。我们要学问长进，必须创造追求真理所必需的气候。平常所谓气候是空气与热之变化所致，学问之气候也可说是追求真理之热忱与其所需之一定文化养料及其丰富之配合所构成。追求真理之热忱其限度固为先天所赋予，而各人是否得尽其限，则有赖于集体或彼此之鼓励。但所赖以追求真理之文化养料之配合则有待于创造。具体的说，我们除了培养求知之热忱以及大自然大社会之博观约取外，必须有自然科学馆、社会科学馆、艺术馆、图书馆之建立。对于文化养料搜集得愈丰富，配合得愈适宜，则其有助于学问之长进亦愈大。这些，在我们这样的学校，除了集体创造外，便无法实现。从五月二十七日起，我们是分工合作的来采办这些文化食粮。首先是图书馆之彻底改造，简直是等于创造一个新的图书馆，竟以集体的力量而完成了奠基的任务。图书馆之改造证明了集体力量之雄厚，并为一切集体创造树立了一个可以达到的水准，而且于无意中起了模范作用。我们有两个肚，需要两种食粮、两个厨房、两个大司务。自从米价涨上天，精神食粮偏枯，大家好像变成一个大肚小头的动物，其实精神肚子吃不饱，饭桶肚子又何尝吃得饱？为了免掉这种偏枯，我们除了吃"点心"外还要吃"点脑"——还要吃"文化点心"。我们下决心规定"点脑"费或文化点心费，不得小于米价二十分之一，免得头脑长得太小，太不像样。

乙、文化钥匙

活的人才教育，不是灌输知识，而是将开发文化宝库的钥匙，尽我们知道的交给学生。文化钥匙主要的四把：即国文、数学、外国文、科学方法。国文、数学、外国文三样，在初期按程度分班级上课最为经济。数学对于艺术部门之学生，只须达到足够处理其日常生活之程度以后，即可任其自由选择。知识之前哨，丰富之学术多在外国，人才幼苗一经发现即须开始学习外国文。至少一门，与国文同时并进，愈早愈好，风、雨、寒、暑不使间断。若中途发现其不堪深造，则外国文即须停止，以免浪费时间。科学方法不必全部采用班级上课，一部分要使其在行动上获得方为有效。这科学方法似宜包含治学、治事各方面。从前有一个故事提到有一位道人用手一指，点石为金，一位徒弟在旁呆看，道人说："你把金子搬去可以致富。"徒弟摇摇头。道人问他为何不要金子，徒弟说："我看中你那个指头。"世上有多少被金子迷惑而忘了点金的指头。文化钥匙虽可分班度人，但要在开锁上指点。若当作死书呆读，上起锈来，又失掉钥匙的效用了。

丙、特殊学习

这是育才立校之一特点。我们设了音乐、戏剧、文学、社会、自然、绘画六组。依据智慧测验和特殊测验，选拔难童加入最适合其才能兴趣之一组学习，以期因材施教，务使各得其所。我们的目的，在使人才幼苗得到及时之培养而免于延误枯萎。特殊才干之幼苗，一经发现，即从小教起，不但是合于世界学问家之幼年史实，即我们这短短两年的试验，也证明了路线之正确。将来，倘能照预定计划加设工艺组和农艺组，更为容易见效而适合需要。一位来校视察的朋友，看见这办法合理而主张普遍推行。这是需要慎重考虑的。我想每省先设一所以资试验，却是有益而无害。将来随办学人才之增加，则每一行政督察专员区设立一所，亦属可行。

丁、自动力之培养

生活、工作、学习倘使都能自动，则教育之收效定能事半功倍。所以我们特别注重自动力之培养，使它贯彻于全部的生活工作学习之中。自动是自觉的行动，而不是自发的行动。自发的行动是自然而然的原始行动，可以不学而能。自觉的行动，需要适当的培养而后可以实现。故自动不与培养对立，相反的自动有待于正确的培养。怎样才算是正确的培养呢？在自动上培养自动，才是正确的培养。若目的为了自动，而却用了被动的方法，那只能产生被动而不能产生自动。有人好像是无须培养便能自动，那是因他会自觉的锻炼了自己培养了自己，其实他是运用了更高的培养，即自我的培养。我们的音乐指导委员会，委员都在重庆，每月有一位下乡指导数日。当他不在乡下的时候，学生竟能自动的完成每一个月的学习进程，这是很令人高兴的一件事。最近改造图书馆，一开始便着手培养十几位幼年管理员，在改造图书馆上培养他们管理图书馆。现在整个图书馆都由他们主持了，而且有了优越的成绩。二周岁纪念要发出将近三百封信，我们把握住这个机会培养了二十几位幼年的秘书。写得不及格的摔进字纸篓里，顶多摔进去三次便及格了。这写信之及格不就等于一门书法考试及格了吗？所不同的是三百封信出去了，等于一位书记五十天的成绩。而且书法考试及格，写信未必适用；但是写信已经合用，书法必定及格。现在要完成幼年会计、幼年护士之培养，并开始幼年生产干事、幼年烹饪干事之培养。我们的根本方针，是要在自动上培养自动力。每人学治一事，不使重复而均劳逸。寻常治学之人与治事之人常常相轻，现在治学之人学治一事，则治事亦治学了。再则一般治事之人，为治事而治事，不免流于事务主义。倘从小即养成其为治学而治事之态度，则两受其益了。

两个问题之再考虑

一、普修课与特修课之关系：育才初办的时候，假定普修课与特修课之时间各占二分之一。普修课依部章所定内容进程实施。特修课则因无前例，则根据各组学术性质而定其课程。后来因研究结果而改订时间，使普修课约占三分之二，特修课约占三分之一，并给各组以伸缩机会，再依各组进程需要逐年酌量增加特修课之时间。我们时常遇到的问题是：你们学生几年毕业？我们回答问题不像普通学校那样简单。特修课我们是希望学生一直学上去，到学成了才告一段落；普修课则大约和别的学校同年限毕业。接着就是第二个问题：你们花了三分之一的时间在特修课上面，又如何能同别的学校同年限毕业？因为有四个条件使它成为可能：

（一）我们这里几乎是个全年学校或四季学校，在寒假生活和暑假生活里，名字虽是不同，但多少还得天天上些课。比较起来，我们全年上课是可能多十几个星期。（二）特修课之一部分，在学力上是可移转到普修课上面去。（三）如果集体探讨及集体创造，特别是学问气候之创造，有效的实现起来，学生潜修其中，自然而然的是随时随地的吸收很多，相当于普修课之内容。（四）为着要预防及纠正特修课教育之狭隘性格，我们多方引导学生在各组之立场与观点，尽量对于普修课各部门找出他们与本组学术之关联。担任普修课之导师，随时尽可能扼要指出他的功课与特修课之联系；同时，担任特修课之导师乃至比较深造的学生，提出各该组当前学习之精华，使之深入浅出，公诸全校，以丰富全校之普修课内容。这样，普修课与特修课之鸿沟打通，乃能达到一般的特殊与特殊的一般之境界。

二、集体检讨可能之流弊：集体生活必须有自我检讨而后能克服自身之弱点，发扬本身之优点。这种检讨晚会之原意是要教工作做得好些，学问求得正确些，生活过得丰富而合理些，进一步是要时常提醒我们所过的生活，所求的学问，所做的工作是否合乎抗战建国之需要，及如何使我们的生活学习工作，更能配合抗战建国之大计。它要提醒我们是否为着近处而忘记远处，为着小我而忘了大我。这样，晚会才能开得有教育意义，才能教人有参加之乐而无参加之苦。但是检讨晚会有一个危险，就是一不小心，它往往会变成集体裁判，为着一点小事而浪费多数人之时间。久而久之，会在同学之间结下难解之私仇，被检讨之人是弱者吞声屈服，强者怀恨报复，既伤团体和气，亦无益于个人，甚至乐园变成苦海，实误用集体检讨有以致之。古语说："杀鸡焉用牛刀。"何况拿牛刀杀虱？若是老用来杀鸡杀虱，则到了杀牛的时候，怕要杀不动了。集体检讨是一个团体最锋利的公器，不可小用，小用则钝。纠正之方在民主立法；有司执法，网开一面，庶有自新之路；十目所视，不容秽垢藏匿之所；而根本之图，是先立乎其大者，则其小者不能夺。改弦更张，为时不久，但和气有加无已，进一步可以达到同志同学均在友谊上合一起来之境界，是其有助于全校之精诚团结，可以预卜了。

迎接维系努！婆罗门教⑤有三个大神：一是创造之神，名叫百乐妈；一是破坏之神，名叫洗伐；一是保存之神，名叫维系努（Vishnu）。我们生活教育运动，包含育才学校，仔细检讨，便发觉我们缺少保存之神。让我们欢迎维系努加入我们的集团吧。我们不为保存而保存，是为着更高的创造而保存。正如印度故事所说，让更真、更善、更美的创造，从维系努手中之莲花里生出来吧。

注 释

① 张文白　即张治中。

② 普式庚林　亦称普希金林。是育才文学组师生在古圣寺山坡上一个松林内学习的地方，以俄国著名诗人普希金命名。

③ 甲午　指1894年（即甲午年）清政府和日本之间发生的甲午战争。

④ 寸土运动　为了克服经济困难，陶行知校长号召育才师生在学校内外开荒生产粮食和蔬菜。

⑤ 婆罗门教　印度古代宗教之一。后改称印度教。

创造年献诗 (9月1日)

荀教①:"择一而壹焉"②,
莫跟鼯鼠学五技③。
凿井愈深口愈大,
博学首要在好一。
笼统哥哥要不得,
歧路之上快别离。
大题不可以小做,
小题大做做到底。
书若尽信不如无,
引书皆须注来历。
行以求知知更行;
不知直认为不知;
遍览已知求未知;
以知与人己愈知。
道听途说悬断语,
屡试屡验验还试。
"武断""以为"靠不住,
存在由来定意识。
解剖本体寻条理,
追踪外缘找联系。
矛盾相克复相生,
数量满盈能变质。
源头之上搜证据,
观察发展觅定律。
文化钥匙要活用,
开发天人大神秘。

愿将真理化大利，
润泽苍生乃仁义。
日日月月积成年，
努力创造新天地。

注 释

①荀教　荀子的学说。
②"择一而壹焉"　语见《荀子·解蔽》。意思是抓住一件事要做到底，才能做出成效。
③鼫鼠学五技　出自《荀子·劝学》："鼫鼠五技而穷。"五技鼠能飞不能过屋，能缘不能穷木，能游不能渡谷，能穴不能掩身，能走不能先人。言才力小而不适于实用。

1942 年

在生活教育运动十五周年纪念会上的讲话*（3月15日）

本社能存在十五年，完全是由于社会人士援助的力量。固然本社同仁是尽了自己的本分，然今后更要格外努力，以不辜负社会人士的赞助。

生活教育的特点：（一）外行办的——免除过去那种酸溜溜的作风；（二）穷办法——中国是穷国家、穷社会，但是要以穷办法办内容丰富的教育；（三）丘八①作风——实行丘八教育，教育丘八学生，丘八教育的意义就是把教育当作武器以求民族解放和人类解放；（四）工人的手段；（五）科学的头脑。

十五年从事生活教育事业的经验，即是手脑作用并重的发现；小孩教小孩的自动学习的发生；生活教育在自然科学中的具体运用；小先生制的产生等当时在生活教育事业中的创建。

生活教育除本身是武器外，并是一种粗茶淡饭，使人吃了能生长一种力量，去为民族解放、人类解放事业而战斗。目前我国是处在一个非常严重时期，要渡过这个难关就要动员一切力量，生活教育社应为贡献出自己的一切力量而努力。

生活教育是有而一向未曾公开的朋友，一个是贫穷，一个是患难。十五年来的生活教育社同人是忍受了一切困苦与阻难，但是为了生活教育事业的推行，都能为生活教育事业而牺牲。

注 释

① 丘八　旧中国对士兵的蔑称。陶行知提的丘八作风、丘八教育，是要学习士兵的战斗精神。

---

* 本篇系1942年3月15日在重庆管家巷28号举行生活教育运动15周年纪念会上的讲话。摘自1942年3月16日重庆《新华日报》的报道。

每天四问* （7月25日）

今天是本校三周年纪念，我有一些意见提出来和大家谈谈，作为先生、同学和工友们的参考。

本校从去年的二周年纪念到今年的三周年纪念，能在这样艰难困苦中支持了一年，几乎是一个奇迹。这一个奇迹，不是一个人的力量所能够做得出来的，而是全体先生、同学、工友共同坚持，共同进步，共同创造，以及社会关心我们人士的尽力赞助所得来的。

本校在这一年中，好像是我们先生、同学、工友二百人坐在一只船上，放在嘉陵江中漂流，大的漏洞危险虽然没有，但是小的漏洞是出了一些，这些小漏洞也可以变成大漏洞，使我们的船沉没下去的！然而我们的船没有因为这些小漏洞沉没，竟因为我们这些同船的人，一见有小漏洞，即想尽方法用力去堵塞，有时用手去堵，有时用脚去堵，甚至有时用头用全身的力量去堵，终于把这只船上这些小漏洞堵塞住，而平稳地渡过这一年，达到了目的地。这是一个奇迹，一个共同努力、共同创造的奇迹。

"一切为纪念"，刚才主席说的这一个口号，当然提出的意义是有他的作用的。大家用力对着这一个目的来创造，是很好的。但是我对于这一个口号有点骇怕，骇怕费钱太多，骇怕费力太多，以致精疲力尽，恐怕得不偿失。所以我主张明年四周年纪念，要改变方针。我们的成绩，要从明天起，即开始筹备，日积月累，"水到渠成"的成绩。不要再在短期内来多费钱和多费

---

* 本篇系陶行知在育才学校三周年纪念晚会上的演讲纪录。记录者：方与严。方在1947年7月25日育才学校校庆会上介绍此文时说："这是陶校长在育才学校三周年纪念晚会上的讲演词。我当时坐在台下听讲，把它默记着，第二天即把它默写下来，送给陶校长改正。他一直忙着，搁置了四年还没动笔修改，去年七月，七周年校庆后五日，陶校长在沪病逝的消息传来，全校震悼。我刚出院不久，即奉派来上海，继续筹备迁校事宜。临行时，在陶校长房内看见了这篇记录原稿，顺便带在手边，现在八周年校庆来到，不能再听到陶校长的殷勤致词了，这是一个难以形容的怆痛！但是温习遗教，发扬遗教，是我们大家的责任。'每天四问'，是我们每天做人做事的警钟，也是一切有血性、有志气、有正义感的人，做人做事的宝筏，能把我们的人生渡上更高境界的宝筏！将以此来纪念育才学校八周年的成长，以及将来之发扬光大，并以此来祝颂中华民族共同登上光辉灿烂的历史更高境界。"原载1951年8月新北京出版社出版的《大众教育丛书·每日四问》。

力量，只要到了明年七月一日，开始把平日的成绩装潢一下，便有很丰富的成绩，再不像今年和去年这样忙了。大家也可以很从容很清闲而有余裕的过着四周年纪念。

现在我提出四个问题，叫做"每天四问"：

第一问：我的身体有没有进步？

第二问：我的学问有没有进步？

第三问：我的工作有没有进步？

第四问：我的道德有没有进步？

第一问："我的身体有没有进步？"

首先，我们每天应该要问的是："自己的身体有没有进步？有，进步了多少？"为什么要这样问？因为"健康第一"。没有了身体，一切都完了！不禁使我想到了去年二周年纪念前九日邹秉权同学之死！与今年三周年纪念前九日魏国光同学之死！二人之死的日子是恰恰一周年，不过时间上相差八九个钟点罢了。因这两位同学的死，使我联想到，我们必须继续建立"健康堡垒"。要建立健康堡垒，必须注意几点：

（一）"科学的观察与诊断"。科学是教我们仔细观察与分析，譬如邹秉权、魏国光两同学之死，尤其是魏国光同学这一次的死，不能不说是我们先生、同学的科学的观察力不够。魏国光同学患的是"蛔虫"症候，他在学校寝室内吐过蛔虫，有同房的同学见到没有报告，先生也没有仔细查看，到了医院又在痰盂中吐过蛔虫，又没有留心注意到，这就是科学重证据的"敏感"，而成为一种不科学的"钝感"了！医生又复大意，则在这种钝感之下据之而误断为"盲肠炎"。虽然他腹痛的部位是盲肠炎的部位，但既称为"炎"，就必得发"热"；今既无热，就可以断定不是盲肠炎了。何以需要开刀割治?!其实魏国光同学的病症是蛔虫积结在肠胃内作怪，不能下达，而向上冲，吐了出来！如果，把这吐过蛔虫的证据提出来，医生一定不致遽断为盲肠炎，而开刀，而发炎，而致命！因为魏国光同学之死，我们必须提高"科学的警觉性"。以后遇病，必要拿出科学上铁一般的证据来，才不致有错误的诊断，而损害了身体。否则，都有追踪邹秉权、魏国光两同学之死的危险！所以提高科学的警觉性，是保卫生命的起码条件。最重要还是要用科学的卫生方法，好好的调节自己的身体，不使生病！科学能教我们好好的生活，生存！我们今后应该多提高科学的知能，向着科学努力，努力建立科学的健康堡垒，以保证我们大家的健康和生命。

（二）"饮食的调节与改进"。我这次去重庆，因事到南岸，会到杨耿杰先生。杨先生是我们这一年来，经济助力最多最出力的一位热心赞助者。顺便谈到儿童和青年的营养问题，杨先生提到德国对于儿童和青年的营养问题，是无微不至的。德国有一位大学教授，对于自己儿子的营养，说过这样一段话："我为什么有这样好的身体，可以担任这样繁重的事情？就是我的父母把我从小起的营养就调节配备得好,所以身体建筑得像钢骨水泥做的一样。身体建筑最好的材料是牛肉,所以我决定每天要给我的儿子吃半斤牛肉,一直到二十五岁,就能够把他的身体建筑成为钢骨水泥做成的一样,可以和我一样担任繁重的大事了。"纳粹德国政府,对于全国儿童及青年身体健康的营养,是无微不至,我们今天关于营养的问题提到德国,并不是要像纳粹德国一样,把儿童和青年的身体培养得坚实强健,然后逼送他们到前线上去当侵略者的炮灰!但是这种注重新生一代的儿童和青年营养问题的办法,是值得注意的。苏联是社会主义的国家,对于儿童和青年的营养问题,也是无微不至的,所以它在一切建设上,在抵抗侵略上,到处都表现着活跃的民族青春的活力。其他许多国家政令中亦多注意到儿童和青年的营养问题。我们在今天提出营养问题来,就是为着现在和将来人人能够出任艰巨。悬此为的,以备改进我们的膳食,为国家民族而珍重着每一个人的身体的健康。

(三)"预防疲劳的休息"。"饱食终日,无所用心",固然不对,但是过分的用功,过分的紧张劳苦工作,也于一个人身体的健康有妨害。妨害着脑力的贫弱,妨害着体力的匮乏,甚至于大病,不但耽误了学习和工作,而且减损及于全生命的期限!所以我在去年早已提出"预防疲劳的休息"问题,今天重新提出,希望大家时时提示警觉,预防疲劳,不致使身体过分疲劳。天天能在兴致勃勃中工作学习,健康必然在愉快中进步了。至于已经有人过分疲劳了,要快快作"恢复疲劳的休息"。适当的休息,是健身的主要秘诀之一,万不可忽略。忽略健康的人,就是等于在与自己的生命开玩笑。

(四)"用卫生教育代替医生"。卫生的首要在预防疾病。卫生教育就在于教人预防疾病,减少疾病。卫生教育做得好,虽不能说可以做到百分之百不生病的效果,但至少是可以减少百分之九十的病痛。其余在预防意料之外而发生的只有百分之十的病痛,可是已经是占着很少成分,足以见出卫生教育效力之大了。以现在学校的经济状况说来,是难以支出两三千块钱来请一个医生。我们的学校是穷学校,中国的村庄是穷村庄。我们学校是二百人,若以五口之家计算,是等于一个四十户人家的村庄。若以这个比例来计算,全中国约有一百万个村庄,每村需要请一个医生,便需要有一百万个医生。现在中国的人力和经济力都不允许这样做,不能够这样做,所以我们学校也就决定不这样做,决定不请医生。我们要以决心推进卫生教育的效力来代替医生,以保证健康的胜利,以卫生教育代替医生。在两月前,我已有信来学校,提出十几条具体事实来,希望照行,现在想来,还是不够,需要补充。待补充之后,提交校务会议商决进行。但是,今天在此先提出来告诉大家,希望大家多多准备意见,贡献意见。在建立"科学的健康堡垒"上多尽一份力量,便是在卫生教育施行上多一份力量,卫生教育胜利上多一份保证。大家都成为建立"科学的健康堡垒"的主要的成员之一,健将之一,共同来保证"健康第一"的胜利。

第二问："我的学问有没有进步？"

其次，我们每天应该问的是："自己的学问有没有进步？有，进步了多少？"为什么要这样问？因为"学问是一切前进的活力的源泉"。学问怎样能够进步？重要在有方法的研究。现在我想到有五个字，可以帮助我们学问易于进步。哪五个字呢？

第一个，是"一"字。一是"专一"的一。荀子说："好一则博。"这句话是很有精义的。因为有了一个专一的问题做中心，从事研究，便可旁搜广引，自然而然的广博起来了。我看世界名人学者对于治学的解释，尚少如此精约的。治学必须"专一"的"一"，这是天经地义的了。"专一"在英文为concentrated，我们对于一件事物能够专心一意的研究下去，必然能够有一旦豁然贯通之时。所以我希望有能力研究的先生和同学，必须择定一个题目从事研究，即使是一个很小的问题，也可以研究出很深刻很渊博的大道理来，于人于己都可得到切实的益处，而且可能有大的贡献。

第二个，是"集"字。集是"搜集"的集。集照篆字的写法，是这样"集"，好像许多钩钩一样。我们研究学问有了中心题目，便要多多搜集材料，像"集"的篆写一样，用许多钩钩到处去钩，上下古今，左右中外的钩，前前后后，四面八方的钩，钩集在一起来，好细细研究。"集"字在英文为collection，我们有了丰富的材料，便可以源源本本的彻头彻尾的来研究它一个明明白白，才能够真正理解这个问题的症结所在，才能够"迎刃而解"，才能够收得"水到渠成"的效力。所以我希望大家对于每一个问题，都必须多多搜集材料，以便精深的精益求精的研究。在研究上发生力量，在研究上加强创造力量，集体创造、共同创造，在创造上建立起我们事业的新生命，树立起我们事业的新生机，稳定我们事业的新基础。

第三个，是"钻"字。钻是钻进去的钻，就是深入的意思。钻是要费很大的力量，才能够钻得进去，深入到里面去，看得清清楚楚，取得了最宝贵的宝贝。做学问虽不能像钻东西那么钻，但是能够用最好的方法，也可以很快钻进去。我在×国，参观一个金矿，他们开采的机器，是运用大气的压力来发生动力的。我见到他们开采的速度，是比现代所称的"电化"的电力，还不知要增加若干倍咧。我们做学问也是一样，如果我们能够在学术气氛中的大气压力下，发生动力去钻，一定能够深入到里面去，探获学问的根源奥妙与诀窍，而必有很好的收获。"钻"字在英文为penetration，所以我希望大家对于一个问题拿定了，便要尽力向里面钻，钻出一大套道理来，使我们学术气氛有着飞跃的进步。

第四个，是"剖"字。剖是"解剖"的剖，就是"分析"的意思。有些材料钻进去还不够，必须解剖出来看它的真伪，是有用的还是有毒素的？以便取舍，消化运用。"剖"字在英文为analyzation，所以我希望大家对于每一个问题搜集得来的材料，除了钻进、深入之外，必须更加着意做一番解剖的工夫，分析入微，如同在解剖刀下，在显微镜下，看得明明白白，分析得清清楚楚，真的有用的没有毒素的就拿来运用，如果是假的有毒素的就舍去抛掉不用。如此，鉴别材料，慎选材料，自然因应适宜了。

第五个，是"韧"字。韧是坚韧，即是鲁迅先生所主张的"韧性战斗"的韧。做学问是一种长期的战斗工作，所以必须有韧性战斗的精神，才能够在长期战斗中，战胜许许多多困难，化除种种障碍，开辟出一条新的道路，走入新的境界。"韧"字在英文中尚难找得一个适当的字来翻译，勉强可以译为toughness。所以我希望大家在做学问上，要用韧性战斗的精神，历久不衰的、始终不懈的坚持下去，终可达到"柳暗花明又一村"的境界。

我想我们每一个人，能把"一"、"集"、"钻"、"剖"、"韧"五个字做到了，在做学问上一定有豁然贯通之日，于己于人于社会都有贡献。

第三问："我的工作有没有进步？"

再次，我们每天要问："自己担任的工作有没有进步？有，进步了多少？"为什么要这样问？因为工作的好坏影响我们的生活、学习都是很大的。我对于工作也提出几点意见，以供大家参考。

第一点最要紧的，是要"站岗位"。各人所负的责任不同，各人有各人的岗位，各人应该站在各人自己的岗位上，守牢自己的岗位，在本岗位上努力，把本岗位的职务做得好，这是尽责任的第一步。我最近在想，人人应该有"站岗位"的教育。站牢在自己的工作岗位上，教育自己知责任、明责任、负责任——教育着自己进步。

第二点最要紧的，是要"敏捷正确"。人常说，做事要"敏捷"，这是对的。但我觉得做事只是做到敏捷还不够，敏捷是敏捷了，因敏捷而做错了怎么办？所以敏捷之下必须加上"正确"二字，工作敏捷而正确才有效力。一件工作在别人做起来需要四小时，你只要二小时或三小时就做好了，而且做得很正确，这才算是工作的效力。工作怎样能够做得敏捷正确呢？这就要靠熟练与精细。粗心大意，是最易弄错弄坏事情的。做事要像做算术的演算草一样，要演得快演得正确。

第三点最要紧的，是要"做好为止"。有些人做事，有起头无煞尾，做东丢西，做西丢东，忙过不了，不是一事无成，就是半途而废。我们做事要按照计划，依限完成，就必须毅力坚持，一直到做好为止。

第四问："我的道德有没有进步？"

最后，我们每天要问的是："自己的道德有没有进步？有，进步了多少？"为什么要这样问？因为道德是做人的根本。根本一坏，纵然使你有一些学问和本领，也无甚用处。并且，没有道德的人，学问和本领愈大，就能为非作恶愈大。所以我在不久以前，就提出"人格防"来，要我们大家"建筑人格长城"。建筑人格长城的基础，就是道德。现在分"公德"和"私德"

两方面来说。

先说"公德"。一个集体能不能稳固，是否可以兴盛起来，就要看每一个集体的组成分子能不能顾到公德、卫护公德，来衡量它。如果一个集体的组成分子，人人以公德为前提，注意着每一个行动，则这一个集体，必然是日益稳固、日益兴盛起来。否则，多数人只顾个人私利、不顾集体利益，则这个集体的基础必然动摇，并且一定是要衰败下去！要不然，就只有把这些不顾公德的分子清除出这个集体，这个集体才有转向新生机的希望。所以我们在每一个行动上，都要问一问是否妨碍了公德？是否有助于公德？妨碍公德的，没有做的即打定决心不做，已经开始做的，立刻停止不做。若是有助于公德的，大家齐心全力来助他成功。

再说"私德"。私德不讲究的人，每每就是成为妨害公德的人，所以一个人私德更是要紧，私德更是公德的根本。私德最重要的是"廉洁"，一切坏心术坏行为，都由不廉洁而起，所以我在讲"建筑人格长城"的时候，提到了杨震的"四知"①，甘地的漏夜"还金"，华盛顿的勇敢承认错误和冯焕章先生所讲的平老静"还金镯"的故事。这些，都是我们大家私德上的好榜样。我们每一个人都可以效法这些榜样，把自己的私德建立起来，建筑起"人格长城"来。由私德的健全而扩大公德的效用，来为集体谋利益，则我们的学校必然的到了四周年，是有一种高贵的品德成绩表现出来。

我今天所讲的"每天四问"，提供大家作为进德修业的参考。如果灵活的运用、行到做到，明年今日四周年纪念的时候，必然可以见出每一个人身体健康上有着大的进步、学问进修上有着大的进步、工作效能上有着大的进步、道德品格上有着大的进步，显出"水到渠成"的进步，而有着大大的进步。

注 释

① "四知" 杨震当大官时，昌邑令王密黑夜怀金10斤送他。杨不受。王说："暮夜无知者。"杨说："天知，神知，我知，子知。何谓无知？"

1943 年

创造宣言* （10月13日）

创造主未完成之工作，让我们接过来，继续创造。

宗教家创造出神来供自己崇拜。最高的造出上帝，其次造出英雄之神，再其次造出财神、土地公、土地婆来供自己崇拜。省事者把别人创造的现成之神来崇拜。

恋爱无上主义者造出爱人来崇拜。笨人借恋爱之名把爱人造成丑恶无耻的荡妇来糟踏，糟踏爱人者不是奉行恋爱无上主义，而是奉行万恶无底主义的魔鬼，因为他把爱人造成魔鬼婆。

美术家如罗丹，是一面造石像，一面崇拜自己的创造。

教育者不是造神，不是造石像，不是造爱人。他们所要创造的是真善美的活人。真善美的活人是我们的神，是我们的石像，是我们的爱人。教师的成功是创造出值得自己崇拜的人。先生之最大的快乐，是创造出值得自己崇拜的学生。说得正确些，先生创造学生，学生也创造先生，学生先生合作而创造出值得彼此崇拜之活人。倘若创造出丑恶的活人，不但是所塑之像失败，亦是合作塑像者之失败。倘若活人之塑像是由于集体的创造，而不是个人的创造，那么这成功失败也是属于集体而不是仅仅属于个人。在一个集体当中，每一个活人之塑像，是这个人来一刀，那个人来一刀，有时是万刀齐发。倘使刀法不合于交响曲之节奏，那便处处是伤痕，而难以成为真善美之活塑像。在刀法之交响中，投入一丝一毫的杂声，都是中伤整个的和谐。

教育者也要创造值得自己崇拜之创造理论和创造技术。活人的塑像和大理石的塑像有一点不同，刀法如果用得不对，可以万像同毁；刀法如果用得对，则一笔下去，万龙点睛。

有人说：环境太平凡了，不能创造。平凡无过于一张白纸，八大山人① 挥毫画他几笔，便成为一幅名贵的杰作。平凡也无过于一块石头，到了飞帝

---

* 本篇原载1943年11月25日重庆《新华日报》。于同年10月13日写成，发表前曾于10月15日下午向育才学校指导会宣读，16日早晨在朝会上向全体学生宣读。当晚深夜12时，方与严主持的《创造壁报》出版。

亚斯、米开朗基的手里可以成为不朽的塑像。

有人说：生活太单调了，不能创造。单调无过于坐监牢，但是就在监牢中，产生了《易经》之卦辞②，产生了《正气歌》③，产生了苏联的国歌④，产生了《尼赫鲁自传》。单调又无过于沙漠了，而雷塞布（Lesseps）竟能在沙漠中造成苏彝士运河⑤，把地中海与红海贯通起来。单调又无过于开肉包铺子，而竟在这里面，产生了平凡而伟大的平老静。

可见平凡单调，只是懒惰者之遁辞。既已不平凡不单调了，又何须乎创造。我们是要在平凡上造出不平凡；在单调上造出不单调。

有人说：年纪太小，不能创造，见着幼年研究生之名而哈哈大笑。但是当你把莫扎尔特、爱迪生及冲破父亲数学层层封锁之帕斯加尔（Pascal）的幼年研究生活翻给他看，他又只好哑口无言了。

有人说：我是太无能了，不能创造。但是鲁钝的曾参，传了孔子的道统，不识字的惠能，传了黄梅的教义。惠能说："下下人有上上智。"我们岂可以自暴自弃呀！可见无能也是借口。蚕吃桑叶，尚能吐丝，难道我们天天吃白米饭，除造粪之外，便一无贡献吗？

有人说：山穷水尽，走投无路，陷入绝境，等死而已，不能创造。但是遭遇八十一难之玄奘，毕竟取得佛经；粮水断绝，众叛亲离之哥仑布，毕竟发现了美洲；冻饿病三重压迫下之莫扎尔特，毕竟写出了《安魂曲》。绝望是懦夫的幻想。歌德说：没有勇气一切都完。是的，生路是要勇气探出来，走出来，造出来的。这只是一半真理；当英雄无用武之地，他除了大无畏之斧，还得有智慧之剑，金刚之信念与意志，才能开出一条生路。古语说，穷则变，变则通，要有智慧才知道怎样变得通，要有大无畏之精神及金刚之信念与意志才变得过来。

所以，处处是创造之地，天天是创造之时，人人是创造之人，让我们至少走两步退一步，向着创造之路迈进吧。

像屋檐水一样，一点一滴，滴穿阶沿石。点滴的创造固不如整体的创造，但不要轻视点滴的创造而不为，呆望着大创造从天而降。

东山的樵夫把东山的茅草割光了，上泰山割茅草，泰山给他的第一个印象是：茅草没有东山多，泰山上的"经石峪"、"无字碑"、"六贤祠"、"玉皇顶"……大自然雕刻的奇峰、怪石、瀑布，豢养的飞禽、走兽、小虫和几千年来农人为后代种植的大树，于他无用，都等于没有看见。至于那种登泰山而小天下之境界，也因急于割茅草而看不出来。他每次上山拉一堆屎，下山撒一抛尿，挑一担茅草回家。尿与屎是他对泰山的贡献，茅草是他从泰山上得到的收获。茅草是平凡之草，而泰山所可给他的又只有这平凡之草，而且没有东山多，所以他断定泰山是一座平凡之山，而且从割草的观点看，比东山还平凡，便说了一声："泰山没有东山好。"茅草中有一棵好像是先知先觉的树苗，听他说"泰山没有东山好"，想到自己老是站在寸土之中，终年被茅草包围着，陡然觉得平凡、单调、烦闷、动摇，幻想换换环境。一根树苗如此想，二根树苗如此想，三根树苗如此想，久而久之成趋向；便接二连三的，一天一天的，听到有树苗对樵夫说："老人家，你愿意带我到东山去玩一玩么？"樵夫总是随手一拔，把它们一根一根的和茅草捆在一起，挑到东山给他的老太婆烧锅去了。我们只能在樵夫的茅草房的烟囱，偶尔看见冒出几缕黑烟，谁能分得出哪一缕是树苗的，哪一缕是茅草的化身？

割草的也可以一变而成为种树的老农，如果他肯迎接创造之神住在他的心里。我承认就是东山樵夫也有些微的创造作用——为泰山剃头理发，只是我们希望不要把我们的鼻子或眉毛剃掉。

创造之神！你回来呀！你所栽培的树苗是有了幻想，樵夫拿着雪亮的镰刀天天来，甚至常常来到树苗的美梦里。你不能放弃你的责任。只要你肯回来，我们愿意把一切——我们的汗，我们的血，我们的心，我们的生命——都献给你。当你看见满山的树苗在你监护之下，得到我们的汗、血、心、生命的灌溉，一根一根的都长成参天的大树，你不高兴吗？创造之神！你回来呀！只有你回来，才能保证参天大树之长成。

罗丹说："恶是枯干。"汗干了，血干了，热情干了，僵了，死了，死人才无意于创造。只要有一滴汗，一滴血，一滴热情，便是创造之神所爱住的行宫，就能开创造之花，结创造之果，繁殖创造之森林。

三十二年十月十三日
写于凤凰山

注　释

① 八大山人　清初画家朱耷（约1626年～1705年）的别号。擅长画水墨花卉禽鸟，亦画山水，笔墨简活，形象夸张。

②《易经》之卦辞　《易经》即《周易》。这句话是说，周文王被关押时才把相传由神农作的八卦发展成为六十四卦的卦辞。春秋以后的儒家，把它作为重要经典之一。

③《正气歌》　南宋大臣文天祥抗元失败被俘，在狱中作《正气歌》，表现了宁死不屈的崇高气节。

④ 苏联的国歌　即鲍狄埃创作的《国际歌》。苏联1917到1944年以《国际歌》代国歌。

⑤ 苏彝士运河　通译苏伊士运河。1859年开工，1869年完成，系雷塞布所创办的"国际苏伊士运河公司"开凿的。

与陆诒的谈话* （10月15日、16日）

怎样讲时事
（1943年10月15日）

（下午四时，陶行知主持林间讲座，介绍陆诒和全体师生一起讨论国内外的时事形势。讲座之前，陆诒向陶请教应该怎样讲。）

陶：写文章先要讲究读者对象，切忌"朝南坐"。讲话也要注意听众，他们最关心的问题是什么，不要作长篇大论，要善于引导大家提问题，活跃思想，共同讨论，解决问题。

抬头乐干
（1943年10月16日）

（清晨，在古圣寺旁的树林散步时，陶行知指着文学组一位同学的语文作业卷子时说）

陶：这位同学把提倡"埋头苦干"作为主题写文章，我不以为然。

陆：从1932年我认识陶先生起，您在上海大场办山海工学团，后来又组织国难教育社，参加上海文化界救国会，从事抗战教育工作，您的身教和言教，总结起来给我最深刻的印象，就是一位"埋头苦干"的实干家，怎么今天您也反对"埋头苦干"呢？

陶：记者错矣！你看任何事物如果只看表面现象，不去深究其实存在，就不会写出好的新闻报道来。我认为"埋头苦干"就肯定干不好。做任何工作，先要懂得为谁干和为什么干。如果你对这两个问题思想明确，即使将在工作过程中遇到困难和挫折，也不会感到痛苦，反觉其中乐趣。在今天这样多灾多难的抗战时，如果提倡"埋头办学"，首先是事实上办不到，其次是两耳不闻窗外事，这同我历来主张"社会即学校"的教育方针背道而驰。我赞成要"抬头乐干"，明确目标，精神愉快地努力工作。

---

* 此系1943年10月15日、16日与采访育才学校的《新华日报》记者陆诒的谈话。摘自陆诒文《忆陶行知在育才》，载《行知研究》1985年第4期。此次选稿时陆诒曾于1996年在医院病床上校正过。

1944 年

从五周年看五十周年* (6月)

育才学校在千灾万难中居然活了五年，可以算是一个奇迹。这个奇迹是校董、育才之友、教师、工友、同学最可纪念之集体创造。

我们纪念这个奇迹之最好的方式，是爱护它、保护它、发展它、繁殖它，使它在新中国和新世界之创造中，发挥出它的力量与贡献。

让我们克服自己的弱点，抱着我们的优良传统向前进吧。明天就是六周年的第一天。开步走的一刹那，就决定了我们的前途。弱点是最重的担子，肃清弱点才走得动，否则会使我们半途而废。弱点是最大的敌人，肃清内奸才能无后顾之忧，否则，会使自己打败自己。远征的战士，首先要有勇气对着自己的弱点开刀。每一个人都要有这种勇气，才能展开光明的前途，走上十万八千里之长程。

什么是我们的优良传统？我们所带在身边的武装是什么？检查自己这武装配备得够不够。

第一，奉头脑作总司令。人之高下，大致可以依他所奉的总司令为判断的标准，有的人奉肚子为总司令；也有人奉生殖器为总司令。我们育才则坚决的要推头脑作为总司令，指挥我们追求真理，贯通真理，为真理作战。这样说法，并不是叫我们把肚皮像个葫芦一样挂起来，也不是叫我们把生殖器像一个太监那样割掉去，只是不许把它们顶在头上走路，不许它们喧宾夺主来指挥我们行动。我们的统帅只有一个，就是我们的头脑。它永远不曾引导我们走错路，打败仗。

第二，止于大众之幸福。我们求学，所为何事？为着升官发财吗？为着自己的小圈子的利益吗？不是！《大学》说："大学之道，在明明德，在新民，在止于至善。"我们想说得更清楚些："大学之道：在明民德，在亲民，在止于人民的幸福。"大德不能小于"天下为公"。人民是我们的亲人，我们是人民的亲人，是必须亲近，打成一片，并肩作战。"止"是表示瞄准的意

---

* 本篇写于1944年6月，系未完稿，载1951年4月方与严编、教育书店版《育才学校》。

思，一切所教所学所做所探讨，为的都是人民的幸福。人说育才好比是一个"小大学"，即使育才长成了——一个十足的大学，也是一贯的要根据这个道理去办。

第三，全校团结成一个巨人。开校后三个月，保育会院长来校参观，曾称本校师生为家人子弟。去年部视学①来校视察，也称本校雍雍穆穆，精诚团结。我们自问，是希望到而没有做到这个境界；虽然没有做到，但是大家自觉的都要同心协力，把这境界创造起来。因为有了这个团结的心理，虽然偶然发现小组小磨擦，只要一提醒，便能冰消云散，更形团结。大而言之，全世界民主团结才能战胜法西斯；全国团结才能战胜日本帝国主义；我们学校师生工友团结，才能完成人才幼苗之培植之实验，及参天大树之森林之繁殖。我们需要保持团结的优良传统，需要更高更坚固更自觉的团结，以保证进一步的创造之成功。

第四，虚心，虚心，虚心，承认一无所知，一无所能；学习，学习，学习，学到人所不知，人所不能。虚心学习这四个字，在文字上是我们的优良传统，在实际上是我们的最大弱点。许多人是犯了眼高手低的毛病，虚心的成了虚伪。我们今后的任务，是要使文字宣传与实际生活统一起来，做到名副其实之"虚心"学习，将"骄"字从我们态度里拔掉。这骄字是阻碍我们进步的最大的敌人。我们要虚心的跟一切人学：跟先生学，跟大众学，跟小孩学，跟朋友学，也跟敌人学，跟大自然学，也跟大社会学，要学得专，也学得博。

第五，建立起健康之堡垒。这身体不属于自己，我们的生活是为整个民族乃至新人类所有，我们要以卫生教育与环境卫生来代替医生，造成健康的堡垒，使得一点一滴的生活力与创造力都不致浪费。尤其是每一个人自己要爱惜他的身体。这身体要留着、锻炼着，与民族和新人类的敌人拼。浪费自己的精力以至于夭折，便等于敌人之帮凶而成为民族与新人类之罪人。

大时代早已来到。我们除了特修科要继续探讨外，应该要加强几样大的学问，以应大时代之需要。

第一，在战时，每一个学校应该不止是一个学问的组织，而且是一个战斗体。因为中国在战时仍旧办平时教育，故有些学校，甚至于大学，一遇敌人来到，仓皇失措，弄得这个跳井，那个上吊。三百年前的甲申，有上吊的皇帝②，是他自作自受。现在的甲申，有上吊的学生，教育政策及教育当局却不能辞其责。每个学校和所在地的人民应当构成一个战斗体，能有拼死的学生，不能有上吊的学生。当月明星稀，铁鸟③西来，谁能说敌人的降落伞不会落在凤凰山上？如果降落下来，应该不是我们上吊的时候，而是敌人送上门来挨打的机会。为着要加重这目的，我们加重军训。军训不能武八股，军训要教真武艺。

第二，在平时，尤其在战时，每一个学校应该不止是一个消费的组织，而且是一个生产体。我们要伸出双手来作生产劳动，我们要学习自食其力。

我们每一组，拿出力量来建立本组之经济基础，合起来建立全校的经济基础。在可能范围之内，我们要做到：吃菜自己种，穿衣自己纺、自己织、自己制。我们把青春送给了光铁坡④的荒野，光铁坡会把青春送回给我们。

第三，学习科学，帮助创造科学的新中国。现在的世界是一个科学的世界。整个中国必须受科学的洗礼，方能适于生存。抗战建国的大业，都要靠科学的力量完成。我们首先要把自然组充实起来，并以自然组为服务中心普及科学于全校——普及科学的生活、科学的学习。科学的意义应该包括社会科学，还要社会组负责任，引导全校以科学的眼光观察世界，观察人生。探讨它，分析它，以求得正确之了解，合理之处理。时机早已来到，刻不容缓，我们必须培养科学的幼苗，撒播科学的种子，使全中国遍开科学之花，丰收科学之果。

第四，学习民主，帮助创造民主的新中国。民主的洪流，浪头已经到来，没有力量可以抵抗它。我们必须在民主的生活中学习民主，并帮助老百姓在民主的组织中学习民主，学习管理众人的事，学习怎样做中华民国的主人。

注 释

① 部视学 指当时国民政府教育部的学官，专管视察所属学校和教育行政机构的工作。
② 上吊的皇帝 指明朝末代皇帝崇祯朱由检。
③ 铁鸟 称当时日本侵略者的轰炸机。
④ 光铁坡 当时育才师生进行开荒生产的荒山，离育才学校约5千米。

青年教育与思想问题*（6月25日）

（一）民主政治下的教育，应当具备下列条件：

甲、天下为公，教育为公，不以教育为一党一派及任何小集团谋利益；乙、尊师重道，不以侦探作教员，不使教员兼侦探；丙、使师生之间没有隔阂；丁、使学生打开眼睛看事实；戊、关于政治社会经济问题，学生有阅读自由，讨论自由，批评自由；己、学校内团体生活，要有民主的组织使学生在民主生活中学习更进步之民主；庚、动员广大民众，在真正民主的组织生活中学习真正的民主。

（二）三民主义一开始就说："大凡人类对于一件事，研究其中的道理，首先是发生思想，思想贯通以后方生信仰，有了信仰方生力量。"我首先指出："思想统制"与"思想贯通"是不能相容的。其次可以分两方面说，那不得已而受统制的人是越弄越没有追求真理的兴趣，结果不是思想统一而是思想消灭，统一于愚；那不甘心受统制的人，一部分倒会突破千磨万击，而发展出更高的思想与更大的智慧。

（三）领导一二人，可用豆油灯；领导一二十人，可用火把；领导一国之众及全世界就要太阳，至少要月亮那样大的光明。统而言之，无论领导多少人，总是要拿着真理之光，照着人向那正确的道路走去。如果领导的人把火熄了，或把跟随的人的眼睛闭了看不见光，或者甚至把他们的嘴也封起来了，连路上遇着危险也不能喊，那领导的人们不但是费力不讨好，而且大家在半途上难免会出岔子。

---

* 本篇原载1944年6月25日重庆《新华日报·青年生活》第84期《青年教育与思想问题特辑》。

民主第一* （9月6日）

让民主钻进一切
　　　渗透一切
　　　叫一切发酵
让一切钻进民主
　　　渗透民主
　　　叫民主发酵
让民主统治一切
　　　一切受民主之统治

让我们歌颂民主
　　　歌颂民主穿着战袍出现
　　　歌颂民主以两次胜利答复一个失败
　　　歌颂民主以最后胜利答复一切失败
让一切向民主谈心
　　　拿心中事告诉民主
让民主向一切谈心
　　　拿心中事告诉一切
　　　　　动员一切
　　　　　唤醒一切起来为民主作战

民主是我们的大饼，要吃得饱
　　　是我们的衣服，要穿得暖
　　　是我们的家，要居得安适

＊　录自手稿，作于1944年9月6日。当时的政治环境难以刊载这首诗，10月10日连同《让我们与民主结婚》一并简化为《民主第一》的八行诗，收入大孚版的《行知诗歌集》（见本全集第七卷第975页）。

是我们的农场工厂，要工作得有意义
是我们的学校，要学得有进步
是我们的生命，要活得合理、崇高
　　把创造力发挥到最高峰

让民主和我们中间没有阻碍
　　　　　没有隔阂
　　　　　没有挡路的石头
让民主和我们夹攻一切阻碍
　　　　　一切隔阂
　　　　　一切挡路的石头

让我们和民主恋爱
　　民主是我们唯一的爱人
　　跳舞，依自由的旋律跳舞
　　和她接一个热烈的吻
　　我拥抱着她
　　她也拥抱着我
　　是她拥抱着我走向生路
让我们和民主结婚
　　生出民主的我们
　　　我们的民主

创造的儿童教育*（9月20日）

创造的儿童教育，不是说教育可以创造儿童。儿童的创造力是千千万万祖先，至少经过五十万年与环境适应斗争所获得而传下来之才能之精华。发挥或阻碍、加强或削弱、培养或摧残这创造力的是环境。教育是要在儿童自身的基础上，过滤并运用环境的影响，以培养加强发挥这创造力，使他长得更有力量，以贡献于民族与人类。教育不能创造什么，但他能启发解放儿童创造力以从事于创造之工作。

我们晓得特别是中国小孩，是在苦海中成长。我们应该把儿童苦海创造成一个儿童乐园。这个乐园不是由成人创造出来交给小孩子，也不是要小孩子自己单身匹马去创造。我们造一个乐园交给小孩子，也许不久就会变为苦海；单由小孩子自己去创造，也许就创造出一个苦海。所以应该成人加入小孩子的队伍里去，陪着小孩子一起创造。

一、把我们摆在儿童队伍里，成为孩子当中的一员

我们加入到儿童队伍里去成为一员，不是敷衍的，不是假冒的，而是要真诚的，在情感方面和小孩子站在一条战线上。我曾经写过一首小诗，描写过我们在小孩队中应有和不应有的态度：

儿童园内无老爷，
老爷个个变儿童。
变儿童，
莫学孙悟空！
他在狮驼洞，
也曾变过小钻风；

---

* 本篇原载1945年4月1日重庆《战时教育》第9卷第1期，系1944年9月20日下午在儿童福利工作人员会议上的专题演讲。

> 小钻风，
> 脸儿模样般般像，
> 拖着一条尾巴两股红。

我们要加入儿童队伍里，第一步要做到不失其赤子之心，做成小孩子队伍里的一分子。

二、认识小孩子有力量

我们加入儿童生活中，便发现小孩子有力量，不但有力量，而且有创造力。我们要钻进小孩子队伍里才能有这个新认识与新发现。

从前当晓庄学校停办的时候，晓庄的教师和师范生不能回晓庄小学任职，私塾先生又被小孩拒绝，农人不好勉强聘请，不得已，小孩自己组织起来，推举同学做校长当教员，自己教，自己学，自己办，并自称自动学校。这是中国破天荒的小创造。我听见了这个消息以后，就写了一首诗去恭贺他们：

> 有个学校真奇怪：
> 大孩自动教小孩。
> 七十二行皆先生，
> 先生不在学如在。

写好之后，交给几位大学生，请他们指教，他们说尽善尽美，于是用快信寄去。

第三天，他们回一封信，向我道谢之外，说这首诗有一个字要改，大孩教小孩，难道小孩不能教大孩吗？大孩能够自动，难道小孩不能自动吗？而且大孩教小孩有什么奇怪呀？这一串炸弹把个大字炸得粉碎，我马上把他改为"小孩自动教小孩"，这样一来，是更好了。黄泥腿的农村小孩改留学生的诗，又是破天荒的证明，证明小孩有创造力。

又有一次我到南通州去推广"小先生"，写了一篇一分钟演讲词，内中有一段："读了书，不教人。甚么人？不是人。"我讲过后有一个小孩子马上来说，陶先生，你的演讲最好把"不是人"改为"木头人"，"木头人"比"不是人"更好了。因为"不是人"三个字不具体，桌子不是人，椅子也不是人，而"木头人"是给了我们一个具体的印象。这也证明小孩子有创造力。我们要真正承认小孩子有创造力，才可以不被成见所蒙蔽。小孩子多少都有其创造的能力。

三、解放儿童的创造力

我们发现了儿童有创造力，认识了儿童有创造力，就须进一步把儿童的创造力解放出来。

（一）解放小孩子的头脑。儿童的创造力被固有的迷信、成见、曲解、幻想层层裹头布包缠了起来。我们要发展儿童的创造力，先要把儿童的头脑从迷信、成见、曲解、幻想中解放出来。迷信要不得，成见要不得，曲解要不得，幻想更要不得，幻想是反对现实的。这种种要不得的包头布，要把他一块一块撕下来，如同中国女子勇敢的撕下了裹脚布一样。

自从有了裹脚布，从前中国妇女是被人今天裹，明天裹，今年裹，明年裹，骨髓裹断，肉裹烂，裹成一双三寸金莲。

自从有了裹头布，中国的儿童、青年、成人也是被人今天裹，明天裹，今年裹，明年裹，似乎非把个个人都裹成一个三寸金头不可。如果中华民族不想以三寸金头出现于国际舞台，唱三花脸，就要把裹头布一齐解开，使中华民族的创造力可以突围而出。三民主义开宗明义就说：大凡人类对于一件事，研究其中的道理，首先发生思想，思想贯通，以后才生信仰，有了信仰，才生力量。思想贯通，便等于头脑解放。唯独从头脑里解放出来的创造力，才能打退日本鬼，建立新中国。

（二）解放小孩子的双手。人类自从腰骨竖起，前脚变成一双可以自由活动的手，进步便一天千里，超越一切动物。自从这个划时代的解放以后，人类乃能创造工具、武器、文字，并用以从事于更高之创造。假使人类把双手束缚起来，就不能执行头脑的命令。我们要在头脑指挥之下用手使用机器制造，使用武器打仗，使用仪器从事发明。中国对于小孩子一直是不许动手，动手要打手心，往往因此摧残了儿童的创造力。一个朋友的太太，因为小孩子把她的一个新买来的金表拆坏了，在大怒之下，把小孩子结结实实打了一顿。后来她到我家里来说："今天我做了一件极痛快的事，我的小孩子把金表拆坏了，我给了他一顿打。"我对她说恐怕中国的爱迪生被你枪毙掉了。我和她仔细一谈，她方恍然大悟，她的小孩子这种行动原是有出息的可能，就向我们请教补救的办法。我说："你可以把孩子和金表一块送到钟表铺，请钟表师傅修理，他要多少钱，你就给多少钱，但附带的条件是要你的小孩子在旁边看他如何修理。这样修表铺成了课堂，修表匠成了先生，令郎成了速成学生，修理费成了学费，你的孩子好奇心就可得到满足，或者他还可以学会修理咧。"小孩子的双手是要这样解放出来。中国在这方面最为落后，直到现在才开始讨论解放双手。在爱迪生时代，美国学校的先生也是非常的顽固，因为爱迪生喜欢玩化学药品，不到三个月就把他开除！幸而他有一位贤明的母亲，了解他，把家里的地下室让给他做实验。爱迪生得到了母亲的理解，才一步步的把自己造成发明之王。那时美国小学的先生，不免也阻碍学生的创造力的发展。我们希望保育员或先生跟爱迪生的母亲学，让小孩子有动手的机会。

（三）解放小孩子的嘴。小孩子有问题要准许他们问。从问题的解答里，可以增进他们的知识。孔子入太庙，每事问。我从前写过一首诗，是发挥这个道理:"发明千千万,起点是一问。禽兽不如人,过在不会问。智者问得巧,愚者问得笨。人力胜天工,只在每事问。"但中国一般习惯是不许多说话。小孩子得到言论自由,特别是问的自由,才能充分发挥他的创造力。

(四)解放小孩子的空间。从前的学校完全是一只鸟笼,改良的学校是放大的鸟笼。要把小孩子从鸟笼中解放出来。放大的鸟笼比鸟笼大些,有一棵树,有假山,有猴子陪着玩,但仍然是个放大的模范鸟笼,不是鸟的家乡,不是鸟的世界。鸟的世界是森林,是海阔天空。现在鸟笼式的学校,培养小孩用的是干腌菜的教科书。我们小孩子的精神营养非常贫乏,这还不如填鸭,填鸭用的还是滋养料让鸭儿长得肥胖的。我们要解放小孩子的空间,让他们去接触大自然中的花草、树木、青山、绿水、日月、星辰以及大社会中之士、农、工、商、三教九流,自由的对宇宙发问,与万物为友,并且向中外古今三百六十行学习。创造需要广博的基础。解放了空间,才能搜集丰富的资料,扩大认识的眼界,以发挥其内在之创造力。

(五)解放儿童的时间。现在一般学校把儿童的时间排得太紧。一个茶杯要有空位方可盛水。现在中学校有月考、学期考、毕业考、会考、升学考,一连考几个学校。有的只好在鬼门关去看榜。连小学的儿童都要受着双重夹攻,日间由先生督课,晚上由家长督课,为的都是准备赶考,拼命赶考,还有多少时间去接受大自然和大社会的宝贵知识呢?赶考和赶路一样,赶路的人把路旁风景赶掉了,把一路应该做的有意义的事赶掉了。除非请医生、救人,路是不宜赶的。考试没有这样的重要,更不宜赶。赶考首先赶走了脸上的血色,赶走了健康,赶走了对父母之关怀,赶走了对民族人类的责任,甚至于连抗战之本身责任都赶走了。最要不得的,还是赶考把时间赶跑了。我个人反对过分的考试制度的存在。一般学校把儿童全部时间占据,使儿童失去学习人生的机会,养成无意创造的倾向,到成人时,即使有时间,也不知道怎样下手去发挥他的创造力了。创造的儿童教育,首先要为儿童争取时间之解放。

四、培养创造力

把小孩子的头脑、双手、嘴、空间、时间都解放出来,我们就要对小孩子的创造力予以适当之培养。

(一)需要充分的营养。小孩的体力与心理都需要适当的营养。有了适当的营养,才能发生高度的创造力,否则创造力就会被削弱,甚而至于夭折。

(二)需要建立下层的良好习惯,以解放上层的性能,俾能从事于高级的思虑追求。否则必定要困于日用破碎,而不能够向上飞跃。

(三)需要因材施教。松树和牡丹花所需要的肥料不同,你用松树的肥料培养牡丹,牡丹会瘦死;反之,你用牡丹的肥料培养松树,松树受不了,会被烧死。培养儿童的创造力要同园丁一样,首先要认识他们,发现他们的特点，而予以适宜之肥料、水分、太阳光，并须除害虫。这样，他们才能欣欣向荣，否则不能免于枯萎。

最后，我要提醒大家注意创造力最能发挥的条件是民主。当然在不民主的环境下，创造力也有表现。那仅是限于少数，而且不能充分发挥其天才。但如果要大量开发创造力，大量开发人矿中之创造力，只有民主才能办到，只有民主的目的、民主的方法才能完成这样的大事。美国杜威先生（不是候选总统之杜威，而是哲学家、教育家之杜威）最近给我信说："现在世界是联系得这样密切，如果民主的目的与方法不能在全世界每一个角落里都普遍的树立起来，我怕它们在美国也难持久繁荣。"民主应用在教育上有三个最要点：

（一）教育机会均等，即是教育为公，文化为公。我们要求贫富的机会均等，男女的机会均等，老幼的机会均等，各民族各阶层的机会均等。

（二）宽容和了解。教育者要像爱迪生母亲那样宽容爱迪生，在爱迪生被开除回家的时候，把地下室让给他去做实验。我们要像利波老板宽容法拉第。法拉第在利波的铺子里作徒弟，订书订得最慢，但是利波了解他是一面订书一面读书，终于让法拉第在电学上造成辉煌的功绩。

（三）在民主生活中学民主。专制生活中可以培养奴才和奴隶，但不能培养人民做主人。民主生活并非乱杂得没有纪律。民主要有自觉的纪律，人民只可以在民主的自觉纪律中学习做主人翁。在民主动员号召之下，每一个人之创造力都得到机会出头，而且每一个人的创造力都能充分解放出来。只有民主才能解放最大多数人的创造力，并且使最大多数人之创造力发挥到最高峰。

音乐的感受力和发展舞蹈* （11月3日）

有一次从欧洲返国途中，船过红海，旅客们在甲板上散步，播音机中正在播出快乐的唱片，我看见一个四岁的小女孩在甲板上跳舞。我细细地观察，这小姑娘的舞蹈是很合音乐拍子，而其表演出来的快乐情绪也是与音乐相合的。

这引起了我的惊奇，立即商请船上的人换一张悲哀的片子，要试试这孩子对音乐的感受力。果然当悲哀的乐声一起，那小姑娘的舞式不仅整个改变，脸上的快乐情绪也突然改换了，一种严肃深沉的忧郁。我愈看愈奇，又商请改换了一张革命的片子——《马赛曲》。当《马赛曲》的乐声一起，只看了小姑娘拿出了拳头，向甲板上的旅客挥动……

这一幕给我一个很大的启示，就是音乐的天才，一个人在四岁的时候就能发现。因此，我现在招收音乐组学生，也采取了这一办法，来测验对音乐的感受力。

音乐与舞蹈，在中国古代史上并不是像今天一样贫弱，唐代的舞蹈就很流行，如今日本反而流传过去不少，所以我们在这个意义上应该发展舞蹈。

---

* 原载1944年11月5日《新华日报》，摘自记者关于1944年11月3日育才音乐舞蹈会的报导。

敲碎儿童的地狱
创造儿童的乐园*（12月15日）

儿童是应该快乐的，而现在中国的儿童是非常痛苦。固然有许多人才是从痛苦中长大起来，但是成人的责任是应该把社会改造得好一点，使未成熟的儿童少吃点苦，多享点福。我们应该负起责任来，敲碎儿童的地狱，建立儿童的天堂。不够，我们应该引导儿童把地狱敲碎，让他们自己创造出天堂来。

要怎么样除苦造福

第一，我们应该承认儿童的人权。儿童的人权从怀胎的时候开始。打胎虽有法律禁止，但是社会上还是流行着。为着恐怕私生子为人轻视，便从源头上取消了他的生存权。也有因为贫穷不能教养而出此残忍手段，使已得生命之胎儿不能见天日。我们只须读一读孔子、耶稣的故事，便知道剥削儿童生存权是何等的罪恶。每逢饥荒便听得见"易子而食"，这虽然说是被迫得无法才出此下策，但也是把小孩的生命当作次一等所致。我们要解除儿童痛苦增进儿童福利，首先要尊重儿童的人权。

第二，我们应该了解儿童的能力需要。儿童有许多痛苦是由于父兄师长之不了解。不了解则有力无处用，有苦无处说。我们要知道儿童的能力需要，必须走进小孩的队伍里去体验而后才能为小孩除苦造福。我们必须重生为小孩，不失其赤子之心，才能为儿童谋福利。

第三，承认了儿童的人权并了解了儿童的能力需要，才有可能谈儿童福利，否则难免隔靴搔痒、劳而无功。我们在尊重儿童人权及了解儿童能力和需要两条原则下，来提出几件具体的建议。

---

* 本篇写于儿童福利协会成立前夕。原载1944年12月16日重庆《大公报》。中国儿童福利协会于1944年12月15日举行成立大会，陶行知为大会主席之一。

提出十点具体建议

（一）解除儿童的恐怖

中国的儿童在心理上是处在一个恐怖的世界里。老婆婆、老妈子一到夜晚没有事便讲鬼说怪，小孩们连在梦里都要惊醒。我们应该使小孩与这些鬼怪故事隔绝，以保持其精神之安宁。

（二）打破重男轻女之风尚

这重男轻女的风尚连在文化界还是难免。男的受过分栽培，女的受偏枯的待遇；表面虽然似乎是一乐一苦，但在长大的过程中两者都难免受伤。

（三）提倡儿童卫生

儿童卫生是民族健康之基础，这基础必须用水泥钢骨打得稳固。但是平常做父母的多不注意。儿童卫生有一百件具体的事要做，我只举一件。把食物嚼碎给儿童吃，是害了许多儿童，使家庭的肺病一代代的传下去。革除这一坏习惯，是使许多儿童得到终身的幸福。至于营养要充足，环境要卫生，那是不消说了。

（四）拯救文化饥荒

成千成万的孩子对于学校是不得其门而入，那些已经进学校的是在吃干腌菜的课文。我们一方面要求教育之普及，一方面还要改造学校教育，使教育与生活密切的联系起来，使每个人都能享受文化的精华，并且要革除体罚，改良赶考，注重启发，使小孩接受教育的时候，有求学之乐趣，而无不必要之恐怖与烦恼。

（五）培养人才幼苗

人才的幼苗要从小培养，如果家庭里、学校里、铺子里的孩子，在小的时候，已被发现有特殊的才干，那么，立刻就应该给他以适当之肥料、水分、阳光，使他欣欣向荣。十二岁的爱迪生因为醉心于科学把戏，三个月便被冬烘先生开除了，那对于爱迪生的小心灵是多么大的打击。爱迪生的母亲却了解他，给他在地下室做实验，那对于爱迪生又是多么大的幸福啊。

（六）提倡儿童娱乐

现在流行的戏剧电影，有好些是给了儿童不好的影响。许多父母因为影响不好便因噎废食，绝对不许子女看书看电影。假使我们有好的儿童剧、儿童电影，可以寓教育于娱乐，那儿童又是多么高兴啊！

(七) 开展托儿所运动

女工、农妇及职业妇女，要顾到工作便顾不得小孩，顾到小孩便顾不到工作！其实她们是必得双方兼顾，不顾工作便没有饭吃，小孩是自己的亲血肉，那能不顾。于是他们为着两样都舍不下的工作和小孩，是一面牺牲了自己，又一面使小孩吃了许多苦。唯一的办法是多设工厂托儿所、农村托儿所和一般的托儿所。

(八) 建立儿童工学团

流浪儿、低能儿、聋盲儿、社会问题儿童等特殊儿童，一概用工学团方式培养，不冠以流浪儿教养院或低能儿训练所一类违反心理之名称。每种小孩就其性之所近，并依"工以养生，学以明生，团以保生"之原则，把他们培养成自助长进有用之人。

(九) 培养合理之教师父母

儿童痛苦之完全消灭及儿童福利之完全实现，是有待于天下为公。在这过渡时代与儿童幸福痛苦息息相关的，是父母与教师（包括艺徒之师傅）。我们要培养新父母和新教师，以培养更有福的后一代。旧父母和旧教师，凭主观以责儿童之服从；新父母和新教师，客观的根据儿童的需要能力，以宣导他们的欲望而启发他们的自觉的活动。新父母与新教师，要跟儿童学，教儿童启示自己如何把儿童教得更合理。这种对儿童有了解有办法的新父母、新教师不是从天上落下来。我们需要新的普通学校、新的师范学校和新的父母学校，来培养后一代之新教师与新父母，这是过渡时代之儿童福利之泉源。

(十) 抢救战区儿童

抢救难童，在武汉失守前后达到了最高峰。许多英勇青年投身抢救工作及保育事业，当我回国之初，到处所见的，几乎尽是救苦救难的观音大士。以后，随着团结之松懈、民主之退隐，战区难童就好像没有人管了。自湘桂战①起，全国儿童福利工作人员开代表大会于陪都，提出紧急动议，组织急救战区儿童联合委员会，加紧抢救工作，这是值得庆幸的好消息。当千千万万难童伸出手来等待援助的时候，在陪都是举行着中国儿童福利协会之成立大会。我希望以后协会的任务是抢救抢教双管齐下，才对得起后一代之期望与整个民族之付托。我曾经听过两种被救的难童的经验谈：一种是官僚化的抢救，领队者刚愎自用，剥削难童，先难童之乐而乐，后难童之忧而忧，弄成乌合之众，害得许多小孩死于饿、死于冻、死于病、死于非命！一种是民主式的抢救，领队者虚心听取民意，与难童共休戚、共甘苦，有组织、有计划、有纪律，分工合作，一路学习玩耍奋斗而来，使得大家有远征之乐，没有逃难之苦。为难童服务的人们，是应当革除官僚的习气而采取民主的精神。

两种心理有害儿童

我们对于儿童有两种极端的心理,都于儿童有害。一是忽视;二是期望太切。忽视则任其像茅草样自生自灭,期望太切难免揠苗助长,反而促其夭折。所以合理的辅导是解除儿童痛苦、增进儿童幸福之正确路线。我们必须沿这路线进行,才能使儿童脱离苦海进入乐园。

注 释

① 湘桂战 1944年日本侵略者为打通从中国东北到越南的大陆交通线而发动的战争。4月7日晚日军开始豫中会战,于22日攻占郑州。接着南下,于6月18日攻占长沙,8月7日攻占衡阳。然后攻占桂林、柳州、南宁。这是国民党领导的抗日军队第二次大溃败,丧失国土20余万平方千米,城市146座。

关于"创造性的救济"*
——致甘霖林（12月25日）

亲爱的甘霖林博士：

这是圣诞日之晨四点钟。顷刻之前，我尚卧床未起。沉浸在创造性救济、智慧尖端和基督伟大之爱的宏大磁场中的一个想法驱使我起床给您写这封信。我很高兴与黎明赛跑，乐于在日出之前起身。

创造性的救济，与创造性天才的解放相比，不能稍有逊色。创造性的救济必须给他们以充分的食物和阳光，使他们能够首先进入智慧的尖端，继续推进造物主的创造性工作。当这样的智慧转变为能将世界和人类改造得更好的那种力量时，如果创造性天才解放自己的机会并非限于几个人而是敞开于一个国家或全世界，那末，这个国家和世界就获得了最高形式的民主。

在此长期抗战的过程中，成千上万有才能的学者，包括许多有发展前途而且很有能力的无名科学家，陷入了极度的贫困之中，被逼到几乎无法生存的地步，或不得不改行干不适当的工作。而且，甚至在抗战开始前，尤其是抗战开始以来，数以万计的有才能的男女青年仅仅由于贫穷而无法受高等教育，继而因为没有大学文凭而被摒于研究所门外。这些青年人被迫过着比学者们还要艰难的生活，把他们的创造能力空耗于不适合他们才能的职业，或者过着难民的生活，没有机会、也得不到鼓励来表现他们的才干。最后，在权威、偏见、贫穷、上司或把头的无知，时间紧迫的工作计划，错误的教育理论，以及古老传统的重压下，埋葬了大批艺徒、工人、手艺人、农民、女佣以及贫苦儿童的才能。这些人的才能有待唤醒，而且只要民主的一声轻唤就能唤醒。

六年前的12月15日，建立了晓庄研究所来着手解决这个问题。凭我们少得可怜的经费，我们正在进行两个项目，您是熟悉育才学校的，我应该告诉您：生下育才的母亲是晓庄研究所。育才不过是在研究所教育处赞助下举办

---

* 这是陶行知谈"创造性救济"的重要信件。在国民党当局对晓庄研究所不断削减经费直至完全停止资助的情况下，陶行知不得不请求美国援华联合会予以援助。这是研究陶行知办学思想的重要材料。

的一个实验学校。母亲是一位无名战士——更确切些说，是一位无名的保姆。她还有另一个无名的儿子——科学处下面的内燃机实验室。负责该项实验的研究员李华，牺牲了一切来指导这项实验。我很高兴地说，他大概已快要完成一架新内燃机的模型了。

晓庄研究所为了忠于原来创办这个研究所的理想，计划增聘十位各种学科的研究员，并从有发展前途的贫苦难民青年中挑选尽可能多的研究人员，也从育才吸收年轻的研究人员。我们有价值两百万元的书籍作基础。但是我们需要更多的钱来维持更多的工作人员，购买更多的参考书，创办更多的实验室。我想为研究所申请两百万元捐款以扩大其服务范围。这将会给我们很大的鼓舞。如果您没有足够的基金可供分配，则现有的任何数额的整笔款或分期付款均所欢迎。或者，如果您认为通过育才提供这项补助更为合适，我们也无异议，研究所可以组织进育才成为它的最高峰。不过，在目前阶段，我们宁愿把研究所作为一个独立机构来办，并且直接从您那里接受补助。

我很相信，如果您的一半财源，或者说，全部剩余基金，能够用于中国的创造性救济，那么，在不出一代人的时间里，您将会在这个灾难深重的国家看到奇迹，看到她对世界和人类作出的百万倍的贡献。这岂不宏伟、壮观么？

您的永远忠实的朋友
晓庄研究所所长陶行知
1944年12月25日

1945 年

创造的社会教育* （1月28日）

"创造"与"改造"或"翻造"不同。

大清帝国的教育与中华民国的教育的区别：大清时代，人才即奴才教育，国民教育即奴隶教育。今天，时代不同了，因此，我们办理教育——社会教育，要用新的眼光和新的精神。这就是说，今天我们的"大学之道"，不是"在明明德，在新民，在止于至善"；而是"在明大德，在亲大众，在止于大众之幸福"。

所谓"大德"，就是"大公无私"。

所谓"亲民"者也，只是过去知识分子的优越感，好像是给老百姓洗把澡，洗后又远远地离开了他们。文化天使哪里会有工夫常常来替老百姓洗澡呢？（哄堂大笑）因此，我们是主张"亲大众"的，要文化天使思凡，思凡后即下凡。换言之，即要"文化、精神、学术下凡"。

要亲大众，必须实行文化下凡四部曲：一、钻进老百姓的队伍中去，与老百姓站在一条战线上，同甘苦、共患难；二、熟悉老百姓，要说出老百姓心中所要说的话；三、教老百姓；四、与老百姓共同创造。

"大众之幸福"包括"福、禄、寿、喜"四个字。一、"福"——老百姓需要和平、安全、乐业，不让少数人专有福气。二、"禄"——吃得饱，穿得暖，不啼饥号寒。三、"寿"——卫生，健康……四、"喜"——要和科学、学术等等结婚，皆大欢喜。一切均是自愿的，不是压迫的，也不是"埋头苦干"。要是埋着头，一干就干得不高兴，而是挺着胸膛，高高兴兴、快快乐乐地做去。

要"止于大众之幸福"，就必须解放老百姓的创造力。创造力是我们千千万万的祖宗在至少五十万年以来与环境不断奋斗的结果。"北京人"①在周口店的发现者是一位工人，可惜却做了"无名英雄"。因此，我们要解放

---

* 本篇系1945年1月28日在四川璧山县国立社会教育学院的演讲，摘自邹大彤的笔记。邹在陶行知逝世3周年之际抄送给生活教育社。文前，抄录者注云："此系旧日记中片断，当时随听随写，事后未予整理，以致中途脱略之处，无法补正。所幸全文俱在，固无损于先生之真知灼见也。"《衔备忘》1945年1月27日的笔记中载有同题演讲的详细提纲。又载《中国学生导报》1945年2月第9期。

老百姓的创造力。要：

一、解放老百姓的双手。所谓思想、语言、文字等等，都是由双手劳动、工作而发展起来的。

二、解放老百姓的双眼。不要戴有色眼镜，近视的可配上远视的镜子（鼓掌）。

三、解放老百姓的嘴。防民之口，甚于防川（大鼓掌）。所谓"舆论"者，就是大众的意见，抬滑竿的（舆者）意见。

四、解放老百姓的头脑。内在的要除去听天由命、迷信、成见和幻想等等；外在的要除去那些"裹脚布"、"缠头布"（鼓掌）。我自入川以来，看到裹头布甚为流行。拿布来裹头固然要不得，可是还不打紧，而非布的（非物质的）裹头布呢，大概是传自意大利或者是日耳曼的②（鼓掌，哄堂大笑），却一天紧过一天，如果人人都是"三寸金头"立在国际之间，似乎是太不体面的事吧（大鼓掌）！

五、解放我们的空间。我国年来在各地设了许多民众教育舘，就"舘"字解释，将民众教育——社会教育关在一间房子里，不是"官舍"，便是"舍"中坐了一个"官"而已。如果将"舘"字写成"馆"，那也不过成了所谓"文化食堂"、"精神食堂"而已。我们办教育，应该力争做到让所有的老百姓都能各教所知、各学所好、各尽所能，为社会服务而将教育送到大自然、大社会、大森林中去。

六、解放我们的时间。赶考和赶路是同样要不得的。我们应该慢慢地走，然后才能吸收沿途中所接触的事物、所欣赏的风景。不致像学生赶考一样，结果是面黄肌瘦、腰驼背曲，恢复了我们老祖宗五十万年前伛偻状况的老样子，四肢伏地。

真正的创造的社会教育，是要培养老百姓的创造力。由于时间关系，已无法详讲，只提四点供参考：一、在普及教育中提高老百姓的水准；二、……③三、因材施教；四、要有深刻的讲解。

最后，还应着重指出：专制时代的创造是顺乎皇帝的意旨的，是仅限于少数人的。而今天，民主时代的创造，是给每个人以同等的创造的机会，是动员整个民族力量以创造民众的福禄寿喜的。民主的程度愈高，则创造愈开放、愈好。

注释

① "北京人" 全称是"北京猿人"。北京猿人的发现，证明在中国这块大地上，最少也在69万年前就有人类的祖先居住。

② "传自意大利或者是日耳曼的" 指从意大利的法西斯头子墨索里尼和德国法西斯头子希特勒传到中国来的法西斯思想统治。

③ …… 原来的纪录就是这样，并紧接着注明："（笔者遗漏）"。

民主的儿童节* （4月4日）

儿童的生活，是一面社会的镜子。

一个国家的政治经济是不是民主的，用不着争论，只须拿这一面镜子照一照，就明白了。因为儿童真是人微言轻，政治经济在儿童身上的反映是最彻底而难以隐藏的。如果"月到中秋分外明"这句话是正确的，那么，您在儿童节的儿童生活的反映上更可以看得清清楚楚。

幸运的儿童是一年三百六十五天，天天过儿童节，四月四日①，不过是加强的儿童节罢了。不幸的儿童，就连四月四日也与他们无关，他们在儿童节仍旧是擦皮鞋、拾狗屎、做苦工、挨饿、挨冻、挨打。饿、冻、打，便是他们所受的礼物。听戏、看电影、吃糖果、参加游艺会，没有他们的份。

民主没有深奥的意思，通俗点说：就是"大家有份"。在倒霉的时候是"有祸同当"，在幸运的时候是"有福大家享"，在平常的时候是"大家的事大家谈、大家想、大家干"。

儿童节是全国儿童的儿童节，决不是少数儿童的儿童节。我们对于儿童幸福要做到全体儿童人人有份，才算是民主的儿童节。所谓儿童的幸福究竟是些什么？这可以拿老百姓所爱好的"福、禄、寿、喜"四个字来说明。

（一）福　有母爱，有书读，有东西玩，有六大解放②，有学当其才之培养，有小小创造的机会，有广大的爱护后代的同情。

（二）禄　吃得饱，穿得暖。

（三）寿　不受恐怖，不被剥削，不受伤，不害病，不夭折。

（四）喜　过年过节，皆大欢喜。

要想实现这四大幸福，我觉得要使小孩们得到四种东西：

（一）玩具　团体娱乐的玩具。

（二）学具　进修学问之学具。

（三）用具　日常生活之用具。

---

* 本篇原载1945年4月4日重庆《新华日报》儿童节特刊。

（四）工具　手脑双挥之工具。

儿童节是觉悟的大人为全体儿童争取幸福的节日。我们不但是要为儿童争取一日之快乐，而且要为儿童争取长期之幸福。至少从今年儿童节起，要为不幸的儿童争取一年之学习材料。假使每一个学校或团体为其附近之不幸儿童，发动这样一种运动，使他们在儿童节能过一天快乐而有意义的生活，并得到一年之长进资料，总是有益处的。但是，要知道民主的儿童节之先决条件，是政治经济的民主。倘使政治经济不民主，小孩子的幸福是必然限于很少数的少爷小姐。但是如果政治经济一民主，那自由神必定是立刻飞到他所关心的最不幸的小孩子当中，而把他们抱在温暖的怀抱里。故真正爱护小孩的朋友，必须是民主的战士。让我们促成民主的政治经济，以实现民主的儿童节。

注 释

① 四月四日　这是解放前我国的儿童节。
② 六大解放　即：1.解放儿童的头脑，使之能想；2.解放儿童的双手，使之能干；3.解放儿童的眼睛，使之能看；4.解放儿童的嘴，使之能说；5.解放儿童的空间，使之能接触大自然和大社会；6.解放儿童的时间，不逼迫他们赶考，使之能学习自己渴望学习的东西。

艺术是老百姓最需要最爱好的东西*（4月22日）

今天机会很巧，在坐的翦伯赞先生、周谷城先生、吴泽先生，他们都是弄历史的，以后可以帮马先生写一本民间艺术史。艺术本来是老百姓最需要、最爱好的东西。自从文化被集中以后，便集中到少数人的手里去了，艺术私有了，老百姓反而变成缺乏艺术性而枯干地生活着。今后必须掉转方向的，恢复正流的，一切以人民为本位，一切走向人民。艺术在它人原的阶级上是有着一种形态的，便是由大家集体学习，集体工作，集体表现，集体享受，集体保存，集体发扬的人民艺术。新的艺术，追溯起来都是起源于民间的。

音乐是件专门的东西，小提琴更专门了，听不懂只要听，自会懂的。像洗澡一样，把皮肤上的"不洁物"洗去几分乃至几钱，洗了之后，总是愉快、舒服的。有失必有得，听音乐也是一样，专心专意的毫无成见的全部精神的放在上面听，你以为有所失，听过了便知道有收获了。翦先生就被这个道理感动的。

白健生先生有一次和我说，"以不变应万变"，我提议在不字下面加一横，意思是"以丕变应万变"。丕变，即是大变。今日中国的政治需要大变，整个社会需要大变，向民主方面变，向进步方向变。我们要在生活上起大的变化，才能应付政治的进步社会所起的大变化。民主政治所起的变化是很大的。例如承认个人的尊严，便不能随便侵犯别人的自由。采用协商批评的方法，便须放弃"我即是""朕即天理"。要使人了解你，同时又要使你了解人，便须放弃"民可使由之，不可使知之"，又必需要虚心下问，集思广益。实行共同创造，便须放弃少数人包办的倾向。政治问题的焦点，在上面闹得太紧，闹得太凶了，上层不起变化，自然透不过气来，我们要解开这一个结，必须四方八面用力不可了。

---

* 1945年4月22日，马思聪到重庆北碚为育才学校举行音乐演奏会，当晚陶行知举行宴会，这是陶在宴会上的讲话。

摘自丁十文《在止于人民的幸福》，载1946年"三联"版《陶行知先生纪念集》。

实施民主教育的提纲* (5月)

今天只是提出一些问题作为日后讨论的提纲,希望大家予以修正补充和指教。

一、旧民主与新民主

旧民主,是少数资产阶级作主,为少数人服务。新民主,是人民大众作主,为人民大众服务。

二、创造的民主与庸俗的民主

庸俗的民主是形式主义、平均主义,只是在形式上做到如投票等等。创造的民主是动员全体的创造力,使每个人的创造力得到均等的机会,充分的发挥,并且发挥到最高峰,所以创造的民主必然与我以前所讲的民主的创造有关联。民主的创造,是要使多数人的创造力能够发挥。在专制时代,少数人也能创造,但多数人的创造的天才被埋没,或因穷困忙碌而不能发挥,即使发挥也会受千磨万折,受到极大的阻碍。民主的创造,是为大多数人的创造,承认每一个人都有得到创造的机会,这是与专制的创造不同的地方。

三、民主运用到教育方面来

民主运用到教育方面,有双重意义:

第一,民主的教育是民有、民治、民享的教育。"民有"的意义,是教育属于老百姓自己的。"民治"的意义,是教育由老百姓自己办的。例如从前山海工学团时代,宜兴有一个西桥工学团①,是老百姓自己办的。农民自己的孩子把附近几个村子的教育办起来,校董是老百姓,校长也是老百姓。

---

* 本篇原载1945年5月《战时教育》第9卷第2期,系讲话记录。记录者微林、元直。发表时,第一段"旧民主与新民主"标题下有"(遵检)"字样。此次收入这篇文章时,删去了"遵检"二字;按方与严编的民主教育丛书第一集《实施民主教育提纲》一书补上了第一段原来被删去的部分。

又如晓庄学校封闭后，晓庄学生不能回晓庄办教育，而老百姓又不要私塾，所以小孩子自己办了一个佘儿岗自动小学。又如陕北方面提倡的民办小学，也都是这意思。"民享"的意义，是教育为老百姓的需要而办的，并非如统治者为了使老百姓能看布告，便于管理，就使老百姓认识几个字。由此可见，有民有、民治、民享的政治，才有民有、民治、民享的教育。

第二，民主的教育，必须办到各尽所能，各学所需，各教所知。各尽所能，就是使老百姓的能力都能发挥。各取所需，因为经济条件没有具备，所以办不到。但各学所需是可以做到的。在民主政治下，特别是中国有许多人没有受教育，需要多少教员才能把各地教育办起来？如一人能教四十人，二百万教师才能教八千万小孩。这些教师是师范所不能训练出来的，所以还必须每人各教所知。各尽所能、各学所需、各教所知三点都办到了，民有、民治、民享的教育也就成功了。

四、教育的对象或教育的目的

"文化为公"、"教育为公"是教育的目的，但又不妨因材施教。国民教育，与人才教育略有不同。国民教育，是人人应当免费受教育；但如有特殊才能的，也应加以特殊的教育，使其才能能充分发挥，这就是人才教育。但人才教育并不是教他们升官发财，而是要他们将学得的东西贡献给大众，所以这也是"文化为公"。

男女也应有平等受教育的机会。目前有些地方，例如南充②男女界限分得很严，男女学生不能互相说话。这种地方，女子教育一定不发达。

无论贫富，也应该有均等受教育的机会。前次社会组在草街乡调查失学儿童，占学龄的儿童百分之七十四。能来中心小学读书的儿童，大多是小地主的孩子，佃农恐怕很少。民主教育要使穷人也有受教育的机会。

无论老少，也应该受教育。生活教育很早就提出活到老、学到老。最近听说回教也是如此。生活教育运动中最老的学生为八十三岁之王老太太，她说："我也快进棺材了，还读什么书？"但经她的孙儿曾孙的鼓舞，她的热情也燃炽起来了。因为她的缘故，她的媳妇也得读书了。

还有资格的问题：现在是有资格就能上进，没有资格就该赶出大门外。但民主教育是只问能力，不问资格的。本来资格是有能力的证明，既有直接的证明，又何须资格。只要证明是有能力的就可以上进。

民族教育现在也成一个问题。过去把少数民族取名为边民，不承认他们为民族。我们对于回族、苗族等小民族的教育，强迫他们学汉文，还要用汉人教师去教他们。但民主教育是让他们学习他们自己的文字，没有文字的，就帮助他们制造文字，让他们自己办学校，训练各民族的人才来教育他们自己的人民。过去蒙古人受教育时，是雇人来上课的。这种教育又有什么用？

还有一点，无论什么阶级，都要有受教育的机会。受教育的机会被剥夺最多的是农工及子弟。农工阶级忙碌一天，还陷入吃不饱饿不死的状态，当然更谈不到受教育。民主教育是要力求农工劳苦阶级有机会受教育。

总结起来,"教育为公"就是机会均等:入学时求学的机会均等,长进的机会均等;离校时复学的机会均等,失学时补习机会均等,而且老百姓有办学管教育的机会。

五、民主教育的方法

民主的教育方法,要使学生自动,而且要启发学生使能自觉,要客观,要科学,不限于一种,要多种多样,因材施教,要生活与教育联系起来。并且在中国要会用穷办法,没钱买教科书,用尽种种办法来找代用品,招牌可以作课本、树枝可以作笔、桌面可以当纸张。八路军行军时,带着一套文化工具,即是一支木笔,行军停下来时,就在地面上画字认字。新民主主义既是要农工领导,就必须用穷办法使老百姓受教育。单是草街子,如每人买一支铅笔,就要化去四十万元,因此只有不用铅笔另想穷办法,才能做到教育为公。

另外还有一个办法,学生不能来上课的可以送去教,"来者不拒,不能来者送上门去",看牛的送到牛背上去,拾柴的送到柴山上去。这样"教育为公"才有办法。最后,我们必须重提要着重创造,让学生自动的时候,不是让他们乱动,而是要他们走上创造之路,手脑并用,在劳力上劳心。这需要六大解放:(一)解放眼睛——不要带上封建的有色眼镜,使眼睛能看事实。(二)解放双手。(三)解放头脑——使头脑从迷信、成见、命定、法西斯细菌中解放出来。(四)解放嘴——儿童应当有言论自由,有话直接和先生说,并且高兴心甘情愿和先生说,首先让先生知道儿童们一切的痛苦。(五)解放空间——不要把学生关在笼中,在民主教育中的学校应当大得多,要把大自然、大社会作他们的世界;空间放大了,才能各学所需;扩大了空间,才能各教所知;扩大了空间,才能各尽所能。(六)解放时间——育才是以此标榜,然而并未完全做到;师生工友都应当有一点空闲的时间,可以从容消化所学、从容思考所学,并且干较有意义的工作。

六、民主的教师

民主的教师,必须具有:(一)虚心;(二)宽容;(三)与学生共甘苦;(四)跟民众学习;(五)跟小孩子学习——这听来是很奇怪的,其实先生必须跟小孩子学,他才能了解小孩子的需要,和小孩子共甘苦,并不是说完全跟小孩子学,而是说只有跟小孩子学,才能完成做民主教师的资格,否则即是专制教师;现在民主国家的领袖,都是跟老百姓学,否则即成专制魔王;(六)消极方面,肃清形式、教条、先生架子,师生的严格界限。

七、民主教育的教材

民主教育的教材,应从丰富中求精华,教科书以外求课外的东西,并且要从学校以外到大自然、大社会中求得活的教材。

八、民主教育的课程

（一）内容。现在人民所以大部分在贫穷中过生活，因为贫富不均，所以了解社会是很重要的。另外科学不发达，不能造富，所以应该有科学的生产、科学的劳动。抗战如不能胜利，整个中国就完了！因此教育要拿出一切力量来争取胜利，要启发民众，用一切力量来为抗战、为反攻而努力。

（二）课程组织。组织应敷成多轨，即普及与提高并重，使老百姓都能受教育，并且有特殊才干的也能发挥。

（三）课程要有系统，但也要有弹性，要在课程上争取时间的解放。

九、民主教育的学制

民主教育的学制，包含三原则：单轨出发。学制在世界上各国分成几种，如德国的学制是双轨制，穷苦的人民受国民教育，再受职业教育。有钱的人，则由中学而直升大学。民主教育开始是单轨，不分贫富以单轨出发，以后依才能分成多轨。各人所走路线虽不同，但都将力量贡献给抗战，贡献给国家，这叫多轨同归。并且还要换轨便利，让他们在才干改变时有调换轨道的便利。

旧时的学校，学生忙于赶考，赶考是缩小学生时间的一原因，并且使学生没有时间思考。民主教育也是要考的，但不要赶考，而是考成。也不鼓励个人的等第，只注意集体的成绩。而成绩也不以分数定高下。

民主也不是绝对的自由。民主有民主的纪律，与专制纪律不同。专制纪律是盲从。民主纪律是自觉的、集体的，不但要人服从纪律，还要人懂得为什么。

此外应当广泛的设立托儿所，农村的、工厂的、公务员的，可以将妇女从家庭中解放出来。在大学里，要做到下列几点：（一）入学考试不应过分着重文凭，应增加同等学力的录取比例；（二）研究学术自由，读书自由，讨论自由；（三）增设补习大学及夜大学。这应该跟日本学，在日本夜大学很多。我们要帮助工厂里的技术工人、合作农场中的技术农人得到受大学教育的机会。至于留学政策，凡是在中国可以学到的应在中国学，请外国教授来中国教；如设备不可能在中国设置的学科，才能派大学毕业有研究能力的研究生出外留学。

十、民主教育的行政

（一）鼓励人民办学校，当然人民自己所办的，并不能像美国私立学校那样宣传某种宗教的偏见，而是为民主服务。

（二）鼓励学生自己管自己的事。

（三）肃清官僚气的查案，以及摆资格的作风。视察员及督学有三个作用：（1）鼓励老百姓办学；（2）考察学校是否合乎民主道理；（3）不是去查案，而是积极指导学校如何办得好。老百姓的学校，大概粗糙简陋，所以视学员到时，不是带来恐怖，而是带来春风。

民主的校长，也有四种任务：（1）培养在职的教师，师是从各处来的，校长应负有责任使教师进步；（2）通过教员使学生进步，并且有丰富的进步；（3）在学校中提拔为老百姓服务的人，如小先生之类；（4）应当将校门打开，运用社会的力量，使学校进步，动员学校的力量，帮助社会进步。他应当有社会即学校的观点，整个社会是学校，学校不过是一课堂。这样，才能尽校长的责任，并且对于大的社会，才能有民主的贡献，而学校本身就可以成为民主的温床，培养出人才的幼苗。

十一、民主的民众教育

有人民的地方，就是民主教育到的地方。家庭、店铺、茶馆、轮船码头，都是课堂。甚至防空洞中，也可以进行教育。博物馆、图书馆、电影院，都是进行有系统的教育地方。应当请专家讲演，深入浅出。没有专家的地方，也应有好的办法，使老百姓无师自通。

十二、民主教育的文字

要老百姓认二千个字，好比要他们画二千幅画。有人说汉字太难，应当打倒；有人主张，不用拉丁化，而用注音字母。我主张汉字、新文字、注音字母三管齐下。（一）认得汉字的人，照估计有八千万人，假使最低估计有五百万人可能教汉字，这是一股很大的力量，我们不但不用推倒他，而要运用他。（二）运用新文字教老百姓，我们在上海试过，教起来非常方便，一个月就可以使老百姓看懂信件，学过英文的人，三个钟头就可以学会。（三）醉心注音字母也好，就用注音字母来帮助老百姓。我希望文字也像政党似的来一个民主联合，汉字好比是板车、木车，注音字母好比是汽车，新文字好比是飞机。各种文字的提倡人联合起来，做到多样的统一。

注 释

① **西桥工学团**　全称是西桥儿童工学团。陶行知在1933年底，派陆静山和侣朋到江苏省宜兴县协助小先生承国英创办的。

② **南充**　即四川省南充市，位于嘉陵江中游。

全民教育 （9月18日）

一　**计划名称**　为四万万五千万中国人民推广民主教育的初步计划。

二　**主持单位**　生活教育社及育才学校。

三　**指导原则**

（一）民主第一。过民主生活以学民主。需要根据民主思想从根本上重建学校及学制，使属于大众、由大众自办、为大众服务的教育在中国蓬勃发展。民主不仅是治疗中国疾病的盘尼西林①，而且也是输血，使中国人民有新的活力去创造一个较好的国家。

（二）全民教育。不论宗教、种族、财富及所属阶级有何不同，男孩与女孩机会均等，男子与女子机会均等，成人与儿童机会均等。

（三）全面教育。心、脑、手并用。学政治，学经济，学文化相结合。健康、科学、劳动、艺术及民主将构成和谐的生活。

（四）终生教育。培养求知欲。学习为生活；生活为学习。只要活着就要学习。一旦养成学习习惯，个人就能终生进步不断。

（五）早在婴孩期就必须奠定民主教育的基础。或许，目前处理这个问题最好、最经济的办法是通过教父母兄弟姐妹，尤其是通过教母亲、姐妹及女佣来教婴儿。

（六）认识到中国还是个农业国，必定很穷，所以我们必须以最低廉的价格，给民众提供有益的文化粮食。让一千二百万名普通小学生利用写字课抄大众读本，一个月以后，就有一千二百万本书供民众使用了。上课最好安排在白天，以节省灯油。筷子蘸水就可以在桌上练习写字。课本没有准备好，街道上的招牌也可以当作一课。教育费用高昂就意味着没有教育或是只为极少数人的教育。

（七）社会即学校。动员社会上现有的一切可能动员的力量、学校和其他机构以及个人尽力为民众服务。庙宇、茶馆、监狱、兵营、商店、工厂、残废士兵医院、普通学校不上课的时间和空出的教室，都应给识字小组及训练中心使用。八千万受过一段时间再教育的识字成人可以作为教师，帮助家人及邻居进步。

（八）培养责任感、荣誉感及发自内心的与他人分享知识的迫切愿望。懂得了一项真理的人有传递这项真理的责任和特权。学会一个字的人就有资格教那个字，也有责任教那个字。有了与他人分享知识的欲望，才会认为这样做是一种乐趣。

（九）根据与同胞分享真理的原则，我们把小先生培养成为免费教育的先锋。大约二十三年前，我们认识了第一位小先生。从那以来，这样做的一些优点终于表现出来了，对于在像中国这样的国家普及教育，这些优点是必不可少的。

1. 已经发现，小先生制是解决女子教育难最有效的手段。
2. 拜儿童为师的成人，必然获得新生，变得像儿童一样，并受到青年精神的感染。
3. 小先生手中的知识，不再是出卖的商品，而是免费赠送给全民的礼物。
4. 通过教学，小先生对课程内容会了解得更清楚、更透彻，还从他们的教育对象身上学到很多重要东西。
5. 招生的性质改变了。来者不拒；不能来者能通过免费送教育上门的办法受到教育。
6. 学校本身也起了变化，扩大了许多倍。社会变成学校；所谓的"学校"变成一间教室，更现实地说，变成发电室，通过小先生输送光、热和力；小先生就像通电的电线一样，把学校与社会的千家万户联结起来。这样，所有的社会成员便都能享受发电室发出的光、热和力了。然后，转过来小先生又从各家各户的小发电机上带来一切，增加中心发电室的功率，使之能将更多的光、热和力送给民众。
7. 乡村学校中孤独的教师也变了。他不再孤零零地教书、生活、做饭，孤零零地奋斗了。他一下子就成了50个或100个小同志的队长。这些小同志也不再是些小书呆子，而是活跃的小先生、小工人、小战士，而首要的是，他们是中国民主的小建设者。

（十）分享真理的原则不仅产生了小先生，而且产生了传递教师。我所见到的最能干的民众教师，来自广大人民群众，来自农民、工人、工匠及商店学徒。他们一学了那么几课书，就开始不拘形式地帮助别人。换句话说，他们就成了传递教师。在这一阶段，他们非常热情，其中能干的人可以培养成为最好的传递教师。

（十一）农村及收复地区民众的教育应当最受重视。

（十二）鼓励民众边学习、边工作。决不要为一张学校毕业文凭而扔掉饭碗。

（十三）无论何时何地，只要有必要，有可能，就使用罗马化（即拉丁化）文字。

（十四）最充分地利用广播、电影、飞机、铁路、轮船，把"民主教育"的思想、人员及物资输送到我国最边远的角落，以使我国最落后的地方也能尽早实现民主。

（十五）鼓励人民的首创精神，资助地方试验。

（十六）从群众中发现和挑选人才，把他们推荐到育才学校或其他合适的学校及其他机构受特殊的、高级的训练。

（十七）本计划仅限于研究、试验、训练、出版、示范、推广和激发等活动，并向政府及其他机构提出建议，供他们参考并在全国范围内采用。

（十八）与其他国家交流教育民主化进展的情况和经验。

四 实现的可能性

十二年前在贯彻上述原则时，山海工学团在半年之内，不花政府一分钱，在二十五个村庄普及了免费教育。生活教育社领导的这场运动，在九个月内，就在二十三个省铺开，并继续在发展，直到思想控制介入为止。从那时起，随着民主的倒退，该运动的声势也减弱了。当然，十七个解放区除外。在这些解放区，小先生制蓬勃发展，方兴未艾。小先生队伍正在扩大，为在那儿居住的一亿民众服务。最近，随着民主潮流的回归，一所学校，即育才一所学校，就为附近四千五百名成人和儿童提供了受教育的机会。如果一百一十三所大学、二千二百七十八所中学、二十一万八千七百五十八所小学及七万九千五百五十个属教育部管辖的社会教育组织，贯彻同样的原则，以同样的速度，做同样的事情，把它们合起来，就可以使三亿五千万人继续学习和进步。当然，学校分布不平衡会打个大折扣。但在民主的鼓舞下，有政府力量的支持，有现成的读本和材料，有自愿提倡教育、竞相办教育等活动在全国的蓬勃开展，几乎不容置疑，三十万零六百九十九个用小先生和传递教师武装起来的学校，一年以后可以使人数达到一亿；再加上受过再教育的八千万有文化的成人的帮助，四年就可以完成全部任务了；即使把所有意外的障碍都估计在内，至多也只要十年他们就可以完全成功。一旦养成学习的习惯及与他人分享知识的习惯，他们就会依靠自身的力量向前进，因而不断朝着民主方向的进步就会得到极为可靠的保证。

注 释

① 盘尼西林　英文penicillin的译音，即青霉素。

民主*（11月1日）

民主的意义还是在发展，因为它的内容还是在发展。照我看来，真正的民主必须包涵：一、政治民主；二、经济民主；三、文化民主；四、社会民主；五、国际民主。林肯总统在葛梯斯堡①所说的"民有民治民享之政府不致从大地上消灭掉"一语，是指政治民主。中山先生所说之民生主义，罗斯福总统所说之无不足之自由，是指经济民主。山海工学团所主张之教育为公，和陕甘宁边区所实行之民办学校，是指文化民主。中国五四运动在社会关系上所发动之种种改革，例如男女平等，是走向社会民主。威尔逊总统所提出之民族自决，中山先生所倡导之民族主义，是走向国际民主，然而从英国对印度，对希腊，对安南，对南洋，和美国对日本管制，对原子弹管制的态度行动看来，我们离国际民主之实现简直是十万八千里之远。从总的方面说，古人所讲的话而现在还有引导作用的，莫过于"大道之行也，天下为公"。近人毛泽东先生写的《新民主主义论》，和中国民主同盟临时全国代表大会所通过的纲领，都系实现真正民主的路线。民主是中国之起命仙丹。民主能叫四万万五千万老百姓团结成一个巨人。民主能给我们和平，永远消除内战之危机。民主好比是政治的盘尼西林，肃清一切中国病。民主又好比是精神的维他命，给我们新的力量，来创造一个自由独立进步的新中国和一个富足平等幸福的新世界。民主第一！人民万岁！

注 释

① 葛梯斯堡　通译"葛底斯堡"，美国宾夕法尼亚南部的一个自治村镇，是美国南北战争中"葛底斯堡战役"（1863年7月1~3日）的战场。当时的美国总统林肯曾在该地发表具有历史意义的演说，提出"民有、民治、民享"的口号。

---

* 本篇原载1945年11月1日《民主教育》创刊号。

民主教育*（11月1日）

民主教育是教人做主人，做自己的主人，做国家的主人，做世界的主人。把林肯总统的话引申到教育方面来说，民主教育是民有、民治、民享之教育。说得通俗些，民主教育是人民的教育，人民办的教育，为人民自己的幸福而办的教育。现在把这样教育的内容和方法，扼要的提出几点，供给从事举办民主教育的朋友参考。

（一）教育为公，以达到天下为公；全民教育，以实现全民政治。积极方面，我们要求教育机会均等，对人说，无论男、女、老、少、贫、富、阶级、信仰，以地方说，无论远近、城乡都应有同等机会享受教育之权利。消极方面，我们反对党化教育①，反对党有党办党享的教育，因为党化教育是把国家的公器变做一党一派的工具。

（二）教人民肃清法西斯细菌，以实现真正的民主。

（三）启发觉悟性。教人民进行自觉的学习，遵守自觉的纪律，从事自觉的工作与奋斗。

（四）培养创造力，以实现创造的民主和民主的创造。解放眼睛，敲碎有色眼镜，教大家看事实。解放头脑，撕掉精神的裹头布，使大家想得通。解放双手，剪去指甲，摔掉无形的手套，使大家可以执行头脑的命令，动手向前开辟。解放嘴，使大家可以享受言论自由，摆龙门阵、谈天、谈心、谈出真理来。解放空间，把人民与小孩从文化鸟笼里解放出来，飞进大自然、大社会去寻觅丰富的食粮。解放时间，把人民与小孩从劳碌中解放出来，使大家有点空闲，想想问题，谈谈国事，看看书，干点于老百姓有益的事，还要有空玩玩，才算是有点做人的味道。有了这六大解放，创造力才可以尽量发挥出来。

（五）各尽所能，各学所需，各教所知，使大家各得其所。

（六）在民主的生活中学习民主、在争取民主的生活中学习争取民主，

---

* 本篇原载1945年11月1日《民主教育》创刊号。

在创造民主的新中国的生活中学习创造民主的新中国。

（七）尽量采用简笔汉字、拉丁字母，双管齐下，以减少识字困难，使人民特别是边民易于接受教育。

（八）允分运用无线电及其他近代交通工具，以缩短距离，使边远地方之人民、小孩可以加速的享受教育。

（九）民主教育应该是整个生活的教育。他应该要工以养生，学以明生，团以保生。他应该是健康、科学、艺术、劳动与民主织成之和谐的生活，即和谐的教育。

（十）承认中国是从农业文明开始渡到工业文明，经济是极端贫穷。我们必须发现穷办法，看重穷办法，运用穷办法，以办成丰富的教育。开始的时候，唯独这样办才能使绝大多数之劳苦大众及其小孩得以享受教育，否则只有少数少爷小姐享受教育，不能算是真正的民主教育。

注 释

① 党化教育　指1927年"四一二"反革命事变后到解放前以蒋介石为首的国民政府，为培养替自己服务的"忠臣"和"顺民"而推行的封建法西斯教育。

《行知诗歌集》自序* （12月9日）

　　这是我二十七年来所写诗歌全集，大部分之译诗来不及搜集，故未列入。这里面有不少的烂污泥，因为不忍割爱，姑且留着它，给人知道我的全貌。而且虽是烂污泥，我的诗歌便是从它那儿长出来的，里面有莲花，也有空心菜，不大美丽，但可供穷人下饭。还有一些只是粗糙的肥料，不嫌脏的人，可以用它来培养更好吃的菜蔬或更美丽的莲花。

---

* 这是陶行知1945年12月9日编《行知诗歌集》第一卷的《自序》。手稿首见于1997年1月28日《羊城晚报》第十一版《晚会》栏胡晓风文《陶行知墨宝回娘家》。

视死如归
——致吴树琴（12月9日）

树琴：

　　我现在拿着昨晚编好的诗歌全集，去交给冯亦代先生出版，然后再到长安寺去祭昆明反内战被害烈士①，也许我们不能再见面。这样的去，是不会有痛苦，望你不要悲伤。你有决心，有虚心，有热心，望你参加普及教育运动，完成四万万五千万人之启蒙大事，以奠定天下为公之基础，再给我一个报告。再见。

衍
卅四、十二、九

注　释

　　① 反内战被害烈士　指在"一二·一"惨案中牺牲的烈士于再、潘琰、李鲁连、张华昌。1945年11月，国民党政府撕毁《双十协定》，进攻解放区，遭到全国人民反对。11月25日，昆明大中学校学生六千余人，于西南联合大学举行反内战时事晚会，国民党反动派派遣军队包围会场，放枪炮恫吓。26日起，各校学生联合罢课表示抗议。12月1日，国民党军警特务至各校殴打罢课学生，并投手榴弹，死四人，伤十余人。

1946 年

为老百姓而画 (1月1日)

为老百姓而画,
到老百姓的队伍里去画,
跟老百姓学画,
教老百姓学画。
画老百姓,
画老百姓的爸爸,
画老百姓的妈妈,
画老百姓的小娃娃;
画出老百姓的好恶悲欢、作息奋斗,
画出老百姓之平凡而伟大。
希望有一天老百姓都喜欢挂我们的画,
尤其欢喜挂他们自己画的画。
把画送进每一个劳苦的人家,
使乡村美化,
使都市美化,
使中国美化,
使全世界美化。
给老百姓一个安慰,
将老百姓的智慧启发,
刺激每一个老百姓的创造力,
创造出老百姓所愿意有的新天下。

在生活教育社新年叙餐会上的讲话* （1月20日）

时代在进步，社会在进步，偶一停留，就要落伍！所以必须及时好学。但好学必先虚心，才能够学得进去，才能够容得下更多更好更实际更有用的学问。最近我提出一个再教育的问题，过去大家是一切集中于抗战建国，消灭法西斯；现在是要一切集中于民主、团结、和平、建国，以及建立民主世界大家庭，所以必须有每人个别进行和集体进行再教育的必要！尤其是在过去每个人都或多或少沾染着法西斯细菌流毒，必须加以清洗。这清洗法西斯细菌的教育工作，是相当艰巨的、相当痛苦的，但我们必须忍住最大的痛苦，尽最大的努力，来完成这艰巨的清洗工作，才能获得新生命的降临，发生新力量，担当起新任务。同时，我并提出领袖再教育问题，便有人问我："我们最高领袖要不要再教育？"我毅然决然的答复是需要再教育。最高当局受了再教育，各方面多看得清楚些，广泛的容纳各方意见，必能把国事领导得更好些。提上更高的境界，把国际地位提得更隆重起来，岂不是更好吗？当然，最高当局的再教育应有些不同，但是有许多优越的条件，可以获得再教育。我的主张是最高当局能够争取机会出国去看看，尤其要到英美去看看他们的民主作风。英国的海德公园，是一个民主作风言论自由场所，各党各派都可公开自由在内演说，警察只在维持秩序，干涉破坏秩序的人，并不干涉言论自由。有机会出国的人，都应该去看看。我去过四次，最后一次我写了一首诗纪实。试读给大家听听（朗诵《海德公园》诗）。

外国的民主作风，是如何尊重言论自由啊。我把这首诗背出来，希望大家指教，对言论自由加以维护。现在陪都各界政治协商会议协进会，每晚在沧白纪念堂举办的公开演讲会，请政治协商会议代表出席报告，并请当代名人讲演，这是民主作风的瑰宝，我们要好好的努力来维护它、发扬它。生活教育同志赵叔愚先生，在他去世之前，他把人生的精义约成一句话："人生在世三大事：做工、求知、管政治。"的确，人生的真义如此。借此提出，愿与大家共勉。这是生活教育者当前的明晰的指标，也是每一个生活教育社同志应该负起的当前的使命。

* 1946年1月20日中午，生活教育社举行新年叙餐会，有社员40余人参加。这里记载的两段话，是陶行知的开场白和结束语。摘自1946年2月1日《民主教育》第4期方与严的文章《新年叙餐会上》。

领导者再教育*（3月9日）

平常人对于教育有一种不够正确的了解，以为只有成人教育小孩，上司教育下属，老板教育徒弟，知识分子教育文盲。其实，反过来的教育的行动影响作用，不但是可能，而且是普遍习见的现象，不过很少的人承认它罢了；至于承认它而又能运用它来互相教育，使学问交流起来，以丰富彼此之经验，纠正彼此之看法，推动彼此之进步，那是更少了。但是，一个民主的国家，实在是要看重这种互相教育之现象，并扩大学问交流的效果，加速度的走向共同创造之大道。

中国人受了二千年之专制政治之压迫，几乎每个人一当了权便会仗权凌人。好像受了婆婆压迫的媳妇，一旦自己做了婆婆便会更加压迫她的媳妇。在中国，几乎每一个有权的人都是一个独裁，有大权的是大独裁，有小权的是小独裁。自主席以至于保甲长，都免不了有独裁的作风。就是我这个区区的校长，也不是例外，常常不知不觉的独断独行，违反了民主的精神。一经别人提醒，才豁然大悟。在一个民主国家里面，做一个独裁校长，是千不该万不该的事情。但江山易改，本性难移，过不了多少时候，病又复发了。那只有再接再厉的多方想法，以克服这与民主精神不相容的作风。

民主的时代已经来到。民主是一种新的生活方式，我们对于民主的生活还不习惯。但春天已来，我们必须脱去棉衣，穿上春装。我们必须在民主的新生活中学习民主，不但老百姓要学习民主，大大小小的领袖们都得学习民主。领袖们是已经毕过业了，还要学习吗？不错，还要学习，只有进了棺材才不要学习。他们虽然有些学问，但是他们从来没有学过民主，所以还要学习，还要学习民主。他们虽然受过教育，但是没有受过民主教育，所以还要再受教育，再受民主教育，把受过不合民主的教育从生活中肃清掉。

这种再教育应该怎样进行呢？

第一，自己觉得需要再教育。自己觉得既往的习惯不足以应付民主的要

---

* 本篇原载1946年3月9日《民主星期刊》第24期。

求，自己承认在民主的社会里做领袖和在专制的社会里做领袖是有了根本之不同，那么在本人的生活上也必须起根本的变化，才能适应客观之变化。从前，白健生先生有一次和我闲谈"以不变应万变"的道理。我提议在不字下面加一横，意思是"以丕变应万变"。丕变即是大变，我们要在生活上起大的变化，才能应付民主政治所起的大变化。民主政治所起的变化是很大的。例如承认个人之尊严，便不能随便侵犯别人的基本自由；采用协商批评之方法，便须放弃"我即是"，"朕即真理"；要使人了解你，同时又要使你了解人，便须放弃"民可使由之，不可使知之"，又必须虚心下问，集思广益；实行共同创造，便须放弃少数人包办之倾向。我们若深刻的感觉到旧习惯不足以应付这种大变化，而又不愿被淘汰，那就一定觉得有再受教育之必要了。

第二，多方学习。自己既已感觉到有再受教育之必要，那就好办了。地位无论大小，只要对于民主的生活感觉到如饥似渴之需要，那不啻是走了一半的路程了。学习方法虽多，总靠自己虚心。随时随地愿听逆耳之言，和颜悦色地欢迎干部和别人的批评，有事先商量而后行，都很重要。民主先贤的传记著作如林肯、哲斐孙、汤佩恩的都能给我们有力的指示。国外民主国之游历，国内民主政治比较进步的地方的参观，都能帮助我们进步。但是，最重要的是在"做"上学，在实行民主上、在发挥民主作风上，学习民主。

第三，我们最伟大的老师。我们最伟大的老师是老百姓，我们最要紧的是跟老百姓学习。我们要叫老百姓教导我们如何为他们服务。我们要钻进老百姓的队伍里去和老百姓共患难，彻底知道老百姓所要除的是什么痛苦，所要造的是什么幸福。

我前些日子写的一首小诗，可供领导人自我再教育之参考：

> 民之所好好之，
> 民之所恶恶之；
> 为人民领导者，
> 拜人民为老师。

领导者再教育之三部曲是：第一部跟老百姓学习；第二部教老百姓进步，第三部引导老百姓共同创造。也只有肯跟老百姓学习的人，才能做老百姓的真正领导者。

生活教育的创立与成长* (5月)

一、晓庄师范之成长

"生活教育"第一次的发现,是民国七年在南京高等师范演讲。中国的教育太重书本,和生活没有联系。教育不通过生活是没有用的,需要生活的教育,用生活来教育,为生活而教育。为生活需要而办教育,教育与生活是分不开的。我们应以前进的生活提高落后的生活,以合理的生活提高不合理的生活,以有计划的生活,克服无秩序的生活。民国八年是生活教育思想上的萌芽。民国十五年,有五六个教师下了决心,丢掉了传统教育下乡去。民国十六年三月十五日在南京的一角,才出现生活教育的具体机构——晓庄师范,也就是生活教育从理论到实践开始的一天。

二、阳光下的诗意生活

民国十六年三月十四日晚上到乡下去筹备开学,一个狭小的房子,住五个人,还有第六个是一匹老牛,它却占了一半多地方。第二天早晨,江苏教育厅厅长江问渔来了,我们也在那屋子里欢迎他。后来,我们到会场上去布置了,没有人招待江厅长,以劳苦功高的老牛陪他。

开学礼是生活教育的开学礼。到的人数据陈鹤琴先生说有一千多。

没有房子而开学校,这是首创。我们以青天为顶,地球为地,日光照着工作,日光下休息和唱歌,过着富有诗意的生活。

学生男的以开荒挑粪、女的倒马桶作为考试,洗菜、烧饭、打杂都得学生自己动手,因此,有一首:"书呆子烧饭,一锅烧四样:生、焦、硬、烂"。挑水挑粪的比赛作为运动。学校没有围墙,农民随时可到学校里去。每家农家住有一二个学生,帮着扫地抹桌等操作,跟农民生活在一起,相互学习。学生和农民熟悉交流后,学生重新发现自己也有一双手,农民发现自

---

* 本篇系1946年5月初在生活教育社上海分社筹备会上的讲话。摘自1946年8月2日上海《文汇报》辉子的报道《永远留在人间的声音—陶先生讲〈生活教育创造史〉》。

己还有一个头脑。

后来,晓庄被封,封条没处贴,贴在黑板上。

三、普及教育的小先锋

我从日本回国后,在大场孟家木桥建立了山海工学团。学生来一个收一个,来两个收一双……来者不拒。学生人数由二三十个,而七八十个,而一二百个,不断地迅速地增加着。四个先生教得累死了,还坚持做到不来读书的要送上门去。

在客观情势的要求下,发明了"小先生制"。读书的小学生回去后做小先生,去教自己的姊姊和母亲等读书。

宝山县教育局长冯国华先生,他也是生活教育社的社员,打算普及宝山县的教育,请我作了一个计划。呈到省政府里去,受了撤职查办的处分。山海工学团为了普及教育,也要查封?终于因查无实据而打消。

四、培养老百姓做主人

之后,成立了国难教育社,流浪儿童工学团,报童、女工工学团相继产生,运用生活教育的力量,号召全国人民起来抗日。

当前最大的任务,是普及民主教育,培养老百姓做主人,造成自由平等幸福的新中国。我们必须同心合力来展开,为推动普及民主教育的工作而努力。

小学教师与民主运动* (5月10日)

我这次到上海,在一个小宴会上,听了几句令人深思的话。我的朋友说:抗战八年来,五位教师之中,有一位逃难去了,一位做生意去了,一位变节了,一位死了,只剩了一位仍旧还在这里做教师,我们是多么寂寞啊!我说剩下的这一位,头上是裹着裹头布,嘴上是上了封条,肚子是饿瘪了,被迫得只有干腌菜喂后一代。我们接着谈论胜利后的他们,逃难的难得回乡,做生意的倒胜利霉,变节的无法戴罪立功,死者不可复生,站在岗位上的,头上的裹头布仍旧裹着,嘴上的封条仍旧封得很紧,肚子是饿得更瘪了,除了干腌菜还没有别的精神粮食给学生吃。这谈话指示我们,如果我们要为民主奋斗,我们得加强自己、改变自己、武装自己,而且要为教育招兵,为民主募马。

首先我们自己需要再教育,再受民主教育。中华民国虽然成立了三十五年,我们只上了很少的民主功课。细算起来,民国初立的几个月①,推翻袁世凯的几个月,五四运动后的一两年,推翻复辟后的几个月②,五卅惨案以及北伐前后的一二年③,一二·九到抗战开始后一年④,算是断断续续的上了几课,但是一曝十寒,胜不过二千年传下来的专制毒和这十余年来的有系统的、反民主的、变相的法西斯蒂训政⑤。特别是我们做教师的人,需要再教育来肃清一切不民主甚至反民主的习惯与态度,并且积极的树立真正的民主作风。校长对于我们,我们对于学生,多少都存在着一些要不得的独裁作风。中国现在,自主席以至于校长教师,有意无意的,难免是一个独裁。因为大家都是在专制的气氛中长大,为独裁作风所熏陶,没有学习过民主作风。我们所要学习的民主作风,至少应该包含这些:

(一)民为贵。人民第一,一切为人民。

(二)天下为公。文化为公,不存心包办,或征为私有。

(三)虚心学习,集思广益,以建立自己的主张。

---

* 本篇原载1946年5月10日《教师生活》第4期,上海教师生活社出版。

（四）自己要说话，也让别人说话，最好是大家商量。自己要做事，也让别人做事，最好是大家合作。自己要吃饭，也让别人吃饭，最好是大家有饭吃。自己要安全，也让别人安全，最好是大家平安。自己要长进，也让别人长进，最好是大家共同长进。

（五）民主未得到之前，联合起来以争取民主为己任；人民基本自由得到之后，依据民主原则共同创造，创造新自己，创造新家庭、新学校、新中国、新世界。

这是一种全新的生活方式，我们必须天天在实际的生活中学习，学习，再学习，才能习惯成自然，造成民主的作风。

个人学习不如集体学习，偶尔学习不如经常学习。为着进行经常的集体学习，最好是联合起来组织社会大学、星期研究会，以实施共同之进修。这些新的学习组织，在重庆已经施行有效，应该在各地举办起来，以应好学的教师与好学的青年的需要。孔子说："学而不厌，诲人不倦。"我看出这两句话有因果的关系。惟其学而不厌才能诲人不倦；如果天天卖旧货，索然无味，要想教师生活不感觉到疲倦是很困难了。所以我们做教师的人，必须天天学习，天天进行再教育，才能有教学之乐而无教学之苦。自己在民主作风上精进不已，才能以身作则，宏收教化流行之效。我们在民主作风之外，要学习的东西很多，应该按着自己的兴趣、才能和工作岗位的需要继续不断的学习，活到老，学到老。但是最重要的不能忘了社会科学。每一位现代的教师，必须把基本的政治问题、经济问题、世界大势、社会的历史的发展和正确思想方法弄清楚，最好是要参加教师进修的组织，如社会大学、星期研究会，凭着集体的力量督促自己长进。在没有社会大学或星期研究会的地方，小学教师们应该主动发起创办。这是如同吃饭一样的急不容缓、不可等待。

我们进行自我再教育，不能没有先生，我们要三顾茅庐请出第一流的教授来帮助我们进行各项学习。第一流的教授具有两种要素：一、有真知灼见；二、肯说真话，敢驳假话，不说谎话。我们必须拿着这两个尺度来衡量我们的先生。合于此者是吾师，立志求之，终身敬之。

在各位大师之中，我要介绍两位最伟大的老师。

一位就是老百姓。我们要跟老百姓学习，学习人民的语言、人民的情感、人民的美德。努力发现老百姓的问题、困苦和他们心中所希望达到的目的，并认识他们就是中华民国真正的主人，要他们告诉我们怎样为他们服务才算满意。我愿把我写的一首小诗献给每一位小学教师，共同勉励：

民之所好好之，
民之所恶恶之。
教人民进步者，
拜人民为老师。

还有一位最伟大的先生要介绍，那就是小孩子——我们所教的小学生。我们要跟小孩子学习，不愿向小孩学习的人，不配做小孩的先生。一个人不懂小孩的心理，小孩的问题，小孩的困难，小孩的愿望，小孩的脾气，如何能救小孩？如何能知道小孩的力量？而让他们发挥出小小的创造力？

惟独肯拜人民与小孩为老师的人，才能把自己造成民主的教师，也只有肯拜人民与小孩为老师的，那民主作风才自然而然的获得了。

其次，就是运用民主作风教学生，并与同事共同过民主生活，以造成民主的学校。教育方法要采用自动的方法、启发的方法、手脑并用的方法、教学做合一的方法，并且要使学生注重全面教育以克服片面教育；注重养成终身好学之习惯以克服短命教育。在现状下，尤须进行六大解放，把学习的基本自由还给学生：一、解放他的头脑，使他能想；二、解放他的双手，使他能干；三、解放他的眼睛，使他能看；四、解放他的嘴，使他能谈；五、解放他的空间，使他能到大自然大社会里去取得更丰富的学问；六、解放他的时间，不把他的功课表填满，不逼迫他赶考，不和家长联合起来在功课上夹攻，要给他一些空闲时间消化所学，并且学一点他自己渴望要学的学问，干一点他自己高兴干的事情。还要把工友当做平等的人，和他们平等合作。只有校长、教师、学生、工友团结起来共同努力，才能造成一个民主的学校。

再其次，要教学生为民主的小先生。我们不能把小孩单单当作学生教。最重要的教育是"给的教育"，教小孩拿出小小的力量来为社会服务。人生以服务为目的，不是毕业后才服务，在校时，就要在服务上学习服务。学生最好的服务是做小先生，拿学得的知识教给人。中华民国是一个公司，四万万五千万人联合起来做老板。男人是男老板，女人是女老板，大人是大老板，小孩是小老板，大家都是中华民国的老板，大家都是中华民国的主人。拿这种浅显而重要的意思，由学生一面学，一面教给不能进学校的老百姓，他们变成了民主的小先生。一位先生教四十位学生，照老法子，他只是四十个学生的先生。如今把这四十个学生变成小先生，每位小先生平均帮助五个人，便能帮助二百人，连原来的四十人，便是一位二百四十人的先生，力量与贡献大得多了。这样，学校变成了发电机，学生变成了四十根电线，通到每一个家庭里去，使四十家、乃至二百四十家都发出民主的光辉来，这不能算是小学教师的重要任务吗？

再其次，要教民众自己成为民主的干部。小学教师应该是民主的酵母，使凡与他接触的人都发起酵来，发起民主的酵来。农人、工人、商人、军人、官吏、学生家属只要一接触便或多或少起一点变化，顶少要对民主运动减少一点阻碍，顶好是一经提醒便成了民主的斗士，乃至成为民主的干部。大家起来创造一个名副其实的中华民国。去年中秋，当我亲眼在四川看见一位老农拿出插在腰带背后的旱烟管来，指挥他的七位学生，一连合唱了八个歌曲，我好像是看见了新中国的前途。这样可贵的，从人民中产生出来的民主干部，将来是要几十万几百万的产生出来。发现他们、培养他们，是小学教师不可放弃的天职。

最后，争取民主以保障生存权利与教学自由。小学教师值得几文钱？是我这次到上海来看见从前乃英先生写的一首感动人的歌曲：

"小学教师值几钱？五元钱一天。教一天，算一天。请假一天扣工钱。不管你喊哑喉咙，不管你绞尽脑汁，不管你坐弯背腰，不管你饿瘪肚皮，预支不可以。小学教师值几钱？要求提高待遇，还没有这种福气。"

这首歌的末一句，我提议修改为"争民主奋斗到底"。提高待遇，只有民主才有保障。现在的尊师运动，必须包含争取民主，才能将一时救急的办法，变成经常安定的办法。如不争取民主，使真正的民主政治、民主经济、民主文化全盘兑现，我们必定是一辈子陷在"吃不饱来饿不死"的地狱里。所以为着提高生活的待遇，我们必须参加在整个国家民主斗争里面去。实现天下为公，有我们自己的一份在内。

教师的职务是"千教万教，教人求真"，学生的职务是"千学万学，学做真人"。这教人求真和学做真人的教学自由，也只有真正的民主实现了才有可能。在不民主的政治下，说真话做真事的人是会打破饭碗，关进集中营，甚至于失掉生命。因此这教学自由，也是要在整个的人民基本自由中全盘解决。让我们和人民站在一条战线上，争取真正民主的实现。共同创造一个独立、自由、平等、进步、幸福的新中国。

注　释

① 民国初立的几个月　指1911年10月10日武昌起义胜利后，17省推选孙中山就任临时大总统。到1912年2月13日在军阀袁世凯的暴力压迫下，孙中山被迫辞职为止。

② 推翻复辟后的几个月　指1917年军阀张勋为清室复辟被击败后的几个月。

③ 五卅惨案以及北伐前后一二年　指1924年初到1927年蒋介石发动四一二反革命政变前这段时期内。

④ 一二·九到抗战开始后一年　指从1935年12月9日，由中国共产党所领导的一二·九运动掀起全国性的抗日救亡运动新高潮开始，到1938年10月武汉沦陷。

⑤ 训政　孙中山《建国大纲》一书，把建国程序分为军政（武装革命）、训政（教育人民运用民主）、宪政（让人民当家作主）三个时期。原定头两个时期都很短，但蒋介石却把训政时期延长了十余年，并实行独裁专权，妄图把人民训练成为"顺民"。

虚心　学习　贡献*　（5月12日）

生活教育社有一套理论，也有一套实施的办法。这套穷办法，是从多灾难的环境里压出来的。

我在推进生活教育中，得到一个经验：当民国十八年南京大旱时，和平村的村民，因为吃水而召开了一次村民大会。主席是一个十三岁的孩子。十三岁的孩子，怎能有被选举权呢？可是他也要吃水呵！大会上第一个提议的，是一个五十岁的老太婆。她说："人要睡觉，第二天才能工作。井不睡觉怎么行呢？"她提议夜里叫井休息八个钟头。通过了，继又决议推举夜间监察员。我隔天早上问这位监察员："昨夜成绩如何？"他的答复是连半个偷水的也没有。

在这次"民主生活教育"的实验中，证明了中国的老百姓能立法、守法，能在这种民主的生活中，学做中华民国的主人。

愿大家都能活一百岁。怎样生活着呢？虚心，虚心，虚心服从人民，服务人民；学习，学习，学习到人所不能，人所不及；贡献，贡献，贡献于文化为公、天下为公。

---

* 本篇系陶行知1946年5月12日在生活教育社上海分社成立大会上的讲话。原载1946年5月14日《神州日报》，摘自该报记者阿凤的特写。据5月13日上海《申报》对这次讲话的报道："陶行知致词，对于黄炎培、施剑翘等献身教育界表示钦佩。郭沫若等主张生活教育应改作生活学习；田汉主张生活教育之生活应是民主生活，尤觉适应时代，表示接受。最后以虚心，虚心服从人民；学习，学习人所不及；贡献，贡献于文化为公、天下为公相勖勉。"

活路*
——《活路》创刊号代发刊词（5月25日）

人人都说做活路，
便是走上生路。

我要问：
什么缘故，
织布的没有布补裤？
什么缘故，
种粮的要饿肚？
什么缘故，
木匠瓦匠没有房子住？
什么缘故，
妈妈和小学教师的孩子，
没有人照顾？
什么缘故，
战士不得复员？
千万难民无归路？

活路是要做，
做活路的人要觉悟！
要联合互助；
要争取解放；
要创造出自己的生路！
生路是民主和平，
保卫和平民主是迫切的活路！

---

* 本篇原载1946年5月25日《活路》第1期。发表时注明"代发刊词"。《活路》系大众文化社编辑、发行的，用四川方言对农民进行宣传的通俗刊物。

民主教育* （5月25日）

我今天讲的题目是"民主教育"。

我们现在的教育,不是以不变应万变的时候,而是以丕变应万变的时期,中华民国的教育,应与大清帝国不同。从前是一个人的主人教育与四万万人的奴隶教育,和文武百官的奴才教育,而今要四万万人民的主人教育、文武百官的人才教育。但是现在的奴隶教育太多,主人教育太少。"中华民国"的招牌,顾名思义,奴隶教育应除尽,整个社会需要的是全民组织起来的民主教育,没有一个人可以失去民主教育的机会。

在这万变的社会中,我们还要保住一种好学求进步的精神,我们从小曾学过民主,所以上自握权的人,下至保甲长、校长,都不是因袭旧的独裁作风,我们以往所学的,现在都不足以再来教学生,我们需要自我再教育。自我再教育就是我们再受民主教育。

民主的教育,包括四点:

一、民为贵——大家说"教育第一",其实更重要的是"人民第一",只有重视人民的教育,才能第一。

二、"天下为公"——教育为公,文化为公,不可由任何人据为己有。

三、建立民主的主张——应该集思广益、虚心学习,用民主方法,从各阶层多方面结合而成的主张。

四、自己要说话——也让别人说话,最好是大家商量。自己要做事,也让别人做事,最好是大家合作。自己要吃饭,也让别人吃饭,最好是大家有饭吃。自己要安全,也让别人安全,最好是大家平安。自己要长进,也让别人长进,最好大家共同长进。

这些都是我们以前所没有学过的,不但要再学习,而且要将所学贡献给人民,为人民大众而服务。

进行自我再教育,不能没有先生,配做我们的先生的人要具有两种资格:

---

* 本篇原载1946年5月25日《文汇报·教育阵地》第2期。记录者:陈嬗帆。

一、有真知灼见而无偏见。
二、敢说真话，不说诳话。
此外，我们应该拜两种素来没有想到过的老师：
一、我们应该跟我们的学生学习，不拜儿童做先生，就做不好先生。我可以举一个例：当晓庄师范被封的时候，我们的教员不能去上课，小孩们没有了先生，他们不接受被派来的老先生，于是大家想出了温习的办法！他们聚在一个庙里，一块儿温习，自称为自动学校，而且举了一个十五岁的孩子胡同炳做校长。我那时在上海，听了这消息很高兴，就做了一首诗给他们："有个学校真奇怪，大孩自动教小孩，七十二行皆先生，先生不在学如在。"我把诗给几个大学生看，大家都认为很好，于是我就快信寄到晓庄去。三天之后，胡同炳来信了，他说诗应该修改。"大孩自动"，难道小孩不能自动吗？你说"大孩教小孩"，我们这里小孩也教大孩。你说有个学校真奇怪，大孩教小孩，有什么奇怪呢？这三大炮，把我那个"大"字炸得粉碎，从此我便依他的建议，改作"小孩自动教小孩"。诸位看看，不是更好么？还有一个例：南通张孝若的女儿，才十三岁，一次我在那里讲演，一分钟讲四个题目的讲演：

（一）做工——只吃饭，不做工，什么人？寄生虫。（二）读书——吃饱饭，不读书，什么人？老母猪。（三）教人——读死书，不教人，什么人？不是人。（四）打倒帝国主义——这题目，现在已改作"怕民主"了。——教死书，怕民主，什么人？小老鼠。

那位张小姐听完站起来说，第三题的不是人，不好。茶杯不是人，桌子也不是人，不是人的东西太多了，她想改作"木头人"。我接受了，诸位看，不是比原来的好多了吗？

所以我要学生做先生，了解学生，才能教学生，而且常和学生在一起，可以青春不老。

二、还有一位最伟大老师，就是老百姓。老百姓知道的，比我们知道的多，我们应和他们作知识上的交流，十九年前我在晓庄时，许多东南大学的学生，常常来玩，有一天一个大学生说："农友，你种这许多韭菜，卖得完吗？"那农人说："先生，这是麦子！"我在旁边看见那大学生，装满了知识学问的大头脑似乎缩小了一些。

还有一点，我们应向老百姓学的，他们教我们用手。我们知识分子，常常不会用手。从前我们学校开荒考试，男生先考挑粪，女生先考倒马桶，若是考得不高兴，就不必再考别的。农人的刻苦勤俭，都是我们应学习的美德。这次抗战，农人出力最多，虽然胜利的果实，他们没有享到。要了解农人的痛苦、需要和他们心中的愿望，去学习，才能帮助他们，并为他们服务。办民众学校，若只凭他们所想的去学，学生是必定每天减少，终至跑光了。我有一首诗："民之所好好之，民之所恶恶之，教人民进步者，拜人民为师。"我们不能将他们当鸭子填，更何况我们所填给他们的东西，一点也不滋补，他们怎能欢迎？我们都有小独裁的作风，若没有人民的力量，仅仅自己有决心还是做不了的，总之，我们要虚心向人民学习。

三、要建立组织——一个社会大学，大家天天在一起，一同求进步。应该受社会大学教育的，是职业青年与教员。上海有四万人需要受这种教育。

办社会大学，亦应有普通大学的种种困难与限制，只需三个条件：

（一）有学问的教师；（二）能听讲做笔记，而好学不倦的学生；（三）还要有一个大学之道，即师生共同走的路线，如孔子的大学之道和苏格拉底之自明，都是例子。

重庆的社会大学，是学生自己发起，自己筹款，自己举校长，自己开教授名单，也有一个大学之道，是修改儒家之大学之道的。

（一）在明民德（而非明德）——民德有四：（1）觉悟（非民可使由之，不可使知之）——要使学生知道自己是中国的老板。（2）联合——联合起来做老板。（3）解放——头、手、嘴、眼、时、空六大解放。（4）创造——要创造新的自己、新的中国、新的社会。

（二）在亲民（而非新民），亲民有三部曲：（1）钻进百姓队伍与老百姓亲近。（2）成为他们的亲人。（3）要老百姓承认你的确是他们的亲人。还有一个三部曲：（1）为人民服务。（2）跟老百姓学习。（3）和老百姓共同创造。

（三）在止于人民之幸福——与人民共同造福除苦，所谓幸福有四：（1）福——安居乐业，有自由，有读书机会。（2）禄——丰衣足食。（3）寿——健康有保障，生病有医药。（4）喜——结婚、生儿育女、经济能力，都能如愿以偿。

希望大家创造社会大学，以进行有系统之自我学习，武装自己，以争取民主，而不断地为老百姓服务。

教师自动进修*　（6月6日）

近来上海小学教师有一个极重要的运动，这运动是自动求学、自动进修、自动追求进步。有些人一做了教师，便专门教人而忘记自己也是一个永久不会毕业的学生。因此很容易停止长进，甚而至于未老先衰。只有好学，才是终身进步之保险，也就是长青不老之保证。

孔子说："学而不厌；诲人不倦。"有些人做了几年教师便有倦意，原因固然很多，但主要的还是因为不好学，天天开留声机，唱旧片子，所以难免觉得疲倦起来。惟独学而不厌的人，才可以诲人不倦。要想做教师的人把岗位站得长久，必须使他们有机会一面教、一面学，教到老、学到老。当然，一位进步的教师，一定是越教越要学，越学越快乐。

但在不民主的社会里，教育官不但不鼓励教师进修，而且见着教师看书、看报、同学生座谈，还要怀疑他别有作用。所以教师们要想得到充分的进修自由、研究自由，必得和老百姓站在一条战线，争取民主的实现。在民主没有实现以前，教育官不会顾到我们真正需要的进修。那么我们自己组织起来，依地域学科进行学习，是再好没有的一件事，我想教师的进修，应该包括下列几种要素：

（一）社会科学，如政治问题，经济问题以及世界史、本国史必须弄清楚；

（二）教育本身的理论与技术，必须精益求精；

（三）每星期有两晚或三晚的系统讲习，可分区分科举行；

（四）星期日早晨的讲演大会，务必继续不断的举行；

（五）程度较高者，宜从事专题研究，每人在一个专题上继续不断探讨，到本题解决或有系统详尽之报告……才告一段落；

（六）寒暑假运用旅行修学；

（七）联合组织一教师流通图书馆，以便利大家参考。

---

* 本篇原载1946年6月6日《时事新报·教师生活》周刊第16期。"和小学教师谈话"之三。

好学是传染的。如果教师们以集体力量鼓励彼此进修，影响所及，决不会让上海专美，将见全国闻风兴起。各地教师自动组织起来，学习再学习，其结果不但是能造成好学之教师，好学之学生，而且一人传十，十人染百，将会造成一个好学之民族，那么中华民国亿万年之进步，亦于此得到有力的保证了。

诗人节祝词*（6月7日）

（一）

社会为学校，
人民是老师。
同胞皆同学，
学写停战诗。

（二）

民国为学校，
人民是老师。
同胞皆同学，
学写民主诗。

（三）

世界为学校，
真理是老师。
人类皆同学，
学写创造诗。

---

* 本篇原载1946年6月7日《新华日报》。诗人节，重庆一部分诗人，把旧历五月五日定为"诗人节"。

谈扫除文盲* （6月13日）

据六月十一日《世界晨报》说，上海教育当局预备在今年暑假运用高中以上学生和在校教师，实施强迫教育，开办二千班，每班收五十人，扫除十万个文盲。

用寻常的眼光看来，在两个月之内，扫除十万个文盲，不能不算是一件有价值的事。的确，如果中国在这短短的两个月之中，真能增加十万个识字的人，总是可喜的消息！

但是仔细考虑之后，这里面是包含了一些疑问：

（一）学习好比吃饭，肚子饿了要吃饭，何用强迫？学习要强迫，可见强迫者和受强迫者之需要有些不同。而且所要学习的东西是不合学习者的口味才要强迫。因此，我觉得扫除文盲，要做到不必强迫就能做到适合老百姓的口味。我们应该研究怎样改良我们的教材教法，使他们适合老百姓的需要。让我们跟厨子学习，使凡吃过我们烧的菜的人，越吃越要吃。人家不要吃我们烧的菜，而要拉人来吃，拉也不来，还要罚他，这样的厨子是难免有问题。

（二）吃饭是每天三餐，最少也得每天两餐稀饭。除非是有大灾荒，就是树皮草根也要每天吃三顿。如果说，一个人每年十二个月中只有暑假两个月有饭吃，其余十个月都没有饭吃，我不知道那个人如何活得下去？每年只预备暑假两个月给老百姓学习，我也不知道他如何学得下去？如果所学不是人生所需，那一天也不必学。如果所学是人生所需，那是要一年学到头，一世学到老，决不是两个月的短命学习所能满足。

（三）上海人口号称四百五十万人，除了五十万很小的小孩，有四百万人要学习，不识字的固要学习，识字的也要再学习。一年十万人要四十年才得普及。这是令人不能忍耐的漫漫长夜呵！因此我希望主管教育的朋友要想个法子，使文化瞎子快一点得到眼药，可以睁开眼睛看看真实的世界。现在

---

* 本篇原载1946年6月13日《时事新报·教师生活》周刊第17期。"和小学教师谈话"之四。

虎列拉来了,当然要打预防针,可是听说,每天只来得及注射一万人,几乎要一年半才能完成。我希望扫除文盲和预防虎疫,要同样的有一个更正确更迅速有计划的预算。

　　我说这些话,不是反对扫除文盲,不是反对暑期扫除十万文盲,而是觉得不够,觉得上海要有更好的、更迅速的、更有效的、更适合国情的方法来推行普及教育,使上海不但可以扫除文盲,并且可以令整个上海的人得到学习的嗜好,保证终身的长进。这个方法希望大学研究出来,我将愿意就我所知道的下次再和大家闲谈并请指正。

振兴女子教育* （6月29日）

王校长、各位先生、各位来宾、各位同学：

我这一次能到贵校来演讲，真是非常荣幸。我知道振华的精神一向是很好的，尤其是女子教育一项，振华是数一数二的，是苏州第一个学校，也是振兴女子教育最早的先锋。一个国家文明之高下，可以拿女子教育来决定。在重视女子教育的国家，这个国家必定是兴旺的，而轻视女子教育的国家，是靠不住的。这里有两句话："提倡女学；解除天生囚犯。"一个女孩子生下来就给她裹足，她本是自由人，生在中国就变成了一双三寸金莲。贵校长达夫人，开创放足运动，她既开办了女校，又提倡放足运动，使中国的女子得到最大之自由，是多么值得我们所景仰。现在女足已放，再也不要放足的精神了，但我们的足虽然解放了，我们还有别的压迫，也应该要求解放，即使是很轻很微小的压迫，我们也要有普遍解放的精神。尤其是我们的头脑，更要加倍去求解放，这是一个自然的解放。缠头表面上虽然看不出，但实际上是有一块布缠着你们的头。裹头布好像看书看报受限制，已暗示我们的头被裹起了一部分。

在国父的《三民主义》上说："一个人必有普遍的思想，然后可以贯通信仰，由于信仰的贯通，然后发生一种极大的力量，这一种力量就是创造新中国的力量，就是打倒帝国主义的力量。"中山先生所以放这几句话在《三民主义》的前章，就是说任何的书籍，我们都要去看，由此他就能得到普遍的思想，而贯通信仰，然后发生一种极大的力量。中山先生之所以能创造新中国，也是鉴于思想的解放，所以不但要求放足，更要求思想解放！有许多人恨不得把我们的头裹起来，变成一个"三寸金头"，这在我们中国的大门未开之前，或许是没有什么关系，现在我国已是五强之一，是有了地位的一个国家。我们有代表到别国去，别国当然也有代表到我们这里来，别国的代

---

* 录自《苏州振华女校四十周年纪念刊》。系1946年6月29日，专程由上海去苏州在振华女校高中19届、初中16届毕业典礼上的演说。尤家玉、顾鹤翚记录。

表都是好好的头脑，我们却是每个人一个"三寸金头"，岂不令人笑话呢？所以我们要解放头脑，最大的目的：一、培养道德，二、研究深学。如果我们的头脑还裹着，试问怎样去培养道德研究深学呢？所以要有决心，代代而下，我们的头脑就可以解放了。章太炎先生的解放天囚，同样是长达夫人解放女足的目标啊！

今天我们毕业了到社会上去，是进社会大学的一天，毕业总是给我们一个不大好的影子，就是自以为自己的学识是足够了。我们要知道，今天的毕业是开始独立生活的一天，决不是自己的学识达到最高峰的一天。德国歌德的名著里说："如有一天我满意自己，那末我是失败了，所以不能自己满足。"他更述及有一个人他创造了共和国，他有点满意自己，但不久忽而被人所杀。所以你们不能满足自己的毕业，应该到处研究学问，承认自己一无所成。要学到人家所不能的，不但把人家会的学过来，还要学到人家所不会之处。女孩子也要把学问献给一切人，贡献文化，本天下为公之原则，决不能把我们的学问时常藏在脑中，变成了一个大头鬼。

最后，我要介绍几位我所最崇拜的女性，其中有几位你们也许知道，有几位或者你们不熟悉。第一位就是你们所知道的沈骊英先生，她是贵校的先生，因为王校长的帮助，她才能出国研究植物之种植及改良品种。她已是三个孩子的母亲，但是她没有放弃她的学问，同时做着贡献国家的工作及农业的研究，终于她成功了。她苦心的研究获得了一种不怕狂风暴雨的麦子，当然能抵挡狂风暴雨的麦子才有好的收获。当民国二十八年，她在中央农业实验所工作，有一天正当狂风暴雨的时候，沈先生冒着暴风雨，在麦地中实地观察，当时发现有一丘麦子不被暴风雨所残杀，她把这种麦子定名为"中农二十八"。对于品种的改良方面，她有着历史上不可磨灭的伟大贡献，可惜她已死了。开追悼会时，李德全夫人曾命我写一篇文章追悼她，我们称她是"麦子女圣"，后来才知道她是这里的先生，而且是王校长的学生。我希望贵校能继续产生像沈骊英先生一样的女圣，产生不被暴风雨所摧杀的女圣。我们都颂赞振华女校产生这样一位伟大的女性。第二位是爱迪生的母亲。我们都知道电的发明是爱迪生一人首创。在八九十年以前，外国的学校也和我们中国学校一样，学生不能自由活动，但是爱迪生是好动的，同学都说他坏，三月后他以坏蛋的名义而被开除了。但是他有一个很好的母亲，她说："我的孩子并不坏。孩子，你在地窖里工作，药品上注明毒与无毒，但不能带入厨房。英文、历史、地理我可以教你，几何、化学我不擅长，你自己去研究。"因此，爱迪生能成为一大发明家，他的母亲是一个能了解小孩子的母亲。所以你们要有爱迪生母亲的精神，孩子发问时不要责备他，对孩子要表同情，不能讨厌。孩子发问，独裁的母亲是不容许孩子言论自由。孩子动手实验，才能有真学问，如果阻止孩子动手实验，就说不定中国的爱迪生被埋没了。讲到这里，我又有一个故事讲给诸位听。我的朋友何太太有一天对我说："孩子把我的金表弄坏了，真气死人！"我说："你的孩子有这本领很不错,你拿了你的金表到修表铺去,他们索价你不要还价,只是有一个条件,让你的孩子同时看他们修理。"她听了我的话去做,果然她的孩子很细心地看修表,这修表所花费的二元五角变成了学费,修表店成了学校,修表人成了先生,这孩子便变成了学生。所以孩子们好奇研究的心理是不能阻止他们的。在目前许多先生中有不少是不准孩子发问的,我希望许多先生们都应学爱迪生母亲的精神。第三位是朱平瑜,她是在女青年会念书,同时也是英美烟草公司的女工。这公司里每天十二时放工午餐,工人们大都十分钟就可餐毕,还有五十分钟自由活动时间。她见到女工们不识字的很多。就利用这空余时间向她们宣传,教她们念书,有许多人取笑她,第二天她不敢教了。她跑来和我商量,我想,中午十二时小学不是放饭、学生不上课吗?有教室空着。于是我就给她一张名片,叫她去向附近小学校借教室。这小学校长恰巧也姓朱,他答应借课堂给她上课。过了一星期,一个教室变得满满的,她又发生了困难,又来和我商量,结果第一星期的学生变成了先生,再教另一批工人。第二星期两个教室都满了,第三个星期,三个教室都满了,终于整个小学的教室在放学时都让工人们占去用作念书了。而这位朱平瑜每天放工后还要跑四五里路渡江回上海再上二小时课,她又是一百多个工人的教授,的确值得钦佩。第四位是平老静的太太,在保定开肉包子店的。冯玉祥先生他每日吃四个肉包,而这肉包一定要在平老静店中去买。为什么呢?因为老静有极高尚的人格。他自己没有本钱,向人借了一只包金镯子,当了作本钱,待他赚了钱赎回的时候,觉得赎回的手镯很重,他就和店友说:"弄错了。"店友正忙着有事,不跟他多说话,老静没法,只得返家。他的太太见了,确定为真金镯子,就说:"我们穷人,不应该拿不义之财。"老静拿了镯子去见店主,店主非常感激他解救了他的不幸和困难,因为如果原主来赎回真金镯子的时候,得保全当铺的信誉,所以当即酬谢他五百元钱,而老静并不爱财就走了。第二天早上,当铺店主带了许多礼物亲自到老静家拜谢,别人因此惊奇,可老静虽然接见了店主,但对店主送的礼物并不肯接受,最后他答应店主,他的肉包店搬到当铺门口去开。于是大家都知道老静的人格极高尚的,这一名誉使人们都对他发生了敬慕和信仰,但这不能不归功于他的太太,因为她说过:"我们穷人不应该拿不义之财。"第五位是曾大娘。她是广西人,有一个儿子当兵去了。一天儿子因为思亲逃回来了,母亲送他回去,经过三百多里路,而且鼓励他儿子:一日不太平,母子一日不能团聚。军中本要严办他儿子,但因母亲教导有方而赦免了。第六位是刘大娘。她有一个孩子名叫刘楷,他并没有告诉他的母亲而去当兵了。一天刘大娘在街上看见队伍中有一人极像她的儿子,她仔细一看,果然是她的爱子,于是她去买了许多爆竹,命人燃放。有人问她为什么燃放爆竹,她说:"颂祝我的儿子胜利归来。"在这爆竹声中刘大娘出名了。

社会大学运动* （7月16日）

社会大学有两种：一是有形的社会大学；二是无形的社会大学。社会大学运动是要把有形的社会大学普及出去，并且要给无形的社会大学一个正式的承认，使每一个人都承认这无形的社会大学之存在，随时随地随事进行学习。

无形的社会大学，是只有社会而没有"大学"之名。它是以青天为顶，大地为底，二十八宿为围墙，人类都是同学。依"会的教人，不会的跟人学"之原则说来，人类都是先生，而且都是学生。新世界之创造，是我们的主要的功课。无形的社会大学，虽无社会大学之名，实实在在它是一个最伟大的大学，最自由的大学，最合乎穷人需要的大学。我们穷人一无所有，有则只有这样一个社会大学。这无形的社会大学既然是我们的，我们就应该承认它、认识它，把它当作我们自己的宝贝，运用它来教育我们自己，使自己和同伴近邻养成好学的习惯，活到老、学到老、进步到老。把这个意思打进每一个人的心里，是社会大学运动的第一个任务。

当黄齐生先生参加中华职业教育社的一个会议的时候，他在名单上列为第一名。有些青年干部不服气质问主席说，黄先生是哪个大学毕业的？江问渔先生回答："黄先生是社会大学毕业生。"大家才没有话说。江先生所说的社会大学，便是我所指的无形的社会大学。黄齐生先生既因这无形的社会大学而有所成就，让我们大家都紧紧的把握着这个大学来进行学习，追求真

---

* 本篇原载1946年7月16日上海教师生活社出版的《教师生活》第6期。1946年5月22日上海《文汇报》曾刊载蓝依写的陶行知在上海沪江大学演讲的专稿，题为《社会大学之道》，内容与这篇文章的后一部分基本相同。演讲开始蓝依还记载了下面一段话：

"可能进入社会大学的人数，有216万人，这是一个庞大的数目，这么许多人因为社会大学的门没有开而彷徨在知识之宫外了。这批青年中有没有进入大学之门的高尔基，有没有进过中学的茅盾……但是，社会大学虽然重要，而要使上海的4万知识青年入校确是很为难的。

要办社会大学，最重要的必需有一个大学之道。

孔子办大学，兼办附属中学，先生兼校长，他也有一个大学之道。而孔子的大学之道，当然不适合于今日，孔子当然是没有男女同学的。虽然如此，孔子的社会大学，要在今日立案，可也不是一件容易的事呢！重庆的社会大学又是如何的创办起来呢？一句话，百姓的要求以及时代的潮流的推动，我用不着三顾茅庐，便请出了第一流的教授！"

理,以为老百姓服务。

有形的社会大学是夜大学,早晨大学,函授大学,新闻大学,旅行大学,电播大学。

重庆开办的社会大学,是夜大学,纯粹由职业青年自动创办的。有些地方的职业青年,早晨要到九点钟才上工。早晨可以进行二三小时的学习,便可以开办早晨大学,以应这种青年之需要。

可能进夜大学、早晨大学的青年,依我估计中国足足有四百万人。每年高中毕业生有十一万人,能考取正式大学者只有一万多人,那末每年就是九万多人不得其门而入。人生从十六岁到四十岁,至少应该努力学习。这样算来便有二百一十六万人,除去死亡害病十六万,应有二百万高中毕业生,要求社会大学予以进修的机会。

此外还有大学一年级、二年级、三年级删下来,而不得不找工作养活自己的青年。还有受过大学四年教育的人,而觉得时代已经变动需要再学习。还有大群的自学青年,倘使得到社会大学的便利,进步可能更为迅速。只要能听讲而又能记笔记,便有入学资格。这样估计起来,至少再加二百万人。因此,我估计中国全国有四百万职业青年需要社会大学帮助他们进修。我们应该在全国展开社会大学运动,在各大都市建立夜大学和早晨大学,来应济这广大的需要。正统大学能附设夜大学、早晨大学固然可以,但是单独设立尤有必要。它们可以由职业青年、进步学者或热心社会人士分头或合力发起组织。一切要简而易行,不要让自己的幻想野心把办法弄得太困难,而阻碍了发展与普及。普及与发展夜大学、早晨大学,是社会大学运动的第二个任务。

至于函授大学、电播大学,是要集中的办。旅行大学,包括海陆空三方面。新闻大学,是以好报为中心,辅以好杂志,并助以经常的座谈会。把这几种事业有效的办起来,是社会大学运动的第三个任务。

社会大学,无论有形的无形的,要有一个共同的大学之道。孔子的大学之道是:"在明明德,在新民,在止于至善。"现在时代不同了,我们提议修改几个字,成为:"大学之道:在明民德,在亲民,在止于人民之幸福。"

社会大学之道,首先要明白人民的大德。人民的大德有四:(一)是觉悟。人民要觉悟,中华民国是一个大公司,个个国民都是老板:男的是男老板,女的是女老板,大人是大老板,小孩是小老板。(二)是联合。做老板要有力量,力量从联合而来,不联合没有力量,凶恶的伙计是不会理睬我们的!所以要联合,四万万五千万人要联合起来做老板才行。(三)是解放。有了力量便需进行解放,我们要联合起来,在进行解放的斗争中增长我们的力量。我们要学习争取六大解放:(1)头脑解放;(2)双手解放;(3)眼睛解放;(4)嘴解放;(5)空间解放;(6)时间解放。(四)是创造。解放出来的力量要好好的用,用在创造上,创造新自己、创造新中国、创造新世界。

社会大学之道，要亲近老百姓。我们认为亲民的道理，比新民的道理来得切实。我们要钻进老百姓的队伍里去和老百姓亲近，变成老百姓的亲人，并且要做到老百姓承认我们的确是他们的亲人。

社会大学之道，是要为人民造幸福。一切的学问，都要努力向着人民的幸福瞄准。所谓人民的幸福，用老百姓自己的话说便是福禄寿喜。照着人民所愿望的福禄寿喜四大幸福进行，我们的学习才于人民有益，才配称为社会大学。也只有社会大学与人民幸福打成一片，而后社会大学运动才成为人人应该参加的富有意义的大运动。

为新中国之新教育继续奋斗*
——致育才学校全体师生（7月16日）

绿芷、博禹、意林、微林、公泽、永扬、冷云、蒋路、启刚、让能、再为、彭松、百令、淑怡　诸位同志①：

　　七月十三日的信刚才收到，至为感谢。下关事件发生后，也接到你们的慰问信。大家，尤其是我，从这些信里，得到了无上的鼓励，使我知道我努力的方向没有错，也不是孤军奋斗。我今天也知道，我向援华会提议增加预算和增加薪金的建议已经通过，每月薪金加二万元，合计五万元。究自何月起，容我问明再行奉闻。自四月份起最好聚起来做点有益的生产，每月可以多得营养，这只是一点有胜于无的补助。希望它能给大家一点小小的安慰。从重庆来的报告都使我兴奋。由于各位同志、同学、同工的集体合作，育才是比我在渝时办得精神好，我在此向大家致敬。

　　公朴去了，昨今两天有两方面的朋友②向我报告不好的消息。如果消息确实，我会很快地结束我的生命。深信我的生命的结束，不会是育才和生活教育社之结束。我提议为民主死了一个，就要加紧感召一万人来顶补，这样死了一百个就是一百万人，死了一千个就有一千万人。死了一万个就有一万万人肯得为民主牺牲，而中华民族才活得下去。此地我们现在第一要事，是感召一万位民主战士来补偿李公朴之不可补偿之损失。只有这样才是真正的追悼。平时要以"仁者不忧，知者不惑，勇者不惧，达者不恋"的精神培养学生和我自己。有事则以"富贵不能淫，贫贱不能移，威武不能屈，美人不能动"③相勉励。前几天，女青年会在沪江大学约我演讲《新中国之新教育》，我提出五项修养：一为博爱而学习，二为独立而学习，三为民主而学习，四为和平而学习，五为科学创造而学习。这些也希望大家共勉并指教。

　　我这封信是写给全体的。只因为诸位写了信给我，也就是同时给了诸位的回信。肖生、竹因以及其他没有写信的朋友，都希望使他们知道这信

---

* 这是陶行知生前所写的最后一封亲笔信。7月25日凌晨，陶行知突发脑溢血症，逝世于上海。

的内容，麻烦之处，容当后谢。
　　敬颂
康健！

陶行知
卅五、七、十六

注释

① 信首所列诸同志均系育才学校教职员。
② 两方面的朋友　指共产党人和民主人士。
③ 前三句见《孟子·滕文公下》。后一句系陶行知加的。

附　录

陶行知及其生活教育活动记略

(1893.11.10—1946.7.25)

胡晓风

前记：关于陶行知传略、生平大事之类的著述，自1946年陶逝世以来，已有多种版本。笔者根据《陶行知全集》有关的著述和自己的理解，拟定此稿。由于多种原因，此稿详略也不均衡，疏漏之处在所难免，敬请大家指正。这里仅就稿本最先遇到的有关陶行知诞辰时间的问题作一说明。笔者曾于1995年写《陶行知诞辰考》刊登于《教育研究》1996年第11期。这篇文章以全集上记录的陶本人著述，特别是其亲书笔证为根据。计算方法采用中国科学院北京天文台《公历生日——周岁年龄对照表》。现将该文列举的主要根据，按时间先后梳理如下（其出处所载全集卷次页码，仅注卷、页）：

一、1914年9月18日，美国商务劳动部发给陶行知第16928号身份证明书上，有陶行知的半身照片，用名陶文濬，年龄21岁。这是在美国旧金山根据自报用英文填写的。载全集第6卷卷前图片第3页。按照上述方法，由于记载在下半年，实足年龄21岁，则以当年7月1日计算，1914减去21等于1893，这就是陶行知的诞生年份。

二、1916年2月16日，陶就自身学历及终生事业之计划致函哥伦比亚大学师范学院罗素院长。他用英文写到："余现年二十有二"。英文载全集第6卷第335页；中文载全集第6卷第455页。由于写信时间是上半年，按上述方法，则以前一年7月1日为计算实足年龄时限，1915减22等于1893，与第一条是相吻合的。

三、1924年10月29日，陶行知在南京写家信说："我实在是不对，连自己最宝贵的生日都忘记了。多谢大家给我做生日，我欢喜得很。可惜这日子我不能在家里和大家一同快乐。寿糖两块收到了，谢谢。"（载全集第8卷第83页。）此时陶家习惯于过生日依旧历，陶写家信是生日前夕，按阴历计算，即甲子年十月初二，那么，陶行知的生日，即旧历十月初三。若与前两条"陶诞生于1893年"结合起来，即阴历癸巳蛇年十月初三，换算阳历就是1893年11月10日。这与往后陶行知在护照上填写的时间完全吻合。

四、1936年6月5日，广东警察局签发第302958号护照，陶行知在护照上填写了"1893年11月10日生于中国安徽"字样。1936年10月29日在伦敦的护照签证是第5375号。英文载全集第10卷第214页，中文载第226页。这是陶行知改正了1924年所言"连自己最宝贵的生日都忘记了"的不对以后，第一次对自己的生日作了最为完整，最为准确的记述，以后一直沿用从未改变。这个护照虽未公之于众，但这个重要的史料，已记录在他自己的《衙备忘》第8册88、89页上。

五、1937年7月15日，陶行知在美国波特兰用英文草拟赴墨西哥的申请表，再次抄录了第4条护照上的材料，英文载全集第10卷第216页，中文载第227页。原件存上海图书馆中国文化名人手稿馆。

六、1938年6月24日，陶行知在伦敦的法国领事馆里填写过一份《非移居侨民去法属印度支那的申述》，表内"出生籍贯"栏内用英文写的是"我于1893年11月10日出生在中国安徽"（转引自牧野笃的博士论文，1993年9月25日版721页——日文本）。申请书前还印有："我以自己的学识和信誉作保证，我严肃地宣誓，以上所述都是真实可靠的"。申请书为1440号，所列护照号码与前面第4条相同。

七、1938年9月22日致函"最敬爱的冰冰"："我的生日是阳历11月10日，由阴历推算起来的。"这是对诞辰月日又一次明确无误的记述，载全集第8卷第400页。把阳历和阴历换算的关系也交代清楚了。和前面六条根据联系起来，再一次证实，陶行知诞辰时间是阳历1893年11月10日。

八、1939年1月，陶行知草拟和填写了三个向政府当局呈送立案的表格。一个是育才学校校董会的履历表。载全集第4卷第604页。另两个是以生活教育社理事长名义呈报的职员表，载《生活教育研究资料丛书·生活教育文选》第587页、第592页，此三件存有手书影印件。三个表格中陶行知的年龄都是45岁。由于填表的时间在上半年，按照上述方法，实足年龄只能按前一年即1938年计算，1938－45＝1893年。和前面七条是完全吻合的。

由于公历和农历的交织以及实足年龄和虚岁的不同计算，加上陶行知本人1924年10月29日所言他本人对年龄也不在意。因而他的有关年龄的记载也不尽一致，特别是早期。如1914年9月在美国填写博士学位报名表中就填写生于1892年。

从1914到1939年前后25年的亲书笔证，都证实了陶行知的诞辰时间是1893年11月10日，即阴历癸巳蛇年十月初三。为此，陶行知的四公子陶诚曾于1997年1月15日致函有关方面，对拙作表示十分赞同并同意以上结论。92岁高龄的晓庄第一期学生李楚材（先后担任本全集的编委和顾问），生前写的最后一篇文章：《陶行知先生生年考》，刊登在《教育研究》1999年第8期上。他对拙作提出了不同意见，文章一面肯定笔者"以陶先生所填写的实足年龄为据"，另方面也批评笔者"忘却了阴历纪年的折算办法"。这篇文章曾寄给我，并望能公开讨论，我还没有来得及和他交换意见，他老人家就溘然去世了。他也没有看到《教育研究》发表他的文章。他对笔者以陶亲笔书证为实足年龄的根据并无异议，这也符合现在通行的计算方法。目前通用的陶的诞生时间是1891年10月18日，但至今未找到直接的证据。据南京高师毕业、1946年任江西省教育厅长的周邦道，在台湾中国文化大学出版部1981年版《近代教育先进传略初集·陶行知》中也认定陶行知"清光绪十九年癸巳生"。清光绪十九年即1893年。此稿的时间记述是以陶行知诞生于1893年11月10日为据的，特此说明。

1893年（清光绪十九年）诞生

11月10日（阴历癸巳蛇年十月初三），生于安徽省歙县西乡黄潭源村。原籍浙江绍兴府会稽陶家堰。

1897年（清光绪二十三年）4岁

从父破蒙。入休宁万安镇中街吴尔宽经馆读书，直到1905年。

1906年（清光绪三十二年）13岁

入安徽省徽州府崇一私立中学堂读二年级，同时从日本留学生严达补习英语。

1907年（清光绪三十三年）14岁

11月中学毕业。

1908年（清光绪三十四年）15岁

春入杭州广济医学堂，入校注册三天，因不满学校规定：不信教者不得享受免费实习规定，愤而退学。曾流落苏州短暂时日，仍返徽州专习英文经一年。后曾自言："从今以后，我是耶稣基督的跟随者。"

1909年（清宣统元年）16岁

秋入南京汇文书院预科。

1910年（清宣统二年）17岁

汇文书院与宏育书院合并，另名金陵大学，从而直接升入金陵大学文科，为第一期学员。

1911年（清宣统三年）18岁

研习《圣经·新约》，同时研究王学，信仰知行合一道理，取名"知行"。仰慕孟轲，王守仁，一则善养浩然之气，一则善致良知。在心中建立真主宰，以防闲伪魔。辛亥革命爆发后返徽州，任徽州议会干事甫及半载，回南京复学。其间曾参加余德民领导的徽州屯溪阳湖余家庄起义。安徽乃于11月

8日宣布独立。

1912年（民国元年）19岁

民国成立，中国从一姓之国成为百姓之国，从专制变成共和，旗悬五色，乐奏八音，然荆棘满纸，疮痍遍地，内忧外患，乘势迭起。视此国家，对兹社会皆哀有余，而乐不足。自问："去故取新之希望，时势或能许我乎？"为以黄兴为留守的南京临时政府留守处凑集经费，增长国民爱国心。5月16日南京成立以孙中山为总理、黄兴为协理的国民捐总会，24日陶即约同苏州东吴大学学生在南京联合开运动会、演讲会、展览会等活动，售票集资以充国民捐。12月参加教职员主持的青年会聚会。21日用英文撰写《一个金陵大学学生的信仰自述》。号召"同学们，我衷心地呼唤你们投向耶稣基督！"

1913年（民国二年）20岁

与程湘帆提倡中文演讲，改英文讲演会为文艺会，中英文并演。不久单立中文讲演会。建议金陵大学英文学报增加中文报，自第4卷第1期，中文报改英文名《THE UNIVERSITY OF NANKING MAGAZINE》，为《金陵光》。先后发文多篇，初露头角。曾担任该刊中文编辑、主笔等职。后曾自认："1913年余成为一基督信徒。"

1914年（民国三年）21岁

文艺会第二次辩论题为"中国能否建立民国"，陈裕光、周德重为正辩，陶与朱尚远为负辩。负方雄辩滔滔、阐发无遗取胜。后以第一名优异成绩毕业，毕业生共12人，其中有5人在毕业会上用外语发表演说，陶用法语，并与另两名同学获准留学美国。初入伊利诺大学学习市政，任该校中国留美学生会中文书记。9月21日递交下年秋天入学的哲学博士学位报名表，并以政治学为主修，副修教育和经济。

1915年（民国四年）22岁

为申请哲学博士副修经济的需要研究中美贸易写《中国运入美国物产大宗之研究》，发表于安徽行政巡按使公署编印的《安徽公报三日刊》第40期。该署因而打算为陶申请官费留学名额。参加美中两国基督教学生联合会举办的夏季大会后，矢志以教育管理为终生职业，为发展和保持——能够实现正义与自由的理想之民主国家而奋斗。在夏季大会夏令营中结识云南留学生缪云台。由于1月陶父去世，4月陶宏出生，家境困窘，缪每月支持其生活费10元，达一两年之久。4月5日前后曾函金陵大学校董会纽约办事处，希望获得补发金陵大学的毕业证书，便申请庚子赔款奖学金。经过三个学期的学习，获伊利诺大学政治学文科硕士（简称政治学硕士）。后转入哥伦比亚大学研究教育，为著名教育家杜威、孟禄所器重。撰博士论文命题涉及中国教育，特函向在国内的黄炎培请教。5月22日曾接待中国农商部游美实业团中考察教育的黄炎培、余日章，并向黄提交1914年伊利诺大学各国学生学程均分表。

1916年（民国五年）23岁

得到中国政府给的半费奖学金。2月11日获知。已获得利文斯顿奖学金，1916年、1917年每年一千美元。16日函谢罗素院长，报告经历及终生志愿。这是迄今为止，人们见到的最为重要的自传材料。拍摄杜威照片及与张彭春合照存于胡适6月16日及7月5日的日记中。写文介绍祁氏汉语字典的新贡献。至1917年连续两年担任中国基督教学生会学报《留美青年》编委。在该刊第3期第1，2期发表《中国道德与宗教教育》（1916年11月、1917年1月）。

1917年（民国六年）24岁

3月，《留美青年》第3卷第3期发表《中国在转变中》（China in Transition），用新的视角分析中国形势。在中国留美学生会主办的《留美学生季报》第4卷第1期上发表科学著作《遗传论》。经过四个学期的学习，获哥伦比亚大学"都市学务总监资格凭"。回国应聘南京高等师范学校教授，主讲教育学、教育行政、实用教育统计学等六门课程，介绍遗传学，全面引进"新教育"。认定教育为社会学之一种，介乎形而上学、形而下学之间。

1918年（民国七年）25岁

担任中华职业教育社义务撰述员。在《教育与职业》发表《生利主义之职业教育》一文，文中首次发现生活教育，生活教育理论因而成立。担任南京高等师范学校代理教务主任。南高决定设立教育专修科，应邀讲授遗传学并开设讲座，应聘为该科兼职主任，江苏省教育厅县视学讲习会主任教员。名列《中华基督教会年鉴》非教会学校职员的基督徒名单中。

1919年（民国八年）26岁

发起并参加新教育共进社，任《新教育月刊》专任师范教育审稿员。与胡适、蒋梦麟于4月30日在上海欢迎杜威来华讲学。组织南京学界联合会、南京各界联合会，支持"五四"爱国民主运动，支持江苏、安徽的学生运动。在南京首创暑期平民夜校，为平民教育之先声。受聘为南高教务主任兼教育专修科主任，改教授法为教学法。发起组织南京学术讲演会，被推为临时主席，筹建专用讲演厅，主持首次演讲大会，邀请黄炎培和美国的卢贝博士演讲，使学术向社会开放。

1920年（民国九年）27岁

在南高9个常设委员会中的6个委员会中担任委员，在12个临时委员会中的4个担任主任委员,在另外4个担任委员。从而进行各项改革,均为全国高等学校之先:创办暑期学校,盛极一时;首次招收女生8名,实行男女同校;首次实行分科和学分制;首次加用心理测验招考新生。8月,与胡适、王伯秋等人谈论志愿时说:"我要用四通八达的教育,来创造一个四通八达的社会。"

1921年(民国十年)28岁

第一次对生活教育下定义,是在南京金陵大学暑期学校演讲《活的教育》中用英文夹叙:生活的教育;为生活的教育;为生活的提高和进步的教育。(Education of life, Education by life, Education for life.)南高教育专修科首届毕业生遍赴全国11省,撒下新教育的种子。东南大学成立,受聘为教育科主任。该教育科与南高的教育专修科不同,一是大学本科,二是下有教育、心理、乡村教育和体育四个系。相当于现在大学里独立的学院。组织实际教育调查社,欢迎孟禄博士来华讲学,历时四月,全程陪同接待。年底,参加北平教育界为孟禄举行的返国钱别宴会,希望"大家奋起继续开辟继续试验的精神,来做这新纪元的帅领"。并陪同去上海准备返美。成立中华教育改进社,受命与马叙伦共同担任社章起草委员;12月23日召开成立大会,通过社章草案,推举蔡元培、范源廉、张伯苓、袁希涛、熊希龄、李建勋、黄炎培、郭秉文九人为董事,严修、张謇、梁启超、张一麟、李石曾、杜威、孟禄七人为名誉董事。并决定总事务所设于北京。

1922年(民国十一年)29岁

1月,对1921年10月第七届全国省教育会联合会拟定的学制草案发表意见:"我们应当用科学的方法、态度,考察社会个人之需要能力,和各种生活事业必不可少之基础准备,修正出一个适用的学制。至于外国的经验,如有适用的,采取它;如有不适用的,就回避他。本国以前的经验,如有适用的,就保存他;如不适用,就除掉他。去与取,只问适不适,不问新和旧。能如此,才能制成独创的学制——适合国情,适合个性,适合事业学问需求的学制。"中华教育改进社在上海举行董事会,自2月7日至14日开会四次,补选范源濂为董事部长。2月8日推定31人组成"筹划全国教育费委员会",15日教育费委员会第一次会议上通过了由黄炎培、陶知行起草的简章,推定熊希龄、黄炎培为正、副主任,陶知行担任总书记,司执行之责。5月17日因范源濂去考察,董事会议决定,梁启超为其代理董事,蔡元培为董事部长。聘定陶知行为专职主任干事,并接充《新教育》月刊主编,是为改革教育之嚆矢。并于7月3日到8日,在山东济南举行第一次年会。年会期间,特别强调培植高等教育人才之重要。先与王伯秋提出"创办青岛大学案",后与蔡元培提出"国立大学与省立大学分别设立案"。还到南开大学演讲"大学教育的二大要素"。1922年年底,曾为推广女子教育事两次上书清华当局及外交部。12月24日又在清华教育学社演讲《活的教育》。

4月4日至8日,世界基督教学生同盟在清华学校开会,讨论"如何宣传基督教于现代之学校"等问题,有40多个国家的400多人与会。9日中国非宗教大同盟在北京大学开会,到会3000多人,蔡元培、李大钊到会演说,蔡元培强调教育应同宗教分离,保护不信教自由。由胡适起草、与李大钊商议,陶行知首先赞成,以蔡元培领衔,共有16位提议人的公开宣言《我们的政治主张》于5月14日、15日在《努力周报》及北京《晨报》上发表。9月6日陶行知代表中华教育改进社向教育部提出有关学制改革问题的八条议案。9月20日到30日,蔡元培主持教育部召集的全国学制会议,在23日的第五次大会上,决定将陶行知所提《对于县市乡教育行政机关组织大纲之意见》交第二组委员会审查。在26日和28日第六次、七次大会上经过热烈讨论,酌加修正后,分成《县教育行政机关组织大纲》和《特别市教育行政机关组织大纲》两议案正式通过成立。其最为重要的是实行市乡教育分治。11月2日北洋政府颁布蔡元培主持、陶行知参加由胡适修订的《学校系统改革案》中提出的学制系统,即《壬戌学制》。

1923年（民国十二年）30岁

1月中旬,曾在北京大学教育研究会上发表"教育与科学方法"的演讲。以"梁达"笔名在《新教育》上发表《清华教育的背景》。筹办杭州大学列名董事,与何炳松、张彭春一同在杭州选定校址。为参加万国教育会议,发表《敬告全国教育界同仁》。中华教育改进社经沪津二次董事会议,议决推定代表蔡元培、范源濂、黄炎培、郭秉文、张伯苓、胡适、汪兆铭、陶行知八人出席6月26日至7月6日在美国旧金山举行的万国教育会议。中国代表带赴之印刷品有25件,其中之七为陶著《中国之教育行政》。陶因筹备改进社第二届年会未能与会,郭秉文与会并被举为副会长。8月20日至26日中华教育改进社在北京清华学校举行第二届年会。担任中华教育改进社女子教育委员会副主任,陶与主任朱其慧及中华教育改进社董事黄炎培、袁观澜在上海发起成立中华平民教育促进会筹备会,朱为主任,陶与晏阳初同为干事。以陈鹤琴的《语体文应用字汇》为依据,与朱经农同编《平民千字课》。确定"十年之内,使十二岁以上二十五岁以下一万万不识字之人民,受一千基础字所代表之共和国民的基础教育"的平民教育目标。这是平民教育从局部试验变为全国运动的起点。继在南京由王伯秋主持试用《平民千字课》的试验。在中华教育改进社第二届年会闭幕之际,中华平民教育促进会在北京正式成立,被推为董事会执行书记及安徽省董事（每省董事二人）,此后亲往各省、县呼吁推广平民教育。据该会总干事晏阳初（又为四川省董事）粗略估计：到1927年9月,全国平民学校毕业生,至少达三百万以上,也是盛极一时。建立安徽公学,与姚文采分别担任正、副校长。辞受聘金陵大学校长职务。12月成为中华基督教文字事业促进会十二位首任委员之一。11月12日至13日与陶文㵢畅谈人生使命:"这使命就是运用我们全副精神,来挽回国家厄运,并创造一个可以安居乐业的社会交与后代,这是我们对于千千万年来祖宗先烈的责任,也是我们亿万年后子子孙孙的责任。"

1924年(民国十三年)31岁

在中华教育改进社第三届年会(7月3日至9日)上,连任主任干事,阐明宗旨:教育就是教人做人,教人做好人,做好国民的意思。并与蔡元培、郭秉文、张伯苓共四人被推举为出席1925年世界教育大会代表(后因筹备第四届年会未去);反对日本、英国处置庚款办法,反对将庚款用于交通设施,主张裁兵筑路、庚款兴学;同时认为靠赔款筑路、兴学都是可耻的,进而提出收回教育权的议案,首次提出教育事业上的国家主权问题。8月28日,中国社会主义青年团中央局决定恢复开展非基督教运动。提出收回一切外国人在华教育权的主张。一是指教会学校须向中国政府立案、注册、接受中国政府的领导管理。二是须按中国政府的法规改革。成立乡村教育研究部,聘赵叔愚(东南大学乡村教育教授)、邵仲香(金陵大学农学教授兼农场主任)为研究员,从而开始平民教育到乡下去的运动。为处理美国退回庚子赔款,中华教育文化基金董事会成立,次年应董事会聘为执行干事,具体负责该款的分配。辞教育部所聘武昌师范大学校长职。在史量才的资助下,与朱经农共同创办的《申报·平民周刊》于6月29日创刊。在北京组织平民文学委员会由裴文中负责联络事务。继1920年为中华基督教教育会师范委员会委员连续五年,又任高等教育议会(Council on Higer Education)和教育会年会高等教育年会筹备委员会(Preparation for the Bienaial Meeting of the China Association for Christian Higher Education)成员。曾向国外派来的教会教育调查团发表意见:不希望教会办国民教育,至多可办试验学校。8月9日连续发表两篇农民和北京大学要求人权的杂文。指出:农民所最需要的是自立、自主、自存。农民是目的不是工具。真正的农民联合或合作,要立在教育的农业和农业的教育上。非依法律确实证明为现行犯,绝对不得任意通缉。人权不保,何以为国?7月26日写《万众一心的拒毒》,中华教育改进社、青年会、基督教会等团体,要联合全国同胞合力抵制,以迎接11月召开的万国拒毒大会。8月与清华合办科学教员暑期研究会。

1925年(民国十四年)32岁

这一年是几年来中国最不幸的时期,也是中国教育最不幸的时期。2月1日参加中华国民拒毒会常委会第19次董干联席会。全国国民简直是在天灾人祸、内乱外患里翻筋斗,大家弄得个朝不保夕。8月17日在山西太原举行中华教育改进社第四届年会。特制提出现在所办理之事业,一为科学教育,二为乡村教育。经安徽省教育会推选,临时执政府聘请为善后会议教育门专门委员会委员。并与马寅初、沈钧儒同列为国民党外以"反派"著称的人物。

揭露临时执政当局免去东南大学郭秉文校长职务为实行党化教育之先声,并与党化教育宣战。既是大学,即不能党化,既受党化,即不成其为大学。介绍中华基督教教育会副主任干事程湘帆与胡适讨论基督教教育趋于中国化。9月27日约胡适商讨对教会教育提出意见,胡适在燕京大学教职员聚餐会上用英文演讲作了回应:抛弃传教,专办教育。10月8日过南京去上海参加9日召开的基督教教育会高等教育会议。

教学做合一之命题正式成立。在与程其保共同为出席万国教育会议准备的英文报告《民国十三年中国教育情况·引言》中第一次在中国使用"现代化"这个词作为学术探讨的用语。从而提出中国教育现代化。创办《新教育评论》,提出一个终生坚定不移的观点:"我们深信一个国家的教育,无论在制度上、内容上、方法上不应当靠着稗贩和因袭,而应该准照那国家的需要和精神,去谋适合,谋创造。同时我们又认定这个国家,如果是现代的国家,如果是现代世界的一个国家,那么他的教育,便不能不顺应着时代和世界的教育趋势,而随伴着竞进。"制定可以符合公意的现代教育政策廿二条。其中十八条"提倡以乡村学校为改造乡村生活之中心,乡村教员为改造乡村生活之灵魂",与中国共产党中央制定的《乡村教师运动决议案》的号召不谋而合。主张设试验乡村师范学校以试验之。使乡村教师参加民族解放运动,并使之成为乡村运动的中心。本着通力合作、专门研究及实地试验的精神,担负训练教师,改造乡村生活的使命,使每个学生担负改造一个乡村的责任。这是从平民教育转向乡村教育的一个转折点。这是创办晓庄的最早动因。同时是有别于其他人从事乡村教育的重要标志。12月14、15日江苏省立师范分校联合会举行第二届年会,15日他们的附属小学举行联合会成立典礼,这是我国师范以合作及研究精神图谋乡村教育发展的起点。中华基督教文字事业促进会易名为中华基督教文社,为该社七名执行部委员之一。被聘为金陵大学校董。中华教育改进社与中华平民教育促进会总会分立,不再合署办公。12月11日通过《中华民国宪法案》,其中规定义务教育之地位,适合国人最低限度之希望。

1926年(民国十五年)33岁

1月8日写《师范教育下乡运动》。26日出席中华教育文化教育基金会董事会常会。中华教育改进社推举为"国家教育改革委员会"及"促成宪法中制定教育专章委员会"委员。5月12日再次出席中华国民拒毒会常委会。中华教育改进社、东南大学教育科及农科与中华职业教育社、中华平民教育促进会合作试办乡村教育,7月7日成立《联合改进农村生活董事会》,黄炎培、陶行知担任正、副董事长,赵叔愚为主任干事。并以江苏昆山徐公桥乡村为第一实验区。后改由各联合单位分别试验时,与赵叔愚、邵仲香、丁超共同调查沪宁路沿线优良乡村学校现状,建立联系特约乡村学校制度,宣传"天将明"的江宁县立师范学校,组织教师研究会,发表《改造全国乡村教育宣言书》，制定《我们的信条》，筹办试验乡村师范，要募集一百万元之基金，征集一百万位同志，提倡一百万所学校，改造一百万个乡村。发表《创设乡村幼稚园宣言书》和《幼稚园之新大陆》，提出幼稚园的下乡运动和进厂运动必须开始。为集中力量办好乡村师范，12月19日与姚文采共同拟定《南京安徽中学生生长程序》，规划了三十年的学校教育，至1953年，以作市、乡教育分治之起始。3月16日参加北京教育界集会，反对1925年英国制定的庚款处理办法，要求英国无条件抛弃庚款。函告包括胡适在内的中国委员不得就职。和大多数知识分子一样，这是根本，而胡适注重的是此款如何管理支配及其机关，舍本求末，这是胡、陶歧见之开始。

1927年（民国十六年）34岁

1月复函河北保定基督教公理会附设同仁中学杨继宗，对教会教育有关问题作了解答：改用"非正式的宗教教育"于信仰自由及办学原则都很符合，确系全国教会学校应当共采之途径。教育中国子女之学校经费，必须中国人负担；中国教会学校之经费必须中国信徒负担。但也不可一概抹杀外人的盛意，这是所应表示之大国民气概。8月26日胡适写《拜金主义》，要充分提倡拜金主义，提倡人人要能挣饭吃。9月陶函胡适：赞成提倡人人要能挣饭吃，决不承认人人能挣饭吃是拜金主义。随着新的革命时期开始，随着农村革命的深入，为着要去掉照搬外国之教育方式，在中国土壤里产生适合中国向前发展的生活教育。生活教育运动及其乡村教育运动以3月15日晓庄学校的诞生为起始。这是实现生活教育的实体，也就是生活教育从理论到实践开始的一天。开学半月，陶在炮火中去上海、北京、杭州等地为学校筹募经费。由于军阀混战以及突如其来的清党运动，晓庄师生群龙无首，在炮火密集中三易住地，以致所筹募的慰问物资及学校用品丢失殆尽。6月陶返校后师生哭诉，埋怨燕子矶小学校长丁超，陶以"捧着一颗心来，不带半根草去"相慰，并立即与师生一起投入建校劳动。根据"个人为社会而生、社会为个人而立"的社会生活准则和"就事实生理想、凭理想正事实"的思维方法，7月1日生活教育之名开始在《从野人生活出发》的寅会讲话中出现。同时陶行知第二次将生活教育定义为（一）人民的教育；（二）人民教育人民；（三）人民为提高自己的生活和进步而追求的教育。8月15日在寅会讲演，要想中国活起来，就得要在农业上安根，在工商业上出头。生活即教育、社会即学校、教学做合一；在劳力上劳心、以教人者教己；在立脚点要平等，于出头处求自由以及行是知之始，知是行之成等生活教育基本理论之建立，为中国教育开一新蹊径。10月1日蔡元培就大学院院长职，2日即偕同国民党中央党部妇女部委员吴章琪、农人部委员沈定一、江苏省政府委员高鲁、南京教育局陈鹤琴、张宗麟等到晓庄参观，蔡元培发表演讲，赞成生活教育，赞成教学做合一。10月3日至21日接受冯玉祥邀请去河南开封商讨教育行政问题。27日蔡元培为约胡适参加大学委员会事函胡适，告劳动大学与无政府主义无关,"劳动大学,实即陶知行所提倡的教学做合一主义。弟甚赞成,陶君之主义,想先生对彼所办之农村学校,亦必极端赞成也。"

1928年（民国十七年）35岁

元旦在寅会上讲：今年的生活最重要的是科学化。以后和赵叔愚在寅会上讲生活艺术化、生活科学化、生活民众化。最后说以现代化作我们化民众的总目标：就是要使乡民生活现代化,不让他们做落伍者。1925年才提现代化这个名词,此时已成为晓庄学校以及生活教育的总目标了。1月31日在《乡教丛讯》第2卷2期发表《读书人》,3月15日改题《"伪知识"阶级》收入自编集《中国教育改造》中。这是实施生活教育运动一年来的初步理论概括,是在中国教育里摸黑路所见着的几线光明。智慧是生存的,天才是遗传的,知识是学来的,是跟着智慧走的。智慧无阶级,真知识也就没有阶级。知识有真有伪,思想与行为结合而产生的知识是真知识,不是从经验里发生出来的知识便是伪知识。伪知识必须得到特殊势力之保障拥护才能存在。"伪知识"阶级是特殊势力造成的,这特殊势力就是具有天才的统治者。天才忌天才是很自然的一件事。统治者要把江山当作子孙万世之业,必得要收拾其他天才,使天才离开真知识去取伪知识,用名利、权位的手段引诱全国天才进入"伪知识"的圈套成为废人,成为以"读书"为护身符,与统治者联成一气愚弄当家作主的"人民"。这就是愚民政策的根源。3月15日出版第一个自编集《中国教育改造》。3月一个月内开办了吉祥庵、万寿庵、三元庵、神策门、黑墨营五所小学。3月7日第一次将为乡村教师写的"捧着一颗心来,不带半根草去"的对联公布于吉祥庵。艺友制师范教育理论之建立,晓庄乡村师范、燕子矶小学、尧化门小学、晓庄小学、鼓楼幼稚园、燕子矶幼稚园联合招收艺友。应蒋梦麟、沈定一邀约,创办浙江省立湘湖师范学校。成立晓庄科学社,设生物研究室。8月1日试验乡村师范学校正式改名晓庄学校,蔡元培任董事长。5月15日至28日出席蔡元培主持的第一次全国教育会议,邀约全体代表参观晓庄,使晓庄驰誉全国。同时在会议上提出十二个提案,大都获得会议通过。其中一提案是在革命处于低潮之时,提出以一百方里的地方建立马克思科学社会主义的实验社会,试验期一百年,给社会科学家去实地试验人类进化的现象,以增进人类生活的幸福。再次婉谢金陵大学聘为校长,被中华职业教育社推选为评议员。5月18日至21日,胡适以大学院委员及壬戌学制起草人的身份列席全国教育会议,他在会场上听过陶一次发言,没有像往前那样过往密切。21日胡适提到南高与北大：南高以稳健保守自持,北大以激烈、改革为事,这两种不同之学风,即为彼时南北两派学者之代表。"北胡南陶由此而来。胡、陶逐渐疏离。8月冯玉祥到南京开会,捐款为晓庄造了甘肃、河南、陕西三馆茅屋,冯也在晓庄造了一座茅屋住宅。7日在晓庄发表演讲,19日出席借枪给晓庄的授枪典礼,冯陶讨论武八股问题。11月4日将陶介绍给正在晓庄游览的蒋介石夫妇。从而冯陶建立了深厚的情谊。1915至1927年胡陶亲同手足，1928至1946年冯陶成为至交了。陶在《破晓》序中说："晓庄是一部永远不会完稿的诗集……这是建设的达观主义，也可以说是创造的乐天主义。"

1929年（民国十八年）36岁

2月写《地方教育与乡村改造》，指出教育总是化人，化人者也为人所化。教育总是互相感化的。互相感化便是互相改造。教育就是生活的改造，就是社会改造。3月15日为纪念生活教育运动两周年写文章，提出了他想做而没有做到的三件事。其中第三条：乡村教育一个顶大的问题是如何叫机器为农人做工而不致把农民吞掉，如何训练农民享受工业文明的利益而不致被他淘汰。9月18日，教育部聘蔡元培、陶行知、俞子夷、陶玄、戴修骏等七人为教育方案编纂委员会常务委员。10月14日参加第一次委员会，担任义务教育组组长和师范教育组委员，负责方案起草工作。创办淮安新安小学和劳山中学，晓庄学校举办乡村自卫团、乡村妇女工学处、乡村卫生模范区、农艺馆、中心茶园、晓庄剧社、乡村剧社等属学校领导的各种社会事业，实现学校社会化，使学校与社会初步结合。学校体制试行学园制。从制度上把正规教育与非正规教育初步结合起来。《教学做合一讨论集》出版。10月15日哥伦比亚大学教授克伯屈专程访问晓庄。称赞晓庄不读死书本，是在生活上直接接触。这可负引导农民的使命，使合乎现代的思潮。这就是教育革命的策源地。同时，指出中国的幼稚园，还是世纪之初的水平。陶以今日幼稚园要以适合平民化、经济化和乡村儿童生活相回应。10月14日，上海圣约翰大学授予陶科学博士荣誉学位。

1930年（民国十九年）37岁

1月16日至2月7日举办有津浦、平汉、京沪杭及长江一带乡村教师及行政人员参加的乡村教师讨论会，制定全国乡村教育运动五年预算计划书。第一次系统讲授《生活即教育》，指出"教育即生活"即"Education of life"。2月1日《乡村教师》创刊，发表宣言，指乡村教育运动是一出永远不会闭幕的历史剧，乡村教育所发出的力量，可以教农人自己从时代的车轮底下爬出来，可以扫除伪知识推动教育革命的法轮，创造一个四通八达的大同世界，推着历史向前转动。3月15日写《晓庄三岁敬告同志书》，系统总结了晓庄三年的经验。4月7日国民政府首都卫戍司令部训令晓庄暂行停办。12日蒋介石下令通缉陶行知，南京警备司令部勒令解散晓庄。过了五十多年美国中国学家费正清对比曾作如下评论："对于1927年的反共主义分子来说，这就好像一个政治的炸弹一样。在城市里搞群众教育被视为叛逆而遭禁止，陶行知就到农村进行教育和农村恢复计划。"4月，又逢第二次全国教育会议开幕，陶行知负责起草，《实施义务教育初步规划》、《实施成年补习教育初步规划》及《筹设各级各种师资训练机关计划》，获会议通过。由于晓庄被封，自己被通缉,虽已报到,但无法与会,乃潜往上海、日本。与陶已有所疏远的胡适,仍关注陶的事业,晓庄被封的有关报道和评论,仍剪贴于自己的日记之中。2月15日,陶在日本回应胡适的《我们走那条路》时说:"捉着五个小鬼(贫、弱、私、愚、乱),放走了一个大妖精(帝国主义)。"晓庄同志分布苏、浙、皖、豫、鲁、冀、甘、川、黔、桂、粤、闽、赣等省工作。

1931年（民国二十年）38岁

从日本秘密回国,为商务印书馆译书营生。随着新的革命时期文化革命的深入,秘密受任申报馆顾问,掌握舆论、革新报纸,与设计部主任黄炎培、副主任戈公振及总经理马荫良密切配合,在共产党的一切文化机关中处于毫无抵抗力的地位这个特殊情况下,使《申报》成为反文化"围剿"的重要阵地、始终不渝坚守到1936年。与胡愈之、任白戈秘密参加"苏联之友",讨论和苏联恢复邦交,联合苏联,共同抗日。与中国共产党及左翼作家联盟建立联系,联系人相继是潘汉年、胡愈之和钱俊瑞。开始编辑儿童科学丛书,开办自然学园、儿童科学通讯学校,形成科学下嫁运动（下嫁给儿童,下嫁给大众）。从8月19日起开始,为《申报》撰时评。这是应总编辑陈彬和之请,为改革时评文体改文言为白话而以教育和救亡两个方面的评论。

9月2日起以"不除庭草斋夫"笔名,在《申报·自由谈》上连续发表抨击时政的辛辣杂文,后结集成书,名《斋夫自由谈》。4日即发表《胡适捉鬼》公布了他俩之间的分歧。 9月、10月连续在《中华教育界》第19卷3、4期以何日平为笔名发表两篇文章。《中华民族之路与中国教育之出路》写中国教育出路专号的第一篇文章,这是正面回应胡适《我们走那条路》的讨论,提出三条合一的出路,中华民族之出路即中国教育之出路,这是一套连环的出路:一、教人少生小孩子;二、教人创造富的社会;三、教人建立平等互助的世界。《教学做合一之下的教科书》,系教科书专号上的文章,对教学做合一的理论作了小结。强调教学做合一是生活现象之说明,即是教育现象的说明,做的特征就是一面行,一面想,必然产生新价值。教学做有三种标准判断它的好不好:(一) 看它有没有引导人动作的力量; (二) 看它有没有引导人思想的力量; (三) 看它有没有引导人产生新价值的力量。11月9日发表《中国的人命》,回答中国要到什么时候才能翻身的问题:要等到人命贵于财富、机器、安乐、名誉、权位以及人命贵于一切之时,中国才站得起来!

1932年（民国二十一年）39岁

1月5日冯玉祥致电孙科（时任行政院长）请取消对陶行知的通缉,孙科同意呈请国民政府取消通缉。25日孙科辞职同时与林森（国民政府主席）发表第342号指令撤销通缉并将学校全部发还。与潘汉年合作,在《申报》上为周恩来辟谣。

报馆委以《申报·教育》版主编。4月，为申报六十周年纪念献给自由世界之创造者，以不除庭草斋夫之名题诗：做人只做自由人，敲钟只敲自由钟！众生共走自由路，海阔天空路路通。

5月21日至8月15日，连续发表《古庙敲钟录》。编写儿童科学活页指导，利用晓庄旧址办理儿童科学暑期学校，恢复各中心小学及幼稚园，国民政府仍然命令停止招生，实际上再次扼杀晓庄。佘儿岗儿童自动学校应运而生。6月30日，7月2、4日连续三篇"剿匪"与"造匪"时评发表，蒋介石下令黄炎培、陶行知、陈彬和离职相威胁，7月16日起不准申报运往外地，8月21日才恢复，申报答复陶未列入名册，无所谓离开不离开，以后不再用他的稿子就是了。实际上，仍在续写时评。为使农村革命和文化革命相结合，把教育引入生活领域，实行社会学校化，使学校与社会进一步结合，创立名震一时的工学团，以私立山海实验乡村学校之名立案。小先生理论早在平民教育运动中已经发现，为适应社会学校化的大量需要，小先生运动蓬勃发展起来，普及教育运动从而开始。编辑晓庄丛书、乡村教育丛书，自然运动原理之探讨开始。12月14日在《涛声》周刊刊登卖艺启事，实行卖文、卖字、卖讲的三卖。有人借此讽刺当政者，何如卖国最有利？

1933年（民国二十二年）40岁

1月1日，卖艺第一天，他在上海中社第一次卖讲，题目是《手脑相长》他称卖艺是水门汀文艺。他提倡手帮头脑生长，头脑帮手生长。演讲中特别介绍了他写的"自立歌"和"手脑相长歌。"他集合山海工艺团一班人马卖艺，成效如他所言"做了一夜的梦何尝见半个袁头！"3月13日与蔡元培等一百余人发起马克思逝世五十周年纪念，以作研究自由、思想自由之首创，并打破我国学术界近年来一种思想义和团之壁垒。3月15日两次增写锄头歌，前一次有：锄头造好造斧头，开天辟地造自由；后一次有：光棍的锄头不中用，联合机器来革命。接着又在大夏大学演讲《创造的教育》，第一次系统用生活教育的观点讲创造教育。7月支持中社负责人俞颂华在《申报月刊》第2卷第7期讨论中国现代化，这是中国现代化史上的一件大事。出版《中国现代化问题特辑》，旨在提高全国人民的觉悟，这是农村和文化两种革命共同深入的必然结果。救亡运动由是兴起，普及教育运动进一步展开。10月22日，新安小学儿童旅行团到上海开始旅行学习，用细胞分裂的教育办法，将小先生制的"即知即传"原则普遍运用到工友、商人队伍里及偏僻乡村的每一个角落里去，推进普及教育运动，历时整十个月。编辑山海工学团丛书。成立普及教育促成会，与马相伯、沈钧儒等拟定普及教育研究院组织大纲。出版《知行诗歌集》。曾连续三年担任中华基督教教育会主要学报《教育季刊》编委，11月12日曾在基督教女青年会、中华基督教会总会第三届常委及小学教育会上发表演讲。连续三次参加中国教育学会成立会、理事会、被推为理事、专题研究员及教育图书馆筹备委员。雷沛鸿函约陶先生去广西讲学并参与广西普及国民基础教育运动,后未能成行。但很快从上海、广东大埔调集生活教育社骨干20多人支援雷沛鸿办教育研究院。

1934年(民国二十三年)41岁

1月22日生活教育社与儿童书局订合同,拟定2月16日生活教育半月刊出版。在创刊号上,陶又第三次对生活教育下定义为:生活教育是生活所原有,生活所自营,生活所必须的教育(Life education means an education of life, by life and for life)。制定大众从事生活教育找出路的七个新原则:1. 从学校到社会;2. 从书本到社会;3. 从教到做;4. 从被动到自动;5. 从士大夫到大众;6. 从轻视儿童到信仰儿童;7. 从平面三角到立体几何。此7条又名《生活教育提要》。参加文言白话第三次论战,提出"大众语与大众文必须合一"的主张,任《太白》杂志特约撰稿人,响应鲁迅"倘要中国的文化一同向上,就必须提倡大众语、大众文,而且书法更必须拉丁化"的号召,成立中文拉丁化研究会,从事新文字研究。为1931年发表的《中华民族之出路与中国教育之出路》与北京大学教育系主任尚仲衣(子钵)展开讨论持续到次年。1935年4月,尚仲衣率毕业生13人来上海实习,曾在工学团考察五天。1939年张劲夫曾经在7月31日《大别山日报》指出:当时的子钵"刀锋是指向错了,有些近于无的放矢"。1938年尚仲衣参加生活教育运动,任生活教育社首届理事。他自动改变了他对陶行知的看法。1949年张劲夫还说:"生活教育社有几位同志的看法也不深刻,如对陶先生在中华教育刊物发表的教育出路文章的看法,说真理在子钵方面,这是肤浅的认识,陶先生是在什么环境什么条件下做工作?是在什么情况下前进?很显然,在处于艰难环境中能够用一种拓荒者精神探险家勇气向前摸索探寻,他的总方向自始至终是对的,他一直是在前进,而且是跑步前进,他长期接近人民,与人民有联系,他接近实际,与实际有联系。因为他能向人民、向实际学习到取之不尽,用之不竭的学识真理。他之所以能够积极乐观,始终不疲倦,其根源在此。"组织"普及教育车"。改"知行"名为"行知"。将《生活教育》的"言论"栏目,改为"行知行闲谈",后又进而改名"行知行",简称"陶衙"。在中国教育学会第二届年会上,宣读《中国普及教育急成方案》,制定《宝山县观澜义务教育急成方案》,提出活到老、做到老、学到老、教到老、用到老的终生教育。其在山东协助梁漱溟办乡农教育的弟子杨效春虽原则上同意两方案,但指出:"教育须得普及,而无须急成,亦不能急成。文字教育可以急成,生活教育不能急成。"10月出版《普及教育》,12月30日在题为《大上海普及教育》的学术讲座中指出普及教育运动的目标是做一个长久的现代人,开发现代文明的宝库,保证川流不息的现代化。进而草似《中国普及教育方案商讨》,这是生活教育运动继《我们的信条》之后的又一纲领文献。原则十八条,第一条原则即普及教育之要义:(甲)整个民族现代化;(乙)整个生活现代化;(丙)整个寿命现代化,使众人养成一种继续不断的共同求进的决心。同时还指出普及教育应冲破二十七个关口，从而说明普及教育运动的长期性和艰巨性，肯定生活教育不能急成。实现中国现代化，必须走普及现代生活教育之路。冯玉祥多年来一直帖记陶被通缉。6月冯在日记中勉励自己作陶的好友，助他成事；喜知写诗与陶一派，勉励自己作一个武训。10月陶专程去冯创办的学校传播小先生种子，交换生活教育意见。陶派徐明清向冯玉祥呼吁救出正在监狱里的刘季平。

1935年（民国二十四年）42岁

1月，《中华教育界》第22卷7期发表《普及现代生活教育之路》系统地阐述了普及教育的理论。应安徽省教育厅之约，指派六人担任安徽省立师范六个学区的辅导员，并为之办辅导员学习班，配备留声机、图书、挂画和电影放映机，进行专门训练。在上海中心大药房无线电台创办半小时普及教育运动播送20首诗歌，100条重要科学常识，100条世界大事，96课《老少通千字课》，四个月毕业，这是中国最早的空中教育。建立中国新文字研究会，起草宣言，与蔡元培、李公朴等发起《我们对新文字的意见》的签名运动并发起推行手头字。在《生活教育》杂志上开辟配有中文拉丁文字的《大众诗歌》专栏，主张汉字与音符和拼音文三管齐下一齐教。为世界书局主编民众科学丛书。参加沪郊农村工作协进会担任理事，负责普及教育方面的工作，并被推为所属卫生委员会委员。新安旅行团开始十省旅行教育。12月9日、16日爆发反对汉奸和帝国主义的学生运动，这是民族解放运动。与马相伯、沈钧儒等300多人联署于12、27日两次发表《上海文化界救国会宣言》，冯玉祥极感鼓舞，当即致函蒋介石表示赞成。成立上海文化界救国会，被推选为执行委员兼教育委员会主任。出版《怎样做小先生》、《普及教育续编》、《知行诗歌续集》、《知行诗歌别集》。

1936年（民国二十五年）43岁

1月1日在《生活教育》第3卷21期上发表《十二月运动与五四运动》。他号召人们踏着一二·九学生群众的足迹，去过民族革命的生活，才算是受着民族革命的教育。因而，从一二·九起，民族解放大学开学了。他讲一二·九运动有六个特点。其中第一个特点是社会主义与法西斯主义的对垒。在18日《大众生活》第1卷10期再次发表时改为：大众真正的德莫克拉西和反大众者群的对垒。文中强调对准着帝国主义进攻，把大商人列为帝国主义的买办。一二·九与五四是大众与小众的区别。2月，将《中国普及教育方案》提交中国教育学会第三届年会讨论，将原有的"现代化"字样，改为"向前进"，提出中国现代化在于使中华民族解放运动不断向前进。3月16日又发表《生活教育》之特质，指出推进大众文化以保卫国家领土主权之完整，而争取中华民族之自由平等，是成了每个生活教育同志当前所不可推卸的天职了。

3月，发起组织国难教育社，制订国难教育方案，反对奴化教育和买办教育。在中华职业教育社第十届专家会议上讲述国难教育的特点。进而于5月1日发表《大众的国难教育方案之特质》。参加制定《上海话新文字方案》及《休宁话新文字方案》和编辑《上海话新文字课本》。3月23日访晤蔡元培，特请签名与吴稚晖发起上海话新文字的传播。出版《大众教育》，提出教育目标的大众化，教育理论的现实化。蒋介石与冯玉祥谈话，仍不谅解陶行知。成立上海各界救国会、全国各界救国联合会，拟定其政治纲领的教育和儿童两部分。受救国会委托去两广与胡汉民、李宗仁商讨逼蒋抗日大计。这是由反蒋抗日到联蒋抗日过程之中的过渡阶段。6月1日两广事变后与沈钧儒、邹韬奋、章乃器联名发表《团结御侮的几个基本条件与最低要求》。7月陶长子陶宏为冯玉祥讲授天文学、植物学。毛泽东于8月10日回函并"愿意在全国联合救国会的纲领上加入签名"，9月18日托潘汉年致函四人："我委托潘汉年同志与诸位先生经常交换意见"。8月7日出席在伦敦召开的世界教育第七届会议和在布鲁塞尔召开的世界和平大会第一次会议。曾请蔡元培筹措旅费、考察费、上海事业安顿费八千元。冯玉祥也借了二千大洋。出版《普及教育三编》、《中国大众教育问题》、《知行诗歌三集》及在香港编的《知行诗歌集》。又受救国会之命，与全国学联代表陆璀，共同担任国民外交使节，把中国救亡运动和小先生制传遍欧美亚非各地，向华侨宣传团结抗日，募捐支援抗战，推广新文字，开展国际反法西斯统一战线工作，支持抗日救国的民族解放运动。12月12日，张学良、杨虎城在西安实行"兵谏"，扣留蒋介石。25日张学良送蒋介石回南京，西安事变和平解决。27日陶在纽约主持时事讨论会，宣称清除内战抗日是中国的唯一出路，主张抗日运动必须是军事、经济、文化，政治四管齐下的全面抗战。

1937年（民国二十六年）44岁

因救国会"七君子"案波及，被江苏省法院以"危害民国并宣传与三民主义不相容之主义"罪名再遭通缉。自称监牢候补犯，与陆璀2月18日致函七君子表示慰问。沈钧儒3月19日复函"如果没到国外去，这次投入监牢决不会比八人少一个。"与陆璀同时加入洪门致公堂，依靠致公堂提供的条件和保护，继续进行国民外交。7月30日在洛杉矶卫生局晚宴上初识刚从西班牙归来的白求恩大夫。战时教育运动开始。集体主义自我教育理论发现，形成了即行即知、即知即传、即传即联、即联即前的完整教学做过程。国难教育社组织战时普及教育服务团，赞助由其成员吴新稼组成的孩子剧团。介绍中国救亡运动和即知即传人的小先生制给美国、加拿大、墨西哥反侵略运动和华侨。10月10日在《生活教育研究会会刊》第1卷7期上发表《乡村教育十周年》。发起组织中华经济研究会。为杜威草拟宣言并联络罗素、罗曼·罗兰、爱因斯坦、甘地联署谴责日本侵略中国。《战时教育》旬刊出版，抗战教育研究会成立。9月28日与徐谦同被国民政府训令取消通缉。与胡适、张彭春同在美国从事国际统一战线的抗日救国工作。他们分别代表蒋介石和外交部。12月27日冯玉祥电陶,请发动申包胥运动,在美国呼吁抗日援华。

1938年（民国二十七年）45岁

继续向爱尔兰、印度介绍中国救亡运动和大众教育运动。在美国积极推进《鲁迅全集》的征订。被选为国际反侵略大会中国分会理事,与吴玉章出席伦敦世界反侵略大会,在会上提出对日本禁运。5月4日在洛杉矶五千人集会上说:"日本在中国杀死一百万人时有五十四万四千人是美国军火帮助杀死的。6月14日与杜威,胡适辞别于杜威寓所。自1936年7月11日离开香港,到1938年8月30日与任光、李信慧同船回到香港,历时两年零一个月,游26个国家和地区后回国。实现三愿:一、建立晓庄研究所;二、创办难童学校,应聘担任儿童保育会设计委员,草拟难童教育方案,筹办育才学校;三、创办香港中华业余补习学校。创立中国战时教育协会,起草战时教育方案。生活教育社总社在桂林召开社员大会,生活教育社自此公开正式成立,并被推选为理事长。指出生活教育目前的八项任务,其中心任务是开展与全面抗战相适应的全面教育运动。被国民政府遴选为安徽籍的第一届国民参政员。12月在香港向东江华侨回乡服务训练班演讲:回乡去怎样工作。

1939年（民国二十八年）46岁

1月1日就汪精卫叛国案发表通电与谈话,主张抗战到底,全面抗战、全面战术、全面教育、全面胜利。最近还要切切实实的厉行地方自治。提出真干、穷干、合干、快干、大干;不要假干、浪费的干、分开来干、慢慢的干、小小的干。冯玉祥极为赞赏陶写的《新秦桧》。在重庆冯陶来往更加频繁,直到1946年。中国青年记者协会香港分会创办中国新闻学院,许世英、陶行知为正副董事长,郭步陶、金仲华为正副院长。香港中华业余学校第二期开始招生。3月15日发表《告生活教育社同志书》,提出必须增加一学术、二组织、三行动合一的整体力量。生活教育社重庆办事处成立。育才学校董事会正式组成,被董事会推举为育才学校校长及晓庄研究所所长。育才学校乃于7月20日在重庆北温泉先行开学,后迁至合川草街子古圣寺。开始作培养人才幼苗及分组学习的试验,特别声明:一不培养小专家,二不培养人上人,三不丢掉普通教育而专事特殊教育。晓庄研究所对教育本质、生活教育系统、地球基本运动等研究开始。生活教育社大别山分社、四川分社、福建分社开始筹备。8月29日毛泽东在延安暑期小学教师训练班毕业典礼上讲话指出"陶行知主张知行合一,提倡生活教育,把教的、学的、做的统一起来,这在马克思主义说来,就是理论与实践的统一。"参加9月9日至18日的国民党参政会第一届第四次会议,会上有七个关于制宪的提案合并通过,组织了一个宪政期成会,形成"宪政期成运动",写《宪政运动与国民教育》,指出中国的宪政运动是可以成为一个最有精彩的国民教育运动,也唯独成为国民教育运动那宪政运动才有充分的意义。由是而起生活教育开始了民主教育运动。12月12日，有位朋友与陶讨论生活教育，陶复信讲五条十分重要的意见：1. 为了最高目的而忘了发展的过程和为了发展的过程而忘了最高目的都是错误。2. 不能幻想质变突变而忽视了其它细致的工作。3. 自始就发动普及教育运动，还要注意具有特殊才能儿童的培养。4. 一个教育者同时应该是一个革命者，一个真正革命者必然是一个真正的生活教育者。5. 生活教育之受人忽视，除我自己的力量有限外，还有就主要是过生活而忽视教育的人，受教育或施教育而忽视生活的人，忽视民众生活而又忽视民众教育的人，不知生活教育的宝贵。31日与吴树琴结婚。

1940年（民国二十九年）47岁

1日古圣寺小学成立董事会。2日去重庆，晚由沈钧儒、郭沫若、邹韬奋、李公朴、史良、斯朗特等人为他结婚举行公宴。4日为参政会起草日美商约满期之对策。专心一致发展育才学校。三月匆忙写就《生活教育运动十三周年纪念告同志书》，阐明通过集体主义的自我教育启发自觉的意见。12，13，15连续3天在冯玉祥寓所与各方面商讨时局对策及掩护教师撤离学校的问题。16日后，血压高达156/216，仍坚持工作，领导生产基金筹募运动，参加"病夫队"里的"捐两百，募一万"的竞赛。8月1日制定《育才学校创办旨趣》和《教育纲要草案》。12日被推为中国文化界苏联访问团筹备设计委员会委员。9月2～22日陶夫妇双双患痢疾大病一场。23日周恩来、徐冰夫妇前往慰问并于24，25日去草街子育才学校访问。生活教育社延安分社于9月15日正式成立，到会社员22人，董必武、周扬前往祝贺。这是生活教育社的第一个分社。一个半月后，即10月30日，中共中央宣传部发布指示："对生活教育派，要亲密的同他们合作"，"生活教育社是小资产阶级的革命民主派，有许多前进的青年和革命知识分子参加在里面，他们今天的教育活动可以说是为民族民主革命为大众服务的，是新民主主义教育的亲密朋友"。这是中国共产党对生活教育社的首次评价。11月1日国民政府军事委员会政治部第三厅全体辞职，另成立文化工作委员会，陶为兼职委员。魏东明、冯兰瑞、戴伯韬去延安。12月23日被选任为国民参政会第二届参政员。

1941年（民国三十年）48岁

1月6日，皖南事变爆发。30日与沈钧儒、邹韬奋、史良联合致函蒋介石，请纠正暗中捕人，以保人权而重法治。25日对"生活"与"教育"的相互关系，作了进一步明确的界定："把教育推广到生活所包括的领域，使生活提高到教育所瞄准的水平。"6月20日到7月20日定为集体创造月。介绍印度婆罗门教有三个大神：创造之神，破坏之神，保存之神。从保存之神手中的莲花里生出生活教育的目标，达到更真更善更美的创造。物价益加暴涨，因于经费筹划之中，日日与米赛跑，与一切飞涨的物价赛跑，自喻"抱着爱人游泳，越游越起劲"。四月初，友人劝陶行知不如改行。定4月6日为"育才兴学节",要跟武训学,做一个集体的新武训。誓言:大水可把学校淹没,大火可把学校烧毁,强盗可把学校抢掉,政府可把学校封掉,我自动把学校解散,决是不可思议。幸得育才之友及美国援华会所赞助,得以支持七年之久。8月1日宣布创造年开始。民主教育运动、战时教育实验、建设教育研究开始。参加3月1日至10日的国民参政会第二届第一次会议,7日中午在蒋介石官邸与蒋晤谈。4月22~25日迎送孟禄和司徒雷登。在陕甘宁边区教育厅举行的各县第三科科长联席会上,刚刚到达延安的救国会代表柳湜应邀向大会介绍陶行知的生活教育理论。不久柳被边区参议会选为边区政府委员、教育厅长、教育厅教育委员会主任委员。柳湜于陶逝世后写的《记最后一夜——回忆陶行知先生》一文,就是生活教育与解放区相互关系的最好见证。10月5日在冯玉祥寓所共度中秋,共读冯译英文诗《我决定》。14日购德文本《资本论》,11月14日、16日为冯玉祥、郭沫若祝寿。

1942年（民国三十一年）49岁

积极开展新武训运动,全力支撑育才冲破经济困难、奠定经济基础,下决心一个月内筹齐二十万元为育才高中立案。3月15日,为纪念生活教育运动15周年,他总结了生活教育事业的四条经验:1. 手脑作用并重的发现;2. 小孩教育小孩的自动学习的发生;3. 生活教育在自然科学中的具体应用;4. 小先生制的产生等在生活教育事业中的创建。7月20日在育才三周年纪念晚会上讲每天四问:身体、学问、工作、道德四个方面有没有进步?勉励生活教育社同仁:友穷、迎难、创造。一切为创造,创造为除苦。延安中央研究院教育研究室召开陶行知教育思想讨论会。李维汉在总结发言中指出:陶行知在政治上经历了两个历史时期,五四运动以前是资产阶级教育家;五四以后逐渐走上新民主主义的道路。在教育上是沿着杜威主义——生活教育——新民主主义政治——新民主主义的道路发展的。并指出陶行知的生活教育有三个基本思想:一是主张生活教育,反对与生活脱离的洋化教育和封建传统教育;二是主张普及教育,大众教育和大众文化,反对教育和文化为少数人独占;三是主张教学做合一,反对为读书而读书。这些思想基本上是进步的。李维汉是当时中共中央宣传部副部长。自此延安每年3月15日都要开会纪念生活教育运动,延安新教育学会正、副理事长徐特立、范文澜还专门致函生活教育社,称赞生活教育"不仅是对摧毁中国传统教育起了很大的革命作用,同时也是为中国新教育树立了一块基石"。延安还决定编印《行知教育论文选集》,次年由冀东新华书店出版发行。10月15日称:"学校困难已达最高峰,我昨天做了十天事,集中一切母亲爱护小孩之力量来保卫他"。29日与冯玉祥、沈天灵发起组织利他社。12月24日为伽利略（1564—1642）逝世300周年、牛顿（1642—1727）诞生纪念会上朗诵诗称:"伽利略死了十个月,牛顿就出世。离开形象来说,精神好似二位一体。""学牛顿深思,学伽翁实做,光明普照处,精神永远活。"

1943年（民国三十二年）50岁

1月25日与郭沫若、沈钧儒、黄炎培联名致电印度总督，呼吁释放甘地。3月17日收到西安新教育学会和生活教育新延安分社对生活教育运动16周年的祝贺。28日送朱启贤著《士兵教育建设方案》请蒋介石、冯玉祥、张治中披阅。生活教育社选举第二届理事会，连任理事长。学习南泥湾，在光铁坡开荒，建立育才学校第一个农场，以后陆续在化龙桥相继建立农场。5月4日，为育才及复旦大学演讲《三寸金头》，反对有人主张思想统制：这就是要把大家的思想缩小到官定范围内，越小越标准。这就等于用块裹头布来裹头了，头裹得越小越好，成了三寸金头，就可以到处钻营私利。9月25日为广东大埔百侯中学复校十周年写文言祝词，白话写校歌，内容一样。祝词中有："千教万教，教人求真。千学万学，学做真人。努力创造，始败终成。"发表《创造宣言》；写《创造年献诗》；制定向着创造生活前进的《育才三方针》；提出集体创造，以纠正空谈与幻想；拟订《创造年计划大纲》、《创造奖金办法》等等。四年终未落笔的《育才学校校歌》，在高昂的创造氛围中一气呵成，校歌歌词总结人的生活之道："我们要虚心、虚心、虚心：承认我们一无所知，一无所能。我们要学习、学习、学习：达到人所不知，人所不能。我们要贡献、贡献、贡献：实现文化为公、天下为公。"号召育才之友于最短期间募足二百万元基金，用十年树木之方法，完成百年树人的大计。

1944年（民国三十三年）51岁

勉励生活教育同仁"在极困难之环境中，越挣扎越奋发"。系统总结育才办学经验，增设舞蹈组，编印出版《育才学校》手册。生活教育社附设渝市夜校及渝东育才补习学校（唐家沱）开学，设有高中补习班及大学国文、英语等补习班。同时致力和平团结民主运动。因国民政府排斥救国会方面人员，没有进入第三届国民参政会，中共中央建议救国会的沈钧儒、陶行知、张申府、史良担任第四届国民参政员，未获国民政府同意。对生活教育理论在生活与教育相统一的基础上研究生活与生活的矛盾和教育与教育的矛盾。解决生活的矛盾，就是如1926年指出的教育要给人们一种力量，即"生活力"，以后把"生活力"提高为"创造力"。这是随着时代的发展对生活力的充实，把发展社会创造力贯彻于教育过程、人生过程以及社会发展过程的始终。解决教育的矛盾就是要容纳现有教育领域之外的所谓"非教育"，建立定式教育（Formal Education）和非定式教育（Informal Education）、正规教育（Regular Education）和非正规教育（Irregular Education）相结合的新教育体制。这种生活与教育相统一的结果就是：处处是创造之地，天天是创造之时，人人是创造之人。而且提出："要创造的民主，民主的创造。一方面，我们要用创造的生活来充实民主的内容；又一方面，要用民主来解放大多数人的创造力，把创造力发挥到最高峰。12月5日，为武训诞辰106周年举行纪念晚会，筹集武训先生纪念金。指出"我们最大的目的不是单为育才，而是推动每一位朋友有力出力，有钱出钱，有知识的出知识，以帮助他心里所欢喜帮助的任何学校或任何个人求学。并针对着教育为公的运动作有效之奋斗。"25日进而写《迎接民主年》，预示1945年为民主年，"整个民族个个都欢笑，在每一个角落里欢笑。"此前，6月21日写了《让我们和民主结婚》，9月6日写了诗《民主第一》，18日写了《邹韬奋先生挽歌》，20日写了《创造的儿童教育》，10月10日连写了三首《民主》、《民主第一》、《政治的盘尼西林》诗歌；12月15日在儿童福利协会成立大会上演讲：敲碎儿童的地狱，创造儿童的乐园；19日又写了《民主到那里去》一诗。学习民主，帮助创造，民主的洪流，浪头已经到来，没有力量可以抵抗它！6月10日杜威致函陶行知："如今世界结合得非常紧密，除非民主的目的和方法在全世界普遍确立起来，否则，我恐怕这些目的和方法在美国也不会长久盛行不衰。"美国国务院文化关系司对华关系处文官费正清在访问了郭沫若、茅盾之后于11月19日访问陶行知后得出结论："蒋介石作为国民党政权的象征和中心，在1943年后期已失去了中国知识阶层的信任和支持。"

1945年（民国三十四年）52岁

为发展社会创造力，全力从事民主教育的理论研究和实践指导，1月28日在璧山国立社会教育学演讲：创造的社会教育。指出："民主时代的创造，是给每个人以同等的创造的机会，是动员整个民族力量以创造民族的福禄寿喜的，民主的程度愈高，则创造愈开放，愈好。"4月4日儿童节指出："儿童的生活是社会的一面镜子。……""如果政治经济一民主那自由神必定是立刻飞到他所关心的最不幸的小孩子当中，而把他们抱在温暖的怀抱里。"创办《民主教育》月刊，在第1、2期上连续发表《民主》、《民主教育》和《民主教育之普及》的文章。第一次提出国际民主和政治、经济、社会、文化一起成真正的民主的五项内涵。民主星期刊出版。育才进一步跳出学校小圈子为乡村儿童和农民服务。送书下乡，增办识字班，演方言剧《嘟格办》，加强和扩充自然科学组，使该组学生达到全校50%。5月拟定《实施民主教育的提纲》。9月18日，用英文书写《全民教育》一文，其中"指导原则"里和《我们的信条》、《中国普及教育方案》中的"原则"一样，都是18条。这三个文献标志着生活教育运动发展的三个阶段：第一是在生活与教育相分离的情况下，对传统教育乃至新教育在教育体制、内容和方法三个方面都有所突破。并且显示仅仅从教育本身进行改革是远远不够的，必须进一步解决教育与生活的矛盾。第二是使生活与教育结合起来，将改革教育的成果放在中国现代化历程中检验，提出走普及现代生活教育之路，实现中国现代化。第三是生活与教育相结合落实在教育过程中就必须紧紧抓住培养社会创造力这个中心环节。10月10日还为生活教育社制定《普及民主教育运动计划》。全国各界救国联合会决定改名中国人民救国会,陶行知任中央执行委员、中央常务委员、中央组织部长。在中国民主同盟第一次全国代表大会上当选为中央执行委员、中央常务委员,任民主教育委员会主任。民盟重庆市支部成立,被举为宣传部长。陶行知担任兼职委员的文化工作委员会被解散,建议并与郭沫若共同筹划文化研究院。7月26日,苏、美、英发表促令日本投降之《波茨坦公告》。晚上从波茨坦向全世界广播。8月14日日本宣布无条件投降。28日毛泽东到重庆与蒋介石谈判。中共南方局为动员知识青年向陶学习农村工作经验,特在育才文学组、社会组住地举办农村工作干部讲习班。原拟与沈钧儒、张申府去延安与毛泽东、周恩来会谈,毛、周复电欢迎,后因毛泽东到重庆与蒋介石会谈,改在重庆相会。陪都各界反内战联合会成立。编竣《陶行知诗歌全集》,任大孚出版公司总编辑。佘儿岗自动学校恢复"晓庄小学"名称重新开学。与李德全、冯亦代、倪斐君同为四董事,共同筹划的国际难童学校定名为培才小学在重庆市中山公园开学。11月6日发表《论中美两国关系》致杜威信。并电杜威表示:"我现在正想站在教育的岗位上,推动全民教育,以帮助真正民主的实现。"12月5日至9日连续举行武训诞辰107周年纪念大会六次,不下5000人。9日为准备去追悼"一二·一"昆明死难师生举行公祭,8日夜将诗集九册整理完毕,交与冯亦代出版。另给生活教育社同志及吴树琴留有两份遗嘱后去长安寺祭悼。遗嘱写道:"也许我们不能再见面。"真是视死如归。11日又续行公祭。

1946年(民国三十五年)53岁

元旦称今年为和平年、民主年、联合政府年。生活教育是以培养合理的人生为宗旨,1913年陶认为人生在于"造业自任"。3月14日提出"人生志在创业"、创造的民主和民主的创造。育才东迁上海,重庆仍留待发展,拟办育才大学。为提高在业青年现代知识文化水平,1月15日在重庆创立社会大学,以冯玉祥为董事长、陶行知、李公朴为正副校长,分设政经、文学、新闻、教育、民间艺术五个系,并要在上海及各大都市去发展。组织成立政治协商会议陪都文化界协进会及人民权利保障委员会。在庆祝政协的大会上,反动派制造了"较场口血案",反诬陶校长率领育才、社大师生捣乱会场,嫁祸于人。并引发了一场法律诉讼。3月15日诉讼归来出席生活教育运动十九周年纪念。方与严主持会议当着陶理事长在场时宣布:"一、今天是生活教育运动十九周年纪念,不是生活教育社十九周年纪念会。二、生活教育社是民国二十年在上海成立的。"把生活教育运动和生活教育社长期混同不分的情况澄清了。4月6日,为集体武训节,冯玉祥赠诗祝贺:"利他无我超孔子,祝君高寿一百几。"陶答:"但愿不知老将至,发奋忘食给人助。"生活教育社重庆分社、上海分社成立,普及教育月刊出版,山海工学团及新安小学复校。一面站在和平民主运动最前线,一面坚持生活教育运动,抓紧空隙时机,全面部署今后工作。白天四处演讲呼吁,夜间筹划未来,整理诗稿,生活极不安定，时局激荡，加之李公朴、闻一多相继遇害，反动派要迫害陶的信息纷至沓来，仍镇定自如。7月6日还与郭沫若、茅盾饯别费正清，十天后，16日写好与上海和重庆育才师生的诀别信。周恩来要中共上海工委劝陶行知休养，话未传到。陶行知终因劳累过度，健康过亏，刺激过深，于7月25日中午1时30分（阴历丙戌年六月二十七日）病殁于上海。周恩来、邓颖超闻讯赶往诀别时，握手尚温。周嘱咐潘汉年"对进步朋友的安全、健康，我们必须负责保护"，称赞陶行知是一个无保留追随党的布尔什维克。四十年后，费正清评价说："美国的进步教育用的现成的学校制，陶行知发现中国普通群众只能就他们的生活、工作、农村、家庭和车间所在地接受教育；在哪里聚居，就在哪里学习。在所有美国训练出来的教育者中间，陶作为一个穷人出身的人，使他成为极不寻常地同情普通人民的需要，而这终于使它比别人更接近中国共产党。"

　　修订后记：趁全集再版之时，对2002年8月8日定稿的这篇稿子又作了一次修订。这次修订主要补充了初版第9卷《陶行知年表》中的若干内容。最多的还是在研究过程中从《陶行知全集》（第1—12卷本）中著述的字里行间寻找其中多不为人所注视的重要史料。文稿尽量使用著述中的话语。由于个人能力有限，这里寻找得还不够。但总算体现了"事实是惟一的指针"的精神。认认真真从著述中去搜寻思考，是重读陶行知进而探索生活教育之本质、贴进真正的陶行知所不可缺少的一步。这是研究陶行知的基本功。这里只为重读提供了一条不成熟或不完整的线索而已。可作参考。定稿之前，11月18日收读香港中文大学研究院哲学博士何荣汉先生的大作《陶行知——一位基督徒教育家的新发现》，特别其中收录了陶行知1912年—1916年的三篇著作，使我们对早期陶行知有了更多更新的了解和认识，为研究陶行知提供了一个从基督教视角研究的方法。使修订增辉不少。特致谢意并愿与大家同享。

作者订稿于2004年冬至之夜（12月21日）